大连海事大学校企共建特色教材
大连海事大学—海丰国际教材建设基金资助

# 船舶综合驾驶台通信与导航系统

李建民　主　编
余　枫　崔昆涛　副主编
王化民　主　审

大连海事大学出版社
DALIAN MARITIME UNIVERSITY PRESS

图书在版编目(CIP)数据

船舶综合驾驶台通信与导航系统 / 李建民主编. —
大连：大连海事大学出版社，2023.7
ISBN 978-7-5632-4424-9

Ⅰ. ①船…　Ⅱ. ①李…　Ⅲ. ①船舶—驾驶台—通信系统②船舶—驾驶台—导航系统　Ⅳ. ①U663.81

中国国家版本馆 CIP 数据核字(2023)第 094610 号

大连海事大学出版社出版

地址:大连市黄浦路523号　邮编:116026　电话:0411-84729665(营销部)　84729480(总编室)

http://press.dlmu.edu.cn　E-mail:dmupress@dlmu.edu.cn

大连天骄彩色印刷有限公司印装　　大连海事大学出版社发行

2023 年 7 月第 1 版　　2023 年 7 月第 1 次印刷

幅面尺寸:184 mm×260 mm　　印张:23

字数:526 千　　印数:1~800 册

出版人:刘明凯

责任编辑:董洪英　　责任校对:李继凯

封面设计:解瑶瑶　　版式设计:解瑶瑶

ISBN 978-7-5632-4424-9　　审图号:GS(2023)1210 号　　定价:58.00 元

# 总前言

航运业是经济社会发展的重要基础产业，在维护国家海洋权益和经济安全、推动对外贸易发展、促进产业转型升级等方面具有重要作用，对我国建设交通强国、海洋强国具有重要意义。大连海事大学作为交通运输部所属的全国重点大学、国家“双一流”建设高校，多年来为我国乃至国际航运业培养了大批高素质航运人才，对航运业的发展起到了重要作用。

进入新时代以来，党中央、国务院及教育主管部门对高等教育的人才培养体系提出了更高要求，对教材工作尤为重视。根据要求，学校大力开展了新工科、新文科等建设及产教融合、科教融合等改革。在教材建设方面，学校修订了教材管理相关制度，建立了校企共建本科教材机制，大力推进校企共建教材工作。其中，航运特色专业的核心课程教材是校企共建的重点，涉及交通运输、海洋工程、物流管理、经济金融、法律等领域。

2021 年以来，大连海事大学与海丰国际控股有限公司签订了校企共建教材协议，共同成立了“大连海事大学校企共建特色教材编委会”（简称“编委会”），负责指导、协调校企共建教材相关工作，着力建成一批政治方向正确、满足教学需要、质量水平优秀、航运特色突出、符合国家经济社会发展需求和行业需求的高水平专业核心课程教材。编委会成员主要由大连海事大学校领导和相关领域专家、海丰国际控股有限公司领导和相关行业专家组成。

校企共建特色教材的编写人员经学校二级单位推荐、学校严格审查后确定，均具有丰富的教育教学和教材编写经验，确保了教材的科学性、适用性。公司推荐具有丰富实践经验的行业专家参与共建教材的策划、编写，确保了教材的实践性、前沿性。学校的院、校两级教材工作委员会、党委常委会通过个人审读与会议评审相结合，校内专家与校外专家相结合等不同形式对教材内容进行学术审查和政治审查，确保了教材的学术水平和政治方向。

在校企共建特色教材的编写与出版过程中，海丰国际控股有限公司还向学校提供了经费资助，在此表示感谢。大连海事大学出版社对教材校审、排版等提供了专业的指导与服务，在此表示感谢。同时，感谢各方领导、专家和同仁的大力支持和热情帮助。

校企共建特色教材的编写是一项繁重而复杂的工作，鉴于时间、人力等方面的因素，教材内容难免有不妥之处，希望专家不吝指正。同时，希望更多的航运企事业单位、专家学者能参与到此项工作中来，为我国培养高素质航运人才建言献策。

大连海事大学校企共建特色教材编委会

2022 年 12 月 6 日

# 前　言

2005 年 12 月，MSC 第 81 届会议收到日本、马绍尔群岛、荷兰、挪威、新加坡、英国及美国共同提交的七国提案，关于制定 E-Navigation 战略的设想被 IMO 采纳；2006 年，IALA 首次给出了 E-Navigation 的定义。2008 年，国际海事组织无线电通信搜救分委会第 12 次会议（COMSAR 12）的议题 15 回顾了 GMDSS 现状，表示 GMDSS 已不具备先进性，提出有必要对其进行复审。2022 年 4 月，MSC 第 105 届会议通过了有关 GMDSS 现代化的《1974 年国际海上人命安全公约》2022 年修正案，并计划于 2024 年 1 月 1 日起生效。其间，国际海事组织在各种会议上多次提到 E-Navigation 战略与 GMDSS 现代化协调发展的问题。一切表明，国际社会已经充分认识到，海事安全对航海技术提出了新需求。本教材就是在这样的大背景下诞生的。

本教材凸显了以下创新性：

（1）关注《1974 年国际海上人命安全公约》2022 年修正案发展实际。2022 年 5 月，国际海上组织海上安全委员会 MSC.496（105）号决议案获得通过，公约中与海上无线电通信重要相关的第Ⅳ章内容被修正案全文替换。本科教材中反映这一变化的在国内尚属少见。在反映这一变化的同时，教材编写时还特别注意了现行公约与 2022 年修正案的有机衔接。

（2）注重航海技术的与时俱进。在教材的第一篇，融入了北斗卫星导航系统、惯性导航系统、GNSS 罗经，以及 ECDIS 的内容；在教材的第二篇，加入了 Inmarsat FB 系统、铱星系统、AIS-SART、北斗短报文功能等相关内容，并且注意对 GMDSS 发展尤其是 GMDSS 现代化情况的梳理。

（3）特别关注船舶电子电气工程专业学员未来工作的现实需求。第一，关注了学员未来船上工作的需求，每一章内容在介绍理论知识的基础上，加强了诸如接口电路、故障排查的相关知识；第二，关注了学员未来在管理岗位或者船厂工作的需求，梳理了关键设备、仪器相关技术规范和标准。这样，在克服教学学时、教材版面局限性的同时，体现了教材对于实践工作的指导作用。

（4）教材撰写的指导思想是以航海类本科院校学历教育为主，并且兼顾职业教育需求。本教材紧密围绕交通运输部《海船船员培训大纲（2021 版）》，以及国内具有代表性的本科院校相关课程最新版教学大纲编写。本教材在编写过程中注意知识点阐述宽度、深度适宜，为教师授课、学员自学预留了较大的发挥空间。

本教材内容分为两篇。第一篇为船舶导航系统，包括全球卫星导航系统、船舶指向设备、航速与航程测量设备、船用测深仪、船舶自动识别系统、船舶导航雷达、电子海图显示与信息系统、船舶远程识别与跟踪系统、船载航行数据记录仪，以及综合驾驶台系统与综合航行系统等共计十章内容。教材的第二篇为船舶通信系统，包括无线电通信基础知识、GMDSS 概述、MF/HF 组合电台、船用 VHF 通信设备、Inmarsat 通信系统、铱星卫星通信系统、NAVTEX 系统与气象传真接收机、船舶电台的识别、卫星 EPIRB 与搜救寻位装置、船舶通信天线、GMDSS 备用电源、其他通信技术，以及船舶内部通信等共计十三章内容。

本教材不仅可以作为各类院校船舶电子电气工程专业教材，也可以作为船舶电子电气员的培训教材，还可以作为船舶管理人员自学的参考用书。

本教材由大连海事大学李建民担任主编，大连海事大学余枫、崔昆涛担任副主编，青岛远洋船员职业学院王化民担任主审。教材的第一章、第三章、第五章和第七章由大连海事大学神和龙编写，第二章由大连海事大学陈小凤和高宗江共同编写，第四章、第八章、第九章和第十章由大连海事大学余枫编写，第六章由大连海事大学余枫和李邵喜共同编写，第十一章、第十三章、第十六章和第二十二章由大连海事大学李建民编写，第十二章和第十四章由大连海事大学肖方兵编写，第十五章由大连海事大学杨家轩和李建民共同编写，第十七章由李建民和集美大学马昭胜共同编写，第十八章、第二十章、第二十一章和第二十三章由大连海事大学崔昆涛编写，第十九章由杨家轩编写。

本教材的编写得到了集美大学轮机工程学院、大连海事大学船舶电子电气工程学院及教务处的大力支持和热心帮助，还得到了中远海运人才发展院丁峰等行业专家的指导与支持。大连海事大学出版社为教材出版做了大量卓有成效的工作。大连海事大学航海学院的陈垂耀、王欣悦、张笑川三位研究生参与了教材部分附录内容的整理及部分绘图工作。在此一并表示衷心的感谢。

本教材编写的首要宗旨是作为船舶电子电气工程专业本科教材之用，也可作为职业教育培训教材。受各院校课程设置和教学大纲迥异、编者水平及时间所限，全体编写人员虽竭尽全力，但是不足与差错之处在所难免。竭诚希望同行专家和广大读者批评指正。

编者

2022 年 9 月于大连

# 目　录

## 第一篇　船舶导航系统

# 第二篇 船舶通信系统

# 第一篇 船舶导航系统

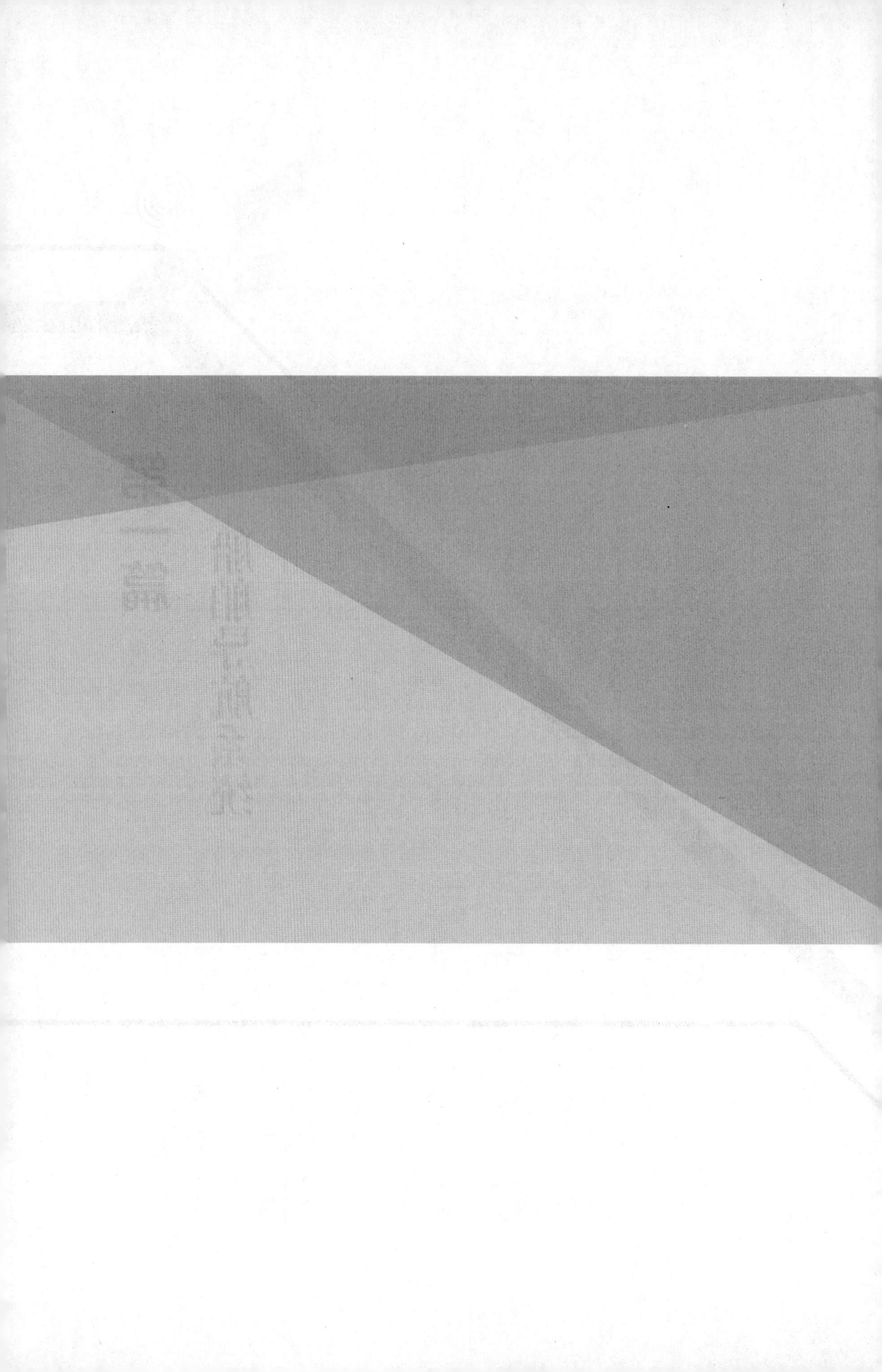

# 第一章

# 全球卫星导航系统

## 第一节 ◉ 全球卫星导航系统概述

全球卫星导航系统(GNSS,Global Navigation Satellite System),是指能够在地球表面或近地空间的任何地点为用户提供全天候三维坐标和速度以及时间信息的星基无线电导航定位系统。全球卫星导航系统国际委员会公布的全球四大卫星导航业务供应商包括:美国的全球定位系统(GPS,Global Positioning System)、俄罗斯的格洛纳斯卫星导航系统(GLONASS,Global Navigation Satellite System)、欧盟的伽利略卫星导航系统(GALILEO,Galileo Navigation Satellite System)和中国的北斗卫星导航系统(BDS,BeiDou Navigation Satellite System)。

目前,上述卫星系统除了为船舶提供定位、导航服务外,部分卫星还搭载了搜救载荷,接收和转发紧急无线电示位标(EPIRB,Emergency Position-Indicating Radio Beacon)的报警信息。本章主要从为船舶提供定位、导航服务出发,重点介绍 GPS/DGPS、北斗卫星导航系统的构成、工作原理,及船载设备的操作、维护等相关知识,有关转发报警信息短报文服务的知识,将分别在第十九章、第二十二章讲述。

根据《1974 年国际海上人命安全公约》第Ⅴ章第 19 条"船载航行系统和设备的配备要求"的规定,所有船舶,不论其尺度大小,均应设有 1 台全球卫星导航系统或陆地无线电导航系统的接收机,或其他装置,适合于由自动设备在船舶整个预定航程内随时确定和更新船位。

卫星导航业务应用范围非常广,国内外与卫星导航相关的标准化组织也非常多,它们共同研究制定各国在航空、航海等领域需要遵循、运用的规约、标准。与卫星导航相关的国际级标准化组织主要有国际标准化组织(ISO,International Organization for Standardization)、国际电工委员会(IEC,International Electrotechnical Commission)、国际电信联盟(ITU,International Telecommunication Union)、国际海事组织(IMO,International Maritime Organization)等。

船用全球卫星导航接收设备的相关性能标准主要包括:

(1)2018 年 11 月发布的《海洋电子设备接口标准》(NMEA 0183)。

(2)2003 年 7 月发布的《海上导航和无线电通信设备和系统——全球卫星导航系统(GNSS)——第 1 部分:全球定位系统(GPS)——接收设备——性能标准、试验方法和要求的试验结果》(IEC 61108-1)。

(3)1998 年 8 月发布的《海上导航和无线电通信设备和系统——全球卫星导航系统(GNSS)——第 2 部分:GLONASS——接收设备——性能标准、测试方法及所需测试结果》(IEC 61108-2)。

(4)2010 年 5 月发布的《海上导航和无线电通信设备和系统——全球卫星导航系统(GNSS)——第 3 部分:Galileo 接收设备——性能要求、测试方法及所需测试结果》(IEC 61108-3)。

(5)2004 年 7 月发布的《海上导航和无线电通信设备和系统——全球卫星导航系统(GNSS)——第 4 部分:船用 DGPS 和 DGLONASS 海上无线电信标接收设备——性能要求、测试方法及所需测试结果》(IEC 61108-4)。

(6)2020 年 3 月发布的《海上导航和无线电通信设备和系统——全球卫星导航系统(GNSS)——第 5 部分:北斗卫星导航系统(BDS)——接收设备——性能要求、测试方法与要求的测试结果》(IEC 61108-5)。

(7)2016 年 8 月发布的《海上导航和无线电通信设备和系统——数字接口》(IEC 61162)。

(8)2000 年 12 月 IMO 发布的《经修订的船载 GPS 接收设备性能标准》[MSC.112(73)]。

(9)2000 年 12 月 IMO 发布的《经修订的船载 GLONASS 接收设备性能标准》[MSC.113(73)]。

(10)2000 年 12 月 IMO 发布的《经修订的船载 DGPS 和 DGLONASS 接收设备性能标准》[MSC.114(73)]。

(11)2000 年 12 月 IMO 发布的《经修订的船载组合 GPS/GLONASS 接收设备性能标准》[MSC.115(73)]。

(12)2014 年 5 月 IMO 发布的《船载北斗卫星导航系统接收设备性能标准》[MSC.379(93)]。

## 第二节 ◉ GPS/DGPS 卫星导航系统

### 一、GPS 卫星导航系统概述

GPS 是 Navigation Satellite Timing and Ranging/Global Positioning System 字头缩写词 NAVSTAR/GPS 的简称,其含义是:导航卫星授时与测距/全球定位系统。1973 年年底美国开始研究 GPS 卫星导航系统,1993 年年底卫星初步部署完毕,1995 年年底全部投入运营。GPS 可为全球提供全天候、高精度、连续、近于实时的三维定位与导航,主要供军方及高端用户使用的 P 码定位精度可达 1 m,主要供民用的 CA 码定位精度为 10~30 m。GPS 投入使用后,由于美国实施的 SA(选择性可用)和 AS(反电子欺骗)两项技术,CA 码定位精度一度下降到 100 m,后来为了维护卫星导航系统巨大的商业利益,保持在此领域的领先地位，美国于 2000 年 5 月 1 日取消了 SA，CA 码定位精度恢复到 20 m。GPS 已成为目前全球拥有最多用户的卫星导航系统。

## 二、GPS 卫星导航系统定位解算原理

### （一）空间球面测距定位

GPS 卫星导航系统由导航卫星、地面站及用户设备三部分组成，如图 1-2-1 所示。导航卫星用于发送导航信号，地面站对卫星进行跟踪控制并注入导航信息，位于用户运载体上的导航接收机接收卫星信号以实现定位与导航。

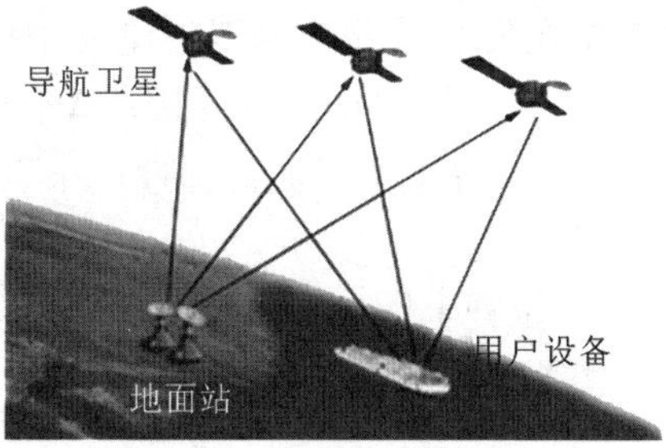


**图 1-2-1　GPS 卫星导航系统的组成**

GPS 是一种测距定位系统，用户通过测定卫星信号到用户的传播延时，得到电波在空间的传播时间，如果电磁波在空间的传播速度已知，即可得到用户到卫星的距离。具体定位时，只需测量用户到 3 颗卫星的距离，便可以得到分别以 3 颗卫星为球心、以卫星到用户的距离为半径的 3 个球面，其交点即为用户的三维空间位置。为了求解用户的位置，卫星发射信号时的位置必须精确已知，用户通过接收 GPS 卫星发射的卫星电文中所包含的卫星星历来获得卫星位置。

### （二）伪测距

用户利用卫星导航仪测得的距离将受到以下两个因素的影响：

（1）卫星及用户的时钟偏差

如前所述，测距的实质是测延时（电波传播时间），统一而精确的时间基准对于测量的精度至关重要。GPS 卫星均采用高精度的原子钟，精度可达（0.1～10）$\times10^{-13}$ s/d，但其误差随时间累积，这个误差将反映到用户的测量误差中。另外，用户一般无精确的时钟，其所测量的延时中将包含较大的用户时钟误差。

（2）信号传播延迟

卫星信号传播到用户的过程中要经过电离层和对流层的折射，信号传播速度和路径发生变化，由此产生了信号传播延迟，这个延迟也将带来用户测量时间的误差。

综合以上因素，用户利用 GPS 接收机测得的距离不是用户到卫星的真实距离，而是“伪距离”，简称伪距，测量伪距离称为伪测距。

定位解算原理如下：

考虑到用户测得的到卫星的距离为伪距离，可以用下式表示用户的实际观测方程：

$$r_i^* = r_i + c(\Delta t_{Ai} - \Delta t_{Si}) + c\Delta t_u \tag{1-2-1}$$

式中：$r_i^*$ 为用户所测的第 $i$ 颗卫星的伪距；$r_i$ 为用户到第 $i$ 颗卫星的真实距离；$c$ 为光速；$\Delta t_{Ai}$ 为信号传播延迟；$\Delta t_{Si}$ 为卫星 $i$ 的时钟偏差；$\Delta t_u$ 为用户的时钟偏差。

将真实距离 $r_i=\sqrt{(x-x_{Si})^2+(y-y_{Si})^2+(z-z_{Si})^2}$ 代入式(1-2-1),则有:

$$r_i^*=\sqrt{(x-x_{Si})^2+(y-y_{Si})^2+(z-z_{Si})^2}+c(\Delta t_{Ai}-\Delta t_{Si})+c\Delta t_u \quad (1\text{-}2\text{-}2)$$

式中:$x$、$y$、$z$ 为用户的三维位置坐标;$x_{Si}$、$y_{Si}$、$z_{Si}$ 为卫星的三维位置坐标。

为了求解用户的三维位置:

(1)卫星的三维位置坐标 $x_{Si}$、$y_{Si}$、$z_{Si}$ 可通过接收卫星导航电文中的卫星星历获得;

(2)GPS 卫星在发射给用户的卫星电文中提供卫星时钟偏差校正参量,即 $\Delta t_{Si}$ 可以获得;

(3)GPS 卫星通过发射两种频率(1 575.42 MHz 和 1 227.60 MHz)的信号来修正电离层折射误差,同时,GPS 卫星在发射给用户的卫星电文中提供大气校正参量,用户通过修正模型来校正对流层折射误差,所以信号传播延迟 $\Delta t_{Ai}$ 可以解算;

(4)伪距 $r_i^*$ 为用户的观测量,等于电磁波传播速度乘以用户所测得的信号传播延时(时间)。

式(1-2-2)包含用户的三维位置坐标($x,y,z$)和用户的时钟偏差 $\Delta t_u$ 共 4 个未知数,于是用户在进行三维定位时需要接收 4 颗卫星信号,二维定位时则需要接收 3 颗卫星信号。

## 三、DGPS 卫星导航系统

由于美国的 GPS 政策,普通的 GPS 用户利用 CA 码定位的精度不高(无 SA 时,10~30 m;有 SA 时,100 m),这极大地限制了 GPS 在精密导航、大地测量、精密工程测量等众多领域的应用,于是,DGPS(Differential GPS),即差分 GPS 导航系统得到了较快的发展。DGPS 是利用差分技术对 GPS 用户的观测量进行修正,从而获得高精度的定位结果。目前 DGPS 可以将 CA 码接收机的定位精度提高到米级、亚米级甚至厘米级。

DGPS 由 GPS 卫星网、基准站、数据链及用户四部分组成,如图 1-2-2 所示。DGPS 基准站的位置精确已知,基准站用 GPS 接收机定位后,与其已知位置比较,计算出修正量(伪距、位置修正量等)。一般 DGPS 用户和基准站之间距离较近(300 n mile 以内),两者的 GPS 接收机观测定位误差相近,基准站的误差修正数据可以被用户用来修正其观测结果,该误差修正数据被称为差分修正数据。基准站通过数据链以广播或其他通信方式将差分修正数据发送给用户,对用户测量的数据进行修正,使用户获得高精度的定位结果。

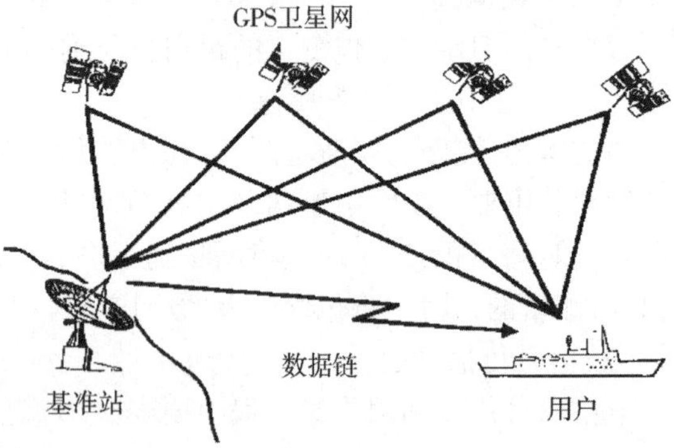

图 1-2-2　DGPS 的组成

DGPS 根据修正数据的处理方法可分为位置差分 GPS、伪距差分 GPS、载波相位差分 GPS。伪距差分校正灵活,是目前广泛应用于航海的差分技术,其基本原理是:DGPS 基准站根据其精确位置与 GPS 卫星星历,计算出 GPS 卫星到基准站的距离。此距离与基准站用 CA 码测量的伪距之差,称为伪距修正值。基准站将每颗卫星的伪距修正值、伪距修正值变化率等数据播发给作用区内的用户，用户利用该修正值对其观测伪距进行修正，求出用户的位置。

DGPS 根据差分的作用范围又可分为局域差分、广域差分和广域增强系统。局域差分 GPS 是在局域区(150 km)内设立若干个 DGPS 基准站以及一个或数个监控站，位于该区域的用户根据多个基准站所提供的修正信息，采用加权平均法或最小方差法进行计算处理，从而获得精度较高的定位结果。广域差分和广域增强系统则是伪距差分在空域上的扩展，它们通过在一定区域设立 DGPS 基准站网，与一个或多个主控台组成广域差分网，其差分有效范围可以达到 1 000~1 500 km 甚至更长。

## 四、GPS 卫星导航接收机

目前，航海上使用较多的是单频 CA 单码相关型导航仪。GPS 卫星导航接收机由硬件和机内软件以及 GPS 数据的后处理软件包等构成。接收机的硬件由天线单元、主机单元和电源三部分组成，如图 1-2-3 所示。天线安装在室外，通过电缆与主机部分相连。主机由变频器、信号通道、微处理器、显示模块等组成。

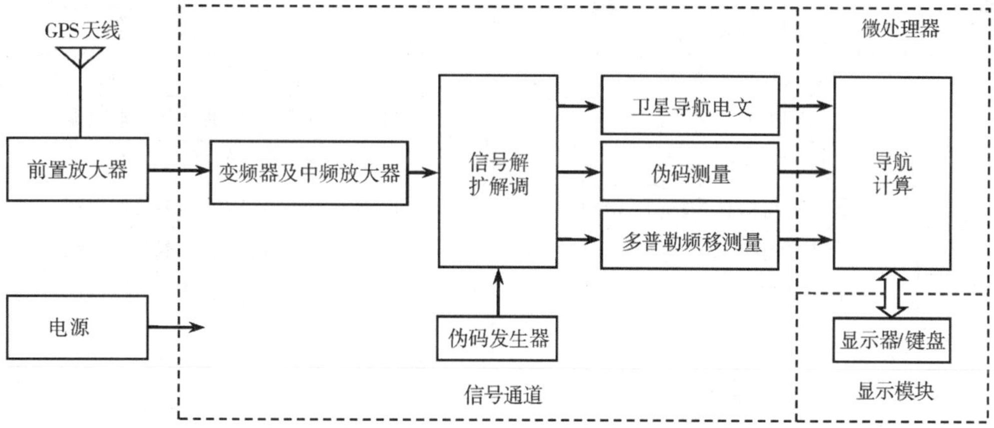


图 1-2-3　GPS 卫星导航接收机工作原理框图

GPS 接收机通过 GPS 天线将接收到的微弱的卫星电磁波信号变为相应的电信号，通过前置放大器放大(改善信噪比)送至变频器把射频(RF)信号变成中频(IF)信号，经过中频放大后，送至伪码锁相环路和载波锁相环路，进行伪码和频率(载波)的二维搜索。伪码锁相环路使本机跟踪伪码在时间上和接收的伪码对准，自动捕获和跟踪卫星码；载波锁相环路使本机跟踪载波在频率和相位上和接收的载波对准，自动捕获和跟踪卫星载波。

GPS 信号伪码与本机跟踪伪码在相关器进行比较，当两者一致时输出最大，表示检测到 GPS 数据调制载波信号。GPS 数据调制载波信号与本机跟踪载波混频后，检测出 GPS 数据码信号。GPS 数据码信号经数据同步、检测、滤波后检出 GPS 卫星导航电文。跟踪载波与本机基准振荡波之差为多普勒频移。比较跟踪伪码与本机基准伪码，测得信号传播延时，测出伪距。

微处理器是 GPS 接收机的工作核心，接收机对信号的接收处理是在微处理器控制之下进行的。其主要功能是：开机自检，选择卫星，搜集卫星数据，校正大气层传播误差，测量伪距与多普勒频移，计算用户的位置、速度、导航信息等。

GPS 接收机一般都有液晶显示屏以提供接收机工作信息，并配有一个控制键盘，用户可以通过键盘控制接收机工作。有的接收机还配有大显示屏,在屏幕上直接显示导航信息和数字地图。

GPS 接收机的电源有两种:一种为机内电源,多为锂电池,用于为随机存取存储器(RAM)供电,防止关机后数据丢失;另一种为机外电源,多为可充电的 12 V 镉镍电池,当使用交流电时,要经过稳压电源或专用电源变换器供电。

## 五、船载 GPS 接收机的航海应用

### (一)GPS 接收机输出外设及其功能

随着船舶驾驶自动化程度的提高,综合航行系统(INS,Integrated Navigation System)在商船上日益普及,GPS 接收机通过统一的接口标准及通信协议与其他众多设备连接,输出船位及导航信息作为支持船舶航行的基本数据。INS 的内容参见第十章。

表 1-2-1 列出了 GPS 接收机输出外设的名称及主要功能。

表 1-2-1　GPS 接收机输出外设的名称及主要功能列表

| 外设名称 | 主要功能 |
| --- | --- |
| 陀螺罗经(Gyrocompass) | 校正纬度误差与速度误差 |
| 测深仪(Echo Sounder) | 同步显示船位和水深数据,可存储、打印 |
| 雷达(Radar) | 标准配置传感器,提供航行基本数据 |
| 自动舵(Autopilot) | 实现航路点导航、航迹控制 |
| 电子海图显示与信息系统(ECDIS) | 标准配置传感器,提供基本航行数据 |
| 航行数据记录仪(VDR) | 标准配置传感器,记录基本航行数据 |
| 船舶自动识别系统(AIS) | 标准配置传感器,提供基本航行数据 |
| 全球海上遇险与安全系统(GMDSS) | 提供船位、UTC 时间等基本航行数据 |

### (二)GPS 接收机接口

1.通信接口

GPS 接收机通常采用 RS-232 或 RS-422 串行通信接口,前者适合近距离(15 m 以内)传输,后者适合远距离(几十米)传输。关于接口的详细介绍参见第十章第二节相关内容。

2.通信协议

GPS/DGPS 接收机通信协议应满足 NMEA 0183 或 IEC 61162 协议,波特率为 4 800 bit/s,数据为 8 位,开始位为 1 位,停止位为 1 位,无奇偶校验。目前,NMEA 0183 协议是国际海事无线电技术委员会(RCTM,Radio Technical Commission for Maritime services)采用的 GPS/DGPS 导航设备统一标准协议,该协议由美国国家航海电子协会(NMEA,National Marine Electronics Association)制定。NMEA 0183 协议和 IEC 61162 协议参见第十章第二节相关内容。NMEA 协议对 GPS 接收机规定了若干传输数据的通信语句,其主要输出语句如表 1-2-2 所示。

表 1-2-2　GPS 接收机主要输出语句列表

| 语句名称 | 语句含义 |
| --- | --- |
| $GPDDA | GPS 全球定位数据(定位时间、纬度、经度、定位质量、使用卫星数量、DOP 值等) |
| $GPZDA | UTC 日期、UTC 时间、本地时间、时区 |

续表

| 语句名称 | 语句含义 |
|---|---|
| $GPGLL | 大地坐标 |
| $GPVTG | 地面速度信息（对地速度 SOG、对地航向 COG） |
| $GPGSA | 卫星 PRN（伪随机噪声）码 |
| $GPGSV | 卫星状态指示（卫星编号、仰角、信噪比、精度因子等） |
| $GPRMC | 推荐最小 GPS 数据格式（UTC、定位状态、纬度、经度、对地速率、对地航向、磁差） |
| $GPAAM | 航路点到达报警 |

表 1-2-3 以 GPS 常用的 GGA（GPS 全球定位数据）语句为例对格式进行说明。

**表 1-2-3　NMEA 0183 协议语句格式列表举例**

格式：$GPGGA,<1>,<2>,<3>,<4>,<5>,<6>,<7>,<8>,<9>,M,<10>,M,<11>,<12>*hh<CR><LF>

样例：$GPGGA,062938.00,3110.4700719,N,12123.2657056,E,1,12,0.6,58.9666,M,0.000,M,99,AAAA*50

| 序号 | 名称 | 样例数据 | 单位 | 描述 |
|---|---|---|---|---|
| 0 | 消息 ID | $GPGGA | | GGA 协议格式的数据头 |
| 1 | UTC 时间 | 062938.00 | | 定位点的协调世界时（UTC），格式：hhmmss.ss |
| 2 | 纬度 | 3110.4700719 | | 定位点纬度，格式：ddmm.mmmmmmm |
| 3 | 纬度方向 | N | | N，北纬；S，南纬 |
| 4 | 经度 | 12123.2657056 | | 定位点经度，格式：ddmm.mmmmmmm |
| 5 | 经度方向 | E | | E，东经；W，西经 |
| 6 | GPS 定位状态指示 | 1 | | 0：未定位；1：无差分，sps 模式，定位有效；2：带差分，sps 模式，定位有效；3：pps 模式，定位有效 |
| 7 | 使用卫星数量 | 12 | | 从 00 到 12（不足 10 的前面补 0） |
| 8 | 水平精度衰减因子 | 0.6 | | 范围：0.5~99.9 |
| 9 | 高程 | 58.9666 | m | 海拔（-9 999.9~9 999.9 m） |
| 10 | 高程单位 | M | m | |
| 11 | 大地水准面高度 | 0.000 | m | 大地椭圆面相对于海平面高度（-9 999.9~9 999.9 m） |
| 12 | 高度单位 | M | m | |
| 13 | 差分修订时间 | 99 | s | 从最近一次接近收到差分信号开始数秒，如果不是差分定位，此处为空 |
| 14 | 差分参考基站 ID 号 | AAAA | | 差分参考基站标号（0000 到 1023，首位 0 也将传送，非差分定位此项为空） |
| 15 | 校验和 | 50 | | $ 与 * 之间所有字符 ASCII 码的校验和（各字节做异或运算，得到校验和后，再转换成 16 进制格式的 ASCII 码字符） |

## 六、GPS/DGPS 接收机的日常保养、故障处理及安装

### （一）GPS 接收机的日常保养

常规保养对于维持接收机的正常功能是非常重要的，每月应做以下保养：

(1)检查接收机后部线缆连接是否紧固，有无锈蚀情况；

(2)检查接地线是否紧固，有无锈蚀情况；

(3)检查电源线缆连接是否紧固，有无锈蚀情况；

(4)检查天线连接是否紧固，有无损毁；

(5)检查键盘和显示器是否有灰尘和锈迹，用软布蘸蒸馏水清除，不要使用化学洗涤剂。

### （二）GPS 接收机的故障判断方法

GPS 接收机故障可以通过查看接收机报警信息和运行设备自检程序来判断。

1.查看接收机报警信息

接收机信息列表菜单会显示错误信息和报警，电子电气员可利用这些信息判断接收机的工作状态或者相关故障。接收机报警信息包括工作报警和设备报警两类，前者和接收机的使用状态相关，后者和接收机设备故障相关。GPS 接收机报警类别和释义如表 1-2-4 所示。

表 1-2-4　GPS 接收机报警类别和释义

| 信息类别 | 释义 |
| --- | --- |
| A.工作报警 | |
| ANCHOR WATCH | 锚更报警 |
| ARRIVAL ALARM | 到达报警 |
| SPEED ALARM | 速度报警 |
| TIME ALARM | 时间报警 |
| TRIP ALARM | 航程报警 |
| XTE ALARM | 偏航报警 |
| NO DGPS SIGNAL | 无 DGPS 信号报警 |
| GPS NO FIX | 无定位报警 |
| B.设备报警 | |
| BACKUP ERROR DATA | 备份数据错误报警 |
| BATTERY ALARM | 电池掉电报警 |
| HIGH VOLTAGE | 输入电压过高报警 |
| LOW VOLTAGE | 输入电压过低报警 |
| ODOMETER ALARM | 里程计报警 |
| RAM ERROR | 随机存储器故障报警 |
| ROM ERROR | 只读存储器故障报警 |

2.运行设备自检程序

接收机自检程序(Diagnostic Test)用于检测ROM、RAM、数据接口、差分接收机、电池、键盘、显示器等是否工作正常。自检期间,设备进入自动运行状态,接收机所有按键将失效。检测结束之后,一旦某个部分出现故障,设备将给出相应的报警信息提示。

**(三)接收机常见故障排除**

1.无法定位

无法定位是卫星接收机在日常使用中最常见的故障之一。无法定位的原因主要有:

(1)天线损坏:天线受潮锈蚀,或者进水导致短路,或者有源天线受到较强射频信号影响导致电路损坏等。

(2)连接电缆松动脱落:天线连接器连接不牢固、接收机或天线处电缆插头脱落、电缆部分损毁等。

(3)接收机电路故障:接收机自身软硬件故障。

(4)天线被遮挡:天线被较大障碍物遮挡,出现定位中断。

(5)DGPS无法提供差分定位功能:船舶距离基站较远,不在DGPS信号接收范围内。

排除无法定位故障的一般步骤如下:

(1)查看电缆插头是否松动脱落、天线连接器连接是否正常,如有异常,恢复之。

(2)检查电缆是否损毁,可用测试电缆替换连接电缆,如果恢复正常定位,则说明电缆损坏,需要更换电缆。

(3)如果用测试电缆替换连接电缆仍然无法恢复正常定位,则检查天线是否损坏,可用测试天线替换天线,如果恢复正常定位,则说明天线损坏,需要更换天线。

(4)若用测试天线替换天线仍然无法恢复正常定位,则可以考虑接收机主机故障。

(5)若判断天线被遮挡,或者距离基站较远,则无须进行故障排除。

2.定位变慢

开机后定位变慢的原因有:

(1)用户长期未使用接收机或位置变动较大后再次开机,接收机处于冷启动或温启动状态,这种情况无须采取干预措施。

(2)机内锂电池掉电或失效,关机后无法保存时间、星历等信息,再次开机后需重新收集。当其电压较低时,会出现电池报警信息,及时更换电池即可。

3.电源保险丝熔断

电源保险丝熔断的原因为设备过流、瞬间短路等,在更换保险丝之前应查明原因。如果更换保险丝之后,再次熔断,则需要维修设备。

**(四)船载接收机的安装**

1.接收机天线的安装注意事项

(1)接收机天线应安装在水平360°、仰角5° ~ 90°无连续障碍物处,离S波段雷达及Inmarsat系统等天线发射波束3 m以上。

(2)注意测量接收机天线与船首和船尾的距离,以及与船舶两舷的距离,便于本船AIS静态参数的设置。设置参数中,船首距离为$A$,船尾距离为$B$,左舷和右舷距离分别

为 $C$ 和 $D$。

(3)尽量不要缩减制造商提供的天线电缆长度。

(4)天线安装位置要尽量高,避免被喷水干扰;天线表面结冰也可能中断 GPS 卫星信号的接收。

2.天线连接器的组装

在安装接收机时,线缆可能要穿过一些尺寸较小的孔洞,连接器却无法穿过,此时需要将其拆除,待线缆穿过后再将连接器组装起来,天线连接器的具体安装如图 1-2-4 所示。

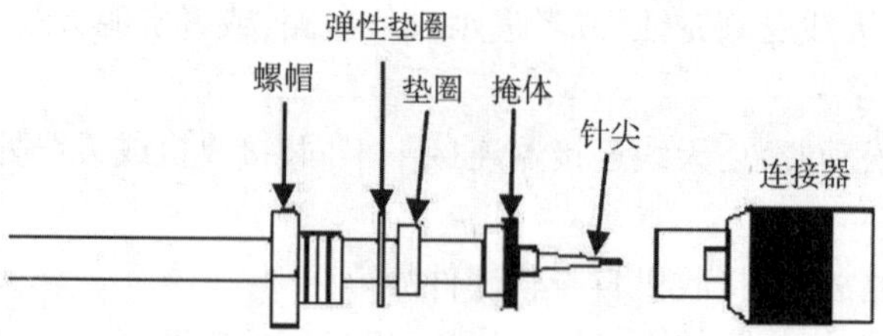


图 1-2-4　GPS 接收机天线连接器的具体安装

3.显示器的安装

接收机显示器常见的两种安装方式为桌面式和嵌入式。显示器的安装位置选择应注意:

(1)尽量远离排气和通风管道;

(2)周围通风良好;

(3)尽量避免冲击和振动;

(4)远离电磁设备,如电动机或发电机;

(5)保证显示器两侧和后方留有足够的维护空间,以方便维护和维修;

(6)远离磁罗经。

# 第三节 ◉ 北斗卫星导航系统

北斗卫星导航系统,简称北斗系统,是中国着眼于国家安全和社会经济发展需要,自主建设运行的全球卫星导航系统,是为全球用户提供全天候、全天时、高精度的定位、导航和授时服务的国家重要时空基础设施,也是继 GPS、GLONASS 之后的第三个成熟的卫星导航系统。此外,北斗卫星导航系统还可以为用户提供短报文服务,这也是它与其他卫星导航系统的最大差别。本节重点针对其定位、导航等功能展开讨论。

## 一、北斗卫星导航系统的组成

与 GPS 卫星导航系统类似,北斗卫星导航系统由空间段、地面段和用户段三个部分组成。

### (一)空间段

北斗卫星导航系统空间段由若干地球静止轨道卫星、倾斜地球同步轨道卫星和中高度地球轨道卫星等组成，目前，北斗三号空间段由30颗卫星组成。

### （二）地面段

北斗三号地面段包括主控站、注入站、监测站等30余个地面站。其中，主控站用于系统运行管理与控制等；注入站用于向卫星发送信号，对卫星进行控制管理，在接收到主控站的调度指令后，将卫星导航电文和差分完好性信息发送至卫星；监测站用于接收卫星的信号，并发送给主控站，实现对卫星的监测，以确定卫星轨道，并为时间同步提供观测资料。

### （三）用户段

北斗卫星导航系统用户段包括北斗卫星导航系统用户终端、与其他卫星导航系统兼容的终端以及相应的应用系统与应用服务等。用户段可以追踪北斗导航卫星，并实时地计算出接收机所在位置的坐标、移动速度及时间。接收机可分为袖珍式、背负式、车载、船载、机载等。

## 二、北斗卫星导航系统功能与服务

目前，北斗卫星导航系统提供导航定位和通信数传两大类共计七种服务：在全球范围内，为用户提供定位导航授时、短报文通信和国际搜救（SAR，Search and Rescue）等三种服务；在中国及周边地区，为用户提供星基增强（SBAS，Satellite-based Augmentation System）、地基增强（GBAS，Ground-based Augmentation System）、精密单点定位（PPP，Precise Point Position）和区域短报文通信等四种服务。

### （一）定位导航授时服务

1.定位原理

与GPS系统类似，在北斗卫星导航系统提供的卫星无线电导航服务（RNSS，Radio Navigation Satellite Service）中，北斗导航卫星不断地发射导航电文，用户机接收到其中的卫星星历数据，提取出卫星时间与自己的时钟做对比，从而获得卫星与用户的时间差；再利用导航电文中的卫星星历数据推算出卫星发射电文时的三维坐标，从而可以算出用户接收机的三维坐标。

2.导航坐标系

北斗卫星导航系统采用2000国家大地坐标系（CGCS2000），其原点为包括海洋和大气的整个地球的质量中心。CGCS2000的$z$轴由原点指向历元2000.0的地球参考极的方向，该历元的指向由国际时间局给定的历元为1984.0的初始指向推算而得。

3.授时服务

北斗卫星导航系统的时间基准为北斗时（BDT）。BDT采用国际单位制（SI）秒为基本单位连续累计，不闰秒，起始历元为2006年1月1日协调世界时（UTC）00时00分00秒。BDT与UTC的偏差保持在100 ns以内（模1秒）。

4.功能指标

目前BDS全球范围实测定位精度水平方向优于2.5 m，垂直方向优于5.0 m；测速精度优于0.2 m/s，授时精度优于20 ns。系统连续性提升至99.996%，可用性提升至99%。

### （二）其他服务

1.精密单点定位服务

精密单点定位信号是北斗卫星导航系统首次对外发布的高精度信号，由北斗 3 颗地球静止轨道卫星播发，为用户提供公开、免费的高精度服务。精密单点定位精度实测值水平优于 20 cm，高程优于 35 cm，收敛时间为 15~20 min。

2.星基增强服务

星基增强系统是北斗卫星导航系统的重要组成部分。星基增强系统通过静止地球轨道卫星搭载卫星导航增强信号转发器，可以向用户播发星历误差、卫星钟差、电离层延迟等多种修正信息，实现对原有卫星导航系统定位精度的改进。

3.地基增强服务

地基增强服务利用北斗/GNSS 高精度接收机，通过在中国范围内建设的框架网基准站和区域网基准站，利用卫星、移动通信、数字广播等播发手段，在服务区域内提供米级、分米级和厘米级实时高精度导航定位服务。

4.国际搜救服务

北斗卫星导航系统在 6 颗中轨道（MEO）卫星上搭载了 SAR 载荷。SAR 载荷按照国际搜救卫星组织（International Satellite System for Search and Rescue）的标准开发，可与 GPS、GLONASS、GALILEO 导航卫星上的 SAR 载荷共同为全球用户提供服务。遇险用户通过紧急无线电示位标发出 406 MHz 的遇险信号，信号携带有用户标识等遇险信息，通过卫星上的 SAR 载荷转发后，由分布在世界各地的本地用户终端（LUT，Local User Terminal）进行多普勒测量定位，计算遇险目标的位置，并将这些信息发送给本地的搜救协调中心，通常由本地的搜救协调中心牵头协调救援实施。有关紧急无线电示位标的内容参阅第十九章。

5.短报文通信服务

短报文通信服务是北斗卫星导航系统的最大特色。2003 年以来，从北斗一号开始，系统就采用卫星无线电测定业务（RDSS，Radio Determination Satellite Service）体制为用户提供短报文通信服务；北斗二号继承了这一体制继续提供这一服务。有关全球短报文服务功能和区域短报文服务功能参阅第二十二章。

**思考题**

1.常见的卫星导航系统有哪几种？

2.简述卫星导航系统是如何获取用户位置信息（定位原理）的。

3.简述 DGPS 的工作原理。

4.简述 GPS 导航仪传输的信号格式。

5.简述 GPS 导航仪输出的语句“$ GPZDA”“GPGGA”“$ GPGLL”的中文含义。

6.简述 GPS 导航仪常见故障判定排除方法。

7.简述北斗卫星导航系统的组成。

8.简述北斗卫星导航系统可提供的服务内容。

# 第二章

# 船舶指向设备

船舶指向设备为船舶在海上航行提供指向信息，船舶指向信息为船舶船首向信息或航向信息，是船舶安全航行的重要助航信息。现代航海仪器、设备，如自动舵、航海雷达、ECDIS、AIS 和 VDR 等都需要输入和记录船首向信息。未来在海、陆、天信息相融合的智慧化航海上，船舶指向信息仍然是一项不可缺少的基本信息。

现代船舶上常用的指向设备有：陀螺罗经、磁罗经、光纤陀螺罗经和 GNSS 罗经等。因磁罗经不涉及电气，不属于本教材讨论的内容。

陀螺罗经的主要优点包括：

（1）不依赖于外部的声、光、磁等信息自主地寻找真北。

（2）不受磁干扰影响，指向误差小；安装位置不受限制。

（3）指向精度高；多个复示器，有利于船舶自动化。

（4）与自动控制技术相结合，为船舶提供自动操舵功能，大大节省了驾引人员的时间和精力。

（5）现代的陀螺罗经都允许接入磁罗经信号，从而可以实现磁罗经操舵。虽然这种操舵方法的精度与陀螺罗经相比较差，但是为操船提供了一种辅助手段。

陀螺罗经的主要缺点包括：

（1）必须有电源才能工作，工作原理和结构较复杂。

（2）启动时间长，需在开航前 4~5 h 提前启动罗经。

当前，船用陀螺罗经的规范性性能标准主要概括如下：

（1）《关于电罗经性能标准的建议案》[IMO A.424(Ⅺ)决议]。

（2）《船舶和航海技术——船用陀螺罗经》(ISO 8728—2014)。

（3）《海上导航和无线电通信设备和系统——通用要求——测试方法和要求的测试结果》(IEC 60945)。

（4）《关于船舶首向发送装置(THD)性能标准的建议案》[MSC.116(73)决议]。

光纤陀螺罗经是以光纤陀螺为核心测量元件的设备，能够提供载体的航向角、横摇角、纵摇角和载体三个轴的角速率以及航向旋回速率等运动信息。与陀螺罗经相比，光纤陀螺罗经具有启动时间短、测量精度高、动态性能好、结构简单、尺寸小、重量小等优点。光纤陀螺罗经采用了全固态无运动部件——捷联式惯导系统，可靠性高，在服务期间无须维修,已经成为船用指向仪器中的一员,在航海上得到了应用。

GNSS 罗经的稳定时间一般在 4 min 以内,随动性能高、静态指向精度高、耗电少,已经在航海上实际应用,尤其是随着我国北斗卫星导航系统的建成和全面应用,未来在信息化航海上,GNSS 罗经必将得到进一步的广泛应用。

# 第一节 ◉ 陀螺罗经指北原理

陀螺罗经,俗称电罗经,是利用陀螺仪(Gyroscope)的特性,在地球自转运动的影响下,借助力矩器使陀螺仪主轴自动找北,并精确跟踪地理子午面的指向仪器。它可用来指示船首向和测定物标方位,以及作为方位稳定设备等。陀螺罗经的核心部件是陀螺仪。

## 一、陀螺仪及其特性

### (一)陀螺仪

工程上将高速旋转的陀螺转子及其悬挂装置叫作陀螺仪。如图 2-1-1 所示,陀螺仪由转子、转子轴(主轴)、内环、内环轴(水平轴)、外环、外环轴(垂直轴)、基座等组成。陀螺仪主轴借助悬挂装置绕其几何中心可以指向空间任意方向。陀螺仪主轴作为指示方向的指针,如果能够稳定地指向地理真北,陀螺仪就成为实用的陀螺罗经。重心与几何中心重合的陀螺仪称为平衡陀螺仪。不受任何外力矩作用的平衡陀螺仪称为自由陀螺仪。陀螺罗经的陀螺仪的转子可绕三个轴旋转,具有三个自由度,称为三自由度陀螺仪。

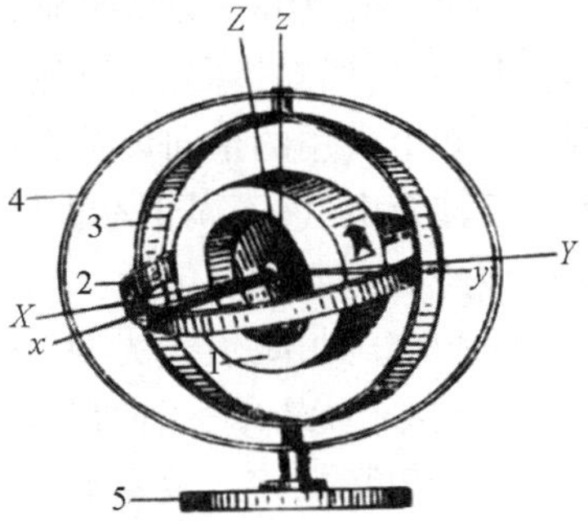


图 2-1-1　陀螺仪的结构

1—转子;2—内环;3—外环;4—固定环;5—基座

### (二)陀螺仪的特性

1.陀螺仪的定轴性

不受任何外力矩作用的陀螺仪的主轴将保持其空间初始指向不变的特性,称作陀螺仪的定轴性(Gyroscopic Inertia)。如图 2-1-2 所示,自由陀螺仪主轴初始水平,即使陀螺仪的基座倾斜,陀螺仪主轴仍然水平指向空间某一方向。

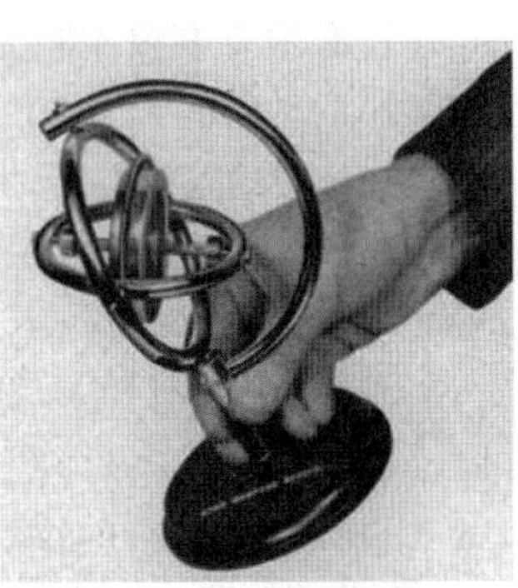

图 2-1-2　陀螺仪的定轴性

2.陀螺仪的进动性

在外力矩的作用下,陀螺仪主轴的动量矩 $H$ 矢端以捷径趋向外力矩 $M$ 矢端的特性,称为陀螺仪的进动性(Gyroscopic Precession),可记为 $H \rightarrow M$。

如图 2-1-3 所示,陀螺仪受外力矩 $M_Y$ 作用时,转子动量矩矢端(矢量端点)将绕着垂直轴以捷径向外力矩 $M_Y$ 转动,我们称这种运动为进动。

陀螺仪的定轴性和进动性是可以互相转化的,其转化要看有无外力矩的作用。无外力矩作用时,陀螺仪主轴相对于空间保持定轴;有外力矩作用时,陀螺仪主轴则相对于空间做进动运动。在陀螺罗经中,当主轴偏离真北时,需要应用陀螺仪的进动性,施加相应的外力矩,控制主轴找北;当主轴指北时,则需要应用陀螺仪的定轴性,设法减少有害力矩的影响。

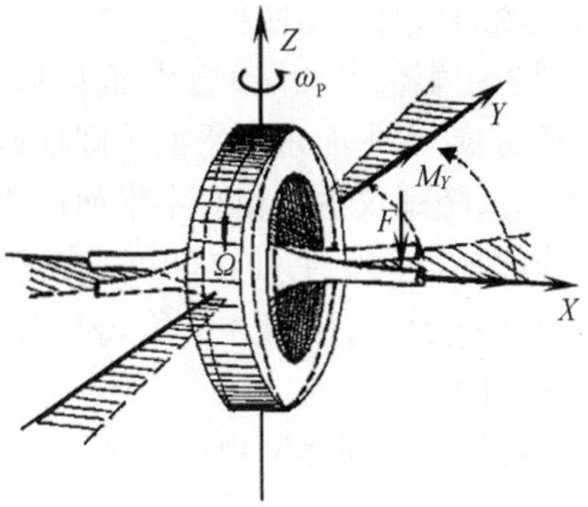


图 2-1-3　陀螺仪进动性

Ω—陀螺仪自转角速度;F—外力;$M_Y$—外力矩;$\omega_P$—进动角速度

## 二、自由陀螺仪在地球上的视运动

在地球上,自由陀螺仪的基座跟随地球一起转动,如图 2-1-4 所示,在地球的北半球,若将自由陀螺仪放在 A 点,使其主轴位于子午面内并指真北,由于地球自西向东转,经过一段时间后,它转到 B 点,因陀螺仪的定轴性,主轴仍将指示空间方向不变,但相对子午面主轴指北端已向东偏过了角 α。人们在地球上看陀螺仪主轴相对地球的这种运动,称为陀螺仪的视运动。

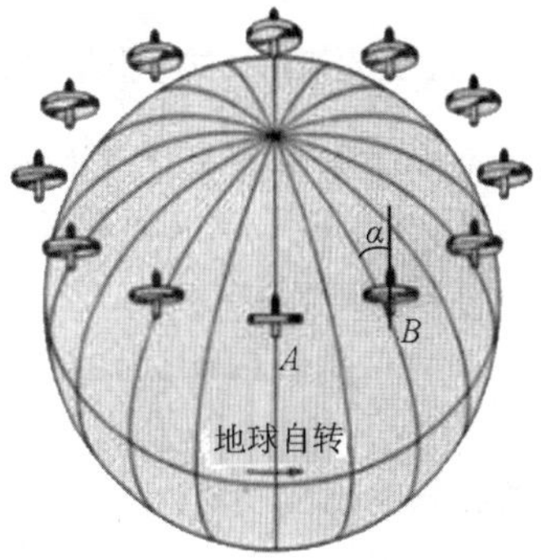


图 2-1-4　自由陀螺仪的视运动

### (一)地球自转角速度水平分量和垂直分量

陀螺仪主轴相对地球的运动,就是相对地球的子午面和水平面的运动。

在北纬任意纬度处,如图 2-1-5 所示,可以将地球自转角速度 $\omega_e$ 分解到 ON 轴和 $OZ_0$ 轴上,得到两个分量 $\omega_1$ 和 $\omega_2$,在 ON 轴上的 $\omega_1$ 称为水平分量,在 $OZ_0$ 轴上的 $\omega_2$ 称为垂直分量。

$$\begin{cases}\omega_1 = \omega_e\cos\varphi \\ \omega_2 = \omega_e\sin\varphi\end{cases} \tag{2-1-1}$$

显然,在北纬,地球的子午面以 $OZ_0$ 轴为转轴旋转,旋转角速度为 $\omega_2$,子午面的北半平面不断地向西偏转;地球的水平面以 ON 轴为转轴在不断地旋转,旋转角速度为 $\omega_1$,水平面东半平面不断下降,西半平面不断上升。

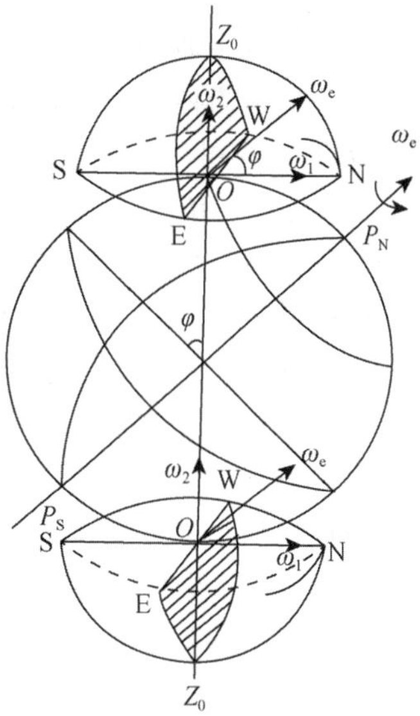


图 2-1-5　地球自转角速度的分解

### (二)陀螺仪视运动规律

当陀螺仪主轴置于子午面内时,由于在北纬子午面北半平面向西偏转,主轴指北端将偏到子午面的东边。在南纬,由于 $\omega_2$ 反向,北半平面向东偏,因此陀螺仪主轴的指北端向西偏。

当陀螺仪主轴偏离子午面以后，由于 $\omega_1$ 的影响，水平面东半平面下降而西半平面上升，陀螺仪主轴相对水平面产生东升西降的视运动。主轴在高度上的视运动不但和 $\omega_1$ 有关，还和方位角 $\alpha$ 有关，如图 2-1-6 所示。

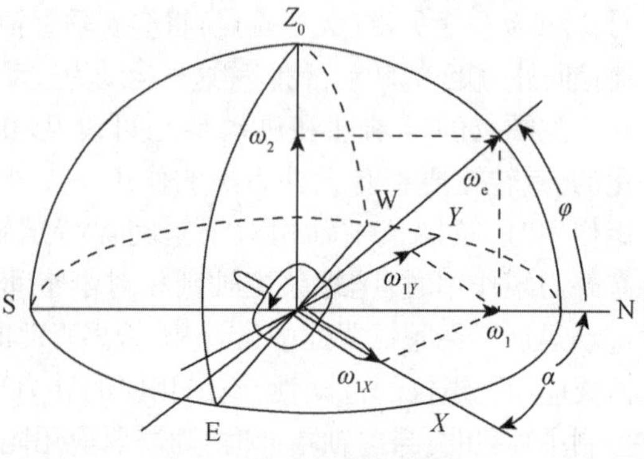


图 2-1-6 陀螺仪的视运动

陀螺仪的视运动规律如下：

陀螺仪主轴指北端相对子午面“北纬东偏，南纬西偏”，偏转线速度大小为 $H\omega_2$；陀螺仪主轴指北端相对水平面“偏东上升，偏西下降，东升西降”，升降线速度大小为 $H\omega_1\alpha$。

## 三、变陀螺仪为陀螺罗经

陀螺仪的视运动使得陀螺仪主轴不能够稳定地指示地理真北（子午面），利用陀螺仪的进动性，对陀螺仪施加合适的外力矩（控制力矩和阻尼力矩），使主轴进动速度等于地球自转速度，当陀螺仪主轴稳定地指示子午面时，陀螺仪就变为陀螺罗经。

### （一）产生控制力矩的方法

产生控制力矩的方法有：重心下移法、液体连通器法和电磁控制法。

将陀螺仪的重心沿垂直轴下移，产生控制力矩的方法称为重心下移法，这种方法制成的罗经称为下重式罗经。

当陀螺仪主轴升高一个 $\theta$ 角度时，重力 $mg$ 产生力矩 $M_Y$，$M_Y$ 的方向指 $OY$ 轴正向，如图 2-1-7 所示。$M_Y$ 的大小可用下式表示：

$$M_Y = -mga\theta = -M\theta \qquad (2\text{-}1\text{-}2)$$

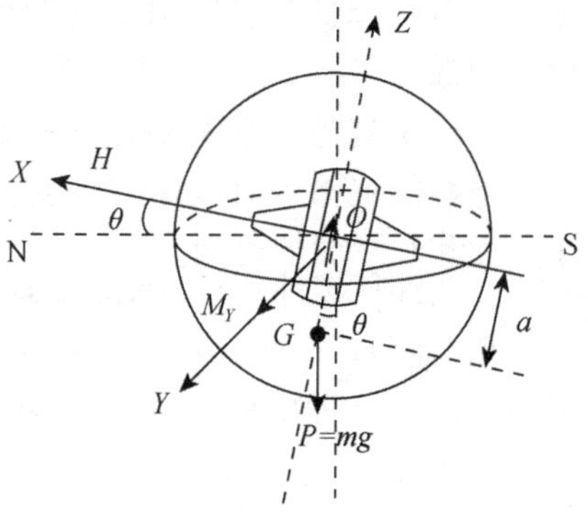


图 2-1-7 控制力矩的产生

式中：$m$ 为陀螺球的质量；$g$ 为重力加速度；$a$ 为重心到中心的距离。以 $M$ 表示 $mga$，称为下重式罗经的最大控制力矩，当罗经设计制造完成后，最大控制力矩 $M$ 是定值。

重心下移的陀螺仪类似于一个机械重力摆，因此，陀螺罗经是利用重力摆效应获得控制力矩的，故称为摆式罗经。

液体连通器罗经获得控制力矩的方式是在陀螺仪主轴两端加装液体连通器，内充高黏度的硅油，液体可在南、北两个容器之间流动。液体连通器产生的控制力矩 $M_Y$ 的大小与罗经结构参数和陀螺仪主轴高度角 $\theta$ 有关，可表示为：

$$M_Y = 2R^2 S\rho g\theta = M\theta \qquad (2\text{-}1\text{-}3)$$

液体连通器罗经也是利用重力摆效应获得控制力矩的，因此，它也属于摆式罗经。

### （二）摆式罗经等幅摆动

分析可知，位于北纬 $\varphi_N$ 处仅有控制力矩作用的摆式罗经，在 $\omega_1$、$\omega_2$、重力控制力矩 $M_Y$ 的共同作用下，罗经主轴指北端将围绕真北方向做等幅摆动，主轴的摆动轨迹为一椭圆。

主轴指北端摆动一周所需的时间称为等幅摆动周期。等幅摆动周期 $T_0$ 的大小为

$$T_0 = 2\pi\sqrt{\frac{H}{M\omega_e\cos\varphi}} = 2\pi\sqrt{\frac{H}{M\omega_1}} \tag{2-1-4}$$

可见，等幅摆动周期 $T_0$ 与罗经结构参数 $H$、$M$，以及船舶所在地理纬度 $\varphi$ 有关，而与主轴起始位置无关。当罗经结构参数 $H$、$M$ 确定后，$T_0$ 随纬度增加而增大。

仅有控制力矩作用的摆式罗经能够自动找北，但不能稳定地指北，因此还不是真正的陀螺罗经。欲使摆式罗经主轴自动找北且稳定指北，必须施加阻尼力矩，变等幅摆动为减幅摆动，最终使主轴稳定指北。

### （三）阻尼力矩产生方法

阻尼力矩产生的方法有液体阻尼器法和陀螺房西侧重物法。

阻尼设备产生的阻尼力矩作用于罗经的水平轴 $OY$ 上，通过压缩椭圆长轴，以实现阻尼的方法，称为水平轴阻尼法，如图 2-1-8 所示。

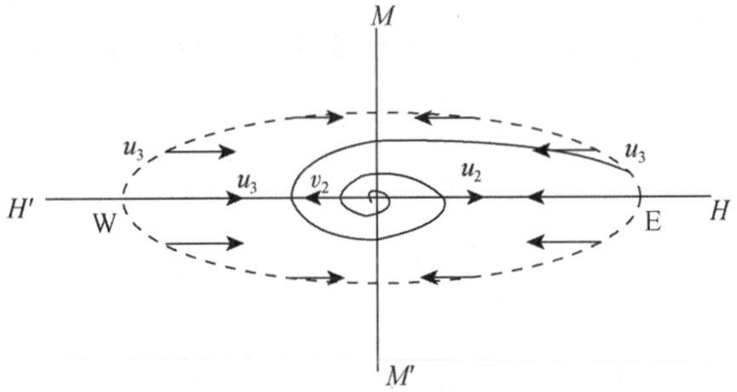


**图 2-1-8　水平轴阻尼线速度指向和主轴稳定位置**

$u_2$—控制力矩引起的线速度；$v_2$—视运动线速度；$u_3$—阻尼力矩引起的线速度（阻尼进动线速度）；

$MM'$—子午面；$HH'$—水平面

下重式罗经均采用水平轴阻尼法，其阻尼力矩由液体阻尼器产生，因此这种罗经也称为液体阻尼器罗经。

在陀螺仪的主轴 $OX$ 轴的方向装一个液体阻尼器，内装黏度很大的阻尼油液。阻尼器南、北各有一个油室，下面有连通管，上面有通气管，如图 2-1-9 所示。设计时要求油液的流动周期比主轴高度角 $\theta$ 的变化周期落后 1/4 周期（有一个形成过程）。当罗经主轴偏在子午面之东时，北容器有多余液体，阻尼力矩 $M_d$ 指西，阻尼进动线速度 $u_3$ 指西；当罗经主轴偏在子午面之西时，南容器有多余液体，阻尼力矩 $M_d$ 指东，阻尼进动线速度 $u_3$ 指东。$M_d$ 总是指向子午面，因而阻尼力矩起的作用是把主轴压向子午面，使主轴趋向稳定位置。

液体连通器罗经在其陀螺房正西侧安放了一个大约 30 g 的阻尼重物，用于产生阻尼力矩。阻尼重物的重力 $mg$，在陀螺球垂直轴产生阻尼力矩 $M_{ZD}$，属于垂直轴阻尼方式。阻尼力矩 $M_{ZD}$ 的大小由下式表示：

$$M_{ZD} = M_D \theta \tag{2-1-5}$$

式中：$M_D$为最大阻尼力矩，由罗经结构参数决定。这种由阻尼重物获得阻尼力矩的罗经也称为重物阻尼罗经。

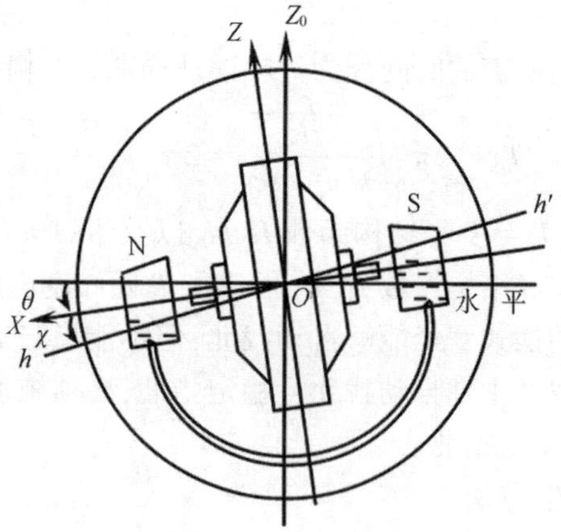


图 2-1-9 液体阻尼器

## （四）稳定位置

当液体阻尼器罗经陀螺球主轴稳定时，主轴在稳定位置的线速度是 $u_2=v_2+u_3$，多余液体角 $\beta$ 与陀螺球主轴新稳定位置的高度角 $\theta_r$ 相等，即 $\beta=-\theta_r$，则有：

$$\begin{cases} \alpha_r = 0 \\ \theta_r = -\dfrac{H\omega_2}{M-C} \end{cases} \tag{2-1-6}$$

式中：$(\alpha_r, \theta_r)$ 为主轴稳定位置；$H$ 是动量矩；$M$ 是最大控制力矩；$C$ 是液体阻尼器液体的流动系数。当罗经投入使用时，$H$、$M$、$C$ 都是定值。由式(2-1-6)可知，在北纬静止基座上，陀螺罗经主轴的稳定位置在子午面内，并相对于水平面抬高一个 $\theta_r$角。

液体连通器罗经采用垂直轴阻尼法，其主轴最终稳定位置为

$$\begin{cases} \alpha_r = -\dfrac{M_D}{M}\tan\varphi \\ \theta_r = -\dfrac{H\omega_2}{M} \end{cases} \tag{2-1-7}$$

可见，由于采用了垂直轴阻尼法，液体连通器罗经主轴最终稳定位置不在子午面上，而是偏离子午面一个角度，形成了一个指向误差，这个误差只与纬度有关，也叫纬度误差。斯伯利系列罗经属于液体连通器罗经，都采用了垂直轴阻尼法。因此，斯伯利系列罗经都存在纬度误差。

## （五）阻尼运动及其参数

### 1.阻尼运动曲线

加上阻尼力矩后，陀螺仪主轴在方位上的运动规律符合图 2-1-10 所示曲线。该曲线称为罗经主轴在方位上的阻尼摆动曲线，即 $\alpha-t$ 关系曲线，它可由航向记录器记录下来，或者由驾驶员根据时间记录方位角变化的数值后绘制而成。

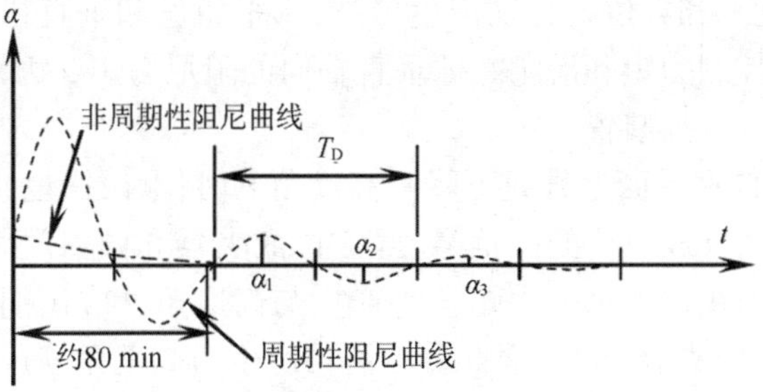


图 2-1-10 罗经主轴在方位上的阻尼摆动曲线

α—方位角；t—罗经启动时间

2.阻尼因数

阻尼因数 $f$ 又称衰减因数，它表示主轴在方位角上减幅摆动过程的快慢程度。罗经的阻尼因数 $f$ 可表示为

$$f=\frac{\alpha_1}{\alpha_2}=\frac{\alpha_3}{\alpha_4}=\cdots=\frac{\alpha_n}{\alpha_{n+1}} \tag{2-1-8}$$

阻尼因数 $f$ 为 2.5~4，一般为 3。

3.阻尼周期

阻尼周期 $T_D$ 表示罗经做减幅摆动时主轴做阻尼摆动一周所需的时间。它与罗经的结构参数 $H$、$M$ 和船舶所在纬度有关。在纬度一定时，阻尼周期 $T_D$ 大于无阻尼（等幅摆动）周期 $T_0$。

4.罗经稳定时间

从航海的角度来看，罗经稳定时间为自罗经启动到主轴经减幅摆动至其指向精度满足航海精度要求（±1°）所需的时间。稳定时间不仅与罗经的结构参数和所在地的纬度有关，还与启动时罗经指北端的初始位置（方位角和高度角）有关。通常罗经稳定时间约为 4 h，所以船舶驾驶员一般在开航前 4~5 h 启动罗经。为了缩短稳定时间，有些罗经设有快速稳定装置，使主轴指北端预先接近其稳定位置。

## 四、电磁控制式陀螺罗经

电磁控制式陀螺罗经，简称电控罗经，它是在平衡陀螺仪的结构上设置了一套电磁控制装置的新型陀螺罗经。

如图 2-1-11 所示，三自由度平衡陀螺仪的主轴 $OX$ 水平放置，其动量矩 $H$ 矢端沿主轴 $OX$ 的正端，即动量矩指北。在水平轴 $OY$ 上安装电磁摆 1，在水平轴 $OY$ 和垂直轴 $OZ$ 上安装水平力矩器 3 和垂直力矩器 5，在电磁摆与力矩器之间接入方位放大器 4 和倾斜放大器 2。电磁摆是电磁控制式罗经产生控制力矩和阻尼力矩的元件，当主轴出现高度角时，电磁摆就能产生摆信号，控制随动系

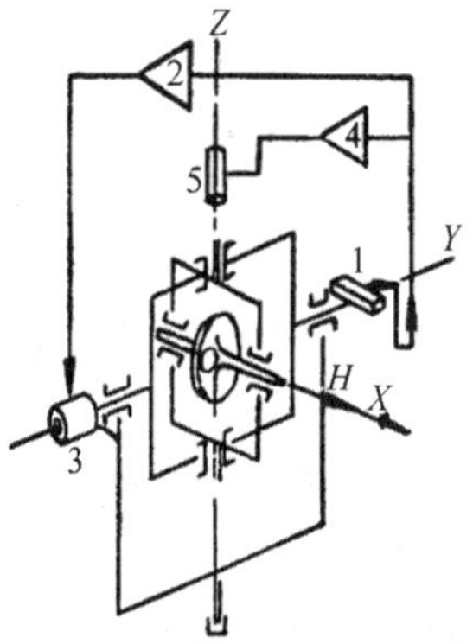


图 2-1-11 电磁控制式陀螺罗经的工作原理图

1—电磁摆；2—倾斜放大器；3—水平力矩器；4—方位放大器；5—垂直力矩器

统，使储液缸在高度上和方位上分别产生位移，水平扭丝和垂直扭丝受扭，分别产生沿陀螺球水平轴向的控制力矩和沿陀螺球垂直轴向的阻尼力矩。力矩器是将电信号输入量变为力矩输出量的变换装置。

当主轴指北端自水平面上升或下降一高度角 $\theta$ 时，电磁摆也倾斜相同的高度角 $\theta$，产生并输出与高度角 $\theta$ 成正比的摆信号，经方位放大器和倾斜放大器放大后分别输至水平力矩器及垂直力矩器。水平力矩器将产生与高度角 $\theta$ 成比例的、作用于水平轴向的控制力矩 $M_Y=K_Y\theta$。与此同时，垂直力矩器将产生与高度角 $\theta$ 成比例的、作用于垂直轴向的阻尼力矩 $M_Z=K_Z\theta$。$K_Y$与 $K_Z$分别称为施加于水平轴向和垂直轴向的力矩电控系数，均为常量，$K_Y\theta$ 将使主轴具有找北性能，$K_Z\theta$ 将使主轴的摆动得到衰减直至稳定指北。

电磁控制式陀螺罗经和液体连通器罗经相同，在北纬 $\varphi$ 处静止基座上稳定时主轴指北端自水平面上升角度 $\theta_r=-\dfrac{H\omega_2}{K_Y}$，且自子午面偏东角度 $\alpha_r=-\dfrac{K_Z}{K_Y}\tan\varphi$。对于参数 $K_Y$与 $K_Z$已确定的罗经而言，主轴指北端在方位角 $\alpha$ 上稳定时偏东的角度 $\alpha_r$仅与纬度 $\varphi$ 有关，故称为纬度误差，用符号 $\alpha_{r\varphi}$表示。

# 第二节 ◉ 陀螺罗经误差及其补偿

陀螺罗经具有一系列的系统误差，如速度误差、纬度误差、冲击误差、摇摆误差和基线误差。为提高陀螺罗经的使用精度，这些系统误差均应予以消除或补偿。

## 一、速度误差

### （一）速度误差的定义

前述陀螺罗经稳定位置都是建立在罗经基座处于静止状态的基础上，即船舶没有运动速度。基座运动引起罗经主轴的牵连运动速度发生变化，必然造成罗经稳定位置发生变化，使罗经产生误差。船舶在恒向恒速运动时，陀螺罗经主轴的稳定位置与航速为零时主轴的稳定位置在方位上的夹角 $\alpha_{rv}$ 称为速度误差。注意，速度误差仅指船舶做恒向恒速运动时出现的指向误差，不考虑任何加速度的影响。

对于航行在中纬度区域的船舶，速度误差公式为：

$$\alpha_{rv}=\frac{v\cos C}{R_e\omega_e\cos\varphi}\tag{2-2-1}$$

式中，$R_e$为地球半径，$\omega_e$为地球自转角速度，$\varphi$ 为船舶所在地理纬度，$v$ 为船舶航速，$C$ 为船舶航向。

### （二）速度误差的消除

1.查表法

按不同的航速 $v$、航向 $C$ 和所在地纬度 $\varphi$ 计算速度误差 $\alpha_{rv}$后，编制成表格或绘成图表。使用时，先根据船舶航速、罗经航向和所在地纬度，在表中查取速度误差值；再根据罗经航向确定符号，代入公式：真航向＝罗经航向+速度误差，确定船舶真航向。

2.外补偿法

利用一套解算装置，根据误差公式计算出误差的大小和符号，从罗经的航向读数中扣除误差的方法，称为外补偿法。传统罗经通过转动罗经航向基线或罗经航向刻度盘零度来补偿。基线转动的角度应等于速度误差值，而罗经刻度盘零度转动的角度与速度误差 $\alpha_{rv}$ 等值反向，如图 2-2-1 所示。现代数字罗经可以直接输入 GNSS 导航仪的船位信息和计程仪的航速信息，自动地计算和补偿误差。需强调的是，外补偿法仅从罗经航向读数中扣除误差值，虽然补偿后罗经刻度盘上读取的航向为不包含误差的真航向，但并未改变罗经主轴偏离真北的稳定位置。

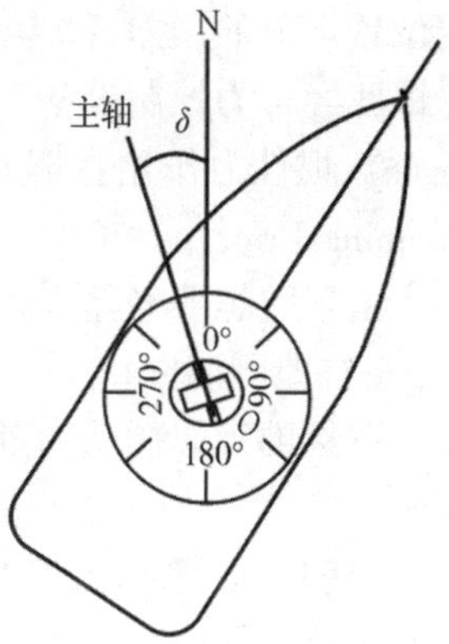


图 2-2-1　转动刻度盘法

$ON$—真北；$\delta$—误差

3.内补偿法

利用一套解算装置，计算并输出与误差相等的补偿力矩，抵消引起误差的因素的影响，使主轴稳定在子午面内，从根本上消除误差的方法，称为内补偿法。

陀螺罗经通常采用向垂直轴施加速度误差补偿力矩，产生补偿力矩进动线速度，抵消引起误差的航速附加视运动线速度 $v_3$ 的方法，来消除误差。

实际中，陀螺罗经都设有误差补偿器，船舶航行中通过调整补偿器上的相应控钮及开关，消除罗经速度误差。当船舶航速变化较大（例如 5 kn）或航行纬度变化较大（例如 5°）或航向变化较大（例如 15°）时，需调整相应控钮，消除误差。

## 二、纬度误差

采用垂直轴阻尼法的罗经，稳定后罗经主轴并不恰好位于子午面内，而是偏离子午面一个角度 $\alpha_r$，当罗经的结构参数 $M$、$M_D$ 确定后，$\alpha_r$ 角仅与地理纬度 $\varphi$ 有关，故称为纬度误差。纬度误差的大小与纬度的大小有关，符号与纬度极性有关。

实践中，对纬度误差的补偿方法有外补偿法和内补偿法两种。

1.外补偿法

外补偿法与速度误差外补偿法类似，通常在主罗经上设置纬度误差校正器，用机械方法按照纬度误差的公式算出 $\alpha_{r\varphi}$ 值，并在航向读数中予以扣除。

现代数字陀螺罗经可以输入卫星导航仪的船位信息，自动地完成对纬度误差的补偿。

2.内补偿法

在实践中，纬度误差内补偿方案有两种：对陀螺罗经的水平轴 $OY$ 施加纬度误差补偿力矩或对罗经的垂直轴 $OZ$ 施加纬度误差补偿力矩。

需要说明的是，补偿力矩的符号与罗经所在的纬度极性有关，如将符号取反，不仅不能消除误差，反而会使误差增大一倍。因此，在使用内补偿法进行罗经纬度误差补偿时应正确判断纬度的极性。

## 三、冲击误差

船舶机动（变速变向）航行时产生的惯性力对罗经作用，引起罗经主轴偏离新的稳定位置形成的误差，称为冲击误差(Ballistic Error)。冲击误差分为两种：惯性力作用在陀螺罗经重力控制设备上而产生的冲击误差，称为第一类冲击误差(Ballistic Deflection Error)；惯性力作用在阻尼设备上而产生的冲击误差，称为第二类冲击误差(Ballistic Damping Error)。

由于陀螺罗经具有阻尼减幅运动的特点，第一类冲击误差在船舶机动终了后经过 1 h 左右即可消失。

罗经的等幅摆动周期 $T_0 = 84.4$ min 时称为舒拉周期，所对应的纬度称为设计纬度 $\varphi_0$。

船舶机动终了时，总的冲击误差为第一类冲击误差 $B_{\mathrm{I}}$ 和第二类冲击误差 $B_{\mathrm{II}}$ 之和。当船舶所在纬度 $\varphi<\varphi_0$ 时，$B_{\mathrm{I}}$ 与 $B_{\mathrm{II}}$ 符号相反，总的冲击误差减小，一般不做处理；当船舶所在纬度 $\varphi>\varphi_0$ 时，$B_{\mathrm{I}}$ 与 $B_{\mathrm{II}}$ 符号相同，总的冲击误差增大。所以，设计罗经时，一般会适当提高设计纬度 $\varphi_0$，使船舶在大多数情况下总的冲击误差减小。

### 四、摇摆误差

陀螺罗经的摇摆误差(Rolling Error)是指船舶摇摆时周期性变化的惯性力作用于陀螺罗经的重力控制设备上产生的指向误差。

船用陀螺罗经在结构上均采取了减振和平衡环装置，有效地减轻了船舶摇摆的影响。下重式陀螺罗经在陀螺球内将单个陀螺转子换成两个主轴互相垂直的陀螺转子来消除摇摆误差，如图 2-2-2 所示。斯伯利系列罗经的液体连通器利用高黏度硅油的阻尼作用来消除摇摆误差；阿玛-勃朗系列罗经也是利用在电磁摆内充满高黏度液体的阻尼作用来消除摇摆误差。

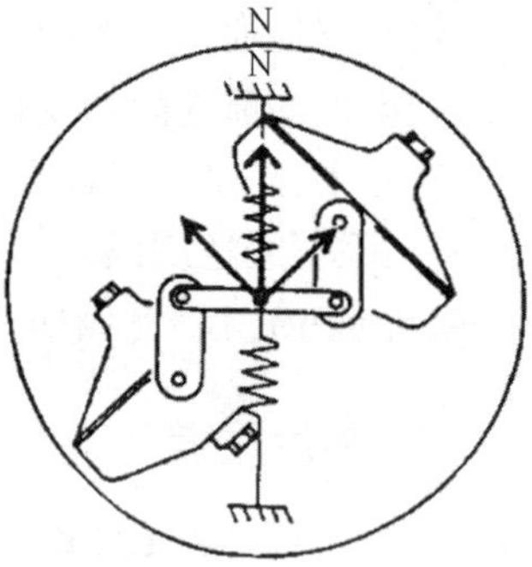


图 2-2-2 双转子陀螺球

### 五、基线误差

陀螺罗经的主、分罗经上都有用来读取航向的基准线，称为基线(Lubber Line)。安装罗经时，若罗经的基线与船首尾线不平行，则产生基线误差(Lubber Line Error)。基线误差的大小及符号不随时间变化，是一种固定误差。基线偏右舷时产生西误差，基线偏左舷时产生东误差。

## 第三节 ◉ 陀螺罗经的组成

现代船用陀螺罗经，按其灵敏部分具有转子的个数可分为单转子和双转子两大类型；按其结构特征和工作原理可分为安许茨、斯伯利和阿玛-勃朗三个系列。

任何一个系列的陀螺罗经，均由主罗经及其附属装置组成。主罗经是陀螺罗经的主要部分，具有指示船舶航向的性能。附属装置包括：分罗经、航向记录器、罗经电源(变流机或逆变器)、电源控制装置和报警装置等。

IMO 有关陀螺罗经的性能标准指标，都是基于纬度在南、北纬 60°以内提出的。

## 一、与船用陀螺罗经相关的基本概念

### （一）陀螺罗经结构

（1）设备应能在规定的振动、湿度、温度和电源变化的条件下连续工作。

（2）陀螺罗经刻度盘的分度应以 1°或其分数的间隔进行等分。分度误差应小于±0.2°。刻度盘应从 000°起顺时针方向至 360°止，每隔至多 10°应有数字表示。

（3）陀螺罗经应有足够的照明，并有调光装置以便能随时看清刻度盘上的读数。

（4）主罗经和分罗经的壳体上应刻有陀螺罗经安装基准线，用于指示船舶首向。陀螺罗经的底座应有便于安装的识别标记，使陀螺罗经基准线位于船舶纵中剖面。陀螺罗经的基准线应能被移动，以便将陀螺罗经的基线安装误差校正为零。

（5）陀螺罗经应有校正速度误差和纬度误差的装置，或用图表或表格的方法进行速度误差和纬度误差的校正。

（6）应采取措施尽力消除或抑制陀螺罗经与船上其他设备间的电磁干扰。

### （二）稳定时间

根据制造商说明书，开机后 6 h 内陀螺罗经应达到稳定。

### （三）稳定点误差

（1）在任意航向上的稳定点误差应不超过$\pm 0.75° \times \sec\varphi$（$\varphi$ 为罗经所在地的纬度）；航向读数值与稳定点航向之差的均方根值应小于 $0.25° \times \sec\varphi$。

（2）一次启动与另一次启动间的稳定点误差的重复性精度应在 $0.25° \times \sec\varphi$ 误差的重复性精度内。

### （四）剩余误差的校正

在速度为 20 kn 时，速度误差校正和航向误差校正后，剩余稳定状态误差不应超过$\pm 0.25° \times \sec\varphi$。

### （五）速度变化的影响

航速快速变化 20 kn 引起的误差不应超过±2°。

### （六）航向变化的影响

航速 20 kn 时，快速变换航向 180°引起的误差不应超过±3°。

### （七）主罗经和分罗经的同步

一旦分罗经和主罗经同步，在所有工作情况下主罗经和分罗经之间的最大读数误差不应超过±0.5°，纬度误差校正和速度误差校正应设定为零。

接下来，将重点叙述安许茨 4 型陀螺罗经、安许茨 22 型陀螺罗经以及斯伯利 MK37 型陀螺罗经和斯伯利 NAVIGAT X MK 2 数字陀螺罗经的构成。

## 二、安许茨 4 型陀螺罗经

安许茨系列陀螺罗经属于液浮支承的双转子摆式罗经。其灵敏部分为陀螺球，控制力矩通过降低陀螺球重心的方法获得，阻尼力矩则由液体阻尼器产生。

### （一）主罗经结构

1.灵敏部分

安许茨 4 型陀螺罗经主罗经的灵敏部分是一个直径为 252 mm，充有氦气的密封陀螺球，球的重心垂直下移 8 mm，以达到产生下重式控制力矩的目的。球内装有灯形支架，支架上方装有液体阻尼器，用于产生阻尼力矩。支架中间装有两个相同的陀螺马达，其产生的两个动量矩合成陀螺球的主轴动量矩指向，用于找北、指北。支架下方装有电磁上托线圈，通电后产生电磁上托力辅助液体支承陀螺球形成指向空间任意方向的陀螺仪，如图 2-3-1 所示。依照前述的陀螺罗经指北原理可知，液浮加电磁上托线圈辅助支承的陀螺球，其主轴在下重式控制力矩和液体阻尼力矩的共同作用下自动地找北并稳定指北。

陀螺球（外部）如图 2-3-2 所示。陀螺球壳是由黄铜压制成的较小的上半球和较大的下半球组成，除电极外，球的外表面均有绝缘橡胶覆盖。顶部和底部以及球的赤道部分分别装有石墨硬橡胶构成的顶电极、底电极和赤道电极（两窄一宽），经球内导线与陀螺马达相连，形成输入陀螺马达三相交流电通路。陀螺球赤道带上刻有 0°~360°航向刻度，以便从主罗经后部观察窗读取船舶的航向。在宽赤道电极两端有导电性能良好的炭精电极（其夹角为 175°），称为随动电极，构成随动信号的测量元件和通路。

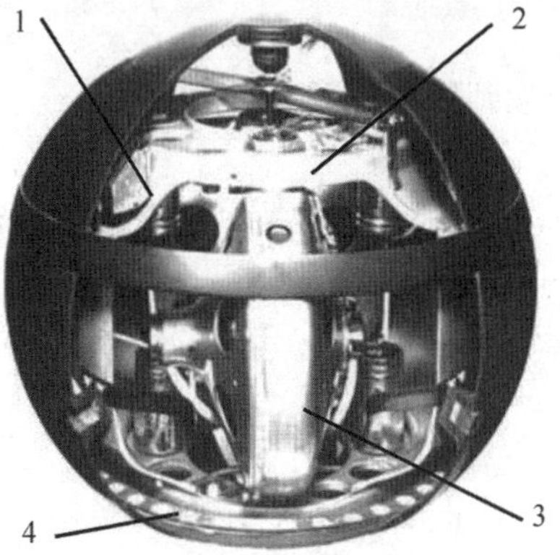


图 2-3-1　陀螺球（内部）

1—液体阻尼器；2—灯形支架；3—陀螺马达；

4—电磁上托线圈

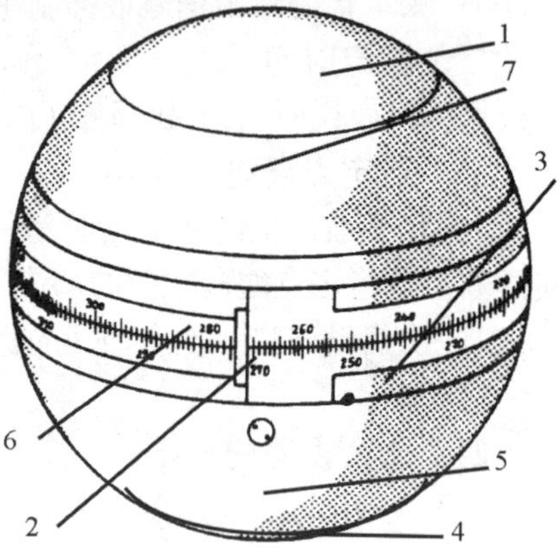


图 2-3-2　陀螺球（外部）

1—顶电极；2—随动电极；3—窄赤道电极；

4—底电极；5—下半球；6—宽赤道电极；7—上半球

为了对陀螺马达的轴承进行润滑，在陀螺球的底部装有一定量的润滑油，在存放、清洁和拿取陀螺球时，不能使陀螺球倾斜角超过 45°或将陀螺球倒置，以免润滑油沾到球内其他部件上，影响陀螺球的正常工作，缩短其使用寿命。

2.随动部分

安许茨 4 型陀螺罗经主罗经的随动部分由随动球、方位电机和刻度盘等组成。

随动球部分由随动球球体、蜘蛛架、中心导杆和汇电环组成，如图 2-3-3 所示。随动球球体由上、下两个半球，赤道环，电木柱和有机玻璃块等组成。球内顶部和底部分别装有顶电极和底电极，上、下两

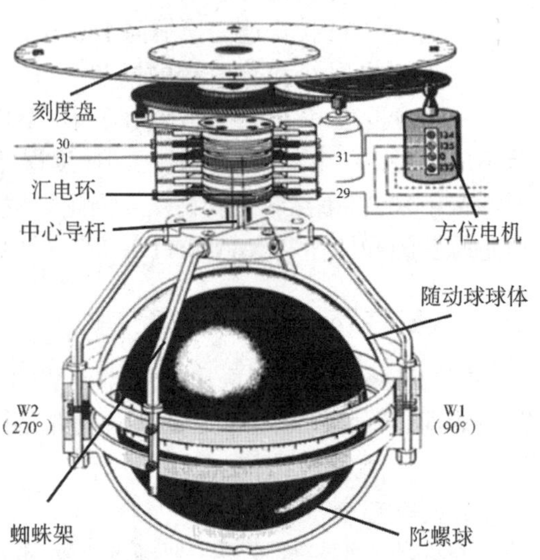


图 2-3-3　随动球部分

个半球的赤道环装有赤道电极。除电极外,其他部分都涂以硬橡胶覆盖绝缘。随动球各电极分别与陀螺球各电极对应。当两球间充满支承液体后,对应电极间的液体形成陀螺球的供电通路。

在赤道环间的电木柱中,有一对内表面装有石墨硬橡胶电极的电木柱(其夹角为180°),电极位置和陀螺球的随动电极相对应,称为随动球的随动电极,用以产生并传送随动信号。有机玻璃块内、外中央各刻有一条水平刻线,用以检查陀螺球在随动球内的高低。随动球上下有透孔,随动球外部的支承液体可以由这些透孔进入随动球。

中心导杆与蜘蛛架为涂有绝缘橡胶的空心导管,与汇电环相连的导线穿过中心导杆与蜘蛛架,构成传送电能到随动球电极的通路。

随动球借助中心导杆穿过固定部分的罗经桌,并用轴承支承在罗经桌上,通过传动齿轮与方位随动电机相连。当方位随动电机转动时,通过传动齿轮带动随动球转动。与方位齿轮相连的还有航向刻度盘,刻度盘的零度与随动球南北轴保持一致。当随动球转动时,刻度盘也同时转动。若随动球的南北轴与陀螺球主轴一致,则刻度盘的零度方向即为陀螺球主轴指向。

3.固定部分

安许茨4型陀螺罗经主罗经固定部分由储液缸、罗经桌、平衡环、金属托架、罗经盖和罗经箱等组成,如图2-3-4所示。

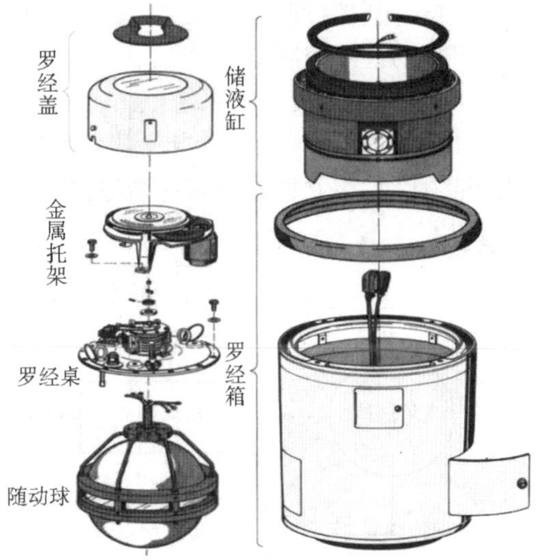

图 2-3-4 固定部分

### (二)电路系统

安许茨4型陀螺罗经的电路系统由电源系统、随动系统、传向系统和温度控制系统组成。

安许茨4型陀螺罗经的电源系统由变流机和电源控制箱组成。这种形式的电源系统称为交流变流机系统。陀螺马达高速旋转,要求的电源频率较高,正常的船电只有380 V/50 Hz或400 V/60 Hz,故需要专门的电路对船电进行频率和电压的转换。变流机由电动机和发动机组成,利用船电驱动电动机转动,带动发电机发出陀螺罗经所需的用电,频率为333 Hz,电压为110 V的三相交流电。当陀螺马达接通电源后,其转速可达20 000 r/min。

随动系统控制随动部分跟随灵敏部分转动,并将灵敏部分指示的航向反映到航向刻度盘上。因此,随动系统中必须具有能够检测出灵敏部分和随动部分位置偏差的随动敏感元件,利用敏感元件获得的偏差信号控制方位随动电机,驱动随动部分跟踪灵敏部分。当随动部分与灵敏部分位置一致时,敏感元件输出信号为零,方位随动电机停止转动。

安许茨4型陀螺罗经随动系统的随动敏感元件是信号电桥,陀螺球与随动球的随动电极间液体电阻和放大器前端输入变压器初级线圈的感抗构成了惠斯通电桥。如图2-3-5所示,信号电桥的输入端为变压器的中心抽头28和赤道电极输入端29,输出端为随动电极30、31。

传向系统的作用是将主罗经的航向变化精确地传送给分罗经、航向记录器等复示航向的设备。陀螺罗经的传向系统由航向发送器、分罗经信号分配器和航向接收器组成。安许茨 4 型陀螺罗经采用自整角机的传向系统，称为交流同步式传向系统，传向精度为 0.1°。

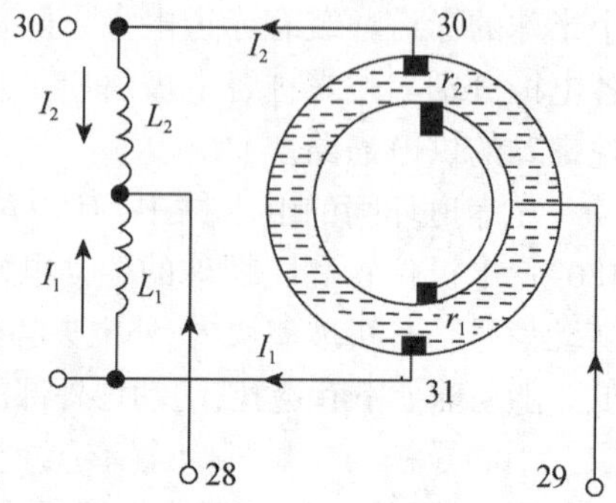

图 2-3-5　信号电桥

由于安许茨 4 型陀螺罗经陀螺球的支承方式采用液浮加电磁上托线圈的方式，支承液体的浮力与支承液体的密度有关，而支承液体的温度直接影响了支承液体的密度，所以为保证罗经正常工作，必须保持支承液体恒温。支承液体的工作温度为(52±3)℃。

安许茨 4 型陀螺罗经的温控系统由微动开关、乙醚管、加热器、电风扇和蜂鸣器等组成。乙醚管敏感支承液体温度的变化，当支承液体温度升高时，乙醚管向上膨胀，乙醚管的中心导杆控制安装在其上面的水平板向上移动。水平板上安装了 3 个微动开关，分别控制加热器、电风扇和蜂鸣器的工作接通和断开，每个微动开关的闭合高度由微动开关上的调节螺钉调节，由乙醚管中心导杆控制水平板上不同高度的调节螺钉来完成微动开关的通断控制。

图 2-3-6 所示为温度控制系统框图。当液温低于 49 ℃时，加热器处于加热状态；当液温达到 49 ℃时，加热器断开；当液温达到 52 ℃时，电风扇工作；当液温超过 57 ℃时，蜂鸣器接通，此时，应立即采取相应措施，若采取措施后仍不能使液温正常，则应立即关机，停止使用。

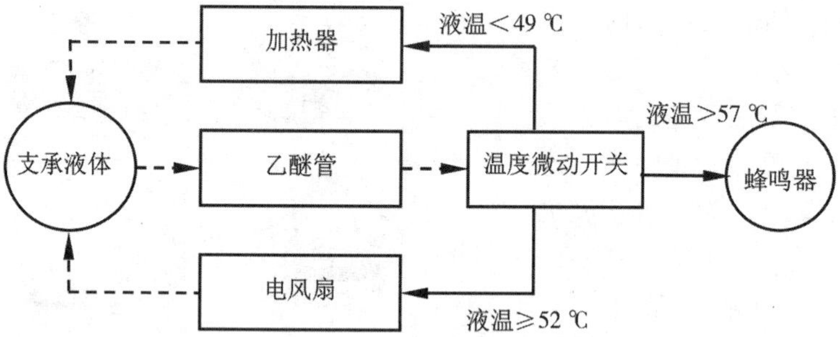

图 2-3-6　温度控制系统

## 三、安许茨 22 型陀螺罗经

安许茨 22 型陀螺罗经的基本原理与安许茨 4 型陀螺罗经相同，但在结构和电路系统上有较大改进，其采用微处理器数字信号控制、网络总线控制和模块化产品技术，自动化程度高，功能增强。

其特点可归纳为：

(1) 利用其他导航传感器的数据输入，可以自动或手动进行误差修正，从而提高了指向精度和动态测量技术，可为高速船提供航向信息。

(2) 具有快速稳定功能，使找北稳定时间由 3 h 缩短到 1 h。

(3) 使用数字化同步传向，可以数字形式显示航向、自动地校准分罗经及其他航向复示器，并用打印机替代航向记录器。

(4)经转换装置可提供多种数字和模拟传向系统,还可以提供船舶转首角速率功能。

(5)网络连接以及多接口和多信息格式输入输出方式,可依据不同用户的要求,方便地连接多个主罗经或其他导航设备,以具备组合定向和航向监控功能。

(6)为减少能耗和噪声,提高可靠性,采用直流静止逆变器低压直流供电系统,当船电不工作时,仍可使用备用直流电源供电。

(7)控制电路的集成化、信号传输的网络化、电源耗能的减少,为设备结构小型化提供了有利的条件。

安许茨 22 型陀螺罗经有简化型和完整型两种配置。安许茨 22 型陀螺罗经简化型配置包括主罗经、分罗经及选购件的快速稳定操作单元、交直流转换器和附加输出箱等组件。完整型配置包括主罗经、分罗经、操作单元和信号控制分配器,及选购件交直流转换器和多罗经互换器等组件。采用典型的 CAN 总线连接方式的安许茨 22 型陀螺罗经的组成如图 2-3-7 所示。

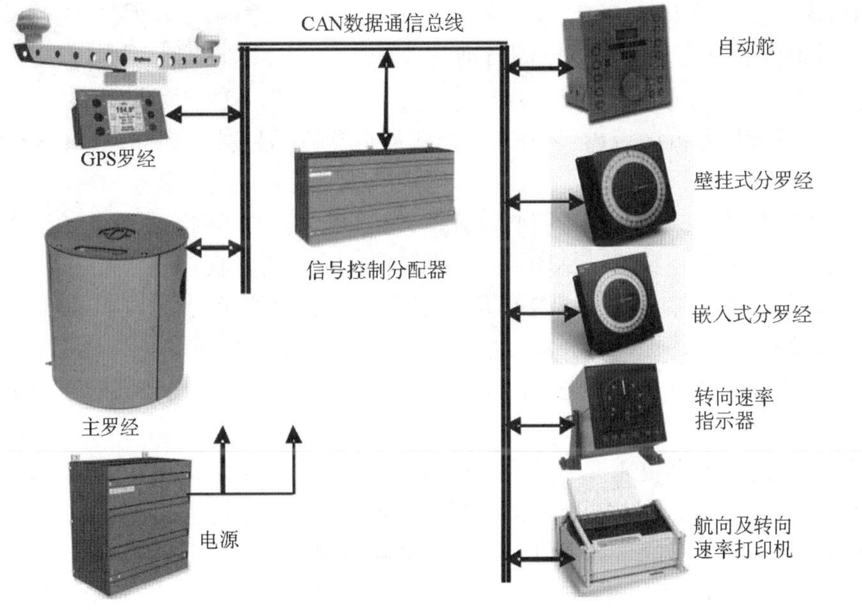


**图 2-3-7　采用典型的 CAN 总线连接方式的安许茨 22 型陀螺罗经的组成**

安许茨 22 型陀螺罗经主罗经的组成同样包括灵敏部分、随动部分和固定部分。

## (一)灵敏部分

安许茨 22 型陀螺罗经的灵敏部分是一个小型陀螺球。与安许茨 4 型陀螺罗经相比有以下特点:

(1)陀螺球外表面也有顶电极、底电极和赤道电极,顶电极和底电极只用于构成陀螺马达单相交流电供电通路,陀螺球赤道带上的赤道电极是一条半圆周形带状电极,构成随动信号通路。

(2)陀螺球内抽真空后充氦气,陀螺马达用油脂润滑。

(3)采用液浮加液压辅助支承方式,用离心泵替代电磁上托线圈。

陀螺球的重心低于球心,产生下重式控制力矩。内部装有液体阻尼器产生阻尼力矩。

## (二)随动部分

随动部分主要由随动球组件、减振波纹管摆式连接器、方位齿轮和汇电环组件等组成。

随动球组件由随动球、离心水泵及其他附件等组成，见图 2-3-8。

随动球与陀螺球电极相对应，上、下半球内表面装有帽状的顶电极和底电极。在下半球赤道东、西两侧，对准陀螺球赤道电极，装有两个随动电极，用于检测随动球与陀螺球的偏差角，输出随动信号。

随动球是一个充满液体的密封球，起到储液缸的作用。上半球上部有一个储液室，盛有 230 $cm^3$ 的蒸馏水。当随动球内的支承液体由于蒸发而减少时，储液室内的蒸馏水通过浮动阀自动补充。

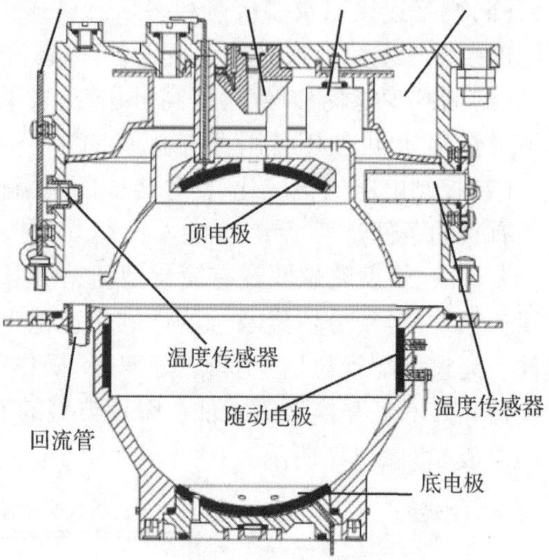


图 2-3-8　随动球组件

在支承液体导流区域内，装有一个筒式加热器，在温度控制器的控制下对罗经支承液体加温。

上半球顶部中央有一个透明测量锥体，用以观测随动球内支承液体的液面高度。

上半球球壳上还装置一块印刷电路板，通过插头及扁状导线与汇电环相连接。印刷电路板与支承液体导流区域内的温度传感器相连，可检测支承液体的温度。印刷电路板上还装有过温保护装置和离心水泵移相电容。

上半球外侧装有一个小型离心水泵，由导流管将泵与下半球导流区相连接，形成支承液体的循环通路。

随动球通过四个快速拆卸机构与摆式连接器相连，使随动球在船舶摇摆时保持直立状态。摆式连接器的上部装有编码器，并经传动皮带轮与方位随动电机相连。整个随动部分在方位电机的带动下可以绕中心轴旋转 360°。

### （三）固定部分

固定部分主要由支承板及安装在其上的部件和罗经箱等组成。支承板上部有数字显示器的观察窗，其下方固定一个汇电环组件，传感器的印刷电路板、方位随动步进电机和电风扇等均固定于支承板的相应位置上。安许茨 22 型陀螺罗经的主罗经结构固定部分如图 2-3-9 所示。

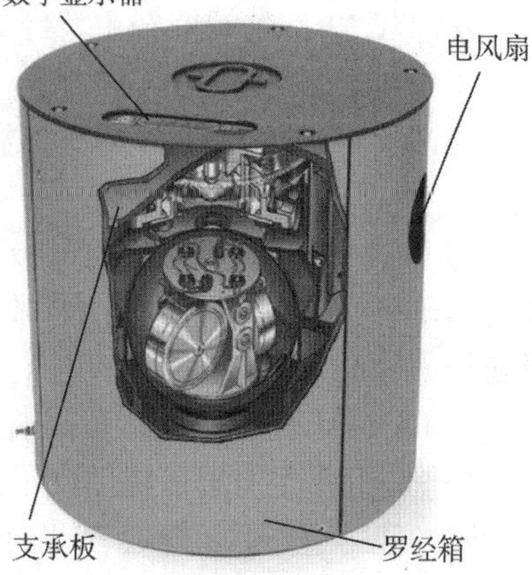


图 2-3-9　主罗经结构固定部分

### （四）电路系统

安许茨 22 型陀螺罗经的支承板上安装了三块印刷电路板，随动球上安装了一块印刷电路板，它们分别是电源印刷电路板、输入输出接口印刷电路板、传感器印刷电路板以及陀螺球印刷电路板。罗经的电路系统可由电源系统、随动系统、传向系统、温度控制系统和信号检测系统组成。除电源系统外，所有功能的实现都是由不同的传感器检测输出不同的信号，由主控制器进行处理来实现的。

1.电源系统

安许茨 22 型陀螺罗经的电源系统主要由电源电路板上几个稳压电路和 55 V/400 Hz 逆变器组成。稳压电路的作用是将 24 V DC 船电转换成电子传感器所需的各种稳定的直流电。输出的电压为±12 V DC、±15 V DC、+5.7 V DC 和+5 V DC。逆变器的作用是将直流 24 V DC 船电转换成陀螺球及离心泵所需要的单相 55 V/400 Hz 电源，经随动球顶电极、底电极，支承液体，陀螺球顶电极、底电极送入陀螺球；再由球内的移相电容转换成三相交流电为陀螺马达供电，其额定转速为 12 000 r/min。

2.随动系统

随动系统由传感器电路板上的随动敏感元件、放大器、微处理器、随动电机控制器和随动步进电机等组成。

随动传感器采用信号电桥。随动系统电路框图如图 2-3-10 所示。交流随动信号先经运算放大器放大，再经 A/D 转换器输至微处理器的输入端。经微处理器处理后，送入 D/A 转换器放大，驱动随动步进电机。随动步进电机通过皮带传动装置带动方位齿轮，使随动部分转动。当随动球与陀螺球保持一致时，信号电桥平衡，输出为零，随动步进电机便停止转动。

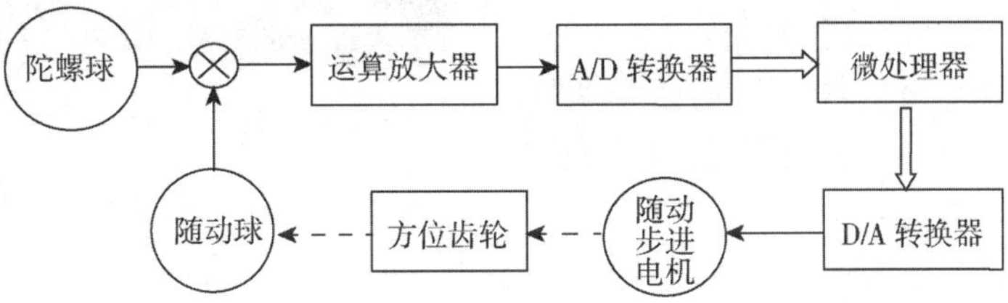


图 2-3-10　随动系统电路框图

3.传向系统

方位齿轮转动的同时带动了支承板中央的编码器转盘转动，将随动球转动的角度变换为数字编码，送至微处理器。微处理器计算出船舶航向值后，输至数字显示器，显示船舶航向，并通过串行接口将航向信号送至信号分配箱。

主罗经输出的是数字航向信号，经信号分配箱变换处理后，可同时带动 5 路步进式分罗经和 8 路同步式分罗经（或输出 8 路 NMEA 0183 标准数字接口航向信息）。

4.温度控制系统

安许茨 22 型陀螺罗经支承液体的正常工作温度为（50±1）℃。温度控制系统的作用是保持支承液体在规定的工作温度范围内。支承液体的实际温度可随时从数字显示器上读出。

温度控制系统由温度传感器、微处理器、温度控制器、加热器、电风扇和过温保护装置等组成。

位于随动球上的温度传感器，检测支承液体的温度值，经过接口处理后，输至微处理器，微处理器按控制标准输出控制指令，由温度控制器控制加热器和电风扇，将支承液体的温度控制在规定的范围内。温度控制系统的工作模式如图 2-3-11 所示。

陀螺罗经电源接通后，加热器工作。当支承液体的温度达到 45 ℃时，主控制器将随动系统接通，同时控制加热器的供电电压逐渐下降。当支承液体温度达到 50 ℃时，加热器停止工作；当支承液体温度上升至 51 ℃时，电风扇被自动接通，罗经冷却；当支承液体温度继续上升至 60 ℃时，数字显示器上显示的数字航向中的小数点闪烁，按下按键 B38，数字显示器便显示警告字符 C3。如果温度继续上升到 70 ℃，警告字符便变成报警字符 E9。如果温度还继续上升，约 77 ℃时，温度保护装置自动切断加热器的电路。

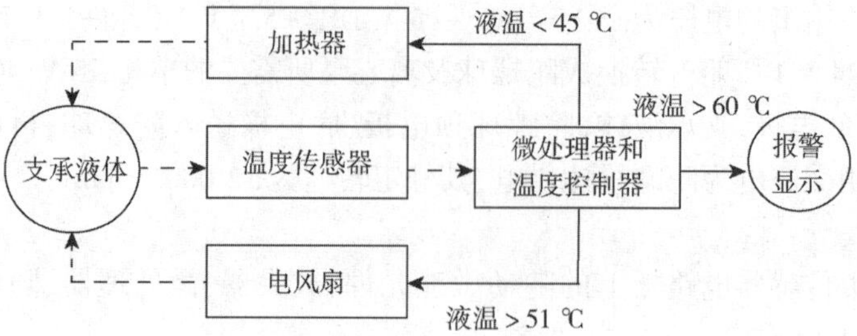


图 2-3-11　温度控制系统的工作模式

5.信号检测系统

安许茨 22 型陀螺罗经设置了多种信号检测传感器，可对罗经的工作状态进行检测和监测。如图 2-3-12 所示，利用这些监测系统，驾驶员可以使用指拨开关 B37、按键 B38 和 B39，通过数字显示器查阅罗经的工作状态及参数、故障信息和警告信息。检测和显示的数据有：

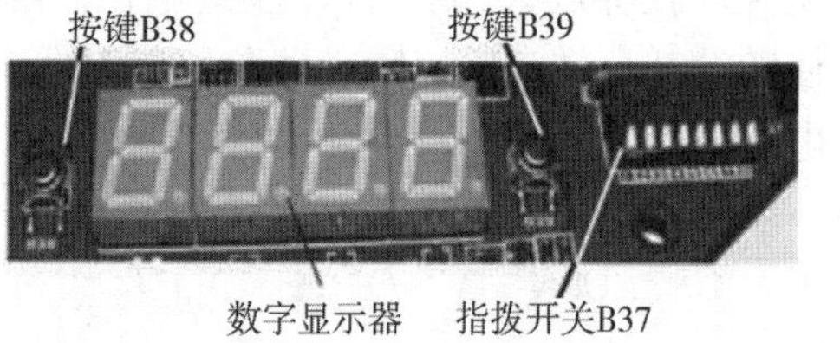


图 2-3-12　检测信息的显示

(1)罗经的工作状态及参数

在指拨开关 B37 的第八个跳线置于“OFF”位置，数字显示器上显示“GYRO”字样时，依次按动按键 B38 和 B39，可查看罗经的工作状态及参数。

(2)警告信号显示

安许茨 22 型陀螺罗经在使用过程中若数字显示器上显示的数字航向中的小数点闪烁，表示罗经工作不正常，提醒操作者及时查出原因，尽早消除隐患。

如图 2-3-13 所示，操作者按下 B38，数字显示器的航向显示消失，转而可能显示警告字符 C1 或 C2 或 C3；按下 B39，可能显示警告字符 C4 或 C5。如果几个警告同时发生，警告字符也同时显示。警告字符表示的含意如下：

C1：电风扇功能失效。

C2：加热器功能失效。

C3：支承液体温度大于 60 ℃。

C4：支承液体液面太低。

C5：船电断电。

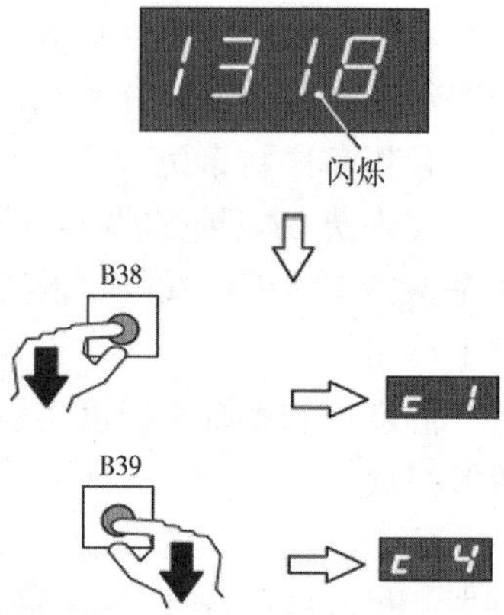


图 2-3-13　检测信息的显示

(3)故障信号显示

安许茨 22 型陀螺罗经在使用过程中若出现故障，则随动系统首先被切断，之后航向显示被取消。当数字显示器显示闪烁的故障字符“Error”时，操作者按动 B38 数字显示器将显示故障代码。

(4)操作单元故障警告显示

如图 2-3-14 所示，安许茨 22 型陀螺罗经专门设计了一个操作单元，对连接在 CAN 总线上的各种设备进行操控。

图 2-3-14　操作单元

系统电源接通后，操作单元在显示器屏幕上显示航向传感器的航向信息。

如果连接了多个传感器，在原理上操作单元首选显示陀螺罗经航向。

如果多个陀螺罗经在使用，则操作单元显示被选定的陀螺罗经航向。操作单元的面板上有一个专门用于选择不同传感器或进入下级子菜单的触摸按键。

操作单元显示屏幕可分为数据显示区和 6 个软按键(1、2、3、4、5 和 6)，如图 2-3-15 所示。数据显示区上部显示选定的传感器及其航向数据，以及该传感器的附加信息。数据显示区下部列出连接在 CAN 总线上的其他传感器信息。数据显示区和 6 个软按键的显示内容随着当前被选择的传感器而改变，从而使操作者能够进行相应的操作。每一个软按键都对应一个触摸按键，通过按动触摸按键来完成软按键显示的操作内容。在一个红色触摸按键 4 的侧上方放置了一个双色发光二极管 8，用于指示报警与报警的状态。当选定的数据向 CAN 总线发送时，发光二极管指示数据传送的状态。

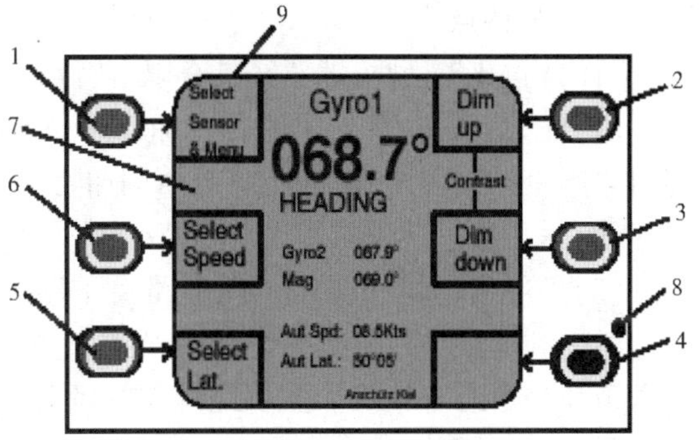

图 2-3-15　操作单元按键

有两种方式指示报警：双色发光二极管闪射红光和信号发射器发射声响信号。报警的原因和来源也以字符形式显示在显示屏上，如图 2-3-16 所示。

报警发生时，按动“Quit”2 按键确认报警，没有修正错误原因前，双色发光二极管 1 持续发红光，声响信号停止。只有在报警错误原因被修正后，双色发光二极管才熄灭。

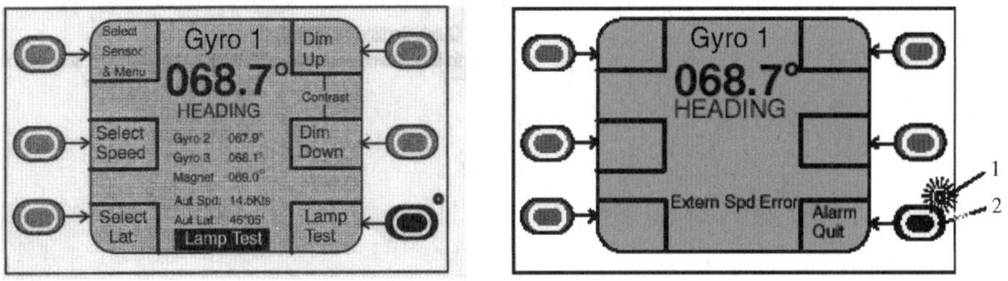

图 2-3-16　指示灯及报警处理

驾驶员可以按动报警消除键消除音频声响告警。除非真正消除故障，否则报警指示灯一直以红色闪动。

屏幕显示的故障源信息或警告原因如下：

Extern Pos Error：外部定位传感器故障。

Extern Spd Error：外部速度传感器故障，如图 2-3-17 所示。

Gyro Error：陀螺罗经传感器故障。

Magnet Error：磁罗经传感器故障。

Diff-G/G Alarm：两陀螺罗经间航向偏差超限警告。

Diff-G/M Alarm：陀螺罗经与磁罗经间航向偏差超限警告。

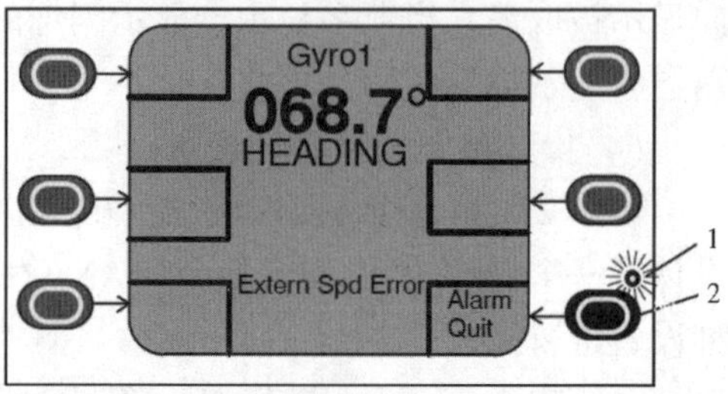


图 2-3-17　操作单元故障警告显示

Distribut. Error：信号控制分配器（Distribution Unit）故障警告。

## 四、斯伯利 MK37 型陀螺罗经

### （一）特点

斯伯利 MK37 型陀螺罗经具有以下特点：

（1）陀螺仪是由单转子陀螺球加液浮和导向轴承组合支承而组成的，利用硅油液体连通器产生控制力矩，借助陀螺球西侧加阻尼重物的方式产生垂直轴阻尼力矩。

（2）采用电子逆变器替代变流机；利用力矩式内补偿法来消除纬度误差和速度误差。

（3）罗经启动时，可通过控制电路及开关控钮进行加速启动，以缩短罗经的稳定时间。

斯伯利 MK37 型陀螺罗经整套设备由主罗经、电子控制箱、速纬误差补偿器、航向发送箱和分罗经等组成。主罗经是陀螺罗经的主要部分；电子控制箱是罗经的电源变换及开关控制部分，它由电子逆变器及开关控制电路组成；速纬误差补偿器用来补偿速度误差和纬度误差；航向发送箱主要包括步进传向系统的电源和步进放大器，可以将主罗经步进发送器的传向信号进行放大后，发送到各个分罗经。

### （二）主罗经结构

主罗经由灵敏部分、随动部分和固定部分组成。

1.灵敏部分

如图 2-3-18 所示，灵敏部分由陀螺球、垂直环、液体连通器及其组件组成。陀螺球内充氦气，装有一个陀螺马达，高速旋转后构成陀螺转子，动量矩矢量指南。陀螺球壳外表面有 8 个配重块，8 个配重块用螺钉固定在球壳表面。陀螺球赤道的西侧有一方形凹槽，装有随动变压器的衔铁。整个灵敏部分经过动静平衡后，放在密封的储液缸中，缸中注满硅油，使陀螺球在正常工作温度下，其重心与浮心重合，垂直轴承与水平轴承仅起导向作用而无摩擦力矩产生。

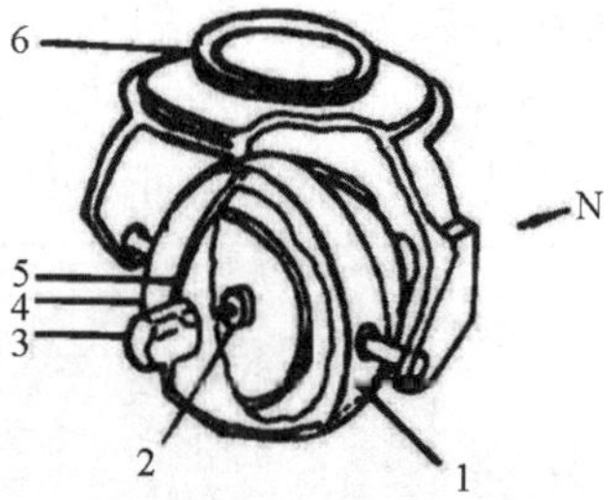


图 2-3-18　灵敏部分

1—垂直环；2—陀螺马达；3—液体连通器；4—陀螺球；5—空气管；6—叉形随动环

如图 2-3-19 所示，在垂直环南、北两侧，两个盛有高黏度硅油的液体杯及固定在垂直环上的连通管组成液体连通器。当陀螺球与垂直环绕其水平轴做俯仰运动时，硅油自高端的杯中流向低端的杯中，在低端的杯中则出现多余硅油，多余硅油的重力产生水平轴的控制力矩，控制主轴自动地找北。

固定在陀螺球壳西侧的配重比东侧重约30 g，形成西侧阻尼重物，产生与高度角成正比的垂直轴阻尼力矩，使陀螺球主轴的等幅摆动变为减幅阻尼摆动，最后到达稳定位置。

在垂直环的东侧装有E形力矩器的铁芯，当速纬误差校正电路的补偿信号输入该力矩器时，在陀螺球壳上产生涡流而引起绕垂直轴的力矩，用以补偿纬度误差和速度误差。

2.随动部分

如图2-3-19和图2-3-20所示，随动部分由叉形随动环、航向刻度盘和方位电机组成。叉形随动环通过垂直轴支承在支承板上与航向刻度盘相连。叉形随动环上面的方位齿轮与方位随动电机的齿轮相啮合。在垂直环西侧安装E形随动变压器，与陀螺球上的衔铁相对应，当陀螺球相对垂直环有方位变化时，产生随动信号，经随动放大器放大后驱动方位电机，在方位电机的带动下可绕垂直轴在方位上做360°转动。

图2-3-19 灵敏部分和随动部分

1—垂直环；2—配重块；3—液体连通器；4—陀螺球；5—空气管；6—随动变压器；7—叉形随动环；8—支承板

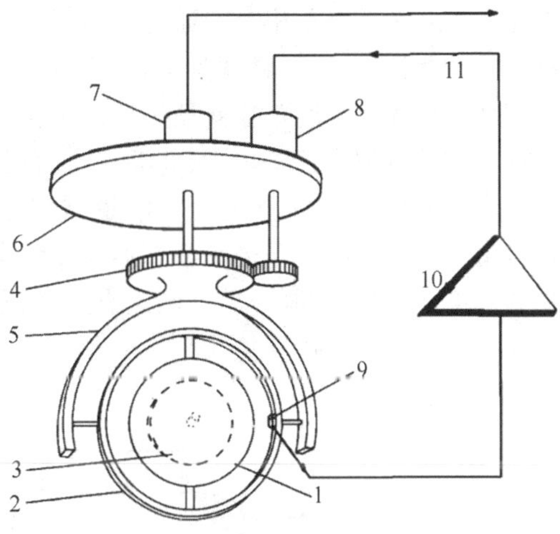


图2-3-20 随动部分

1—陀螺球；2—垂直环；3—转子；4—叉形随动环；5—方位齿轮；6—支承板；7—航向发送器；8—方位电机；9—E形随动变压器；10—随动放大器；11—航向信号输出

3.固定部分

固定部分由罗经座和支承板组件组成。罗经座由上盖和壳体组成，内充满硅油液体，用于支承陀螺球和垂直环组件。上盖位于船尾方向，有一观察窗用以读取航向。顶部装有锁紧手柄，当罗经不工作时，借助机械装置将垂直环和陀螺球锁住。支承板支承在罗经座上，其上安装有随动电机、齿轮装置、光电式步进发送器、航向余弦解算装置、汇电环与电刷组件和照明灯等。随动电机转动，一方面驱动方位齿轮带动垂直环跟踪陀螺球，另一方面又带动航向刻度盘指示船舶航向。

**（三）电路系统**

斯伯利MK37型陀螺罗经的电路系统包括电源系统、随动系统、传向系统、工作方式控制电路和速纬误差校正电路。

电源系统是静止式逆变器,船电经逆变器变成 115 V/400 Hz 单相电后,经移相电路移相后变为三相交流电,向陀螺马达供电,马达额定转速约为 12 000 r/min。

随动系统由随动变压器、随动放大器和方位电机等组成。系统中的随动敏感元件由垂直环西侧的 E 形随动变压器与陀螺球西侧的衔铁组成。当主罗经的灵敏部分与随动部分失配,随动变压器输出端有随动信号输出,经随动放大器放大后,控制方位电机转动。方位电机经方位齿轮传动,带动叉形随动环和垂直环跟踪灵敏部分,使叉形随动环上部的航向刻度盘零度与陀螺球主轴指向保持一致。由航向观察窗上的基线可以读取航向。

传向系统由主罗经上的步进发送器及其步进放大电路和步进分罗经组成,步进发送器为光电式步进发送器,如图 2-3-21 所示。光电式步进发送器装在随动电机上,由三个间隔 120°分布的点光源与相对应的 1、2、3 号三个光电晶体三极管及遮光板组成,三个点光源的供电为 115 V/400 Hz 单相电,并由 7、8 号接线端输入。当随动电机转动时,遮光板分别使其中一个或相邻两个光电三极管受光照射而导通,输出步进信号,经控制电路的 1、2、3 号三条相应的通道,控制分罗经步进电机 1、2、3 号绕组电流通断,使步进电机转动,带动分罗经刻度盘旋转,步进分罗经的传向精度为 1°/6。

斯伯利 MK37 型陀螺罗经除具有速度误差外,由于采用了垂直轴阻尼法,陀螺球主轴的稳定位置偏离了子午面,并随纬度而变,故还具有纬度误差。速度误差和纬度误差校正由误差校正电路、航向余弦解算器和力矩器组成的误差校正装置完成。误差校正信号由主罗经上的航向余弦解算器和速纬误差补偿器中的误差校正电路依据设定的船速和纬度而产生,控制力矩器产生合适的误差补偿力矩,使主轴回到子午面内,从而消除误差。

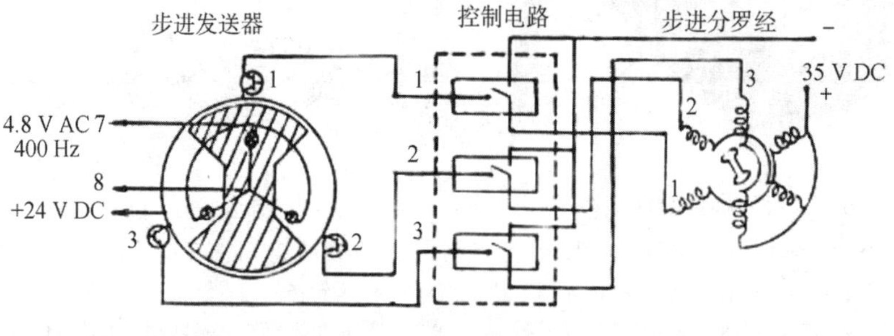


图 2-3-21　斯伯利 MK37 型陀螺罗经的传向系统

斯伯利 MK37 型陀螺罗经利用工作方式转换开关电路控制陀螺球主轴初始位置接近稳定位置后,再自动找北、指北,从而缩短稳定时间,以实现快速稳定功能。其控制过程如下:

工作方式转换开关置于不同位置时,可控制罗经工作于旋转、启动、自动校平和运转等方式。

1.旋转(SLEW)位置

允许主罗经刻度盘在陀螺马达不转时,利用旋转开关使航向调到与船舶真航向一致,此时陀螺球主轴初始对准北。

2.启动(START)位置

接通陀螺马达电源,使陀螺马达高速旋转,等待约 10 min,陀螺马达达到额定转速

12 000 r/min。

3. 自动校平(AUTOLEVEL)位置

利用力矩方式使陀螺罗经主轴水平,以缩短稳定时间。

4. 运转(RUN)位置

罗经投入正常工作,自动地找北、指北。

## 五、斯伯利 NAVIGAT X MK 2 数字陀螺罗经

### (一)主要特点

NAVIGAT X MK 2 数字陀螺罗经是斯伯利公司生产的新型数字罗经,是由微处理器控制的船用陀螺罗经系统,可同时进行自动找北和速度误差校正。它的陀螺球支承方式是只靠支承液体的浮力支承,确保在电源短时间断电时陀螺罗经稳定,电源断电 3 min 后,陀螺罗经误差不会超过 2°,一旦供电电源恢复,陀螺罗经会很快回到正确的航向。双转子和液体阻尼器的共同作用消除了纬度误差。船首向由一个 13 位的旋转的数字编码器测得。高速随动的随动系统(随动速度可达 100°/s),确保了在所有的运行条件下提供精确的航向和转首角速率数据。供电电源、陀螺球电流和随动系统综合显示,确保了操作安全、无故障。

### (二)工作原理

NAVIGAT X MK 2 数字陀螺罗经系统的找北元件是陀螺球。如图 2-3-22 所示,陀螺球是一个带有漏斗形凹槽的密封装置。漏斗形凹槽从外壳一直延伸到陀螺球的中心。在陀螺球内部有两个机械连接的陀螺马达,通过水平轴安装在承重环上。两个陀螺马达可以绕垂直轴转动,同时机械连杆确保陀螺马达的动量矩相对于陀螺球始终保持稳定。这种双转子结构消除了摇摆误差。NAVIGAT X MK 2 型数字陀螺罗经系统陀螺球的动量矩指北,当陀螺马达达到额定转速并稳定指北后,动量矩和陀螺球一起,稳定在真北方向。

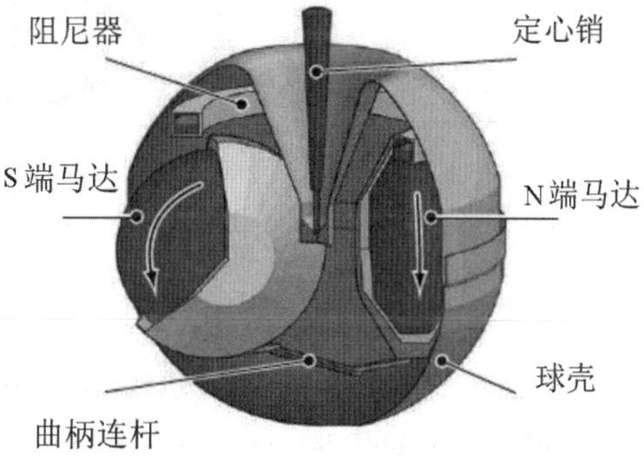


图 2-3-22　陀螺球的结构

陀螺球的顶部装有一个环形液体阻尼器,阻尼器中一半充满高黏度的液体,液体阻尼器在方位上振荡,振荡周期调整为 84.4 min 的舒拉周期,防止船舶变速/变向时产生航向误差(冲击误差)。

陀螺球自由悬浮在储液缸的支撑液体中,由于陀螺球的浮力比重力稍大一些,凹槽底部的轴承盖被压在定位销上,使陀螺球保持在储液缸的正中心。为了使陀螺球具有摆性,即提供重力控制力矩,陀螺球的重心略低于浮力中心。

陀螺马达是鼠笼式感应电动机,工作电压是交流 100 V/337 Hz,陀螺马达转速可以达到近 20 000 r/min 的额定转速。在容器中,陀螺马达的供电电源通过电解液的支承液体导电。随动系统控制电路使储液缸与陀螺球始终保持一致,从而可以从储液缸与陀螺球的位置差测出航向。

NAVIGAT X MK 2 数字陀螺罗经系统在其主罗经的储液缸上使用了一个光学传感器来产生随动控制信号,没有使用信号电桥电路。从储液缸的电极通过支承液体到陀螺球的赤道电极,形成了导电通路。

## (三)系统配置

### 1.单机式陀螺罗经/安装 TMC 系统的陀螺罗经

作为单机式陀螺罗经系统,NAVIGAT X MK 2 数字陀螺罗经提供经过速度误差补偿的真航向以及转首角速率(ROT)数据,如图 2-3-23 所示。

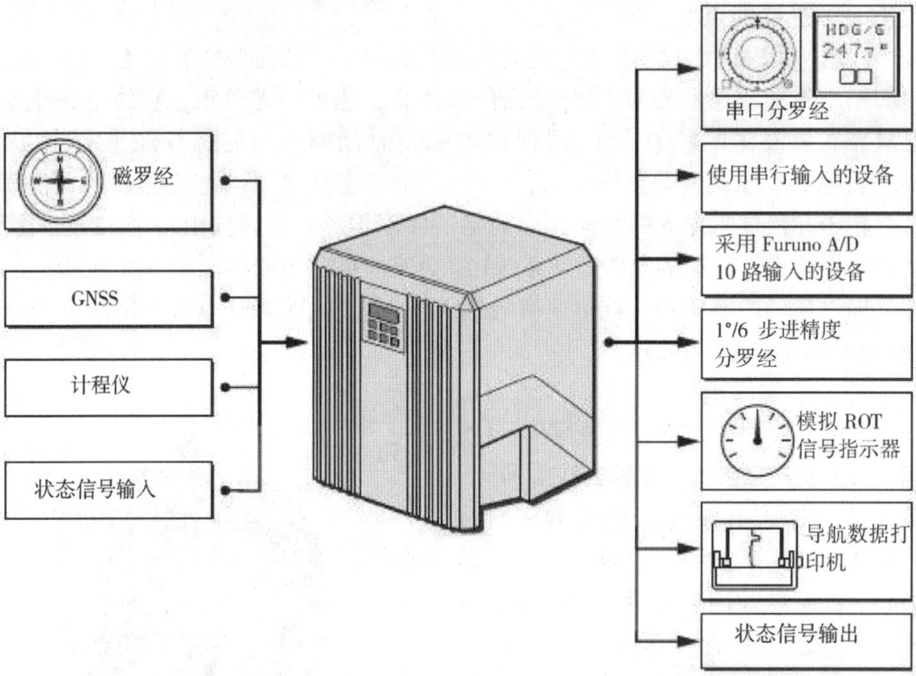


图 2-3-23　单机式陀螺罗经/安装 TMC 系统陀螺罗经配置图

TMC(Transmitting Magnetic Compass)系统由电子磁罗经和发送磁航向数据的设备组成。如果单机式陀螺罗经安装了电子磁罗经,并能够将磁航向数据传送到外部设备,单机式陀螺罗经就成为安装 TMC 系统的陀螺罗经。安装 TMC 系统的陀螺罗经有两个航向源,一个是陀螺罗经提供的罗经航向,另一个是磁罗经提供的磁航向。

NAVIGAT X MK 2 数字陀螺罗经安装 TMC 系统后,整个罗经系统经过磁差修正,将磁航向数据传送到外部设备,同时具有航向差报警功能。航向差报警功能监测陀螺罗经航向和磁罗经航向之间的航向差,当航向差大于设定值时发出报警。安装 TMC 系统的陀螺罗经在陀螺罗经发生故障时,磁罗经的航向可被激活,为分罗经和其他外部设备提供紧急航向参考。

### 2.多罗经系统中的 NAVIGAT X MK 2 数字陀螺罗经

NAVIGAT X MK 2 数字陀螺罗经也可以作为多罗经系统的一部分,与罗盘监测/航向管理系统 NAVITWIN 和一个切换单元相结合。在该系统中,NAVITWIN 作为主要的航向源选择器,并通过转换单元控制罗经输出的航向信号的分配。

另外一个典型的应用组合是 NAVIGAT X MK 2 数字陀螺罗经对现有的老式陀螺罗经进行改造。老式陀螺罗经现有的控制设施(如转换开关、配电箱等)保持不变,将

NAVIGAT X MK 2 数字陀螺罗经无缝应用到改造的系统中。

**（四）技术参数**

1.航向精度

| | |
|---|---|
| 平均稳定位置误差 | ≤0.1°sec$\varphi$ |
| 静态误差 | ≤0.1°sec$\varphi$ |
| 动态误差 | ≤0.4°sec$\varphi$ |

2.工作特性

| | |
|---|---|
| 平均稳定时间 | <3 h |
| 最大随动速度 | 100°/s |
| 横摇和纵摇的自由度 | ±40° |
| MTBF(Mean Time Between Failure,平均无故障时间) | 40 000 h |

3.供电

| | |
|---|---|
| 电源电压 | 主电源 24 V DC (18~36 V),备用电源 24 V DC (18~36 V),主电源故障时自动切换到备用电源 |
| 备用电源的最大波动范围 | ±4 V;极值不得超过 36 V 或低于 18 V |

4.数据输入接口

| | |
|---|---|
| 磁航向 | NMEA 0183/IEC 61162-1 或 PLATH 协议或 NAVIPILOT |
| 船位、速度、罗经监视器 | NAVITWIN NMEA 0183/IEC 61162-1 |

5.信号和状态输入

| | |
|---|---|
| 速度:200 个脉冲/海里 | 通过外部接头接触连接到 P.GND,短时的 |
| 自动舵工作模式状态(自动/人工) | 通过外部接头接触连接到 P.GND,锁定的 |
| 外部航向输入通道(陀螺罗经/磁罗经) | 通过外部接头接触连接到 P.GND,锁定的 |
| 外部报警确认(静音) | 通过外部接头接触连接到 P.GND,短时的 |

6.数据输出

| | |
|---|---|
| 串口分罗经输出(4 路 TTL) | NMEA 0183 |
| 传感器数据(2 路 RS-422) | NMEA 0183/IEC 61162-1 |
| 高速输出信号(1 路 RS-422) | NMEA 0183/IEC 61162-1 或 PLATH 协议 |
| 超高速输出信号(1 路 RS-422) | NMEA 0183/IEC 61162-1 或 NMEA 0183/IEC 61162-2 或 PLATH 协议 |
| NAVITWIN 输出 | NMEA 0183/IEC 61162-1 到罗经监测 NAVITWIN |
| NAVIPRINT 输出 | 到导航的串行数据,数据打印机 |
| A/D 10 路航向数据输出 | A/D 10 路串行数据和时钟 |

7.信号和状态输出

| | |
|---|---|
| 1°/6 步进精度分罗经 | 三相供电,可切换到 0 V 电位,如果是有源("负开关"),用公共正极;<br>内部供电 24 V DC,最大 18 W |
| 转首角速率模拟输出 | 0.1~999.9 mV(角速度以 1°/min 为一个单位 |

| | |
|---|---|
| | 的转首角速率模拟电压输出)；<br>最大 10 V,10 mA |
| 电源故障/通用报警/航向差报警 | 无潜在接触封闭,每个额定是：<br>30 V DC/1.0 A,<br>100 V DC/0.3 A,<br>125 V AC/0.5 A |

# 第四节 ◉ 陀螺罗经的日常维护与保养

## 一、安许茨 4 型陀螺罗经的日常维护与保养

除了日常的检查、调整、使用注意事项以外,安许茨 4 型陀螺罗经还要进行检测与调整。

### (一)主罗经三相电流的检测与调整

主罗经陀螺马达三相电流的大小,由罗经箱上的三个电流指示灯的亮度表示。陀螺马达达到额定转速时,三个电流指示灯灯座上两电极的电压应为 0.9~1.65 V,三相电流为 0.6~1.1 A。

支承液体的导电率调整方法:加入 1 g 苯甲酸(或 2 g 硼砂),三相电流增加 0.1 A。若三相电流超过正常值,应先从储液缸内抽出液体,再加入用蒸馏水与甘油按比例配成的同等体积的液体。

### (二)陀螺球高度的检测与调整

条件:支承液体温度正常在(52±3)℃,陀螺球稳定指北,罗经桌水平。

用手电筒照明,从主罗经观测窗观测陀螺球高度。首先用眼睛看随动球赤道带玻璃上的两条水平标志线,重合后,再看陀螺球赤道线,其应高于随动球赤道带玻璃上的两条水平标志线(2±1)mm,否则为不正常。

陀螺球高度不正常是支承液体的密度不符合要求引起的,向支承液体内加入甘油或蒸馏水调整。

### (三)微动开关的检查与调整

温度控制系统微动开关三个触点的闭合与断开是受支承液体温度控制的。当微动开关三个触点的闭合与断开与温度表指示的支承液体温度不一致时,应进行调整。有一个或两个触点不正常时,通过调整不正常机械触点的下接触螺钉与上接触点之间的间隙,使其正常工作;三个触点工作的温度都不正常时,应调整微动开关的弹簧调节螺钉,改变三个机械触点之间的间隙,使其正常工作。

## 二、安许茨 22 型陀螺罗经的日常维护与保养

### (一)更换支承液体

安许茨 22 型陀螺罗经的支承液体按规定应每 18 个月更换一次。

(1)关闭陀螺罗经 24 V DC 电源,打开罗经箱侧盖板。注意拆下地线连接。

(2)拔下随动球印刷电路板上的小插头。

(3)双手握住随动球上的两个拆卸锁紧螺钉,向下推压锁紧螺钉顶部,锁紧螺钉即可脱开。

(4)将随动球转动90°,用同样方法松开另外两个拆卸锁紧螺钉,并慢慢将随动球取出。

(5)将随动球顶部中心标注1的透气螺钉旋出,系统的气体排出,再将标注3的支承液体注液孔螺钉旋出,如图2-4-1所示。

(6)双手抱起随动球,将其内的支承液体从顶部的螺孔倒出。

(7)旋出随动球上半球上标注2的蒸馏水注液孔螺钉,并将储液室内的蒸馏水倒出。再将随动球摆正,等待3~5 min,让蒸馏水从储液室流入随动球后,再反复倾倒几次。如有必要,可使用注射器由蒸馏水注入孔抽取剩余液体。

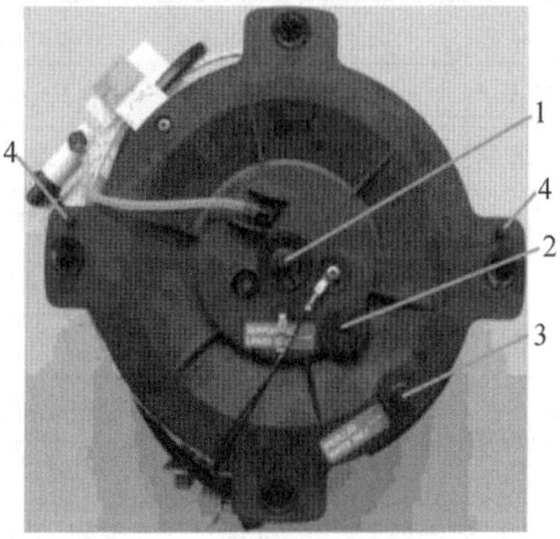


图2-4-1 随动球俯视图

1—透气螺钉和测量锥体;2—蒸馏水注液孔螺钉;3—支承液体注液孔螺钉;4—定位销

(8)拆除随动球上、下半球的6个螺钉,将随动球上半球移至下半球旁边,注意上、下半球的连接电缆不要拉得太紧。用备品箱中的帽状吸力杯将陀螺球从下半球中取出。

(9)用清洁棉布和蒸馏水清洗陀螺球外表面和随动球内表面(注意清洗导电电极部分)。

(10)重新将陀螺球放回随动球下半球内。

(11)检查上、下半球间的密封圈,将随动球上半球放回下半球上,拧紧6个螺钉。

(12)从蒸馏水注液孔加入230 $cm^3$蒸馏水,从支承液体注液孔加入840 $cm^3$的支承液体之后,将蒸馏水注液孔螺钉和支承液体注液孔螺钉拧紧(注意水密性)。

注意:从顶部查看标注1的测量锥体,若如图2-4-2所示,即说明支承液体已注满。将透气螺钉拧紧。

(13)将随动球装回罗经柜中的波纹管连接器,将电缆插头插入插座。上好罗经柜侧盖板,注意连接好地线。至此,陀螺罗经即可重新启动。

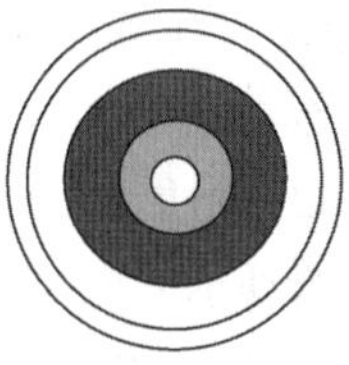

图2-4-2 测量锥体液体合适

**(二)更换陀螺球**

更换陀螺球的操作步骤同上。

**(三)检测系统**

安许茨22型陀螺罗经设置了多种信号检测传感器,可检测罗经的工作状态。利用这个检测系统,电子电气员可以使用DIP开关(指拨开关)B37、按键B38和B39,通过数字显示器查阅罗经的工作状态及参数、警告信息和故障信息,参照图2-3-12。

1.罗经工作状态及参数

将指拨开关B37的第八个跳线置于“OFF”位置,数字显示器上显示“GYRO”字样时,依次按动按键B38和B39即可查看罗经工作状态及参数,如表2-4-1所示。

表 2-4-1　罗经的工作状态及参数

| 序号 | 按 B38 次数 | 显示 | 含义 | 再按 B39 次数 | 显示数据 |
| --- | --- | --- | --- | --- | --- |
| 1 | 1 | Enco | Encoder | 1 | 编码器航向 |
| 2 | 2 | ALEr | Alignment Error | 1 | 基线误差 |
| 3 | 3 | SEC | Speed Error Correction | 1 | 速度误差校正值 |
| 4 | 4 | Pbor | Power | 1 | 船电电压 |
| 5 | 5 | Co14 | 电源电压 14 V DC | 1 | 内部直流电源电压 |
| 6 | 6 | P-En | Power-Encoder | 1 | 编码器电源电压 |
| 7 | 10 | Co31 | 加热器电压 31 V DC | 1 | 加热器工作电压 |
| 8 | 11 | Co-U | 加热器加热电压 | 1 | 加热器加热电压 |
| 9 | 12 | -Co- | 支承液体工作温度 | 1 | 支承液体工作温度正常应在 49.1~51 ℃ |
| 10 | 13 | Li-U | Liquid Level | 1 | 支承液面正常应为“2.2”，否则为“0” |
| 11 | 16 | Gy-U | Gyro-Voltage | 1 | 陀螺球供电电压 55 V/400 Hz |
| 12 | 17 | Gy-A | Gyro-Current | 1 | 陀螺球供电电流(mA) |
| 13 | 21 | U-Pu | Pump-Voltage | 1 | 离心水泵供电电压 24 V/50 Hz |
| 14 | 22 | A-Pu | Pump-Current | 1 | 离心水泵供电电流(mA) |
| 15 | 23 | Abgr | 编码器采样值 | 1 | 约为 512，按住 B39 键后以度数显示 |
| 16 | 27 | runY | 年累计运行时间 | 1 | 按年累计时间 |
| 17 | 28 | runh | 小时累计运行时间 | 1 | 按小时累计时间 |

2.警告信息

安许茨 22 型陀螺罗经使用过程中，若数字显示器上显示的数字航向中的小数点闪烁，表示罗经工作不正常，提醒操作者及时检查原因，尽早消除隐患。

操作者按下 B38，数字显示器的航向显示消失，转而可能显示警告字符 C1 或 C2 或 C3；按 B39，可能显示警告字符 C4 或 C5；如果几个警告同时发生，警告字符也同时显示。警告字符所表示的含意：C1——电风扇功能失效；C2——加热器功能失效；C3——支承液体温度大于 60 ℃；C4——支承液体液面太低；C5——船电断电。

3.故障信息

安许茨 22 型陀螺罗经在使用过程中若出现故障，则首先随动系统被切断，之后航向显示消失。

当数字显示器显示闪烁的故障字符“Error”时，操作者按下 B38，数字显示器将显示下列字符之一：PCbP——电源集成电路板故障；PCbS——传感器集成电路板故障；PCbC——连接集成电路板故障；PCbG——罗经集成电路板故障。若需获得更详细的故障信息，按下 B38/B39，数字显示器将显示故障代码。

还可以将指拨开关 B37 的第七、第八个跳线均置于“OFF”位置，进入故障记录簿显示状态，数字显示器上显示“E.L.01”字样，表示 CAN 连接传感器故障。按下 B39 键，数字显示器上显示故障发生的次数。按下 B38 键，数字显示器上显示不同的故障记录代码，按下 B39 键，以确定故障产生次数。故障记录簿代码与内容如表 2-4-2 所示。

表 2-4-2　故障记录簿代码与内容

| 序号 | 按 B38 次数 | 显示内容 | 含义 | 故障码 |
|---|---|---|---|---|
| 1 | 直接显示 | E.L.01 | 网卡与传感器连接错误 | Er.01 |
| 2 | 1 | E.L.02 | 传向错误 | Er.02 |
| 3 | 2 | E.L.03 | 网卡系统电压 B5.5~B5.8 错误 | Er.03 |
| 4 | 3 | E.L.04 | 编码器电压错误 | Er.04 |
| 5 | 4 | E.L.05 | 网卡系统电压 B5.1~B5.4 错误 | Er.05 |
| 6 | 5 | E.L.06 | 编码器错误 | Er.06 |
| 7 | 6 | E.L.07 | 陀螺球与传感器 CAN 通信错误 | Er.07 |
| 8 | 7 | E.L.08 | 随动系统错误 | Er.08 |
| 9 | 8 | E.L.09 | CAN1 与 CAN2 工作电压错误 | Er.09 |
| 10 | 9 | E.L.10 | 支承液体故障 | Er.10 |
| 11 | 10 | E.L.11 | 陀螺球系统电压错误 | Er.11 |
| 12 | 11 | E.L.12 | 24 V 工作电压错误 | Er.12 |
| 13 | 12 | E.L.13 | 15 V 工作电压错误 | Er.13 |
| 14 | 13 | E.L.14 | 加热工作电压错误 | Er.14 |
| 15 | 14 | E.L.15 | 72 V 工作电压错误 | Er.15 |
| 16 | 15 | E.L.16 | 78 V/400 Hz 工作电压错误 | Er.16 |
| 17 | 16 | E.L.17 | 陀螺球 55 V 供电错误 | Er.17 |

## 三、陀螺罗经的故障

陀螺罗经的故障显示与处置有以下性能标准:陀螺罗经应有指示电源故障或系统功能故障的自动警报。该警报的形式应符合 MSC.302(87)中对驾驶室警报管理显示与处置的要求。如提供与综合航行系统进行警报通信的接口,则由罗经发出的信息应使用满足 IEC 61162-1 的 ALR、HBT 语句及满足 IEC 61924-2 的 ALC、AL.ARC 语句;由罗经接收的信息应使用满足 IEC 61162-1 的 ACT、HBT 语句及满足 IEC 61924-2 的 ACN 语句。

### (一)陀螺罗经的误差修正

1.基线误差

基线误差是由于安装罗经时或在罗经使用过程中,罗经的基线(船首线标志)与船首尾线不重合或不平行造成的误差。

主罗经的基线误差影响主罗经航向的精度,分罗经的基线误差影响分罗经航向精度。陀螺罗经的基线误差大于 0.5°就要进行消除。调整罗经基线,使其与船首尾线准确重合或平行,基线误差就消除了。

2.电源不稳定产生的误差

若陀螺罗经供电电源的电压或频率不稳定,将使罗经的陀螺转子的转速 $\Omega$ 发生变化,罗经主轴动量矩 $H=J\cdot\Omega$ 发生变化(主轴的转动惯量 $J$ 不变),从而使主轴偏离稳定位置产生指向误差。

为了防止由于电源不稳定产生的指向误差,陀螺罗经都有自己独立的电源系统。

3.不定误差(Variable Error)

双转子液体支承的陀螺罗经,由于支承液体浮力不正常或由于陀螺球、随动球不良等,当船舶转向时,陀螺球与随动球之间产生摩擦力,使罗经产生大小、符号不定的指向误差。不定误差轻则影响罗经的指向精度,重则使罗经无法继续使用,且无变化规律可循。

陀螺罗经出现不定误差时,罗经无法指向,需要关机检查主罗经陀螺球、随动球、支承液体等部分是否正常,支承液体的密度及工作温度是否正常,陀螺球是否有故障及陀螺球供电是否有故障,找出陀螺球与随动球之间产生摩擦力的原因,并消除故障,从而消除不定误差。

### (二)陀螺罗经常见故障

1.分罗经及传向系统故障

同步分罗经与步进分罗经工作时,可以通过听它们的声音来判断工作是否正常。交流同步传向系统工作原理如图 2-4-3 所示。通常,一台陀螺罗经配有多台分罗经。直流步进传向系统的工作原理参见图 2-3-21。如果传向系统工作正常,分罗经转动的声音是均匀的;如果传向系统有故障,分罗经工作时会出现以下现象:

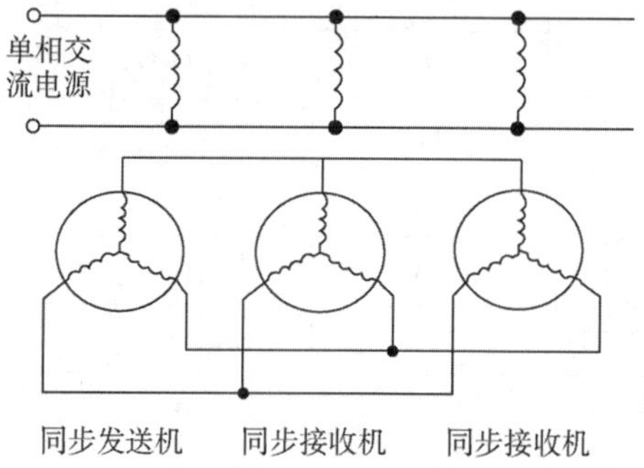


图 2-4-3　交流同步传向系统工作原理图

(1)分罗经转动的声音不均匀。

(2)分罗经不工作。

(3)分罗经转动时发生抖动。

这些现象通常是主罗经向分罗经传送航向的某个连接线路路径或连接线路路径上某个节点有断开,可以检查主罗经航向传送到分罗经的连接线路是否有断开或接触不良,并且排除故障。

2.电源系统故障

安许茨 4 型陀螺罗经的电源系统如果工作不正常,则陀螺罗经不能正常工作。为了检测电源故障,可以在接通船电开关和罗经电源开关后从以下的测试点进行测试:

(1)变流机船电电源接入端测试点,接入变流机的是三相船电 380 V/50 Hz。

(2)变流机输出端测试点,经变流机变换后的输出电压是 3 根火线、1 根零线,其输出的线电压是 110 V/333 Hz,用来给陀螺马达供电;相电压是 60 V/333 Hz,为罗经的其他部分供电。

(3)找到主罗经罗经桌上的汇电环,汇电环从上往下数共六环,其中最下面的三个环的作用是将来自变流机的 110 V/333 Hz 三相电接入,然后传给陀螺球的顶电极、底电极、赤道电极,测量此三个环的线电压,三个电压的正常值均比 110 V 略低。

(4)汇电环通过随动系统和支承液体,把陀螺马达所需的 110 V/333 Hz 三相电连接到陀螺球的顶电极、底电极和赤道电极上，这一部分在随动球里面，我们无法直接测量到。但是，陀螺球的顶电极、底电极、赤道电极三相电在设计时通过结构连接到罗经箱左侧小门内3个小灯泡上，可以通过测量3个小灯泡的电流值来进行测量，如图2-4-4箭头所示。罗经刚启动时，陀螺球顶电极、底电极、赤道电极三相电电流值在1.5~2.5 A。当陀螺马达达到额定转速后，陀螺球三相电电流正常值是0.6~1.1 A。如果在罗经启动时和陀螺马达达到额定转速后陀螺球顶电极、底电极、赤道电极三相电电流值都在正常范围，说明陀螺马达供电正常，陀螺马达工作正常；否则，要检查陀螺马达的供电通道是否有断开或接触不良，并排除故障。

图2-4-4　罗经箱左侧小门内小灯泡测试点

斯伯利MK37型罗经在启动过程中，当“MODE”开关转到“START”位置时，如果陀螺马达不转，可能是：陀螺马达本身机械故障；电子控制箱变压器故障（绕组断开）；“MODE”转换开关接触不良或断开；电子控制箱逆变器电路故障；继电器故障；等等。需逐一排查。

3.陀螺球故障

安许茨系列陀螺罗经的陀螺球如果有故障，工作中陀螺球在随动球中会出现以下现象：陀螺球在支承液体中不停摇摆；陀螺球在支承液体中倾斜后保持不动；在电源接通后，陀螺球里面陀螺马达转动的声音是不均匀的。这些现象都说明陀螺球出现了故障，必须更换陀螺球，更换陀螺球的步骤和更换支承液体的步骤是一致的。

4.随动系统故障

安许茨4型陀螺罗经随动系统测量航向的敏感元件是信号电桥，如果随动系统出现故障，所测得的航向是不正确的。可以通过测量以下信号来确认随动系统是否正常工作。

（1）测量信号电桥输出的测试点，这个测试点是主罗经汇电环的第二环和第三环。船舶没有转向时，信号电桥的输出值大致为信号电桥供电电压值60 V/333 Hz，船舶转向时信号电桥的输出值为毫伏级。

（2）信号电桥输出的航向信号经放大器放大后，输出到方位电机，可以测量方位电机的测试点，如图2-4-5箭头134号和135号接线端子所示。如果所测电压为几伏，说明随动系统是正常工作的。

（3）随动系统出现故障，可能是信号电桥故障，也可能是信号电桥连接到放大器的连接通路故障，还可能是放大器本身的故障。如果陀螺球无故障，只是信号电桥故障，需要进一步检查信号电桥，进行维修或更换相应部件。安许茨系列陀螺罗经的航向放大器在船舶转向时，会放大航向信号；在船舶没有转向时，放大器会饱和。当航向放大器出现故障时，将放大器的开关拨到“断开”位置，更换放大器或对其进行维修。

图2-4-5　方位电机的测试点

5.作用在陀螺球上的随机干扰

安许茨系列陀螺罗经在使用过程中,可能出现主罗经刻度盘停不下来的无规律的随机转动,使罗经无法正常指示航向的故障。这个故障的原因是罗经在工作过程中,陀螺球和随动球碰上,产生了一个随机干扰作用在陀螺球上。陀螺球与随动球碰上主要是由陀螺球高度不正常引起的。引起陀螺球高度不正常的原因有:支承液体温度不正常;支承液体密度不正常;陀螺球内电磁上托线圈断线;陀螺球内陀螺马达三相电供电有断线或有一只陀螺马达损坏导致陀螺球倾斜或摇摆;陀螺马达三相电外部供电有断线;等等。如果是支承液体温度不正常,需检查温度控制系统工作是否正常;如果是支承液体密度不正常,则要通过添加甘油或蒸馏水的方法来调整支承液体的密度,通常添加20 mL甘油陀螺球高度上升1 mm,添加125 mL蒸馏水陀螺球高度下降1 mm;如果是陀螺球内电磁上托线圈断线,则要更换陀螺球;如果是陀螺球内陀螺马达三相电供电有断线或有一只陀螺马达损坏,也要更换陀螺球;如果是陀螺马达三相电外部供电有断线,则可参考前述的电源系统故障的检查方法进行排查。

**(三)安许茨22型陀螺罗经故障**

安许茨22型陀螺罗经接通24 V直流电源后,整个系统将自动地完成全部的启动过程。在其主罗经上找到1~8路指拨开关和按键开关B38、B39并操作,如图2-4-6箭头所示,可以在主罗经数字监视器上读取支承液体的液面高度和温度、陀螺球的工作电压和电流值、泵的工作电压和电流值等,同时还可以读取安许茨22型陀螺罗经的故障信息(参见表2-4-2),并以此为依据,来进行维修和故障排除。

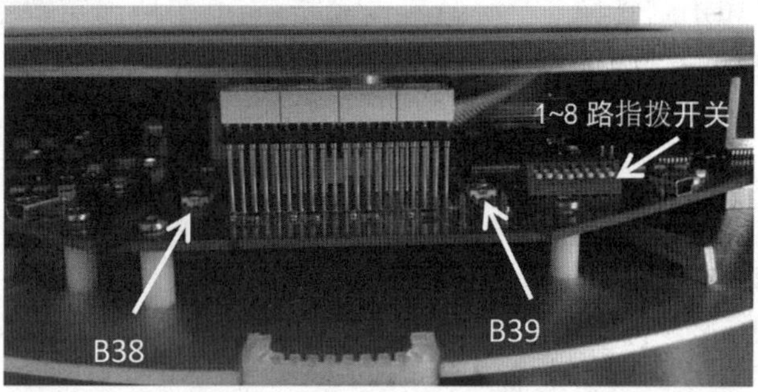


图2-4-6 按键开关B38、B39和1~8路指拨开关操作指示图

安许茨22型陀螺罗经启动后,分罗经指示灯依次出现黄色闪烁、红色闪亮、黄色闪亮、绿色闪亮,如图2-4-7所示,它们分别代表罗经系统工作的不同阶段。指示灯出现黄色闪烁,表明此时罗经处于刚接通电源的阶段,分罗经和主罗经的航向在进行对准;指示灯出现红色闪亮,表明罗经在启动阶段,支承液体的温度没有达到45 ℃,随动系统没有接通;指示灯出现黄色闪亮,表明支承液体的温度达到45 ℃,随动系统已经接通,陀螺罗经正在找北、指北,但是还没有达到稳定指北的阶段;指示灯出现绿色闪亮,表明陀螺罗经找北、指北并达到稳定指北的阶段,陀螺罗经的航向可用。

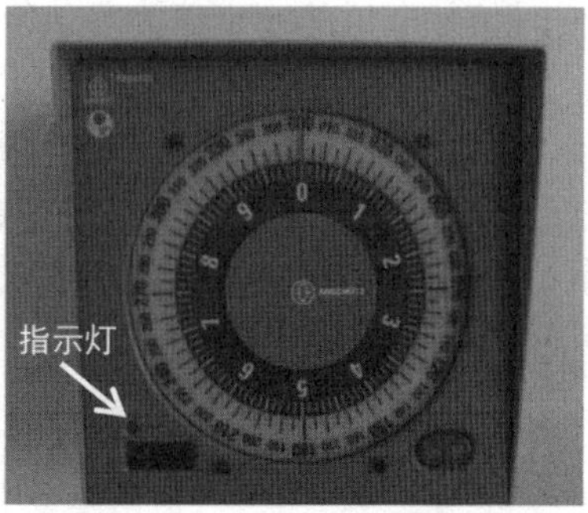


图2-4-7 分罗经指示灯

## 四、陀螺罗经的接口

陀螺罗经与其他设备之间的输入、输出应满足以下性能标准:

(1)陀螺罗经的接口应提供满足 IEC 61162-1 和/或 IEC 61162-2 要求的国际标准接口。

(2)陀螺罗经应提供至少包括船首向信息在内的满足 IEC 61162-2 要求的适当数据源,满足 IEC 61162-2 要求的船首向信息输出信号至少每 20 ms 更新一次。提供船首向信息的 THS 语句应按照 IEC 61162-1 进行编制。

### (一)陀螺罗经与其他设备之间的信号连接

陀螺罗经与其他设备之间的输入、输出关系如表 2-4-3 所示。陀螺罗经的航向信号需要输出到雷达、自动舵、ECDIS、AIS、VDR 等设备,用于船舶信息的融合和信息的综合处理、控制和显示。

表 2-4-3 陀螺罗经与其他设备之间的输入、输出关系

| | | |
|---|---|---|
| 输入设备 | 计程仪<br>GNSS | 输入计程仪速度信号和 GNSS 地理纬度信号,用于自动地补偿陀螺罗经速度误差和纬度误差<br>(手动补偿速度误差和纬度误差不需要这两个信号) |
| 输出 | 雷达<br>自动舵<br>ECDIS<br>AIS<br>VDR | 陀螺罗经的船首向信号输出到雷达、自动舵、ECDIS、AIS、VDR 等导航设备的目的是为这些设备提供船首向信号<br>注意:<br>当陀螺罗经信号未接入 AIS 系统时,AIS 信息无法在雷达和 ECDIS 上显示 |

安许茨 22 型陀螺罗经设备的系统配置如图 2-4-8 所示。由图可见,安许茨 22 型陀螺罗经主罗经产生的数字航向信号使用了 RS-422 串行异步通信接口将数字航向送到信号分配器(Distributor Compact),再由信号分配器将数字航向输送给其他电子设备。信号分配器有 6 路输出,1 路是 RS-422 串行异步通信接口将数字航向输出到任何其他对应的 RS-422 串行异步通信接口的设备;有 8 路 RS-422 串行异步通信接口,将数字航向连接到自动舵的数字航向分罗经和其他的数字航向分罗经;1 路模拟信号输出转首角速率(ROT)模拟信息;1 路模拟航向信号输出给斯伯利罗经的直流步进分罗经,与斯伯利罗经的直流步进分罗经相匹配;1 路 RS-232 串行异步通信接口将数字航向传送到安许茨 22 型陀螺罗经的航向记录器;最后 1 路是状态信号输出。

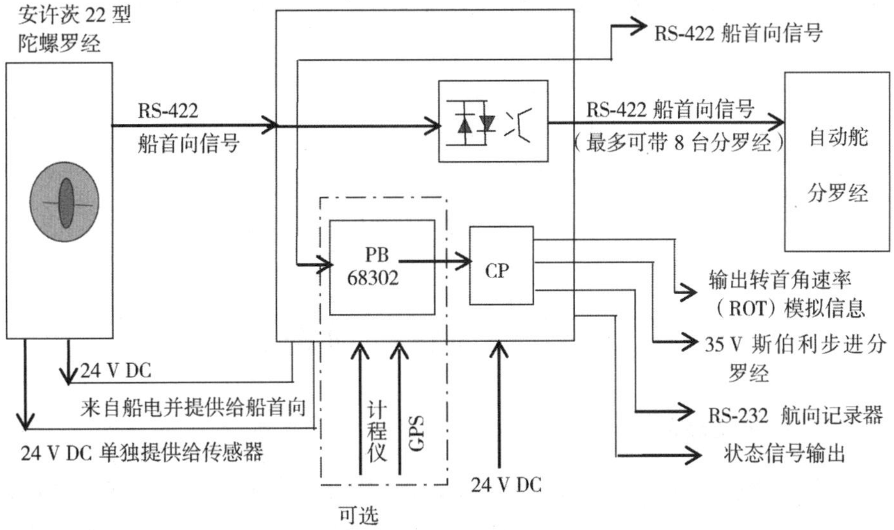


图 2-4-8 安许茨 22 型陀螺罗经设备的系统配置框图

安许茨 22 型陀螺罗经设备有 2 路数字信号输入,分别是来自 GPS 的纬度信号和来自计程仪的速度信号,这 2 路信号也是通过 RS-422 串行异步通信接口接入。接入 GPS 的纬度信号和计程仪的速度信号用于自动地消除罗经的速度误差,而手动消除速度误差不需要这 2 个信号的接入。

陀螺罗经与其他设备进行通信时,需要遵循航行设备间的通信协议,即陀螺罗经与其他船舶设备间的有线接口类型及其数据通信协议,可以分为数据线连接、总线连接和基于 IP 的总线连接三种类型的通信协议。导航设备之间的接口参见第十章第二节相关内容。

### (二)与罗经相关的通信协议

陀螺罗经与其他设备间进行通信时数据接口协议采用 NMEA 0183 和 IEC 61162 协议格式。有关 NMEA 0183 和 IEC 61162 协议参见第十章第二节相关内容。

1.罗经船首向信息源(见表 2-4-4)

表 2-4-4　罗经船首向信息源

| 信息源标识符 | 信息源解释 | 信息源备注 |
| --- | --- | --- |
| HC | Heading-Magnetic Compass | 磁罗经 |
| HE | Heading-North Seeking | 指北陀螺罗经 |
| HN | Heading-Non North Seeking Gyro | 非指北陀螺罗经 |

2.陀螺罗经接口相关语句(见表 2-4-5)

表 2-4-5　陀螺罗经接口相关语句

| 语句开头 | 语句标识 | 中文解释 | 备注 |
| --- | --- | --- | --- |
| $ HEHDT | HDT | 航向信号 | 语句输出 |
| $ HEROT | ROT | Rate of Turn,转首角速率信号 | 语句输出 |
| $ HCHDM | HDM | Heading Magnetic,来自磁罗经的船首向 | 语句输出 |

3.HDT 语句格式解析

HDT,Heading,True,陀螺罗经船首向,具体参数的意义如图 2-4-9 所示。

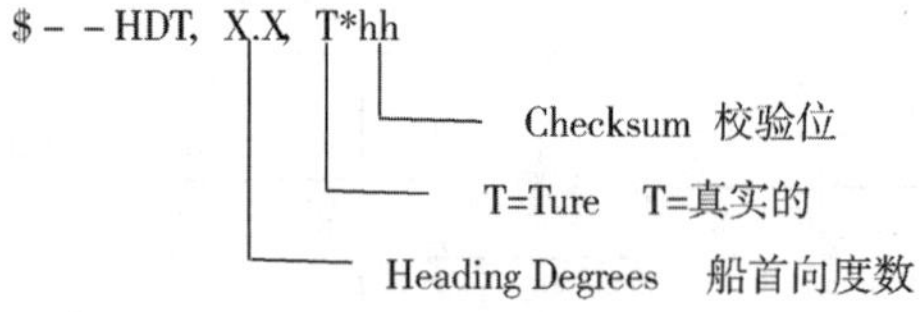


图 2-4-9　IEC 61162-1 航向信号数据格式解析

# 第五节 ◉ 惯性导航系统

## 一、惯性导航系统概述

惯性导航系统(Inertial Navigation System,INS)利用惯性敏感元件(陀螺仪和加速度计)测量运载体相对于惯性空间的角运动和线运动参数,在给定的运动初始条件下,由计算机解算出运载体的姿态、方位、速度和位置等参数,从而引导运载体完成预定的航行任务。

惯性导航系统通常分为两大类:平台式惯性导航系统和捷联式惯性导航系统(Strapdown Inertial Navigation System,SINS)。它们的主要区别是:平台式惯性导航系统有实体的物理平台,陀螺仪和加速度计置于由陀螺稳定的平台上;而捷联式惯性导航系统的陀螺仪和加速度计直接固连在运动载体上,它没有实体的惯性稳定平台,取而代之的是"数学平台"。因此,所谓捷联式惯性导航系统,就是将惯性元件(陀螺仪和加速度计)直接安装在运载体上,直接测量运载体的参数,实现运载体自主导航的导航系统。光纤陀螺罗经是惯性导航系统的一种,光纤陀螺仪可以测量运载体各轴的转动角速率并输出与之成正比的电信号。航海使用的光纤陀螺罗经均属于捷联式惯性导航系统。

光纤陀螺罗经有以下特点:

(1)功能全面。能够给出运载体的航向、姿态、转首角速率、速度和位置。

(2)结构简单。由于没有电气机械平台,结构简单、重量小,便于维护,减少了由于机电平台结构和线路而产生的故障。

(3)可靠性高。由于取消了电气机械平台,特别是对于采用高可靠性的捷联式惯性导航系统,加之使用余度技术,系统的可靠性大大提高。

(4)对惯性元件和计算机的要求高。捷联式惯性导航系统中的陀螺仪和加速度计在运载体上运动时,直接感受过载、冲击、振动、温度变化的恶劣环境,产生动态误差,所以对采用的惯性元件有特殊的要求。

## 二、光纤陀螺罗经工作原理

### (一)光纤陀螺原理

光纤陀螺是利用萨格纳克(Sagnac)效应原理制成的测量载体旋转角速率的一种新型全固态惯性测量元件。以干涉型光纤陀螺(Interferometric Fiber-Optic Gyroscope,I-FOG)为例,如图 2-5-1 所示,光源发出的光经分束器(Coupler)分成两束后进入半径为 $R$ 的单模光纤环中,分别沿顺时针方向(CW)及逆时针方向(CCW)反向传播。当光纤环静止时,经顺、逆时针方向传播的两束光回到分束器时有相同的光程,若光速为 $c$,则两束光传播时间 $t_{CW}$ 和 $t_{CCW}$ 相等,为

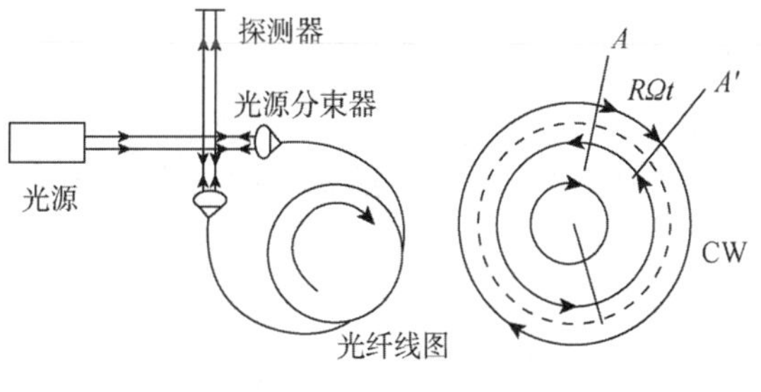


图 2-5-1 光纤陀螺的原理结构图

$$t_{CCW} = t_{CW} = \frac{L}{c} = \frac{2\pi R}{c} \tag{2-5-1}$$

当光纤环绕垂直于所在平面的中心轴以角速度 $\Omega$ 旋转时,则沿顺、逆时针方向传播的波会产生光程差,顺时针方向(CW)及逆时针方向(CCW)两束光的传输时间分别为

$$t_{CW} = \frac{2\pi R}{c + \Omega R} \qquad t_{CCW} = \frac{2\pi R}{c - \Omega R} \tag{2-5-2}$$

考虑到 $c^2 \geqslant (\Omega R)^2$,它们的传输时间差为

$$\Delta t = t_{\mathrm{CCW}} - t_{\mathrm{CW}} = \frac{4\pi R^2 \Omega}{c^2} \tag{2-5-3}$$

它们的传输光程差为

$$\Delta L = \Delta t \cdot c = \frac{4\pi R^2 \Omega}{c} \tag{2-5-4}$$

它们之间的相位差为

$$\Delta \Phi_{\mathrm{s}} = \frac{4\pi RL}{\lambda_0 c} \cdot \Omega \tag{2-5-5}$$

若光纤环绕有 $N$ 匝，则相位差为

$$\Delta \Phi_{\mathrm{s}} = \frac{4\pi NRL}{\lambda_0 c} \cdot \Omega \tag{2-5-6}$$

式中，$\lambda_0$为真空中光波的波长；$L$ 为单模光纤环路的周长。因此，$\Delta\Phi_{\mathrm{s}}$与 $\Omega$ 成正比，只要测出它们之间的相位差 $\Delta\Phi_{\mathrm{s}}$，就可以求出光纤环路的转动角速度 $\Omega$，再通过对角速度 $\Omega$ 的时间积分，即可测出光纤环转过的角度值。

### （二）光纤陀螺仪

光纤陀螺仪按工作原理可分为干涉型光纤陀螺仪、谐振式光纤陀螺仪（Resonator Fiber-Optic Gyroscope，R-FOG）和受激布里渊散射光纤陀螺仪（Brillouin Fiber-Optic Gyroscope，B-FOG）。从性价比和航海使用精度要求的角度出发，船用光纤陀螺罗经一般采用干涉型光纤陀螺仪。

干涉型光纤陀螺仪的基本构成如图 2-5-2 所示。它主要包括光源、探测器（光电检测器）、耦合器、Y 集成光路和光纤环五大部分。图中 Y 波导就是 Y 集成光路，也叫 Y 分支集成光学芯片，它集成了一个偏振器、一个分束器和两个宽带相位调制器的功能，使光纤陀螺小型化。

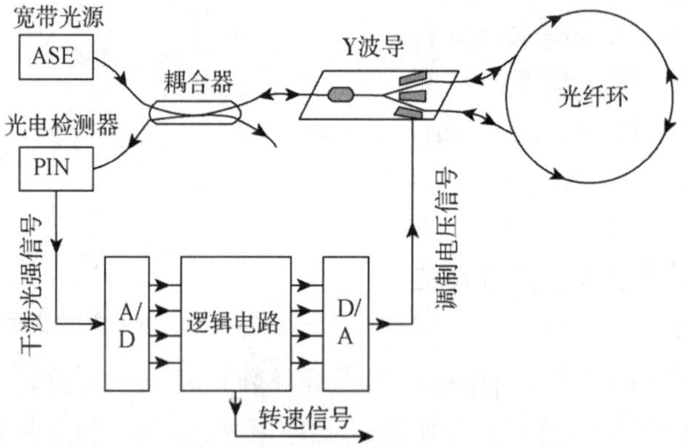


图 2-5-2　采用 Y 波导和全数字闭环处理方案的 I-FOG

光源发出的光经过耦合器后分为两束光，其中一束光进入电光相位调制器（Y 波导），经过 Y 波导的内部调节后输出两束光，这两束光在光纤环中相向传播，感应外部的角速度运动，在探测器处检测干涉信号光强的变化，经过光电信号处理转换之后，形成闭环反馈电压信号来调节 Y 波导，使 Y 波导产生与外部 Sagnac 相移大小相等、方向相反的反馈相移，使数字闭环光纤陀螺仪始终工作在线性特性零点相移附近，在数据处理的同时即可以获取外部的角速度信息。

### （三）光纤陀螺罗经的实现

1.光纤陀螺罗经平台式惯性导航系统

图 2-5-3 为光纤陀螺罗经平台式惯性导航系统，惯性测量元件安装在物理平台上，物理平台不随载体运动，而是通过机电控制准确地跟踪地理坐标系，物理平台是测量载体坐标系相对于地理坐标系的航向、姿态角等信息的基准，惯性导航系统航向、姿态角等的解算过程实际上是将平台调整到与地理坐标系一致的过程，直至消除地球自转、船舶运动、摇摆等的影响，配合光纤陀螺，实现找北、指北，解算出航向、姿态角等导航信息。

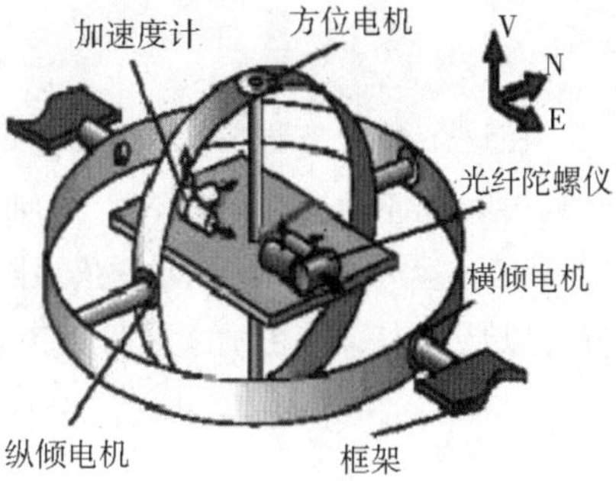


图 2-5-3　光纤陀螺罗经平台式惯性导航系统

而航海使用的光纤陀螺罗经均属于捷联式惯性导航系统。捷联式惯性导航系统中没有这样的物理平台，而是将惯性测量元件直接安装在运载体上，这就必须要有一个抽象的数学平台来代替这样一个物理平台，并准确地跟踪地理坐标系，实现物理平台的基准作用，这个抽象的数学平台就是接下来要推导的方向余弦矩阵。

2.光纤陀螺罗经捷联式惯性导航系统方向余弦矩阵及航向姿态解算

如图 2-5-4 所示，载体的姿态角实际上就是载体坐标系（b 系）和导航坐标系（n 系）之间的方位关系，由导航坐标系（此处为地理坐标系）转动 $\psi$、$\theta$、$\gamma$ 角，即为载体坐标系 $Ox_by_bz_b$（b 系）。它们之间的转换关系可以通过图 2-5-4 所示的 3 次转动来表示，其转换过程为

$$Ox_ny_nz_n \xrightarrow[-\psi]{Oz_n} Ox_{b1}y_{b1}z_{b1} \xrightarrow[\theta]{Ox_{b1}} Ox_{b2}y_{b2}z_{b2} \xrightarrow[\gamma]{Oy_{b2}} Ox_by_bz_b$$

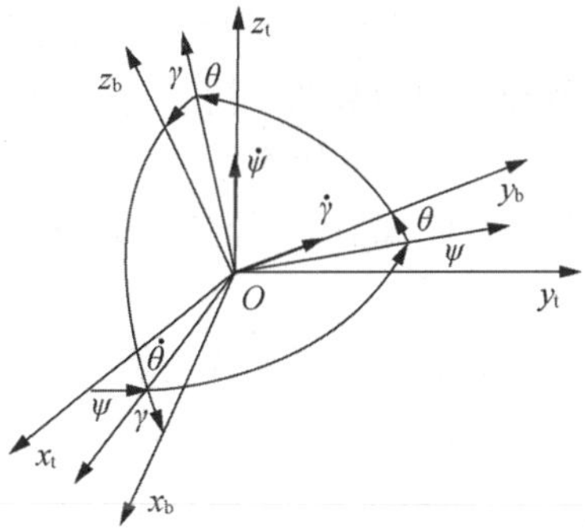


图 2-5-4　导航坐标系至载体坐标系的转换关系

这样导航坐标系（n 系）到载体坐标系（b 系）的转换关系可以用方向余弦矩阵表示：

$$\begin{bmatrix} x_b \\ y_b \\ z_b \end{bmatrix} = C_n^b \begin{bmatrix} x_n \\ y_n \\ z_n \end{bmatrix} = \begin{bmatrix} \cos\gamma\cos\psi - \sin\gamma\sin\theta\sin\psi & \sin\gamma\sin\theta\cos\psi + \cos\gamma\sin\psi & -\sin\gamma\cos\theta \\ -\cos\theta\sin\psi & \cos\theta\cos\psi & \sin\theta \\ \sin\gamma\cos\psi + \cos\gamma\sin\theta\sin\psi & \sin\gamma\sin\psi - \cos\gamma\sin\theta\cos\psi & \cos\gamma\cos\theta \end{bmatrix} \begin{bmatrix} x_n \\ y_n \\ z_n \end{bmatrix}$$

$$C_n^b = \begin{bmatrix} \cos\gamma\cos\psi - \sin\gamma\sin\theta\sin\psi & \sin\gamma\sin\theta\cos\psi + \cos\gamma\sin\psi & -\sin\gamma\cos\theta \\ -\cos\theta\sin\psi & \cos\theta\cos\psi & \sin\theta \\ \sin\gamma\cos\psi + \cos\gamma\sin\theta\sin\psi & \sin\gamma\sin\psi - \cos\gamma\sin\theta\cos\psi & \cos\gamma\cos\theta \end{bmatrix} \tag{2-5-7}$$

$$C_b^n = (C_n^b)^T \tag{2-5-8}$$

将载体坐标系（b 系）沿船舶的纵向轴、横向轴和垂直轴测量到的角速度信息和平台的重力加速度计测量到的加速度信息转换到导航坐标系（n 系）的矩阵为 $C_b^n$，有 $C_b^n = (C_n^b)^T$，矩阵 $C_b^n$ 即为方向余弦矩阵，方向余弦矩阵 $C_b^n$ 是捷联式光纤陀螺罗经惯性导航系统的数学平台。方向余弦矩阵 $C_b^n$ 有 9 个元素，可定义：

$$C_b^n = \begin{bmatrix} T_{11} & T_{12} & T_{13} \\ T_{21} & T_{22} & T_{23} \\ T_{31} & T_{32} & T_{33} \end{bmatrix} = (C_n^b)^T \tag{2-5-9}$$

方向余弦矩阵的微分方程为

$$\dot{\boldsymbol{C}}_{\mathrm{b}}^{\mathrm{n}} = \boldsymbol{C}_{\mathrm{b}}^{\mathrm{n}} \bar{\boldsymbol{\Omega}}_{\mathrm{nb}}^{\mathrm{b}} \tag{2-5-10}$$

在这个微分方程中,角速度矩阵 $\bar{\boldsymbol{\Omega}}_{\mathrm{nb}}^{\mathrm{b}} = [\Omega_x \quad \Omega_y \quad \Omega_z]^{\mathrm{T}}$ 是已知量,它由光纤陀螺仪所测得的载体坐标系(b 系)三个轴上的角速度 $\Omega_x$ 、$\Omega_y$ 、$\Omega_z$ 组成。因此,求解微分方程(2-5-10),就可以解得方向余弦矩阵 $\boldsymbol{C}_{\mathrm{b}}^{\mathrm{n}}$ ,得到 $\boldsymbol{C}_{\mathrm{b}}^{\mathrm{n}}$ 中的 9 个元素,船舶的航向、姿态角等就可以从姿态矩阵 $\boldsymbol{C}_{\mathrm{b}}^{\mathrm{n}}$ 的元素值获取:

$$\begin{cases} \theta = \arcsin T_{32} \\ \gamma = \arctan \dfrac{-T_{31}}{T_{33}} \\ \psi = \arctan \dfrac{-T_{12}}{T_{22}} \end{cases} \tag{2-5-11}$$

式中,$\psi$ 为航向角,$\theta$ 为横摇角,$\gamma$ 为纵摇角。

3.光纤陀螺罗经的初始对准

对光纤陀螺罗经系统数学平台——方向余弦矩阵 $\boldsymbol{C}_{\mathrm{b}}^{\mathrm{n}}$ 的微分方程进行求解,必须先获得方向余弦矩阵 $\boldsymbol{C}_{\mathrm{b}}^{\mathrm{n}}$ 的初始值。确定方向余弦矩阵 $\boldsymbol{C}_{\mathrm{b}}^{\mathrm{n}}$ 的初始值的过程即为光纤陀螺罗经的初始对准。初始对准为光纤陀螺罗经的导航计算提供了必要的初始条件。

光纤陀螺罗经惯性导航系统要求初始对准保证必需的准确性与快速性。对于船舶的光纤陀螺罗经,静基座对准时间要求在 30 min 左右,动基座对准时间要求在 45 min 左右。

4.光纤陀螺罗经的系统构成和工作过程

船用光纤陀螺罗经系统均为捷联式惯性导航系统,它由惯性测量单元 IMU、导航计算机、旋转机构、旋转控制回路、接口控制电路、显示控制器和电源转换模块等几大部分组成。如图 2-5-5 所示,光纤陀螺仪直接输出船舶三轴角速率的串口数字信号;同时加速度计敏感到的加速度信号,经量化电路和接口电路送到导航计算机中;导航计算机采集光纤陀螺输出的信号和加速度计接口电路输出的加速度信号并进行导航解算,解算出航向、姿态、速度和纬度等信息量,并通过接口控制电路向外发送;显示控制器用来显示导航计算机解算出的信息。

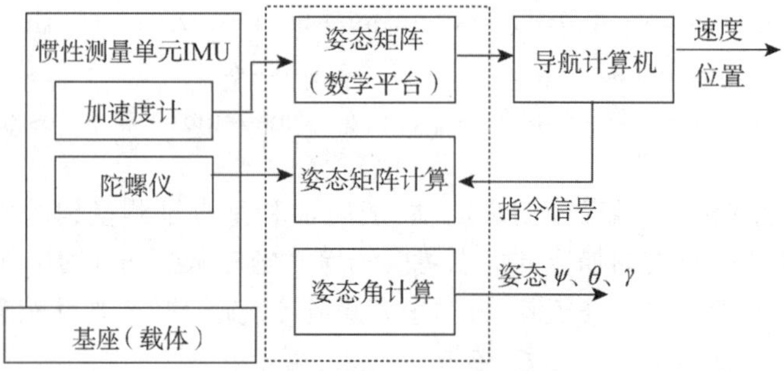


图 2-5-5 光纤陀螺罗经的系统组成

## 三、船用光纤陀螺罗经实例——Navigate 2100 型光纤陀螺罗经

美国利顿(Litton)航海系统集团研制的 Navigate 2100 型光纤陀螺罗经及航姿系统

是第一套完全利用捷联技术、具有精确动态精度和快速稳定时间、应用于综合驾驶台和高速船舶的电子静态航海陀螺罗经系统；由于完全利用捷联技术，Navigate 2100 型光纤陀螺罗经无任何移动部件，在使用寿命内不需要进行维护。

## （一）Navigate 2100 型光纤陀螺罗经的硬件组成

Navigate 2100 型光纤陀螺罗经由传感器单元、控制与显示单元、接口及电源控制单元组成，如图 2-5-6 所示。传感器单元由 3 个光纤陀螺仪和 2 个电子水平传感器组成，2 个电子水平传感器取代了三轴加速度计，卡尔曼滤波器根据 3 个光纤陀螺仪输出的旋转速率信号和 2 个电子水平传感器输出的水平信息，就能计算出地球的旋转方向并据此确定地理北向，如图 2-5-7 所示。控制与显示单元向用户提供所有必要的信息，如速度、纬度、经度、船首向、横摇和纵摇角度及三轴的转向角速率等。Navigate 2100 型光纤陀螺罗经还具有自动应急电源变换功能、分罗经输出短路保护功能和系统内部试验功能。

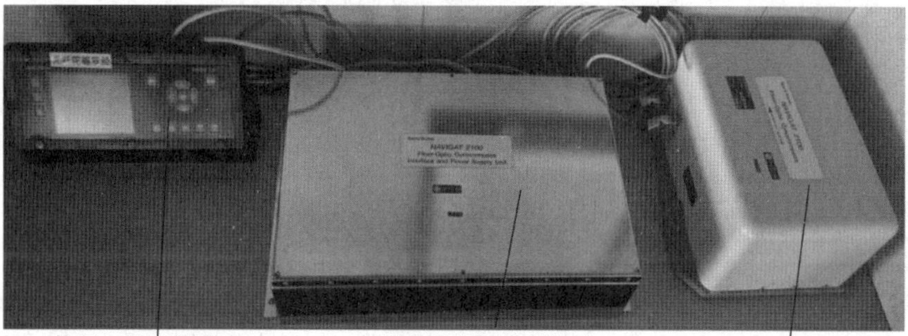


图 2-5-6　Navigate 2100 型光纤陀螺罗经的组成图

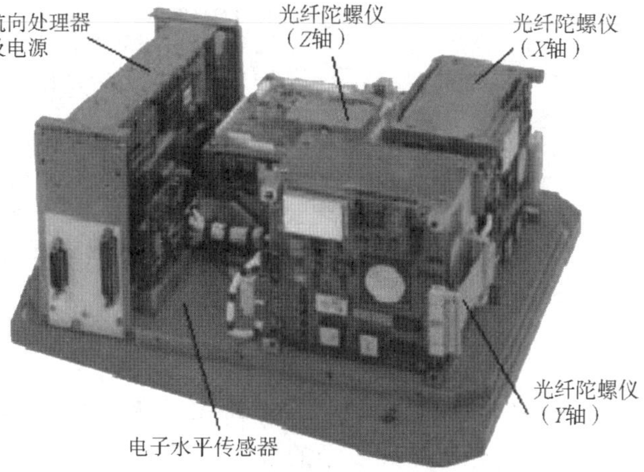


图 2-5-7　Navigate 2100 型光纤陀螺罗经传感器单元的组成

## （二）Navigate 2100 型光纤陀螺罗经完整的系统

如图 2-5-8 所示是 Navigate 2100 型光纤陀螺罗经完整的系统图。Navigate 2100 型光纤陀螺罗经完整的系统除了由传感器单元、控制与显示单元、接口及电源控制单元硬件组成外，还需要由其他的外部设备输入船舶位置、速度等信息，参与光纤陀螺罗经的计算以及漂移误差补偿等。其他陀螺罗经和磁罗经(磁通门)系统也可以与本系统连接。另外,光纤陀螺罗经测量到的信息需要通过串口传输和模拟信号传输等方式输出给其他的外部设备。从图 2-5-8 的系统图可以看出,整个 Navigate 2100 型光纤陀螺罗经系统有多路输入输出接口,并且是多种格式的。

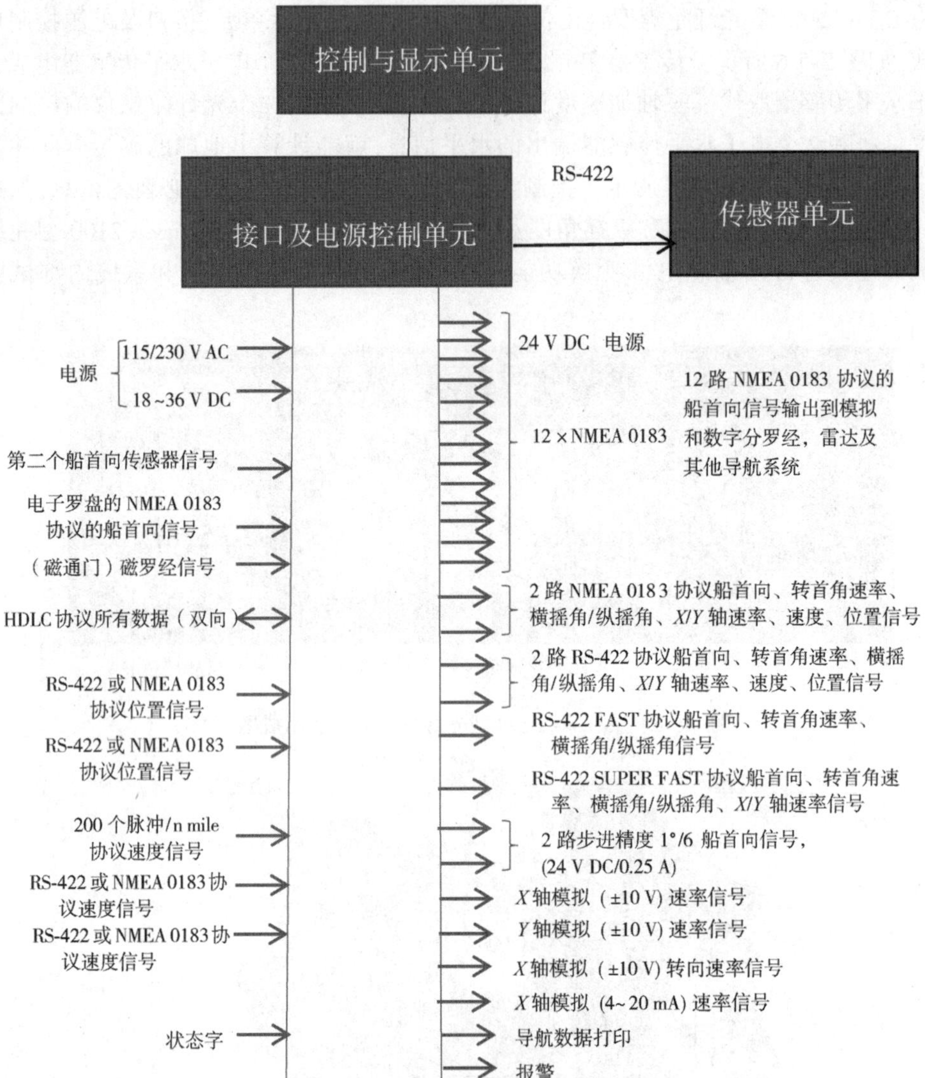


图 2-5-8 Navigate 2100 型光纤陀螺罗经系统图

## (三)Navigate 2100 型光纤陀螺罗经的技术指标

1.高动态精度

| | |
|---|---|
| 首向 | $\leqslant 0.7^\circ \sec\varphi$ |
| 横摇/纵摇角 | $\leqslant 0.5^\circ$ |
| 转向率 | $\leqslant 0.4^\circ$/min |
| *X*/*Y* 转向率 | $\leqslant 0.4^\circ$/min |

2.稳定时间

| | |
|---|---|
| 静止 | ≤10 min |
| 航行 | ≤45 min |
| 转向率 | ≤4 min |

3.信号输出

| | |
|---|---|
| NMEA 船首向输出 | 12 路模拟分罗经 |
| NMEA 0183 | 2 路所有数据 |
| RS-422 | 2 路所有数据 |
| RS-422 FAST | 1 路 HDG,ROT,ROLL,PITCH 数据 |
| RS-422 SUPER FAST | 1 路 HDG,ROT,ROLL,PITCH,*X/Y* 速率数据 |
| 1°/6 步进精度 | 2 路船首向输出(每个 24 V DC/0.25 A) |
| 模拟 ±10 V | 2 路速率信号 |
| 模拟 ±10 V | 1 路转首角速率信号 |
| 模拟 4~20 mA | 1 路模拟速率信号 |
| HDLC | 1 路所有数据(双向) |

4.信号输入

| | |
|---|---|
| 船位 | NMEA 0183 或 RS-422 |
| 速度 | NMEA 0183 或 RS-422　200 个脉冲/n mile (最大 200 kn) |
| 其他陀螺罗经 | NMEA 0183 或 RS-422 |
| 磁罗经首向 | NMEA 0183 或 正余弦信号 |

5.电源要求

| | |
|---|---|
| 115/230 V AC | 50 Hz 和/或 24 V DC(18~36 V) |

如果为构成 GMDSS 的 Inmarsat 船站提供指向信息,需要能够自动转换到 24 V 应急电源。

### (四)Navigate 2100 型光纤陀螺罗经的使用故障及误差修正

由于完全利用了捷联技术,Navigate 2100 型光纤陀螺罗经无任何移动部件,在使用寿命内无须进行维护。但是,光纤陀螺罗经在使用过程中可能出现以下使用故障。

1.外部供电故障

在综合驾驶台系统中,光纤陀螺罗经由外部供电(船电供电),驾驶台设备供电是由整个综合驾驶台系统统一提供的。如果光纤陀螺罗经出现电源故障,就应该从综合驾驶台系统出发,逐一检查它的外部供电故障,然后排除故障。

2.误差修正

当光纤陀螺罗经所测得的航向值、横摇角和纵摇角等信息数据有偏差时,需要进行误差修正。Navigate 2100 型光纤陀螺罗经是可以进行误差显示并修正的。修正时,输入船首向、横摇角和纵摇角等改正量的值后,利用控制与显示单元的 SERVICE SETUP 程序窗口 3 中的 F1TEST/ALIGN 键,启动 TEST/ALIGN 功能,把改正值存入传感器单元。改正值存入传感器单元之后,将在控制与显示单元中显示出来,这样就完成了对陀螺罗经误差的修正。

3.与分罗经连接的故障

Navigate 2100 型光纤陀螺罗经所测得的航向信号,通过串口、模拟和步进传向等不同的方式输出到多个分罗经。光纤陀螺罗经与各分罗经之间通常是通过电缆连接的，这样就可能会在电缆的接口端子处出现主罗经与分罗经连接不上或连接不稳定的故障。Navigate 2100 型光纤陀螺罗经在分罗经上有一个“Sync.”开关，当分罗经与主罗经同步，在同步程序时间内，“Sync.”开关持续红光闪烁。因此，“Sync.”开关灯光的闪烁可指示光纤罗经主罗经与分罗经的连接是否有错误，并且在控制与显示器上可以显示错误代码，参考错误代码表，可进行主罗经与分罗经接口连接故障的排除。

4.与其他外部设备的连接故障

Navigate 2100 型光纤陀螺罗经所测得的航向、横摇角、纵摇角等信号，也是通过串口端子和电缆连接到其他外部设备的，在接口端子处往往也会发生连接不上或连接不稳定的故障。检查和判断哪个部位出现连接失败的方法是：哪个外部设备没有成功接收到来自光纤罗经的信号，相应的电缆接口端子就没有连接上，或接口端子出现连接故障。Navigate 2100 型光纤陀螺罗经排除此故障首先是在控制与显示器上检查并重新进行输出接口的设置，然后检查连接处接口端子的松紧，用螺丝刀旋紧接口端子的螺丝或者重新焊接接口端子的电缆。

## 第六节 ◉ GNSS 罗经

### 一、GNSS 罗经概述

GNSS 的全称是全球卫星导航系统，泛指所有的卫星导航系统，GNSS 国际委员会公布的全球四大卫星导航系统包括：美国的全球卫星导航系统（GPS）、俄罗斯的格洛纳斯卫星导航系统（GLONASS）、欧盟的伽利略卫星导航系统（GALILEO）和中国的北斗卫星导航系统（BDS）。

GNSS 是船舶航海中应用最为广泛的高精度定位仪器，GNSS 不仅可以提供船位，还可以提供船速和航迹向。但是，航行时受风、浪的影响，船舶的船首向和航迹向不一定相同，且仅凭一台 GNSS 接收机无法求出船首向。陀螺罗经精度高，但价格高，且稳定所需时间长；磁罗经虽然价格低、使用方便，但精度差。GNSS 罗经的诞生可以弥补它们的不足。

GNSS 罗经，又称作卫星罗经，是依托于卫星导航系统的航向姿态测量仪器。高精度 GNSS 罗经通常有以下特点：

（1）采用三个高精度、高动态的 GNSS 接收机作为卫星信号传感器，利用实时载波相位测量技术和快速求解整周模糊度技术，精确解算出船舶的航向角、横摇角、纵摇角、位置、速度及时间等信息。

（2）启动速度快、高定位定向数据更新率、高稳定可靠性，使其定位定向时间短，航向精度高。

（3）由接收卫星信号的天线、数据处理器以及显示器三个部分构成，设备外观简单且体积比较小，易安装，成本低，易于二次开发。

（4）功耗低，故障率低，维护成本低；不受地磁场影响，不受船速和纬度影响（没有速度误差和纬度误差）；无须校准，无累积误差。

(5)数据输入/输出满足 NMEA 0183、IEC 61162 协议,易于与其他设备进行信息交换,实现未来的智慧航海。

## 二、GNSS 罗经指向原理

GNSS 罗经指向原理如图 2-6-1 所示,将三副 GNSS 天线平行于船舶罗经甲板平面安装,天线 1 和天线 2 的连线与船首尾线平行,天线 3 在天线 1 与天线 2 的连线之外,船尾的天线(天线 1)作为基准天线,基准天线 1 到船首天线 2 的连线,构成本船 GNSS 罗经船首向基线向量,天线安装好后,基线向量的长度 $R$ 是定值。

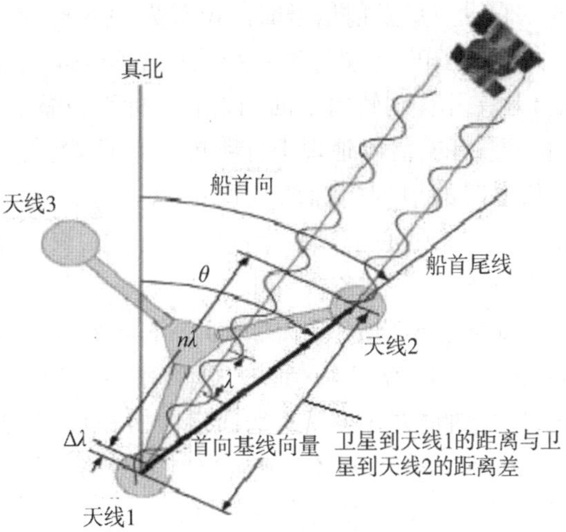


图 2-6-1　GNSS 罗经指向原理

GNSS 罗经通过载波相位差分技术测量出天线 1 和天线 2 至卫星的距离差,在已知基线向量长度 $R$ 及卫星位置的情况下,可解算出首向基线向量与地理真北的夹角,即船舶的船首向。再通过天线 3 与首向基线向量的关系,测得船舶的横摇角和纵摇角。

### (一)测量两天线至卫星的距离差

如图 2-6-1 所示,设卫星载波频率为 $f$,角频率为 $\omega$。卫星到天线 1 的距离为 $D_1$,卫星到天线 2 的距离为 $D_2$,卫星信号到两天线(天线 1 和天线 2)所需传播时间分别为 $D_1/C$ 和 $D_2/C$,$C$ 是卫星信号电磁波传播速度,则它们的相位分别为

$$\Psi_1 = \omega t - \omega D_1/C \qquad \Psi_2 = \omega t - \omega D_2/C$$

卫星信号到两天线的相位差为

$$\Delta\Psi = \Psi_1 - \Psi_2 = (\omega t - \omega D_1/C) - (\omega t - \omega D_2/C) = \omega(D_2 - D_1)/C \tag{2-6-1}$$

由于 $C=\lambda f$,$\lambda$ 为卫星载波波长,所以

$$\Delta\Psi = \frac{2\pi}{\lambda}(D_2 - D_1) \tag{2-6-2}$$

卫星信号到两天线的距离差 $\Delta D$ 为

$$\Delta D = D_2 - D_1 = \frac{\lambda}{2\pi}\Delta\Psi = \frac{\lambda}{2\pi}(2N\pi + \Delta\Psi') \tag{2-6-3}$$

式中:$\Delta\Psi'$ 为不足整数周期的相位差数值,可以由两台天线所对应的 GPS 接收机提供的原始观测量相位信息相减获得;$N$ 为相位整周数差值部分,可以通过下列方法获得:船用 GPS 接收机通常通过 L1 载波频率(1 575.42 MHz,所对应的波长为 19 cm)所调制的 CA 码来获得伪距。设天线 1 和天线 2 所对应的两台 GPS 接收机测得的伪距分别为 $S_1$ 和 $S_2$,由于两个 GPS 天线相距很近,对于卫星高度为 20 183 km 的 GPS 卫星而言,卫星到达两个 GPS 天线所通过的路径基本相同,也就是说,同一颗卫星信号到达两个 GPS 天线的电离层和对流层折射误差是相同的。因此,相位整周数差值 $N$ 为

$$N = |S_1 - S_2|/0.19 \tag{2-6-4}$$

### （二）求出卫星在地理坐标系中的位置

GPS 接收机接收卫星发射的导航电文，从卫星导航电文中提取卫星星历参数，根据卫星星历参数可以计算出卫星发射信号时的位置，因此，卫星发射信号时的位置是已知的。假设卫星发射信号时的位置为$(X_S, Y_S, Z_S)$。

由于 GPS 卫星导航系统采用 WGS-84 大地坐标系，卫星发射信号时的位置$(X_S, Y_S, Z_S)$是在开普勒轨道平面的地心坐标系位置。而船舶 GPS 接收机观测卫星是在地球表面上进行的，需要地理坐标系的卫星位置，假设卫星发射信号时的地理坐标系位置为$(X_g, Y_g, Z_g)$。因此，必须将卫星的地心坐标系位置$(X_S, Y_S, Z_S)$转换成地理坐标系位置$(X_g, Y_g, Z_g)$。

如图 2-6-2 所示，以天线 1 所在位置作为地理坐标系的原点 $O'$，$O'X$ 轴指向地理真北，$O'Z$ 轴指向地理东，$O'Y$ 轴垂直于 $O'XZ$ 平面指向所在位置的天顶，建立地理坐标系 $O'XYZ$。卫星发射信号时的地理坐标系位置$(X_g, Y_g, Z_g)$为

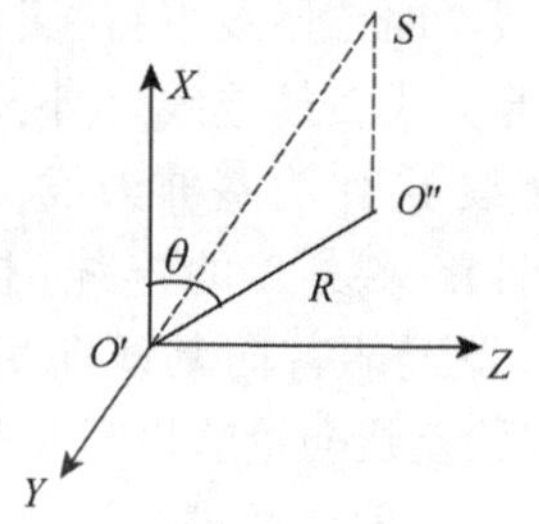


图 2-6-2　GPS 罗经的地理坐标系

$$\begin{bmatrix} X_g \\ Y_g \\ Z_g \end{bmatrix} = \begin{bmatrix} 0 & -1 & 0 \\ \cos\varphi & 0 & -\sin\varphi \\ \sin\varphi & 0 & \cos\varphi \end{bmatrix} \begin{bmatrix} \cos(\lambda_G - \lambda) & -\sin(\lambda_G - \lambda) & 0 \\ \sin(\lambda_G - \lambda) & \cos(\lambda_G - \lambda) & 0 \\ 0 & 0 & 1 \end{bmatrix} \begin{bmatrix} X_S \\ Y_S \\ Z_S \end{bmatrix} \tag{2-6-5}$$

式中：$\lambda_G$为格林尼治子午圈赤经；$\lambda$ 为天线 1 位置的经度；$\varphi$ 为天线 1 位置的纬度。

### （三）求出基线向量 $O'O''$的方向即船首向

如图 2-6-2 所示，在 GPS 罗经地理坐标系中，$O'$是天线 1 所在位置，也是地理坐标系的原点，$O'$点的坐标为(0,0,0)，$O''$是天线 2 所在位置，设 $O''$点的坐标为 $O''(X'', Y'', Z'')$，前面叙述过，天线 1 到天线 2 的连线构成 GPS 罗经的基线向量，且基线 $O'O''$的长度 $R$ 为定值，基线方向 $O'O''$与真北方向 $O'X$ 轴正向之间的夹角为 $\theta$，$\theta$ 即为船舶的船首向。

在地理坐标系中，$O''$点的坐标为

$$X'' = R\cos\theta, Y'' = 0, Z'' = R\sin\theta$$

卫星信号到天线 1 和天线 2 的距离差可以由下式计算：

$$\begin{aligned} &\sqrt{X_g^2 + Y_g^2 + Z_g^2} - \sqrt{(X_g - X'')^2 + (Y_g - Y'')^2 + (Z_g - Z'')^2} \\ &= \sqrt{X_g^2 + Y_g^2 + Z_g^2} - \sqrt{(X_g - R\cos\theta)^2 + Y_g^2 + (Z_g - R\sin\theta)^2} \end{aligned} \tag{2-6-6}$$

令

$$\sqrt{X_g^2 + Y_g^2 + Z_g^2} - \sqrt{(X_g - R\cos\theta)^2 + Y_g^2 + (Z_g - R\sin\theta)^2} = \Delta D \tag{2-6-7}$$

式(2-6-7)中，$(X_g, Y_g, Z_g)$是卫星在地理坐标系的坐标，可由式(2-6-5)求取获得；$\Delta D$ 是卫星信号到天线 1 和天线 2 的距离差，由式(2-6-3)测得；$R$ 是基线 $O'O''$的长度，为定值。根据式(2-6-7)，唯一的未知量 $\theta$ 可求出，$\theta$ 即为 GPS 罗经测得的船舶的船首向。由此，GPS 罗经指示出船舶的船首向，实现了指向功能。

## 三、GNSS 罗经组成

图 2-6-3 所示是某 GNSS 罗经的组成图，它由天线单元、接收机单元和显示器单元

三部分组成。

在 GPS 罗经中接收机可同时处理多个天线接收到的卫星信号,经计算处理后得到船舶航向、姿态角等数据,并通过输出接口,将测得的数据传输到显示器和其他导航设备。考虑到卫星信号的不稳定性,接收机内还装有三轴角速度计、电子磁罗经和三轴加速度计,用于 GPS 罗经的数据推算和修正,构成微型惯导系统。显示器显示船位、船首向及其他导航数据,如图 2-6-4 所示。

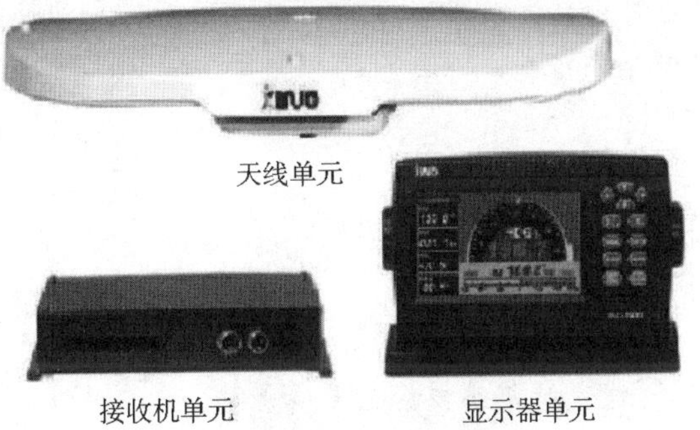


图 2-6-3　某 GNSS 罗经的组成

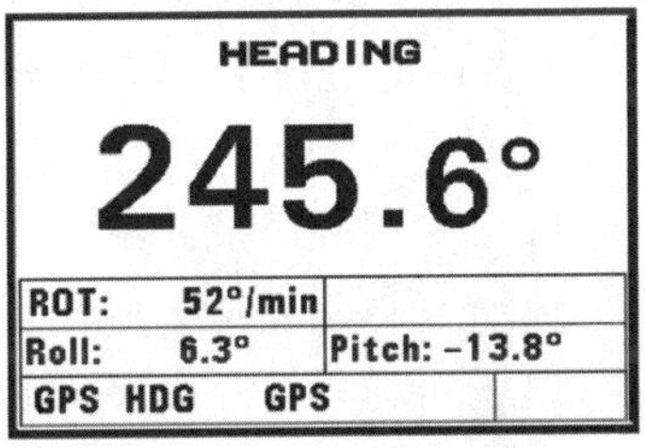


图 2-6-4　GNSS 罗经显示界面

## 四、GNSS 罗经的使用故障及维护

GNSS 罗经使用过程中的故障与基站、差分链路、外部环境和 GNSS 罗经设备相关。这里只讨论与 GNSS 罗经设备相关的故障。

(1)天线故障,主要有天线硬件故障和主板天线馈电故障。天线硬件故障的表现是完全接收不到卫星信号,需要更换天线。主板天线馈电故障的表现是信号弱、信号的衰减较大、天线电压过低,可通过测量主板天线接口的电压(正常为 5 V)判断,若电压过低,则需要对主板及载板的电路进行排查。

(2)线缆连接故障,通常有线缆连接有误、线缆连接松动、线缆损坏和线缆信号衰减过大等。线缆连接有误时,完全没有信号,可能有电源,也可能没有电源,需检查线缆连接是否与相应端口一致,电缆端口各脚的连接是否与定义一致,确保线缆连接正确。如发现线缆连接松动,用螺丝刀旋紧接口端子的螺丝,确保线缆连接处紧固。线缆损坏可以目视检查、用手拉一拉或用万用表测量是否有断线,如确定损坏,则更换新的射频线缆,如确定有断线,则重新焊接好。如线缆信号传输衰减过大,则更换新的正常的射频线缆。

(3)输入输出接口故障,输入输出没有信号,接口不工作。检查接口设置,重新正确设置接口。检查接口连线是否正确,使连线与定义一致。检查接口连接处连接是否牢固,使连接牢固或更换输入输出接口连接线。

(4)电源供电电压出现故障,检查主机供电电压是否符合出厂要求,供电电压过小则出现主机不能启动、收星少等异常情况,供电电压过大则可能会导致元器件烧坏。

## 思考题

1.简述陀螺仪的定义及基本特性。
2.位于地球上的自由陀螺仪的视运动有何规律?
3.简述陀螺罗经的指北原理。
4.简述速度误差、纬度误差、冲击误差、摇摆误差、基线误差的概念和消除方法。
5.何谓稳定时间?它与哪些因素有关?
6.试述安许茨4型陀螺罗经主罗经各部分的结构。
7.试述安许茨4型陀螺罗经有哪些电路系统。
8.试述安许茨22型陀螺罗经的结构特点。
9.安许茨22型陀螺罗经的随动信号是如何产生的?
10.如何检测安许茨22型陀螺罗经的故障?
11.何谓惯性导航系统?它有哪些种类?
12.光纤陀螺罗经有何特点?
13.光纤陀螺罗经由哪几部分组成?简述光纤陀螺罗经的解算原理。
14.简述GNSS罗经的特点及指向原理。
15.GNSS罗经在使用过程中可能有哪些故障?如何排除?

# 第三章

# 航速与航程测量设备

## 第一节 ◉ 船用计程仪概述

### 一、船用计程仪的主要功能及分类

船用计程仪是一种测量船舶航速和累计航程的导航仪器。船用计程仪所提供的航速信息对船舶驾驶极为重要，其主要作用如下：

（1）利用船用计程仪测量的航速信息结合陀螺罗经或磁罗经提供的航向信息，可进行船舶船位推算。

（2）为卫星导航仪、自动综合导航仪、ARPA 和真运动雷达等导航仪器提供航速信息，可实现船舶自动定位和利于船舶操纵及自动避让。

（3）为现代化大型或超大型船舶提供纵向和横向速度信息，保证这些船舶在狭水道航行、靠离码头和锚泊时的安全。

船用计程仪按其测量参考坐标系的不同，可分为相对计程仪和绝对计程仪两类。相对计程仪只能测量船舶相对于水的速度并累计其航程，如水压式、电磁式计程仪等。绝对计程仪可以测量船舶对地的速度并累计其航程，如多普勒计程仪和声相关计程仪。但是当测量水深超过其跟踪深度范围时，绝对计程仪便转换成跟踪水层的相对计程仪。具体来讲，以“海底跟踪”方式工作的多普勒、声相关计程仪属于绝对计程仪；以“水层跟踪”方式工作的多普勒、声相关计程仪属于相对计程仪。

### 二、有关船用计程仪的国际公约和性能标准

根据《1974 年国际海上人命安全公约》第 V 章第 19 条“船载航行系统和设备的配备要求”的规定，所有 300 总吨及以上的船舶和不论尺寸大小的客船，均应装配航速测量装置或其他装置，用于指示船舶相对于水的航速和航程；对于所有 5 万总吨及以上的船舶还应安装有 1 台航速和航程测量装置，或其他装置，用于指示船舶的前进方向和横向的相对于地的航速和航程。前者主要是考虑到船舶通用船位推算和避碰的需求，后者主要是为了满足超大型船舶靠离码头、狭水道航行等的速度显示需求。

根据《关于航速和航程指示装置性能标准的修正案》［即 MSC.334(90)，MSC.96

(72)的修正案]的要求,在不受浅水效应和风、流及潮汐影响的情况下,计程仪的测速误差不应超过船舶速度的2%或0.2 kn,两者取大值。如某船实际航速为20 kn,则计程仪显示的航速误差不应超过0.4 kn。修正案同时要求,船舶应分别配备测量对水航速和对地航速的测速装置,这些测速装置应是两个单独的装置。

船用计程仪相关的国际标准主要有:

(1)2000年5月IMO发布的《关于航速和航程指示装置性能标准的建议案》[经MSC.96(72)修正的A.824(19)决议];

(2)2012年5月IMO发布的《关于航速和航程指示装置性能标准的修正案》[经MSC.334(90)修正的MSC.96(72)决议];

(3)2004年12月IMO发布的《船载导航显示器上导航相关信息显示的性能标准》[MSC.191(79)];

(4)2002年8月发布的《海上导航和无线电通信设备和系统——通用要求——测试方法和要求的测试结果》(IEC 60945);

(5)2007年6月发布的《海上导航和无线电通信设备和系统——海上速度和距离测量设备(SDME)——性能要求、测试方法和要求的测试结果》(IEC 61023);

(6)2016年中国船级社发布的产品检验指南《N-07 计程仪》。

## 第二节 ◉ 船用计程仪工作原理简介

### 一、电磁计程仪

电磁计程仪是利用电磁感应原理来测量船舶相对于水的航速和累计航程的一种相对计程仪。电磁计程仪利用法拉第电磁感应定律,在磁场恒定的情况下,通过水流切割装在船底的电磁传感器的磁场,将船舶航行相对于水的运动速度转换为感应电势,通过数学模型计算得出航速和航程增量信息。

电磁计程仪的优点是测速线性好,测速范围大,精度较高,其测速精度可达1%~2%或0.2 kn,成本低且使用方便。因此,这种型号的计程仪目前在船舶上得到了普遍的使用。典型产品有我国的CDJ型、日本的EML型、法国的BEN型等。其缺点是由于船体附近的水层受船体航行的影响而不稳定会造成瞬时测速的不稳定。其传感器主要有杆式传感器和平面传感器两种。其中,杆式传感器由于伸出船体较长,容易勾挂渔网,造成设备损坏;而平面传感器存在的最大问题是易于附着、生长海生物,造成传感器测量精度严重降低。

### 二、多普勒计程仪

多普勒计程仪(Doppler Log)是应用多普勒效应测速和累计航程的一种水声导航仪器。目前船用多普勒计程仪主要分为以下几种类型:第一种是双波束多普勒计程仪,又称为一元多普勒计程仪,只能测量船舶前进、后退的纵向速度并累计航程;第二种是四波束多普勒计程仪,它可向船体的前、后、左、右四个方向发射波束,又称为二维多普勒计程仪,它除了能测量纵向速度外,还能测量横向速度;第三种是六波束多普勒计程仪,又称为三维多普勒计程仪,既能测量船舶的纵向速度,又能测量船首部和船尾部的横向速度,可反映船舶运动全貌,通常供大型船舶进出港、靠离码头或狭水道航行时使用。

多普勒计程仪通过发射和接收超声波信号,可以提供船舶相对于海底的绝对航速和航程信息,实现对船舶运动速度的精确测量。在超出其测量深度时,多普勒计程仪可自动跟踪水层,从而保证测速数据的连续性。相较于传统计程仪,多普勒计程仪具有测速精度高且稳定,并可同时输出二维速度信息的优点。同时计程仪的换能器可以在舱内维护,可以弥补传统计程仪在精度、测速稳定性以及可用性、可维护性方面存在的不足。其缺点是工作时要不断地向外发射声波,容易受到外界同频信号的干扰。同时常规多普勒计程仪测速精度与声波在海水中的传播速度密切相关,而声波在海水中的传播速度受海水的温度、盐度、静压力的影响,其中影响最大的因素是温度,因此,需安装高精度的温度传感器,补偿影响声波在海水中的传播速度测量的温度误差。

多普勒计程仪测速精度高(0.2%~0.5%或 0.1 kn),测速门限低(0.01 kn)。它不但可测船舶纵向向前或后退的速度,还可测量船舶横向速度,保证大型船舶在进出港、靠离码头和狭水道航行时的操纵安全。其典型产品如英国的 NAVIKNOT 600 型、挪威的 Skipper DL850 型、日本的 DS-80 型和我国的 MCDL-1A 型等。

## 三、声相关计程仪

声相关计程仪利用有一定发射束宽的发射换能器垂直向下发射,接收海底回波,其信号幅度主要取决于海底底质的反射系数及水深。当船体运动时,大量海底散射体的回波相互干涉形成返回信号,其幅度发生变化。这种干涉随着接收器的位置变化而变化,但是对于不同位置的接收器,如果发射器的位置也不同,那么对它们产生的干涉效果可能相同。也就是说,如果在一艘运动的船上,用一个发射器发射两个信号,那么在两个分开的接收器上分别接收这两个信号,就可能除了在它们之间产生一个时延外没有什么差异。因此,如果已知接收器间隔和时延,就可以得出速度。

声相关计程仪的主要特点有:

(1)可以“海底跟踪”和“水层跟踪”两种方式工作,既可测对地的速度,又可测对水的速度;

(2)测量精度不受水中声波传播速度变化的影响,测速精度较高;

(3)同时可测量水深,兼作测深仪使用。

声相关计程仪垂直发收,在回波强度上高于同频率的声多普勒计程仪,所以需要的功率较小。垂直发收也相对减少了声波的对外扩散,缩小了声暴露区域范围。声相关计程仪不要求窄波束发射,也不要求指向斜下方的波束,因而可用较小的换能器和较低的工作频率。较宽的发射波束也增加了系统的抗摇摆性。相同工作频率下,声相关计程仪的换能器基阵尺寸比多普勒计程仪的基阵小很多,同时多普勒计程仪测速与声速有关,需要进行实时的声速修正,声相关计程仪水平测速与声速无关,由于声相关发射波束垂直向下发射,较多普勒计程仪受载体姿态的影响小。

除以上几种外,还有拖曳式计程仪、转轮计程仪等,其工作原理不再一一赘述。

# 第三节 ◉ 计程仪设备

## 一、计程仪设备组成及各部分功能

通常,计程仪由测速传感器、信号放大与处理器、航速航程解算器和航速航程显示器等组成。现以常见的多普勒计程仪设备为例介绍计程仪设备组成。多普勒计程仪整机由主显示器、分显示器、处理器、接线盒、收发器及换能器等组成。

主显示器用于控制整机工作并显示测量结果,包括船舶前进/后退速度、船首左/右横移速度、累计的航程等数据。安装方式可为悬挂式或嵌入式。

分显示器有数字式和指示式两种,其功能与主显示器相同,其信号来自处理器提供的串行数据或模拟数据。分显示器应安装在海图室或驾驶室,或其他干燥、清洁且温度和湿度满足设备环境条件要求和防水溅的室内,还应避免阳光直接照射,周围应有足够空间,便于观测、操作及维修。

处理器用于:形成触发脉冲送至收发器单元,指挥收发器的工作;同时将收发器接收的回波信号变为航速信号送至主显示器或其他分显示器;提供各部分工作所需的电源。处理器内主要有电源电路、多普勒门电路和微处理机等。

收发器用于产生电振荡脉冲,激励换能器向海底发射超声波,同时接收换能器的回波信号,并将其放大和变换为电信号送至处理器。某些机型的计程仪将收发器和处理器合二为一,简化了安装程序。

换能器用于实现声能和电能之间的转换,安装于船底龙骨下方,加装海底阀可保证水密性,便于维护。为避开紊流和气泡干扰,换能器尽量安装于船首部位。为了不干扰测深仪的正常工作,换能器与测深仪的间距至少为 2.5 m。换能器应安装在专门的舱室内,并要满足下列要求:

第一,舱室入口应配置能保证水密用螺栓紧固的顶盖;

第二,舱室内应配备普通或垂直扶梯;

第三,室内安装照明灯和电压不超过 24 V 的便携灯用的水密电源插座;

第四,舱室应留有换能器升降的空间,并能容纳两人进行操作;

第五,换能器的电缆应通过水密管引至水线上方。

## 二、电磁计程仪设备操作

下面以 CDJ-5 型电磁计程仪为例介绍电磁计程仪设备的使用操作。CDJ-5 型电磁计程仪由平面式传感器、接线盒、放大器和指示器等组成。

### (一)CDJ-5 型电磁计程仪的正确使用

将计程仪开关箱上的电源开关接通,开关箱上的电源指示红灯亮,此时传感器、放大器电源接通,开始工作。将指示器电源开关放在“开”的位置,“储存/显示”开关放在“显示”位置,则荧光计数器上有数字显示。在航行中如果不需要显示航程,可将“储存/显示”开关扳到“储存”位置,数码管不亮,但照常计数,可延长数码管的使用寿命。

按下“复零”控钮,数字全部置零,即开始重新累计航程。机械计数器的“复零”控钮在机内(航行期间切勿按动“复零”控钮,否则会将荧光计数器所累计的航程数字清零)。

荧光计数器的小数点位置开关在机内,可选择小数点后 1 位或 2 位指示航程。按需要选择量程,并将小数点开关置于相应的位置,此开关在航行过程中不可随意转换。

关机时,先关显示器上的电源开关,再关开关箱上的电源开关。

### (二)CDJ-5 型电磁计程仪的调整

1.传感器零点调整

为了消除零点干扰信号,仪器设有零点调节电位器,调节电位器使干扰信号小于 0.3 mV,一般情况下在安装仪器时已调好,无须再调整。

2.放大器线性调整

放大器线性调整的目的是保证放大器输出电流与航速成正比,正常情况下应调整到每 1 kn 航速就有 0.5 mA 的电流值,在仪器处于工作状态时进行。步骤如下:

(1)将开关箱开关置于“开”的位置,打开放大器机盖(压下上方两只定位锁,并同时向内侧转 90°)。将工作自校转换开关 K601 置于“自校”的“0”位,航速表指示为 0。

(2)把 K601 旋至“自校”的“5”位,这时自校模拟电压为 5 mV,调航速调节电位器 W603,使航速表为 25 kn。

(3)将 K601 旋至“自校”的“1”位,这时自校模拟电压约为 1 mV,调零点调节电位器 W602,使航速为 5 kn。

(4)反复进行(2)和(3)两项直至满意。

(5)将 K601 依次置于“自校”的“1”“2”“3”“4”“5”位,则航速分别对应 5 kn、10 kn、15 kn、20 kn、25 kn,每挡误差不大于 0.2 kn,表示线性调好。

3.航程指示器调整

K705 为荧光计数器管小数位置的转换开关,即可使最大航程累计为×××.×× n mile 或 ××××.× n mile。

K701 为 200 个脉冲/n mile 输出控制开关,当需配用卫星导航、雷达时可将此开关置于“开”位置,不用时应置于“关”位置。

K703 为 4 型-5 型自校转换开关。当设备处于正常工作状态时,开关位于“5 型”;开关位于“自校”位置时,航程指示器可进行自校,此自校装置供指示器维修荧光计数器及机械计数器用,一侧备有电位器用于调节自校信号源的大小,以适于维修。

## 三、多普勒计程仪设备操作

下面以南京宁禄某型号计程仪为例,简单介绍计程仪设备的使用操作。

### (一)电源启动

按下主显示器电源开关键 1 s,接通电源,机器首先进入自检工作状态。自检完毕,显示正常的航速和航程。长按开关键 2 s 后,松开,关闭计程仪。

### (二)调整显示器亮度

用亮度调节控钮调整液晶屏背光亮度,以适应环境变化。白天显示模式和夜间显示模式时均为 9 级可调。

### (三)昼夜模式切换

使用昼夜模式切换按钮,切换液晶显示屏白天显示模式与夜间显示模式。

### （四）选择跟踪方式

按下菜单键,从“模式选择”菜单项中可选择设置跟踪方式:

(1)多普勒模式(STW):应用多普勒效应测量速度与航程,屏幕上显示“STW”。

(2)GPS模式(GPS):当计程仪出现故障时,可手动或自动选择GPS模式作为GPS的显示仪,显示相对岸的速度,屏幕上显示“GPS”,此时计程仪不向外输出任何信号。

(3)自动模式(AUTO):自动选择多普勒或GPS模式,屏幕上显示“AUTO”。优先选择多普勒模式,如多普勒模式不能正常工作则自动切换到GPS模式,此时计程仪不向外输出任何信号。

### （五）重置航程

航程数据在关机后仍然可以保存,按“重置(RESET)”键可以将航程清零。

### （六）单位选择

按下菜单键,从“速度单位”“航程单位”菜单项中可分别设置速度(kn和km/h可选)和航程(n mile和km可选)显示单位。某些多普勒计程仪还可以测量水深,其显示单位包括米、英尺或英寻等。

## 四、计程仪设备连接接口

### （一）设备的连接

图3-3-1为南京宁禄某型号计程仪的设备连接及接口示意图。计程仪可接入GPS导航仪的船位/SOG(对地速度)/COG(对地航向)信号,输入信号符合《海上导航和无线电通信设备和系统——数字接口——第1部分:简单扩音器和复合听声器》(IEC 61162-1)及NMEA 0183协议要求,典型语句格式为GGA(时间、纬度、精度等)和VTG(SOG、COG)。计程仪接入船位信息后,可方便地在显示面板上查看速度和船位的对应关系。

计程仪速度和航程数据可输出至复显仪、电子海图显示与信息系统、航行数据记录仪(VDR)、雷达等设备,输出信号符合IEC 61162-1及NMEA 0183协议,典型语句格式为VBW(对水或对地速度)和VLW(对水航程)。信号输出间隔:VBW为3 s,VLW为1 s。另外,计程仪的速度和航程数据还可以200个脉冲/n mile的脉冲形式送至雷达,即每0.005 n mile的航程变化输出一个脉冲信号。

### （二）接口协议

南京宁禄某型号计程仪输出数据接口协议采用NMEA 0183和IEC 61162-1格式,波特率为4 800 bit/s,8位数据位,带校验。NMEA和IEC 61162协议参见第十章第二节相关内容。几种典型的输入输出协议包括:

(1)GPS数据输入——VTG;

(2)计程仪数据输出——VBW;

(3)计程仪数据输出——VLW;

(4)计程仪开关量输出。

计程仪以每0.005 n mile的航程变化输出一个脉冲信号的形式将速度信号以开关量的形式输出至外接设备。计程仪以开关量的形式将掉电报警信号输出至值守设备。当计程仪正常工作时,开关量闭合;当计程仪断电时,开关量断开。

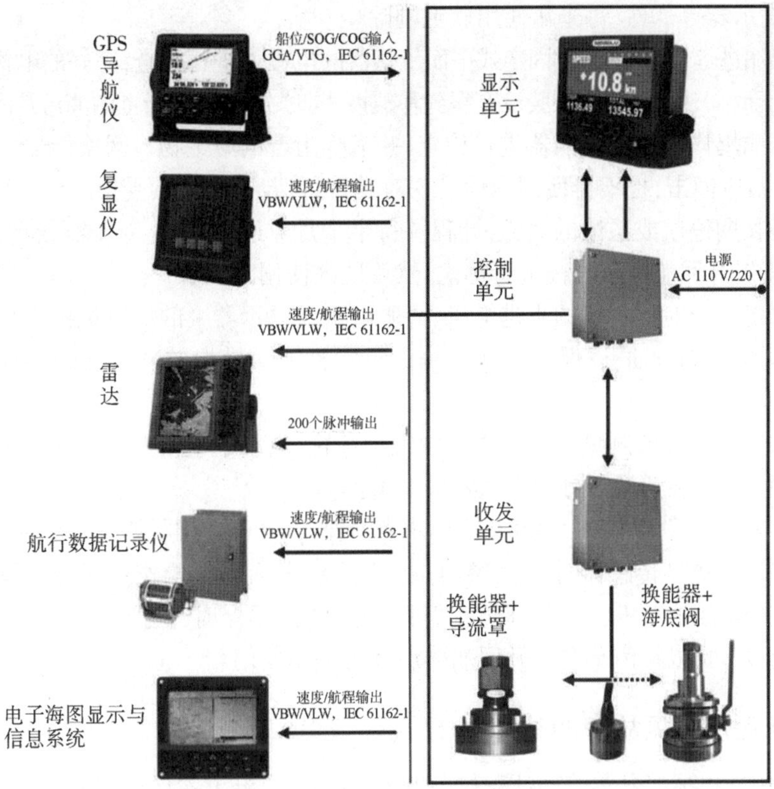


图 3-3-1　南京宁禄某型号计程仪的设备连接及接口示意图

## 五、计程仪日常维护保养和使用

### （一）一般性维护和使用注意事项

日常工作中需要定期检查以下各项，以保持其性能：检查系统所有设备的接头连接是否牢固且无锈迹，如发生污染或锈蚀，应仔细清洁；检查所有接地线是否牢固；可用软布清除显示单元包括显示屏上的灰尘，切勿使用化学清洁剂，以免破坏油漆和标记。

日常使用中应注意以下事项：

(1)收发器箱内的“POWER”开关通常应置于“ON”接通位置，在航船舶无须切断此开关，检修或停航船舶可根据需要切断此开关。

(2)航行期间不要无故动用功能开关或“复零”按钮，否则将失去已累计的航程数据。

(3)收发器内的“TEST/NORMAL”开关在正常使用期间均应处于“NORMAL”位置，只有在自检时才处于“TEST”位置，正常使用期间请勿随意切换。

(4)系统设备上的保险丝可防止电器线路因过电流而烧毁。如果设备无法通电，检查连接显示单元的电源线上的保险丝。更换保险丝前应检查确认其烧断的原因。

### （二）传感器维护

传感器是计程仪的核心部件，在日常工作尤其是修船期间，需要重点维护和保护。具体包括：

(1)传感器及其安装舱室中不应有积水，每三个月检查一次。航速航程解算装置、指示器及复示器等部件,每半年使用软毛刷除尘一次。

(2)船舶进坞修理期间,对固定式平面传感器的电极面进行检查,完好的电极面应无龟裂,电极应无磨损、擦伤,表面橡胶没有裂缝和破损,同时,要清除电极上的油污及海生物。

(3)船舶坞修时应对换能器进行检查,并清除附着的海生物。因换能器观察窗系用树脂制成,不应撞击,也不得使用烈性溶剂对其进行清洁,以免其受损。

(4)对长期停航或系泊的船舶,计程仪每半个月应通电 4 h。对于测量杆式传感器,每月应将其提升回舱内对电极进行擦洗,然后装入使用。

(5)每半年应对计程仪的步进电机、伺服电机及复示器中的操纵机构进行必要的清洁并加入适量的润滑油,以保持这些机构的灵活性。对模拟航速表和磁性计数航程表应定期清洁加油。

(6)对遥控升降的测量杆式传感器的气动装置,应每半年检查一次其气泵及空气过滤器的工作状态,在活动部分加入适量的润滑油。

(7)定期检查换能器法兰盘和垫圈的水密情况,经常检查仪器各连接处的紧固情况。

(8)修理或更换传感器时,应切断电源,并应由两人进行操作。不在船坞中更换传感器时,应在船停泊时进行。收回可提升回船体的传感器时,应有一人把住阀门把手,并注意关阀方向,以在传感器提升回船体后及时关闭阀门。

## 六、计程仪常见故障的处理

以 FURUNO 某型号多普勒计程仪为例,表 3-3-1 列出了该计程仪常见的故障现象、原因及排除措施。

**表 3-3-1 FURUNO 某型号多普勒计程仪常见的故障现象、原因及排除措施**

| 一般问题 | | |
|---|---|---|
| 故障现象 | 故障原因 | 排除措施 |
| 无法开启电源 | 电源线松动 | 紧固电源线 |
| | 保险丝断开 | 更换保险丝 |
| | 电源单元故障 | 检修电源单元 |
| 已开启电源但屏幕上没有显示内容 | 对比度太低 | 按几次[ * ]键增加对比度 |

| 多普勒速度指示 | | |
|---|---|---|
| 故障现象 | | 故障原因 |
| 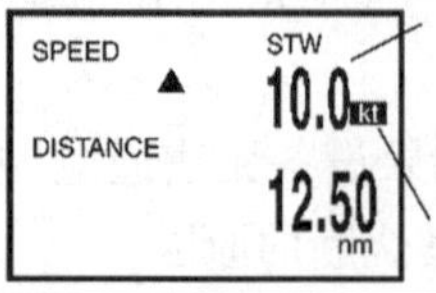  | 显示上次的正确速度(显示停止)<br>反向视频并闪烁 | 由于气泡等原因,无法计算船速(速度误差:30 s) |
| 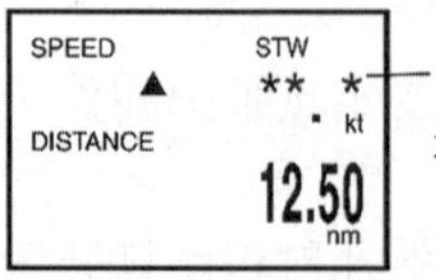  | 速度显示为“ * * . * ” | 传感器故障或气泡速度误差持续超过 30 s |

续表

| 多普勒速度指示 | |
|---|---|
| 故障现象 | 故障原因 |
|   STW 闪烁 | 速度传感器异常 |
| **GPS 速度指示** | |
| 故障现象 | 故障原因 |
|   速度指示显示为“＊＊.＊” | GPS 数据误差 |
| 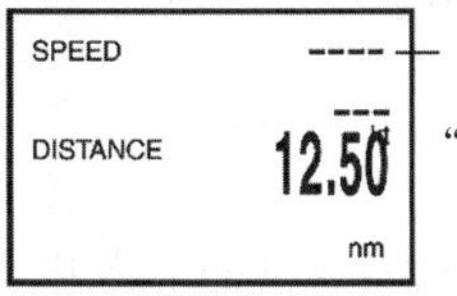  “GPS”被“----”替换 | 30 s 内没有 GPS 数据<br>GPS 接收机没有信号 |

**思考题**

1.简述计程仪的分类。

2.简述电磁计程仪的测速原理。

3.简述多普勒计程仪的测速原理及特点。

4.多普勒计程仪可输入哪些信号？简述这些输入信号的标准、格式及作用。

5.计程仪可输出速度和航程数据至哪些航行设备？简述输出信号的标准和格式。

6.计程仪日常维护保养有哪些注意事项？

# 第四章

# 船用测深仪

## 第一节 ◉ 船用测深仪测深原理

### 一、船用测深仪的主要用途

按照《1974 年国际海上人命安全公约》第Ⅴ章第 19 条的要求，所有 300 总吨及以上的船舶和不论尺度大小的客船，应配置 1 台回声测深仪，或其他电子装置，用于测量和显示可用水深。

回声测深仪(Echo Sounder)是利用超声波在水中传播的物理特性测量水深的水声导航仪器。船用回声测深仪简称船用测深仪，它的主要用途有：

(1)在情况不明的海域或浅水航区航行时，测量水深，以确保船舶航行安全。

(2)在其他导航仪器失效的特殊情况下，可通过测量水深辨认船位。

(3)用于航道及港口测量，提供精确的水文资料。

(4)现代化多功能的船用测深仪还具有水下勘测、鱼群探测跟踪等功能。

### 二、船用测深仪的测深原理

船用测深仪测量水深的基本原理是，测量超声波自发射到经水底反射至接收的时间间隔，通过计算确定水深。如图 4-1-1 所示，在船底龙骨下方安装用于发射与接收超声波的换能器 T。发射时，换能器 T 以脉冲方式向水下发射频率为 20～200 kHz 的超声波脉冲，发射超声波的频率也称为测深仪的工作频率。接收声波经海底 $O$ 点反射后，部分能量被换能器 T 接收。只要测出声波自发射至接收所经历的时间，就可由式(4-1-1)求出水深：

$$H = D + h = D + \frac{1}{2}Ct \tag{4-1-1}$$

式中：$H$ 为水面至海底的实际水深；$D$ 为船舶吃水；$h$ 为测量水深；$C$ 为声波在海水中的传播速度；$t$ 为声波自发射至接收所经历的时间。

通常取声波在海水中的标准传播速度为 1 500 m/s，则测量水深 $h$ 可表示为 $h=750t$。

图 4-1-1 展示的是单波束的船用测深仪的测深原理，若想一次就能获得多个与船舶航迹相垂直面内的海底测点水深值，则可以采用多波束测深仪。多波束测深仪利用发射换能器阵列向海底发送宽扇区覆盖的超声波，同时可以获得数十个相邻窄波束。这种测深仪多应用于海底地形测量、扫海测量和海上施工区域的测量。

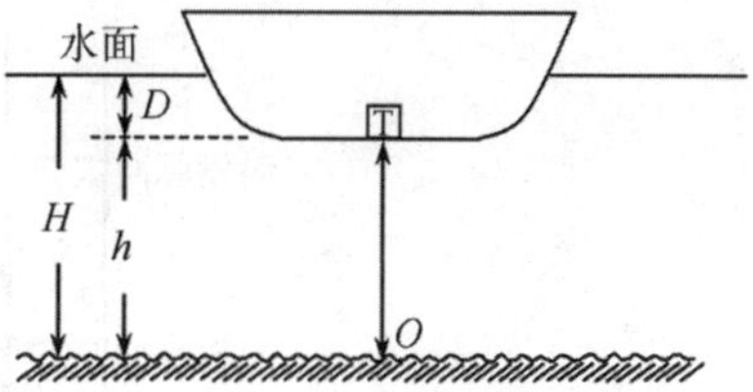


图 4-1-1　船用测深仪工作原理

## 第二节 ◉ 船用测深仪系统组成

### 一、船用测深仪整机组成及工作过程

#### （一）船用测深仪整机组成

船用测深仪的整机组成如图 4-2-1 所示。显示单元也称为测深仪的主机，作为整个系统的中枢，包括了所有基础电路和逻辑处理器，其作用是控制协调整个系统的运作，以一定的时间间隔产生触发脉冲，处理器通过测量声波脉冲在海底和换能器之间的行程时间，计算得出水深，并最终在屏幕显示端以图像和数字形式显示水深数据。发射系统将显示单元的发射指令转变为具有一定宽度、频率和输出功率的电振荡脉冲推动发射换能器工作。发射换能器将电振荡信号转换为机械振动信号，即将电能转换为声能，形成超声波信号向海底发射。接收换能器的作用与发射换能器正好相反，它将从海底反射回来的超声波信号转换为电振荡信号，即将声能转换为电能。目前比较常见的船用测深仪配备一个收发兼用的换能器即可完成电能和声能之间的相互转换。接收系统将来自接收换能器的回波信号适当放大、选择和处理，变换为适应显示器需要的回波脉冲信号。电源通常为自带电源或专用的变流机，现今，船用测深仪大多数可以直接接船电工作。

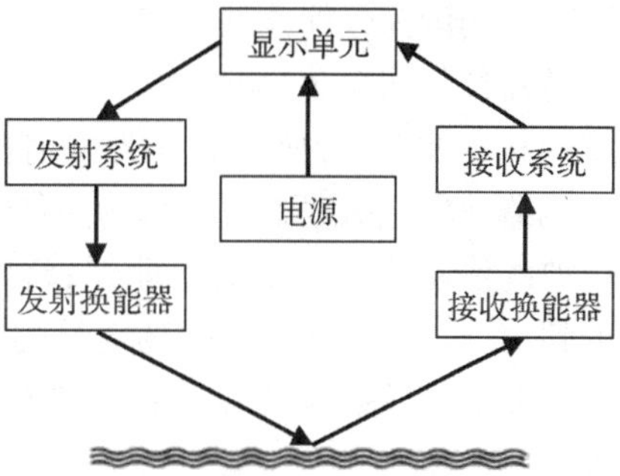


图 4-2-1　船用测深仪整机组成

#### （二）船用测深仪工作过程

船用测深仪的工作过程可以用图 4-2-2 所示的工作时序图描述。显示器内的发射触发器按一定时间间隔 $T$ 产生触发脉冲，$T$ 亦称为脉冲重复周期，此时，发射系统产生一定宽度 $\tau$ 和一定输出功率的电振荡发射脉冲。发射换能器将电振荡发射脉冲转换为工作频率为 20～200 kHz 的超声波脉冲向海底发射。在发射的同时，显示器将产生与发射脉冲同步的零点信号，表示计时开始。接收换能器将来自海底的声波反射信号转变为电振荡接收脉冲信号，经接收系统放大、处理后形成回波信号送至显示器。显示器累计回波信号和零点信号间的时间间隔 $t$，按照式(4-1-1)转换为水深予以显示。

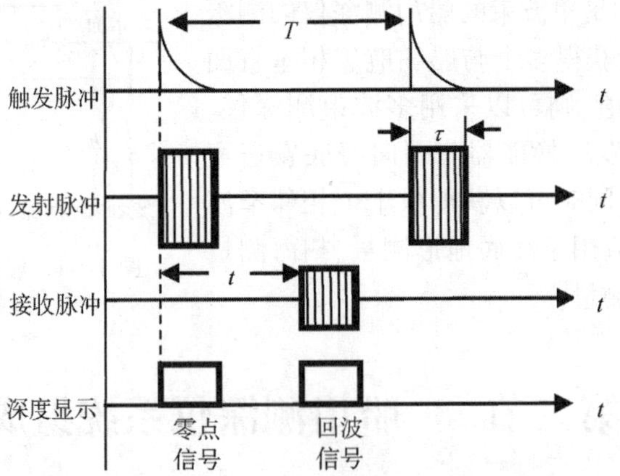


图 4-2-2　船用测深仪工作时序图

## （三）船用测深仪换能器

船用测深仪换能器是实现电能与声能相互转换的器件。图 4-2-3 展示了一种水声换能器的外观。从功能上看，换能器分为发射换能器和接收换能器。将电振荡能量转换为声能向水下发射超声波的换能器称为发射换能器；将海底反射回来的超声波声能转换为电振荡能量的换能器称为接收换能器。发射换能器和接收换能器可以分开，也可以合二为一。换能器按材料划分为两种：一种是以镍或镍铁合金为材料的磁致伸缩换能器；另一种是以钛酸钡或锆钛酸铅等压电陶瓷为材料的电致伸缩换能器。

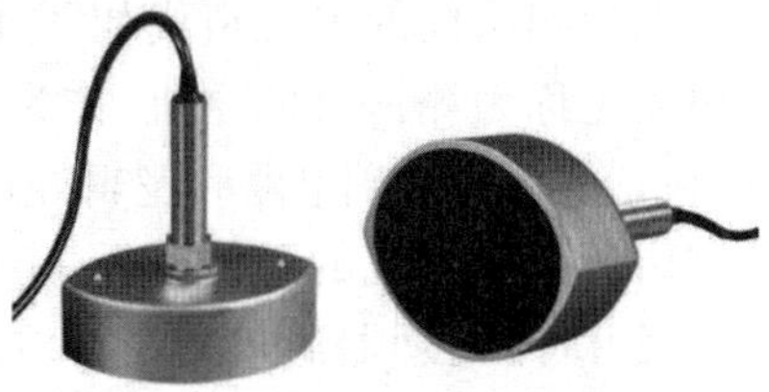

图 4-2-3　船用测深仪换能器外观

1.换能器的安装

换能器是精密的前端信号传感器，换能器安装是否规范直接关系到测深仪的测量精度。运输和安装换能器时应小心处理，不可被重压或使其跌落，换能器也不可在空气中工作。换能器的安装要求如下：

（1）确定换能器的安装位置。换能器一般安装于船底龙骨距离船首 1/3～1/2 船长处，表面平坦、周围杂声干扰小的地方。换能器应尽量远离机舱、螺旋桨和船首侧推器，也不能靠近船首；同时应避开排水口、海底阀及其他有碍水流平顺的凸出物。

（2）测深仪换能器应在多普勒计程仪换能器的安装位置之后，至少与其保持 1 m 的距离，避免相互干扰。

（3）换能器的工作面应力求与水平面平行，如果换能器安装在船体曲度较大处，应加装导流罩或导流板，保证航行时换能器周围水流均匀。

（4）换能器的安装不能降低船体结构强度和水密性能。换能器安装于船底，无论是开启式或密封式安装，均需在船底开洞，因此应在开洞处采用法兰盘加固。

（5）换能器的工作面不得涂敷油漆。油漆对声能吸收很大，将使回波信号显著减弱，甚至使测深仪不能工作。

（6）换能器的引出电缆应使用屏蔽电缆；换能器与主甲板之间的电缆应铺设在钢管内；测深仪机壳、连接电缆及钢管应良好接地。

(7)换能器安装完成后应按要求做气密性试验。

2.换能器的清洁、维护和保养

换能器的清洁、维护和保养一般在坞内进行。

(1)对于换能器是磁致伸缩换能器的测深仪,其剩磁会随着时间的延长而慢慢消失,这将会严重影响测深仪的灵敏度,所以对于此类测深仪应定期对磁致伸缩换能器进行充磁。

(2)检查换能器的表面,使用木片或砂纸等工具清洁换能器表面的附着物。

(3)船底喷漆之前,应采取措施保护换能器,避免油漆喷到换能器的工作表面。

(4)随时检查各电路的连接插头、插座、连接线等是否无破损、锈蚀。

## 二、船用测深仪主要技术指标

IMO MSC.74(69)附件 4 A.224(Ⅶ)号决议的修正案《回声测深仪设备性能标准》要求,当船舶的航速在 0~30 kn、横摇±10°和/或纵摇±5°时,船用测深仪需要满足一定的功能、精度、警报和指示等要求。

### (一)船用测深仪功能要求

1.测量深度

在通常的传播和海床反射条件下,能够测量传感器下 2~200 m 的任何水深。

(1)最大测量深度

最大测量深度是测深仪可能测量到的最大深度。适用于远洋船舶的测深仪的最大测量深度为 400 m;适用于沿海船舶的测深仪的最大测量深度为 100~200 m。最大测量深度与发射功率、换能器效率、工作频率和脉冲重复周期等因素有关。

(2)最小测量深度

最小测量深度是测深仪能测量出来的最小深度。发射脉冲宽度 $\tau$ 是决定最小测量深度的主要因素。适用于远洋船舶的测深仪的最小测量深度一般为 1~2 m,而浅水测深仪的最小测量深度可达 0.2~0.3 m。

2.量程

测深仪至少提供两个量程刻度,即 20 m 的浅水量程和 200 m 的深水量程。

3.显示

船用测深仪的主显示器应为图形显示方式,可提供即时深度和可视深度记录。测深仪必须具备的显示方式是记录式。显示的记录应显示时长至少为 15 min 的深度数据。

4.脉冲重复频率

脉冲重复频率指每秒钟发射的脉冲数。脉冲重复频率在深水区不应低于 12 个脉冲/min,在浅水区不应低于 36 个脉冲/min。

5.数据存储

测深仪应能够通过纸质或其他方式记录至少 12 h 的深度数据及其对应时间,并能检索记录信息。

### (二)船用测深仪精度要求

1.测量精度

基于船用测深仪计算水深采用的声速为声波在海水中的标准传播速度,即

1 500 m/s,测深仪指示深度的误差应为:在 20 m 量程刻度为 ±0.5 m,在 200 m 量程刻度为 ±5 m;或指示深度的 2.5%,取较大者。

2.分辨力

显示分辨力是指测深仪能够精确地辨别水深显示的能力。浅水量程的显示分辨力不得小于每米 5.0 mm,深水量程的显示分辨力不得小于每米 0.5 mm。

### (三)故障、警报和指示要求

当水深低于报警预设值、电源故障或电压过低时,测深仪应提供视觉和听觉报警信号,并具有静音功能。

### (四)船用测深仪接口

测深仪应提供输出接口,可以将深度信息提供给其他设备,如远程数字显示器、航行数据记录仪和船舶航迹控制系统。接口应符合国际电工委员会(IEC)制定的数字、串行通信设备标准。

## 三、船用测深仪误差

船用测深仪的误差是指测量显示水深与实际水深之差值。测深仪的误差主要有声速误差、基线误差、时间电机转速误差和零点误差等。此外,多径回波现象、船舶摇摆、水中干扰、海底底质与坡度、换能器工作面附着物等也会对测深仪的测量精度造成一定的影响。

### (一)声速误差

声波在海水中的传播速度受到海水的温度、含盐量及静压力三个因素的影响。一般情况下,温度越高、含盐量越大、静压力越大,则声速越大。设计制造测深仪时取 1 500 m/s 为标准声速是为了简化,实际声速和标准声速不一致必然导致误差的产生。现代测深仪可以通过相关传感器测量海水参数获得准确声速,也可以通过手动声速设置来校正声速误差。

### (二)基线误差

由于发射换能器和接收换能器的安装位置存在一定距离而导致的误差,叫作基线误差。单独配备发射换能器和接收换能器的船用测深仪存在基线误差。水深越浅,基线误差的影响越大,当水深大于 5 m 时,基线误差可以忽略不计。

### (三)时间电机转速误差

对于早期的闪光式和记录式船用测深仪,由于测深仪的时间电机转速与其额定转速不一致而导致的深度误差,叫作时间电机转速误差。时间电机转速误差是 种测量误差。

### (四)零点误差

零点误差是指零点信号(或零点标志)与刻度盘(或刻度标尺)的零位不一致所产生的测量误差,零点就是标记计时的初始时间点。通常,闪光式和记录式船用测深仪会设置零点调节装置。

### (五)其他影响因素

1.多径回波现象

声波可能在船舶底部和海底之间反射多次,从而在水深显示记录上给出多个深度数据，这就是多径回波现象。多径回波现象一般出现在浅水区。当出现这种情况时，应读取第一个显示的水深值。

2.船舶摇摆

安装发射换能器时，其工作面力求与水平面平行，但是随着船舶的摇摆，换能器也随之倾斜，回波信号可能发生“遗漏”现象，若严重倾斜，回波信号则全部消失。

3.水中干扰

水中气泡、生物等干扰均会削弱声能，特别是大量气泡会引起声波的混响，从而干扰测深仪的正常工作。因此，换能器应安装在噪声干扰小的地方，远离螺旋桨等易产生大量气泡的装置。

4.海底底质与坡度

不同的海底底质对声波的反射能力差异较大，岩石最强，砂石次之，淤泥最差。不平坦的海底底质和坡度也会造成声波先后返回，出现较宽的信号带。

5.换能器工作面附着物

船舶长期在水中航行，测深仪换能器工作面容易附着大量水生生物，对声波的发射和接收造成影响。一般在坞内对换能器工作面附着物进行清理。

## 第三节 ◉ 船用测深仪的基本操作与系统维护

目前采用数字处理技术的船用测深仪产品较多，如 SKIPPER 电气公司的 GDS101、GDS102，JRC 公司的 JFE-680，FURUNO 公司的 FE-400、FE-700、FE-800 等。下面以船用测深仪 GDS101 型和 FE-800 型为例，介绍其特点、整机组成、基本操作与维护方法。

### 一、GDS101 型测深仪

GDS101 型测深仪由美国 Raytheon 集团下属的挪威 SKIPPER 电气公司生产。它采用大屏幕、高分辨率 LCD 显示器，以图形和数字的方式显示水深，其水深和时间等导航数据可连续 24 h 进行存储，并可通过连接的打印机打印历史数据。GDS101 配备一个换能器，工作频率为 38 kHz、50 kHz 或 200 kHz。其测量水深的精度优于 1%。GDS101 测深仪的输入输出接口符合 NMEA 0183 协议。

GDS101 型测深仪整机组成如图 4-3-1 所示。显示单元控制整机的工作，控制换能器产生发射脉冲，接收并处理回波脉冲，在显示器上显示回波图像及水深数据。主要的操作及控制通过面板按键和功能菜单完成。主机电源由 115～230 V 交流或 24 V 直流电源提供。换能器通过接线盒与显示单元相连。测深仪向综合信息显示单元提供水深数据，可

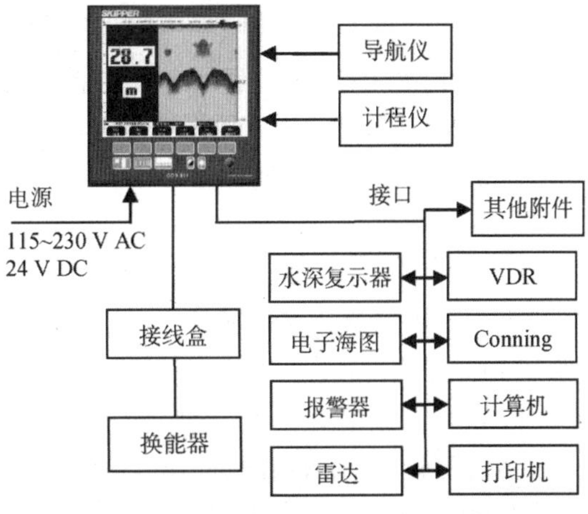


图 4-3-1　GDS101 型测深仪整机组成示意图

将测深仪看作综合驾驶台系统(IBS,Integrated Bridge System)的重要传感器之一。各种船用导航系统之间的数据集成和传输可参见第十章内容。

GDS101 型测深仪的输入接口可接入 GNSS 导航仪及计程仪信号,分别为测深仪提供以下信息:

(1)GNSS 导航仪可向其提供 NMEA 或 IEC 61162 格式的 GNSS 船位、航向、航速和时间信息。

(2)计程仪可提供 100/200 个脉冲/n mile 的脉冲信号。

GDS101 型测深仪的输出接口主要输出发射声波脉冲信号、0~10 V/4~20 mA 模拟深度信号和 NMEA/IEC 61162-1 格式水深信号。

## 二、FE-800 型测深仪

FE-800 型测深仪是一种彩色显示的船用测深仪,工作频率为 50 kHz 或 200 kHz,可双频显示深度数据和图像。该设备具备导航、本船数据和历史三种显示模式,可连接至外部水深复示器、报警系统和装载数据记录软件的计算机(可选),最多可连接两个收发单元,允许双屏幕显示回波。

FE-800 型测深仪整机主要由显示器、收发单元、换能器组成。通过输入输出接口,可连接至 VDR、ECDIS、GPS、报警器、远程水深复示器(可选)、计算机(可选)等设备,如图 4-3-2 所示。

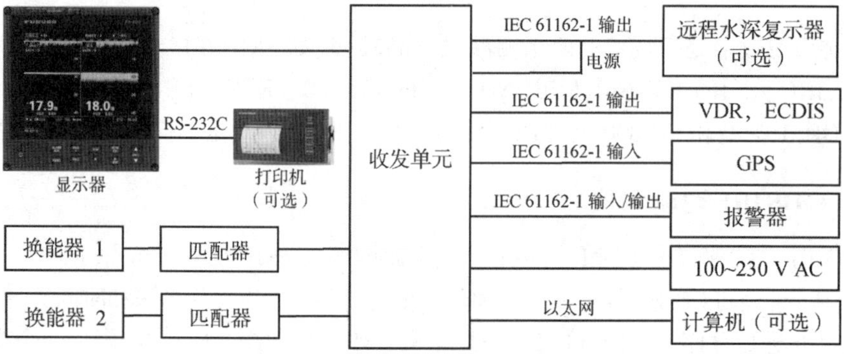


图 4-3-2　FE-800 型测深仪整机组成示意图

FE-800 型测深仪可配备两个换能器,可以在双屏模式下显示水深。使用特定的数据记录软件,测深仪的历史数据就可以存储在外接计算机中。计算机和打印机都是 FE-800 型测深仪的选配设备。

## 三、船用测深仪的使用和维护

### (一)测深仪的基本操作

(1)接通操作面板"电源",开机自检完成后,整机工作。

(2)调整操作面板的"亮度""对比度"至合适。

(3)根据航行水域情况,选择合适的"量程""显示方式",注意量程应包含航行水域的最大水深。若要显示实际水深,需要输入船舶吃水参数。

(4)调节"增益",使记录水深标志清晰而不出现多个水深标志。若在浅水区航行,杂波影响较大,适当调节“时变增益”。

(5)检查记录零点是否正确,若零点标志不在“0”刻度,应调整正确。

(6)如果使用记录纸记录信息,需要设置好记录船时和记录纸速度。

(7)根据需要设置浅水报警或深水报警。

### (二)船用测深仪常见异常排查

表 4-3-1 列出了船用测深仪常见的三类异常或故障现象、原因和解决方法。

表 4-3-1 船用测深仪常见的三类异常或故障现象、原因和解决方法

| 现象 | 原因 | 解决方法 |
|---|---|---|
| 测深仪屏幕无回波图像 | 无直流/交流电源输入 | 检查机柜内终端电路板上的开关和保险丝 |
| | 系统处于待机状态 | 按操作面板上任一按键 |
| | 显示对比度太低 | 增加对比度 |
| | LCD 模块或接口故障 | 更换 LCD 模块或接口 |
| | 输入电压不正常 | 检查电源电压,必要时更换终端电路板 |
| | 系统重启过快 | 关机,等待一段时间后再开机 |
| | 传感器连接线损坏 | 维修或更换连接线缆 |
| 回波图像读取困难或不清晰 | 背景亮度过低 | 增加背景亮度 |
| | 白天开启夜视功能 | 增加背景亮度,或改为日间视觉模式 |
| | 灵敏度过低 | 增加增益 |
| | 换能器工作面被水生物覆盖 | 船舶进坞后,清除覆盖物 |
| 操作面板按键无响应 | 按键接触不良或电路故障 | 检查按键开关,必要时更换键盘电路板 |

### (三)船用测深仪的日常维护工作

(1)测深仪操作单元一般不包含可维修的备件,可使用软布蘸酒精清洁操作面板,不得使用其他任何化学品。

(2)定期对机械传动部件加注润滑油。

(3)换能器实际上是免维护的,但由于航行水域条件的不同,可能需要偶尔进行清洁,一般在船舶坞修时清除换能器表面的附着物,不准涂油漆。

(4)定期检查各电路的连接插头、插座,各外接电缆插头、插座是否有生锈腐蚀。

(5)对于使用记录笔记录历史数据的测深仪,记录笔长期使用后,金属丝有可能因磨损而不能与记录纸保持良好的接触,应及时检查调整或更换。

(6)如果馈电刷与馈电板接触不良,将导致记录标志不连续,必须定期检查和维护。

(7)对于使用记录纸记录水深的测深仪,需要检查记录纸是否够用,记录纸所剩不多时需要及时添加。

**思考题**

1.试画图简述回声测深仪的测深原理。

2.简述回声测深仪的整机组成,说明各部分的作用及整机工作过程。

3.水声换能器包括哪些种类?简述其工作原理。

4.简述换能器的安装注意事项。

5.试叙述回声测深仪的测量误差及影响测深仪工作的其他因素。

6.简述 GDS101 型回声测深仪输入输出接口的连接方法。

7.简述 FE-800 型回声测深仪输入输出接口的连接方法。

8.简述船用测深仪的日常维护工作。

# 第五章

# 船舶自动识别系统

## 第一节 ◉ 船舶自动识别系统概述

自动识别系统(AIS,Automatic Identification System)是工作在海上移动业务甚高频(VHF)波段,采用时分多址接入(TDMA,Time Division Multiple Access)技术自动广播和接收航行安全信息,包括船舶静态信息、动态信息、航次相关信息和安全相关短消息等,实现船舶航行安全信息交互、身份识别、交通流监管的信息交换系统。

近年来,随着信息技术的快速发展,现有的 AIS 资源已经不能满足航行安全对信息应用不断提高的需求,国际上已经在积极合作开发 AIS 的加强和升级版系统,即甚高频数据交换系统(VDES,VHF Data Exchange System)。该系统在保留现有 AIS 功能的基础上拓展信道,增强了卫星 AIS 的应用,并增加特殊应用报文(ASM,Application Specific Message)和甚高频数据交换(VDE,VHF Data Exchange)专属信道,以有效利用频率资源全面提升水上数据通信能力,缓解 AIS 数据通信的压力,提升航行安全信息的可靠性,进一步推动水上无线电数字通信发展。有关 VDES 的内容参见第二十二章。

### 一、有关 AIS 的国际公约、规范和性能标准

《1974 年国际海上人命安全公约》第Ⅴ章第 19 条规定,所有 300 总吨及以上的国际航行船舶、500 总吨及以上的非国际航行货船以及不论尺度大小的客船,均应配备 1 台自动识别系统(AIS)。该规定根据船舶类型、尺寸及航线的不同,自 2002 年 7 月 1 日起分段陆续生效。

作为重要的船舶助航系统,AIS 船载设备需遵守 IMO、IEC、ITU 等国际组织发布的多项标准,主要包括:

(1)1998 年 5 月 IMO 发布的《关于全球船载自动识别系统(AIS)性能标准的建议案》[MSC.74(69)决议附件 3];

(2)2015 年 12 月 IMO 发布的《经修订的船载自动识别系统(AIS)机载操作使用指南》[IMO A.1106(29),替代经 IMO A.956(23)决议案修正的 A.917(22)决议案];

(3)2018 年 7 月发布的《海上导航和无线电通信设备及系统——自动识别系统

(AIS)——第2部分:自动识别系统(AIS)的A类船载设备——操作和性能要求、试验方法和要求的试验结果》(IEC 61993-2);

(4)2014年2月发布的建议案《在VHF海事移动频段内使用时分多址的自动识别系统(AIS)技术特性》(ITU-R M.1371);

(5)2014年7月IMO发布的《通过经修订的船载航行数据记录仪(VDR)性能标准》[MSC.333(90)]。

## 二、AIS设备分类

AIS设备自2002年在全球开始安装实施后,其应用需求不断扩大。AIS设备配备或安装在民用船舶、航标、基站、搜救飞机以及低轨道卫星和军用舰船等各类航行器和固定或移动设施上,有力地助推了信息航海的发展。从不同角度看,AIS设备可以有不同的分类。按设备的安装环境划分,AIS可分为移动载体设备和岸基设备两大类,而按设备的应用属性划分,AIS又可以细分为十几个小的类别,如表5-1-1所示。不同应用属性的AIS设备身份识别码构成略有不同。表中,MID(Maritime Identification Digit)为由3位数字构成的水上识别数字,字母"X"表示载体设备识别码和制造商识别码。有关不同类别设备身份识别的相关知识,将在第十八章进一步讲述。

**表5-1-1　AIS设备分类、身份识别码的分配**

| 分类 | | 身份识别码 | 应用 |
|---|---|---|---|
| 移动载体设备 | A类 | $M_1I_2D_3X_4X_5X_6X_7X_8X_9$ | SOLAS船舶 |
| | B-SO类 | $M_1I_2D_3X_4X_5X_6X_7X_8X_9$ | 非SOLAS船舶 |
| | B-CS类 | $M_1I_2D_3X_4X_5X_6X_7X_8X_9$ | 非SOLAS船舶 |
| | AIS-SART | $9_17_20_3X_4X_5X_6X_7X_8X_9$ | 自动识别搜救发射器,船舶遇险时使用 |
| | MOB-AIS | $9_17_22_3X_4X_5X_6X_7X_8X_9$ | AIS便携式应急示位标,人员落水时使用 |
| | AIS-EPIRB | $9_17_24_3X_4X_5X_6X_7X_8X_9$ | 安装了AIS发射装置的EPIRB,船舶遇险时使用 |
| | 搜救飞机AIS | $1_11_21_3M_4I_5D_6X_7X_8X_9$ | 搜救飞机执行海上搜救任务时使用 |
| | 卫星AIS | 无 | 低轨道卫星 |
| | 军用舰船AIS | $M_1I_2D_3X_4X_5X_6X_7X_8X_9$ | 军用舰船 |
| 岸基设备 | 控制基站 | $0_10_2M_3I_4D_5X_6X_7X_8X_9$ | 主管机关、VTS等 |
| | 非控制基站 | $0_10_2M_3I_4D_5X_6X_7X_8X_9$ | 其他岸基站台 |
| | 转发器 | $0_10_2M_3I_4D_5X_6X_7X_8X_9$ | 岸基AIS网络 |
| | AtoN | $9_19_2M_3I_4D_5X_6X_7X_8X_9$ | 信息化航标 |

# 第二节 ◉ AIS设备组成及功能

## 一、AIS船载设备组成

典型的A类AIS船载设备组成如图5-2-1所示,包括AIS主机和外围设备。AIS主机由通信处理器、GNSS/DGNSS接收机、VHF收发机、内置完善性测试(BIIT,Built-in Integrity Test,或BITE,Built-in Test Equipment)模块、船舶运动参数传感器输入接口、数据输出接口以及简易键盘与显示(MKD,Minimum Keyboard Display)单元等组成。外围设备包括船舶运动参数传感器和显示、通信及报警设备,通过数据格式符合《海上导航和无线电通信设备和系统——数字接口》(IEC 61162)标准的输入输出接口与主机连接。B类设备,尤其是CSTDMA设备,通常只有简化的输入输出接口,可不接任何外接传感器和显示及远程通信设备,也不提供包括简易键盘在内的输入设备,但应具有键盘输入的接口,以方便安装设备时的初始化输入。

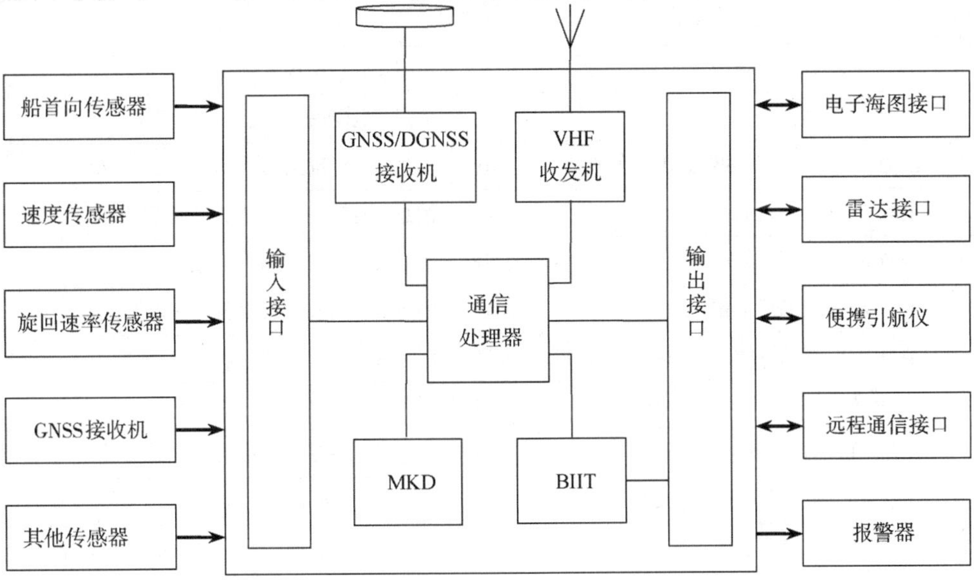


图5-2-1　典型的A类AIS船载设备组成

## 二、AIS船载设备功能

AIS船载设备能够连续工作于海上移动业务VHF波段,是一种船载广播式应答设备。根据IMO MSC.74(69)附件3《关于全球船载自动识别系统(AIS)性能标准的建议案》,AIS应能够在功能上辅助船舶避碰,协助港口国获得船舶及其所载货物信息,以及作为VTS监管交通流的工具。根据IMO A.1106(29)决议案通过的《经修订的船舶自动识别系统(AIS)船上操作使用指南》的规定,AIS旨在增强海上生命安全、提高航行的安全性和效率,以及保护海洋环境。随着技术的发展,目前AIS还可以提供丰富的导航信息和ASM,并且随着系统的不断升级、扩展应用和未来VDES的实施,VHF波段数据链路保障航行安全的助航能力将得到进一步提升。

## 三、AIS报文

AIS设备根据ITU-R M.1371规定的协议发送定制的报文/报告,相关报文/报告组合构成完整的数据,包括静态数据、动态数据、航次相关数据和安全相关短报文。将这些数据解析并通过接口显示在人机界面后,显示为驾引人员可阅读和理解的内容。

### （一）AIS 报文概述

按照 ITU-R M.1371 规定的协议，不同类型设备发送的 AIS 报文共分为 27 类，如表 5-2-1 所示，设有 4 个优先级，由高到低分别定义为：

（1）保证通信链路畅通的链路管理关键报文，包括位置报告报文；

（2）与安全相关的报文，应以最小延迟发送，亦称为最高服务优先级；

（3）指配、轮询和对轮询的响应报文；

（4）所有其他报文。

表 5-2-1　AIS 报文分类

| 序号 | 类别名称 | 序号 | 类别名称 |
|---|---|---|---|
| 1 | 消息 1、2、3：位置报告 | 14 | 消息 16：指配模式命令 |
| 2 | 消息 4：基站报告 | 15 | 消息 17：GNSS 广播二进制报文 |
| 3 | 消息 5：船舶静态和航行相关数据 | 16 | 消息 18：标准的 B 类设备位置报告 |
| 4 | 消息 6：寻址二进制报文 | 17 | 消息 19：扩展的 B 类设备位置报告 |
| 5 | 消息 7：二进制确认 | 18 | 消息 20：数据链路管理报文 |
| 6 | 消息 8：二进制广播报文 | 19 | 消息 21：助航设备报告 |
| 7 | 消息 9：标准的 SAR 航空器位置报告 | 20 | 消息 22：信道管理 |
| 8 | 消息 10：UTC/日期询问 | 21 | 消息 23：群组指配命令 |
| 9 | 消息 11：UTC/日期响应 | 22 | 消息 24：静态数据报告 |
| 10 | 消息 12：地址安全相关报文 | 23 | 消息 25：单时隙二进制报文 |
| 11 | 消息 13：安全相关确认 | 24 | 消息 26：带有通信状态的多时隙二进制报文 |
| 12 | 消息 14：安全相关广播报文 | 25 | 消息 27：远距离应用的位置报告 |
| 13 | 消息 15：询问 | | |

### （二）AIS 信息

（1）AIS 设备的识别信息。AIS 设备是通过水上移动业务标识（MMSI，Maritime Mobile Service Identify）实现相互身份识别的。有关 MMSI 的详细内容参考第十八章。

（2）岸基 AIS 信息。岸基船舶 AIS 信息可分为静态信息（英文）、动态信息（英文）、航次相关信息和安全相关短消息等四类，其中前三类为基本信息。

# 第三节　AIS 设备的使用

## 一、AIS 设备的工作流程

AIS 设备自开机到关机，其工作流程如下：

（1）初始化。AIS 设备接通电源后，在两个 TDMA 信道上监听一个时帧（1 min），判断信道的活动性，搜集其他成员的识别信息，掌握当前时隙的分配、其他用户的位置报告和岸台存在的可能性。1 min 之后，通信处理器达到帧同步，AIS 设备可以根据自己的时间表开始发射信息进入网络。按照 ITU-R M.1371 的规定，AIS 设备初始化工作应不超过 2 min。

(2)登录网络。AIS 设备按照 RATDMA 协议选定的第一个时隙发射位置报告，标志着登录网络。

(3)发射第一帧。在第一帧中，AIS 设备连续分配发射时隙，按照 ITDMA 协议发射位置报告。

(4)自主连续工作模式。第一帧发射完成后，设备便进入自主连续工作模式。此时设备按照 SOTDMA 协议自主选择时隙并解决时隙冲突，在动态平衡中发射和接收信息。

(5)改变报告间隔。需改变报告间隔时，AIS 设备将在 SOTDMA 信息帧的基础上重新安排时隙间隔，重复第一帧的工作，按照 ITDMA 协议选择可用时隙发送信息。此后设备将重新转入自主连续工作模式。

(6)指配工作模式。指配工作模式有两种：一种是指定报告间隔，此时设备只需按照主管机关指定的报告间隔，保持自主连续的工作模式；另一种是主管机关为了保证某些特定 AIS 设备的通信而指定发射时隙，此时设备按照主管机关指定的时隙发射。一旦指配工作模式结束，设备将重新返回自主连续工作模式。

(7)轮询工作模式。轮询工作模式时，岸台或船台寻呼船台并要求做出应答。应答信息按照 ITDMA 协议或者 RATDMA 协议发射。

(8)信道切换与管理。如前所述，AIS 设备可以按照协议和通信业务环境的要求，自动选择或在必要时通过基站指配工作信道，避免冲突和信道阻塞。

(9)信息处理与管理。根据协议的要求，AIS 设备通信处理器管理 AIS 消息的优先级、处理和分配所接收的信息和将要传输/发射的信息，如将接收到的船位报告分配到表示接口输出，将本台的位置信息分别送到表示接口和 VDL 传输。

(10)信道阻塞。当数据链路的负荷达到了威胁信息安全传输的程度时，AIS 设备有两种方法阻止信道阻塞：一种是通过 SOTDMA 算法，采取时隙主动复用，对距离本船最远台站使用的时隙重复使用；另一种是通过基站分配报告间隔，保护 VDL 正常运行。

## 二、AIS 设备的基本操作

### (一)电源

船舶无论是处于航行、锚泊或其他状态，AIS 船载设备都应保持开机。当 AIS 设备的连续工作可能威胁船舶安全时(如在海盗出没海域航行)，船长有权决定关闭设备。一旦危险因素被排除，设备应重新开启。AIS 设备关闭时，本船静态信息和与航行有关的信息会被保存下来。接通设备的电源后，AIS 信息将在 2 min 之内发送。电源的开关时间通常作为安全记录被设备自动保存，并应记录在“航海日志”中。在港内，设备的操作应符合港口的规定。

### (二)按键

AIS 设备采用 MKD 键盘配置，按键非常简洁。FURUNO 某型号 AIS 的 MKD 设有光标位移导航键“←”“→”“↑”“↓”，确认键“ENT”，菜单键“MENU”，显示转换键“DISP”，快捷功能键和电源键“PWR”等。有的设备还有 10 个字母数字按键、“*”键、“#”键等。在需要输入文字信息时，有的 AIS 设备可以在屏幕上显示英文软键盘。

### (三)显示

AIS 设备显示器用于显示设备操作信息和本船及目标实时信息，监视系统运行状况和海上航行交通状况。显示器可采用简易显示器或任何其他合适的界面友好的显示器,如计算机终端、PPU、雷达和 ECDIS。其中,雷达或 ECDIS 能够在一定的航行背景下,以图标和字母数字方式直观地显示 AIS 丰富的信息内容,有助于航海人员全面掌握交通态势,是 AIS 信息较为理想的显示器。

#### (四)设置

正确设置 AIS 设备是 AIS 安全可靠运行的基础。船载设备的设置包括静态信息设置、航次相关信息设置、区域设置、远程应用设置、设备功能设置等,设置后的信息需确认保存后才生效。在以上设置中,与电子电气员业务直接相关的设置仅有静态信息设置、远程应用设置和设备功能设置。

1.静态信息设置

静态信息在设备安装结束时由安装技术人员设置。进入该设置菜单需要输入密码,在设备正常工作时航海人员不可随意更改此项设置。

2.远程应用设置

此项功能设置远程通信端(如 Inmarsat C 船站)自动或人工响应远程请求。设置选项(如有)包括操作方式(自动或手动)、答复信息(选择答复信息选项)等。

3.设备功能设置

设备的各项功能设置包括操作界面语言设置、操作界面个性化设置、密码设置、亮度调整、报警及按键声音设置、输入/输出端口设置(类型和波特率等)。

### 三、AIS 设备的安装与接口

#### (一)AIS 设备的安装

AIS 设备通常由岸基专业技术人员安装并完成开通试验,电子电气员负有验收管理责任。了解安装要求有助于电子电气员提高设备验收管理能力。根据 IMO 关于 AIS 设备的安装导则,应注意以下安装事项。

(1)AIS 设备的 MKD 应安装在驾驶台便于驾驶人员操作和观察的位置,如果 AIS 设备与其他航行系统(如雷达、电子海图等)的显示控制终端连接,则可安装在驾驶台或附近易于操作和维护的位置(如海图室或毗邻的 GMDSS 操作台等)。

(2)AIS 设备应由主、应急电源供电,电缆的布置应考虑电磁兼容性。数据电缆应尽可能短且有可靠的电磁屏蔽,电缆露天连接端头应有水密措施,连接线须可靠固定。同轴电缆应单独敷设,距离供电电缆至少 10 cm,最小弯曲半径应大于 5 倍电缆外径。

(3)接入 AIS 设备的外部传感器应是船舶用于正常航行的设备或系统,应从它们的输出接口直接采集数据,且不影响这些设备的正常工作性能。

(4)AIS 设备的通信天线与船舶 VHF 无线电话天线不应安装在同一水平面上,并使它们在垂直方向上间隔至少 2 m,而且应远离雷达、发射机等高功率源天线 3 m 以上,距离导体结构 2 m 以上;若只能与 VHF 无线电话天线安装在同一水平面上,则两者应在水平方向上相距至少 10 m。天线不应紧邻垂直障碍物,尽可能在水平面 360°内无障碍物。

(5)AIS 设备的 GNSS 天线应远离 S 波段雷达、Inmarsat 船站等高功率发射机发射波束 3 m 以上,在水平 360°及仰角 5°~90°内无连续障碍物,桅杆、支架等障碍物不应在较大的水平角度范围内遮蔽天线。

(6)BIIT 的报警输出应连接至一个声响报警装置,也可以通过显示界面将报警输出给其他设备发出警报。

(7)PPU(Pilot Plug)接口应安装在驾驶台引航员通常驾驶船舶的位置,便于引航员连接 PPU。

(8)安装完成时应提供记录本船静态信息的初始化清单,经核对确认无误后保存在船上。

**(二)AIS 设备接口**

AIS 应具备从导航传感器接收数据的输入接口和向显示设备输出信息的输出接口。传感器可包括 GNSS 导航仪、船首向传感器、对地速度计程仪、船舶旋回速率计、船舶姿态测量仪等,目前多数船舶只连接了 GPS 导航仪和陀螺罗经。通过接口连接的输出设备包括显示、通信及报警设备,如 MKD、ECDIS、雷达、PPU、VDR、远程通信终端设备和报警装置等。

1.传感器接口

AIS 设备传感器接口满足 NMEA 0183 和 IEC 61162 接口协议,关于 NMEA 和 IEC 61162 协议的详细介绍参见第十章相关内容。

2.显示、通信及报警接口

显示接口通常采用 RS-422 协议,用于主机与 MKD、ECDIS、雷达和 PPU 接口之间的连接,传输数据波特率为 38 400 bit/s。当与 ECDIS 或雷达连接时,需在输出设备上根据设备安装说明书完成接口设置,确认设备通信正常。AIS 的远程通信接口和报警接口也采用 RS-422 协议,输出数据波特率为 38 400 bit/s。

**(三)AIS 设备检验**

AIS 设备安装之后,电子电气员有责任检验设备,并将检验结果报告船长签字确认。在营运过程中,设备应由主管机关认可的专业人员实施年度检验,电子电气员有责任配合年度检验工作;电子电气员或驾驶员应做到每个航次或每个月(取时间较短者)查验设备发送的静态信息、动态信息和航次相关信息,并记录查验结果。

## 四、AIS 设备的报警与异常处理

为了保证 AIS 设备正常运行,船舶电子电气员应了解系统运行中可能产生的各种设备报警,尽早消除常规故障或隐患。

**(一)设备报警**

设备报警是由于设备故障或传感信号丢失造成的运行故障,通常给出报警代码或故障指示。不同厂家/型号的设备报警会有区别,但总体上大同小异。表 5-3-1 中是一些典型的设备报警描述。报警将每 30 s 重复一次,直至被确认为止。如遇到类似情况,电子电气员应向船长报告本船 AIS 的故障情况,并将其记录在“航海日志”中。如果航行在强制报告水域,船长还应向主管机关报告,并做记录。所有故障都需要尽早解决。

表 5-3-1　AIS 设备典型的设备报警描述

| 报警描述 | 报警描述 |
|---|---|
| Tx malfunction(发射故障) | External EPFS lost(外部 EPFS 丢失) |
| Antenna VSWR exceeds limit(天线驻波比超限) | No sensor position in use(无位置传感器) |
| Rx channel 1 malfunction(接收信道 1 故障) | No valid SOG information(无有效 SOG 信息) |
| Rx channel 2 malfunction(接收信道 2 故障) | No valid COG information(无有效 COG 信息) |
| Rx channel 70 malfunction(接收信道 70 故障) | Heading lost/invalid AIS(首向丢失/无效) |
| General failure(综合故障) | No valid ROT information(无有效 ROT) |
| MKD connection lost AIS(MKD 连接故障) | |

### (二)异常处理

AIS 使用过程中若观察到明显的异常现象,但没有明确的报警代码,尽管系统也可提供目标数据,此时应引起航海人员注意,避免错误的数据信息影响航行安全。表 5-3-2 列出了 AIS 典型的异常现象及其可能原因。

表 5-3-2　AIS 典型的异常现象及其可能原因

| 序号 | 异常现象 | 可能原因 |
|---|---|---|
| 1 | 工作时听到重复的"嘀嗒"声或噪声 | (1)AIS VHF 天线过于靠近 VHF 无线电话天线;<br>(2)AIS 天线使用了劣质电缆连接 |
| 2 | 持续表现为目标船没有船名,或者有 MMSI 但是几分钟后才显示船名 | (1)AIS VHF 天线过于靠近 VHF 无线电话或雷达或卫星通信系统天线;<br>(2)AIS VHF 天线通过劣质电缆连接;<br>(3)AIS 接收机故障 |
| 3 | 注意到或者被基站或其他船只告知本船航向错误 | (1)船舶配置的早期指向设备通过 THD 与 AIS 连接;<br>(2)THD 设置有误 |
| 4 | 注意到或者被基站或其他船只告知本船静态数据有错误 | 安装时设置不正确 |
| 5 | 安装 AIS 后,其他导航设备故障 | 接线或设置错误 |
| 6 | 显示"UTC clock lost" | 内置 GNSS 故障,或其 GNSS 天线及电缆存在问题 |
| 7 | 很少看到 20 n mile 以远目标(所有方位或相对于船首某些方位) | AIS VHF 天线被遮挡,或者高度太低 |
| 8 | 他船收不到本船信息 | 本船 AIS 发射机故障,或者天线存在遮挡、高度不够等问题 |

**思考题**

1.什么是自动识别系统？AIS 具有哪些功能？AIS 设备是如何分类的？

2.简述 AIS 设备主机各组成部分的作用。

3.传感器给 AIS 设备输入了哪些动态信息？

4.简述 A 类和 B 类 AIS 设备的区别。
5.AIS 有哪些工作模式?
6.简述 AIS 设备的安装流程。
7.对照表 5-3-2 中故障异常现象,简述相应的处理方法。

# 第六章

# 船舶导航雷达

IMO 海上安全委员会在《经修订的〈关于雷达设备性能标准的建议案〉》[MSC.192(79),简称《雷达性能标准》]中指出,航海雷达(Marine Radar)通过显示其他水面船只、障碍物和危险物、导航目标和海岸线等相对于本船的位置,以助于安全导航和避免碰撞。航海雷达,亦称船舶导航雷达或船用雷达,在本章中简称雷达。雷达能够及时发现远距离弱小目标,精确测量本船相对目标的距离和方位,确定船舶位置,引导船舶航行。通过传感器的支持,雷达还可实现目标识别与跟踪、地理参考信息显示等功能。

雷达技术发展大致经历了三个阶段,由最初的模拟信号处理技术发展至数字信号处理技术,直至现在采用的计算机信息处理技术,综合利用船舶多传感器导航信息,协助驾驶员实现安全航行。现代雷达越来越趋向小功率发射,例如目前磁控管雷达的发射功率一般不超过 30 kW,固态雷达的峰值功率甚至低于 200 W。桅上型结构的雷达逐渐成为主流,其硬件得到了极大的简化。现代雷达人机交互可用性高,图形用户界面友好,从实用角度出发设计更加科学。但是,受雷达信号处理技术和数字信号处理技术所限,现代雷达也存在诸如回波失真、测量误差较大,甚至显示故障等问题,加之雷达操作相对比较复杂,对雷达的日常操作、维护和检测等都提出了较高要求。雷达是船舶驾驶台不可或缺的精密导航设备。船舶电子电气员应有能力对船舶雷达的常见故障进行分析和诊断。

为了规范雷达的使用性能和生产质量,国际海事组织(IMO)、国际电工委员会(IEC)等国际组织出台并多次修订有关雷达性能、测试标准等文件。《1974 年国际海上人命安全公约》第Ⅴ章根据船舶吨位、功能不同,对于船舶配备雷达提出了具体要求,同时指出,2008 年 7 月 1 日之后装船的雷达设备应满足不低于 MSC.192(79)的性能标准要求。为了保证设备能够满足不低于 MSC.192(79)的性能标准要求,国际电工委员会的《海上导航和无线电通信设备和系统——船载雷达——性能要求、测试方法和要求的测试结果》(IEC 62388)从性能、测试方法及测试结果等方面进一步对航海雷达做出了具体规定。

# 第一节 ◎ 雷达目标探测与显示基本原理

## 一、雷达测量目标的距离与方位

雷达的基本功能就是测量目标的距离和方位。雷达通过发射微波脉冲探测目标和测量目标参数，习惯上称雷达发射的电磁波为雷达波。微波具有似光性，在地球表面近似以光速直线传播，遇到物体后，雷达波被反射。在雷达工作环境中，能够反射雷达波的物体，如岸线、岛屿、船舶、浮标、海浪、雨雪、云雾等，统称为目标。这些目标的雷达反射波被雷达天线接收，称为目标回波。回波经过接收系统处理，调节屏幕亮度，最终在显示器上显示为加强亮点，回波距离和方位的测量都是在显示器上完成的。雷达通过测量目标的距离和方位确定目标相对于本船的位置，并在此基础上实现雷达定位、导航和避碰。

### （一）雷达测距原理

如果雷达发射脉冲往返于雷达天线与目标之间的时间为 $\Delta t$，电磁波在空间传播的速度为 $C$（约 $3\times10^{8}$ m/s），则目标的距离为

$$R = C \cdot \Delta t/2 \tag{6-1-1}$$

当选定雷达量程时，以 12 n mile 量程为例，雷达波在该量程上的往返时间约为 148.2 μs，此往返时间正好对应于雷达回波图像区域 12 n mile 量程的扫描线长度。

### （二）雷达测方位原理

雷达天线是定向圆周扫描天线，在水平面内，天线辐射宽度只有 1°左右，因此对于每一特定时刻，雷达只能向一个方向发射，同时也只能在这个方向上接收回波。雷达天线以船首向为方位参考基准，在空中环 360°匀速转动，所探测目标的相对方位能够准确地显示在屏幕上。本船的航向是可以知道的，因此就可以得到目标的真方位了。

除了目标相对于本船的距离和方位数据，雷达还能提供目标的真航向（True Course）、真航速（True Speed）、最近会遇距离（DCPA，Distance to Closest Point of Approach）、最近会遇时间（TCPA，Time to Closest Point of Approach）、过船首的距离（BCR，Bow Cross Range）和过船首的时间（BCT，Bow Cross Time）。这 6 个目标数据来自雷达对目标的跟踪计算，计算是建立在雷达目标相对位置的测量和本船运动的基础之上的。连接到雷达上的 AIS 设备还能提供目标的其他识别信息，《雷达性能标准》要求应以字母、数字形式显示下列数据：数据来源、船舶识别码、航行状态、可得到的位置及其质量、距离、方位、对地航向（COG，Course Over the Ground）、对地航速（SOG，Speed Over the Ground）、DCPA 和 TCPA。此外，航海雷达还应显示目标首向和 AIS 报告中的旋回速率。所有雷达目标信息显示应该符合国际海事组织通过的《船载航行显示器有关航行信息显示的性能标准》［MSC.191（79）决议］及《航行相关符号、术语和缩略语表示指南》（SN.1/Circ.243/Rev.2 通函）的规定。

## 二、雷达图像特点

雷达显示系统将雷达传感器探测到的本船周围目标以平面位置图像（极坐标）的形

式显示在屏幕上，早期的雷达显示器也因此被称为平面位置显示器(PPI，Plan Position Indicator)。如图6-1-1所示，其中，图(a)为海面态势示意图，本船周围有一岛屿，另有一目标船与本船相向行驶。图(b)为海平面俯视图，可以看出本船航向000°，目标船正航行在本船右舷，本船左舷后约245°处有一岛屿。图(c)为雷达屏幕，扫描中心(起始点)为本船参考位置，又称为统一公共基准点(CCRP，Consistence Common Reference Point)。CCRP可以由驾驶员根据需要设置，通常建议设置在船舶驾驶位置。图6-1-1中雷达量程为12 n mile，即在雷达屏幕上显示以本船为中心，以12 n mile为半径本船周围海域的雷达回波。在雷达屏幕上，HL(Heading Line)称为船首线，其方向由本船船首向发送装置(THD，Transmitting Heading Device)或陀螺罗经驱动，指示船首方位。发自扫描起始点的径向线称为扫描线。扫描线沿屏幕顺时针匀速转动，转动周期与雷达天线在空间的转动周期一致。屏幕上等间距的同心圆称为固定距标圈，每圈间隔2 n mile，用来估算目标的距离。与固定距标圈同心的虚线圆是活动距标圈(VRM，Variable Range Marker)，它可以由操作者随意调整半径，借助数据读出窗口的指示测量目标的准确距离。EBL(Electronic Bearing Line)称为电子方位线，可以通过面板操作控制其在屏幕的指向，借助数据读出窗口的指示或屏幕边缘显示的方位刻度，测量目标的方位。方位刻度处于工作显示区域之外，《雷达性能标准》要求，应每隔至多30°有数字标识，且每隔至多5°有刻度标识。

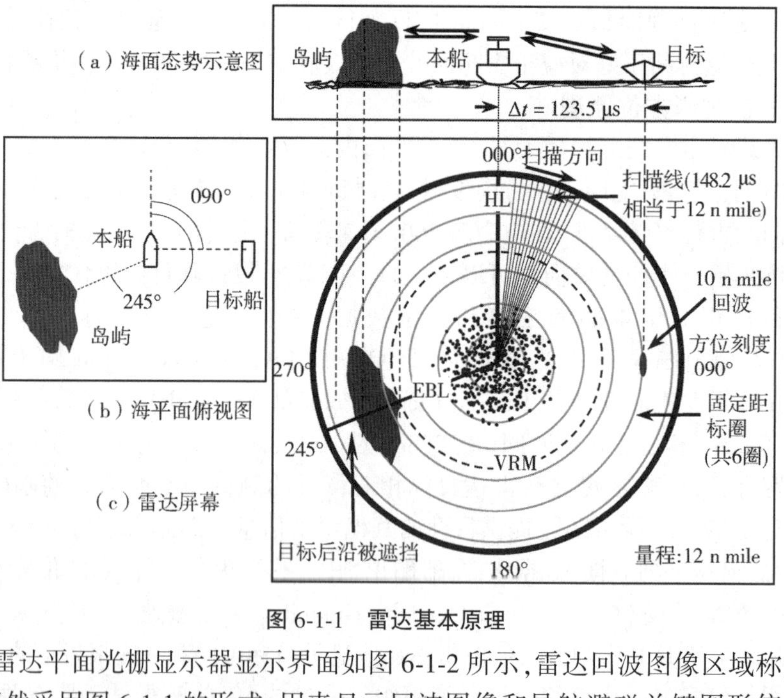


**图6-1-1　雷达基本原理**

现代雷达平面光栅显示器显示界面如图6-1-2所示，雷达回波图像区域称为工作显示区域，仍然采用图6-1-1的形式，用来显示回波图像和导航避碰关键图形信息。在工作显示区域周围设有功能区域，显示传感器信息以及与雷达目标和操作有关的各种数据。此外，在工作显示区域侧边，通常还设有操作菜单和显示警示信息和帮助信息的窗口等，用来设置和操作雷达。

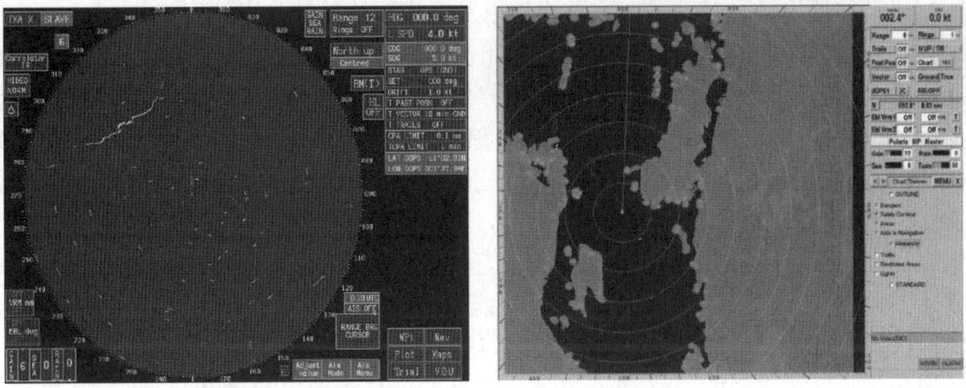

（a）Kelvin Hughes Nucleus 3雷达显示　　（b）Kongsberg DataBridge10™ 雷达显示

**图 6-1-2　现代雷达平面光栅显示器**

## 三、雷达显示方式

按照船舶运动参照系划分，雷达图像的运动模式可以相对于本船，也可以相对于水面或相对于地面。前者称为相对运动显示方式（RM，Relative Motion Display），后者称为真运动显示方式（TM，True Motion Display）。相对运动显示方式中，本船位于屏幕中心，目标回波则相对于本船运动。真运动显示方式需同时接入本船航向和航速信号，扫描中心根据所选择量程比例，在屏幕上按照本船的航向和航速移动。真运动显示方式分为对水真运动和对地真运动两种，这取决于输入的本船航速是对水航速还是对地航速。在不同的雷达图像运动模式下，根据图像的指向模式，即按照船首向指向划分，雷达显示方式可以进一步分为首向上、北向上和航向向上等雷达图像指向方式。雷达图像的运动方式与指向方式结合，形成多种多样的显示方式，方便不同航行环境下的雷达观测。各种显示方式之间的关系如表 6-1-1 所示。

**表 6-1-1　雷达各种显示方式之间的关系**

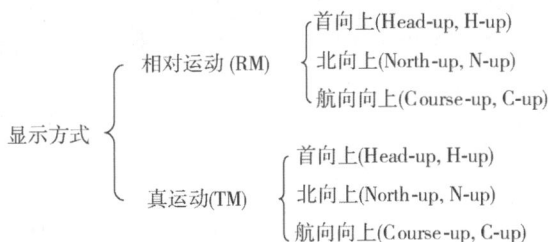

- 显示方式
  - 相对运动 (RM)
    - 首向上(Head-up, H-up)
    - 北向上(North-up, N-up)
    - 航向向上(Course-up, C-up)
  - 真运动(TM)
    - 首向上(Head-up, H-up)
    - 北向上(North-up, N-up)
    - 航向向上(Course-up, C-up)

在这些显示方式中，相对运动首向上是雷达最基本的显示方式，除雷达传感器之外，不需要连接其他任何传感器信号。此时，方位刻度盘的 0°在屏幕的正上方，无论船舶航向和航速如何变化，首线始终指向正上方，扫描中心固定不动。当雷达航向传感器发生故障时，《雷达性能标准》要求系统在 1 min 内自动切换至此显示方式，且有报警提示。值得一提的是，目前有的型号的雷达将本船航向信号同步方位刻度盘，首线对应的方位始终指向屏幕上方，使得在这种显示方式下也能够读取到目标真方位。这种改良的 H-up 显示方式被称为首向上真方位（H-up TB）显示。

在相对运动北向上（N-up）显示方式下，需要输入本船首向信号，扫描中心固定不动，屏幕正上方代表罗北，首线指向始终跟随本船首向信号。其适合于定位、导航和航向频繁机动的环境，比如船舶进港、狭水道以及大多数情况的沿岸航行。

在相对运动航向向上(C-up)显示方式下，雷达也需要输入本船首向信号，扫描中心固定不动，屏幕正上方代表该显示方式启动时本船的设定航向，首线指向始终跟随本船首向信号。转向结束，本船航向把定，按下“航向向上”(C-up)后，雷达图像迅速整体旋转，恢复到首线指示本船首向并指向屏幕正上方的图像状态。其能够兼顾导航和避碰功能，适合于比较广泛水域的航行环境。

真运动显示方式下，雷达也同样可以具有上述三种屏幕指向方式。这种显示方式下雷达需同时接入本船航向和航速信号才能够工作。真运动显示方式下，本船 CCRP 点不能移动至回波显示区域之外。按照《雷达性能标准》的规定，扫描中心应在不小于雷达图像显示区域半径的 50%和不超过其 75%的屏幕范围内移动和自动重调，并且可以随时人工重调扫描起始点，使船首方向有更大的显示视野，方便雷达观测。

# 第二节 ◉ 雷达系统的基本组成

## 一、雷达系统配置

传统的航海雷达由天线、收发机和显示器组成。为了帮助驾驶员更好地获得海上移动目标的运动参数，现代雷达基本都具备自动标绘功能，进一步提升雷达在避碰中的作用和效果。随着现代科技的发展，基于信息化平台的新型航海仪器和设备不断出现，与传统的导航雷达实现了数据融合与信息共享。电子定位系统(EPFS, Electronic Position Fixing System)通常采用包括 GPS、北斗、格洛纳斯等在内的全球卫星导航系统(GNSS)信息为船舶提供高精度的时间和船位参考数据，电子航海图(ENC, Electronic Navigational Chart)或其他矢量海图系统为船舶提供丰富的水文地理数据，AIS 为雷达提供有效的目标船身份识别手段。这些技术的进步，促进了航海雷达技术的发展。如前所述，按照《1974 年国际海上人命安全公约》的要求，2008 年 7 月 1 日之后装船的雷达设备应满足 MSC.192(79)《雷达性能标准》的规定，其系统配置如图 6-2-1 所示，其中等分虚线部分不属于性能标准要求的标准配置，而是雷达系统的扩展选装配置。

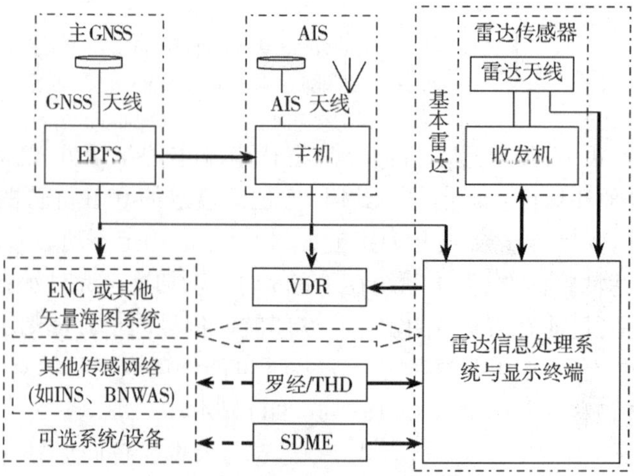


图 6-2-1　航海雷达系统配置

图 6-2-1 中,船舶主 GNSS 设备作为电子定位系统(EPFS)为雷达系统提供 WGS-84 船位和时间基准数据;陀螺罗经或首向发送装置(THD)为系统提供首向数据;船舶航速和航程测量设备(SDME,Speed and Distance Measuring Equipment)通常为计程仪,提供船舶航速和航程数据;雷达传感器提供本船周围海域的视频图像信息,信息处理与显示系统处理雷达视频,跟踪移动目标,获取目标的运动参数;AIS 报告周围船舶识别信息和动态数据以及航标数据;如果有扩展选装的海图系统提供必要的水文地理数据,则此类雷达在业界称为海图雷达(Chart Radar);其他传感网络亦可与雷达系统连接,构成能够面对各种航行情景的多功能、多任务、高精度的航行信息系统,如船舶综合航行系统、驾驶台值班报警系统等。各传感器提供的所有数据在雷达信息处理系统中共享、融合或关联,并通过显示终端给出最佳航行信息。传感器亦可以分别独立工作,某个传感器发生故障不影响其他传感器信息的显示。雷达图像和操作信息由船载航行数据记录仪(VDR,Voyage Data Recorder)保存记录。系统按照综合航行系统综合信息处理原则,自动验证传感器数据的可信性、有效性、延时性和完善性,拒绝使用无效数据,如果输入数据质量变差,系统会报警提示。

脉冲体制雷达传感器采用收发一体的脉冲体制,通常由收发机和天线组成,俗称雷达头。信息处理与显示系统是基本雷达的必要组成部分,亦称雷达终端。根据分装形式不同,基本雷达设备可分为桅下型(俗称三单元)雷达和桅上型(俗称两单元)雷达。桅下型雷达主体被分装为天线、显示器和收发机三个部分,天线安装在主桅或雷达桅上,显示器安装在驾驶台,收发机通常安装在海图室或驾驶台附近的设备舱室里。如果收发机与天线底座合为一体,装在桅上,则称为桅上型雷达。桅下型雷达便于维护保养,多安装在大型船舶上,一般发射功率较大;而中小型船舶常采用发射功率较小的桅上雷达,设备成本较低,但不便于维护和保养。

基本雷达系统的工作原理如图 6-2-2 所示。定时器、发射系统、双工器和接收系统构成了雷达收发机。

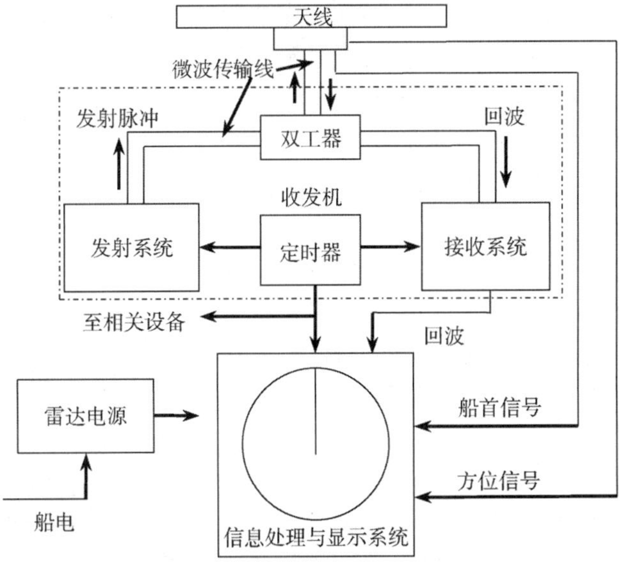


图 6-2-2　基本雷达系统的工作原理框图

### （一）定时器

定时器(或定时电路)又称为触发脉冲产生器(或触发电路)，是协调雷达系统的基准定时电路单元。该电路产生周期性定时(触发)脉冲，分别输出到发射系统、接收系统、信息处理与显示系统以及雷达系统的其他相关设备，用来同步和协调各单元和系统的工作。

### （二）发射系统

在触发脉冲的控制下，发射系统产生具有一定宽度和幅度的大功率射频矩形脉冲，通过微波传输线送到天线，向空间辐射。

### （三）双工器

双工器又称收发开关。雷达采用收发共用天线，发射的大功率脉冲如果漏进接收系统，就会烧坏接收系统前端电路。发射系统工作时，双工器使天线只与发射系统连接；发射结束后，双工器自动断开天线与发射系统的连接，恢复天线与接收系统的连接，实现天线的收发共用。显然，双工器阻止发射脉冲进入接收系统，保护了接收电路。

### （四）天线

雷达天线具有较强的方向性和较高的增益，能够定向发射和接收微波。在发射电磁波的时候，可以将天线辐射出来的能量定向发射到目标上；在接收电磁波的时候，接收自目标返回的微弱回波，经天馈系统转换为系统可检测到的电压信号送至接收系统。

### （五）接收系统

雷达接收系统具有良好的选择性、很高的放大量、较宽的通频带和动态范围，能够对混杂着干扰杂波、在噪声背景下强度变化很大的有用目标回波进行放大处理，并将清晰视频输出给显示设备。

### （六）信息处理与显示系统

接收系统输出的视频回波信号在信息处理与显示系统中被进一步处理，去除各种干扰，并合并各种刻度测量信号和人工视频信息，最终显示在显示器上。

### （七）雷达电源

雷达电源为逆变器，直接将船电转换为雷达所需的电源。它工作稳定可靠，输出精度高，体积和质量小，故障率较低，维护方便。

### （八）形成雷达信号的基本流程

形成脉冲体制雷达信号基本流程如图 6-2-3 所示。在触发脉冲的作用下，发射系统产生大功率发射脉冲，通过传输线送到天线辐射。在触发脉冲的同步控制下，雷达接收系统和信息处理与显示系统开始工作。根据雷达测距和测方位的原理，在显示器上能够测量出目标相对于本船的距离和方位。触发脉冲的每一个周期控制雷达完成一个发射、接收和扫描周期。举例来说，如果天线转速为 20 r/min，脉冲重复频率为 1 000 Hz，那么雷达完成一周圆周扫描就有 3 000 次发射、接收和扫描，即发射 3 000 个脉冲，完成3 000 次接收，在屏幕上产生 3 000 条

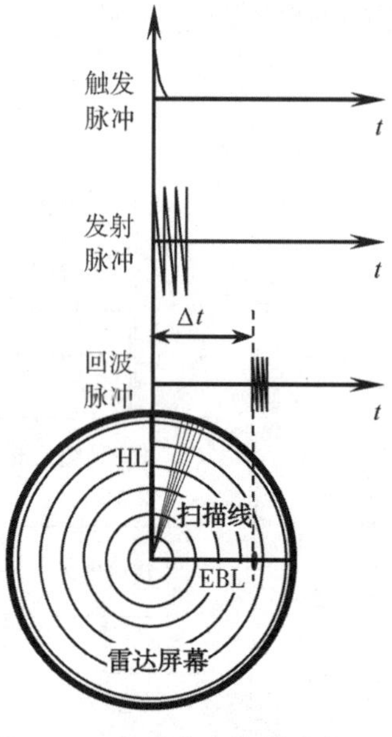


图 6-2-3　形成脉冲体制雷达信号基本流程

扫描线，形成一个完整的雷达环扫画面。有关脉冲重复频率的知识将在本节后面阐述。

## 二、雷达发射系统

发射系统是雷达的指挥中心，从工作状态来看，雷达有关机、预备和工作（发射）三种状态。雷达工作状态是通过控制特高压电路来实现的。门开关是雷达发射系统舱体门上的一个按压开关，当发射系统舱体门打开时，这个开关就处于断开状态，雷达高压不能供电，发射系统不工作。部分雷达门开关与天线开关联动。自动延时开关是控制磁控管预热工作的功能开关。自动延时的时长是由磁控管的特性和《雷达性能标准》的最低要求来决定的。雷达发射开关设置在显示器面板上，是控制雷达发射系统工作的功能开关。当雷达开机经过足够延时后，置此开关于“发射”（ON 或 RUN）位置，雷达正常工作。《雷达性能标准》规定，在 2008 年 7 月 1 日以后新安装的雷达设备，应能在 5 s 内从预备状态进入正常工作状态。而在此之前已经安装在船的雷达，应能在 15 s 内从预备状态进入正常工作状态。

如图 6-2-4 所示，脉冲体制雷达发射系统主要由定时器（触发脉冲产生器）、调制器、磁控管和附属电路组成。

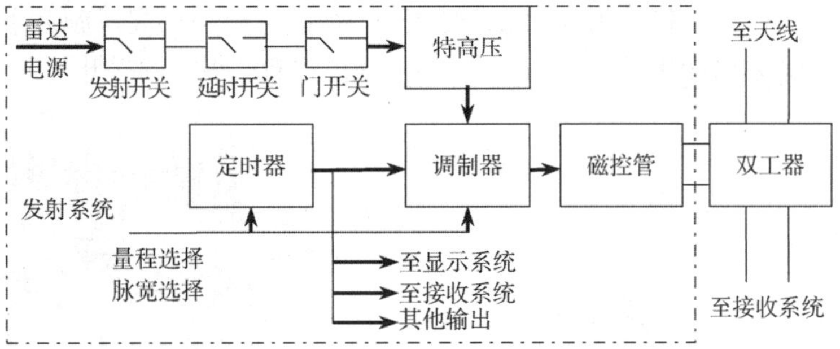


图 6-2-4　脉冲体制雷达发射系统

### （一）定时器

定时器常被称为触发脉冲产生器，是雷达的基准定时电路。定时器处理来自雷达信息处理与显示系统的串行数据，并为收发机生成所需的控制信号，触发电路生成收发机所需的各种定时信号。现代雷达采用稳定性高的晶体振荡器作为振荡源，经分频后输出频率在 500 Hz~4 kHz 的 TTL 电平脉冲，脉冲的前沿是雷达工作的基准参考时间信号。短脉冲和中脉冲的波形为三角波。触发脉冲的重复频率决定了雷达发射脉冲的重复频率。触发电路产生触发信号多路输出，其中：一路触发信号被送到调制器，控制发射系统正常工作；一路触发信号被送到信息处理与显示系统，经过适当延时后，控制显示系统开始扫描，消除由于信号在雷达设备中的传播而引起的固定测距误差；另外，还有送至预调制器、性能监视器等组成部分的触发信号。其他系统（如 ECDIS、VDR 等）与雷达连接时，触发脉冲也作为定时信号输出，协调设备工作。

### （二）调制器

调制器电路产生驱动磁控管所需的高压负脉冲，控制磁控管的发射。调制脉冲的起始时间由触发脉冲的前沿决定，脉冲的宽度受雷达面板上量程和/或脉冲宽度选择控钮控制。调制脉冲的幅值越高，要求特高压越高，发射功率也越大。一般幅值在 10~

18 kV,当然,不同调制器的幅值差异较大。

### (三)磁控管

近年来,尽管雷达体制在不断发生变化,但无论在军用还是民用方面,船载雷达仍然在大量使用磁控管。目前市场上常见的船用磁控管的功率为几千瓦到几十千瓦,例如,供S波段雷达使用的有10 kW、30 kW、60 kW等,供X波段雷达使用的有2 kW、4 kW、6 kW、10 kW、12.5 kW、25 kW、30 kW、50 kW、60 kW等。合格的船用磁控管必须通过温度、盐度、湿度、动态振动、使用寿命等测试。

#### 1.磁控管的结构与工作特点

磁控管是一种结构特殊的大功率微波振荡真空电子器件,其外部有一个高场强的永久磁铁,内部实质上为一个二极管。不同型号的磁控管外观差别很大,如图6-2-5所示。X波段JRC磁控管外观如图6-2-5(a)所示,其外形设计轻巧,性能优异,不需要带任何额外的带宽过滤装置,完全满足IMO在伪频率上的要求。磁控管内部结构如图6-2-6所示。正常工作时,磁控管应有灯丝电压为阴极加热,阳极接地,阴极加负极性调制高压信号,在其内部产生等幅微波振荡,输出功率取决于调制高压值,振荡频率取决于磁控管自身结构。目前,国产X波段船用磁控管[如图6-2-5(b)所示]谐振腔采用多工位焊接程控成型技术,阴极采用自动旋转涂覆技术,磁系统采用高矫顽力永磁材料,工作稳定性更高,预热时间更短(小于60 s),性能比以往有了极大的提升。

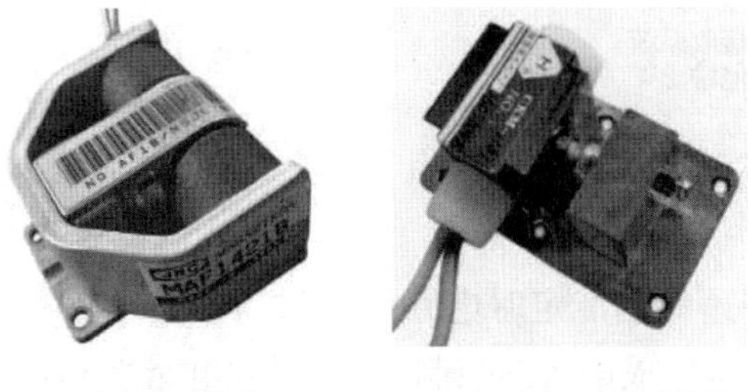

(a)JRC磁控管　(b)国产X波段磁控管

图6-2-5　磁控管外观

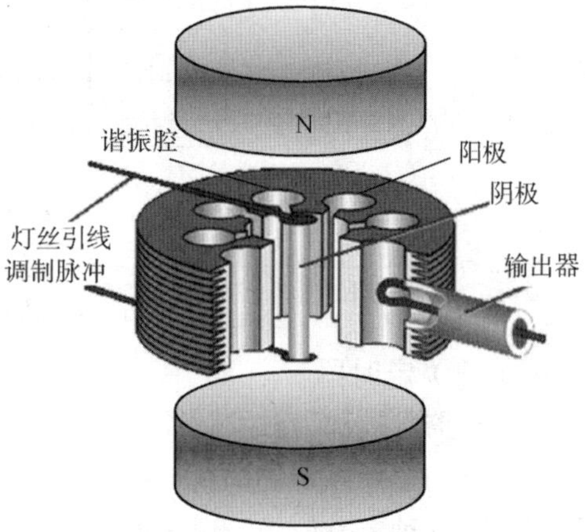


图6-2-6　磁控管内部结构

磁控管的工作寿命由阴极发射电子的能力决定,为4 000~20 000 h。磁控管在正常发射之前,需要预热3 min,使阴极充分加热,提高电子发射能力,达到磁控管强电流的工作状态,延长其工作寿命。因此,雷达特高压控制电路设有自动延时开关,在雷达首次接通电源3 min之内,该开关保持断开,3 min之后,开关才自动闭合,雷达发射系统进入预备工作状态。

#### 2.磁控管的正确使用方法

雷达收发机通常内置测量表,能够监测雷达发射系统和接收系统的某些工作参数,如电源电压、磁控管电流、接收系统混频晶体电流和调谐状态等。其中,磁控管电流是表征雷达发射系统工作状态的关键参数,它是雷达发射机工作周期内的平均电流值。测量时,应与雷达设备或说明书上提供的标准值对比,如果在正常范围,说明雷达发射系统工作正常;如果电流值偏小或没有,同时回波质量不好或看不到,则应考虑磁控管老化或发射系统故障。

使用雷达时,应特别注意按照以下规范操作。

(1)人身安全

雷达工作时有高压,维护设备时,应首先断电,并对高压部件放电后再检修。需要带电作业时,应事先做好防护措施,严防高压触电,并防止电磁辐射。磁控管周围有强磁场,维护时应将手表、手机和铁磁物等物品远离放置。

(2)设备安全

①为延长磁控管使用寿命,开机时要充分预热 3~5 min,特别是船舶靠港较长时间不使用雷达,或天气寒冷潮湿时,更应延长预热时间。如果雷达观测的间歇期超过 10 min,可以将雷达置于预备(Standby)状态。较长时间不使用雷达时,应每两周开机半小时以上。

②为保护永久磁铁的磁性,严禁铁磁物体靠近磁控管,拆卸时应使用非铁磁工具。通常磁控管备件都有特制的包装盒,使铁磁体远离管子 10 cm 以上,两备件相距超过 20 cm。

③对桅下型雷达而言,磁控管负载为微波传输线。如果微波传输线有变形损坏,就会造成负载失配,导致工作不稳定和阴极过热,严重时引起管内打火和阳极电流跌落,损坏磁控管。为保护磁控管与负载的良好匹配,应注意经常检查发射系统至天线各连接处的水密性,防止连接波导破裂或变形。如果连接波导的弯头有发热现象,应注意检查波导内是否有积水,并及时处理。

(3)备件

更换磁控管备件时,应先进行老炼,提高管子内部的真空度,避免工作时造成管内打火,损坏阴极。老炼的方法是:置雷达于预备状态半小时以上,再发射10 min 以上。其间观察磁控管电流变化,注意屏幕现象并听管子工作声音,如电流表指针不抖动,屏幕扫描均匀且管子工作无放电声音,则可以关机,将高压调整到正常值,使雷达发射,确认磁控管电流平稳,扫描均匀,发射无异常声音,则老炼结束。否则,需要延长雷达在预备状态下的预热时间。如果条件许可,备用磁控管最好每隔半年轮换使用。

### (四)发射系统主要技术指标

1.工作波段

雷达的工作波段由磁控管振荡器产生的微波振荡频率决定。船用雷达应在 ITU 指配的船用雷达波段范围内发射信号,并应符合《无线电规则》及适用的 ITU-R 建议案的要求。船用雷达有 3 cm(X 波段)和 10 cm(S 波段)两个工作波段,它们的基本参数如表 6-2-1 所示。X 波段雷达波导信号损耗和接收机噪声均大于 S 波段雷达。S 波段雷达的目标探测距离略远于 X 波段雷达,其波导尺寸比 X 波段雷达波导尺寸大。晴好天气条件下,需要高精度的目标数据时,适合选用 X 波段雷达。雨雪天气或其他杂波环境下,可改用具有一定抗杂波能力的 S 波段雷达。值得注意的是,随着雷达使用时间的增加,雷达发射频率会产生误差,对于 X 波段雷达而言,其频率波动范围一般在 ±55 MHz 之内。

表 6-2-1 船用雷达工作波段

| 波段 | 波长/cm | 频率/GHz |
| --- | --- | --- |
| S(或 10 cm) | 10.34~9.70 | 2.9~3.1 |
| X(或 3 cm) | 3.23~3.16 | 9.3~9.5 |

国际法规对装船雷达有非常具体的规定。根据《1974 年国际海上人命安全公约》,航行在国际水域的 300~3 000 总吨的货船,必须至少安装一部 3 cm 波段雷达,而大于 3 000 总吨的船舶,必须安装两部雷达,其中至少一部是 3 cm 波段雷达。

厘米波雷达在远距离无线电自动定位方面优势显著,但它们在近距离上存在参数测量精度低和信息量小的缺陷。这些缺陷主要体现在:在雷达成像上方位识别精度低;不容易发现近距离、低分布和小尺寸目标;很难获得相遇船只在受限水域以及进出港航道中安全航行船舶的分类信息,如长度、宽度、吨位等,只能通过与自动识别系统配合使用去识别目标。因此,部分学者提出用毫米波雷达作为现有船用雷达的“辅助雷达”来降低船舶事故率,提高船舶航行安全的方法。不过,目前而言,毫米波雷达主要还是用于军舰。

2.脉冲宽度

雷达每个发射周期内射频脉冲振荡持续的时间称为脉冲宽度,常用 $\tau$ 表示。为满足雷达观测的需要,发射脉冲宽度随着选用量程的不同而变化,一部雷达的脉冲宽度通常有多个,范围一般在 0.04~1.2 μs。

3.脉冲重复频率

雷达每秒发射的脉冲数称为脉冲重复频率 PRF(Pulse Repetition Frequency),其倒数为脉冲重复周期 $T$。雷达脉冲重复频率一般在 400~4 000 Hz。

4.发射功率

采用脉冲体制的雷达发射峰值功率一般在 4~30 kW。

## 三、雷达双工器

双工器又称为收发开关,一方面使雷达天线具有收发共用的功能,另一方面又能够在雷达发射系统工作时保护接收系统,避免其受大功率发射脉冲损坏。目前雷达双工器主要采用铁氧体环流器(Ferrite Circulator)。

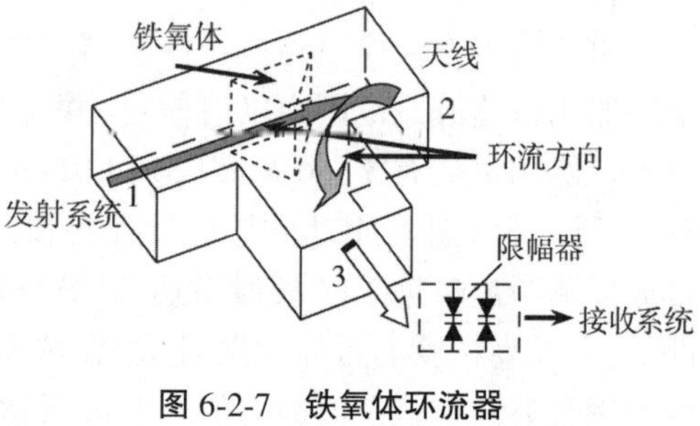


图 6-2-7 铁氧体环流器

铁氧体环流器为 T 形三端口环流器,内置圆柱或棱柱形铁氧体,并在铁氧体柱上沿轴向施加恒定磁场,如图 6-2-7 所示。被磁化的铁氧体对通过的雷达波产生场移效应,使雷达波由端口 1(发射系统)馈入时,只向端口 2(天线)传输,由端口 2(天线)馈入的电磁波也只向端口 3(接收系统)方向偏移而不会馈入端口 1(发射系统),形成定向传输电磁波的特性,实现双工器功能。图 6-2-8 是一种铁氧体环流器及与其匹配的限幅器实物照片。在实际使用时,会有一定比例的发射能量经环流器反向传输漏进接收系统，也会有强回波脉冲进入接收系统。为防止烧坏接收系统前端电路，在环流器和接收系统之间通常安装有微波限幅器。限幅器一般由微波二极管组成，高功率的漏脉冲触发其反向导通进入限幅状态，从漏脉冲结束到限幅二极管恢复，回波脉冲能够进入接收系统支路为止，需要不大于 0.2 μs 的电路恢复时间，称为雷达天线收发转换时间。

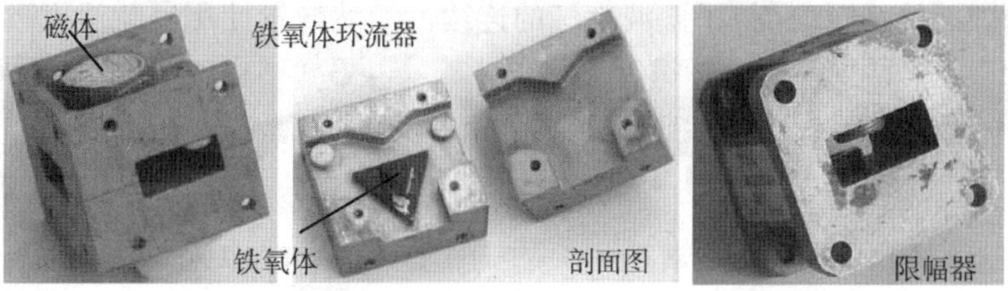


图 6-2-8　铁氧体环流器及与其匹配的限幅器实物照片

## 四、雷达天线及微波传输系统

雷达天线及微波传输系统由天线、微波传输系统、双工器、方位编码器、驱动马达与动力传动装置等组成，如图 6-2-9(a)所示。图 6-2-9(b)中的发射性能监视器和回波箱是选配件，称为雷达性能监视器，用于监测雷达设备的工况。

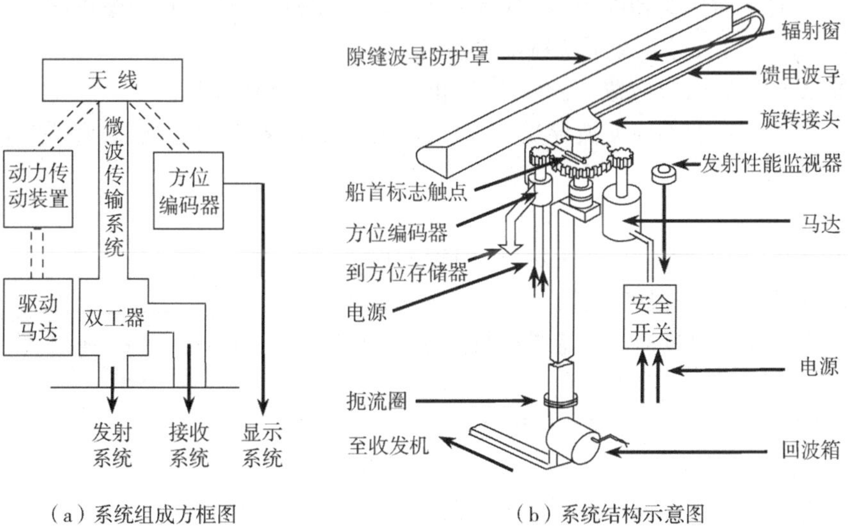


图 6-2-9　雷达天线及微波传输系统

### （一）微波传输系统

微波传输系统用于雷达收发机与天线之间的微波传输。不同波段雷达的微波传输系统也不同。对于独立的收发器单元，3 cm 波段雷达一般采用波导及各种元件传输微波，而 10 cm 波段雷达多采用同轴电缆及相关元件作为微波传输系统，也有少数 10 cm 波段雷达天线与收发机位置较近，使用波导传输雷达波。雷达天线单元和系统中其他单元之间的互连使用专用电缆。一般情况下，雷达用户手册会标明传输线相关参数、天线高度或任何其他可能导致雷达性能下降的因素。

1.波导管及波导元件

波导管,简称波导,是由黄铜或紫铜拉制的内壁光洁度很高的矩形空心管。微波的波长决定了波导截面的尺寸,波长越长,波导尺寸越大。3 cm 波段雷达波导尺寸为 23 mm×10 mm,10 cm 波段雷达波导尺寸为 72 mm×34 mm。各类波导实物图如图 6-2-10 所示,在安装波导时,应平面接头朝向天线,扼流接头朝向收发机连接,使得连接端头虽然没有物理面接触,却保持了微波电气的连续性。波导管使用安装注意事项如下。

(a)矩形直波导　(b)切角弯波导　(c)双脊弯波导　(d)矩形扭波导　(e)可扭软波导

图 6-2-10　各类波导实物图

(1)波导备件的两端都有密封盖,使用前打开,应注意检查内壁是否清洁,必要时可用酒精清洗。

(2)微波经过波导会有一定的衰减,波导长度不宜超过 20 m,弯波导不要超过 5 个。波导过长会导致信号传输损耗过多,不同类型波导的传输损耗亦不相同。

(3)软波导易老化,不宜安装在室外。

(4)安装时平面法兰朝向天线,扼流法兰朝向收发机,并安装水密橡皮圈。连接螺栓应固定牢靠,并在安装结束后涂刷油漆防锈。

(5)收发机波导出口应覆盖云母片,防止天线漏水流入收发机。

(6)安装时要注意不应使波导受力过大,每隔 1~2 m 安装固定支架,必要时在易接触碰撞位置加装防护罩。

2.同轴电缆

同轴电缆结构如图 6-2-11 所示,由同轴的内、外两导体组成。内导体是一根细铜管,外导体是一根蛇形管,内、外导体之间有低微波损耗的绝缘材料支撑,最外层包有防护绝缘橡皮材料。同轴电缆内、外导体的直径或电缆的尺寸都有严格要求。与波导相比,传输相同波长微波的同轴电缆体积较小,安装方便。但同轴电缆也存在传输损耗,有的达到 0.1 dB/m 左右,该值比矩形波导的传输损耗略大。功率容限较低。同轴电缆只用于 10 cm 波段雷达。

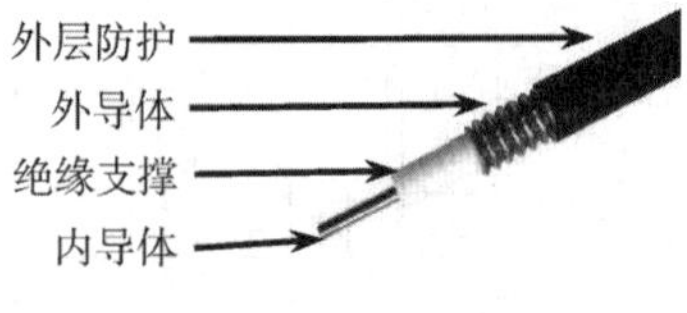


图 6-2-11　同轴电缆

目前,为解决现有技术中采用线缆进行信号传输的雷达系统布线难度大、信号传输距离短、容易受电磁干扰、图像质量差的技术问题,出现了基于光纤通信的船用数字雷达系统。基于光纤通信的船用数字雷达系统采用光纤通信的方式,实施方便、布线容易、抗干扰能力强、图像质量高,其信号传输方法具有安全可靠、执行效率高的特点。

**(二)天线**

雷达采用定向扫描天线,天线转速通常为 20~40 r/min,适用于普通商业航行的船舶。转速高于 40 r/min 的称为高转速天线,适用于速度超过 20 kn 或上层建筑高大的快速船舶。图 6-2-12(a)所示为脉冲体制雷达普遍采用的隙缝波导天线,它由隙缝波导辐射器[如图 6-2-12(b)所示]、扇形滤波喇叭、吸收负载和天线面罩等组成。隙缝波导辐射器是将窄边按照一定尺寸和精度连续开设倾斜槽口的一段矩形波导,隙缝间隔约为λ/2。在辐射器的另外一端有吸收负载,匹配吸收剩余的微波能量,避免反射造成二次辐射。整个天线的结构被密封在天线面罩内,保持水密和气密性,起到防护作用。图6-2-12(c)所示的雷达微带天线为 INDERA MX-2 微带阵列雷达天线。微带天线剖面薄、体积小、低功率,具有平面结构,能与有源电路一起集成,便于圆极化、双极化和双频段等多功能工作。

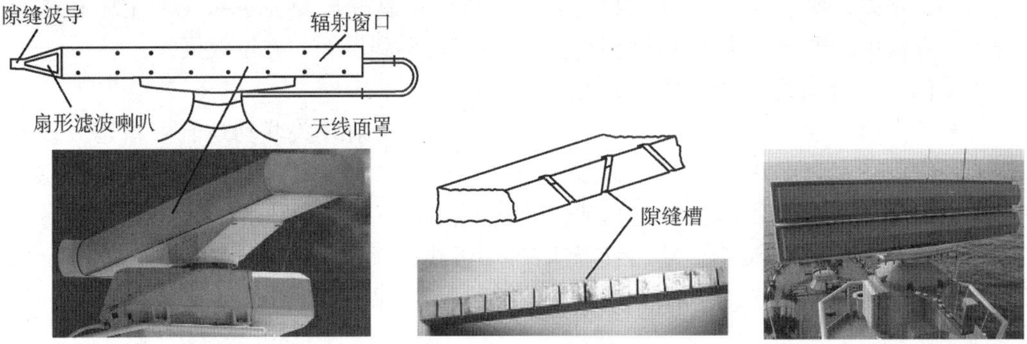


（a）雷达隙缝波导天线 （b）隙缝波导辐射器 （c）雷达微带天线

图 6-2-12 雷达天线结构

隙缝波导天线的主要技术指标如下:

(1)方向特性

雷达天线理想的辐射波束为对称扇贝形,如图6-2-13(a)所示。在理论上常用方向性图来描述天线的辐射性能。雷达天线的水平方向性图如图6-2-13(b)所示。雷达辐射波瓣中具有较强辐射的波束称为主瓣,其输出功率占雷达总辐射功率的90%以上。如图6-2-13(b)所示,在主瓣周围对称分布了许多弱小的旁瓣辐射,这些旁瓣辐射功率通常较弱且不稳定,通常不会对雷达观测构成重要影响,但是在参与海上搜救时,除主瓣之外,旁瓣可能也会触发搜救雷达应答器,最终在雷达屏幕上呈现出同心圆或者同心弧。具体内容参见第十九章第二节。

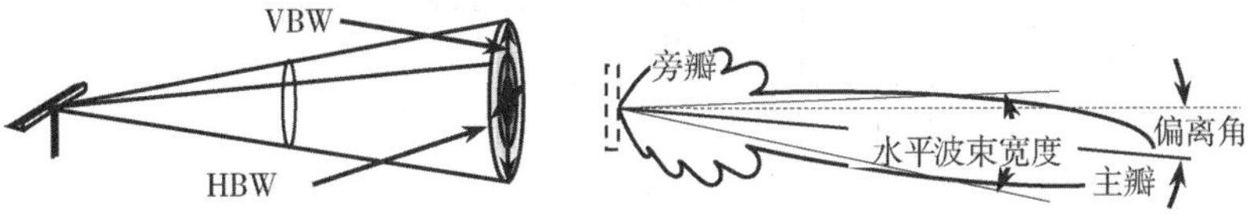


（a）雷达主瓣辐射波束空间形状 （b）水平方向性图

图 6-2-13 天线方向性

(2)波束宽度

天线的波束宽度是就主瓣而言的,定义为主瓣上两个半功率点之间的夹角。通常考虑水平波束宽度(HBW,Horizontal Beam Width)和垂直波束宽度(VBW,Vertical Beam Width)两个典型数值。为了保证雷达目标探测的方位精度和目标的方位分辨能力,天线的水平波束宽度很窄,只有1°~2°。为了保证在船舶摇摆的恶劣环境中不丢失海面目标,雷达的垂直波束宽度为20°~30°。

(3)增益

天线的方向性还可以用天线的增益表示。天线增益,是指在输入功率相等的条件下,实际天线与理想的辐射单元在空间同一点处所产生的信号的功率密度之比。

### (三)方位编码器

方位扫描系统由天线基座中的方位编码器和显示器中的方位信号存储器及其相关电路组成。雷达采用方位编码器将天线的方位基准信号(首方位信号)和瞬时天线角位置信号量化为分辨率高于0.1°的数字信息,传送到信息处理与显示系统并记录在相应的方位存储单元中,通过测量目标相对首线的夹角,得到目标的方位数据。

### (四)驱动马达与动力传动装置

驱动马达一般由船电供电,雷达天线通常与雷达发射开关联动运转。雷达天线基座上一般设有安全开关,有人员在天线附近维护作业时,可以切断电源,防止雷达意外启动。为保证天线转动平稳,驱动马达的转速一般在1 000~3 000 r/min,通过由皮带轮和/或齿轮机构组成的动力传动装置降速,带动天线以额定转速匀速转动。应每年定期检查皮带的附着力和更换防冻润滑油,做好维护保养,保证传动装置工作正常。

## 五、雷达接收系统

### (一)雷达接收系统的基本组成

由于超外差式接收机具有灵敏度高和抗干扰能力强的特点,绝大多数雷达系统采用了超外差式接收机。雷达接收系统主要由微波集成放大与变频器(MIC)、中频放大器、检波器、视频放大器和改善接收效果的辅助控制电路(如增益控制、海浪抑制、通频带转换电路)等组成,如图6-2-14所示。

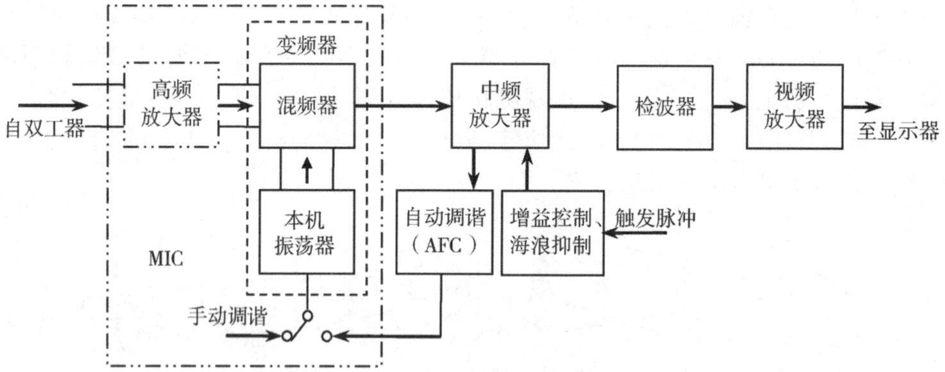


图6-2-14 接收系统框图

1.微波集成放大与变频器

MIC由微波高频放大器和变频器组成。高频放大器对射频回波直接放大,能够改善射频回波信噪比,增强雷达对弱小目标的探测能力。但对于低功率发射机雷达而言,MIC不采用高频放大器,只有变频器。变频器由混频器和本机振荡器固化构成,其作用是将回波信号的载波由射频转换为频率较低的中频供中频放大器工作。

2.中频放大器

中频放大器是接收机的核心,它具有宽通带、高增益、宽动态范围和低噪声等优良特性。中频放大器的频带宽度必须与发射信号良好匹配,能够根据需要调整放大器的增益,并具有自动调整近距离增益来抑制海浪反射杂波的功能。中频回波信号经过检波器转变为视频回波信号,送到信息处理与显示系统。

雷达中频放大器普遍采用宽带调谐高增益对数级联放大器,这种放大器对小信号保持着较高的放大量,而随着输入信号的提高,放大倍数呈对数降低,从而扩大了放大器的动态范围。

3.海浪杂波抑制电路

当海面有波浪时,海浪会反射雷达波,形成鱼鳞状闪亮斑点即海浪回波,对雷达近距离观测构成干扰。中等风浪时干扰在 3~6 n mile,大风浪时干扰可达到 8~10 n mile,强干扰经常会造成接收通道输出饱和,此时海浪杂波在屏幕中心形成辉亮实体回波。

海浪干扰抑制又称灵敏度时间控制(STC,Sensitivity Time Control)或近程增益控制。STC 是一种随着作用距离缩短而降低接收机灵敏度的技术,它是将接收机的增益作为时间的函数来实现的。当目标被海浪杂波干扰时[见图 6-2-15(a)],在触发脉冲的控制下,产生一个呈指数变化的增益控制波形[见图 6-2-15(b)],使增益随着距离延长呈指数增加[见图 6-2-15(c),图中 $P_{smin}$ 是指接收机最小可检测功率],抑制海浪干扰后的雷达回波将会重现[见图 6-2-15(d)]。

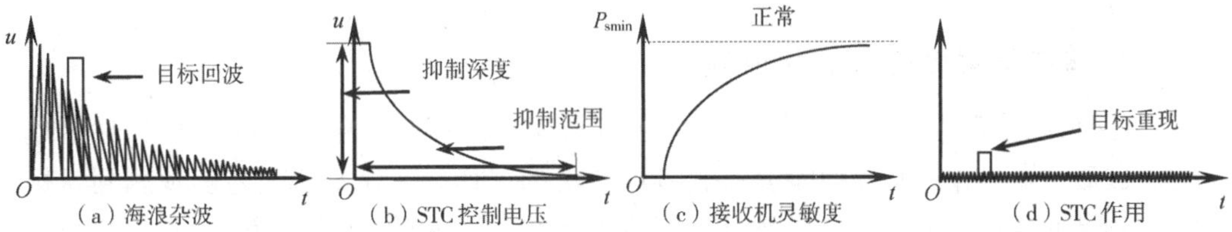


图 6-2-15 海浪干扰抑制(STC)示意图

使用 STC 后,随着抑制加深,扫描中心的回波和噪声逐渐减弱,出现“黑洞”现象。最大抑制范围可达 8 n mile 左右。使用 STC 的效果如图 6-2-16 所示。

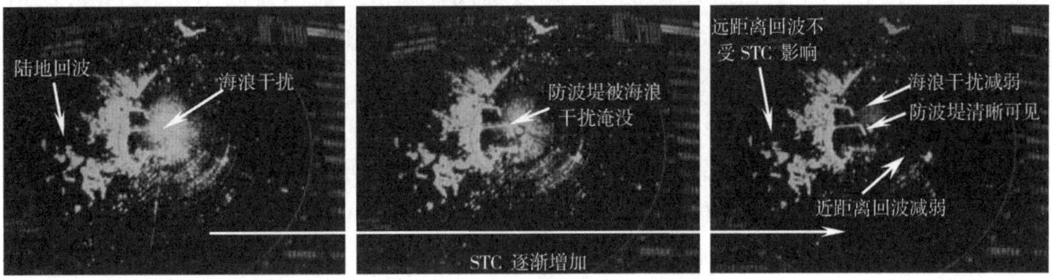


图 6-2-16 海浪干扰及其抑制

4.检波器及视频放大器

经过处理的回波中频信号,经过检波器后,转变为视频回波信号。视频放大器是连接接收系统和信息处理与显示系统的一个缓冲电路,起到检波器与视频传输电缆或检波器与视频处理电路之间的隔离和阻抗匹配作用。

### （二）雷达接收系统主要技术指标

1.中频频率

根据设备的厂家、型号不同,雷达中频普遍采用 30 MHz、60 MHz 或 45 MHz。

2.灵敏度与放大倍数

灵敏度表征了接收系统接收弱信号的能力,通常用最小可辨信号功率 $P_{rmin}$ 表示。$P_{rmin}$ 是一个与检测概率和虚警概率有关的量,是接收机输入端可检测的最小信号功率。$P_{rmin}$ 一般可达 $10^{-14}$ ~ $10^{-12}$ W,因此要求中频放大器的放大倍数应达到 120~160 dB。

3.通频带

通频带也称频带宽度,表示中频放大器能够不失真地放大回波信号的频率响应范围。通频带越宽,放大信号时的失真越小,雷达的观测精度就越高,但雷达保持较高的放大倍数和灵敏度就越困难;反之,则有利于雷达观测远距离弱小目标,但雷达的测量精度将下降。

4.抗干扰能力

雷达回波包含海浪、雨雪和同频干扰。按照《雷达性能标准》的规定,雷达应能够抑制各种干扰杂波,提高信杂比。

## 六、雷达信息处理与显示系统

雷达信息处理与显示系统是雷达目标回波及各传感器信息的最终处理和显示单元,通过显示器操作控制界面能够控制雷达整机的工作。在显示器上能够观测到目标回波,并借助各种刻度标志和符号标注,测量目标的位置参数(距离和方位)和标注目标信息。有关雷达信息显示性能,以及显示的颜色、符号和图标标识等要求,请参考《船载航行显示器有关航行信息显示的性能标准》《航行相关符号、术语和缩略语表示指南》。

现代雷达应用数字信息处理方法和光栅显示技术,采用了高品质平面监视器(如 TFT、OLED 等)作为雷达信息处理显示终端。现代光栅雷达显示器显示内容丰富,包括彩色海图(若连接 ECDIS)、标绘图形、雷达目标回波、回波尾迹、雷达各式图标、自动标绘图形、AIS 报告目标图标,还有操作菜单、光标等其他图标。

图 6-2-17 所示为现代雷达信息处理与显示系统的基本组成框图,包括输入/输出(I/O)接口及视频处理器、信息处理器、主控制器和综合显示与操作控制终端,雷达传感器、THD、SDME、EPFS、AIS、ECDIS 等各种传感器是该系统的信息源。雷达信息处理与显示系统也会将预备/发射、脉冲宽度设置、调谐设置、性能监视器控制等控制信号输出至收发机。

### （一）主控制器

主控制器是信息处理与显示系统的控制中心,主要为雷达目标跟踪与各传感器信息融合实现控制和运算控制功能。主控制器通常采用高性能工业 CPU 芯片,在总线、存储器等相关部件的配合下,协调各部分工作。

### （二）I/O 接口及视频处理器

I/O 接口及视频处理器主要包括 I/O 接口、同步单元、坐标转换器、视频处理器和刻度标志产生单元等几部分。

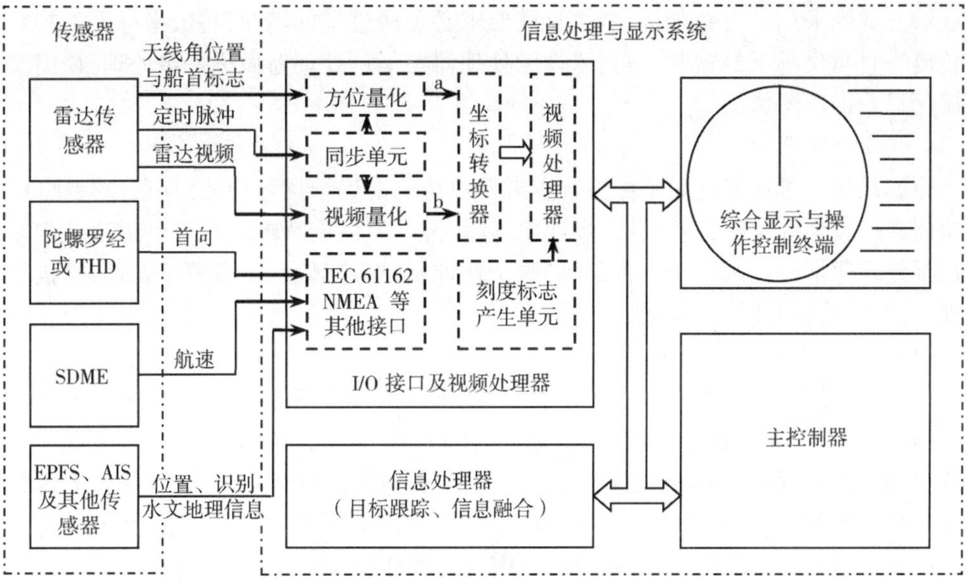


图 6-2-17 现代雷达信息处理与显示系统的基本组成框图

1.同步单元与测距误差

同步单元在早期雷达设备中俗称延时线,目的是协调显示与发射的起始时刻,消除系统测距误差。雷达测距误差对航行安全的影响非常大。《雷达性能标准》规定,雷达测距误差不应超过所用量程的1%或30 m中的较大值。

2.I/O 接口

I/O 接口对来自传感器的模拟信号进行数字化处理,或将本身已经为数字信号的传感器信息编码转换分配,存入相应的存储单元。雷达传感器信号数字化是 I/O 接口的主要任务。在主控制器的控制下,由触发脉冲同步,在总线、存储器等相关部件的配合下,将原始雷达天线方位信号和视频信号按照方位单元和距离单元实时量化为数字方位信号 a 和数字距离信号 b,并同步快速写入存储器相应的方位单元和距离单元。

雷达输入/输出数据类型众多,主要包括:

(1)输入数据

导航数据包括位置、航向、航速、罗兰-C 数据、航路点、航线计划、时间、风速、风向、流速、流向、水深、水温、横摇角、纵摇角和 ROT 等。数据格式标准可参考 IEC 61162-1(《海上导航和无线电通信设备和系统——数字接口——第 1 部分:简单扩音器和复合听声器》),IEC 61162-2(《海上导航和无线电通信设备和系统——数字接口——第 2 部分:单通话器和多受话器——高速传输》)。

(2)输出数据

输出数据包括雷达系统数据、自动标绘数据、远程显示屏信号、外部液晶监视器信号、外部 CRT 监视器信号、报警信号等。雷达系统数据可通过串行接口输出,如 RS-232C。自动标绘数据可送至 ECDIS 使用。外部液晶监视器信号、外部 CRT 监视器信号与主显示单元的显示相同。

3.坐标转换器

雷达传感器发射和接收所获得的原始视频以目标的距离和方位记录为极坐标,光栅显示方式则采用了直角坐标显示，这就要求必须通过坐标转换，将极坐标下的视频回波转换为直角坐标下的视频，再送入视频处理器与信息处理器做进一步处理，最终实现光栅化显示雷达图像信号。

4.视频处理器

原始视频经过数字化后仍可能含有雨雪和其他雷达干扰等杂波，存在信杂比低、回波幅值起伏较大等问题，需要进一步处理，以获得更为稳定清晰的高质量雷达视频。雷达视频处理通常包括雨雪干扰抑制、同频干扰抑制、尾迹显示、恒虚警率处理、扫描相关处理、回波平均、回波扩展等。

(1)雨雪干扰抑制

雨雪干扰抑制实际上是一个信号微分处理模块等效为模拟电子设备中电阻和电容组成的微分电路，如图 6-2-18 所示，也称快时间常数(FTC，Fast Time Constant)电路，它能够自动检测并保留目标回波的前沿。经过 FTC 电路，去除雨雪回波弱反射的边缘和干扰能量集中的后沿后，滤除了绝大部分杂波，仅保留了微弱的雨雪集中区域前沿部分。雨雪干扰抑制对所有目标都有效，使用后的屏幕效果如图 6-2-19 所示。

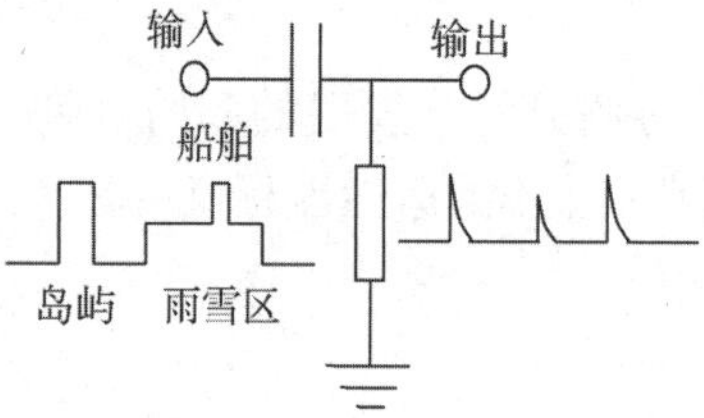


**图 6-2-18　雨雪干扰抑制**

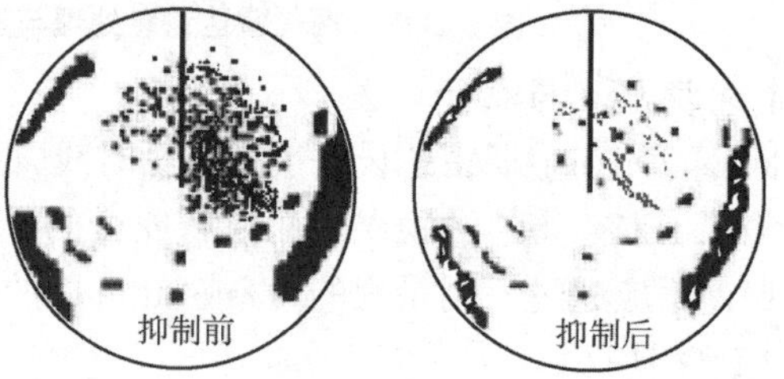


**图 6-2-19　FTC 效果**

(2)同频干扰抑制

相邻船舶同频段工作频率相近雷达的发射脉冲直接被本船雷达天线接收，一般发生在狭水道船舶航行密集的海域，称为同频干扰。同频干扰回波为有特点的散乱地遍布在雷达图像显示区域的杂波，多为螺旋线状，其特点如图 6-2-20 所示。小量程时，干扰在屏幕上较为分散，螺旋线效果不明显；随着量程增大，干扰变得密集；大量程时，干扰杂波为密集混乱的图像。

雷达同频干扰抑制(RIC，Radar Interference Canceler 或 IR，Interference Rejection)模块，采用回波相关技术，对相邻的两条或多条扫描线进行相关(逻辑与)检测。对于目标而言，在相邻的扫描线的相同的距离单元上，都具有该目标的回波，同频干扰杂波则不具有这种相关性。如图 6-2-21 所示，T 表示目标回波，I 表示同频干扰杂波。在相邻的两条扫描线上，相同的距离处都存在信号回波，输出时认为是目标予以保留，否则，认为是干扰予以去除。FURUNO 某型号雷达的同频干扰抑制可设置三挡：IR-1、IR-2 和 IR-3。IR-1 表示当前扫描和前一次扫描之间采用回波相关技术进行信号处理，IR-2 表示当前扫描和前两次扫描之间采用回波相关技术进行信号处理，IR-3 表示当前扫描和前三次扫描之间采用回波相关技术进行信号处理。

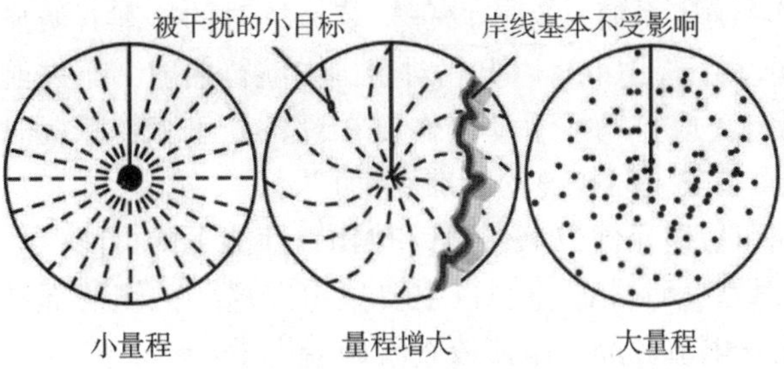


图 6-2-20　同频干扰图像

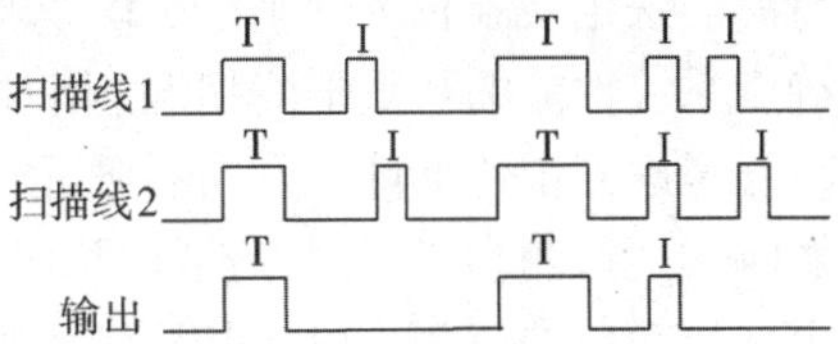


图 6-2-21　同频干扰原理

(3)尾迹显示

雷达以屏幕余辉的方式记录下目标在一段时间内的运动,称为目标尾迹。尾迹显示通过大容量的存储器存储雷达探测到的所有目标位置的数字信息,在计算机的控制下直接扫描显示,可以再现所有目标图像的尾迹。尾迹显示模式在相对运动模式下显示相对尾迹,它是目标图像和本船运动的合成,故也可以称作合成余辉。在真运动模式下,显示真尾迹,目标转向越大,真尾迹的变化越明显。两种模式的尾迹都是显示目标图像在设定时间内连续运动的轨迹。尾迹的时间长短和层次深浅通常可以设置。

(4)恒虚警率处理

恒虚警率处理是现代雷达普遍采用的一种抑制雷达杂波,提高目标检测和分辨能力的技术。雷达目标信号确切的检测判定,是建立在一定的信噪比、系统发现概率及虚警概率的基础之上的。雷达检测器要将包含在各种噪声中的真实目标信号挑出来,就需要建立一个判定规则,对噪声和目标的混合信号进行判定。由于大量噪声的存在,还需通过信号处理,对各类噪声加以抑制,维持一定的虚警概率,以避免自动检测系统中的计算机过载。经恒虚警处理后,会造成一定的信噪比损失。单元平均恒虚警处理中,平均值的估值有较大起伏,会使输出杂波起伏较大。

《雷达性能标准》规定,雷达探测虚警概率为 $10^{-4}$。

5.刻度标志产生单元

刻度标志产生单元产生刻度信号(如固定距标圈、活动距标圈、首线、电子方位线等),帮助航海人员完成雷达目标观测、定位、导航和避碰。

### (三)信息处理器

信息处理器综合处理各传感器信息,按照综合航行系统综合信息处理原则,验证各传感器信息的完善性,实现目标跟踪和信息融合,为航海人员提供避碰功能。

### (四)综合显示与操作控制终端

综合显示与操作控制终端用于综合显示雷达信息,控制雷达的所有功能。

## 七、雷达性能监视器

在航海实践中对雷达工作性能很难做到全面精确的监测。雷达性能故障(包括磁控管老化引起的性能下降)若不能被及时发现,将给船舶航行带来极大的安全隐患。特别是当能见度差,或者航行环境简单无目标时,如何判断是雷达设备故障还是确实无目标回波,目前雷达无法实现自我检测并明示。《雷达性能标准》要求,自 2008 年 7 月 1 日起,船舶配备的雷达应符合其 5.7 条“雷达最优化和调谐”的规定,“当设备在工作状态时,应有措施(自动或手动操作)确定系统性能较设备安装标校时的标准有明显下降",在工程上通常认为"明显下降"为下降 10 dB 以上。对于国内航行船舶,《国内航行海船法定检验技术规则(2020)》规定,"应自动或手动操作以在设备处于工作状况时确定系统性能的严重下降情况(相对设备安装时校核的标准而言)"。

考虑到雷达部件中寿命有限元件和易损元件(如磁控管和 MIC)性能下降可能严重影响雷达探测和目标跟踪性能,因此对雷达性能的监测也主要集中在这些关键的部件上。最简单的监测手段就是测量磁控管电流和晶体电流或查看调谐指示。

雷达性能监视器(PM,Performance Monitor)就是一个能指示雷达系统性能是否下降的辅助装置,在整套雷达系统中属于选装装置。雷达性能监视器通过检测本机雷达发射信号的强度和接收机的灵敏度,显示特定的性能监视回波信号图像。雷达性能监视器能够方便地提供直观的图形显示,帮助驾驶员在一定的数值区间定性地判断收发机性能降低的水平,监测雷达性能。

### (一)雷达性能监视器的工作原理

PM 通过其收发天线接收雷达发射的短时(约 1 μs)高能脉冲微波信号,经检测如果接收功率达到一定的门限,则向雷达发出规则图案的同频回波;同频回波被雷达天线接收,并在显示器上成像;用户通过显示器观察,可以判断雷达收发通道综合性能是否有明显下降(下降 10 dB 以上)。为保证雷达接收正常,PM 发射的频率要和雷达发射的频率偏差很小,要求有一个自动锁频控制(AFC,Automatic Frequency Control),即频率跟踪过程。另外,PM 要能检测接收到的雷达波功率,根据接收功率的大小决定编码回波的发射功率,即 PM 要有一个功率跟踪的过程,与 AFC 对应,称之为自动增益(跟踪)控制(AGC,Automatic Gain Control)过程。AGC 电路在 MF/HF 组合电台中也有被采用,它们的工作原理都是相同的,但是受控电路、取样电路是不同的。有关 MF/HF 组合电台自动增益控制的相关知识参考第十三章。

### (二)雷达性能监视器的成像

雷达性能监视器的编码图案回波可以有多种类型,但基本原则都是在显示器上能呈现规则的编码图案成像(环形、弧线、羽毛、波瓣等),一般能够与雷达不规则回波区分开来。雷达性能监视器功能开启时,选择大量程,配合宽脉冲宽度的设置,以延长 AFC 的检测时间,同时减少雷达在复杂环境中的回波图像对性能监视器观测的影响。

图 6-2-22 为 FURUNO 某型号雷达性能监视器编码图像示例,该图像包含了一系列设定方位宽度和距离分隔(如 1.5 n mile)的圆弧。方位宽度取决于雷达天线方向性图。圆弧的最近距离和数量分别代表了雷达发射和接收性能的衰减情况,如表 6-2-2 所示。

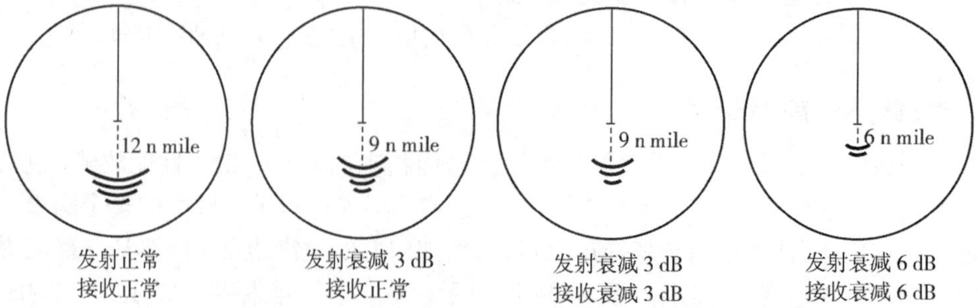


图 6-2-22　FURUNO 某型号雷达性能监视器编码图像示例

表 6-2-2　编码图像圆弧最近距离和数量与雷达发射和接收性能的对应关系

| 发射性能 | | 接收性能 | |
|---|---|---|---|
| 最近圆弧距离/n mile | 性能下降/dB | 圆弧数量 | 性能下降/dB |
| 12 | 0 | 4 | 0 |
| 9 | 3 | 3 | 3 |
| 6 | 6 | 2 | 6 |
| <3 或没有 | >10 | 1 | >9 |
| | | 0 | >10 |

图 6-2-23 为 JRC 某型号雷达性能监视器编码图像示例,该图像包含了一系列设定方位宽度和距离分隔的圆弧。可以增大或减小量程,使得最远的性能监视器成像点包含在 18 n mile 的 PM 图像中,对比雷达使用说明书,根据 PM 图像判断该雷达的工作状态。

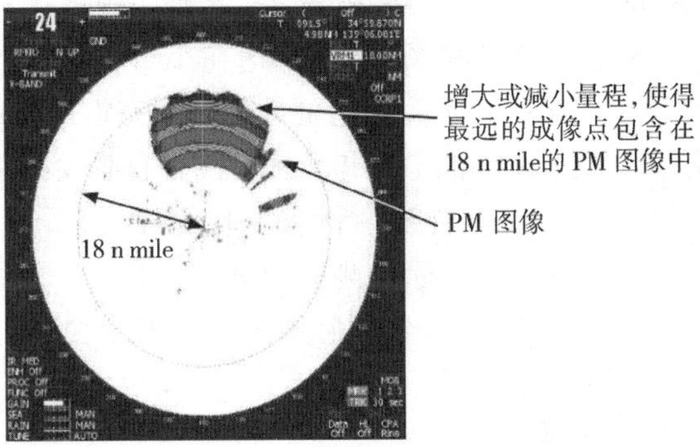


图 6-2-23　JRC 某型号雷达性能监视器编码图像

### (三)雷达性能监视器的使用

雷达处于发射状态时,进入雷达安装初始化主菜单,选择雷达参数设置,选择性能监视器增益(Gain)并调整增益,调整过程中对比雷达操作说明书,观察 PM 图像变化,直至符合性能监视器的成像要求为止。注意,性能监视器的安装标校必须由雷达维保人员设置,雷达操作员不应去改变设置结果,以保证 PM 使用的正确性。一般雷达的初始化菜单都会加密保护,需要输入密码才能进入操作。

在开航前提前(考虑一旦发现故障后的雷达维护时间)使用雷达性能监视器监测雷达的收发性能。在空旷海域航行时,每个航行班使用性能监视器监测一次雷达性能。对雷达的工作性能有怀疑时,可随时使用性能监视器判断雷达的工作状态。雷达性能监视器的操作步骤如下:

(1)在平静气象海况条件下,雷达正常工作 10~30 min,以保证雷达处于稳定工作状态。

(2)选择操作说明书指定的性能监视器工作量程(如 24 n mile)。

(3)将增益调整到较高水平,屏幕背景有较强的噪声斑点。

(4)将接收机设置为自动调谐。

(5)关闭所有杂波抑制控钮。

(6)关闭扫描相关、回波扩展和回波平均等功能。

(7)根据操作说明书选择合适的脉冲宽度,一般情况下应选择长脉冲。

(8)根据操作说明书选择合适的雷达显示方式,一般情况下应选择首向上相对运动显示方式。

(9)启动性能监视器开关,显示屏上即出现性能监视器的监视图像。当操作者离开性能监视器菜单界面或在一定时间内(如 15 s)没有操作时,性能监视器将自动关闭。

(10)观察雷达性能监视图像,判断设备的发射功率、接收机灵敏度等性能。

雷达工作中,如果通过性能监视器成像显示发现雷达性能下降,应该及时报备并联系设备供应商。可以在每次航行结束时打开性能监视器成像观测一下,如发现问题及时报修。特别是在开阔海域航行中,在雷达目标回波极少的情况下,也可以打开性能监视器观测一下,以确保雷达工作正常。

## 八、新体制固态雷达系统

固态雷达(Solid State Radar)是一种高分辨率、低能耗的雷达,可在多场合中应用,如 VTS、海岸监视、智慧渔港和海洋牧场等,该雷达在小目标的探测上表现突出。2006 年 Kelvin Hughes 公司研发出第一台无磁控管的新体制固态雷达(SharpEye)并应用于船舶导航,其后,多家航海仪器公司也陆续推出了新一代固态收发机雷达。新体制固态雷达采用低功率、高稳定度的全固态器件发射设备取代磁控管,不需要预热和调谐,使用信号处理和智能滤波算法提高远程目标检测能力和分辨能力,采用多普勒信号处理技术提高杂波抑制效果。对于满足《1974 年国际海上人命安全公约》要求的船舶,目前新体制固态雷达仅限于 S 波段。

### (一)固态雷达探测技术

船用固态雷达的典型技术如下:

1.脉冲压缩技术

固态雷达通过接收机数字脉冲压缩器实现脉冲压缩,即脉冲压缩技术。接收机对宽脉冲回波压缩处理得到窄脉冲的信号处理技术称为脉冲压缩技术。这种技术可以大幅度降低发射脉冲峰值功率,实现收发完全同步,能较好地解决传统脉冲雷达探测远距离弱小目标与提高目标距离分辨率的矛盾,消除雷达近距离盲区,分辨径向速度不同的目标,有效地识别有用回波和杂波。

船用固态雷达的发射机采用固态形式的微波功率放大器件,产生中频信号,经过混频单元变频,再通过固态发射机,经天线辐射出去。固态雷达发射机输出一组特定次序的发射脉冲,包括一个脉冲宽度为 0.1 μs 的短脉冲和两个扫频带宽约为 20 MHz 的非线性调频脉冲(中脉冲和长脉冲),每个脉冲采用宽度和编码混合设计,具有唯一性,便于在接收端实现脉冲压缩。

2.相参技术

新体制固态雷达采用了相参技术,利用多普勒原理处理目标相对航速的径向分量,对回波在集成窄带滤波器和特定的速度区域中进行滤波处理,能够较好地分离目标和杂波,有效地提高了雷达在海浪和雨雪杂波干扰环境下对弱小运动目标的检测能力。

### (二)固态雷达装配基本操作

图 6-2-24 为 Wärtsilä 公司开发的新体制 NACOS Platinum 固态雷达,该雷达使用稳

定高功率固态收发器。该雷达的 14 ft S 波段天线，采用轻量化、低剖面的设计。固态雷达天线外罩采用玻璃纤维环氧复合材料，变速箱核心为电机齿轮组件，固态脉冲压缩收发机包含在齿轮箱外壳内。其利用信号处理和智能滤波算法实现目标跟踪和显示，采用多普勒处理技术实现杂波抑制。在操作方面，该雷达设备无须预热和调谐。除了具备固态雷达的所有特点，它采用全数字信号生成和处理，其距离分辨率比磁控管雷达高 10 倍，维护简单。

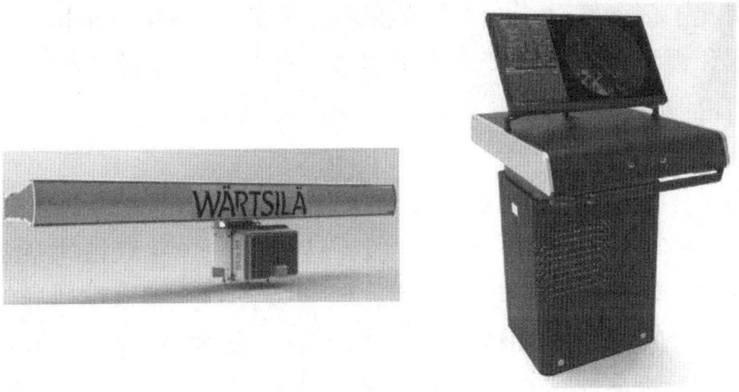


（a）固态雷达 S 波段天线　　（b）固态雷达显示器

图 6-2-24　NACOS Platinum 固态雷达

### （三）固态雷达优势和局限性

固态雷达采用晶体管等固态器件，由于无磁控管，没有使用寿命受限元件，雷达设备的维护成本大幅度降低。固态雷达采用低功率设计，如 100～800 W。固态发射器件具有小型化、模块化、集成化、重量小等特点。固态雷达不需要进行预热可立即工作，使用中由于其信号频率的高度稳定性不再需要进行调谐。

固态器件也有其局限性，比如固态器件的输出功率远小于磁控管，需增加脉冲宽度来获得远距离的高方位分辨率，而使固态器件的输出功率远小于磁控管近距离的距离分辨率降低。固态雷达采用的脉冲压缩技术在复杂的海况下，回波形式可能因杂波与发射脉冲相互作用而发生变化，从而会产生严重的旁瓣干扰，会带来弱小目标丢失的问题。尽管磁控管存在输出频谱宽、频率不稳的问题，但随着雷达滤波技术、数据处理技术和磁控管注入锁频技术的不断发展，目前，磁控管仍是一种低成本、高功率的发射源，并将长期广泛应用于船载雷达。

近年来虽然固态器件发展迅猛，但固态雷达造价高，固态器件也不易实现，其能够适应的脉冲宽度在 60～70 ns，而磁控管在这方面还可以继续研究。虽然固态雷达与磁控管雷达在原理上截然不同，但是基本操作，如开关机、雷达图像调整等基本一致。固态雷达易于集成现代故障诊断系统，内置完善性测试模块，能够随时全面监测雷达设备的工作状态，对故障及时给出报警和诊断提示信息，并能通过远程诊断系统完成设备维护工作，提高了雷达的海上应变能力。

就装配形势而言，固态+磁控管雷达混合装配模式融合了固态雷达技术和磁控管雷达技术，可以最大程度弥补两类体制雷达各自的不足。比如，由一个固态收发机、一个磁控管收发机和一套天线组成一种双机型雷达。全固态雷达作为主用雷达提供主要的雷达监视功能，而磁控管收发机作为备用雷达增强整套雷达系统的可靠性、经济性和高效性。这种模式既有固态雷达的优势,也有磁控管雷达的优势,降低了用户使用双固态收发机的成本。这种装配模式不仅可以用于船舶导航,也可以用于海岸监视。

## 九、双雷达和多雷达系统

根据《1974 年国际海上人命安全公约》的要求,所有 3 000 总吨及以上船舶应至少安装两台雷达,以达到互为备用、提高雷达设备可用性的目的,其中至少一台必须为 X 波段。若船舶装配了多台雷达,可以选装雷达互换装置(Interswitch Unit),还可以借助多雷达视频分配和视频叠加技术实现多雷达系统的装配。雷达系统对单台雷达故障有安全保护,当综合信息获取失败时,系统会自动产生故障报警。

### (一)双雷达系统

按照不同的工作波段,双雷达系统可配置为两种形式,即两台 X 波段雷达配置的同频双雷达系统,或一台 X 波段和一台 S 波段雷达配置的异频双雷达系统。由于异频双雷达系统性能各异,实现了优缺点互补,因此船舶装备的异频双雷达导航系统具有较高的可靠性。因此,一般船舶常采用异频双雷达系统。根据《1974 年国际海上人命安全公约》的要求,船舶需要配备一定台数的搜寻救助装置,其中搜救雷达应答器是满足公约要求的选项之一。搜救雷达应答器需要在 X 波段雷达触发下发射寻位信号。相关内容参考第十九章。

在同频双雷达系统中,可以互换的部件是天线、收发机、显示器、电源等,但天线与波导只能同时转换。在异频双雷达系统中,由于发射机、天线及微波传输线只能工作于同一波段,故不能单独转换,只能作为一个整体互换。显示器和电源可单独互换。采用互换装置实现的双雷达系统组成示意图如图 6-2-25(a)所示,互换装置实际上是一种开关转换电路。

图 6-2-25(b)显示了通过局域网连接的双雷达系统的控制信号的处理。如果将设置从 1 号雷达切换到 2 号雷达,2 号雷达回波将显示在显示器 1 上。视频信号处理,如回波扩展、回波平均和尾迹显示,可以在接收视频信号端的处理器单元完成信号控制。信号处理(如目标捕获和跟踪)是独立进行的,并将其输出到网络上。在自动标绘过程中,在切换端可以设置矢量模式/时间、航迹采样间隔时间和安全门限 TCPA/CPA。

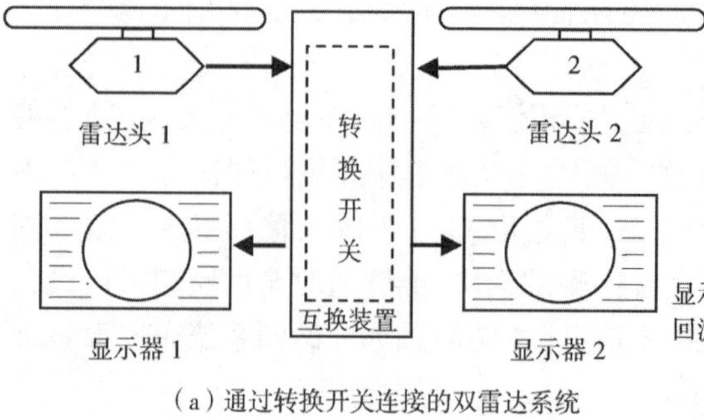


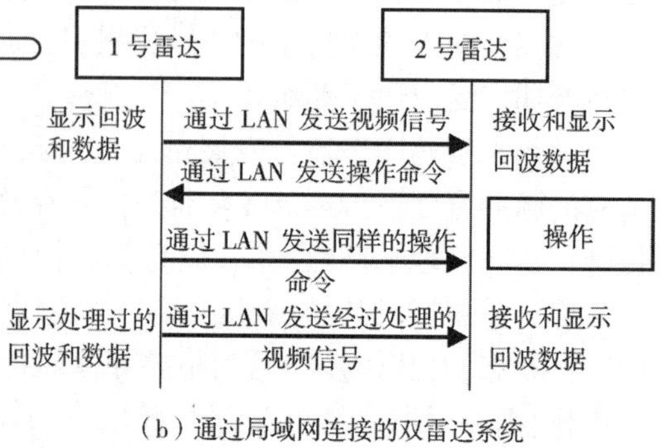


图 6-2-25 双雷达系统组成

从实际需求出发,雷达视频信息常常需要输出到其他航海仪器,如 ECDIS 和 VDR。此外,在大型船舶上,驾驶台两翼以及驾驶台之外的其他重要处所(如船长室)也常常需要进行雷达观测或航行监视。这就要求雷达传感器除了与主信息处理与显示系统连接外，还需要将视频信息输出到其他设备或其他副雷达信息处理与显示系统。能够完成这种功能的装置，称为雷达视频分配器。有些雷达视频分配器还具有信息缓冲能力，还可以连接计程仪、GNSS 接收机和陀螺罗经等数字化导航传感器。

### （二）多雷达系统

一个多雷达系统可以包含多个已配置的正常运行的雷达。每台雷达都通过局域网连接，这样就可以将数据输入一个雷达监视器以供操作者使用。提供雷达视频数据的显示器将通过雷达互换装置连接到一个或多个从显示器，并可通过菜单指定主显示器和从显示器。在任何显示系统中，都可以对雷达回波进行观测，但是只有主显示器能够操控雷达系统。

斯伯利某型号雷达互换装置互换操作菜单如图 6-2-26 所示，其列出了当前信息处理与显示系统（Display C）可切换的雷达传感器列表[Transceiver（A）~（F）]和正在使用的传感器[Transceiver（C）]，可选的传感器[Transceiver（C）和（E）]高亮显示，不可选的传感器显示灰色。点击对应的单项选择按钮，可实现雷达互换。状态指示标题栏指示当前每一个信息处理与显示单元和传感器的连接控制状态（主控或辅控）。如果设备未工作，则显示灰色，但仍显示它们与传感器的连接状态。

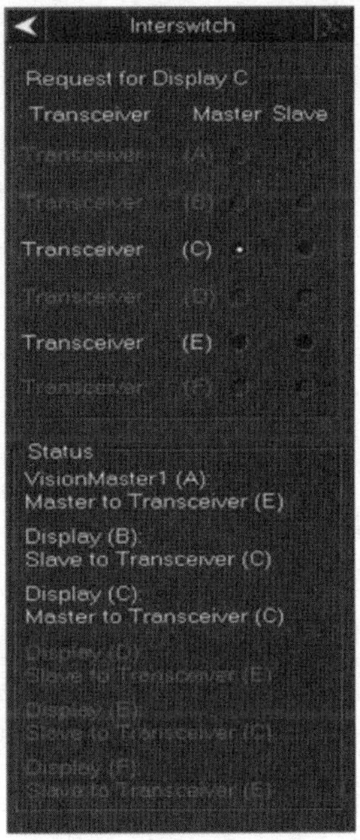


图 6-2-26　斯伯利某型号雷达互换装置互换操作菜单

## 第三节 ◎ 雷达基本操作

本节概要介绍雷达主要控制的操作要领及开关机的一般步骤，这些属于雷达操作入门知识。

### 一、雷达基本控件

雷达控制包括电源控制、图像质量控制、杂波抑制控制、辅助控制、观测控制、显示方式控制、导航工具控制和避碰功能操作控制等。除了电源控制之外，多数雷达可以通过屏幕软面板菜单和控制来实现雷达的全部功能，涉及雷达性能的关键控制还可以通过硬面板开关和控钮精确调整。下文仅介绍前六种雷达控制，其他可查询厂商提供的雷达操作手册。

#### （一）电源控制

涉及雷达电源控制的控钮包括雷达总电源、雷达电源开关和天线安全开关。雷达可以全天候运行，在航行期间应避免频繁启闭雷达电源开关。

1.船电开关

雷达都设有专用的电源闸刀,其通常应处于闭合通电状态。有的雷达在各机箱内设有加热驱潮电阻,当雷达不工作时,使用船电为其加热。

2.电源开关

在雷达显示器操作面板上启动雷达电源开关(Power),除了发射机特高压电源之外,雷达所有部分都加载了电源。3 min 之后,延时继电器触点闭合,雷达发射机进入准工作状态。此时屏幕显示“Standby”(预备)。

3.发射开关

发射开关(TX 或 Transmit)用于控制雷达发射机的工作。当雷达处于预备状态时,启动此开关,雷达开始工作。再次操作此开关,雷达返回预备状态。使用发射开关应注意,工作间歇期暂时不用雷达时,应将雷达置于预备状态,以延长磁控管寿命。长期未使用的雷达,开机时应延长预热时间,让磁控管充分预热,加热驱潮。更换新磁控管时,应注意严格按照磁控管“老炼”操作步骤,将雷达预热半小时以上。

4.天线安全开关

很多雷达在天线基座上设有安全开关,当技术人员进行设备维护工作时,可以断开此开关,保护人员安全。

**(二)图像质量控制**

雷达图像质量控制主要有屏幕亮度、增益、调谐和视频亮度(对比度)等,对雷达图像的辅助控制还有回波扩展和回波平均。

1.屏幕亮度(Brilliance)

现代雷达显示器采用了计算机监视器,亮度调整是通过控制 100 Hz 以上的光栅刷新率来完成的,因而能够非常方便地实现高亮度扫描,屏幕亮度的调整只要与环境光配合适度即可。

2.增益(Gain)

增益用于改变雷达接收单元中频放大器的放大量。调整增益控制时,雷达图像应出现回波和噪声强弱的变化,其初始最佳调整位置应使噪声斑点刚刚看得见。值得注意的是,有些船载雷达在开机后会自动调用噪声抑制处理程序,因此,在调整增益后无法显示明显的噪声,此时调整增益应重点注意观察回波显示区域的弱目标,不能在减小增益时使弱回波消失。

当校准雷达测距、测方位误差时,在精确测量参考目标之前,应适当降低雷达增益,这可以在一定程度上提高测量精度。

3.调谐(Tuning)

调谐用于调整本振输出频率,保证变频器的输出稳定在额定中频。雷达设有调谐指示,调整时应使调谐指示为最大,然后仔细调整该控钮,使回波饱满清晰。调谐位置不佳时,会出现回波边缘不清晰、亮度不饱和、视频稀疏、对比度差等现象。由于雷达发射频率随电压和温度等环境因素的变化随时漂移,因此现代雷达都设有自动调谐(AFC 或 AUTO-TUNE)控制,使调谐随时处于最佳状态。

**(三)杂波抑制控制**

现代雷达的杂波抑制控制包括海浪抑制(SEA 或 STC)和自动海浪抑制(AUTO-

SEA)、雨雪抑制(RAIN 或 FTC)和自动雨雪抑制(AUTO-RAIN)、同频干扰抑制(RIC 或 IR)、回波扩展(ECHO STRETCH)、回波平均(ECHO AVERAGE)、噪声抑制(NOISE REJ)和扫描相关(SCAN CORRELATION)等。

(1)海浪抑制和自动海浪抑制

海浪抑制又称灵敏度时间控制、扫描增益或近程增益控制,用于抑制近距离海浪反射杂波。自动海浪抑制可以自动控制与接收电平对应的 STC 波形电平。它计算出与近距离信号电平对应的最佳海杂波衰减曲线,并产生 STC 电压。确定衰减曲线的参数包括计算模型、STC 条件、海况、缺省天线高度,以及初始化菜单中的近/中/远 STC 曲线。

(2)雨雪抑制和自动雨雪抑制

雨雪抑制能够较好地抑制雨雪干扰,同时提高回波的距离分辨力。自动雨雪抑制通常适用于回波环境简单的雨雪覆盖海域。如果雨雪中各种回波强度反差较大,设备的厂家和型号不同,雷达处理效果不一定完全一致,因此应根据观测效果谨慎使用,避免自动系统将弱小回波当作杂波抑制。

(3)同频干扰抑制

同频干扰通常发生在狭水道或港口等船舶密集的区域,而且常常是多台雷达相互作用,对雷达观测干扰极大。同频干扰抑制采用了扫描相关检测技术对相邻的两条或多条扫描线做相关检测,对于回波不稳定的弱小目标抑制非常大,一般是在同频干扰对雷达观测构成严重影响时才使用。

(4)回波扩展

回波扩展通过数字视频处理方法,对储存器中雷达传感器输入的数字回波图像信号进行扩展放大。

(5)回波平均

回波平均基于扫描相关技术,用于突显目标信号,将其与海浪杂波、雨雪杂波等不需要的信号区分开来,对连续两幅或多幅画面的回波强度进行平均化处理,稳定可靠的回波强度基本保持不变。而杂波干扰经平均后,屏幕显示亮度大幅度降低,从而提高了屏幕信号的信杂比。

(6)噪声抑制

当白噪声出现在整个雷达屏幕上时,可以开启噪声抑制功能。噪声抑制处理时,接收信号被输入延迟电路,并通过电路延迟端子的输出平均处理输出。通过平均化过程,强信号变弱,弱信号(如噪声)的电平降低。

(7)扫描相关

扫描相关能够有效地消除屏幕杂波和噪声,但在大风浪中对目标边缘信息的损失也很大,尤其容易丢失近距离高速运动和近距离大幅度转向的弱小目标。扫描相关应在方位稳定的显示方式下工作,在方位稳定装置失效 1 min 之内,扫描相关功能将自动关闭。

以上这些技术对回波处理的效果在很大程度上取决于雷达的硬件以及软件环境,因此不同时期和不同型号的雷达,同样的功能可能存在着较大的差异。

**(四)辅助控制**

雷达面板还设有辅助控制,如中心调整(OFF-CENTER)、面板亮度调整(PANEL IL-

LUMINATION)、标绘照明控制(PLOTTING ILLUMINATION)、首线消隐(HL)、性能监视(PM)等。

### （五）观测控制

观测控制用于测量目标位置和判断目标动态。直接用于测定目标位置的控制通常包括量程(RANGE)选择、尾迹(TRAIL)、固定距标圈(RR)、活动距标圈(VRM)、电子方位线(EBL)和光标(CURSOR)等。

(1)量程

《雷达性能标准》要求,雷达应提供 0.25 n mile、0.5 n mile、0.75 n mile、1.5 n mile、3 n mile、6 n mile、12 n mile 和 24 n mile 的量程。一般情况下,除以上强制设置的量程之外,雷达还设计了其他量程,常见的最小量程有 0.125 n mile,最大量程有 96 n mile 或 120 n mile。改变量程时,雷达发射机和接收机的多项技术参数随之改变。

(2)尾迹

现代雷达普遍具备了尾迹显示功能,用于判断目标动态。尾迹长短通常可以在半小时内以分钟步进调整,并可以随时清除尾迹。尾迹分为相对尾迹和真尾迹两种,真尾迹又有对水和对地之分。

(3)固定距标圈

固定距标圈(RR)为雷达提供了度量目标距离范围的参考刻度标识。在 0.75 n mile 以下量程,RR 一般为 3 个,甚至 2 个;而在 1.5 n mile 以上量程,通常有 6 个 RR。

(4)活动距标圈

雷达至少提供 2 个活动距标圈(VRM),用于精确测量目标的距离。

(5)电子方位线

雷达至少提供 2 条电子方位线(EBL),应能够相对首向和相对真北测量,可测量工作显示区域内任意点目标的方位,在显示边缘最大系统误差为 1°。

(6)光标

现代数字雷达屏幕上光标的位置以相对本船的距离和方位指示出来,如果将光标设置为 L/L(经度/纬度)显示模式且 GNSS 数据有效时,将光标放置于被测目标回波上,则可读取到目标的位置数据。

### （六）显示方式控制

关于显示方式,前面已经讨论过。这里需要补充的是,使用真运动显示方式时,除了运动中心重调(Reset)按钮之外,雷达一般还设有手动速度输入、航迹校正和零速开关。雷达提供的偏心显示将所选天线位置设定在距工作显示区域中心至少 50%半径的任意点,一般为离工作显示区域中心至少 50%但不超过 75%半径范围内的任意点,这是可提供自动设定本船位置以便获得前方最大视野的便捷措施。

## 二、雷达基本操作方法

### （一）开机前准备

雷达开机前应做好准备工作,首先要确定天线上是否有人员或障碍物,特别是大风浪过后,应仔细检查天线周围是否有索具脱落,以免影响天线的转动。

开机前还应当检查操作面板上重要控钮的位置是否合适,应将所有抗干扰控钮和回波增强处理控制预置在最小(不起控)位置。

**(二)开机步骤**

(1)开启雷达电源,等待 3~5 min,预热磁控管。

(2)待雷达进入“预备”状态,将发射开关置于“发射”。

(3)调整亮度,应使屏幕亮度与环境适应,适于观测。

(4)调整增益,使噪声斑点刚刚能被看见。

(5)调整调谐,在调谐指示达到最大时再微调调谐,确认回波饱满、清晰;然后置调谐于自动调谐,并确认回波质量不低于手动调谐的最佳效果,否则采用手动调谐。

(6)需要时,使用各种抗干扰电路和雷达图像质量辅助控制装置。

值得注意的是,当雷达电源关闭不久重新启动时,磁控管保持已预热状态。在这种情况下,可以缩短预热时间。

**(三)关机步骤**

(1)将所有抗杂波控钮置于关闭位置;

(2)关闭雷达电源。

值得注意的是,若关机前更改雷达设置,需要等待几秒钟,然后关闭电源,这样更改的设置才能保存在闪存中。

## 第四节 ◉ 雷达误差校正

雷达误差包括距离误差和方位误差。就雷达测距和测方位而言,涉及的误差包括系统误差、随机误差和使用者操作误差等三类。电子电气员应该具有根据航行环境判断雷达系统误差并校正的能力。

### 一、雷达测距误差

测距误差包括定时误差、统一公共基准点误差、像素误差、脉冲宽度误差、活动距标圈误差等。其中,像素误差、脉冲宽度误差不涉及维护校正,在这里仅介绍定时误差、统一公共基准点误差和活动距标圈误差导致的距离误差。

**(一)定时误差**

由于天线单元与处理器单元之间的信号传输线长度不同,扫描定时存在差异而产生定时误差。如果安装了多部雷达天线,应补偿所选天线距离测量误差。典型现象:0.25 n mile 量程上的“平直”目标(例如防波堤、桥墩),其回波将在屏幕上显示为内凹或外凸,显示的目标回波距离也不准确。具体的调整方法与不同厂家、不同型号的雷达有关,通常包括以下步骤:

(1)在气象海况平静、靠泊或锚地周围环境适宜的情况下,选择北向上相对运动显示方式,雷达量程不大于 0.25 n mile,将选择的某明显固定目标使用雷达测量的距离,与通过海图作图获得的距离比较,获得雷达系统距离误差。

(2)参考所用雷达技术说明书,按照说明书规定的步骤进行调整。现代雷达只要按照说明书操作显示器菜单调整目标回波相对雷达图像扫描起始点的延迟时间即可。

(3)调整后需核实剩余误差,确认雷达测距系统误差满足标准要求。

### (二)统一公共基准点误差

自本船的测量(例如距离标识圈、目标距离和方位、光标、跟踪数据)均相对于统一公共基准点 CCRP(例如船舶的通常驾驶位置)。《雷达性能标准》要求,如果安装了多部天线,雷达系统应提供对每部雷达天线不同位置的偏差补偿方法。当选定任何雷达传感器时,雷达应自动实现偏差补偿。偏差补偿量不准确会导致在雷达显示器上测量目标的距离时产生相对于 CCRP 的距离误差。雷达 CCRP 偏差补偿设置应在安装时完成,设置前首先应校准雷达定时误差,然后按照技术说明书规定的步骤设定和调整 CCRP 的位置。调整步骤与定时误差调整类同。

### (三)活动距标圈误差

雷达至少提供 2 个活动距标圈(VRM),VRM 用于精确测量目标的距离,VRM 存在误差会导致测量目标距离产生误差。对于 PPI 雷达而言,VRM 误差校正工作一般可随时查验,或至少每个航次或每个月(取较小者)查验一次。使用前可与 RR 校准,现代雷达不需要驾驶员单独校准 VRM。《雷达性能标准》要求,固定距标圈(RR)的系统精度应为所用量程最大距离的 1%或 30 m,取其大者。

## 二、雷达测方位误差

测方位误差包括波束宽度误差、像素误差、首线误差和罗经复示器指示误差、统一公共基准点误差、天线主瓣偏离角与波束不对称误差等。其中,波束宽度误差、像素误差、天线主瓣偏离角和波束不对称误差等不涉及维护校正,在这里仅介绍电子电气员工作中需要关注的首线误差和罗经复示器指示误差、统一公共基准点误差。《雷达性能标准》规定,不考虑稳定传感器和传输系统类型的局限,当船舶回转速率基本与相应船级规范相符时,雷达显示的方位校正精度应在 0.5°之内。

### (一)首线误差

首线是当天线主波瓣指向与船舶龙骨平行时,在屏幕上产生的一条亮度增强的扫描线。首线是雷达测方位的基准线,其误差会引起雷达目标测量的相对方位和真方位的误差。首线误差的查验工作一般每个航次或每个月(取较小者)进行一次,以保证雷达测方位精度。

现代雷达首线以电子方式产生,只需打开显示器上的雷达操作菜单,调整目标回波相对首线延迟时间即可消除方位误差,具体的调整方法与设备的厂家、型号有关,通常包括以下步骤:

(1)在气象海况平静、靠泊或锚地周围环境适宜的情况下,选择首向上相对运动显示方式,在 0.125 n mile 和 0.25 n mile 之间选择一个静止目标回波,最好位于首线附近,操纵 EBL 控钮测量并读取目标方位。用雷达和方位分罗经同时观测同一目标的相对方位,计算出相对方位误差。若是海图上能找到该目标,也可以测量海图上静止目标的方位,计算出实际方位和雷达屏幕上测量方位的误差。

(2)参考所用雷达技术说明书,选择方位调整菜单,按照说明书规定的步骤调整回波相对于首线的方位,直到消除相对方位误差。

(3)调整后需核实剩余误差,确认雷达首线误差满足标准要求。

### （二）罗经复示器指示误差

罗经复示器指示误差会产生雷达首线和目标真方位读数的固定误差。消除这种误差的方法为：对比雷达罗经复示器与主罗经的方位示数，将示数调整到与主罗经一致。罗经复示器指示误差的查验工作一般每个航次或每个月（取较小者）进行一次，以保证雷达测方位精度。

### （三）统一公共基准点误差

雷达 CCRP 偏差补偿设置应在安装时完成，偏差补偿量不准确会导致在雷达显示器上测量目标方位时产生相对于 CCRP 的方位误差；应按照技术说明书规定的步骤设定和调整 CCRP 的位置。

FURUNO 某型号雷达初始化参数设置设有密码保护，雷达测距和测方位校准、天线位置、Conning 位置等部分参数设置如表 6-4-1 所示。

**表 6-4-1　雷达部分参数初始化设置**

| 菜单 | 子菜单-1 | 子菜单-2 | 详细信息 |
|---|---|---|---|
| ECHO ADJ | CABLE ATT ADJ | AUTO/MANUAL<br>(0~73) | 输入处理器单元的视频信号的电平取决于天线电缆的长度。此功能补偿天线电缆造成的信号损失。<br>-AUTO：根据噪声级通过计算自动进行调整。<br>-MANUAL：手动进行调整以产生少量噪声 |
| | HD ALIGN | (0°~359.9°) | 首线误差校准，用于校正目标及其回波的方位误差 |
| | TIMING ADJ | (0~4095) | 由于电路和天线系统传输线导致的发射延时（TX delay）调整，用于校正目标及其回波的距离误差 |
| | DEFAULT ANT HIGHT | 5/7.5/10/15/20/25/30/35/40/45 m<br>More 50 m | 选择自海平面的天线高度 |
| OWN SHIP INFO | SCANNER POSN | BOW (0~999 m) | 指示雷达天线在本船标记中位置的数据。还可以将雷达天线位置设置为参考点（可在雷达显示屏幕上的[REF POINT]框中显示） |
| | | PORT (0~99 m) | |
| | GPS1 ANT POSN | BOW (0~999 m) | 设置 GPS 天线位置。该数据用于计算光标位置（纬度、经度）。GPS 的输入端口为：<br>-GPS1：导航端口。<br>-GPS2：日志、航迹控制、HDG、RS-232、局域网（INS） |
| | | PORT (0~99 m) | |
| | GPS2 ANT POSN | BOW (0~999 m) | |
| | | PORT (0~99 m) | |
| | CONNING POSN | BOW (0~999 m) | 设置 Conning 位置，指示本船标识中的 Conning 位置。可以将 Conning 位置设置为测距、VRM/EBL 标记和光标的参考点（可在雷达显示屏幕上的[REF POINT]框中显示） |
| | | PORT (0~99 m) | |

# 第五节 ◉ 雷达的安装、验收与维护管理

## 一、雷达的安装

雷达探测获得的信息对船舶航行安全具有重要作用,良好的安装有助于最大限度地发挥雷达性能。雷达设备的安装和初始化设置通常在船舶建造、修理或在港期间,由船舶所有人或船舶设计者或船厂或雷达生产商或雷达供货商指定的技术人员完成。船舶电子电气员对设备位置的确定负有一定责任,并负责安装后的验收工作,验收后由船长签字确认。对于电子电气员来说,了解雷达安装的相关知识及注意事项,对雷达安装监督、验收是十分必要的。

### (一)安装前的勘验与准备

如果船舶需要新安装雷达,安装前的勘验准备工作非常重要。如果需要,船舶电子电气员应从以下几方面给予协助:

(1)从船舶首尾及左右舷和俯视视角提供详细的船舶配置比例图,标识已经安装在船的雷达设备天线与其他设备天线的位置,标识雷达天线周围的建筑结构和可能装载的货物装载,比如桅杆、烟囱、高层建筑和可能装载的集装箱货物等,避免影响雷达性能。还应当标识天线附近的旋回物件,如起货吊杆工作时的转动范围。

(2)图示标识雷达天线的选位及最大旋转空间。

(3)在驾驶台布置图上标明雷达显示器、收发机等设备单元的安装位置。

(4)雷达生产商提供雷达安装手册,审验设备型式认可证书,确认雷达各单元安装位置及连接易于操作,确认雷达的传感器连接适宜操作。

(5)检查并确认雷达安装配件及工具齐全。

(6)如果是在旧址上改装雷达,应书面确认先前的线缆、传输线是否可以利用,考虑新装雷达电缆的通道、固定等影响安装的因素。

图 6-5-1 是 FURUNO 某型号雷达安装接线图。

### (二)天线安装

正确的天线安装位置对保证雷达系统性能至关重要。天线要远离烟囱,避免高热和有腐蚀作用的不良环境,尽量安装在船舶龙骨正上方的驾驶室顶桅或独立的雷达桅之上。雷达天线的选位应考虑周围建筑物的反射干扰和其他发射机的电磁干扰、建筑物遮挡、阴影扇形与探测距离、设备吊装的方便等因素。

1.电磁干扰

考虑到雷达天线应与其他设备天线不互相构成电磁干扰,天线的位置应满足:

(1)雷达天线与无线电发射和接收天线保持安全距离,同时应尽量避免和电源线平行。如测向器应放置在远离雷达天线单元的地方,以免被干扰,相隔距离最好为 2 m 以上。

(2)雷达天线辐射窗的最低沿应高于安装平台安全护栏 0.5 m 以上。

(3)两部雷达天线之间的仰角应大于 20°,垂直距离不小于 1 m。

(4)如果天线单元太靠近磁罗经,则会影响磁罗经的工作,为避免影响磁罗经精度,应确保天线安装满足磁安全距离。

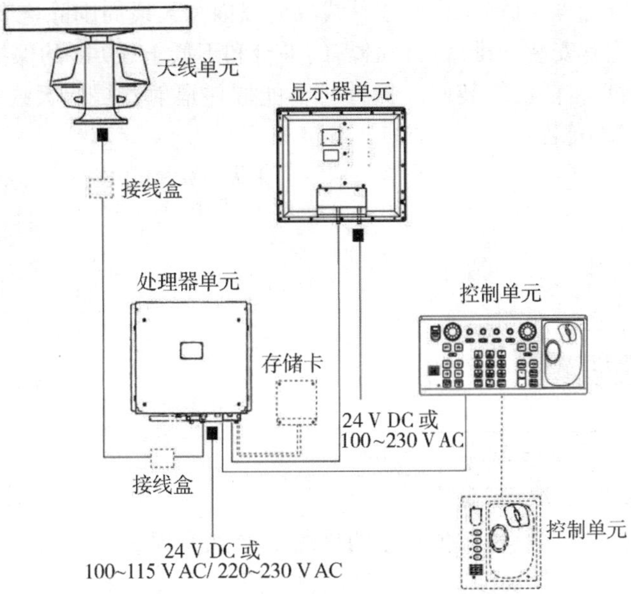


图 6-5-1 FURUNO 某型号雷达安装接线图

2.与船舶建筑物的相对位置

(1)天线单元通常安装在驾驶室上方、雷达天线杆上或合适的平台上。将天线单元定位在视野开阔的位置,应远离可能引起反射的建筑物。

(2)天线的转动应不受周围物件的影响,在天线单元四周留置足够的空间,以便维护和检修。

(3)来自通风井、烟囱和其他排气孔的高温废气会影响天线的性能,热气会腐蚀天线,使发射波失真。因此,天线收发单元不可安装在高温区域。

3.观测视野

通风井、桅杆或起重架不能位于船首方向(特别是±5°范围内)天线单元的垂直波束宽度内,不能使船首方向和右舷出现阴影扇形区域,尽量减小建筑物遮挡角,以免雷达画面上出现盲区和假回波。天线高度应高于前方桅杆,与前桅顶连线的夹角不小于 4°,兼顾观察远距离目标和减小最小作用距离。

(1)天线高度

雷达天线的高度应能够使雷达有最好的目标视野。不论船舶载货和吃水差是什么情况,从雷达天线位置到船首的视线触及海面处,其水平距离不应该超过 500 m 或 2 倍船长的较小者,如图 6-5-2 所示。

(2)雷达视野

安装天线单元,由桅杆等物体导致的阴影扇形区应降至最小,而且不应出现在从正前方到左、右舷正横后 22.5°的范围内,如图 6-5-3 所示。在余下的扇形区内,不应出现大于 5°的独立的或整体之和大于 20°的阴影扇形。需要注意的是,两个间隔小于 3°的阴影扇形应视为一个阴影扇形。

4.安装注意事项

天线和处理器单元之间的信号线长度多为 15 m(标准)、30 m 和 50 m。不管长度为多少,天线必须完好无损,即严禁续接。安装天线基座时,应保证天线旋转平面与主甲板平行，如有前方标志，则标志线应在首线 ±5°以内。天线周围除应有足够的供天线旋转的空间外，还应有安装和维修工作必需的平台和不低于 0.9 m 的保护栏杆。天线单元在被提升至安装平台前已组装好。提升时不能握住辐射器提起天线单元，而应握住天线单元的底座完成安装。

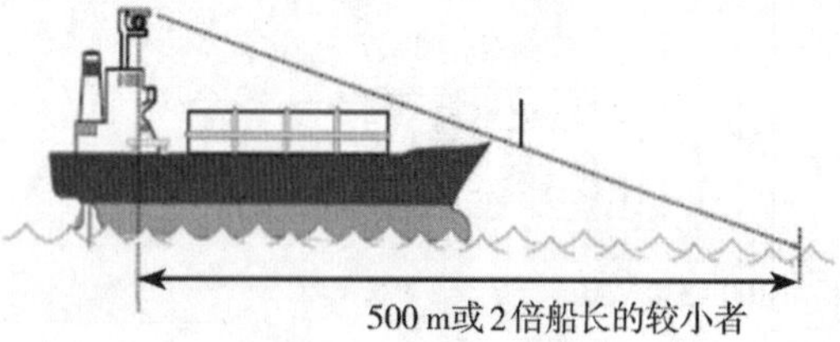


图 6-5-2　雷达天线高度

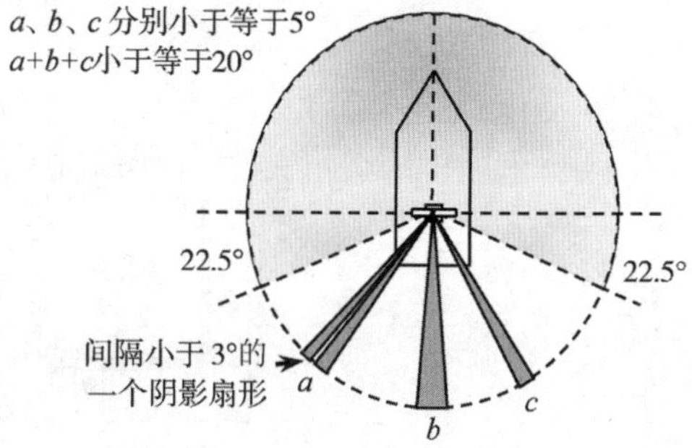


图 6-5-3　阴影扇形分布

天线基座的安装钢板和天线基座的接触面要加有保护措施，以防止不同金属之间的电化学腐蚀，并使用抗腐蚀的螺栓、螺母、垫片等，可以涂抹硅酮密封剂以防腐蚀。螺栓应与安装孔相符，螺栓由下向上装配，螺帽在上，拧紧后加装备帽，以免松动，并用接地线将该单元接地。将天线单元置于橡皮垫片上，调整该单元使其基座的船首标记面向船首方向。

如果为了给雷达提供足够的旋转空间而将天线安装于平台边缘附近，由于其自身的重量，天线单元会在船只振动和颠簸时上下摆动。这样会使天线单元基座的压力过大，从而损坏天线单元。为避免发生这样的情况，需要重新定位天线单元或加固安装平台。《雷达性能标准》要求，天线的设计应能在所安装天线船舶等级可能遇到的相对风速下启动和连续工作，天线旁瓣应满足标准规定的系统性能要求。

### （三）收发机安装

收发机通常安装在驾驶台附近通风良好的设备间、海图室或驾驶台内，尽可能安装在天线的正下方，其安装高度及周围空间要便于维修。收发机单元应远离热源处，以防止热量在单元内聚集，远离雨淋或水溅处，侧边和后部应留有足够的空间以便于维修，应与磁罗经保持足够的磁安全距离，避免罗经发生偏差。

1.桅下型雷达

为保证波导与收发机出口端妥善连接，收发机和天线之间所用的波导长度必须精确测量。波导宜呈直线走向并尽可能短，有效长度不超过 25 m，弯波导不宜超过 5 个。波导走向始终保持扼流圈法兰朝向收发机，尽量避免使用软波导。收发机出口和天线入口端的波导面应分别加专用的隔水薄膜。舱室外的波导应加装波导支架及防护罩，以免受外力而造成机械损伤。波导应采用厂家提供的专用波导螺栓、螺母连接，波导连接处要使用密封胶圈，经气密试验和泄能试验合格后涂漆保护。电缆和波导穿过舱壁或甲板时，应加护套和规定的防火填料，防止损伤舱壁或甲板并确保甲板水密。

S 波段雷达的微波同轴电缆的弯曲程度必须符合产品标准的规定。

2.桅上型雷达

桅上型雷达收发机与天线的连接应采用制造商提供的电缆，标配电缆长度通常为 25 m 左右，也可以使用 30 m 或 50 m 的加长电缆，但不可随意改变长度。

### （四）显示器安装

雷达显示器可嵌入安装于驾驶台控制台面板上或桌面上。显示器装在驾驶室内无强电磁辐射、远离热源和干燥的地方，以防止热量在单元内积聚。显示器侧面和后面尽可能留有足够的空间，以便于维修。将显示设备放置于远离雨淋或水溅处。显示器应配置硬木底基座，用合适的螺栓固定，基座高度应考虑电缆引入的方便和弯曲度。显示器的朝向应使观察雷达图像者面向船首，空间足够两个观察者同时观看，便于观察操作和不影响瞭望。主雷达显示器应安装在驾驶台右舷一侧。如果显示器单元太靠近磁罗经，则会影响磁罗经的工作，应与磁罗经保持足够的磁安全距离，避免罗经发生偏差。大部分的船载雷达的桌面显示器单元安装时可选用手柄，白天亮度太大时，还可使用防护罩遮蔽屏幕。

### （五）接线

雷达设备各单元机箱应接地良好，电缆的屏蔽应可靠接地，接线应尽量短以避免信号衰减，并远离高频辐射线缆，与其他设备线缆应垂直交叉以避免磁场耦合，户外接线要注意防水，各传感器的连接应根据产品标准的要求，接在规定的接口上。

### （六）电源单元安装

雷达电源单元不包含通常的操作控制按钮。因此，可将其安装于任何隐蔽的垂直或水平位置，有时可安装于驾驶室控制台内部。值得注意的是，应选择一个干燥且通风良好的位置，并注意电源与磁罗经的磁安全距离，以防止磁罗经发生偏移。

### （七）与传感器的连接

雷达与必备传感器之间的连接，如 AIS、GNSS、指向设备、速度与航程测量设备的连接应符合 IEC 61162 标准的连接要求。

### （八）启用初始化与安装报告

现代雷达启用初始化是雷达安装的重要步骤之一。确认安装接线无误后，安装技术人员需按照设备制造商提供的安装手册以及 IMO《船载雷达设备安装导则》的要求完成设备启用初始化，通常包括：

#### 1.初始化参数设置

若要在屏幕上标记本船形状，则在菜单上进行选择时，应输入本船长度和宽度以及天线的安装位置。雷达的 AIS 报告信息功能需要 GPS 信息，还需要输入 GPS 天线的安装位置。输入驾驶室中的 Conning 位置，可将该位置指定为 CCRP 位置，这部分初始化设置参见表 6-4-1。设置不发射雷达脉冲的区域，即发射扇区抑制，一般可以在雷达初始化设置中指定停止发射的方位范围。安装完毕后，还需要输入初始化调谐。

#### 2.初始化误差校准

首线误差、方位误差和测距误差校准参数的输入设置参见表 6-4-1。

#### 3.接口设置和阴影扇形测定

应对接收各传感器数据的串口进行初始化设置，如波特率、端口、数据位、检验位、停止位等，并检查数据传输是否正常。若安装了两台或两台以上雷达，每台雷达上的初始化设置都应该相同（扫描位置设置除外）。

以上初始化内容及其可能引起的雷达性能的局限性，应以文字和图示记录在安装报告中，作为雷达验收记录附录保留。雷达安装后测定的近距离盲区半径、阴影扇形区域应以图示标注。

## 二、雷达验收

雷达安装后或维修后应进行验收工作，并记载在雷达日志中。

### （一）新雷达验收

船舶所有人主管部门或船舶电子电气员对新安装的雷达应按照以下内容实施验收，将验收过程如实记录，按照设备生产商提供的资料填写验收清单，在安装工程报告上签字，并将所有在安装期间产生的文件归档保存，同时在雷达日志上做好记录。

1.外观检查

首先应对雷达设备的安装场地、安装工艺进行外观检查。天线、收发机、显示器的安装位置和实施工艺应满足上述雷达设备安装规范，尤其注意雷达阴影扇形应满足规范要求，各机件稳固牢靠，电缆连接及绑扎紧固坚实，对易震动产生摩擦的部位应加装防护，易于腐蚀的位置应有防腐处理，防火、水密处理措施得当。还应特别注意仔细核对所有的传感器及设备内部电气线路连接准确无误。

2.通电验收

（1）通电之前应确认天线附近没有人和障碍物，确认电源电压符合要求。

（2）加电时仔细观察各部件，确认无打火，设备运转声音和谐，无烟尘和异味。

（3）观察天线顺时针转动均匀、无异常震动，旋转平面与主甲板平行，转速符合雷达说明书的技术指标。

（4）操作雷达各控钮手感舒适，雷达图像对控钮的控制反应正确，雷达扫描平稳，图像稳定，目标回波清晰。

（5）设备自测试电表指示的设备参数与技术说明书提供的额定数值相符。

（6）采用不同显示方式在不同量程分别测量孤立清晰小目标，与其他航海手段对比，确认雷达测距、测方位精度满足IMO《雷达性能标准》的要求。

（7）作图记录雷达阴影扇形和目标最小观测距离。

### （二）雷达维修验收

雷达维修后的验收工作根据故障的不同而有所区别，但每次验收均应确认雷达对各控钮操作反应正确，雷达回波清晰，图像稳定。对于某些故障，维修后需要调整测距或测方位误差，应与维修工程师确认。维修方位扫描系统或更换磁控管后，应核实方位精度；更换磁控管后，应重置磁控管的工作时间，按照磁控管的“老炼”技术要求进行有效预热。核实磁控管电流及各种脉冲宽度情况下磁控管的工作状况。正常使用的磁控管更换依据：10 kW以下使用寿命可参考2万小时，25 kW以上使用寿命可参考0.4万小时。磁控管实际寿命参见雷达说明书。维修距离扫描系统或改变信号电缆长度后，应核实测距精度。有些维修涉及系统初始化的内容或进行了电路调整，应仔细核实传感器信息和雷达图像的质量。

雷达维修应记录在雷达日志中，通常应记录故障现象、报修时间、修理安排和修理后的雷达工况等。

## 三、雷达报警、异常现象及故障查找

雷达系统对触发报警的原因均有明确标识。《雷达性能标准》要求：雷达应有一个便于通信的双向接口，使雷达报警能传送至外部系统，且能从外部系统使雷达的音响报警静音。出现报警音和信息显示后，可根据故障报警指示描述和说明书上的故障诊断流程进行排查，初步确定故障原因，及时向船东报告雷达故障信息，联系设备服务供应商并做好记录。故障时间、故障现象、维修时间、消耗物料及维修后运行状态均应记录并保存。也可以通过翻查雷达维修保养记录簿，核对以往记录，或了解雷达各子部件的更换时间，了解雷达系统运行情况是否与这些记录内容有关。

### （一）雷达系统自测功能

基本上，雷达都会具备系统自测功能，可以开启雷达自测程序进行初步检查。以FURUNO 某型号雷达为例，其系统自测程序项目包括以下内容：

（1）蜂鸣器检查；

（2）程序号检查；

（3）显示处理单元检查；

（4）射频单元检查；

（5）面板按键检查；

（6）显示处理单元串行端口检查。

此型号雷达的 I/O 端口还可通过环回测试（Loopback Test）进行检查，打开 Loopback Test 功能菜单后，所有检查项目将按顺序切换，若检查端口功能正常，则显示“OK”（正常）。

### （二）雷达传感器故障及误差

排除雷达系统故障时，可以从雷达设备和传感器之间的通信层面考虑，或从雷达系统物理连接层面出发，反推溯源找到设备故障或传输问题。雷达系统的连接如图 6-5-4 所示。雷达必备传感器若发生设备故障或通信故障，雷达显示器上也能发出报警。

雷达天线故障导致雷达脉冲辐射异常，直接反应为无回波或回波异常，雷达扫描线的显示状况一定条件下反映出天线的旋转状况。回波显示异常也可能是因为收发机内故障，可通过电流测量、性能监视器启动等方法检查。

船舶首向发送装置（THD）一般采用陀螺罗经作为首向传感器，其故障可能导致首向传输中断或首向误差增大等问题。

船舶航速和航程测量设备（SDME）一般采用计程仪作为航速传感器，其故障可能导致航速传输中断或航速误差增大等问题。

电子定位系统（EPFS）一般采用 GPS 作为本船位置传感器，若本船经纬度信息无法获得，雷达显示器将无法显示光标（Cursor）的经纬度信息，基于 EPFS 的 AIS 报告目标精度亦会受到影响，这终将影响雷达定位和导航。

AIS 设备信息发射停止、AIS 天线故障、AIS1/AIS2/70 信道传输停止、键盘连接不良或故障、定位信号丢失等情况会导致雷达目标难以识别或关联失败等问题，可能触发雷达显示屏上 AIS 设备的报警。从 AIS 单元发送的报警信息一般通过 ALR 语句描述，以一定的时间间隔输出一次。

在图 6-5-4 中，除了以上由于雷达必备传感器的设备故障导致的问题，还存在不属于设备故障的数据误差等问题。雷达测距误差和测方位误差对目标的跟踪精度影响较大，将会影响所有目标数据和回波的显示。首向和航速误差直接导致目标“真”数据误差，即真航向、真航速、真矢量和预测危险区域(PAD,Predicted Area of Danger)数据或图形显示的误差。AIS信息的误差直接影响对目标的识别和雷达跟踪目标与AIS报告目标的关联。若本船AIS存在误差，则影响所有目标的关联，若单个目标AIS存在误差，则只影响该目标的关联。

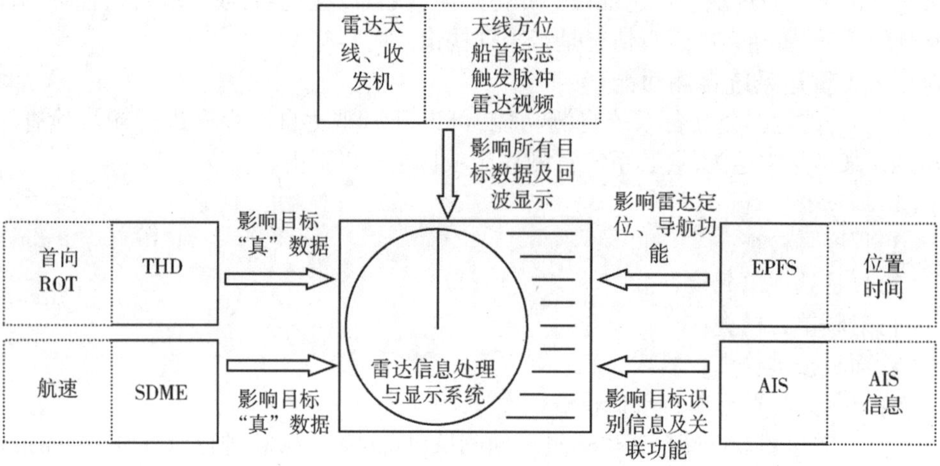


图 6-5-4 雷达系统连接框图

## （三）雷达报警显示

雷达报警大体可分为工作报警和故障报警。当检测到报警信号时，雷达显示屏报警框中会持续显示报警信息并发出报警提示音。按下报警确认键(ALM ACK)后，警告蜂鸣声停止。常见的报警提示框显示的报警信息包括信号丢失报警、AIS报警、工作进程提示、自动标绘报警等。这些报警类型中，数据超过阈值、存在碰撞危险、工作进程提示等触发的报警都属于工作报警；传感器故障、通信故障、传感器信号丢失等触发的报警属于故障报警。电子电气员应重点关注设备故障报警，根据详细报警提示信息逐步进行故障检测和排除。

1.信号丢失报警

信号丢失报警包括：无法从首向传感器输入信号显示的首向信号丢失报警；无法从速度传感器输入信号的航速信号丢失报警；无法从位置传感器输入信号的位置信号丢失报警；触发信号丢失报警；视频信号丢失报警；天线不旋转时显示的"B.P"报警；天线船首信号丢失报警；标记点和航线数量超出容量限制时显示的容量溢出报警；等等。

2.AIS 报警

AIS报警包括：AIS报告目标与本船存在碰撞危险时，碰撞危险报警将被触发；当在规定报告间隔内无法收到AIS目标信息时，目标丢失报警将被触发；雷达设置警戒范围后，当AIS报告目标进入警戒区域后，闯入报警将被触发；AIS报告目标数量超过容量限制时，容量溢出报警将被触发。

3. 自动标绘报警

自动标绘报警包括：当雷达目标与本船存在碰撞危险时，碰撞危险报警将被触发；雷达设置警戒范围后，当跟踪目标进入警戒区域后，闯入报警将被触发；如果在预设扫描时间内未检测到跟踪的目标回波，目标丢失报警将被触发；雷达自动跟踪单元停止工作时，跟踪器错误报警将被触发；当自动和手动捕获目标的数量达到最大数量时，跟踪目标数量溢出报警将被触发。

4.工作进程提示

当执行雷达操作时，报警和信息显示框中也会显示当前工作进程，如调谐初始化提示、性能监视器开启提示、SART 信号显示提示、数据显示提示、电源重置等。

报警和信息显示框中除了以上报警提示外，有的雷达还可以显示首向设置报警、局域网通信故障报警、驾驶台值班报警、船舶到达报警、控制单元通信故障报警、浅水报警、船舶偏航报警、锚位监视报警等更为丰富的报警种类。

对于雷达系统故障报警，电子电气员可以根据不同报警类型的优先等级予以排查。以斯伯利某型号雷达为例，其雷达报警等级按紧迫程度依次分为 0—Emergency、1—Distress、2—Primary 和 3—Secondary 四个等级，部分报警及其优先级参见表 6-5-1。

表 6-5-1　斯伯利某型号雷达报警及优先级

| 优先级 | 报警类型 | 报警描述 |
|---|---|---|
| 0 | Distribution Service Error | 分配服务未运行 |
| | Lost Connection | 失去与分配服务模块的连接 |
| 1 | Operator Failed Vigilance | 操作员未正确响应警惕性问题 |
| 2 | AFC Mode Error | 收发器的自动调谐模式出现问题 |
| | Authorization Failure | 授权失败 |
| | Azimuth Error | 每一次旋转的方位角与标准值不同 |
| | Heading Marker Error | 至少 10 s 没有收到船首标识信号 |
| | HDG Unusable | 无法通过 I/O 口接收 Gyro 的首向信号 |
| | Lost Echo Reference | 水深参考丢失 |
| | Low Video Level | 视频水平已经下降到最低阈值以下 |
| | Radar Video Failed | 雷达视频无法显示 |
| | PCIO Reset | I/O 已重新启动 |
| | PCIO USB Comms Error | I/O USB 通信失败 |
| | Interswitch Comms Error | 内置交换通信失败 |
| | ROT Unusable | ROT 数据无法使用 |
| | Pulse Length Error | 脉冲宽度错误 |
| | Standby/Transmit Error | 发射机的待机/发射错误 |
| | Transceiver BITE | 机内测试设备报警 |
| | Transceiver Comms | 收发机通信失败 |
| | COG Unusable | 从 GPS 无法获取 COG |
| | DTM Unusable | 从 GPS 无法获取基准面偏移数据 |
| | POSN Unusable | 从 GPS 无法获取位置数据 |
| | SET/DRIFT Unusable | 从 GPS 无法获取 SET/DRIFT |
| | SOG Unusable | 从 GPS 无法获取 SOG |
| | STW Unusable | 从 GPS 无法获取 STW |
| | TOD Unusable | 从 GPS 无法获取时间 |

续表

| 优先级 | 报警类型 | 报警描述 |
|---|---|---|
| 3 | Data Log Disabled | 无法登录日志数据库 |
|  | Monitor Comm Error：No Response | 系统无法通过串口与显示器通信 |
|  | AIS Interface Error | 不能接收 AIS 消息 |
|  | Invalid Datum in Use | 正使用的大地坐标系不是 WGS-84 |

### （四）雷达异常现象和故障

一般情况下，雷达厂商会将部分系统异常、故障及相应解决方案记录于使用手册中，有些甚至可能查询到相应的查验流程。

以斯伯利某型号雷达为例，该设备可能存在的异常现象及故障描述参见表 6-5-2。其中，检查流程最为复杂的要属无回波图像或回波图像存在但图像有误等问题，这类异常的触发源可能为雷达设备本身或包含传感器在内的整个雷达系统，需要逐步排查。

表 6-5-2 斯伯利某型号雷达可能存在的异常现象及故障描述

| 异常现象及故障描述 | 可能存在的问题 | 异常现象及故障描述 | 可能存在的问题 |
|---|---|---|---|
| 显示区域无图像 | 亮度过低；<br>显示屏电源故障或显示屏故障；<br>连接显示器电缆故障；<br>显示单元处理器损坏 | “发射/预备”故障报警 | 数据传输线故障；<br>定时器电路故障；<br>I/O 电路故障 |
| 显示区域有图像但图像有误(图像变化与显示方式设置不符、图像冻结、雷达图像显示区域外文字丢失或错误显示等) | 显示设置不正确；<br>显示单元处理器损坏 | 视频亮度过低报警 | 视频连接线故障；<br>供电故障；<br>接收机电路故障；<br>触发器电路故障；<br>磁控管故障；<br>限幅器故障；<br>I/O 电路故障 |
| 显示器端口错误报警 | 端口设置不正确；<br>输入端无数据；<br>连接线损坏或接触不良；<br>I/O 电路故障 | 触发故障报警 | 触发器电路故障；<br>调制器电路故障；<br>输入单元故障；<br>数据线故障 |
| 控制面板无响应(雷达显示器硬面板操控无响应) | 连接线损坏；<br>控制面板损坏或按键接触不良 | 内置交换通信故障报警 | 数据线故障；<br>内置交换机故障；<br>I/O 电路故障 |
| 目标跟踪功能失效 | 视频/数据线损坏；<br>I/O 电路损坏；<br>处理器 SC(扫描转换)卡损坏 | 收发机通信故障报警 | 数据线故障；<br>触发器电路故障；<br>收发机输入电路故障；<br>I/O 电路故障 |

续表

| 异常现象及故障描述 | 可能存在的问题 | 异常现象及故障描述 | 可能存在的问题 |
|---|---|---|---|
| 方位、首向错误报警 | 天线未旋转；<br>数据传输线故障；<br>I/O 电路故障；<br>触发器电路故障；<br>方位和首向标志电路故障 | 收发机内置测试装置(BITE)故障报警 | 调制器电路故障；<br>电源电路故障；<br>磁控管故障；<br>接收机输入电路故障；<br>天线控制单元故障 |

有时，通过雷达操作也可初步判断雷达显示异常或故障的原因。例如，雷达的过去位置(Past Position)功能可以用来检测雷达自动跟踪设备应对机动航行时的目标跟踪极限能力。若雷达装配有性能监视器，打开性能监视器可以初步判断雷达系统的工况。若雷达总是触发目标丢失报警，可以检查 A/D 转换器，并检查目标过去位置是否显示正常。当然，若传递船速信号的 GPS 或计程仪的连接异常，则可能出现目标船速变化异常现象，从而导致目标丢失。一般情况下，当目标速度超出商船装配雷达的目标跟踪速度范围时，雷达跟踪器也无法跟踪该目标。

在船载雷达出现异常或故障时，应首先对雷达异常、故障现象进行观察分析，随后可启动雷达故障诊断系统(若有)的自动测试软件进行全面诊断。雷达故障诊断系统可通过知识库搜索、比对、分析自动地完成采集信息的评价和分类，并对形成的规则表进行处理，输出雷达故障诊断报告。在观察、分析和输出系统诊断报告的基础上，对雷达进行设备维护或检修。

在船载雷达出现异常或故障时，应首先对雷达异常、故障现象进行观察分析，随后可启动雷达故障诊断系统(若有)的自动测试软件进行全面诊断。雷达故障诊断系统可通过知识库搜索、比对、分析自动地完成采集信息的评价和分类，并对形成的规则表进行处理，输出雷达故障诊断报告。在观察、分析和输出系统诊断报告的基础上，对雷达进行设备维护或检修。报告故障时，一般需提供船名、设备型号、系统软件版本、船舶停靠信息、船舶代理人和联系人以及尽可能详细的故障描述等信息。

## 四、雷达维护保养

雷达维护保养分为定期和不定期两类，可根据不同的维护保养内容制订相应的维护保养计划。对维护保养工作涉及的参加人员、工作时间、工作内容、使用的器材、消耗物料的种类和数量等应做好相关记录，并作为电子电气员或二副交接班工作的一项内容。船舶所有人应提供雷达维护保养计划中所需要的备品和备件。船舶所有人或船舶管理公司有义务对船舶雷达日常维护保养计划的完成情况进行监督和审核，并提出意见加以完善。

特别需要注意的是，一旦雷达主电源连接到收发机中的电源单元，所有主电源组件上都会出现高压电，即使在装置关闭时也存在。只有当设备与电源隔离时，高压电才会被移除。因此，在进行雷达设备的维护、检修时，要把人身安全视为第一要素。

### (一)定期维护保养

1.天线与微波传输系统维护保养

(1)天线旋转环节轴承，每半年加油一次。操作方法如下：

关机,将天线安全开关置于“OFF”位置。用油枪对准天线旋转环节轴承加油嘴加油。加油前应清洁加油孔处的污物。

(2)天线金属齿轮传动系统,每半年清洁油泥并重新加油一次。操作方法如下:

关机,将天线安全开关置于“OFF”位置。打开天线端盖,清除齿轮组污油,清洁过程中不断人工转动天线辐射器,然后重新加油。

(3)天线蜗轮蜗杆变速齿轮箱,每年检查一次油量,需要时补加油量。操作方法如下:

关机,将天线安全开关置于“OFF”位置。透过变速齿轮箱油量观测窗观测齿轮箱油液面高度,当发现液面高度低于下限刻度时,从注油孔补加专用齿轮箱油,达到下限和上限刻度之间适当位置即可。若齿轮箱油变质,则需要重新换油。应同时打开注油孔和排油孔,用容器在排油孔处盛装排除的废油。然后按照换油程序,先加入少量齿轮箱油,开机待天线转动数圈后,停机。再次排除清洁齿轮箱的废油后,加入额定量齿轮箱油。

(4)金属波导法兰(扼流关节)和波导支架紧固情况,每半年查验一次。检查波导是否开裂(若开裂,立即更换),检查波导法兰处的密封情况和波导、电缆穿过甲板的防火、水密情况等。

(5)天线基座(减速齿轮箱)和金属波导外表面,每半年油漆一次,并对固定螺栓的锈蚀情况做仔细检查,以免因锈蚀而使其强度降低,摔坏天线部件。橡胶波导外表面不能刷油漆。

(6)隙缝天线辐射器防尘罩上的油灰,每半年用清水或热肥皂水清洁至少一次,不能涂油漆。

(7)天线电机、电机电刷和电池,需要定期更换,更换时间参考该雷达说明书。

2.发射机维护保养

(1)发射机空气滤清器,每季度清洁一次。操作方法如下:

关机。打开收发机盖板,清洁空气滤清器进气滤器和出气滤器。通常进气滤器灰尘严重。对带有滤芯的滤器,可将滤芯拆下用清水洗净再回装。

(2)发射机高压器件,静电吸尘,每半年清洁一次。操作方法如下:

关机。打开收发机盖板,拆下发射机及防止高压触电保护罩,用毛刷轻轻地清洁高压器件上的干灰尘,用酒精轻轻地清洁油污。清洁结束,装配防止高压触电保护罩,回装发射机。

(3)在磁控管使用寿命达到前及时更换磁控管,与备用磁控管定期交替使用。磁控管是一种铁磁性物质,更换磁控管时,要提前卸下随身磁性物件(如手表)。使用非磁性螺丝刀将其取下再更换新磁控管。安装好新磁控管后,打开电源,检查磁控管电压,老炼,即在预备状态等待约 30 min。将雷达置于发送状态后,检查磁控管电流,正常情况下,当调整雷达量程时,随着量程的增大,磁控管电流也会有增大的现象。由于新磁控管发射频率有所变化,需要粗调调谐。最后,在菜单中把发射时长(即磁控管发射时长)重置为“0”。注意,磁控管内部是真空状态,需要轻拿轻放。

(4)每三个月检查一次各种电缆接头和连接器是否牢固可靠。

3.显示器维护保养

(1)显示器风扇滤清器,每三个月清洁一次,其清洁过程与发射机空气滤清器的清洁方法类同。

(2)显示器高压器件(高压变压器、高压引线),静电吸尘,每半年清洁一次。显示器高压器件静电吸尘清洁方法与发射机高压器件静电吸尘清洁方法相同。

(3)显示器表面,开航前及航行期间每天清洁。清洁时可以使用防静电喷雾,但不要用其他任何清洗剂,应使用软棉布擦拭。

4.电源维护保养

(1)电源空气滤清器,每三个月清洁一次,其清洁方法与发射机、显示器空气滤清器的清洁方法类同。

(2)雷达供电系统热保护继电器触点,每年检查一次,根据实际情况清洁或更换。

操作方法如下:

关机。用电表电阻挡最小量程测继电器触点接触情况。发现接触不良的触点用专用触点清洗剂(喷罐)对准触点清洗,对清洗后仍然接触不良的触点,要予以更换。

(3)雷达电源跳电故障一般是电路局部短路或开路,或是元器件老化、性能下降引起的过流、过压而导致的保险丝熔断或过流、过压保护。首先确定故障可能涉及的范围,可采用分割、隔离的方法寻找故障点,逐步缩小故障的范围。

### (二)不定期维护保养

雷达不定期维护保养工作包括:在雷达工作半小时后,检测磁控管电流,比较测试结果与额定值,记录比较结果;在雷达工作半小时后,检验调谐指示是否变化,在调谐电压由最小到最大的调谐过程中,调谐指示应出现由小变大,再由大变小的变化过程,过程中应能够出现较为明显的 2 个或 2 个以上的极大值,并记录变化结果;观测首线误差,校正首线误差;观测真方位误差,校正真方位误差;观测距离误差,校正距离误差;检查显示器面板各控件使用性能,操作控件时同时观察雷达图像反应是否正常;对雷达接口单元,应检查电缆的连接安全性,包括各视频/数据电缆、电源连接线等。

除了上述的调谐指示核查之外,在发生以下情况时,还需完成“粗调”工作。如果接收机 MIC 单元损坏,则接收监控值会发生很大变化。单独更换 MIC 时,如果目标船舶的雷达回波进入 MIC,可能会损坏 MIC。因此,在更换 MIC 时,务必在船舶房间或其他室内进行更换工作,以防止雷达波进入 MIC。更换后,确保执行“调谐初始化”。

关于雷达系统程序的更新,需要注意的是,更新程序时不要关闭雷达电源,也不要中途取消更新,将电脑连接到雷达端口以更新程序。

## 五、雷达接口特性

船用导航雷达功能失灵将会造成极大的经济损失和人员损失。目前,硬件的可靠性正在逐步提高,船用雷达设备的风险主要源于软件的可靠性问题。船用雷达软件在整个船用导航雷达体系中起着举足轻重的作用,一旦其发生故障将导致整个系统瘫痪。船用导航雷达软件主要由应用层、中间件和驱动层组成,每一层之间以接口连接。雷达系统需要连接必备的几类传感器为其提供必要的数据,也需要把雷达数据传至其他仪器或设备,这些仪器、设备与雷达之间也以接口进行连接。

### (一)通信标准

雷达系统及其传感器的信号格式应满足的通信协议主要包括:IEC 发布的 IEC

61162 协议,NMEA 协会发布的 NMEA 0183 和 NMEA 2000 协议。通信协议和接口参见第十章相关内容。

雷达的首向、速度、报警和导航等多类信号必须满足 IEC 61162-1 和 IEC 61162-2 协议。IEC 61162-1 雷达数据通信格式如图 6-5-5 所示。

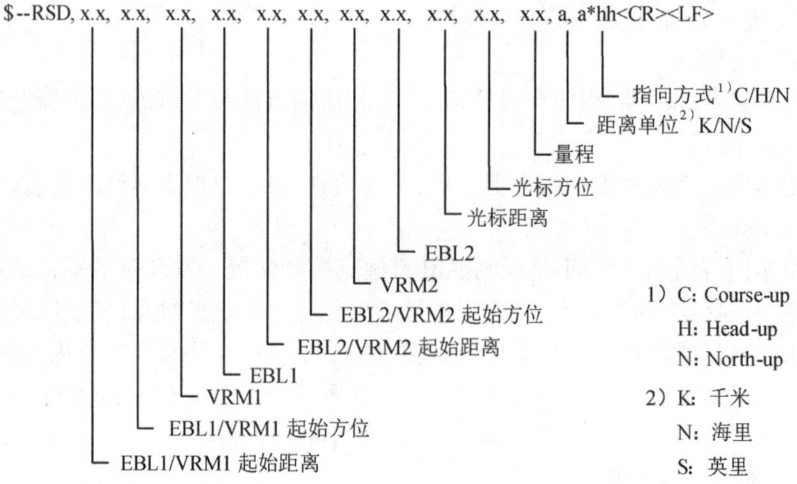


**图 6-5-5　IEC 61162-1 雷达数据通信格式**

## (二)雷达系统接口

接口是雷达系统与其他设备或系统的边界,是雷达系统的内部电路。雷达 I/O 接口由微控制器控制,它负责将外部数据以多种格式接收和传输到处理器。通过输入接口,雷达接收传感器信息,并对其进行完善性检测;通过输出接口,雷达向其他设备提供雷达视频信息。雷达的输入输出接口包括雷达传感器(雷达天线和收发机)接口、陀螺罗经或首向发送装置(THD)接口、航速和航程测量设备(SDME)接口、电子定位系统(EPFS)接口、自动识别系统(AIS)接口、ECDIS 接口和 VDR 接口等,其中电子定位系统接口和 ECDIS 接口是输入输出双向接口。现代雷达的接口传感器板通常搭配多个高速串行输入和低速串行输入接口,调制速率对应不同端口特征设置不同的波特率(4 800~38 400 bit/s)。当然,接口传感器板也提供多个附加端口,可连接至收发机或其他传感器。

1.输入接口

输入接口将传感器信息输入雷达系统。如果信息格式不符合雷达设备的要求,则需要通过接口进行格式转换,设备互连应采用屏蔽线缆。较新型的航海仪器都采用数字型接口,不需要格式转换,连接较为简便。对于雷达采用的串行通信协议的扩展接口,常见的串行接口有 RS-232、RS-422 和 RS-485 等,部分雷达也配备 USB 接口进行数据通信。型号较为陈旧的陀螺罗经和计程仪通常为模拟设备,其输出的模拟信号需要通过信号转换接口将信号转换为雷达设备可接收的信号格式。

2.输出接口

输出接口可将雷达视频信息输出到其他导航设备或系统。IEC 雷达性能测试标准要求雷达至少应具有向 VDR 输出 RGB 格式(1 280 像素×1 024 像素)的模拟视频信号输出接口,如果雷达的显示性能与 RGB 格式不兼容,则需要有 DVI(Digital Visual Interface)或以太网接口,网络带宽可以达到不超过每 15 s 传输一幅完整的雷达屏幕截图。

3.雷达接口实例

下面以斯伯利某型号航海雷达为例介绍雷达接口类型。雷达使用电缆线连接电源和传输信号,该航海雷达的传感器输入输出配置情况如表 6-5-3 所示。在系统设置时,应按照要求设置传输波特率,若波特率设置不一致,会导致数据传输异常。

表 6-5-3　斯伯利某型号航海雷达输入输出配置

| 端口 | 波特率/(bit/s) | 传感器 | 串口类型 |
|---|---|---|---|
| COM 3 | 38 400 | 罗经 | RS-232 或 RS-422 |
| COM 3 | 4 800 | 计程仪 | RS-232 或 RS-422 |
| COM 4 | 9 600 | 监视器 | RS-422 |
| COM 5 | 38 400 | AIS | RS-232 或 RS-422 |
| COM 7 | 4 800 | GPS | RS-232 或 RS-422 |
| COM 8 | 4 800 | 内置交换机 | RS-232 或 RS-422 |

**思考题**

1.简述航海雷达测量目标距离和方位的基本原理。

2.简述雷达图像相对运动模式和真运动模式的特点。

3.简述 CCRP 在现代雷达中的意义。

4.试画出雷达系统配置框图,简述航海雷达各部分作用。

5.试画出雷达发射系统的基本框图,显示器面板上的哪些控钮与发射机技术指标相对应?

6.简述航海雷达与各传感器接口的特点。

7.简述雷达发射机的工作原理。

8.简述磁控管使用注意事项。

9.说明雷达接收机前端限幅器的作用及对雷达探测的影响。

10.简述雷达铁氧体环流器的作用。

11.简述雷达微波传输线的种类和应用。

12.船舶导航雷达通常采用哪种结构形式的天线?天线转速为多少?

13.简述雷达阴影扇形区域产生的原因及测定方法。

14.试画出雷达接收系统的基本框图,简述各部分的作用。

15.雷达接收系统的主要技术指标有哪些?对雷达探测有什么影响?

16.试画出雷达信息处理与显示系统的基本框图,简述各部分的作用。

17.简述抗雨雪干扰的基本工作原理。

18.简述同频干扰抑制与扫描相关的基本工作原理。

19.简述恒虚警率技术的基本工作原理。

20.船舶装备的雷达系统配置形式有哪些?

21.试述雷达互换装置的种类和作用。

22.简述新体制固态雷达在航海中的应用特点。

23.讨论船载固态雷达与磁控管雷达各自的优缺点。

24.简述雷达性能监视器的作用。

25.综合分析雷达系统测距误差的成因,说明调整雷达测距误差的方法。

26.综合分析雷达系统测方位误差的成因,说明调整雷达方位误差的方法。

27.雷达电源控钮有哪些?分别起什么作用?

28.简述增益、调谐控制的作用及最佳调整状态。

29.简述雷达开机前的准备及正确的开关机步骤。

30.简述雷达天线安装时需考虑的因素。

31.简述雷达系统安装完工后的验收要求。

32.简述雷达定期维护保养事项。

33.简述雷达不定期维护保养事项。

# 第七章

# 电子海图显示与信息系统

## 第一节 ◉ 电子海图显示与信息系统概述

电子海图显示与信息系统(ECDIS,Electronic Chart Display and Information System)通过多样化电子海图显示方式,以及GPS、罗经、计程仪、测深仪、雷达、AIS等其他助航仪器设备的接入,实现船舶航线设计、航线监控和航行记录等功能,保证船舶在状态明确、航行可控的环境下安全航行。在综合航行系统(INS)和综合驾驶台系统(IBS)中,ECDIS是航路执行任务站的核心设备。ECDIS被认为是继雷达之后在船舶导航方面的又一项伟大的技术进步,在E-航海(E-Navigation)时代已经成为驾驶台信息处理的核心技术和设备。

### 一、有关ECDIS的国际公约、规范和性能标准

2009年6月5日,IMO通过了有关《1974年国际海上人命安全公约》的修正案[MSC.282(86)],规定符合公约要求的国际航行船舶,自2012年7月1日起,根据船舶类型、吨位和建造日期分步骤强制配备ECDIS。ECDIS需满足的国际标准和规范主要来自国际海事组织(IMO)、国际水道测量组织(IHO,International Hydrographic Organization)和国际电工协会(IEC)等三个组织。这些标准和规范主要包括:

(1)1991年11月IMO发布的决议《作为全球海上遇险与安全系统(GMDSS)组成部分的船载无线电设备和电子助航设备的一般要求》[IMO A.694(17)];

(2)2002年8月发布的《海上导航和无线电通信设备和系统——通用要求——试验方法和要求的试验结果》(IEC 60945);

(3)2004年12月IMO发布的《船载导航显示器上导航相关信息显示的性能标准》[MSC.191(79)];

(4)2006年12月IMO发布的《经修订的电子海图显示与信息系统(ECDIS)性能标准》[MSC.232(82)];

(5)2010年12月IMO发布的通函《电子海图显示与信息系统(ECDIS)软件的维护》(SN.1/Circ.266-Rev.1);

(6)2015年8月发布的《海上导航和无线电通信设备与系统——电子海图显示与信息系统(ECDIS)——运行与性能要求、测试方法和测试结果》(IEC 61174);

(7)2020年3月IHO发布的S-63标准:《IHO数据保护方案》;

(8)2020年4月IHO发布的S-57标准:《IHO数字式水道测量数据传输标准》;

(9)2020年12月IHO发布的S-52标准:《IHO ECDIS海图内容与显示规范》;

(10)2021年12月发布的《海上导航和无线电通信设备和系统——船载导航显示器上导航相关信息的表示——通用要求、测试方法和要求的测试结果》(IEC 62288)。

除上述国际相关公约、规范和标准外,各国政府、主管机关为了履约和保证航行安全,还相继出台了适合各国国情的法律、法规。中华人民共和国海事局2010年4月印发《国内航行船舶船载电子海图系统和自动识别系统设备管理规定》,明确给出了电子海图系统(ECS,Electronic Chart System)的分类以及不同吨位和类型的船舶配备不同类型ECS的最低要求和时间表。

## 二、ECDIS基础知识

### (一)电子海图

电子海图(EC,Electronic Chart)是用数字形式描述海域水文地理信息和航海信息的数字海图。目前,电子海图分为非标准和标准两大类。按照数据格式,非标准的电子海图通常分为光栅电子海图(Raster Chart)和矢量电子海图(Vector Chart),标准化的电子海图分为光栅航海图(RNC,Raster Navigational Chart)和电子航海图(ENC)。

1.光栅航海图

RNC通过对国家水道测量机构出版的或其授权出版的纸质海图进行数字扫描而成,符合IHO相关国际标准,并由水道测量局或其授权机构出版和维护更正。

2.电子航海图

ENC是指内容、结构和格式均已标准化的矢量海图数据库,由国家水道测量机构或其授权的机构发行和维护更正,符合IHO S-57国际标准,专为ECDIS使用。

### (二)电子海图导航系统

电子海图导航系统将船载雷达、GNSS、AIS、陀螺罗经、航行警告系统、计程仪、测深仪、航行数据记录仪以及自动舵等各类设备的数据进行融合处理,显示在电子海图上,实现航路监视、计划航线设计、航行报警、航行记录、海图改正等多种功能,保障船舶航行安全。电子海图导航系统主要分为:电子海图显示与信息系统(ECDIS)和电子海图系统(ECS)。虽然ECDIS和ECS都是用以帮助航海人员进行导航和避碰的一种航行信息系统,但IMO和IHO对于ECDIS和ECS有明确的界定。部分ECDIS和ECS设备还支持光栅海图显示与操作模式,通常在没有ENC覆盖的海域使用。

1.ECDIS

ECDIS是一种航行信息系统,可以有选择地显示系统电子航海图(SENC,System Electronic Navigational Chart)中的信息,并从导航传感器获取位置信息,帮助航海人员进行航线设计和航路监视,同时能够按要求显示其他与航海相关的补充信息。如果ECDIS具有适当的备用配置,且符合《1974年国际海上人命安全公约》第V章第19条和第27条关于改正至最新的海图配备的要求,即使用改正至最新版本的官方ENC,并且其设备取得《海上导航和无线电通信设备及系统——电子海图显示与信息系统(ECDIS)——操作和性能要求、试验方法和要求的试验结果》(IEC 61174)的认证,则可以在法律上取代纸质海图。

2.ECS

ECS 是最早的电子海图的通俗应用概念,现在通常将不符合 IMO 关于 ECDIS 相关国际标准的电子海图系统统称为 ECS,ECS 可以使用非官方、非 S-57 格式的海图数据库。

# 第二节 ◉ ECDIS 的组成及功能

## 一、ECDIS 的组成

为满足 IMO 关于 ECDIS 的最低性能标准要求,系统逻辑上由系统硬件、应用软件和系统电子航海图数据库组成,如图 7-2-1 所示。

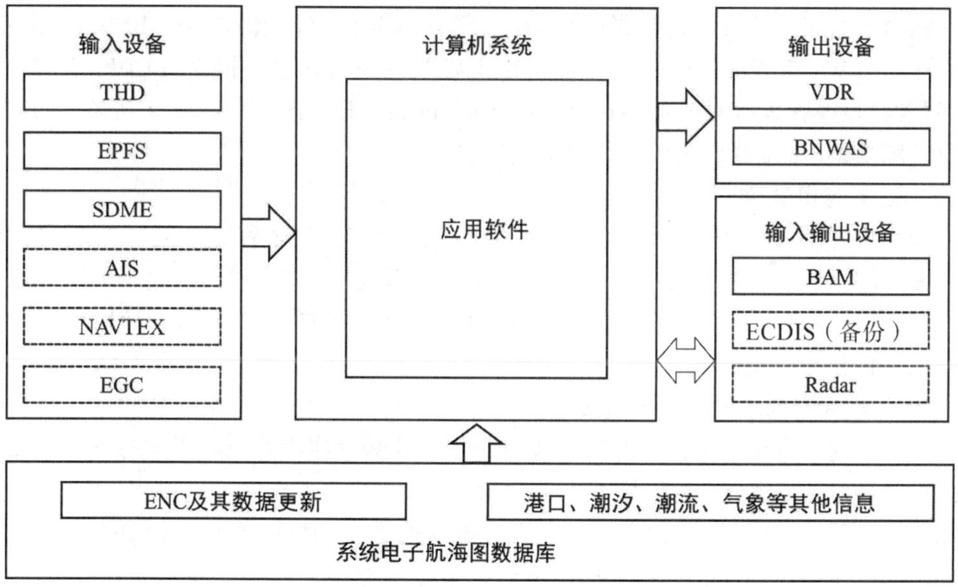


图 7-2-1 ECDIS 系统组成示意图

### (一)系统硬件

ECDIS 本质上是一个由计算机系统、输入设备、输出设备和相关网络设备集成的系统。

计算机系统为 ECDIS 应用软件运行提供必要的硬件和支撑环境,其系统硬件由中央处理器、存储器、显示器、键盘、鼠标、音箱等 I/O 设备组成。计算机系统的信息处理和存储能力应通过 IEC 的性能测试,应保证显示一幅电子海图所需时间不超过 5 s。事实上,随着计算机硬件技术的迅猛发展,加上对于系统电子航海图的合理设计,目前完全可以做到在 1 s 内完成一幅电子海图的显示。

系统显示器可以配置 1 个,也可以配置多个,其尺寸、颜色和分辨率应符合 IHO S-52 标准的最低要求。无论配备几个显示器,海图显示区的有效尺寸应不小于 270 mm×270 mm,不少于 64 种颜色,像素尺寸小于 0.312 mm。

通过船用通信设备不仅可以自动接收电子航海图(ENC)的改正数据,实现电子海图的自动更新,还可接收其他诸如气象预报等数据。

内部接口应包括图形卡、声卡、硬盘和光盘控制卡等。以光盘或软盘为载体的ENC及其改正数据,以及用于测试ECDIS性能的测试数据集可通过内部接口直接录入硬盘,船舶驾驶员在电子海图上所进行的一些手工标绘、注记,以及电子海图的手动改正数据的输入等可通过键盘和鼠标实现。同扬声器相连接的声卡,用以实现语音报警。

通过与其他传感器连接,ECDIS可以接收、解析、处理各种传感器数据并以文字或图形等方式显示,从而为航海人员集成显示所需信息并提供有效的决策支持。性能标准要求,ECDIS必须通过外部接口与定位设备(如GNSS接收机等)、陀螺罗经、航速与航程测量设备(如计程仪)等三类传感器连接。对于未装有陀螺罗经的船舶,可采用首向发送装置。此外,性能标准也对ECDIS与雷达、AIS的连接要求做了较为详细的规定,但并没有强制要求与这两类传感器连接。其他设备或传感器包括NAVTEX、EGC接收机、测深仪、风速风向仪、自动舵等,也可通过集成接口并按照一定的调度策略向ECDIS发送航行警告和气象等信息。

ECDIS能够为船载航行记录仪(VDR)、驾驶台航行值班报警系统(BNWAS,Bridge Navigational Watch Alarm System)等设备输出必要的航行信息。同时,ECDIS能够与雷达、驾驶台报警管理(BAM,Bridge Alarm Management)、ECDIS备份设备交互必要的航行信息。图7-2-1中虚线框为可选装设备或传感器。

### (二)应用软件

应用软件是ECDIS系统信息处理的核心,是在计算机系统中运行的满足IMO ECDIS性能标准要求的软件平台。该软件需具备系统电子海图管理、电子海图显示控制、航线设计、航线监控、航行记录、传感器接口以及基本航海问题求解等功能模块,以实现相关操作和性能标准要求的基本功能。

### (三)系统电子航海图数据库

ECDIS内部直接用于读取和显示海图的业务数据库称为系统电子航海图(SENC),格式由设备制造商确定,内容由电子航海图(ENC)和改正数据转换而成,与改正至最新的纸质海图等效。SENC还包含由航海人员添加的港口、潮汐、潮流、气象信息,以及系统运行时产生的本船动态数据、报警、航行记录等航行相关数据。SENC还可以包括其他航海信息,例如航线设计使用的点、线和区域,以及电子海图使用符号库中的任何物标和文本注记信息。

S-57传输标准是为了交换数字海图数据而设计的,对于应用系统的显示来说,它不是存储、操作或者准备数据的最有效的方法。每个ECDIS系统的生产者都可以而且应当设计自己的存储格式或者数据结构,建立SENC数据库,使其系统满足规范的功能和性能的要求,有效地支持海图信息的查询、浏览,指定海图的显示,指定范围的拼接,以及进行航线设计、航线监控和实现其他功能。

## 二、ECDIS的基本功能

ECDIS以符合国际S-57标准的数字海图为基础,结合全球卫星导航系统定位数据,能够实现电子海图管理和海图改正、电子海图显示与控制、航线设计、航线监控、航行记录与回放、航海问题求解等多种保障航行安全的功能，以可视化图形与语音方式辅助航海人员进行航海作业，提高航海安全的保障水平和信息化程度。

## （一）电子海图管理和海图改正

系统电子航海图管理具备实现 ENC-SENC 转换、电子海图管理、电子海图自动和手工更新、海图符号库管理、航海信息查询管理、用户数据管理等功能。其中，电子海图管理和保证 ENC 有效更新的海图改正功能是《1978 年海员培训、发证和值班标准国际公约》对船员正确使用 ECDIS 的基本操作能力的要求。

### 1.电子海图管理

为满足电子海图市场的需求，各个区域性 ENC 服务中心、水道测量机构以及商业实体建立了不同的 ENC 服务方式，例如 SENC 服务、IHO S-57 ENC 服务、IHO S-63 ENC 服务等。目前，ECDIS 设备制造商根据自身特点选择不同的 ENC 服务方式建立 ENC 管理机制，以满足 IMO ECDIS 性能标准要求以及 STCW 公约对船员的电子海图数据管理能力要求。其主要功能可分为 S-57 海图管理、S-63 许可管理等。

（1）S-57 海图管理：对官方 S-57 海图进行管理，主要包括海图的导入、导出、删除、还原、升级、详细信息查询、更新历史查询等。

（2）S-63 许可管理：对 S-63 加密海图添加许可文件，包括 S-63 许可证导入、删除和详细信息查询等功能。

### 2.电子海图改正

根据《1978 年海员培训、发证和值班标准国际公约》对船员的电子海图数据管理能力的要求，ECDIS 能够接受自动或手工输入来改正 ENC 数据，并能在最终接受这些改正数据之前用简单的方法加以验证。

## （二）电子海图显示与控制

ECDIS 平台提供了丰富的电子海图合成、显示、控制与查询功能，在符合相关国际标准规定的基础上，满足航海人员在不同环境和工作要求下的电子海图显示与控制需要。

ECDIS 所有显示内容必须符合 IHO S-52 标准的要求。该标准详细规定了 ECDIS 海图内容和显示的要求与规范，它包含的附录说明了海图更新的方法/过程、颜色和符号规范，以及 ECDIS 有关条款的术语汇编。IHO 的《ECDIS 颜色与符号规范》作为 S-52 的附录在满足 IMO 的性能标准的前提下，确定了在 ECDIS 显示中表示 SENC 信息的方法和意义。

用于 ECDIS 海图显示的信息可以分为三大类：基础显示信息、标准显示信息和其他信息，对应产生三种 ECDIS 显示方式。基础显示信息表示不能从显示中擦除的显示信息，它主要由任何地域、任何时间、任何条件下均为必需的信息构成。标准显示信息是指用于航路设计和航行监测时可由航海人员根据情况显示或者擦除的显示信息。其他信息是指在默认情况下不显示，航海人员需要时才显示的信息。

## （三）航线设计

航线设计具备实现绘制和修改计划航线、检查计划航线安全性、管理经验（推荐）航线库、生成航行计划列表（每个航段的航程、航速、航向、航行时间等）等功能。

## （四）航线监控

航线监控能够针对本船的计划航线、船舶位置和动态，以及水文地理信息、物标、雷达探测目标、AIS 报告目标等的相互关系，实现船舶动态实时显示与监控报警。其主要功能包括航线监视、航行状态查看、船位调整以及报警与警示。航线监视中需要报警的内容主要包括航行预警和航行报警。航行预警，即对还未发生但有可能发生的危险情况进行预报警，其内容包括：搁浅预警、限制区域预警、碰撞预警、转向点提醒。航行报警的内容包括：航迹偏移报警、航向偏移报警。

### （五）航行记录与回放

航行记录用于记录船舶航行过程中所使用海图的详细信息以及航行要素，实现类似“黑匣子”的功能，能够再现航行过程，以便于航行经验总结以及航行事故分析。

IMO 的性能标准要求，ECDIS 应以 1 min 的时间间隔记录时间、位置、首向、速度数据，以能够再现航行过程，并且能查验最近 12 h 使用的官方 ENC 资料，包括：ENC 数据源、版本、发布日期、海图单元及更新历史。ECDIS 应记录整个航次的全部航迹，带有时间标记并且时间间隔不超过 4 h，不允许伪造或更改所记录的数据。

### （六）航海问题求解

ECDIS 能够实现船位推算、恒向线和大圆航法计算、距离和方位计算、陆标定位计算、不同大地坐标系之间的换算等功能。相关理论和计算公式可以查阅航海专业数学的相关教材。

# 第三节 ◉ ECDIS 设备接口

根据图 7-2-1 系统的基本逻辑组成，ECDIS 应与其他通信导航或航行设备、传感器等连接，以实现其系统功能。

## 一、基本输入/输出设备及信息

根据《海上导航和无线电通信设备及系统——电子海图显示与信息系统（ECDIS）——操作和性能要求、试验方法和要求的试验结果》，ECDIS 基本输入、输出设备及其基本信息，以及 ECDIS 设备为驾驶台相关系统或设备提供的基本信息分别如表 7-3-1 和表 7-3-2 所示。

表 7-3-1 ECDIS 基本输入设备及其基本信息

| 序号 | 传感器 | 是否强制 | 信息描述 |
|---|---|---|---|
| 1 | THD | 强制 | 本船首向 |
| 2 | EPFS | 强制 | 本船位置、对地航向、对地航速以及大地坐标基准 |
| 3 | SDME | 强制 | 本船对地/对水航速和航程 |
| 4 | AIS | 可选 | 本船周围 AIS 报告目标信息 |
| 5 | NAVTEX | 可选 | NAVTEX 系统播发的，与本航次相关的海上安全信息 |
| 6 | Radar | 可选 | 本船周围雷达探测目标信息、跟踪目标信息 |
| 7 | EGC | 可选 | 卫星系统播发的，与本航次相关的海上安全信息 |
| 8 | BAM | 强制 | BAM 发送的报警指令并确认 |
| 9 | ECDIS 备份 | 可选 | 至少提供本船的航线信息 |

表 7-3-2　ECDIS 基本输出设备及其基本信息

| 序号 | 传感器 | 是否强制 | 信息描述 |
|---|---|---|---|
| 1 | VDR | 强制 | 完整的 ECDIS 显示与操作,以及海图资料及其使用版本 |
| 2 | BNWAS | 强制 | ECDIS 操作记录 |
| 3 | BAM | 强制 | ECDIS 当前报警列表、新的报警信息 |
| 4 | ECDIS 备份 | 可选 | 至少提供本船的航线信息 |

ECDIS 通过物理串口与外部设备连接,而通常电脑串口数量无法满足诸多设备的接入,因此,目前多采用以下方法拓展串口:

(1)多串口卡。将 ECDIS 的一个串口扩展为多个串口,传感器通过各自的串口单独接入,可分别控制端口号、波特率等。

(2)串口分配器。各传感器分别连接到一个集成端口,ECDIS 自动解析信号,控制是否连接某设备。

(3)网络串口分配器。外部设备通过网络串口通信。

## 二、物理接口及其通信协议

ECDIS 通常可配备 COM、USB、串口、DVI、LAN 等接口。表 7-3-3 为 FRUNO 某型号 ECDIS 标准配置中的接口配备情况,图 7-3-1 为该型号 ECDIS 接口连线示意图。除物理接口外,针对电子设备之间的数据交换与传递,NMEA 和 IEC 分别制定了 NMEA 和 IEC 61162 系列标准,明确了海上导航和无线电通信设备之间数据交换的接口协议和数据传输编码协议,相关内容详见第十章第二节。

表 7-3-3　FRUNO 某型号 ECDIS 标准配置中的接口配备表

| 序号 | 接口类型 | 数量/个 | 接口描述 |
|---|---|---|---|
| 1 | DVI-D | 2 | 视频信号接口 DVI-D 1 号和 2 号,信号相同 |
| 2 | DVI-I | 1 | 视频信号接口 DVI-I 1 号,用于 Conning 或 VDR |
| 3 | LAN | 3 | 以太网 1000 Base-T,其中 1 个端口仅适用于雷达传感器 |
| 4 | COM | 2 | RS-485,用于控制亮度 |
| 5 | USB | 4 | USB 2.0A 型 |
| 6 | 串行 I/O | 8 | IEC 61162-1/2(2 个端口),IEC 61162-1(6 个端口),可支持的语句:ABK,ABM,ACA,ACK,AIR,BWC,BWR,DBK,DBS,DBT,DPT,DSC,DSE,DTM,FSI,GGA,GLL,GNS,HDG,HDM,HDT,RMA,RMB,RMC,RTE,ROT,THS,MTW,MEV,VDR,VDM,VDO,VHW,VTG,VWR,WPL,ZDA,ALR |
| 7 | 数字输入 | 1 | ACK 信号输入 |
| 8 | 触点闭合 | 6 | 1 个系统故障端口,1 个电源故障端口,2 个常开,2 个常闭 |

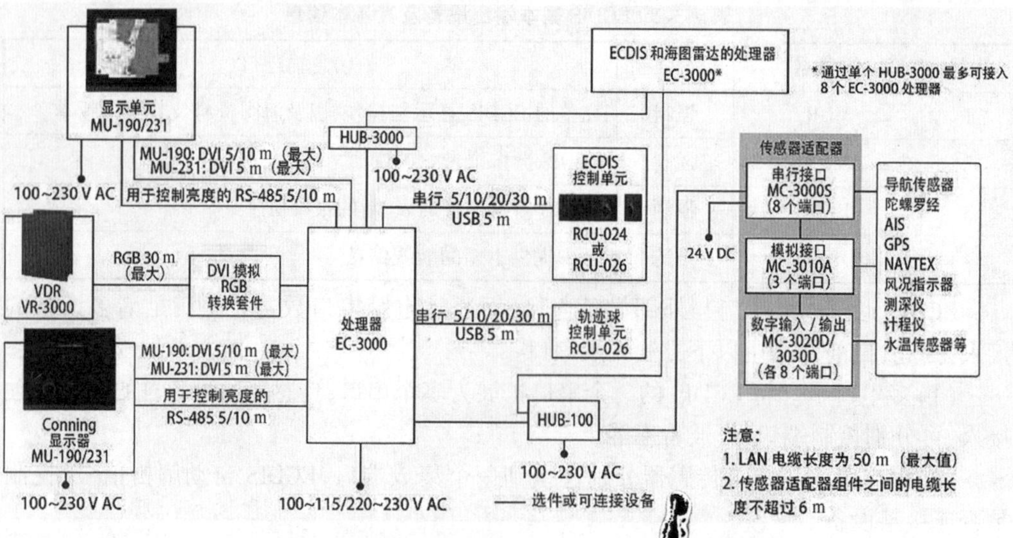


图 7-3-1 FRUNO 某型号 ECDIS 接口及连线示意图

## 三、ECDIS 接口基本功能

根据 IMO 的性能标准，ECDIS 接口功能及其形式至少包含接口设置、传感器接口连接及其状态查看、传感器信号维护等基本功能。

### （一）接口设置

传感器接口设置的内容包括：管理传感器接口，并根据不同的传感器类型、接口协议以及系统逻辑分配管理；设置设备接入端口、波特率、数据位、奇偶校验位、停止位、数据流控制位等通信参数，如表 7-3-4 所示。

表 7-3-4 传感器接口设置

| 序号 | 名称 | 接口描述 |
|---|---|---|
| 1 | 设备接入端口(N) | 端口范围选项：COM 1~COM 99 |
| 2 | 波特率(B) | 带宽速率选项范围：300,2 400,4 800,9 600,19 200,38 400…… |
| 3 | 数据位(D) | 数据位选项范围：5,6,7,8 |
| 4 | 奇偶校验位(P) | 奇偶校验位选项范围：无,奇校验,偶校验 |
| 5 | 停止位(S) | 停止位选项范围：1,1.5,2 |
| 6 | 数据流控制位(F) | 数据流控制位选项范围：无,硬件,X on/X off |

### （二）传感器接口连接及其状态查看

根据 IMO 性能标准，ECDIS 在确保自身正常工作的条件下，可以有选择性地接入传感器数据。ECDIS 平台需提供传感器连接及其状态查看窗口。

### （三）传感器信号维护

为了准确、及时地检查传感器故障、传感器物理接口故障、传感器接口设置，部分 ECDIS 平台提供传感器信号维护功能。该功能可在 ECDIS 非在线航行的状态下通过设置相关通信端口以及波特率，检查其通信端口工作状态，以此来判断相应传感器的工作状态。

**思考题**

1.什么是电子海图?

2.什么是电子航海图?

3.什么是系统电子航海图? 它与电子航海图的区别是什么?

4.ECDIS 需满足的国际标准和规范主要有哪些?

5.简述 ECDIS 系统构成及作用。

6.ECDIS 的基本功能包括哪些?

7.为满足 ECDIS 最低性能标准要求,ECDIS 的基本输入设备有哪些? 这些设备为 ECDIS 工作分别提供哪些基本信息?

8.在综合航行系统(INS)中,ECDIS 设备为哪些驾驶台相关系统或设备提供基本信息服务? 这些基本信息包括哪些?

# 第八章

# 船舶远程识别与跟踪系统

船舶远程识别与跟踪系统(LRIT,Long Range Identification and Tracking)作为提升海上保安水平的措施之一,由国际海事组织(IMO)提出并强制实施。2006 年 5 月,国际海事组织海上安全委员会(MSC)第 81 次会议通过了《关于船舶远程识别与跟踪系统(LRIT)的国际海上人命安全公约修正案》。新增有关 LRIT 的条款被写入《1974 年国际海上人命安全公约》第Ⅴ章“航行安全”第 19-1 条,规定除了航行于 A1 海区且已经配备了 AIS 的船舶之外,从事国际航行的客船(包括高速客船)、300 总吨及以上的货船(包括高速船)和海上移动式钻井平台,都必须强制实施船舶的远程识别和跟踪,并于 2008 年 1 月 1 日生效,2008 年 12 月 31 日实施,航行于 A4 海区的船舶不晚于 2009 年 7 月 1 日实施。有关“海区”的概念见第十二章。

船舶远程识别与跟踪系统通过 AIS 船载设备、外接船载全球卫星导航系统(GNSS)设备或内置 GNSS 系统获取数据,以一定的时间间隔向 LRIT 数据中心发送数据报告,数据中心再传输 LRIT 数据至经授权的 LRIT 终端,实现对船舶的远程识别与跟踪。

## 第一节 ◉ LRIT 系统组成和工作原理

### 一、LRIT 的主要功能

船舶远程识别与跟踪系统具有海上保安、海上搜救支持、船舶监管、海上环境保护等功能。

#### (一)海上保安

LRIT 用于海上保安的功能包括加强船舶保安和沿岸国、港口国的保安。通过 LRIT 信息监控,各缔约国政府可以协助船舶和港口预防恐怖袭击,减少其遭遇恐怖袭击的可能,大大提高全球海上船舶保安能力。海上保安功能是 LRIT 最直接也最重要的功能。

#### (二)海上搜救支持

LRIT 可为海上搜寻救助提供信息支持。例如,LRIT 可以向海上搜救中心提供遇险船舶附近水域的其他船舶的信息。通过获取的 LRIT 信息,搜救人员可以更好地组织和开展搜寻救助工作,缩短搜救反应时间。

**（三）船舶监管**

船旗国、港口国和沿海国可以实时跟踪和查询相关船舶的航迹，便于各国政府对其所属船舶的监督、管理和事故调查。

**（四）海上环境保护**

LRIT 可为调查海上非法排放、溢油事故等提供信息支持。缔约国政府能够重点跟踪危险货物运输船舶的船位，防止泄漏、溢油等事故的发生。

**（五）其他用途**

LRIT 通过与 AIS 系统数据的整合，建立动态的船舶远程监控和管理系统，并将其应用于全球航运生产和管理、卫生防疫、海关等相关管理部门。

## 二、LRIT 的组成

LRIT 由船载设备、通信服务提供方（CSP，Communication Service Provider）、应用服务提供方（ASP，Application Service Provider）、LRIT 数据中心（DC，Data Centre）或船舶监控系统（VMS，Vessel Monitoring System）、国际数据交换（IDE，International Data Exchange）、数据分配计划（DDP，Data Distribution Plan）和数据用户（Data Users）等七部分组成，如图 8-1-1 所示。

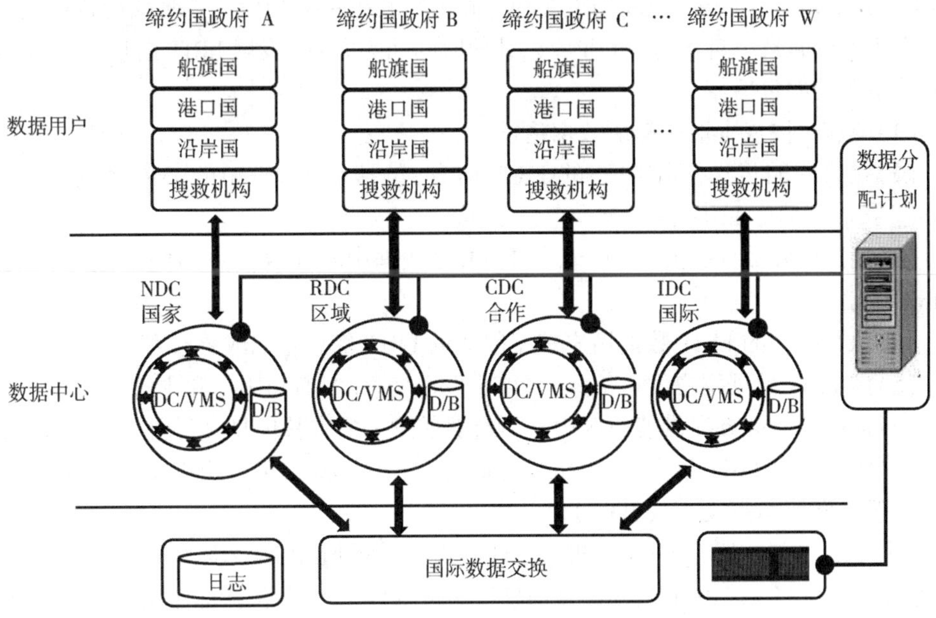


图 8-1-1　LRIT 的组成

**（一）船载设备**

LRIT 船载设备是指船舶配备的符合《1974 年国际海上人命安全公约》的要求和 IMO 相关性能标准，能够自动发送船舶远程识别与跟踪信息至各级 LRIT 数据中心的船载无线电设备。船舶安装的 LRIT 终端必须通过应用服务提供方的测试，并由其签发认可证书。LRIT 船载终端应满足 IMO A.694（17）决议（《作为全球海上遇险与安全系统（GMDSS）组成部分的船载无线电设备和电子助航设备的一般要求》）的要求，能够覆盖船舶所航行的区域，通常首选 Inmarsat C 或 Mini C 船站进行数据传输。目前其他的船载 LRIT 设备还包括有 Inmarsat D+终端和铱星终端。Inmarsat C 终端利用询呼(Polling)和数据报告(Data Report)业务实现 LRIT 数据报告;Inmarsat Mini C 终端多用于船舶保安报警系统(SSAS,Ship Security Alert System),同时兼作 LRIT 终端;Inmarsat D+终端尺寸小、通信成本低,尤其适合没有安装 Inmarsat C 船站的船舶;铱星终端具备数据传输能力,也可用于 LRIT 信息传输,高纬度航行船舶可选用铱星终端。具体理论知识将在第二篇详细讲述。

### (二)通信服务提供方(CSP)

通信服务提供方为 LRIT 提供通信基础设施和服务。船舶发送的 LRIT 信息通过通信服务提供方建立的通信链路传送到应用服务提供方(ASP),通信服务提供方也可以作为就用服务提供方提供服务。

### (三)应用服务提供方(ASP)

应用服务提供方负责船舶 LRIT 信息的收集和处理,并将其传输给相应的数据中心。ASP 接收船舶发射的 LRIT 信息后,对数据进行处理,对 LRIT 电文附加多项信息,并将扩展的电文发送至相应的数据中心。

### (四)数据中心(DC)

LRIT 数据中心处理进出国际数据交换(IDE)的所有信息,可分为国家数据中心(NDC)、区域或合作数据中心(RDC/CDC)和国际数据中心(IDC)。船载设备在无须任何人工干预的状态下自动每隔 6 h 或以其他时间间隔向 DC 发射 LRIT 信息。LRIT 数据中心的主要功能包括:

(1)响应本国或本地区船舶数据请求。

(2)接收船舶传送至该中心的 LRIT 信息,包括船名、船舶的 IMO 编号、呼号和 MMSI。接收的船舶 LRIT 信息至少存档 1 年。

(3)通过国际数据交换(IDE)从其他 LRIT 数据中心获取信息和向其他 LRIT 数据中心发送信息。

(4)执行收到的 LRIT 数据用户关于船舶的 LRIT 信息轮询或更改发送间隔的请求。

(5)向 LRIT 数据用户发送信息,当停止发送信息时,通知用户和主管机关。

(6)向搜救服务方提供搜救区内外所有船舶发来的求救信息,以便快速实施救援。

(7)定期备份 LRIT 信息,并由机外存储,在发生故障时,可尽快维持连续服务。

### (五)国际数据交换(IDE)

国际数据交换与所有 LRIT 数据中心建立连接,使用 LRIT 数据分配计划(DDP)中的分配信息,在 LRIT 数据中心之间建立信息传输路由,自动保存包括标题信息的日志,至少存档 1 年,直到 MSC 审查和接收了 LRIT 协调员对其运行审核的年度报告。

### (六)数据分配计划(DDP)

LRIT 数据分配计划决定了数据中心为不同缔约国分配 LRIT 信息的规则。缔约国根据公约及有关技术规范文件向国际海事组织提交数据分配申请,包括各缔约国有权请求 LRIT 信息的地理区域信息、国家联络人信息、港口设施清单,以及搜救机构信息等。

### (七)数据用户(LDU)

LRIT 数据用户是经过授权的可以接收和请求 LRIT 信息的船旗国、港口国、沿岸国和搜救机构等。

## 三、LRIT 工作原理

### （一）LRIT 通信路由

如图 8-1-2 所示，在 LRIT 中，航行船舶使用被应用服务方（ASP）认证的船载设备，例如 Inmarsat C 等卫星船站，通过卫星把 LRIT 信息发送到通信服务提供方（CSP）台站。CSP 台站再通过 ASP 将信息传送到数据中心（DC），ASP 负责 CSP 到 LRIT 数据中心段的通信（通信与接口协议），提供路由管理，安全、可靠地搜集、保存和传送 LRIT 信息；数据中心负责信息的存储、处理。

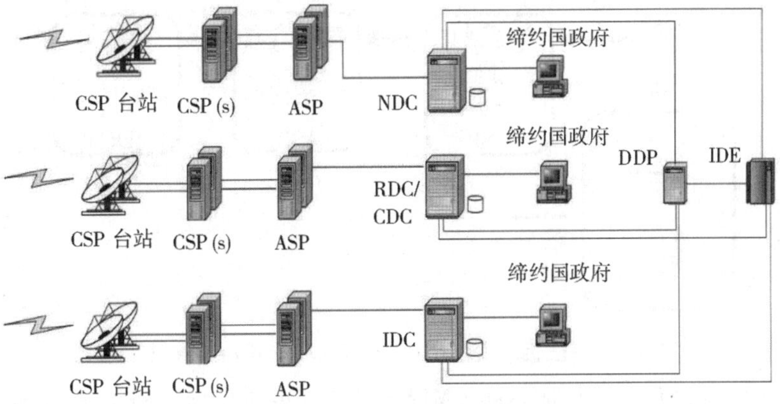


图 8-1-2　LRIT 通信路由

### （二）LRIT 信息请求

港口国政府有权要求意欲进入其港口水域或其管辖水域岸外设施的船舶提供 LRIT 信息，但须向 IMO 呈报船舶到本国的离岸距离和预计到港的时间段，船舶只有进入这个地理或时间范围，才能收到信息。

当发生海上事故时，LRIT 数据中心应向海上搜救中心提供 LRIT 数据，包括遇险船舶 LRIT 数据和位于遇险船舶搜救指定水域范围内的所有船舶 LRIT 数据，以便迅速识别可能被要求为海上遇险人员的搜救提供协助的所有船只。中国 LRIT 搜救用户信息请求流程如图 8-1-3 所示。

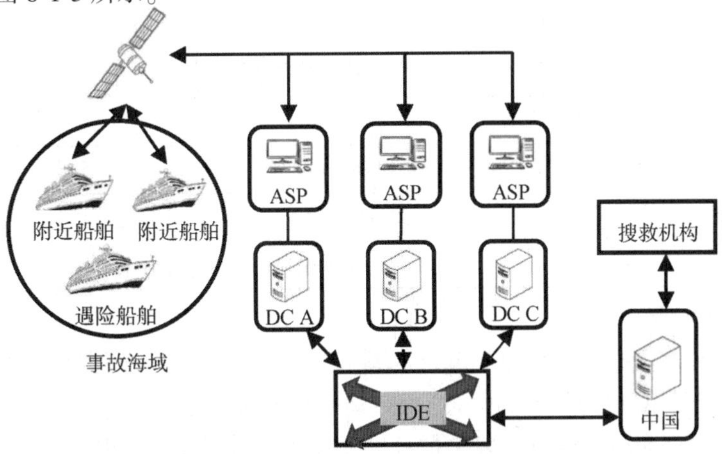


图 8-1-3　中国 LRIT 搜救用户信息请求流程

# 第二节 ◉ LRIT 船载设备

## 一、LRIT 船载设备性能标准和技术标准

如图 8-2-1 所示，LRIT 船载设备每天发送 4 次信息，每隔 6 h 发送 1 次，内容包括船舶识别、船位、日期/时间，并且不再涉及船舶其他信息。最终船舶 LRIT 信息被存储于数据中心。

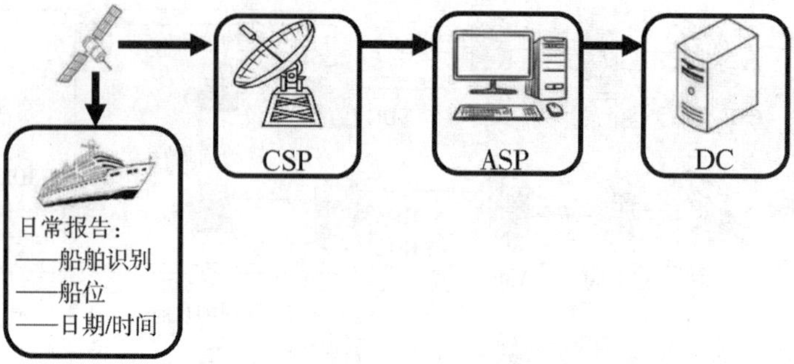


图 8-2-1　船舶到 LRIT 数据中心信息传输示意图

如果 LRIT 船载设备是构成船舶 GMDSS 设备或电子助航设备的一部分，在性能方面 LRIT 船载设备除满足 IMO 关于 GMDSS 设备和助航设备的要求外，还须满足以下要求。

### （一）LRIT 信息报告要求

LRIT 船载设备如果是 GMDSS 或其他设备的一部分，不得降低原设备的性能标准，遇险、紧急和安全通信的优先等级高于 LRIT 信息。设备在默认情况下，无须人工干预，自动以 6 h 的时间间隔向 DC 发射本船 LRIT 信息，也可以预先设定时间间隔由最短的 15 min 到 6 h，但是当船舶遭遇危险、载运危险货物或者是特种船舶时，LRIT 信息的发射时间间隔需要降低到 15 min。当船舶靠港、进入船坞修理或者长时间不使用时，船长或者主管机关可以将 LRIT 信息的发射时间间隔延长到 24 h，或者暂时停止发射。LRIT 信息报告包含表 8-2-1 列明的所有信息。

表 8-2-1　LRIT 船载设备发送的信息

| 名称 | 内容 |
|---|---|
| 船舶识别 | 船载设备识别码（船名、船舶 IMO 编号、呼号和 MMSI） |
| 船位 | 基于 WGS-84 坐标系的船舶 GNSS 位置（经度和纬度） |
| 时间/日期 | 提供船位的 UTC 时间和日期 |

### （二）技术要求

（1）设备需外接船舶全球卫星导航系统（GNSS）定位设备，或者自身配置 GNSS 定位设备，也可以从 AIS 船载设备远程通信接口获取船位数据。

（2）环境要求应声明设备安装时是直接安装还是需要加装保护装置。

（3）电磁兼容性须符合 IMO A.813（19）（《所有船舶电气和电子设备电磁兼容性

(EMC)的一般要求》),或 IEC 60945(《海上导航和无线电通信设备和系统——通用要求——测试方法和要求的测试结果》)的要求。

(4)设备在断电后,重新加电能够恢复发射 LRIT 信息。

(5)辐射干扰满足 IEC 60945 的相应要求。

## 二、符合性测试

按照 MSC.1/Circ.1296 文件(《船舶符合发送 LRIT 信息要求的检验和发证的导则》)的规定,所有适用船舶在纳入 LRIT 系统前,必须进行船载设备符合性测试,以检验船载设备能否满足要求。2008 年 11 月 4 日,中国海事局授权中国交通通信中心为中国旗船舶测试 ASP。

### (一)符合性测试流程

按照 MSC.1/Circ.1296 文件的规定,LRIT 船载设备符合性测试的流程包括:船载设备登记、卫星链路管理、执行测试流程、出具测试报告和测试证书。其中,执行测试流程是最终确定设备是否符合要求的关键。按照要求,测试 ASP 必须完成对设备的 15 个项目的测试。一般在收到船舶测试申请 5 个工作日内与船舶约定测试时间,在测试完成 5 个工作日内签发测试报告。

### (二)符合性测试报告

符合性测试分为多个阶段,每个阶段需要对船舶位置点和时间进行严格的计算,所以测试过程必须利用计算机实现自动化。船东提交的测试资料经过测试管理员审核后,即可启动自动化测试程序,测试按照测试步骤逐条进行,若船载设备通过所有步骤,即可成功通过测试。设备使用中若发生下述情况,符合性测试报告将被视为不再有效:

(1)船载 LRIT 信息发送设备发生变更。

(2)船舶改挂其他缔约国政府的船旗。

(3)主管机关撤销了对进行符合性测试的 ASP 的认可或授权。但在此情况下,主管机关可以决定,在撤销认可或授权的日期之前或主管机关确定的日期之前签发的符合性测试继续保持有效。

## 三、维护和使用注意事项

典型的 LRIT 船载设备连接包括通信设备、控制单元和电源,示例图(见图 8-2-2)中以 FURUNO FELCOM 15 作为通信设备。如果设备是构成 GMDSS 设备或电子助航设备的一部分,可按照 GMDSS 设备和助航设备的维护保养要求进行维护。设备工作时自动运行,运行中遇到以下情况时,会产生信息停止或异常发送:

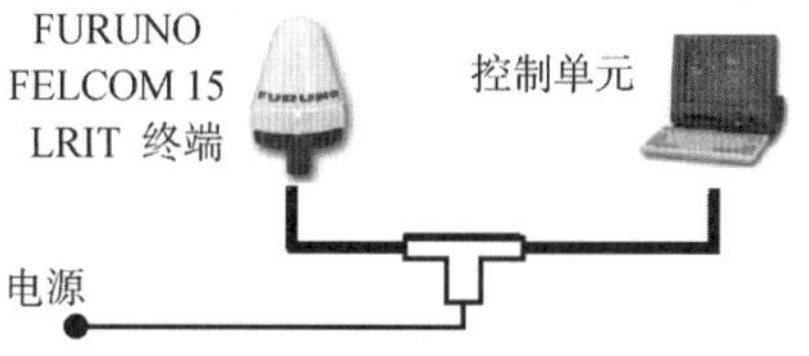

图 8-2-2　典型的 LRIT 船载设备连接图

(1)船载设备通信繁忙,尤其是在发送 LRIT 信息的规定时间正在进行高优先级(遇险、紧急和安全)通信。

(2)船载设备切换洋区,对于同一个终端设备,不同洋区对应不同的 DNID,需重新输入入网识别。

(3)船载设备超出通信卫星覆盖范围。

(4)港口无线电设备干扰,影响 LRIT 信息报送。

(5)船载设备更换注册国籍。

(6)船舶设备故障,例如作为 LRIT 终端定位源的 GPS 故障,GMDSS 通信设备故障等。

除了以上原因,CSP 站台性能下降等也会影响 LRIT 终端信息的发射。此外,当船舶航行于国际规定的保护航行信息区域时,或船长认为 LRIT 设备工作可能对船舶和人员构成威胁时,船上人员可以关闭终端或者终止信息发送,并将关闭 LRIT 设备的情况记录在航海日志中。一旦非常情况解除,应重新开启 LRIT 设备。

**思考题**

1.简述 LRIT 的基本组成。

2.简述船载 LRIT 的基本功能。

3.LRIT 中应用服务提供方(ASP)的功能是什么?我国负责测试应用服务提供方(ASP)的是哪个机构?

4.按照一般要求,LRIT 船载设备每隔多长时间发送一次 LRIT 信息?包含哪些信息?

5.LRIT 船载设备必须完成什么测试,才能够在 LRIT 系统中使用?

6.LRIT 船载设备在什么情况下可以关闭或终止信息发射?

7.LRIT 船载设备的选择有哪几种?

8.LRIT 船载设备进行符合性测试前,需要提供哪些信息?

9.简述 LRIT 系统运行的注意事项。

# 第九章

# 船载航行数据记录仪

## 第一节 船载航行数据记录仪概述

### 一、有关船载航行数据记录仪的国际公约和性能标准

船载航行数据记录仪分为航行数据记录仪(VDR)和简易航行数据记录仪(S-VDR，Simplified-Voyage Data Recorder)，是一种以安全且可恢复的方式实时记录保存船舶发生事故前后一段时间内的船舶位置、动态、物理状况、命令和操纵手段等有关信息，记录船舶航行数据的设备。主管机关和船舶所有人可以获得存储在记录仪中的数据，作为处理事故的客观证据。根据《1974 年国际海上人命安全公约》第 V 章的要求，船载航行数据记录仪的配备要求如表 9-1-1 所示。

表 9-1-1　船载航行数据记录仪配备要求

| 船舶种类 | 2002 年 7 月 1 日或之后建造 | 2002 年 7 月 1 日之前建造 |
| --- | --- | --- |
| 客船或滚装船 | VDR | VDR |
| 3 000 总吨及以上货船 | VDR | VDR 或 S-VDR |

当前，船载航行数据记录仪遵循的 IMO 性能标准、修正案如下：

(1)1997 年 11 月通过的《船载航行数据记录仪(VDR)性能标准》[IMO A.861(20)]。

(2)2004 年 5 月通过的《船载简易航行数据记录仪(S-VDR)性能标准》[MSC.163(78)]。

(3)2006 年 5 月通过的《经修订的〈船载航行数据记录仪(VDR)性能标准[IMO A.861(20)]〉和〈船载简易航行数据记录仪(S-VDR)性能标准[MSC.163(78)]〉》[MSC.214(81)]。

(4)2012 年 5 月通过的《关于船载航行数据记录仪(VDR)性能标准的建议案》[MSC.333(90)]。

(5)2021 年 10 月通过的《船载简易航行数据记录仪(S-VDR)性能标准修正案[MSC.163(78)]》[MSC.493(104)]。

(6)2021 年 10 月通过的《〈船载航行数据记录仪(VDR)性能标准〉[MSC.333(90)]修正案》[MSC.494(104)]。

## 二、船载航行数据记录仪的组成及功能、工作过程

### (一)船载航行数据记录仪的系统组成

船载航行数据记录仪的系统组成包括数据处理器、传感器接口及信息处理电路、麦克风组、最终记录介质与数据保护舱、报警指示器、数据回放设备、电源及备用电源,如图 9-1-1 所示。

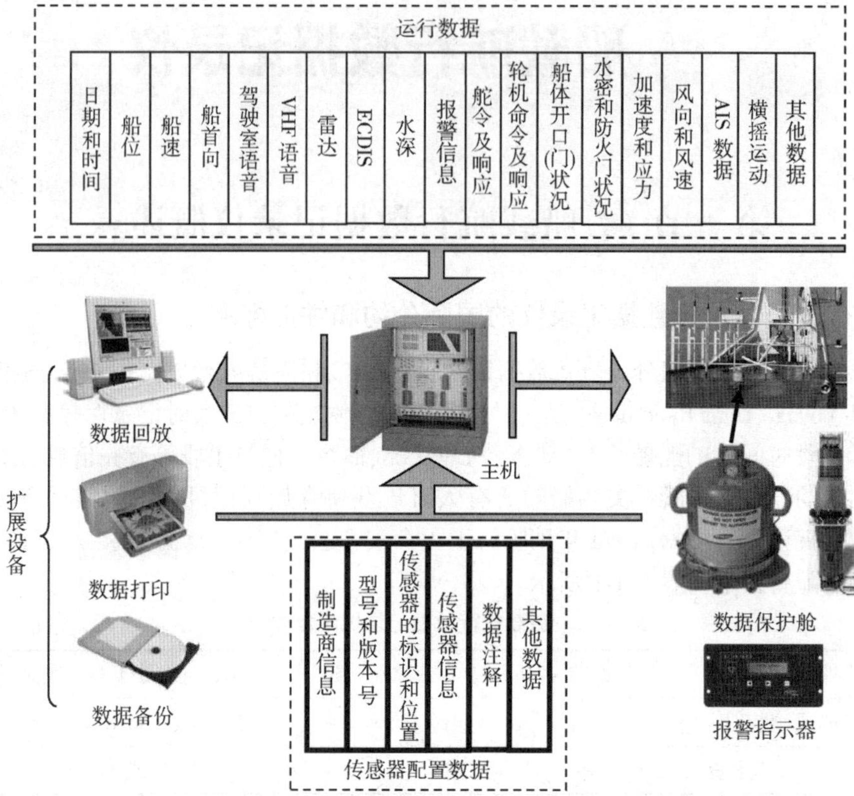


图 9-1-1 船载航行数据记录仪系统组成

1.数据处理器、传感器接口及信息处理电路和麦克风组

数据处理器通常安装在驾驶台附近,又称主机,由主处理机、数据编码器和存储单元等组成,是系统的核心。通过采集程序直接采集和处理来自 RS 232 或 RS-422 接口提供的符合 IEC 61162(《海上导航和无线电通信设备和系统——数字接口》)系列标准或 NMEA 标准的数据,还可通过传感器接口及信号处理电路采集和处理非 IEC 61162 或 NMEA 格式的信号,如雷达图像信号、麦克风组录制的驾驶台和 VHF 通信语音信号,以及其他传感器的模拟量信号、开关量信号等。在程序的控制下,经过数据格式转换、数据刷新和数据备份等,完成数据管理任务。航行数据记录仪所采集数据的精度主要取决于被采集设备输出数据的精度。主机通常还设有可移动的存储介质,以方便事故调查及相关人员获得航行数据。

2.最终记录介质与数据保护舱

最终记录介质(FRM,Final Recording Medium)作为最终航行数据记录单元,与主机连接,包括固定记录介质、自浮记录介质和长期记录介质。固定记录介质、自浮记录介质能够记录至少 48 h 的航行数据,长期记录介质能够记录至少 30 天(720 h)的航行数据。满足 MSC.333(90)决议的 VDR 包括以上所有记录介质,不满足 MSC.333(90)决议的 VDR 可以只包括固定记录介质或者自浮记录介质,航行数据记录时长至少 12 h。最终记录介质应具有保护装置,所记录的数据能够在事故后获取和回放,并能够防止数据被篡改或删除。

(1)固定记录介质

固定记录介质为一个安装在固定式数据保护舱(Protective Capsule)内的 FRM,通常采用闪存(Flash Memory)作为存储介质。数据保护舱在任何情况下都固定在其安装位置上,通常安装在罗经甲板龙骨正上方离船舶建造结构 1.5 m 外的空旷处,在其周围不得放置其他杂物。设有分离螺栓或释放杆或转锁等机械释放机关与底座相连,舱体上设有金属拉环或把手。

固定式数据保护舱配有 25~50 kHz(中心频率 37.5 kHz)的水声信标寻位装置,其电池使用寿命至少为 30 天或 90 天[满足 MSC.333(90)决议],以方便潜水员或遥控机械手水下回收。数据保护舱外壳为高可见度荧光橙色,并涂有反光材料。按照标准的要求,保护舱可以承受冲击(50 g 半正弦脉冲 11 ms)、穿刺(250 kg 的直径为 100 mm 尖头物体从 3 m 坠落)、耐火(260 ℃条件下 10 h 及 1 100 ℃条件下 1 h)、深海压力和浸泡(60 MPa 压力,相当于6 000 m 水深)等恶劣环境,并保持数据完好性至少 2 年。对于 SVDR 数据保护舱,可不要求满足穿刺的标准。

(2)自浮记录介质

自浮记录介质为一个安装在自由浮离式数据保护舱内的 FRM,通常采用闪存作为存储介质。自由浮离舱在船体沉没时能够自动脱离船体上浮,设有易于钩取和回收的装置。浮离舱还带有昼夜工作的指标灯和引航信号发射机,周期性发射莫尔斯码“V”(三短一长“· · · —”),指示最后已知或即时位置(如果有内置 EPFS 设备)。也有的浮离舱集成了紧急无线电示位标(EPIRB),能够通过国际搜救卫星系统(COSPAS-SARSAT)发出遇险报警。为指标灯和无线电发射机供电的电池至少可工作 7 天。

(3)长期记录介质

长期记录介质是 VDR 设备记录数据持续时间最长的永久性装置,通常是主机的硬盘记录器,能够方便地在船舱内部访问所记录的数据,数据完好性至少保持 2 年。

3.报警指示器

VDR/S-VDR 的自检和故障报警程序能够自动连续地检测设备的供电、记录功能、比特误码率、麦克风功能和所记录传感器数据的完善性等,当所检测设备或数据失常时,即通过报警指示器发出音响和视觉(光及文字)报警,音响报警经确认后能够被静音,视觉报警指示保留到设备恢复功能后自动解除。

4.电源及备用电源

船舶的主电源和应急电源应向 VDR/S-VDR 供电。此外,系统还配有可自动充电的专用备用蓄电池电源,通常为 UPS 电源。当船舶主电源和应急电源都断电时,备用电源可以保证系统再连续记录 2 h 的驾驶台语音数据，之后，系统自动停止所有记录。电源切换不影响系统正常工作。

5.数据回放设备

按照 IMO SN/Circ.246 通函(《调查机关读取航行数据记录仪(VDR)和简易航行数据记录仪(S-VDR)存储数据方法的建议》)的建议，2006 年 7 月 1 日以后安装的 VDR/SVDR 应提供回放软件，采用以太网(Ethernet)、USB、火线(Fire Wire)或其他等效输出端口，以便将所存储的航行数据撷取至便携式计算机。对于满足 MSC.333(90)决议的 VDR，数据回放设备是必备的船载设备。

数据回放设备包括信息读出装置和相应的软件包以及信息再现装置，通常为一台完整的计算机系统，主管机关和制造商用它来恢复和回放 VDR/S-VDR 记录的数据。

6.接口

VDR 接口用于下载存储的数据并将信息回放到外部计算机，接口可以是标准的 RS-485/RS-422 串口。以海兰信某型号船载航行数据记录仪为例，该设备具有独立的图像、串行数据(最多 24 路 IEC 61162 格式信号输入)、非标数据采集(8 路模拟电压或电流信号采集、64 路开关量信号采集)模块，可根据船舶需要灵活配置。其能够配置多个数据采集模块，10 个 100 兆的 LAN 接口用以通过网络采集雷达图像、电子海图图像及相关信息，并配备 5 通道音频记录。除此之外，该系统通过“Hi-Cloud”船舶远程信息服务系统使用户可通过客户终端或移动终端了解船舶的详细状况，并进行高效管理。

### (二)船载航行数据记录仪的数据记录功能

VDR/S-VDR 接收和记录的信息丰富，分为运行数据和配置数据。

1.运行数据

运行数据包括至少 30 天内系统连续记录的所有数据，MSC.333(90)决议规定，VDR 需包含的运行数据包括日期和时间、船位、船速、船首向、驾驶室语音、VHF 语音、雷达图像、ECDIS、水深、报警信息、舵令及响应、轮机命令及响应、船体开口(门)状况、水密和防火门状况、加速度和船体应力(若有)、风速和风向、AIS 数据、横摇运动(若有)和航海日志信息(若有)。

2.配置数据

除了上述运行数据之外，在 VDR/S-VDR 调试期间，还应将定义 VDR/S-VDR 及其连接的传感器配置的数据写入最终记录介质。配置数据应与连接传感器保持同步更新。配置数据包括传感器的制造商信息、型号和版本号、传感器的标识和位置以及传感器信息、数据注释的详细信息等。配置数据应永久保存在最终记录介质中，并在其发生任何更改后，由经正式授权的人员进行修改。

### (三)船载航行数据记录仪的工作过程

VDR/S-VDR 通过传感器接口及信号处理电路采集传感器信息，在数据处理器中对这些数据进行变换、压缩、编码等处理后，输入 FRM 记录和保存，并不断动态覆盖翻新。其工作过程主要包括信号采集、数据存储和备份、自检和故障报警等。

1.信号采集

在主处理器的协调下，传感器接口及信号处理电路采集和跟踪各传感器的信息。信号采集过程可分为正常状态、操作状态和特殊状态三种情况。当操作状态发生变化时，如车钟、舵角、轮机、螺旋桨等状态变化时，系统立即采集和记录这些状态变化的指令及其响应等状态信息。当出现设备报警信号或舵角、主机转速等状态异常变化时，设备立即跟踪采集和记录相关的信息数据。

2.数据存储和备份

数据存储和备份主要完成数据格式转换、数据存储备份和数据刷新。配置数据在系统启用时写入，系统正常运行时不能修改。系统采集的传感器信息即运行数据，在保存过程中经过格式变换、压缩和加密处理后，按照日期和时间顺序存入 FRM。VDR 还设计了移动存储器接口，用于备份 FRM 中的数据。如果船舶主电源和应急电源失电，系统由备用电源供电，此时系统自动关闭消耗电能较多的各传感器接口及信号处理电路。如果外电源不能恢复正常，则系统在 2 h 后自动锁闭存储器，停止工作。数据刷新是在 FRM 容量溢出时控制系统按照先进先出的原则以较新数据覆盖最陈旧的数据。

3.自检和故障报警

自检主要检测数据处理器、传感器接线、传感器信号处理电路块、供电系统、传输数据的比特误码率和所记录数据的完善性等。自检的方式包括初始化自检、在线检测和模拟测试三类。初始化自检在系统电源接通时自动检测系统硬件状态。在系统工作过程中，在线检测程序利用正常工作模式下的时间间隙，轮流检测重要硬件的工作状态和所记录数据的完善性，当所检测设备或数据失常时，输出报警信号。模拟测试提供一种调试检测手段，便于技术人员检测和调试。

## 第二节 ◉ 船载航行数据记录仪的操作、验收、检验与管理

船舶电子电气员对航行数据记录仪的正常运行负有维护、管理责任，涉及日常维护保养、设备报修、安装验收、年度检验等，负责保证系统正常运行，对设备的相关报警及处理过程和处理结果应在航行日志或者相关的设备记录簿中详细记录。

### 一、船载航行数据记录仪的操作

VDR/S-VDR 的操作控钮非常简单，一般在主机上设有电源开关和硬盘分离开关，在报警器控制面板上设有报警确认、数据存储和设备自检等控钮。所有操作控钮在设备正常运行时无须特别操作。

#### （一）配置操作

配置数据的装载和更改应由正式授权人在 VDR/S-VDR 启用时完成。具体操作根据设备的厂家与型号不同而不同，有密码保护。配置完成后，系统方可正常记录数据。

#### （二）运行操作

VDR/S-VDR 在正常工作状态下的运行是完全自动的，无须人为干预。当报警单元发出警报时，航海人员应按操作说明书的要求操作。VDR/S-VDR 通常设有电源、存储、记录终止、报警确认和测试等操作控钮。

1.电源

VDR/S-VDR 的电源开关一般设在主机不易被触碰或被锁定的位置，启动时应注意

按顺序接通船舶主电源、应急电源和备用电源，关机时顺序相反。除非船舶在港对设备进行重要的维护，或船舶长期停航闲置，或船舶涉及海上事故，或在主管机关的要求下，否则 VDR/S-VDR 的电源需保持连续供电，以保证设备连续不间断地工作。

2.存储

使用存储按键可将最近一段时间（如 12 h）记录的航行数据存储在可移动存储的单元中。此存储过程不影响系统正常记录航行数据。

3.记录终止

此控钮按下时，系统停止继续记录航行数据。有的系统设有此控钮。

4.报警确认

当设备发生报警时，按下报警确认按键，声音报警静音，但视觉报警须在报警条件解除之后消失。需要注意的是，有些情况下产生报警属正常现象，比如雷达关闭不能记录雷达图像而产生的报警，此时只需确认即可。

5.测试

此键用于人工启动设备自检程序，并将测试结果显示在报警指示器上或发出相关的提示，以配合对设备的查验。

## 二、船载航行数据记录仪的验收、测试与日常维护

船载航行数据记录仪是软硬件结合的系统，应根据制造商的维护要求定期对系统进行维护。应定期对专用备用电源、水声信标（需要专用测试设备）及其电池、麦克风的输出电平等进行检查。按照《1974 年国际海上人命安全公约》和 IMO《航行数据记录仪（VDR）和简易航行数据记录仪（S-VDR）年度测试指南》（MSC.1/Circ.1222/Rev.1）的要求，对系统包括所有传感器须进行安装验收和年度性能测试，且测试应由认可的测试或维修机构实施。电子电气员应了解验收和测试程序。

### （一）系统安装验收

设备安装后，航海人员应在授权安装人员在场时，按照制造商提供的验收表单，对照指南仔细验收，查验记录的航行数据，确认无误。

首先进行外观检查，一般按照下列程序验收：

（1）确认试验开始前没有报警。

（2）确认当外部电源断电时，电源报警被激活，设备继续运行至少 1 h 55 min，并在外部电源断电后不迟于 2 h 5 min 自动停止记录。

（3）使用制造商测试设备或经认可设备检测时，确认水声信标工作正常。

（4）确认设备的整体状况令人满意，设备内的所有电池（水声信标和电源）均在有效期。

（5）确认航行数据记录仪有良好的维护记录。

（6）确认完整记录了所应记录的项目。

（7）对于要求安装或已经安装了的自由浮离式数据保护舱，确认其部署在启用时令人满意。

（8）确认设备在测试完成后恢复正常运行模式。

（9）全部验收完成后，系统测试和调试报告及记录应提交验船师审核。

### （二）年度测试

根据 IMO《航行数据记录仪（VDR）和简易航行数据记录仪（S-VDR）年度测试指南》的要求，对航行数据记录仪应进行年度性能测试。这个测试报告通常用于船旗国、港口国或公认的组织的验船员或检查员的查验。

年度测试包括：

（1）确认在测试开始前无报警。

（2）确认断开外接电源时，失电报警启动，且设备可至少持续运行 1 h 55 min，并在不迟于外接电源断开 2 h 5 min 自动停止记录。

（3）设备的水声信标及备用电源的电池均在有效期内。年度检验时，也应检查静水压力释放器（如有）的情况，并在检验报告和相关位置标注下次更换时间。

（4）使用制造商的测试设备（或经鉴定合格的替代测试设备）确认水声信标处于正常工作状态。

（5）确认设备总体情况令人满意，包括数据保护舱、外部连接电缆和主机。

（6）检查确认 VDR/S-VDR 应记录的数据项目，满足 IMO 关于 VDR/S-VDR 性能标准的有关要求。

（7）核查船上记录，确认 VDR/S-VDR 得到了正确的维护保养。

（8）测试完成时，确认 VDR/S-VDR 设备恢复到正常工作状态。

### （三）日常维护

正常工作时，船载航行数据记录仪通常无须日常特别操作与维护，当班航海人员只需随时查看报警指示器监控面板，处理报警信息，确认是否存在不能恢复的报警，数据保护舱声响信标电池是否在有效期内。如发现船上无法处理的异常情况，应立即向船舶所有人或所在/就近港口的海事主管机关报告，报告内容应包括：发现设备异常工作的时间、地点、可能的原因、海况、天气情况等。如果系统提供了回放功能，每月进行一次回放检测，以确认系统处于正常工作状态。

以上情况均应记录在航海日志中。

**思考题**

1.什么是船载航行数据记录仪？它可以记录哪些数据？

2.简述船载航行数据记录仪的系统组成。

3.与船载航行数据记录仪连接的传感器有哪些？分别提供哪些信息和数据？

4.简述船载航行数据记录仪不同类型数据保护舱的特点。

5.船载航行数据记录仪的电源有什么特点？备用电源的作用是什么？

6.什么是船载航行数据记录仪的配置数据？记录驾驶室声音的麦克风通常是如何分布的？

7.简述 VDR 的基本操作。

8.简述 VDR 和 S-VDR 数据记录功能的区别。

9.简述 VDR 装船后的验收工作。

10.简述 VDR 年检的注意事项。

# 第十章

# 综合驾驶台系统与综合航行系统

随着计算机软硬件、网络、信息处理、通信导航及现代控制等技术的发展,人们开始关注利用新技术综合提高船舶航行的自动化程度,保障船舶航行安全、提高船舶运营管理效益。20 世纪 60 年代至 70 年代初,出现了具有导航线的导航系统。20 世纪 70 年代末至 80 年代初,具有综合信息显示和自动保持航迹向功能的综合驾驶台系统出现。20 世纪 80 年代末至 90 年代初,出现雷达图像与电子海图信息融合的综合驾驶台系统。20 世纪 90 年代初至今,具有现代航海信息综合处理和监督航行安全功能的综合驾驶台系统在船舶应用,而且信息融合、保障航行安全的能力在逐渐提高。2006 年,国际海事组织提出 E-航海(E-Navigation)的概念,随之迎来了智能航运、智能船舶等航海研究领域的大发展,标志着航运业"智能时代"的正式开启。航运业呈现智能化、网联化、协同化发展趋势,智能型设施和设备成为支撑航运发展的重要基础。

本章将重点介绍综合驾驶台系统(IBS)的功能和配置,以及与通信导航系统息息相关的综合航行系统(INS)的功能、配置、接口、误差和局限性。

## 第一节 ◎ 综合驾驶台系统

### 一、综合驾驶台系统的概念

"综合驾驶台系统"的英文缩写是 IBS,全称为 Integrated Bridge System,有些资料也将其翻译为"综合船桥系统"。《关于综合驾驶台系统(IBS)性能标准的建议案》[MSC.64(67)附件 1]将 IBS 定义为,通过内部连接,以便允许集中接入获取传感器信息或者从工作站发出指令或者控制信息的多个系统的综合,其目的是提升适任人员管理船舶的安全性和效能。可见,综合驾驶台系统采用了系统设计的方法,将船上的各种导航设备、船舶操作控制设备通过网络技术有机结合起来,利用计算机、现代控制、信息融合等技术实现其功能。综合驾驶台系统由若干子系统有机连接和组合,集中获取多元传感信息,以方便适任人员在工作站指挥和控制船舶,高效管理船舶,提高船舶运营的安全性。

目前,IBS 主要还是从综合航行的基本需求出发,结合船舶首向发送装置(THD)、电子定位系统(EPFS)、船舶航速和航程测量设备(SDME)、水深测量设备、雷达系统、电子海图显示与信息系统、自动识别系统、自动舵等各种导航、船舶操纵设备和管理系统,形成的具有综合导航、船舶控制、自动避碰、综合信息显示、通信和航行管理控制等多种功能的综合驾驶台系统。

## 二、综合驾驶台系统的相关国际标准

1996 年,国际海事组织发布的《关于综合驾驶台系统(IBS)性能标准的建议案》[MSC.64(67)附件 1],指明了综合驾驶台系统(IBS)的基本定义。

1999 年,国际电工委员会发布的《海上导航和无线电通信设备和系统——综合驾驶台系统(IBS)——操作和性能要求、测试方法和要求的测试结果》(IEC 61209)规定了 IBS 设计、制造、集成和测试的最低要求,并符合国际海事组织 MSC.64(67)附件 1 中 IBS 的相关规定。

2000 年,国际海事组织发布的《驾驶台设备和布局人机工程学标准指南》(MSC/Circ.982)对驾驶台布局、工作环境、工作视野、人机交互、信息显示等进行了定义。

## 三、综合驾驶台系统的功能

综合驾驶台系统应能够执行以下任务:

(1)航路执行

航路执行主要包括锚泊、靠泊、操纵、避碰、航行等操作控制。

(2)通信

通信主要包括船舶内部通信、外部通信、人机通信、人员通信等操作控制。

(3)机械控制

机械控制主要包括报警、电源、舵机、锅炉、加热、通风、空调、燃油、系统性能诊断等操作控制。

(4)装卸载和货运管理

装卸载和货运管理主要包括污水、防污染、货舱、货物装配载、油水、舱门等操作控制。

(5)航行安全和船舶保安

航行安全和船舶保安主要包括消防、船损、防海盗、紧急事件响应等任务。

(6)船舶管理

船舶管理主要包括船员培训、值班演习、货运证书、救生设备、航次管理、船舶维护保养、人事管理等操作控制。

## 四、综合驾驶台系统的配置

### (一)IBS 配置基本原则

《1974 年国际海上人命安全公约》并未对船舶综合驾驶台系统提出强制配备要求,不同船级社对 IBS 的配置要求亦有所不同。受到船上具体设备规格、配置及环境的制约,IBS 基本配置的主要原则包括但不限于:

(1)IBS 中的任何模块、设备或子系统都必须满足 IMO 关于该部件的相关标准要求,且能够在不影响该部件工作的其他部件故障时,独立正常工作。

(2)IBS 任何功能运行和任务操作不会影响其他功能和操作的正常运行,相关的系统功能和任务还能够协同运行,完成复杂的控制任务。

(3)IBS 的功能一定要不低于独立使用各个设备时所达到的功能。

(4)对于保证航行安全必要的显示和控制,要有可以替代的设备。

(5)重要的信息要有可以替代的信息源。

(6)能够指明可能发生的系统错误和与重要功能有关的连接错误。

(7)警报必须要有提示信息,警报管理至少应符合 IMO 决议《警报和指示器规则》[IMO A.830(19)]的要求。

(8)接口要符合相关的国际航海用接口标准。

### (二)船舶驾驶台功能区分布

船舶不论尺寸大小,其船载航行设备均应满足表 10-1-1 中列出的要求。

表 10-1-1 适用于各种尺寸船舶的设备基本要求

| 任务及目的 | 设备装载要求 | 其他要求 |
| --- | --- | --- |
| 确定首向,并在主操舵位置显示 | 1 台经过适当校正的标准磁罗经,或其他装置 | 独立于任何电源 |
| 水平 360°范围内测量方位,校正首向和方位 | 1 台哑罗经,或罗经方位装置,或其他装置 | 独立于任何电源 |
| 航路监视 | 海图和航海出版物,电子海图显示与信息系统(ECDIS,备用);若航路监视功能全部或部分由电子装置完成,应有满足本功能的后备装置 | 合适的纸质航海图可作为 ECDIS 的后备装置 |
| 确定和更新船位 | 1 台全球导航卫星系统或陆地无线电导航系统的接收机,或其他装置 | |
| 能被他船雷达探测到 | 1 台雷达反射器,或其他装置 | 适合于船舶小于 150 总吨且实际可行的情况 |
| 声响监听 | 1 套声响接收系统,或其他装置 | 若船舶驾驶台是完全封闭的和除非主管机关另有规定 |
| 向应急操舵位置(如设有)传递首向信息 | 1 部电话,或其他装置 | |

船舶驾驶相关的船载航行设备和系统大部分布置于船舶驾驶台。《1974 年国际海上人命安全公约》第Ⅴ章从方便驾驶台团队操作和使用驾驶台的各种系统、设备,以及优化驾驶台资源等角度出发,对驾驶台设计,航行系统、设备和驾驶台程序的设计和安排做出了规定,海上安全委员会通函《驾驶台设备和布置的人机工程学衡准指南》(MSC/Circ.982)为公约提供了技术性支持。MSC/Circ.982 列出了船舶驾驶台各功能区的可能布局,并推荐相应的航海设备设置,如图 10-1-1 所示。

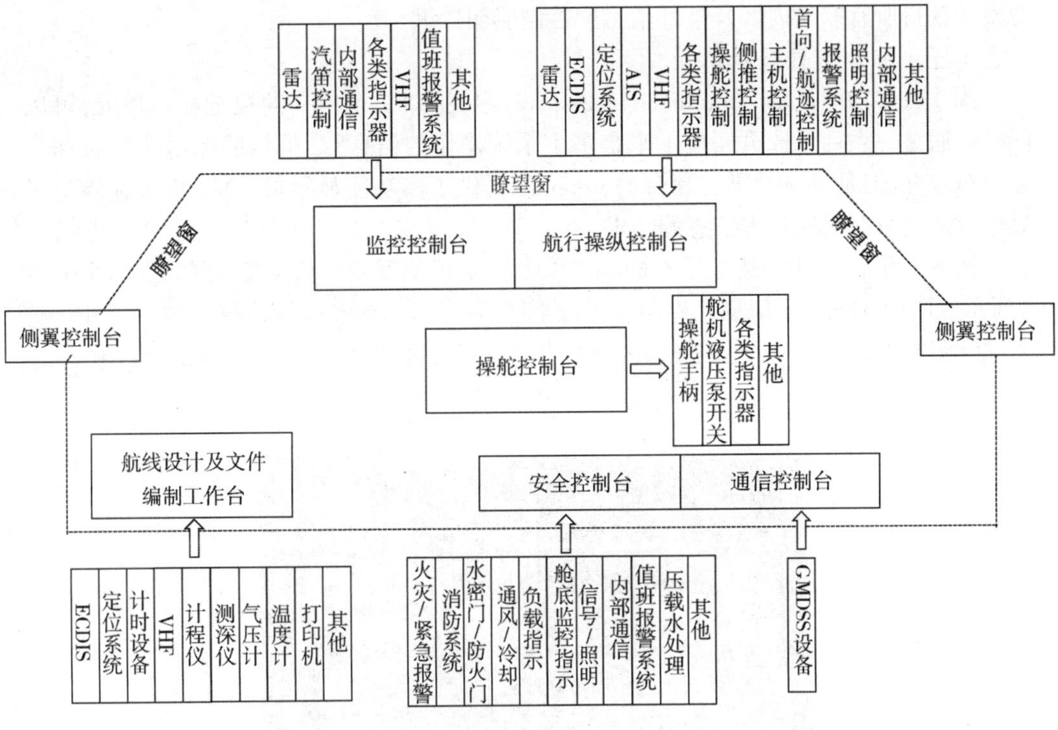


图 10-1-1　船舶驾驶台功能区布局示例

1.监控控制台

监控控制台的放置应保证站立/端坐时能够持续观察仪器的操作及船舶周围的环境,也可用于船长或引航员履行控制和指导的职能。

2.航行操纵控制台

航行操纵控制台用于操纵设备以控制船舶运动,该控制台应保证船舶操纵的安全性,无论站立还是端坐进行操纵时都拥有最佳的瞭望视野,并能够集中显示船舶综合信息,即 Conning,如图 10-1-2 所示。

3.操舵控制台

操舵控制台保证舵手尽可能规范地或者按其他要求控制船舶航向。

4.航线设计及文件编制工作台

该工作台用于对船舶的操纵进行计划,如:航线规划,填写航海日志;也可用于将船舶操纵状况记录归档等文档类工作。

5.安全控制台

安全控制台主要用于对船舶火灾报警系统、消防系统等安全系统进行检测和必要的控制,例如查验火灾报警点、消除报警、启动消防水系统等。

6.通信控制台

通信控制台主要用于控制和操作全球海上遇险与安全系统 GMDSS 和常规通信设备,主要完成遇险、紧急和安全通信,并兼顾其他通信。有关 GMDSS 的知识,我们将在第二篇学习。

7.侧翼控制台

位于驾驶台两翼(Wings)的用于靠离泊位操纵的侧翼控制台,应使操作者能够方便观察并获得所有船舶内部及外部信息并控制船舶操纵。

### （三）综合信息显示单元

IMO 将多功能显示(Multifunction Display)定义为“一个单一的视觉显示单元,可以同时或通过一系列可选页面显示来自多个系统操作的信息”。虽然船舶电子设备和仪器分布各处,但是导航操纵控制台的 Conning 提供了多功能显示的功能,极大地满足了操作者便捷掌握船舶基本信息的需求。

接下来我们以 JRC 某型号 Conning 单元为例,说明驾驶台信息集成情况,如图 10-1-2 所示。图中,Conning 信息主界面包含以下区域:导航模式和航线信息区域、报警区域、车/舵/侧推器信息区域、速度信息区域和自动舵信息区域,以及其他基本信息区域。

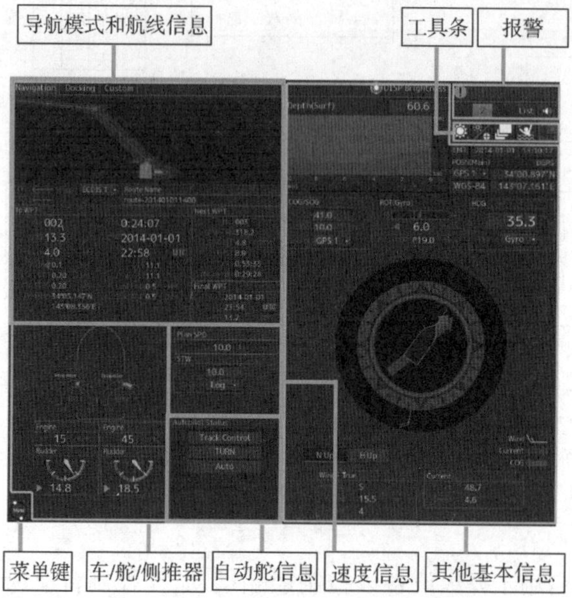


图 10-1-2　JRC 某型号 Conning 单元界面

1.导航模式和航线信息区域

本区域可以选择 3D 航路显示区域数据源(来自 ECDIS);在 3D 区域中使用不同颜色箭头指示本船对地航向(COG)和操舵航向(CTS,Course to Steer,仅显示在自动驾驶模式下);给出航线基本信息,如下一个航路点、最终航路点的基本信息等。

2.报警区域

本区域主要显示报警信息、报警列表,并可关闭报警声音。

3.车/舵/侧推器信息区域

本区域显示舵角、主机/螺旋桨和推进器的运行状态,可在航行模式和靠泊模式间转换。

4.速度信息区域和自动舵信息区域

速度信息区域可显示计划航速(Plan SPD)、对水航速(STW),并可选择航速数据源。自动舵信息区域显示已安装的自动舵的状态。

5.其他基本信息区域

此区域为自定义区域,最多可以显示六项信息,包括天气信息、车钟信息、水深图示、舵角图示、舵角/船首图示、主机/螺旋桨转速图示。

6.工具条

工具条可设置日间/夜间显示转换、屏幕和面板亮度、颜色、人员落水(MOB,Man over Board)信息提示、任务屏幕的转换等。

# 第二节 ◎ 综合航行系统

## 一、综合航行系统(INS)的概念

### (一)综合航行系统(INS)与综合驾驶台系统(IBS)的关系

"综合航行系统"一词的英文全称为"Integrated Navigation System",缩写为INS。由于"Integrated"一词具有"综合""组合"的含义,而"Navigation"具有"导航""航行"的意思,因此INS又被翻译为"组合导航系统"或者"综合导航系统"。这两种含义切实反映了INS的最初含义,即将飞机或者船舶等载运工具上的两种或两种以上的导航设备组合在一起的导航系统。如果考虑国际海事组织的文件《通过经修订的综合航行系统(INS)性能标准》[MSC.252(83)],INS除具有综合导航功能外,还兼具航速控制、首向或航迹控制功能,又可以将INS翻译为"综合航行系统"。本教材把"Integrated Navigation System"翻译为"综合航行系统"。

INS和IBS几乎是同一时期出现并发展起来的,INS与IBS的关系如图10-2-1所示。从系统构成来看,INS集成了雷达、AIS、ECDIS、EPFS、THD、SDME、测深仪和计程仪等传感器,并且与首向或航迹控制、航速控制、机械控制等传感器连接;而IBS在INS的基础上进一步融入了系统管理、航行安全与船舶保安、装卸载/货运管理,以及通信等设备或者系统。从功能上看,INS通过集成雷达、AIS、ECDIS、EPFS、THD、SDME、测深仪等,以及首向或航迹控制装置等传感器,实现了船舶导航、定位、识别,以及首向或航迹、航速控制等基本航行功能;而IBS在此基础上还可以实现系统管理、航行安全与船舶保安以及通信等其他功能。

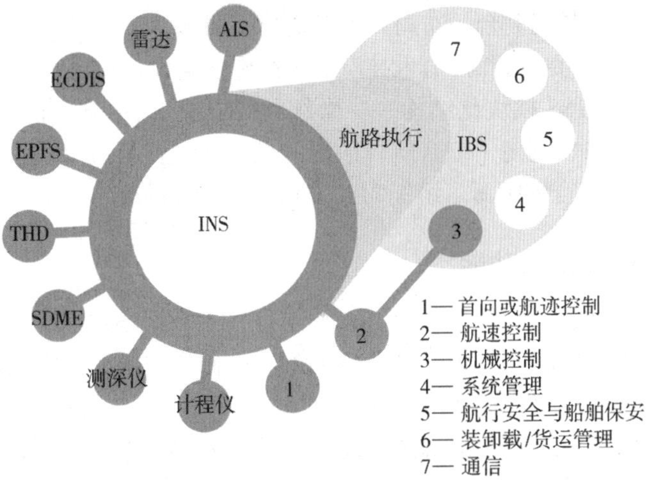


图10-2-1　INS与IBS的关系

总的来讲,可将INS与IBS的关系理解为,INS是IBS得以实现的基础,IBS是INS

与其他多种控制系统在功能和设备上的有机结合。从未来发展视野看,IBS 又是智能船舶、水面自主航行器发展的技术基础。

### (二)综合航行系统的构成

如前所述,INS 是由若干航海仪器组合在一起,为船舶提供优化的综合航行信息,主要用来完成航路执行功能的系统。站在软硬件的角度,INS 包含多个保障船舶航行安全的设备或子系统。站在功能和任务的角度,INS 可以被划分为多个功能模块或者任务站。从设计思想上看,INS 主要是通过向用户提供本船运动信息,安全水深信息,其他水面航行器、障碍物和危险物标、导航目标和海岸线相对于本船的位置及运动信息,帮助驾驶台团队制订航行计划、监测航线,手动或自动引导和控制船舶安全航行;帮助驾驶台团队能够在所有航行情景下方便、持续和高效地利用驾驶台资源,最大限度地避免地理环境、船舶交通、气象海况和人为因素等风险。从本质上看,INS 以信息融合为手段提高驾驶台综合服务能力,最终达到为船舶安全、经济和高效航行提供"增值服务"的目的。

## 二、综合航行系统相关国际标准

1998 年,国际海事组织的《关于综合航行系统(INS)性能标准的建议案》[MSC.86(70)附件 3],补充了 IBS 规范中有关对 INS 的要求,2000 年 1 月及以后(但在 2011 年 1 月 1 日前)装船的 INS 执行该标准。

2006 年,国际电工委员会的《海上导航和无线电通信设备和系统——综合航行系统——操作和性能要求、测试方法和要求的测试结果》(IEC 61924)规定了 INS 设计、制造、集成、测试方法和所需测试结果的最低要求,以符合国际海事组织 MSC.86(70)附件 3 的规定。2011 年 1 月 1 日之前装船的 INS 需要符合该标准。

2007 年,国际海事组织通过了《经修订的综合航行系统(INS)性能标准》[MSC.252(83),本章中均简称《INS 性能标准》]。该文件规定,2000 年 1 月 1 日及以后(但在 2011 年 1 月 1 日之前)装船的 INS,执行 MSC.86(70)附件 3 规定的标准;2011 年 1 月 1 日及以后安装的 INS,执行 MSC.252(83)附件的标准。同年,国际标准化组织(ISO)颁布的 ISO 8468 也对船舶驾驶台的布局和设备提出了要求。

2021 年,国际电工委员会的《海上导航和无线电通信设备和系统——综合航行系统(INS)——第 2 部分:INS 模块化结构——操作和性能要求、测试方法和要求的测试结果》(IEC 61924-2:2021)规定了综合航行系统的设计、制造、集成、测试方法和所需测试结果的最低要求,以符合国际海事组织 MSC.252(83)标准的规定。

## 三、综合航行系统的功能

INS 必须具备航线设计、航线监控、避碰、航行控制数据、航行状态和数据显示以及报警管理等六个系统功能,不同的功能为不同的航行任务提供船舶安全航行信息。"关键信息"是安全航行功能不可或缺的信息。航线监控、避碰、航行控制数据和报警管理是"关键信息"的来源。航线设计、航行状态和数据显示属于航行规划或支持功能,其信息属于"附加航行信息"。

### (一)航线设计

航线设计是 INS 的基本功能,主要完成管理和完善航线设计任务,并提供附加导航信息。航线设计任务站默认的功能性配置应满足 IMO 海上安全委员会《经修订的〈电子海图显示与信息系统(ECDIS)性能标准〉》[MSC.232(82),简称《ECDIS 性能标准》]的要求,具备适当比例尺、准确和最新版的海图、所航行水域永久和临时航行通告及无线电航行警告;如果航行系统具备相应的功能,还能够提供潮流和潮汐、气候、水文和海洋学数据以及其他适当的气象资料。

### (二)航线监控

航线监控提供持续监控本船位置与计划航线和水域关系等功能,完成相应的航行任务:显示地理经纬度、航向、STW、COG、SOG、水深、ROT;测量水深并启动水深警报;AIS 航标报告;雷达视频与海图叠加作为可选功能,用以标示导航物标、限制区和危险物,方便位置监控和物标识别;如果 INS 集成了航迹控制系统,则航线监控任务站还可以显示与航线相关的数据和船舶操纵参数,监视船舶是否按照计划航线航行。

此外,INS 航线监控任务站还可设置搜救模式和人员落水模式。在搜救模式下,航线监控任务站能够显示搜索基点和初始搜索区域。INS 航线监控任务站的默认设置可参见 INS 性能标准、ECDIS 性能标准和《海上导航和无线电通信设备和系统——电子海图显示与信息系统(ECDIS)——操作和性能要求、测试方法和所需的测试结果》(IEC 61174)的要求。

### (三)避碰

对于 INS 来讲,避碰就是通过探测和标绘其他船舶和运动物标,避免本船和他船发生碰撞的一类航行任务。对于 INS 而言,最为重要的用于完成避碰任务的航海仪器就是船舶导航雷达。关于雷达设备的应用,参见第六章。

### (四)航行控制数据

在航行控制任务站上,航行控制数据可以为手动和自动控制船舶提供信息。因此,按照 INS 性能标准,航行控制数据分为用于手动和自动控制船舶运动的数据,以及报告和处理外部安全相关信息的数据。手动控制船舶基本运动的数据至少包括:水深及其分布概况、STW、SOG、COG、船位、首向、ROT(由测量或由首向变化计算获得)、舵角、主机推进数据、流向、流速、风向、风速(若有,应可由操作员选择真风或者视风)、激活的操舵或速度控制模式、到施舵点或下一个转向点的时间和距离、安全相关信息。自动控制船舶基本运动的数据至少包括:以上手动控制需要的所有数据,以及到下一个航段设定的和实际测量的半径或 ROT。

### (五)航行状态和数据显示

航行状态和数据显示是 INS 的辅助支持功能,为驾驶台团队提供航行安全必要的可视化信息。

### (六)报警管理

中央报警管理功能除了负责报警信息的管理,还监视 INS 及其他已安装设备和系统的状态,如首向、航迹控制、EPFS、SDME、目标跟踪雷达、ECDIS、AIS、测深设备、GMDSS 设备、用于预警的相关机械装置等,提供视觉报警信息和听觉报警信息,至少显示 20 个最近发生的,特别是处于活动状态的事件、故障。报警信息用于协调管理 INS 及其相关的独立航行模块、功能模块,以及传感器中的报警监测、处理、分发和报告,提醒操作者了解影响航行安全的异常情况、信息及其来源和报警原因。所有听觉报警都可暂时静音。

1.报警分级

在 INS 中,报警分为警报(Alarm)、警告(Warning)和警示(Caution)三个优先级别,只有在能够进行适合局面评估和决策支持的 HMI 或具体的任务站上,才能确认警报和警告。

警报是对需要操作者立即注意并采取措施以避免危险状况的报警,是报警的最高级别。如关键设备故障报警、碰撞危险报警、搁浅报警、偏航报警等影响航行安全的报警都视为警报,有的警报来自未被确认但需要升级的警告。

警告是出于预警的需要,对可能继续变化的状况的报警,虽然并不具有紧迫危险性,但如果不采取行动,则可能会发生紧迫危险。

警示是对不构成警报或警告的状况的报警,通常是针对非同寻常的情景或信息,提醒操作员重点关注。警示是报警的最低级别。

2.报警分类

A 类报警指在直接指定功能的任务站上发生的,需要图形信息界面实现的报警,如完成避碰功能的雷达任务站发生的碰撞危险报警,或完成航线监控功能的 ECDIS 任务站发生的搁浅危险报警。A 类报警能够作为评估报警相关状况的决策支持,其听觉报警通常发生在生成报警功能的任务站上。

B 类报警指除了在 HMI 上显示的信息外,无须为决策支持提供其他信息,如图形界面信息的报警。所有不属于 A 类的报警均为 B 类报警。B 类报警通常可以通过字母、数字信息确定。在 HMI 上可以访问按照发生时间顺序排列的 B 类报警历史清单,包括报警内容,发生、确认和纠正的日期和时间。清单内容可以搜索,至少保存 24 h。

表 10-2-1 给出了 INS 性能标准中规定的报警分级与分类。

**表 10-2-1　INS 性能标准中规定的报警分级与分类**

| 数据源 | 原因 | 警报 | 警告 | 警示 | A 类 | B 类 |
|---|---|---|---|---|---|---|
| INS | 系统功能缺失 | × | | | | × |
| | 无法进行完善性检测 | | × | | | × |
| | 未通过有效性检测的信息被用于功能 | | × | | | × |
| | 未通过有效性检测的信息未用于功能 | | | × | | × |
| | 输入了不同的阈值 | | | × | | × |
| | 系统通信缺失 | | × | | | × |

## 四、综合航行系统配置及信息处理基础

### (一)综合航行系统配置

从实现不同航行功能的硬件配置上看,INS 由子系统及其传感器组成;从完成不同航行任务的软件配置上看,INS 由任务站及其数据源组成。

1.系统硬件配置

在 INS 中,各种独立的航海仪器设备或系统,如首向传送装置、电子定位系统、航速和航程测量系统、自动识别系统、电子海图系统、雷达、风向风速仪、轮机舵机控制设备等,可以通过有目的的相互组合,构成不同的子系统,实现不同功能,完成不同的航行任

务。在特定的子系统中,为支持其功能所集成的航行设备或系统称为传感器;在不同的子系统中,航行设备或系统之间可以互为传感器。

2.系统功能性配置

按照 INS 性能标准,INS 采用面向任务的功能模块化配置,可以帮助驾驶台人员完成诸如航线设计、航线监控、避碰、航行控制数据、航行状态和数据显示以及报警管理等多种航行任务,且应至少完成避碰和航线监控任务。航行任务通常分配给一组指定的多功能任务站,由操作者在任务站上操作,以获得最佳航行信息。INS 性能标准要求,在任何时候应只有一个明确标示的任务站控制自动航行功能、接受控制命令;控制权可以由其他任务站接管,且所设置的控制值和限制条件应保持不变。

### (二)综合航行系统信息处理基础

1.综合航行系统基本信息

INS 基本信息包括本船动态信息,其他水面航行器、障碍物及危险物、导航目标和海岸线相对于本船的位置、运动信息及水文地理信息等。

2.统一公共基准系统

统一公共基准系统(CCRS,Consistence Common Reference System)是指用于获取、处理、储存、监视和分发数据和信息的 INS 子系统或功能,为 INS 的子系统和相关功能以及所连接的其他设备(如果有)提供统一和强制的参考信息数据。CCRS 是保障 INS 正常运行的基础。

3.统一公共基准点

统一公共基准点(CCRP)是指本船上所有基于本船的水平测量,如目标距离、方位、相对航向、相对航速、最近会遇距离(DCPA)或最近会遇时间(TCPA),均参照的一个位置。CCRP 典型建议位置为驾驶台的指挥位置,通常在系统安装时指定。虽然 INS 性能标准并未对其位置给出建议,但在被明确标示和能够显著区分的情况下,有的设备上可以设置多个 CCRP,在航行中由驾引人员根据航行任务的需要酌情选择。

4.数据验证

所有应用于 INS 的数据必须满足有效性(Validity)、合理性(Plausibility)、完善性(Integrity)和时滞性(Latency)监测要求,并标明监测结果。INS 数据的验证机制是保障系统信息安全的基础。

有效性是指数据与逻辑和规范的符合度。所有收到、使用和分发的数据都需要进行有效性检测,对未通过检测的数据应发出警告或警示,且不能将其用于实现依赖它们的功能。

合理性验证主要考察数据的格式及其值是否在正常、合理的范围之内。例如,首向值是否在 0°~360°,或速度(STW 或 SOG)是否超过本船速度的数值范围。

完善性验证是通过比较来自至少两个独立传感器(如果有的话)的数据,以及时、完整和明确的方式向操作者提供符合要求的信息,并对不符合完善性要求的数据在规定的时间内发出报警,提醒驾引人员谨慎使用或者不要使用。

时滞性是指数据的产生和结果之间的时间间隔,包括数据接收、处理、传输和显示的时间。数据的时滞性应符合航行任务的时滞性要求。

## 五、综合航行系统接口

### （一）接口类型

综合航行系统(INS)中运用的大多数航海仪器已实现数字化，各航海仪器间的连接基本都是采用计算机通信技术实现的。

组成INS的航海仪器设备之间的数据传输需要满足相关通信协议。美国国家海洋电子协会NMEA提出的NMEA 0183通信协议主要定义了船载电子设备在串行数据总线上的电信号需求、传输协议及计时和数据格式。NMEA自1992年发布2.0版本协议以来，不断发布新版本，直至2018年，NMEA 0183更新至4.11版本。NMEA 0183标准旨在通过适当的接口互连，允许航海仪器、导航设备和通信设备之间进行可行且高效的数据通信，该标准支持一对一或一对多的单向串行数据传输。

NMEA 0183协议对船载电子设备信息源类型的标识规定如表10-2-2所示。

表10-2-2 信息源类型表

| 信息源 | 标识符 | 信息源 | 标识符 | 信息源 | 标识符 |
|---|---|---|---|---|---|
| 自动舵 | AG/AP | BNWAS | BN | GNSS | GN |
| AIS(A/B类) | AI | VHF | CV | 欧盟Galileo系统 | GA |
| ECDIS | EI | 测深仪 | SD | 俄罗斯GLONASS系统 | GL |
| 磁罗经 | HC | VDR | VR | 美国GPS系统 | GP |
| 陀螺罗经 | HE | 多普勒计程仪 | VD | 中国北斗系统 | GB |
| 雷达 | RA | 电磁式计程仪 | VM | 印度IRNSS系统 | GI |
| 转向率指示器 | TI | Loran C | LC | 日本QZSS系统 | GQ |

目前，CAN总线技术在综合航行系统中的应用日渐广泛。CAN总线采用多主竞争式结构，可实现以点对点、一点对多点和广播方式传输数据，具有多主站运行和分散仲裁的串行总线以及广播通信的特点。NMEA 2000是船载设备中控制单元间进行数据交换的通信协议，由CAN控制器完成，电气、机械接口由CAN接口电路实现。由于NMEA 2000网络是一种总线式结构，数据、指令以及状态信息共享一条传输介质，传输速率比NMEA 0183的传输速率高。

在综合航行系统中，根据传感器信息不同，通信接口可分为数字接口和模拟接口。

1.数字接口

较新型的航海仪器都采用数字接口，不需要格式转换，连接较为简便。对于串行通信协议的扩展接口，常见的船载电子设备串行接口可分为RS-232、RS-422和RS-485(如图10-2-2所示)，这三种串口标准均由美国电子工业协会(EIA，Electronic Industries Alliance)制定并发布。目前，RS-232主要用于船舶近距离通信或仪器内部之间的通信，其最大传输距离不超过20 m；而RS-422和RS-485接口适合于远距离的数据传输，RS-422的最大传输距离为4 000 ft(约1 219 m)，RS-485的最大传输距离标准值为4 000 ft，实际上可达3 000 m。基于即插即用的实际需求，部分航海仪器也配备了通用串行总线接口(即USB接口，Universal Serial Bus)。

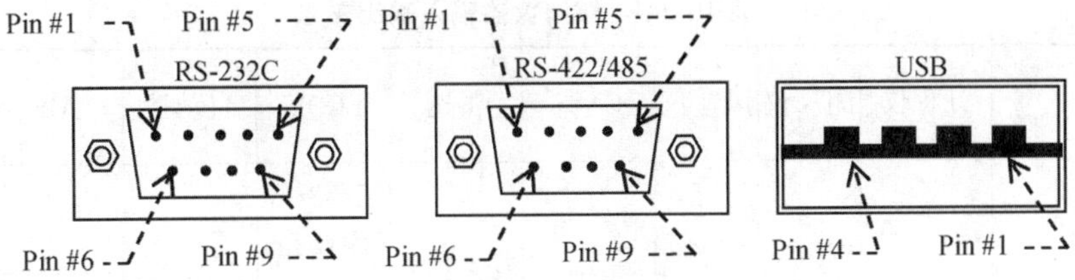


图 10-2-2　串行接口 DB9 示意图

RS-232 标准规定采用一个 25 脚的 DB25 连接器,并对连接器的每个引脚的信号内容加以规定,还对各种信号的电平加以规定。RS-232 标准的 RS-232C 版本,其 DB9 连接器中:Pin #1——DCD(数据载波检测);Pin #2——RXD(串口数据输入);Pin #3——TXD(串口数据输出);Pin #4——DTR(数据终端就绪);Pin #5——GND(地线);Pin #6——DSR(数据发送就绪);Pin #7——RTS(发送数据请求);Pin #8——CTS(允许发送);Pin #9——RI(铃声提示)。其中,Pin #2、Pin #3 和 Pin #5 被用作 I/O 通信,必须连接。

RS-422 由 RS-232 发展而来,改进了 RS-232 的通信距离和速率,RS-422 定义了一种平衡通信接口,将速率提高到 10 Mbit/s,传输距离也延长了,并允许在一条平衡总线上连接最多 10 个接收器。RS-422 是一种单机发送、多机接收的单向平衡传输规范。RS-422 采用四线模式,在实际连线中,根据设备定义决定所在的引脚,其中必须连接的包括 GND(地线)、TX A(发送 A)、RX A(接收 A)、TX B(发送 B)和 RX B(接收 B)。

为了增强多点、双向通信能力,EIA 在 RS-422 基础上提出了 RS-485 标准接口。RS-485 与 RS-422 相仿,可以采用二线与四线方式。对于四线 RS-485 而言,必须连接的引脚包括 TDA-/Y(发送 A)、TDB+/Z(发送 B)、RDA-/A(接收 A)和 RDB+/B(接收 B)。

USB 接口的四个引脚分别代表:Pin #1——VCC;Pin #2——DATA-;Pin #3——DATA+;Pin #4—GND。

2.模拟接口

型号较为陈旧的航海仪器可能使用模拟接口,其输出的模拟信号需要通过信号转换接口,将信号转换为其他设备可接收的信号格式。模拟信号陀螺罗经接口是一种将罗经航向信号变换成其他仪器能够接收的角位移信号或电信号的装置。根据工作原理不同,模拟信号陀螺罗经可分为同步型和步进型两种,提供的模拟量信号分别为自整角机电压或步进电机电压,其对应航向角位移信息的比例关系通常为 1°/r、2°/r 或 4°/r,其中 r 表示自整角机或步进电机转子的一转。为保证罗经信号正确传输,连接电缆应采用屏蔽电缆,且屏蔽层和接地线应有一个公共点。模拟信号计程仪输出信号通常为 200 个脉冲/n mile,也可以是 100 个脉冲/n mile、400 个脉冲/n mile 或 2 000 个脉冲/n mile 等,模拟接口电路将该信号按照比值计数,获得船舶速度。

**(二)航海仪器间的串行连接**

目前,综合航行系统各航海仪器之间通过串行接口进行数据传送,其相互连接如表 10-2-3 所示。

表 10-2-3　航海仪器输入输出关系

| 接口 | 陀螺罗经 | 计程仪 | 测深仪 | 风速仪 | GNSS | 雷达 | ECDIS | 自动舵 | AIS | VDR |
|---|---|---|---|---|---|---|---|---|---|---|
| 输入接口信号 | 计程仪<br>GNSS | GNSS<br>陀螺罗经<br>测深仪 | GNSS<br>计程仪 | GNSS | | 陀螺罗经<br>(磁罗经)<br>计程仪<br>GNSS<br>AIS<br>ECDIS | 陀螺罗经<br>(磁罗经)<br>GNSS<br>计程仪<br>测深仪<br>AIS<br>雷达<br>风速仪<br>ROT<br>指示仪 | GNSS<br>陀螺罗经<br>(磁罗经)<br>ECDIS | 陀螺罗经<br>GNSS<br>计程仪<br>ROT<br>指示仪 | 陀螺罗经<br>GNSS<br>计程仪<br>测深仪<br>AIS<br>雷达<br>ECDIS<br>自动舵<br>风速仪 |
| 输出接口信号 | ECDIS<br>AIS<br>雷达<br>自动舵<br>计程仪<br>VDR | 陀螺罗经<br>ECDIS<br>雷达<br>AIS<br>VDR | ECDIS<br>VDR | ECDIS<br>VDR | ECDIS<br>陀螺罗经<br>计程仪<br>测深仪<br>风速仪<br>自动舵<br>GMDSS<br>AIS<br>雷达<br>VDR | ECDIS<br>VDR | 自动舵<br>雷达<br>VDR | VDR | ECDIS<br>雷达<br>VDR | |

## 思考题

1. 简述船舶综合驾驶台系统(IBS)和船舶综合航行系统(INS)的基本概念。
2. 简述船舶综合驾驶台系统(IBS)的基本配置和主要功能。
3. 简述船舶综合航行系统(INS)与船舶综合驾驶台系统(IBS)的关联。
4. 简述船舶综合航行系统(INS)的基本配置和主要功能。
5. 船舶综合航行系统(INS)有哪些任务站？分别完成什么任务？
6. 船舶综合航行系统(INS)的报警是如何分级和分类的？
7. 试举例解释 INS 信息有效性(Validity)、合理性(Plausibility)、完善性(Integrity)和时滞性(Latency)的监测机制。
8. 船舶综合航行系统(INS)内部有线通信协议总体上可分为哪几类？
9. 船舶综合航行系统(INS)传感器接口应符合什么标准？
10. 画图描述船舶综合航行系统(INS)中各船载设备间的数据传输流向。

# 第二篇 船舶通信系统

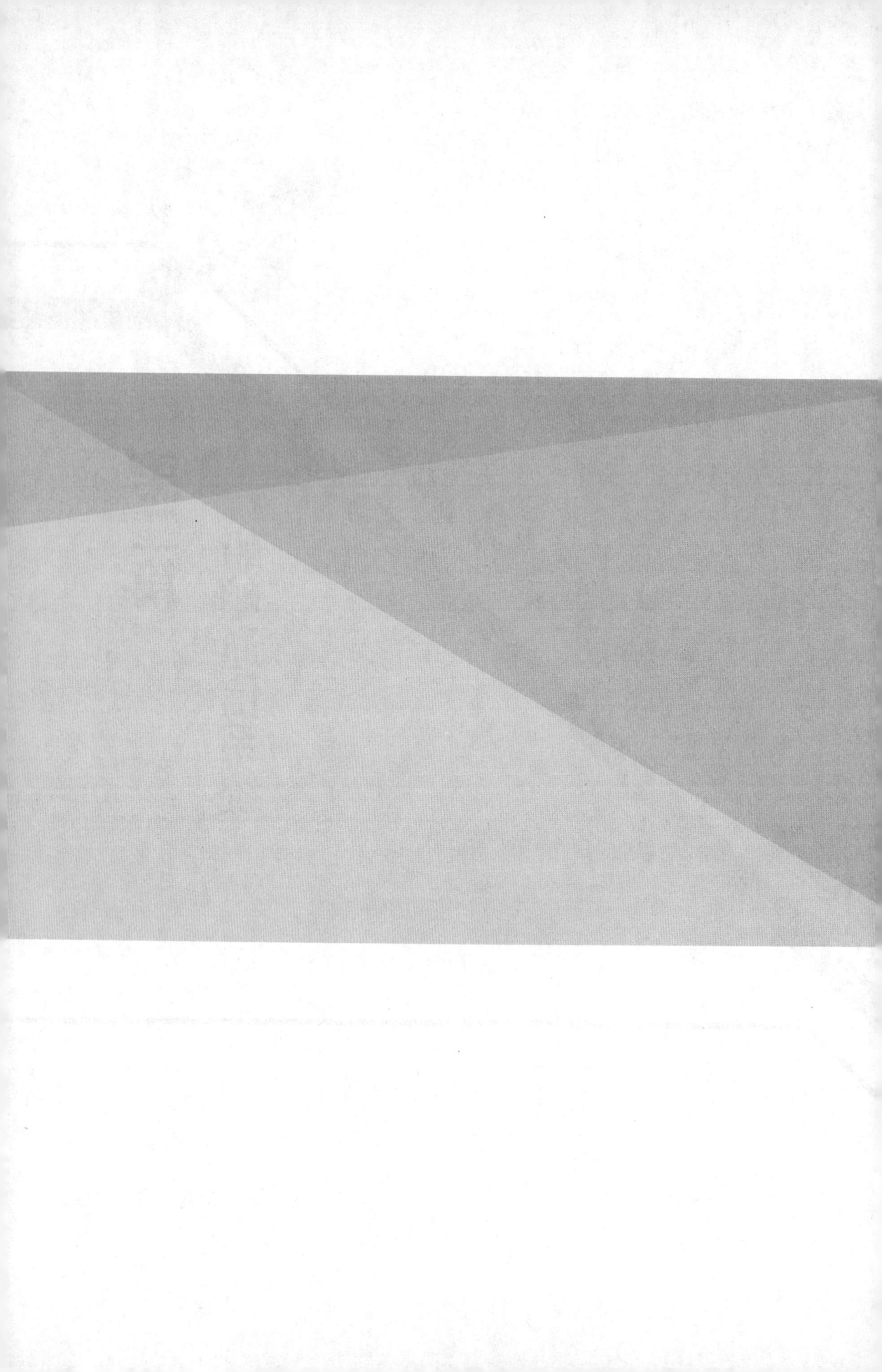

# 第十一章 无线电通信基础知识

## 第一节 ◎ 无线电通信概述

### 一、无线电通信的基本概念

通信是推动人类社会文明、进步与发展的巨大动力。通信就是采取一定的方法，例如驿送、信鸽、烽烟、电信号等，从一地到另一地进行消息传递。在各种通信中，目前应用最为广泛的是采用无线电进行信息传递。无线电通信就是利用无线电波在一定的空间范围内进行话音、数据、文字和图像等信息的传输。实践中，无线电信号可以表达的信息多种多样，如符号、文字、语音、图像等。信息按照其状态是否随时间变化的特性可分为模拟信息和数字信息两类。

模拟信息的状态是随时间的变化而连续变化的，如语音的强弱变化、图像亮度和色度的变化都是连续的。若将模拟信息变换成电信号，该电信号的强弱也做相应的、连续的变化，传输这种连续电信号的通信称为模拟通信。模拟通信系统抗干扰能力较差，且很难做到保密通信，但该系统的设备组成较简单。在全球海上遇险与安全系统 GMDSS 中，中频（MF，Medium Frequency）、高频（HF，High Frequency）和甚高频（VHF，Very High Frequency）无线电话通信系统属于模拟通信系统。

数字信息的状态是不随时间的变化而连续变化的，即在时间特性（时域）上状态的变化是离散的。离散变化的状态可用二进制的数字来表示，这种传输数字信息的通信就是数字通信。对于在时间上连续变化的信息，如语音、图像等也可通过采样量化变成离散的状态，再编码成数字信息进行传输，在接收端还原成连续变化的信息，从而实现数字化通信。数字通信系统具有很强的抗干扰能力和检纠错能力，通信质量高，而且在系统中可采用各种规律编制的密码进行加密，使通信具有较高的保密性。同时，它还可与计算机系统相结合构建各种形式的数字通信网，实现快捷、高效的信息传递与交换。目前，数字通信技术已得到了广泛的应用。在 GMDSS 中，窄带直接印字电报（NBDP，Narrow Band Direct Printing），数字选择性呼叫（DSC，Digital Selective Call）系统以及国际海事卫星（Inmarsat，International Maritime Satellite）的 C、FB 系统等都属于数字通信系统。

## 二、无线电通信系统的基本构成

虽然信息具有不同的形式,但都可以利用现代化技术把它们变换成电信号从一个地方传递到另一个地方,从而实现通信。一个完整的通信系统应包括信息源、发送设备、信道、接收设备和信息宿五个基本部分,此外,还存在着各种噪声作用于系统。通信系统的基本模型如图 11-1-1 所示。

1.信息源

信息源(或称信源)就是信息的来源,从信息源而来的信息都是系统所要传递的对象,如语音、文字、图像和数据等。

2.发送设备

发送设备本质上是一种变换器,它把从信源送来的信息变换成电信号,并对这种电信号进一步转换,使其变成适合相应系统信道所能传递的电信号,该电信号携带源信息。

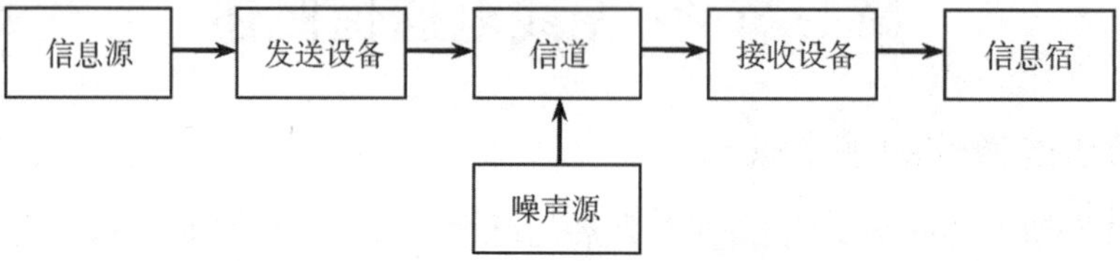


图 11-1-1 通信系统的基本模型

3.信道

信道就是信号传输的通道或称传输的媒介,它可以是有线的(如电缆),也可以是无线的(如利用空间传播的电磁波)。信道的选择要根据系统的需要而定,而且信道传输性能直接影响通信质量。

4.接收设备

接收设备相对于发送设备而言就是一种反变换器,它的作用就是将发射端传送来的电信号经过转换,恢复出源信号。例如海上无线电话通信就是利用接收机对收到的信号进行变换(解调),从而获得源信号,再送到扬声器或耳机发出声音,实现语音传递。

5.信息宿

信息宿(或称信宿),是指语音、图像和文字等信息的归宿,它是信息的接收者。信宿可以是人或机器,例如人听到通信系统传递来的声音或看到图像,机器或仪表接收数据或指令等。

# 第二节 ◎ 无线电波频段的划分及传输特点

## 一、无线电波的形成与频段的划分

### (一)无线电波的形成

根据电磁场理论,电荷的周围存在着电场,当电荷做定向运动时产生电流,在电流周围又会产生磁场。当电流大小和方向随时间变化时,将会在其周围空间产生交替变化的电磁场,当这种交替变化的频率足够高时,交替变化的电磁场将会摆脱电流的束缚向空间辐射,从而形成电磁波,即无线电波。实质上,无线电波由随时间变化的电场和随时间变化的磁场所构成,它可通过空间从一个区域传播到另一个区域,这种传播不依赖任何媒介。

在实际的无线电通信中,首先由发送设备产生一定功率含有所要传递信息的高频交变电流信号,然后通过发射天线向外辐射电磁波。这种含有信息的电磁波信号传播到接收端后,由接收设备接收处理,还原出发射端传递来的有用信息,从而依靠无线电波实现信息的无线传输。

### (二)无线电波频段的划分

无线电波的频率范围很宽,按照不同范围频率的特点可将其划分为多个频段,或称波段。波段的划分既可按频率划分,也可按波长划分。表 11-2-1 列出了不同波段的名称、相应的波长范围和频段名称、频率范围。

**表 11-2-1　无线电波波段的划分**

| 波段名称 | | 波长范围 | 频段名称 | 频率范围 |
|---|---|---|---|---|
| 极长波 | | 100 000 m 以上 | 极低频(ELF) | 3 kHz 以下 |
| 超长波 | | 100 000~10 000 m | 甚低频(VLF) | 3~30 kHz |
| 长波 | | 10 000~1 000 m | 低频(LF) | 30~300 kHz |
| 中波 | | 1 000~100 m | 中频(MF) | 300 kHz~3 MHz |
| 短波 | | 100~10 m | 高频(HF) | 3~30 MHz |
| 超短波 | | 10~1 m | 甚高频(VHF) | 30~300 MHz |
| 微波 | 分米波 | 10~1 dm | 特高频(UHF) | 300 MHz~3 GHz |
| | 厘米波 | 10~1 cm | 超高频(SHF) | 3~30 GHz |
| | 毫米波 | 10~1 mm | 极高频(EHF) | 30~300 GHz |
| | 亚毫米波 | 1 mm 以下 | 超极高频(SEHF) | 300 GHz 以上 |

无线电波在自由空间传播的速度 $v=3\times10^8$ m/s,电波在一个周期 $T$ 内的传播距离称为波长,通常用 $\lambda$ 表示,单位是米(m);$f$ 表示频率,单位是赫兹(Hz),它与周期 $T$ 互为倒数,周期 $T$ 的单位是秒(s)。这些物理量之间的关系可用下式表示:

$$\lambda = v \cdot T = v/f \qquad \text{或} \qquad v = f \cdot \lambda \tag{11-2-1}$$

由于 $v$ 是常量,所以已知 $f$ 和 $\lambda$ 两者之一,就可求出另一个量。在 GMDSS 中,地面通信系统主要工作在 MF、HF、VHF 波段,其中 MF/HF 波段的发射范围是 1.6~27.5 MHz, VHF 波段的范围是 156~174 MHz;卫星通信系统工作于微波波段,如 Inmarsat 系统工作于 1.5~1.6 GHz 和 4~6 GHz 的波段。

## 二、无线电波传播的主要方式

不同波段的无线电波具有不同的传播特性。依据频率高低的不同,无线电波从发射点到接收点主要有三种途径:地波传播、空间波传播和天波(电离层波)传播。

### (一)地波传播

地波传播是指电波沿地球表面以绕射的形式传播,它可以绕过弯曲的地球表面或障碍物，从发射端到达接收端。通常波长越长，绕射距离越远，这是因为只有无线电波的波长与障碍物尺寸相当或者大于障碍物尺寸时才能发生绕射现象。由图 11-2-1 可以看出，由于地球曲率的存在，发射天线与接收天线之间具有等效高度为 $h$ 的障碍物，若发射、接收两点距离越远，$h$ 就越高，要求产生绕射电波的波长就越长。所以只有长波、超长波和极长波可沿地球表面传播几千甚至几万千米，中波可以沿地面传播几百千米，短波沿地面传播一般不超过 100 km。这里给出的数量仅是粗略的范围，具体的传播距离还取决于实际发射时电波的波长和功率、天线的尺寸，以及地球表面电性能参数等复杂因素。超短波和微波由于波长很短，一般不能沿地球表面以绕射形式向较远的距离传播。

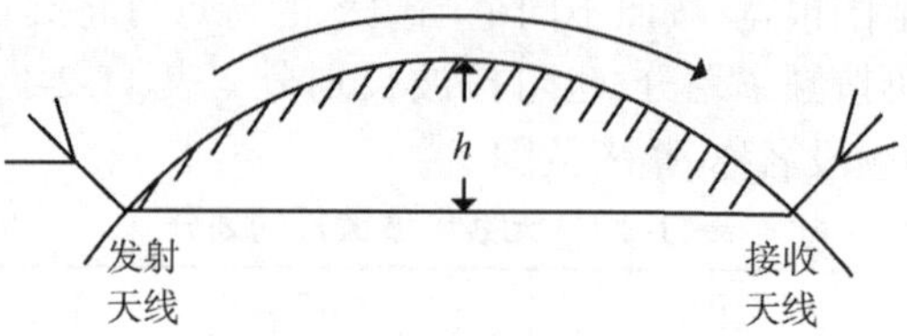


图 11-2-1　地波传播

地球表面不是理想导体，无线电波沿地球表面传播将产生损耗，即地面对电波有吸收衰减：波长越长，损耗越小；波长越短，损耗越大。另外，地下矿藏等也会对地波传播形成影响。

### （二）空间波传播

空间波是指无线电波在空间直线传播，或经地面反射传播，或经卫星中继传播，从发射端到达接收端。对于接收点的信号也可以是地面反射波和空间直射波的合成。空间波传播如图 11-2-2 所示。

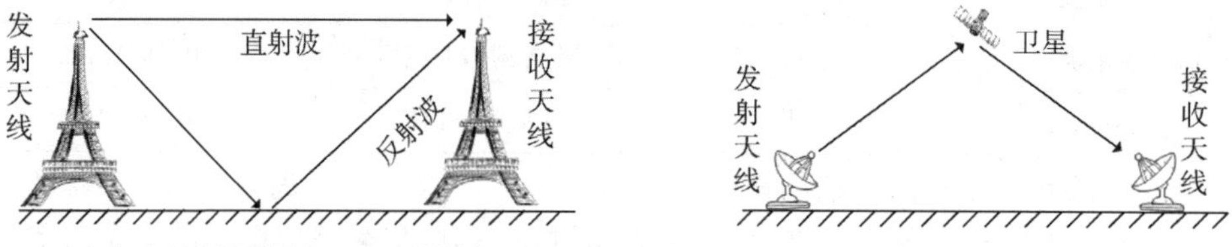


（a）空间直线传播和地面反射传播　　（b）经卫星中继传播

图 11-2-2　空间波传播

空间波主要是直射传播。在发射功率一定的情况下，收发天线的高度越高，视距就越大，无线电波传播距离也就越远。当收发距离超出视距时，由于地球曲率或障碍物的存在，空间波将被阻挡，接收端收不到信号，因此，空间波传播在理论上的最远距离就是视距。对于短波及波长更长的中波和长波一般不能直射传播，而只有超短波和微波才能以空间波形式传播，但受视距的限制传播距离较近。为了实现远距离传播，可采用微波接力传输或卫星中继传输。

### （三）天波（或电离层波）传播

无线电波由发射天线发出经电离层反射到达接收天线，或无线电波经电离层和地面的多次反射从发射端到达接收端的传播方式，称为天波（或电离层波）传播。天波的传播距离较远，适合应用于远距离的通信。

1.电离层的形成及其结构

地表大气层具有一定的厚度，由于受太阳紫外线和 X 射线的照射，大气层中一部分气体的分子将发生电离，从而产生带电的离子和自由电子，这些含有带电粒子的气体就形成了电离层。电离层存在于距地面 60～300 km 的区域，在这个区域内，随其高度不同，气体分子电离的程度也不同。此外，气体分子电离的程度也随白天、黑夜和季节的变化而变化。一般认为，电离层可分为 D 层、E 层和 F 层，F 层又可分为 F1 层和F2 层，其中对电波传播有显著作用的电离层是 E 层和 F 层。电离层的基本结构如图 11-2-3 所示。

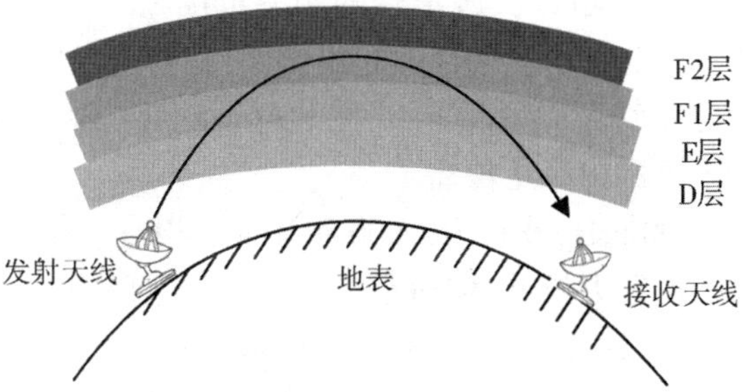


图 11-2-3　电离层的基本结构

太阳光线照射的强弱变化将会导致电离层发生变化。D 层会在白天出现，夜间消失。F 层在夏季的白天分为两层，较低的一层称为 F1 层，较高的一层称为 F2 层，其中 F1 层的变化规律和 D 层一样，白天出现，夜间消失。

2.天波的反射与衰减

天波是通过电离层反射传播的，但并不是所有波段的电波均能通过电离层的反射传播。电离层由一些游离的带电离子、自由电子和分子组成。当电波进入电离层后，游离的电子在电场的作用下将产生振荡运动，做振荡运动的自由电子不可避免地要与分子或离子碰撞，将其从电场中获得的能量传递给离子，从而将电波的一部分能量转变为热能，导致电波在电离层中衰减，这种衰减也称为电离层的吸收。理论分析表明，无线电波频率越低，电离层的吸收作用越强。

显然，当发射的电波频率小于某一频率值 $f_{min}$ 时，该电波将完全被电离层吸收不能返回地面，即使能返回地面，接收点的信噪比（SNR，Signal to Noise Ratio）已不能满足通信的最低要求。因此，这里的 $f_{min}$ 可认为是天波的最低可用频率。随着电波频率的提高，电波进入电离层的深度逐渐加大，当发射的电波频率大于某一频率值 $f_{max}$ 时，该电波将穿透电离层，而不能返回地面。所以，这里的 $f_{max}$ 可认为是天波的最高可用频率。频率介于 $f_{min}$ 和 $f_{max}$ 两者之间的电波就可通过电离层反射，以天波形式传播。这个波段主要是短波，中波在夜间也可以天波形式传播，其他波段的电波则不能以天波形式传播。

太阳活动对地球的影响非常大，太阳在表面形成巨大黑子群和大耀斑时，将向宇宙空间喷射出大量的气体、电磁波和高能带电粒子，形成太阳风暴。太阳风暴中的电磁波和高能带电粒子进入地球的电离层，进而引起电离层的扰动，特别是 F 层呈现混乱现象，有时也称电离层“爆变”，从而使地球上无线电短波（HF）通信受到影响，甚至出现中断。地球两极区域受影响更大，严重时会使通信设施受损。太阳风暴也会扰乱地磁场，使地磁场突然出现“磁暴”现象,从而导致罗盘指针剧烈颤动,不能正确指示方向。

利用电离层随太阳活动、季节、时间、地理位置的变化来预测短波通信电路的可用频率,就是短波通信的选频问题。电离层的快速变化能导致短波通信信道质量快速变化,甚至导致通信中断。当前对地球不同物理条件下电离层的变化规律的研究还远不能适应通信系统的设计和使用需求。

## 三、各频段电波的传输特点

### (一)长波与中波的传输

如表 11-2-1 所示,长波和超长波所覆盖的频率范围是 3~300 kHz,其波长范围是 100~1 km。在这段频率范围内,由于频率低、波长长,它们仅能以地波形式传播。在发射功率足够高、天线尺寸足够大的情况下,长波和超长波可以绕过地球表面的各种障碍物,可在几千到几万千米范围内稳定传播。

中波频率为 300~3 000 kHz,波长为 1 000~100 m。相对于长波而言,中波的波长较短,所以沿地面绕射传播的能力较差,传播距离较近,一般可达几百千米。在白天,中波能穿过电离层的 D 层,并被其大量吸收,电波信号基本不能从电离层反射回地面,接收端的信号几乎完全依靠地波,所以在白天中波仅能以地波形式传播。在夜间,电离层的 D 层消失,E 层对中波吸收较少,中波可通过 E 层反射回地面。因此,夜间中波既可以地波形式传播,又可以天波形式传播。白天地波传播达不到的地方,到晚上可通过天波传播达到,故中波发射台夜间覆盖范围较白天范围大。例如,本书后面将要涉及的中频奈伏泰斯(NAVTEX,Navigational Telex)广播。

中波传播存在一定的衰落现象,衰落现象是指接收点信号强度无规则变化,忽大忽小。产生衰落的原因是信号的多径传播。夜间,在天波和地波同时存在的区域,由于天波的波程随电离层电子和离子浓度或电离层高度的变化而时刻变化,接收点的天波信号也相应随之变化,但地波信号较稳定。因此,在接收点天波和地波叠加时,合成信号场强在不断改变。当天地波同相时,合成信号场强最大;反相时,合成信号场强最小。这样接收端就出现了信号强度忽大忽小的现象,从而产生了衰落。

### (二)短波的传输

如表 11-2-1 所示,短波的频率为 3~30 MHz,波长为 100~10 m。短波既可以地波形式传播,又可以天波形式传播,但由于短波波长较短,频率高,沿地面绕射传播的能力差,且地面对该波段电波吸收强烈,衰减很快,在陆地的传播距离一般不超过 100 km,所以短波主要以天波形式传播。短波的频率较高,在电离层中的损耗减小,可借助电离层进行一次或多次反射到达接收端,实现远距离通信。通常情况下,短波能够穿过 E 层,经 F 层反射。电波的损耗主要发生在 E 层,电波在电离层内的衰减与频率有关,频率越高,衰减越小;当频率高于某一数值时,电波将会穿透电离层,辐射到外空间,不能再返回地面,这个频率就是最高可用频率。但是,电离层电子浓度不是固定不变的,为保证通信的可靠进行,实际使用频率应选择最高可用频率的 85%左右。短波传播具有以下特点:

第一,天波传播距离远,但信号不稳定。由于短波的频率高,电离层对其衰减很小,这样不需要很大的发射功率即可实现远距离通信。但短波受电离层变化的影响较大,在实际工作中要根据具体情况恰当地选择工作频率。同一频率的短波信号夜间传播的距离要比白天的远。白天太阳照射强,电离层的电子浓度大,F1 和 F2 层都存在,要实现与夜间相同距离的通信,应使用较高的发射频率;夜间电离层的电子浓度小,F1 层消失,仅存在较高的 F2 层,所以,要实现与白天相同距离的通信应使用较低的频率。

第二,短波传播存在衰落现象。短波经电离层的 F 层进行反射传播,由于 F 层不像反射中波的 E 层那样稳定,所以短波通信中的衰落现象比中波通信要严重。但引起衰落的原因与中波通信不同,短波通信衰落不是由接收端天地波叠加引起的,而是由经电离层反射的不同路径天波在接收端叠加所引起的。图 11-2-4 (a)所示的衰落是两路电波引起的。电离层的变化导致两路电波相位差的变化,于是在接收点叠加产生了信号时强时弱的衰落现象。图 11-2-4(b)所示的衰落是由电波漫反射引起的。电波在电离层内产生漫反射(或称散射),从而产生多径反射波在接收点叠加,由于相位不同,出现了衰落现象。

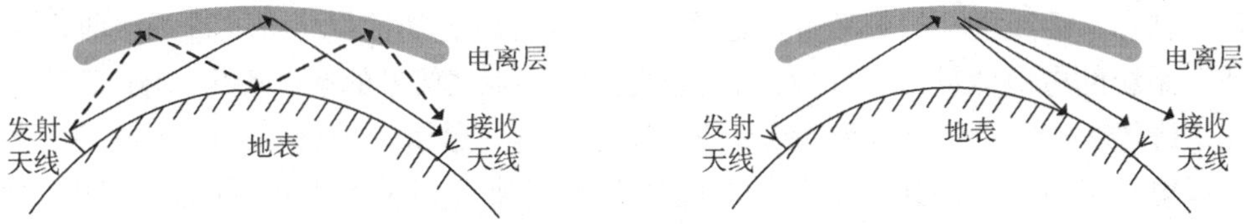


(a)不同路径传播引起的衰落　　(b)电波漫反射引起的衰落

**图 11-2-4　短波通信的衰落现象**

第三,短波通信存在寂静区,或称电波覆盖的盲区。当发射频率一定时,在距离短波发射台较近和较远的区域都能收到信号,但在两者之间的环形区域收不到发射台的信号,这个区域就是寂静区,如图 11-2-5 所示。其中 T 表示发射台,$r_1$是地波覆盖区的半径,$r_2$是天波覆盖区的最近距离,$r_3$是一定条件下天波能够覆盖的最远距离。

第四,地波传播衰减快,通信距离近。通常地波传播距离在陆地不超过 100 km,在海上也不超过 150 km。

第五,短波的波长较短,不需要很大的天线系统。

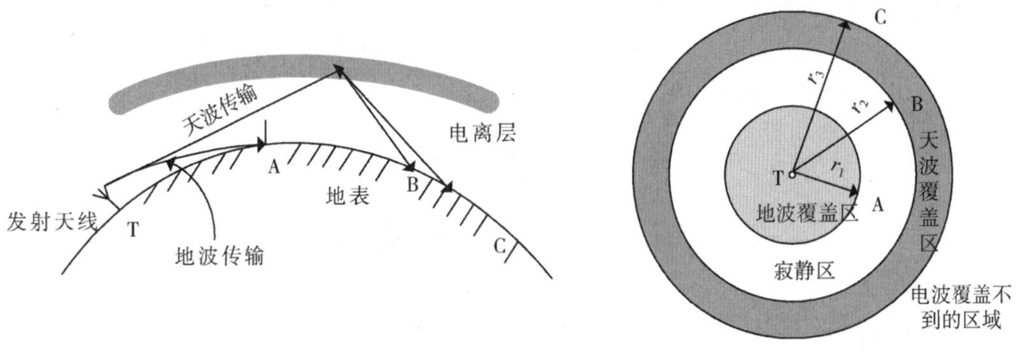


(a)寂静区的产生　　(b)天波与地波间的寂静区

**图 11-2-5　短波通信的寂静区**

### (三)超短波和微波的传输

超短波和微波在传播特性上虽有一些差别,但基本上是相同的。由于频率比短波高,超短波和微波通常不能被电离层反射回地面,而是穿过电离层向太空传播,因而不能依靠电离层的反射实现远距离的通信。同时，由于它们的波长很短，地波传播衰减极大，所以也不能像中波、长波那样以地波形式传播。因此，超短波和微波只能以空间波形式传播。但是对于超短波波段内较低的频率，在发射天线架设得不是很高时，也要考虑近距离地波的作用，不过这种作用距离是很近的，一般只有几千米。

总之，在超短波和微波通信中，由于波长很短、频率很高，所以呈现视距传播特性。在这个波段，天线高度相对其波长来说较大，因此可不考虑地波的作用，但空间波传播由于受到视距的限制，传播距离较近。在天线绝对高度（距海平面的高度）为几十米时，一般传播范围仅有几十海里，如 GMDSS 中的 VHF 无线电通信系统的有效覆盖范围约为 25 n mile。为了利用微波波段实现远距离的通信，可采用微波接力传输或卫星中继传输。

#### （四）无线电干扰和预防

无线电干扰是指无线电通信过程中发生的，导致有用信号接收质量下降、损害或者阻碍的状态。无线电干扰信号主要是通过直接耦合或者间接耦合方式进入接收设备信道或者系统的电磁能量，它可以对无线电通信所需接收信号的接收产生影响，导致通信性能下降、质量恶化、信息误差或者丢失，甚至阻断了通信的进行。因此，通常说，无用的无线电信号引起有用无线电信号接收质量下降或者损害的事实，称为无线电干扰。无线电干扰一般分为同频率干扰、邻频道干扰、带外干扰、互调干扰和阻塞干扰等。有关干扰的相关知识，参见第三节。可见，无线电干扰是有害的。无论是船舶电子员还是驾驶人员，在维修和使用无线电设备时都应该尽量避免对其他通信、导航等无线电设施产生有害干扰，在以下几个方面应引起注意：

首先，任何发射都会对环境产生影响，应该尽量减少发射无线电波的机会。

其次，必须发射无线电波时，无论为了测试保养还是日常通信，都应该尽量缩短发射的时间，如果可能尽量使用低功率。

再次，无论是为了何种目的进行发射，都应该遵守当地或者国际组织为此做出的规定，其中包括：

(1) 遵守相关操作程序；

(2) 针对不同的业务，选择当地或者国际组织规定或建议的频率；

(3) 如果有规定，成对的频率应该配对使用。

最后，对无线电设备定期进行维护保养，使其工作频带、输出功率满足相关规定。

## 第三节 ◉ 调制、解调与噪声

### 一、调制与解调

使信息载体的某些特性随信息变化的过程就是调制。其作用是把信息置入信息载体，便于传输或处理。调制是各种通信系统的重要基础。在通信系统中，为了适应不同的信道（如数字信道或模拟信道、单路信道或多路信道等），常常要在发信端对原始信号进行调制，得到便于信道传输的信号，然后在收信端完成调制的逆过程，也就是解调，还原出原始信号。

对传输的信息进行调制原因如下：

首先，在无线电通信系统中，为了有效地实现各种距离的通信，增强天线对电磁波的辐射与接收能力，根据波导与传输线理论，天线尺寸应至少为被辐射信号波长的十分之一以上。对于某些信号，例如语音来说，其波长可在百千米以上的数量级，所以相应的天线尺寸也要在几十千米以上，显然制作这样大的天线是比较困难的，而应用调制技术可解决这一问题。

其次，若不进行调制而是直接把基带信号辐射出去，各电台所发射的信号频率就会相同，在空中混在一起，导致接收端无法选择所要接收的信号。而调制的作用就是把各种基带信号的频谱搬移，使它们互不重叠地占据不同的频率范围，这样接收机就可以分离出所需的频率信号，互不干扰。

最后，在现代通信系统中，为了提高信道的利用率，广泛采用了多路复用技术。多路复用就是采用一定的方式把要传递的多路信息变换成为具有一定规律的基带信号，然后用同一个信道进行传输，在接收端按照这种规律对各路信号进行分离。利用调制技术可以实现信号的频谱搬移，使不同信号占据不同频率区间，达到在一个信道进行多路通信的目的，这种多路复用技术就是频分多路复用，或称频率分割。此外，还有时分多路复用，或称时间分割，这种复用技术就是将各路信号有序地分配在不同的时间范围，在接收端以适当的同步方式按时间范围分离出各路信号。

在模拟通信系统中，基带信号通常又被称为调制信号，携带调制信号的高频信号被称为载波，调制后的信号称为已调信号或已调波。按照随调制信号变化的高频载波参数(幅度、频率、相位)的不同，调制方式可分为振幅调制、频率调制和相位调制，或分别简称调幅(AM，Amplitude Modulation)、调频(FM，Frequency Modulation)、调相(PM，Phase Modulation)，而调频和调相又常称为角度调制，因为频率和相位的变化都可归结为载波角度的变化。单边带(SSB，Single Side Band)调制是调幅系统中的一种传输形式。

在数字通信系统中，实现数字调制的方法通常用键控法，即用数字基带信号去控制正弦载波信号的振幅、频率或相位，实现移幅键控(ASK，Amplitude Shift Keying)、移频键控(FSK，Frequency Shift Keying)和移相键控(PSK，Phase Shift Keying)。例如，GMDSS 中的 NBDP 系统和 DSC 系统都采用了移频键控的调制方式，在 Inmarsat 系统中采用了移相键控的调制方式，而原海上通信中的莫尔斯电报通信方式属于移幅键控调制方式。

## 二、信号与噪声

传递消息或信号是通信系统的根本任务。在实际通信中，要传递的信号是多种多样的，如语音信号、图像信号、数字信号等。表示信号的方法通常有数学表达式法、波形图法和频谱图表示法等。对于较简单的信号前两种表达方法较方便，但对于较复杂的信号这两种表达方法都较麻烦，这时频谱图法是很直观、有效的表示方法。频谱就是指组成某一信号的各正弦信号分量按频率大小在频率坐标轴上的分布，或称信号在频域范围内的分布，它直观地反映了某一信号的基本特性。

### （一）信号带宽与系统带宽

信号在频率特性(频域)上分布的范围称为信号的带宽。不同性质的信号具有不同的带宽，例如，在 GMDSS 中 MF/HF 无线电话系统的基带信号带宽约为 2 700 Hz。理论上信号的带宽是无限宽的，而对于实际的信号，其能量的主要部分集中在一定频率范围之内，超出此范围的成分所具有的能量大大减小，因此能量集中的频率范围就是工程上定义的信号带宽。对于周期性信号，工程上常将谱线幅度小于基波幅度 1/10 的频率分量忽略不计，这时信号谱线所占的频率范围就是周期性信号的带宽。对于非周期性信号，工程上将信号能量的 90%所占的频率范围称为非周期性信号的带宽。

用于传输或处理信号的电路或网络称为系统。为了确保信号在通信系统中不失真地传输，相应的通信系统提供的传输带宽应大于或等于所要传输信号的带宽，系统带宽的大小取决于该系统的调制方式和基带信号带宽的大小。

**（二）噪声及其表示**

在无线电通信中，噪声（或称干扰）是客观存在的，它对信息的有效传递是不利的，在通信系统的各个部分出现的任何不需要的电压或电流信号统称为噪声。图 11-1-1 中的噪声源是信道中的噪声和分散在通信系统其他各处噪声的集中表示，噪声可分为内部噪声和外部噪声。从通信系统外部进入的一切无用信号称为外部噪声，主要包括工业干扰、电台间的干扰、天电干扰和宇宙干扰。由系统本身产生的噪声称为内部噪声，这种噪声主要由组成电路的各种器件（如电阻和半导体器件或相应的等效器件）产生。

在实际的无线电通信中，信号质量的好坏通常用有用信号与噪声之间的相对大小来表示，这就是信噪比的概念。信噪比是指在通信系统某点信号的平均功率（$S$）与噪声的平均功率（$N$）之比，通常用 $S/N$ 表示，信噪比越高，说明噪声对信号的影响就越小。但信噪比不能衡量一个元器件或一个通信系统本身所产生噪声的大小，为此又引入了噪声系数这个指标，它是指一个系统或元器件的输入信噪比（$S_i/N_i$）和输出信噪比（$S_o/N_o$）的比值，通常用 $N_F$ 来表示，显然，噪声系数 $N_F$ 大于 1，最小只能无限接近于 1，并且 $N_F$ 越接近于 1，说明系统本身产生的噪声越小。

**思考题**

1. 什么是无线电通信？
2. 什么是模拟通信？什么是数字通信？
3. 无线电波是如何形成的？
4. 无线电波有几种传输方法？具体描述一下什么是天波，什么是地波，什么是空间波。
5. 具体描述一下长波与中波的传播特点。
6. 在海上日常工作中，应该如何避免无线电干扰？
7. 什么是调制？什么是解调？在无线电通信中，为什么要对信号进行调制？
8. 什么是信号带宽？什么是系统带宽？
9. 什么是噪声？如何描述信号的质量？
10. 如何描述一个通信系统的好坏？

# 第十二章

# GMDSS 概述

## 第一节 ◉ 全球海上遇险与安全系统简介

全球海上遇险与安全系统(GMDSS)是国际海事组织(IMO)利用现代化的通信技术改善海上遇险与安全通信,建立高效的搜救通信程序,保障海上人命安全,并进一步完善海上一般无线电通信的一整套综合性全球通信系统。GMDSS 的实施取代了以人工莫尔斯电报为基础的旧的海上遇险与安全通信系统,是海上无线电通信的一次革命。

1912 年"泰坦尼克"号事件,使人们清晰地认识到海上无线电通信对于保障船舶航行安全和生命财产安全的重要性。1914 年,以英国为首的 13 个主要海运国家首次制定了《国际海上人命安全公约》(SOLAS, International Convention for the Safety of Life at Sea),第一次对船舶无线电通信提出强制要求。该公约规定以 500 kHz 作为遇险通信和一般无线电通信呼叫频率,"SOS"作为遇险求救信号,每艘船舶应配有固定的无线电呼号,建立无线电报务员值班制度,船舶在航行期间对规定的遇险和呼叫频率值守,以保证对遇险呼叫及时应答,同时要求船舶配备由蓄电池供电的应急无线电收发信机。1948 年,联合国政府间海事协商组织[IMCO, Intergovernmental Maritime Consultative Organization,今国际海事组织(IMO)]制定了《1948 年国际海上人命安全公约》,该公约规定以 2 182 kHz 作为无线电话遇险通信频率,并于 1958 年生效。当时海上遇险报警与通信以莫尔斯电报为主,无线电电话报警与通信作为辅助手段,这种情况一直维持到 1992 年 2 月 1 日 GMDSS 正式生效实施。

早期海上遇险与安全系统体现了"海上中心,船间报警"的指导思想,船舶依据尺度和吨位大小配备所需的无线电通信设备,航行船舶在遇险的情况下,只能使用无线电报遇险报警频率 500 kHz 和无线电话遇险报警频率 2 182 kHz/156.8 MHz 进行报警和通信,而且需要人工启动和操作,作用的范围也只能是中频或甚高频无线电波所能覆盖的海域。因此,早期海上遇险与安全系统无论是覆盖范围,还是通信手段的可靠性都具有一定的局限性,主要表现为:

(1)可靠通信距离近;

(2)需要专业报务人员人工操作和值守;

(3)报警设备的自动化和可靠性差,人为因素影响大;

(4)远距离报警手段单一,全球覆盖能力低;

(5)对遇险船舶的搜救缺乏国际的有效协调与合作;

(6)一般无线电通信手段落后,通信自动化程度低。

GMDSS 的提出与建立经历了以下发展历程:

(1)1973 年,IMCO 第 8 届大会通过了第 A.283 号决议案"关于发展海上遇险呼救系统的建议",正式开始了新的海上通信系统的研究。

(2)1979 年,IMCO 通过了第 A.420 号决议案,为建立"未来全球海上遇险与安全系统"(FGMDSS)而设立工作组,准备建立全球通信网,规定新系统应符合 IMCO 制定的《1979 年国际海上搜寻救助公约》。

(3)1982 年,IMCO 第 32 届无线电分委员会将"未来全球海上遇险与安全系统"改名为"全球海上遇险与安全系统(GMDSS)",表明新系统的实施临近。

(4)1983 年,IMCO 正式改名为 IMO。1986 年,IMO 宣布自 1986 年开始准备由莫尔斯电报向 GMDSS 过渡。

(5)1988 年,IMO 召开缔约国外交大会,通过了《1974 年国际海上人命安全公约》1988 年修正案,GMDSS 被列入该修正案的第Ⅳ章"无线电通信"(Radio Communications)。根据该修正案,GMDSS 于 1992 年 2 月 1 日开始实施,并经过 7 年的过渡期于 1999 年 2 月 1 日全面实施,以应对由莫尔斯遇险通信体制过渡到 GMDSS 新系统所面临的不可预期的问题。

《1974 年国际海上人命安全公约》1988 年修正案对 GMDSS 做了以下规定:

(1)在全球建立海上搜救协调中心(MRCC,Maritime Rescue Coordination Center,有时也称为 RCC),能够对船舶发出的遇险报警迅速做出反应,协调组织岸上和海上搜救资源开展搜救工作。

(2)向海上航行的船舶播发海上安全信息(MSI,Maritime Safety Information),提升船舶海上航行的安全性。

(3)在海上能够可靠地进行全球无线电通信。

(4)系统高效率、高可靠性运行,充分融入卫星通信、计算机等现代化技术。

随着通信技术向集成化、信息化、数字化和智能化高速发展,IMO 要求强制使用的一些技术已被淘汰。另外,现代通信手段虽然已经获得广泛应用,却未被现行公约所认可。为了改变这一状况,2012 年,IMO 正式启动计划外项目"GMDSS 复审与现代化",协同海上无线电通信方面的 IMO 和国际电信联盟(ITU)联合专家组共同开展工作。2021 年,航行安全、通信和搜救分委会(NCSR,Sub-committee on Navigation,Communications and Search and Rescue)第 8 次会议完成了一系列 IMO 强制性和非强制性文件的修订,同年获海上安全委员会(MSC,Maritime Safety Committee)第 104 届会议(MSC 104)批准。

2022 年 4 月,MSC 第 105 届会议正式通过了《1974 年国际海上人命安全公约》修正案[MSC.496(105),以下称为《1974 年国际海上人命安全公约》2022 年修正案]等 11 份与 GMDSS 相关的修正案,并于 2024 年 1 月 1 日起生效或实施。相应废除一批建立在老旧、过时的通信技术基础上的相关文件。这是 IMO 近 10 年来在海上无线电通信领域的重大成果,充分适应了自 1999 年全球全面实施 GMDSS 以来,海上遇险与安全通信技术信息化、智能化和数字化的迅猛发展,打破了 Inmarsat 在 GMDSS 卫星通信方面的垄断地位,引入了新一代 Inmarsat 宽带技术,以及铱星等更加先进的、真正具备全球覆盖能力的海上移动卫星业务等一系列通信技术革新成果,满足日益增长的海上遇险船舶搜救通信业务需求。

## 第二节 ◉ GMDSS 功能

GMDSS 的构建思想是,以岸基为中心,陆地上负责搜救的主管部门和遇险船舶附近的其他船舶共同参与,一旦有海上紧急情况发生,系统将能迅速地报警和接警,使相关单位快速做出反应,协同行动,实施迅速有效的搜救工作。

GMDSS 不仅能在遇险事件发生时为船舶及时提供报警及现场通信、搜救协调通信,还能为船舶提供紧急和安全通信,播发航行警告、气象警告、气象预报等海上安全信息,从而最大限度地预防海上事故的发生。与此同时,系统充分利用现代化通信手段更好地满足了船舶运营中对一般无线电通信的需要,如话音、电传、视频及多种形式的通信需求,有效地提高了一般无线电通信效率。

根据《1974 年国际海上人命安全公约》2022 年修正案第Ⅳ章的要求,除非另有明确规定,该章适用于从事国际航行的所有客船和 300 总吨以上的货船。也就是说,满足公约要求的每一艘船舶无论航行于世界何地,都必须具有下述通信功能。

### 一、遇险报警

遇险报警是指遇险船舶向 RCC 和附近的船舶迅速有效地发出遇险报警信息,RCC 收到报警后通过预先设置的陆线、海岸电台或经认可的移动卫星业务地面站,及时地将报警信息转发给有关的搜救单位和遇险现场附近的其他船舶,并负责指挥和协调搜救。通常情况下,遇险报警信息主要包括遇险船的识别、遇险位置、遇险位置更新的时间、遇险性质以及其他有助于搜救的信息。GMDSS 遇险报警可以在 3 个方向上单向进行,即船到岸方向、船到船方向、岸到船方向。

#### (一)发送船到岸方向的遇险报警

发送船到岸方向的遇险报警是指遇险船舶使用地面通信系统或经认可的移动卫星业务通信系统向岸上 RCC 发送遇险报警信息。遇险船舶应能通过至少 2 种独立的方式发送船对岸遇险报警,每种方式使用不同的无线电通信业务。遇险报警通常是人工发送,也是人工接收。目前 GMDSS 遇险报警除 406 MHz 自浮式紧急无线电示位标(EPIRB)能自动触发外,其他设备发送的遇险报警都需要人工发送。

#### (二)发送和接收船到船方向的遇险报警

发送和接收船到船方向的遇险报警主要是指,遇险船舶使用地面通信系统中的数字选择性呼叫技术向遇险现场附近的其他船舶发送报警,在电波覆盖范围内的其他船舶通过 DSC 值班接收机接收报警。

#### (三)接收岸到船方向的遇险报警转发

接收岸到船方向的遇险报警转发是指,在航船舶接收 RCC 通过地面通信系统或经认可的移动卫星通信系统转发遇险报警信息。为了避免无关船舶因收到报警信息而影响正常工作,RCC 一般通过 MSI 播发系统或 DSC 区域呼叫方式进行岸到船方向的遇险报警转发。遇险船舶附近的船舶收到转发的遇险报警,应主动与相关 RCC 建立通信联系,加入搜救协调通信中。《1974 年国际海上人命安全公约》1988 年修正案的表述为"接收岸到船方向的遇险报警",而 2022 年修正案的表述为"接收岸到船方向的遇险报警转发"(Receiving Shore-to-Ship Distress Alert Relays),使得岸到船方向的遇险报警所表达的含义更加准确。

## 二、收发搜救协调通信

搜救协调通信属于远距离双向通信,是指 RCC 成功收到遇险报警后,与遇险船舶,参与搜救的船舶、飞机以及陆上有关搜救协调机构进行的通信。通信时,在卫星通信系统中应该选择合适的优先等级,在地面通信系统中应使用海上遇险和安全通信频率。至于是通过地面通信系统还是通过卫星通信系统进行搜救协调通信,这主要取决于遇险船舶所配备的通信设备和遇险船舶所处的海域。

## 三、收发现场通信

现场通信属于近距离双向通信,是指在救助现场,遇险船舶或救生艇筏与参与救助的各单位(救助船或飞机)间、各救助单位间为向遇险船舶提供援助或为救助幸存者而进行的直接通信。现场通信作用距离一般较近,通常在 MF 和 VHF 波段的海上遇险与安全通信频率上进行。

## 四、收发现场寻位信号

现场寻位是指在救助现场确定遇险船、救生艇筏或幸存者的位置。GMDSS 发送的遇险报警信息中一般包含遇险目标的位置信息,发送遇险报警后,遇险目标由于风、浪、流的影响位置发生改变,当救助单元到达事发现场时,遇险目标实际位置与报警信息中的位置存在偏差,所以需要通过电子手段确定遇险目标实际位置。

从 1992 年 2 月 1 日 GMDSS 开始实施至 2010 年 1 月 1 日,现场寻位主要通过遇险目标携带的搜救雷达应答器(Radar-SART,Radar-Search and Rescue Transponder)和救助船或飞机上的 X 波段雷达(9 GHz 雷达)所构成的寻位系统实现。当遇险目标携带的 Radar-SART 被救助船或飞机上的 X 波段雷达信号触发时,救助船或飞机上的雷达屏幕就会显示出遇险目标的相对位置,从而迅速发现遇险目标,达到及时救助的目的。

从 2010 年 1 月 1 日起,现场寻位任务也可通过自动识别系统搜救发射器(AIS-SART,Automatic Identification System-Search and Rescue Transmitter)实现。船舶遇险后,激活 AIS-SART 就会在自动识别系统(AIS)的专用信道上自动发射报警信息,主要包括遇险船的位置和识别码等信息,救助船或飞机上的 AIS 就可以收到这些报警信息,从而确定遇险船的位置,便于救援人员提供及时救助。一般把 Radar-SART 和 AIS-SART 统称为"搜寻定位装置"。

2019 年 6 月,IMO 海上安全委员会通过了第 471(101)号决议案,从 2022 年 7 月 1 日起,406 MHz EPIRB 除需要提供 121.5 MHz 作为搜救飞机的引导寻位信号外,还需要发射 AIS 信号作为寻位引导信号来提升 406 MHz EPIRB 设备的现场寻位能力，这种 EPIRB 称为 AIS-EPIRB。AIS-EPIRB 不仅具有遇险报警的功能，还具有现场寻位功能，其现场寻位原理与 AIS-SART 一样。有关 Radar-SART、AIS-SART 与 AIS-EPIRB 等寻位装置的内容参考第十九章。

## 五、接收海上安全信息

为了保证船舶的航行安全，GMDSS 提供了有效的手段及时向在航船舶播发航行警告、气象警报、气象预报以及其他有关航行安全的信息。同时船舶应按要求配备相应的设备进行 MSI 的接收，从而为航行船舶提供预防性安全保障。《1974 年国际海上人命安全公约》1988 年修正案的表述为"海上安全信息的播发与接收"，而 2022 年修正案的表述被修改为"海上安全信息的接收"(Receiving MSI)。GMDSS 认可的 MSI 播发主要通过以下系统实现：

(1)航警电传(NAVTEX，Navigational Telex)系统，主要针对沿岸区域进行 MSI 的播发。有关 NAVTEX 的内容参考第十七章。

(2)增强群呼(EGC，Enhanced Group Call)系统，主要针对经认可的移动卫星业务覆盖区域进行 MSI 的播发，覆盖区域一般为 NAVTEX 播发台覆盖不到的远洋区域，以及没有能力建立 NAVTEX 台的近海区域或者由于船舶密度太低而不便于开放 NAVTEX 业务的近海区域。有关 EGC 的内容参考第十五章。

此外，高频窄带直接印字电报(HF NBDP，High Frequency Narrow Band Direct Printing Telegraph)也作为 MSI 的播发方式，针对 NAVTEX 和 EGC 系统无法覆盖的区域进行 MSI 播发。同时 IMO 也积极鼓励沿岸国主管机关为船舶提供其他播发方式的 MSI，如无线电传真图、VHF 无线电话等。在目前的海上实践中，很多国家开始提供基于网络技术的 MSI 服务。

国际移动卫星海上宽带(Inmarsat FB，Inmarsat Fleet Broadband)系统的 SafetyNet Ⅱ 业务和铱星系统中 Safety Cast 业务也计划提供 MSI 功能，未来会更充分地应用到 GMDSS 中。地面通信系统中的中频、高频波段的岸对船与海事安全、保安相关信息数据广播系统(NAVDAT，Navigational Data for Broadcasting Maritime Safety and Security-related Information from Shore-to-ship)正处在验证阶段，可以提供中、远距离的 MSI 播发业务，其中 MF 波段，使用 500 kHz 进行 MSI 的播发，信息的形式包含安全报文、气象传真图等，将来会是 NAVTEX 业务的补充或替代。有关 Inmarsat FB 和 NAVDAT 的内容分别参考第十五章和第二十二章。

## 六、收发紧急与安全通信

在实践中，紧急与安全通信主要包括：

(1)航行警告、气象警告和其他紧急信息的发送；

(2)船对船的航行安全通信；

(3)船舶报告通信；

(4)搜救行动的辅助通信；

(5)医疗指导和医疗援助通信；

(6)有关导航、船舶动态和船舶必需品的通信,以及发给官方气象部门的船舶气象观测电文等。

紧急与安全通信是《1974 年国际海上人命安全公约》2022 年修正案中新增的 GMDSS 功能。通过这样的安排,进一步理清了 GMDSS 各种功能的关系,突显对紧急与安全通信的重视。例如,《1974 年国际海上人命安全公约》2022 年修正案以前,船舶在海上遭遇突发性航行风险时可以播发安全信息,彼时属于“收发海上安全信息”。《1974 年国际海上人命安全公约》2022 年修正案以后,船舶不再具有“播发”海上安全信息的功能了,这样的行为属于“紧急和安全通信”。

### 七、收发驾驶台与驾驶台通信

驾驶台与驾驶台通信是指在船舶通常驾驶位置上,为了航行安全,尤其是在港口内或狭水道等狭窄水域进行的无线电话通信,一般通过驾驶台的 VHF 无线电话进行。

### 八、收发一般无线电通信

船舶的一般无线电通信关系到船舶的管理和营运,影响船舶安全,一般经由卫星通信系统和地面通信系统在国际电信联盟规定的海上移动业务频段内进行。

严格地讲,在《1974 年国际海上人命安全公约》1988 年修正案中,并没有明确 GMDSS 的功能,应该说仅对船舶提出了通信功能的要求,其中包括前面所述除第六项以外的 7 项内容;而 2022 年修正案更清晰地表述为,当船舶在海上航行时,需要具有前述第一至第七项的 GMDSS 功能,以及第八项功能。为了方便表述,下文不再具体区分“GMDSS 功能”“SOLAS 船舶功能”,统称为“GMDSS 功能”。

## 第三节 ◉ GMDSS 的组成

GMDSS 按照通信路由可划分为两部分,分别是卫星通信系统和地面通信系统。GMDSS 的组成及工作示意图如图 12-3-1 所示。

### 一、卫星通信系统

在 GMDSS 实施复审和现代化之前,有两个卫星通信系统得到了 IMO 的认可,一个是通过位于地球静止轨道卫星转发通信的 Inmarsat 系统,另外一个是为 406 MHz EPIRB 提供报警与定位业务的国际搜救卫星系统(COSPAS-SARSAT)。Inmarsat 系统能够覆盖除南、北极之外的地球上的所有区域,能够提供多种通信服务,承担了 GMDSS 绝大部分的卫星通信业务。关于 Inmarsat 系统的详细介绍参考第十五章。国际搜救卫星系统是一个全球公益性卫星遇险报警、定位、寻位系统,于 1985 年开始运行,《1974 年国际海上人命安全公约》1988 年修正案将其引入 GMDSS。该系统由国际搜救卫星组织负责管理,我国于 1994 年加入该组织。关于 COSPAS-SARSAT 系统的详细介绍参考第十九章。

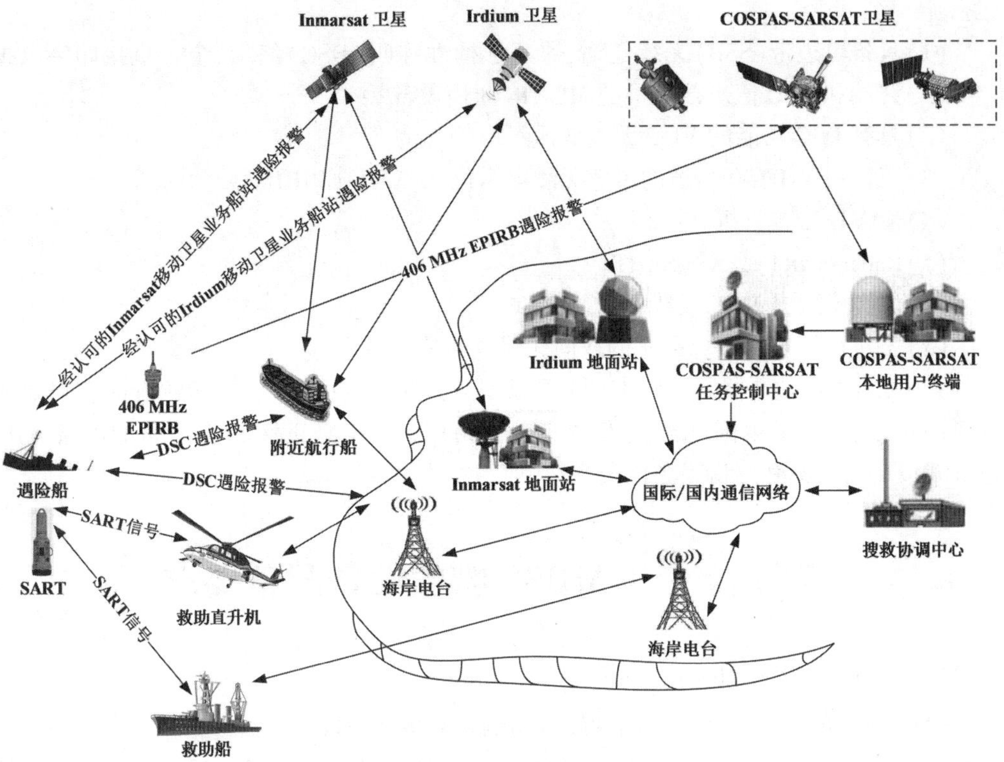


图 12-3-1　GMDSS 的组成及工作示意图

在 GMDSS 复审和现代化进程中，2018 年 5 月，MSC 第 99 届会议通过了《关于认可铱星卫星有限责任公司提供海上移动卫星服务的声明》的决议，认可了美国铱星系统提供 GMDSS 服务。铱星系统使用 66 颗环绕地球的低轨道卫星实现全球覆盖。关于铱星通信系统的详细介绍参考第十六章。

近年来，随着北斗卫星导航系统的功能不断完善，我国申请北斗加入 GMDSS 和 COSPAS-SARSAT 的工作也取得了突破性进展。2020 年 1 月，IMO 航行安全、通信和搜救分委会（NCSR）第 7 次会议同意北斗报文服务系统（BDMSS，BeiDou Message Service System）加入 GMDSS 的预评估提案。2022 年 3 月，国际搜救卫星组织第 66 届理事会确认北斗 3 号系统搭载的 6 颗卫星搜救载荷符合中高度地球轨道（MEO，Medium Earth Orbit）空间段标准要求，标志着北斗系统加入国际搜救卫星组织的技术审核工作全部完成。

伴随铱星系统的加入，以及北斗等系统未来的加入，IMO 有关 GMDSS 卫星通信系统的描述也发生了变化。在此之前，GMDSS 卫星通信系统专指 Inmarsat 系统，GMDSS 复审和现代化以后，根据 2018 年 MSC 通过的 MSC.436（99）号决议案，GMDSS 卫星通信系统指“经认可的移动卫星业务”（RMSS，Recognized Mobile Satellite Service）通信系统。

## 二、地面通信系统

地面通信系统是指不需要各类卫星参与，用来完成 GMDSS 各项功能的 MF、HF、VHF 等各种收发设备及其终端的总和。具体而言，地面通信系统的船用通信设备主要包括：

(1)具备单边带(SSB)无线电话、数字选择性呼叫(DSC)终端、窄带直接印字电报(NBDP)终端和DSC值班接收机的MF/HF通信设备。

(2)具有DSC功能的VHF无线电话。

(3)工作在VHF 70信道的紧急无线电示位标(VHF EPIRB)。

(4)NAVTEX接收机。

(5)Radar-SART或AIS-SART。

(6)便携式双向VHF无线电话。

(7)工作在航空器紧急频率的双向无线电通信设备。

其中,工作在航空器紧急频率的双向无线电通信设备为从事国际航行的客船要求配备的设备;《1974年国际海上人命安全公约》2022年修正案删除了船舶配备VHF EPIRB设备与NBDP终端设备的要求。

# 第四节 ◉ GMDSS船舶设备配备要求

## 一、GMDSS的海区

GMDSS船舶通信设备根据船舶航行的海区配备,而GMDSS海区根据无线电通信系统覆盖区域进行定义。根据海岸电台使用的各频段无线电波覆盖区域以及各卫星通信系统的卫星覆盖区域,全球海域可划分为4个海区,分别是A1海区、A2海区、A3海区和A4海区,定义如下：

(1)A1海区,至少由一个具有连续有效DSC报警能力的VHF海岸电台无线电话覆盖的区域。该区域由缔约国政府规定,通常认为是距离本定义中海岸电台25 n mile以内的范围。

(2)A2海区,除A1海区以外,至少由一个具有连续有效DSC报警能力的MF海岸电台无线电话覆盖的区域。该区域由缔约国政府规定,通常认为是距离本定义中海岸电台100~150 n mile以内的范围。

(3)A3海区,《1974年国际海上人命安全公约》1988年修正案将A3海区定义为:除A1、A2海区外,具有连续有效报警能力的Inmarsat地球静止轨道卫星所覆盖的区域,覆盖范围为76°N~76°S。由于Inmarsat移动地球站一般满足5°仰角才能正常工作,有时人们也模糊地将南、北纬70°以内未被MF和VHF业务覆盖的海域定义为A3海区。目前,铱星等新的卫星系统已被认可作为GMDSS业务提供方,《1974年国际海上人命安全公约》2022年修正案已将A3海区的定义修改为:除A1、A2海区外,船舶地球站提供的经认可的移动卫星业务所覆盖的区域,在该区域内具有连续有效报警能力。A3海区不再局限于南、北纬76°以内。

(4)A4海区,除A1、A2、A3海区以外的区域。

这里讲的海岸电台,必须是海事管理机关指定的、履行遇险值守职责的海岸电台,而不是指一般的商业或者其他业务海岸电台。

GMDSS海区划分示意图如图12-4-1所示。

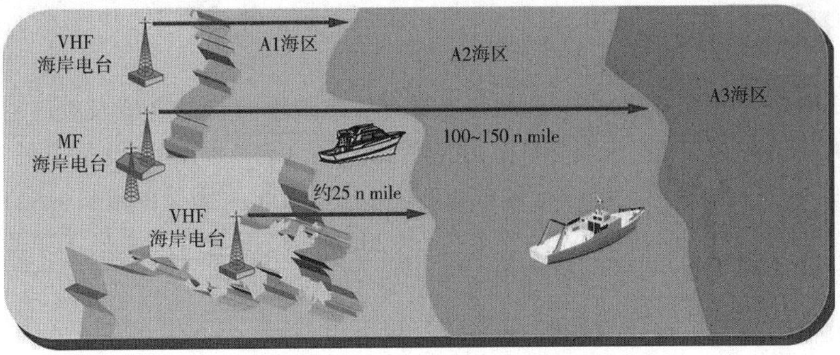


图 12-4-1 GMDSS 海区划分示意图

## 二、设备具体配备

根据《1974 年国际海上人命安全公约》1988 年修正案,所有从事国际航行的客船和 300 总吨以上的货船,都必须按其航行的海区配备相应符合 GMDSS 要求的船用设备。《1974 年国际海上人命安全公约》2022 年修正案对各海区配备 GMDSS 船用设备的要求进行了修改,主要是编排架构方面由原来的多个海区设备的配备修改为各单个海区设备的配备,下面从各海区航行的船舶必配的通信设备与各海区航行的船舶还应配备的通信设备两个方面介绍 GMDSS 船载设备的配备要求。

### (一)各海区航行的船舶必配的通信设备

各海区航行的船舶必配的通信设备主要包括:

(1)1 台 VHF 无线电话设备。要求其能进行遇险、紧急与安全通信,包括:

①在 VHF 70 信道(156.8 MHz)值守和发送 DSC 信息,并能从船舶通常的驾驶位置,在 70 信道上启动遇险报警并发射。

②在 VHF 06 信道(156.3 MHz)、13 信道(156.65 MHz)和 16 信道(156.8 MHz)上进行无线电话通信。

③在工作频率范围 156~174 MHz 上进行一般无线电通信。

(2)Radar-SART 或 AIS-SART。要求安装在便于取用的位置。所有从事国际航行的客船及 500 总吨及以上的货船每船至少配备 2 台,未满 500 总吨的货船可配备 1 台,同时允许船舶和救生艇筏共用。根据 2008 年 5 月 IMO 海上安全委员会通过的 MSC.256(84)号决议案,2010 年 1 月 1 日后允许船舶配备 AIS-SART 作为搜救寻位装置,可以替代 Radar-SART 装船使用。《1974 年国际海上人命安全公约》2022 年修正案将原来属于第Ⅲ章"救生设备与装置"的 Radar-SART 与 AIS-SART 相关内容移至公约的第Ⅳ章"无线电通信"。通过这种方式,特别强调了它们在 GMDSS 中的地位。

(3)1 台能够在航行中接收海上安全信息(MSI)与搜救相关信息的接收装置。在提供 NAVTEX 业务的 A1 与 A2 海区,船舶可配备 NAVTEX 接收机;在超出 A1 与 A2 海区的区域和没有提供 NAVTEX 业务的区域,可以配备 1 台经认可的移动卫星业务 EGC 接收机,EGC 接收机可以是独立的设备,也可以是与其他通信设备的组合。如果船舶专门航行于以 HF NBDP 方式播发 MSI 的区域内,且船舶配备了能接收这类信息的设备,则可用 HF NBDP 设备替代 EGC 接收机。

(4)1 台 406 MHz EPIRB。要求安装在便于取用的位置;能够人工释放并可单人携带到救生艇筏;可以人工启动,也可以在船舶沉没时,自动释放,并在水上漂浮自动启动。

(5)便携式双向 VHF 无线电话设备。所有从事国际航行的客船及 500 总吨及以上的货船每船至少配备 3 台,未满 500 总吨的货船配备 2 台。同时该设备应具有 16 信道和至少其他 1 个工作信道,如 06 信道或 13 信道等。与前面提及的 Radar-SART 与 AIS-SART 类似,《1974 年国际海上人命安全公约》2022 年修正案将原来属于第Ⅲ章的便携式双向 VHF 无线电话设备相关内容移至第Ⅳ章“无线电通信”。

(6)所有从事国际航行的客船,需要增配以下设备:

①1 台能从驾驶台在航空器紧急频率 121.5 MHz 和 123.1 MHz 上进行现场通信的双向无线电话设备。

②如果 406 MHz EPIRB 是用作发送遇险报警的第二种方式,且不能被遥控启动,则需在驾驶台指挥位置附近安装 1 台附加的 406 MHz EPIRB。

③1 个安装在驾驶台指挥位置附近的遇险报警面板,该面板可以设有 1 个单独按钮,当按下这个按钮时,船上所有具有遇险报警功能的无线电通信装置发出遇险警报,或者为各个具有遇险报警功能的无线电通信装置各设有 1 个按钮,并设有防止单按钮或多个按钮误操作的装置。无论单按钮还是多个按钮被按下时,遇险报警面板上均应有清晰的视觉显示。同时,遇险报警面板能在收到遇险报警时,通过视觉和听觉的提示,表明收到遇险报警的无线电通信装置。

**(二)各海区航行的船舶还应配备的通信设备**

GMDSS 船舶除应配备上述必配的通信设备外,还应根据其所航行的海区配备满足完成 GMDSS 功能要求的设备,具体配备方案如下:

1.航行于 A1 海区的船舶

除满足前述必配设备的要求外,每艘航行于 A1 海区的船舶须配备:1 台能够从船舶通常驾驶的位置发射船对岸遇险报警的设备,该报警设备可以是 406 MHz EPIRB,或 HF DSC,或经认可的移动卫星业务船舶地球站。由于上述必配设备中已包含 406 MHz EPIRB,所以航行于 A1 海区的船舶只需配备前述的必配设备即可。

2.航行于 A2 海区的船舶

除满足前述必配设备的要求外,每艘航行于 A2 海区的船舶须配备:

(1)1 台 MF 无线电设备,具有无线电话与 DSC 功能,能在 MF 2 187.5 kHz 上接收、发射 DSC 遇险报警,并能在 MF 2 182 kHz 上进行无线电话遇险、紧急和安全通信。

(2)1 台 MF DSC 无线电设备,要求能在 MF 2 187.5 kHz 上保持连续 DSC 值守,该设备可以与上述(1)中配备的 MF 无线电设备相互独立或组合使用。

(3)除 MF DSC 设备外,1 台能够从船舶通常驾驶的位置发射船对岸遇险报警的设备,该报警设备可以是 406 MHz EPIRB,或 HF DSC,或经认可的移动卫星业务船舶地球站。

(4)1 台能进行一般无线电通信的设备,该设备可以是工作在 1 605~4 000 kHz 或 4 000~27 500 kHz 频段上的无线电设备,可以通过在上述(1)中配备的 MF 无线电设备中增加该功能来满足要求;或经认可的移动卫星业务船舶地球站。

由于上述(2)与(4)需要配备的设备通常会与(1)需要配备的无线电设备组合使

用,且必配设备中已包含 406 MHz EPIRB 满足上述(3)的要求,所以航行于 A2 海区的船舶,除满足前述必配设备的要求外,只需配备 1 台满足 GMDSS 要求并具有 DSC 功能的 MF 无线电话设备即可。

3.航行于 A3 海区的船舶

除满足前述必配设备的要求外,每艘航行于 A3 海区的船舶须配备:

(1)1 台经认可的移动卫星业务船舶地球站,要求能进行遇险、紧急与安全通信,能够启动和接收遇险优先等级呼叫,能够对岸到船的遇险报警转发进行值守。

(2)1 台 MF 无线电设备,具有无线电话与 DSC 功能,能在 MF 2 187.5 kHz 上接收、发射 DSC 遇险报警,并能在 MF 2 182 kHz 上进行无线电话遇险、紧急和安全通信。

(3)1 台 MF DSC 无线电设备,要求能在 MF 2 187.5 kHz 上保持连续 DSC 值守,该设备可以与上述(2)中配备的 MF 无线电设备相互独立或组合使用。

(4)1 台能够从船舶通常驾驶的位置发射船对岸遇险报警的设备,该报警设备可以是 406 MHz EPIRB,或 HF DSC,或经认可的移动卫星业务船舶地球站。

(5)1 台能进行一般无线电通信的设备,该设备可以是工作在 1 605~4 000 kHz 或 4 000~27 500 kHz 频段上的无线电设备,可以通过在上述(2)中配备的 MF 无线电设备中增加该功能来满足要求;或经认可的移动卫星业务船舶地球站,可以通过在上述(1)中配备的经认可的移动卫星业务船舶地球站中增加该功能来满足要求。

由于上述(3)与(5)需要配备的设备,通常会与(1)或(2)需要配备的无线电设备组合使用,且必配设备中已包含 406 MHz EPIRB 来满足上述(4)的要求,所以航行于 A3 海区的船舶,除满足前述必配设备要求外,只需配备 1 台经认可的移动卫星业务船舶地球站外加 1 台满足 GMDSS 要求并具有 DSC 功能的 MF 无线电话设备即可。

4.航行于 A4 海区的船舶

除满足前述必配设备的要求外,每艘航行于 A4 海区的船舶须配备:

(1)1 台 MF/HF 无线电设备,要求能够在 1 605~27 500 kHz 的遇险、紧急和安全频率上使用 DSC 和无线电话进行遇险、紧急和安全通信。

(2)1 台 MF/HF DSC 设备,要求能在 2 187.5 kHz、8 414.5 kHz 和 DSC 频率 4 207.5 kHz、6 312 kHz、12 577 kHz 或 16 804.5 kHz 中的至少一个保持连续 DSC 值守,并能在这些频率上进行遇险、紧急与安全通信,该设备可以与上述(1)中配备的 MF/HF 无线电设备相互独立或组合使用。

(3)1 台能够从船舶通常驾驶的位置发射船对岸遇险报警的 406 MHz EPIRB 设备。

(4)1 台能进行一般无线电通信的设备,该设备可以是工作在 1 605~27 500 kHz 频段上的无线电设备,可以通过在上述(1)中配备的 MF/HF 无线电设备中增加该功能来满足要求。

由于上述(2)与(4)需要增配的设备,通常会与(1)需要增配的无线电设备组合使用,且必配设备中已包含 406 MHz EPIRB,满足上述(3)的要求,所以航行于 A4 海区的船舶,除满足前述必配设备要求外,只需配备 1 台满足 GMDSS 要求并具有 DSC 功能的 MF/HF 无线电话设备即可。

## 三、船舶在各海区使用的报警设备

船舶一旦遇险,应根据其所航行的海区和所配备的设备采用恰当的方法、使用合适

的设备,实现船到船、船到岸的有效报警。航行在不同海区的船舶选用报警设备的一般性原则可归纳如下:

(1)航行在 A1 海区的船舶,船对船、船对岸报警可通过工作在 VHF 70 信道上的 DSC 完成。

(2)航行在 A2 海区的船舶,船对船的报警可通过工作在 VHF 70 信道上的 DSC 或 MF 2 187.5 kHz 上的 DSC 完成。船对岸的报警可通过 MF 2 187.5 kHz 上的 DSC 完成。

(3)航行在 A3 海区的船舶,船对船的报警可通过工作在 VHF 70 信道上的 DSC 或 MF 2 187.5 kHz 上的 DSC 完成。船对岸的报警可通过经认可的移动卫星业务船舶地球站(含 Inmarsat 船舶地球站和铱星船舶地球站)或在 HF 波段上的 DSC 完成,例如在 8 414.5 kHz 或其他 HF 波段上的 DSC 遇险频率上进行。

(4)航行在 A4 海区的船舶,船对船的报警可通过工作在 VHF 70 信道上的 DSC 或 MF 2 187.5 kHz 上的 DSC 完成。船对岸的报警可通过 HF 波段上的 DSC 完成,并且可根据船到岸的距离,在 4 207.5 kHz、6 312 kHz、8 414.5 kHz、12 577 kHz 和 16 804.5 kHz 遇险频率中选择一个或多个进行遇险报警。

对于以上船对岸报警的第二种手段都可以采用 406 MHz EPIRB 来实现。

《1974 年国际海上人命安全公约》2022 年修正案删除了船舶配备 VHF EPIRB 设备的要求,航行在 A1 海区的船舶,其船对船、船对岸报警的第一种手段仅可以通过工作在 VHF 70 信道上的 DSC 进行。

## 第五节 ◉ GMDSS 通信设备性能保障与维修要求

船舶按照《1974 年国际海上人命安全公约》1988 年修正案要求配备的 GMDSS 设备,应确保可靠实现 GMDSS 的各项功能。GMDSS 船载设备只有全面履行遇险、紧急、安全等无线电通信功能,船舶才能适航。船舶配备的每一种通信设备均应配有相应的技术资料,包括操作和维修手册等;同时还应配有主管机关认可的适合船上使用的维护工具、备件和测试设备等。为保证海上航行船舶 GMDSS 设备的可用性,国际海上人命安全公约提供了三种可选择的方案,分别是:

(1)双套设备(DOE,Duplication of Equipment);

(2)岸上维修(SBM,Shore-based Maintenance);

(3)海上电子维修(ASM,At-sea Electronic Maintenance)。

双套设备是在前述单套设备配备方案的基础上,根据船舶所航行的海区增配相应的设备,从而在功能上达到双套设备的要求。岸上维修是指船舶靠泊后,由主管机关认可的陆上维修单位对故障设备进行维修与检测,并提供必要的技术支持。海上电子维修是指船上配备具有维修资格的无线电操作员,利用船上的维修、测试仪器及备件对设备进行维修。三种方案各有特点。首先,双套设备对于船舶从设计、建造起就提出了要求,无形中会增加船舶的建造成本。在岸上维修方案中,船公司需要与一个具有能力承担 GMDSS 设备维修的陆地单位签订合同,即"GMDSS 岸基维修协议"(GMDSS Shore-based Maintenance Agreement)。岸基维修协议内附有设备维修网点及联系方法。当船舶设备出现故障需要维修时,岸基公司需要依照合同约定派员维修设备。在这种模式下,船公司需要依据合同每年支付相应的费用。海上电子维修方案,对于船舶无线电持证人员适任能力和船舶维修条件提出了要求。例如,船舶需要根据海区不同配备持有 GMDSS 一级无线电电子员证书,或者 GMDSS 二级无线电电子员证书的无线电人员;船舶需要从配件、工具到检修场所提供相应的支持等。

《1974 年国际海上人命安全公约》要求,航行在 A1 或 A2 海区的船舶,需要在以上三种方案中任选一种;航行在 A3 或 A4 海区的船舶,需要在以上三种方案中选择至少两种方案的组合。根据前面对于三种方案特点的分析,结合公约的相应要求,实践中,航行于 A1 和 A2 海区的船舶多采用岸上维修设备方案;航行于 A3 和 A4 海区的船舶多采用双套设备和岸上维修相结合的方案。

国际海事组织海上安全委员会第 105 届会议向国际海事组织第 33 届大会建议废止 IMO A.702(17)决议案《关于 A3 与 A4 海区 GMDSS 无线电维护指南》。同时,《1974 年国际海上人命安全公约》2022 年修正案也删除了第四章 15.7 条有关 A3、A4 海区船舶对于该决议案的引用,同时还删除了船舶配备 NBDP 终端设备的要求。2024 年 1 月 1 日后,当船舶采用双套设备方案时,增加的无线电通信设备无须具备 NBDP 终端功能,同时航行在 A3 和/或 A4 海区的船舶选择的可用性维护方案需要得到主管机关的认可。

## 第六节 ◉ GMDSS 现代化简介

随着通信技术向集成化、信息化、数字化和智能化高速发展,IMO 要求强制使用的一些技术已被淘汰。另外,现代通信手段虽然已经获得广泛应用,却未被现行的公约认可。2008 年,IMO 在无线电通信与搜救分委会第 12 次会议(COMSAR 12)上表示 GMDSS 已不具备先进性,并首次提出了 GMDSS 复审与现代化计划。2009 年,COMSAR 13 次会议进一步指出,应有一个系统的并持续进行的复审计划,以确保 GMDSS 能够保持技术敏锐度。2012 年,COMSAR 16 次会议提交了 GMDSS 复审工作范围和工作计划的最终报告,将 GMDSS 复审分为高级复审(High-level Review)和详细复审(Detailed Review)两个阶段。高级复审是对《1974 年国际海上人命安全公约》(特别是第Ⅳ章)以及其他相关的决议、通函等进行全面的审议和修订;详细复审是对目前 GMDSS 所使用的具体设备和业务进行评估,复审工作已于 2015 年完成,2016 年开始拟订现代化工作计划。

2018 年,MSC 第 99 次会议(MSC 99)和 NCSR 第 5 次会议(NCSR 5)批准了 GMDSS 现代化工作计划。

2018 年,MSC 通过了 MSC.450 (99)号决议案,Inmarsat 公司的船队安全(Fleet Safety)业务被组织认可,根据 IMO A.1001(25)号决议案的规定,通过对原有 Inmarsat FB 系统船载终端加入海事安全终端(MST, Maritime Safety Terminal),可以在 GMDSS 中使用。

2018 年,MSC 通过了 MSC.451(99)号决议案,铱星卫星通信系统的安全语音业务、突发短数据(SBD, Short-burst Data)业务与增强群呼业务被组织认可,根据 IMO A.1001

(25)号决议案的规定,经型式认可的铱星终端可以在 GMDSS 中使用。

2018 年,MSC 通过了 MSC.436 (99)号决议案,《1974 年国际海上人命安全公约》第Ⅳ章和相关附录文件中将术语“Inmarsat”修订为“经认可的移动卫星业务”。

2019 年 6 月 14 日,MSC 审议并通过了 MSC.471 (101)号决议案,批准了自浮式 406 MHz EPIRB 性能标准,决议案中明确在国际搜救卫星系统中引入 MEOSAR 系统。MEOSAR 系统的引入很大程度上提升了海上卫星紧急无线电示位标设备的定位精度和搜救效率。

2021 年,NCSR 第 8 次会议完成了一系列 IMO 强制性和非强制性文件的修订,同年,MSC 第 104 届会议(MSC 104)批准。

2022 年 4 月,MSC 第 105 届会议正式通过了《1974 年国际海上人命安全公约》修正案等 11 份与 GMDSS 相关的修正案,并将于 2024 年 1 月 1 日起生效或实施,同时废除了一批建立在老旧、过时的通信技术基础上的相关文件。这是 IMO 近 10 年来在海上无线电通信领域取得的重大成果,充分适应了自 1999 年全球全面实施 GMDSS 以来,海上遇险与安全通信技术信息化、智能化和数字化的迅猛发展,打破了 Inmarsat 在 GMDSS 卫星通信方面的垄断地位,引入了新一代 Inmarsat 宽带技术,以及铱星等更加先进的、真正具备全球覆盖能力的海上移动卫星业务等一系列通信技术革新成果,满足日益增长的海上遇险船舶搜救通信业务需求。

**思考题**

1.GMDSS 的主要功能有哪些?

2.GMDSS 划分为哪几个分系统?各分系统船用的通信设备主要有哪些?

3.简述 A1、A3 海区的定义。

4.在 GMDSS 中,在各海区航行的船舶均应配备的通信设备主要有哪些?

5.为保障 GMDSS 设备的正常使用,GMDSS 有哪几种设备维修方案?

6.航行于不同海区的船舶如何选择不同的维修方案?

7.航行于 A3 海区的船舶,除必配设备外,还需增配哪些无线电设备?

# 第十三章

# MF/HF 组合电台

## 第一节 ◉ 船用 MF/HF 组合电台基本工作原理

### 一、船用 MF/HF 组合电台的基本构成

GMDSS 主要包括卫星和地面两大通信系统，地面通信系统主要包括 MF/HF 通信系统和 VHF 通信系统两大主体。其中，MF/HF 通信系统可以提供诸如遇险报警、搜救协调通信、现场通信、MSI 的接收和常规通信等功能。MF/HF 通信系统由 MF/HF 海岸电台和船舶电台组成，利用这一系统可实现船岸间、船舶间中远距离通信，同时通过海岸电台的转接还可实现船舶电台与陆基电话网等通信网络的连接。

船用 MF/HF 通信设备（或称 MF/HF 组合电台）的基本构成如图 13-1-1 所示，包括收发信机及控制单元、无线电话送受话器、NBDP 终端、DSC 终端、DSC 值班接收机、天线以及电源部分。图 13-1-1 所示框图满足《1974 年国际海上人命安全公约》1988 年修正案的要求。根据 2022 年 4 月通过的《1974 年国际海上人命安全公约》2022 年修正案，在 GMDSS 中，NBDP 终端仅需提供接收海上安全信息的功能，而不再需要承担遇险、紧急通信功能。

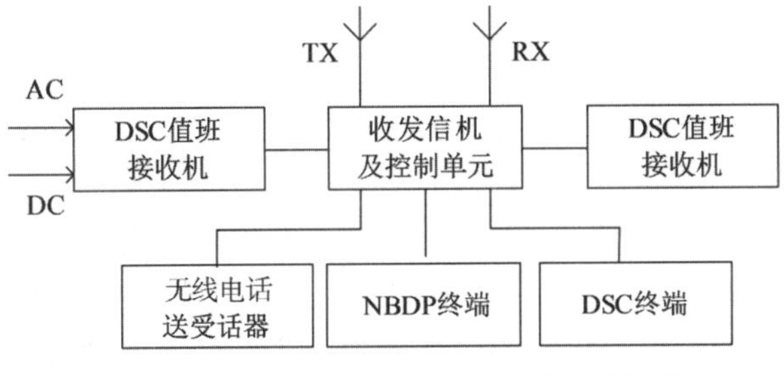


图 13-1-1　船用 MF/HF 通信设备的基本构成

### 二、单边带通信原理

无线电信号的调制主要包括振幅调制、频率调制和相位调制等方式，而振幅调制又分为普通振幅调制、抑制载波的双边带调制、抑制载波的单边带调制等。其中，单边带

调制能够很好地利用频谱,节约频率资源,因此船用 MF/HF 通信设备采取了单边带调制的方式。下面我们首先简单了解调幅信号的性质。

**(一)调幅信号的性质**

假设有一个单音频的调制信号为

$$u_{\Omega}(t)=V_{\Omega}\cos(\Omega t) \tag{13-1-1}$$

载波信号为

$$u_{c}(t)=V_{c}\cos(\omega_{c}t) \tag{13-1-2}$$

式(13-1-1)中,$V_{\Omega}$、$\Omega$ 分别表示调制信号的振幅和角频率;式(13-1-2)中,$V_c$、$\omega_c$ 分别表示载波的振幅和角频率。这里为了分析问题方便,忽略了调制信号和载波信号的初相位。根据调幅的定义,可得调幅信号的表达式如下:

$$u_{AM}(t)=[V_{c}+V_{\Omega}\cos(\Omega t)]\cos(\omega_{c}t) \tag{13-1-3}$$

令 $m=V_{\Omega}/V_c$,$m$ 称为调幅系数或调幅指数,$m\leqslant1$。当 $m>1$ 时,说明调制信号的幅度大于载波的幅度,这时载波信号的幅度就不能随调制信号幅度的变化而变化,从而产生调制失真(即过调),不能获得正常的调幅波。将 $m$ 代入式(13-1-3)可得:

$$u_{AM}(t)=V_{c}[1+m\cos(\Omega t)]\cos(\omega_{c}t) \tag{13-1-4}$$

应用三角公式变换,将式(13-1-4)展开得:

$$u_{AM}(t)=V_{c}\cos(\omega_{c}t)+\frac{1}{2}mV_{c}\cos[(\omega_{c}+\Omega)t]+\frac{1}{2}mV_{c}\cos[(\omega_{c}-\Omega)t] \tag{13-1-5}$$

从式(13-1-4)和式(13-1-5)我们可以得出以下结论:

(1)调幅信号振幅 $V_c[1+m\cos(\Omega t)]$ 的变化(即包络)完全反映了调制信号的变化规律,即随着调制信号幅度的变化而变化。

(2)调幅波包络内的高频振荡相位是连续的。

(3)单音频调制的调幅信号包括载频 $V_c\cos(\omega_c t)$、上边频 $V_c\cos[(\omega_c+\Omega)t]$ 和下边频 $V_c\cos[(\omega_c-\Omega)t]$ 等三个频率分量,两个边频都包含了要传递的信息。

(4)上、下边频对称地分布在载频的两侧,振幅不超过载波振幅的一半。

(5)调幅波所占用的频带宽度为单音频带宽的 2 倍。

在实际通信中,调制信号通常并不像前面讨论的单音频信息那样简单,而是由许多频率分量组成的。一般认为话音的频带宽度为 300~3 000 Hz,即带宽为 2 700 Hz。对于多音频调幅波而言,其主要特点与前面的单音频调幅波是一样的,只是其所占用的带宽为多音频信号高频数值的 2 倍。

通过对调幅波性质的分析可以看出,正常的调幅信号是一个含有载波的双边带信号,载波中不含任何有用的信息。通信的目的就是传递信息。因此,通信中传送载波是没有用途的,用两个边带传递相同的信息也是不必要的,实际通信中完全可以仅传输一个边带。这种抑制掉调幅波中的载波和一个边带,仅发射另一个边带的通信,就是单边带通信,这种调制方式称为单边带调制。在实际通信中,究竟发射上边带还是下边带,对于一个确定的通信系统是固定的。按照国际电信联盟的规定,水上移动业务的 MF/HF 无线电通信发射上边带信号。

无线电波是一种有限的通信资源。由于 SSB 通信只发一个边带,通信系统传输信号的带宽得到了压缩,这样就提高了相应波段电台的容量,减少了不必要的无线电功率辐射。

### (二)单边带信号的性质和特点

1.单边带信号的性质

(1)单音频调制的 SSB 信号性质

根据 SSB 调制的定义,可以从单音频调制的调幅波表达式(13-1-5)中取出任一边频,就可得到单音频调制的 SSB 信号的表达式:

$$u_{SSB}(t)=\frac{1}{2}mV_c\cos[(\omega_c+\Omega)t] \qquad (13\text{-}1\text{-}6)$$

从式(13-1-6)可以看出,单音频调制的 SSB 信号是一个角频率为 $\omega_c+\Omega$(频率为 $f_c+F$)或者 $\omega_c-\Omega$(频率为 $f_c-F$),振幅为 $\frac{1}{2}mV_c$ 的等幅波,它的波形和频谱如图 13-1-2 所示。实践工作中,船舶 MF/HF 组合电台采用上边带。由于调幅系数 $m=V_\Omega/V_c$,所以单边带信号和调制信号的振幅 $V_c$ 及频率 $F$ 是相关联的。

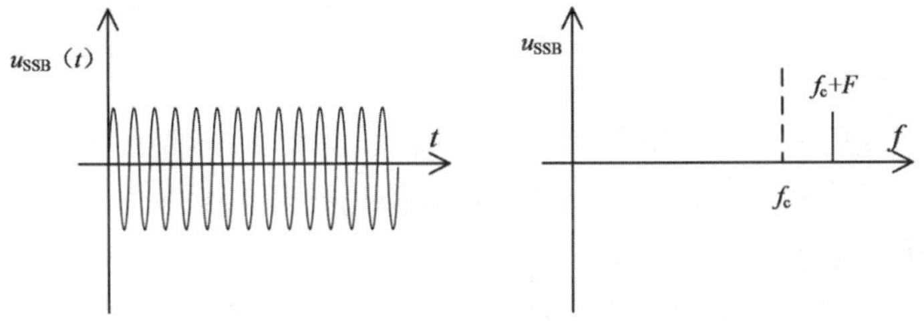


(a)单音频单边带信号波形　　(b)单音频单边带信号频谱

**图 13-1-2　单音频调制的 SSB 信号的波形与频谱**

根据式(13-1-6)和图 13-1-2 可以将单音频调制的 SSB 信号的性质概括如下:

首先,对于单音频调制的 SSB 信号,调制信息不但反映在幅度上,而且反映在信号的频率上,这与普通调幅信号是不同的,所以普通的调幅接收机是不能接收 SSB 信号的。其次,单音频调制的 SSB 信号在一个周期内幅度的变化规律与调制信号幅度的变化规律是一致的,但是角频率为 $\omega_c+\Omega$(频率为 $f_c+F$)。所以这种调制相当于音频频率 $F$,在频率轴上向频率高端平移(搬移)了一个载频 $f_c$ 的距离,也就是将调制信号由低频的位置搬移到了高频的位置。图中虚线表示载波的位置,但 SSB 信号本身不含载波。

(2)多音频调制的 SSB 信号性质

如图 13-1-3 所示,可以归纳出多音频调制的 SSB 信号具有以下性质:

首先,SSB 调制相当于调制信号在频率轴上的线性搬移,搬移的位置取决于载波的大小,并且 SSB 信号的频谱结构与调制信号的频谱结构相同。需要指出的是,如图 13-1-3 所示的 SSB 信号是不含有载波的,但实际的调制并不是不需要载波的参与,只是通过具体电路在信号变换中等效地把载波抑制掉。

其次,当调制信号的振幅和频率变化时,所产生的单边带信号的振幅和频率也做相应变化。所以对于 SSB 调制,调制信息不但反映在已调波的幅度上,而且反映在已调波的频率上,这是与普通调幅波有所不同的。

最后,SSB 信号所占的频带宽度与调制信号所占的频带宽度是相同的。在 GMDSS

中,MF/HF 无线电话通信的系统带宽一般设计为 3 kHz,而实际话音信号需要的有效带宽约为 2 700 Hz。

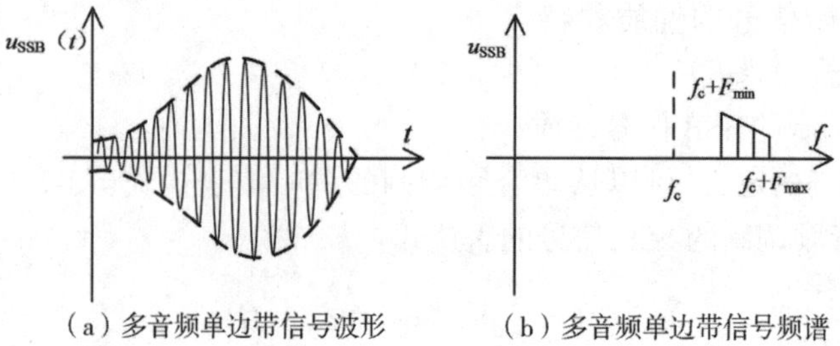


图 13-1-3 多音频调制的 SSB 信号的波形与频谱

2.单边带信号的特点

在达到同样通信效果的情况下,SSB 通信与普通调幅通信相比,具有以下特点:

(1)发射信号占用的频带窄

SSB 通信仅利用射频信号的一个边带进行,与调幅通信相比,这相当于发射频带被压缩了一半还多。

(2)功率的有效利用率高

SSB 通信只发射一个边带信号,发射机的输出功率可全部用于传递有用信息。这对于放大元器件的生产以及优化空中通信环境都是极为有利的。

(3)抗选择性衰落能力强

无线电波在传输过程中,对于不同频率分量可能产生不同程度的幅度衰减和相移,于是在接收端出现了不同频率、信号强弱变化不一致的现象,这种现象称为选择性衰落。对于双边带调幅信号,在选择性衰落现象出现时,其载波和两个边带将受到不同的幅度衰减和不成比例的相移,于是接收的信号产生了失真。通信距离越远,这种选择性衰落就越严重,从而使通信质量下降。对于不含载波的 SSB 信号,由于边带中各频率分量没有直接的相位和幅度的依从关系,当各频率分量受到不同的衰落时,相当于调制信号中各频率成分相对振幅的变化,而对系统的通信质量影响不大,因此 SSB 通信抗选择性衰落能力强。

(4)抗干扰性能好

调幅通信的信息反映在调幅波的幅度上,所以接收端解调采用幅度检波器,这种检波器只有在信号较强时,其输出与输入才能呈线性关系,但在信号较弱时,会出现非线性失真。而 SSB 信号的解调采用同步检波器,这种检波器无论输入信号大小,其输出与输入都呈线性关系,即保真度很高,因此说 SSB 通信抗干扰能力强。

(5)具有一定的保密性

普通民用调幅接收机无法接收单边带信号,因此 SSB 通信具有较高的保密性。

(6)设备组成较复杂

SSB 通信虽然具有上述优点,但该系统收发设备的组成比调幅系统的设备要复杂,尤其频率精度要求高。

**(三)SSB 信号的产生**

SSB 信号产生的方法通常有滤波法、相移法和相移滤波法三种。这里仅介绍目前船用 SSB 发射机中广泛使用的滤波法,其基本环节是调制和滤波。滤波法产生 SSB 信号的原理如图 13-1-4 所示。SSB 调制器是单边带发射机中的关键部件之一,其作用是产生载波抑制的双边带信号。SSB 调制器主要由非线性元件构成,所采用的器件有多种,如二极管、三极管、场效应管和集成电路等。调制器两路输入信号分别为调制信号和载波信号,调制器的作用是产生抑制载波的双边带信号,它相当于一个乘法器,即它输出的信号相当于两路输入信号的乘积。若调制信号是语音信号,则其输出只含有上、下两个边带。可见,调制器的输出信号是抑制载波的双边带信号。接下来,将双边带信号 $u_o$ 送入一个边带滤波器。滤波器又称作滤波电路,是无线电设备中常用的部件,具有多种形式,它在设备中起到选择所需频率信号、抑制无用信号的作用。滤波器按所处理的信号分为模拟滤波器和数字滤波器两种,按所通过信号的频段可以分为低通、高通、带通、带阻和全通等。MF/HF SSB 发射机中采用的边带滤波器属于带通滤波器,其具体作用是抑制掉不需要的边带,选择出所需的边带,从而获得 SSB 信号。

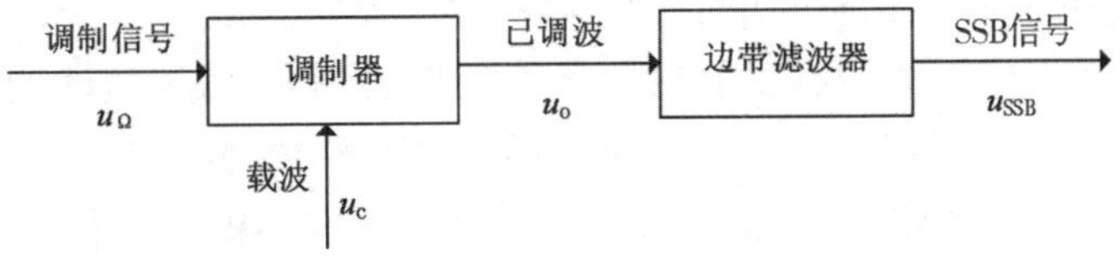


**图 13-1-4 滤波法产生 SSB 信号的原理图**

图 13-1-5 所示为滤波法产生 SSB 信号的频谱图。实际设备中调制器的输出是含有一部分载波的,这部分载波俗称“载漏”,这主要是元件参数不能完全做到对称平衡所产生的。因此,边带滤波器还要对载漏进一步抑制,最终获得满足要求的 SSB 信号。

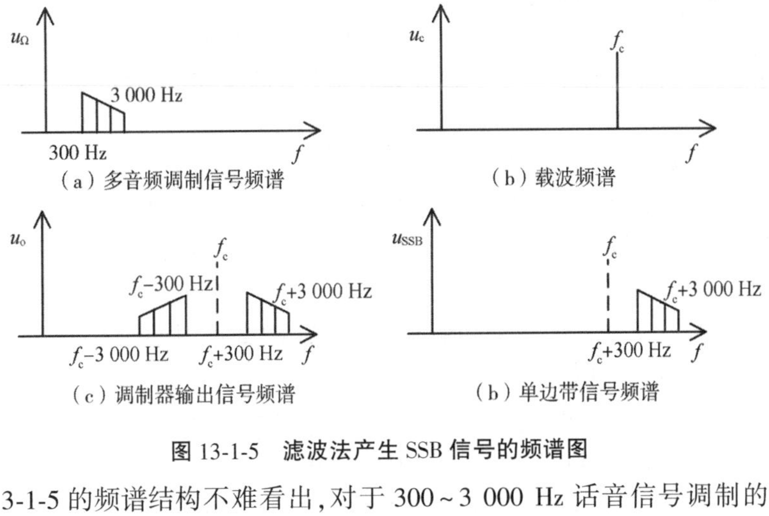


**图 13-1-5 滤波法产生 SSB 信号的频谱图**

从图 13-1-5 的频谱结构不难看出,对于 300~3 000 Hz 话音信号调制的双边带信号,它的上边带和下边带相距仅为 600 Hz,与载波的位置仅距 300 Hz,因此对边带滤波器有较高的技术要求,实际电路中采用性能良好的晶体滤波器。边带滤波器的幅频传输特性可分为三个部分,即通带、阻带和过渡带。它们应满足以下要求:

(1)通带内对有用信号损耗要小,传输应平稳,通带的大小要满足所传输 SSB 信号的要求。传输话音信号的带宽约为 2 700 Hz。

(2)阻带衰减要大,以便有效地抑制无用的下边带信号和其他干扰。

(3)过渡带要陡峭,达到有效抑制载漏的目的。过渡带是指上边带最低频率和下边带最高频率之间的频带,如上面所提到的话音调制,过渡带只有 600 Hz。

**(四)SSB 通信的种类**

根据国际无线电咨询委员会 CCIR[这里的 CCIR 是指“国际无线电咨询委员会”,1993 年 3 月 1 日起与国际频率登记委员会(IFRB,International Frequency Registration Board)合并组成国际电信联盟(ITU)无线电通信部门,简称 ITU-R]的建议,无线电通信每一个工作种类(又称发射类型)都可以通过字符组的形式来表示。字符组一般包含三位。第一位符号是字母,表示主载波的调制方式。其中,字母“A”表示双边带调制或称调幅,字母“J”表示抑制载波或称无载波的 SSB 调制,字母“R”表示减载波或称部分抑制载波的 SSB 调制,字母“H”表示含有全载波的 SSB 调制,字母“F”表示调频,字母“G”表示调相。第二位符号是数字,表示调制信号的性质。其中,数字“1”表示不用副载波调制,但包含数字信息的单信道,数字“2”表示利用副载波调制,并包含数字信息的单信道,数字“3”表示模拟信息调制的单信道。第三位符号是字母,表示所发射信息的类型。其中,字母“A”表示人工方式接收的信息,字母“B”表示自动方式接收的信息,字母“C”表示传真,字母“D”表示数据,字母“E”表示话音,字母“F”表示视频。在海事通信中,利用 MF/HF 设备可以实现 SSB 无线电话通信、DSC 通信、NBDP 通信,其工作种类主要有 J3E、R3E、H3E、F1B、J2B 等。

*1.抑制载波单路单边带话*

抑制载波单路单边带话用 J3E 表示。这种发射类型不含载波,它是海上 MF/HF 无线电话通信最常用的工作种类。

*2.部分抑制载波单路单边带话*

部分抑制载波单路单边带话也称为减载波单路单边带话,用 R3E 表示。这种发射类型除发射上边带信号外,还发射一部分载频信号。选用 R3E 的目的是和搜救飞机进行通信。

*3.全载波单路单边带话*

全载波单路单边带话用 H3E 表示。这种发射类型同时发射上边带信号和载波信号。选用 H3E 是因为该信号与一般双边带调幅信号兼容,可以利用普通调幅接收机接收。根据相关规定,在 GMDSS 中,当 MF/HF 组合电台工作在无线电话遇险与安全通信频率上时,应该具有发射 H3E 信号的能力,以提高船舶遇险时的报警、通信成功率。

*4.调频单路自动接收报*

调频单路自动接收报,或称自动接收移频报,用 F1B 表示。F1B 是利用振幅相等但频率不同的两个振荡波来传送数字信息(DSC、NBDP 通信等)的一种发射类型,又称为移频键控。根据 CCIR 的建议,海上通信采用的两个振荡波频率分别为 1 785 Hz 和 1 615 Hz。其中,1 785 Hz 称为空号频率,对应于二进制信息的“0”信号;1 615 Hz 称为传号频率,对应于二进制信息的“1”信号。总的看来,对于 MF/HF 组合电台而言,F1B 是以 1 700 Hz 为中心,移频范围为±85 Hz 的移频信号。由于 1 785 Hz 和 1 615 Hz 又可看作副载波为 1 700 Hz、频移±85 Hz 的已调信号,当通过单边带发射机调制发出时,这时发射的信号类型实际上就是主载波被抑制的、具有副载波调制的单路自动接收报,故又可用 J2B 来表示,称为抑制载波单路 SSB 自动接收报。F1B 或 J2B 是用于 NBDP 通信和 DSC 通信的工作种类。这种类型占用的频带窄、抗干扰能力强，非常适用于海上无线电传通信和数字选择性呼叫的通信。

# 第二节 ◉ 船用 MF/HF 发射机

船用发射机的作用就是把要传送的话音信号变换为高频(射频)的 SSB 信号，或将 DSC 终端输出的含有数字调制信息的移频信号转换为高频信号，然后将这些信号放大到额定功率，调谐匹配以后由天线发射出去。

## 一、船用 MF/HF 发射机的主要技术指标

MF/HF SSB 发射机的技术指标应满足系统通信的要求，衡量 SSB 发射机的性能指标有多个。这些指标不仅在购买设备时要考虑，在设备装配完成或故障修复后也要进行测量。下面从基本概念角度加以介绍。

### （一）工作频率和发射种类

《1974 年国际海上人命安全公约》、国际电信联盟 ITU 的《无线电规则》(*Radio Regulations*)规定，满足 GMDSS 要求的船用 MF/HF SSB 发射机的工作频率范围是 1.6～27.5 MHz；与遇险、紧急和安全通信相关的频率应该方便船舶无线电操作员快速选用；船用 SSB 发射机的工作种类应包括 J3E、R3E、H3E 和 F1B/J2B，并且当设备工作频率切换到 2 182 kHz 或者 DSC 工作频率时，发射机的发射类型应自动转换到相应的 H3E 或 F1B/J2B 模式。

### （二）频率稳定度

为了保证话音通信的清晰度，SSB 发射机载波频率(包括接收机的本振频率)要准确稳定，其绝对频率稳定度应不超过±10 Hz 的范围，相对频率稳定度应在 $10^{-6}$～$10^{-7}$ 数量级以上，对于 F1B/J2B 类型的通信更要满足这一指标要求。目前船用通信设备广泛采用频率合成技术，所以载波与本振频率的精度与稳定度很容易达到要求。

### （三）额定输出功率

额定输出功率是指发射机在某一发射类型工作时，应按设计要求输出的标准功率，同时要满足互调失真的要求。当发射种类为 J3E、R3E 和 H3E 时，SSB 发射机的额定输出功率用峰包功率表示；当发射种类为 F1B/J2B 时，额定输出功率用平均功率表示。

SSB 发射机峰包功率的度量，一般是指在输入等幅双音时，并在满足调制失真的条件下，SSB 信号包络峰值处高频一周内的平均功率。但峰包功率不能用功率表直接测量，一般先测量出平均功率，然后依据峰包功率和平均功率的关系换算出峰包功率。在实际通信中，操作员可根据通信距离和通信效果情况，在设备面板上合理选择发射功率的大小。发射功率的挡级一般可分为低、中、高三挡，有的机器只分为高、低两挡，在满足通信要求的前提下，要尽量选择较低的发射功率，以节省功率、减小对其他台的干扰。

### （四）互调失真

在发射机工作于额定输出功率的条件下，由于设备内部的调制器、放大器和末级功率放大器的非线性作用，将产生无用的互调频率成分，从而对有用边带信号产生干扰，

这就是互调失真。其中,三阶互调成分最靠近有用边带,且幅度较大,所以三阶互调影响最大。该问题稍显复杂,具体内容请参考工程数学类的相关书籍。

在发射机内部,SSB 信号的产生和频率变换都工作在小信号的线性状态,所以引起的非线性失真往往较小,而末级功率放大器工作于大信号状态,容易使信号进入放大器件的非线性区,即饱和区和截止区,故引起非线性失真较大。因此,SSB 发射机总的互调失真主要取决于末级功率放大器。为了减小这一失真,功率放大器应工作于非线性失真较小的甲类或甲乙类,也称为 A 类或 AB 类。

**(五)无用边带抑制和载波抑制**

船用 SSB 通信规定发射上边带,下边带是无用边带,对下边带的抑制称为无用边带抑制。该指标取决于边带滤波器的滤波性能,边带滤波器至少对无用边带衰减 1 000 倍以上。

载波抑制也称载漏抑制,它是指在载频位置上残留载波电压信号的幅度与 SSB 信号峰值包络电压幅度的比值。该指标主要取决于 SSB 调制器和边带滤波器的性能,一般要求残留载波信号电压的幅度不能超过有用边带信号电压幅度的千分之一。

## 二、船用 MF/HF 发射机的组成

**(一)基本框图**

船用 MF/HF SSB 发射机的基本组成包括激励器(EX, Exciter)、高频功率放大器(PA, Power Amplifier)、自动天线调谐器(ATU, Automatic Tune Unit)、微机控制部分和电源部分,具体如图 13-2-1 所示。

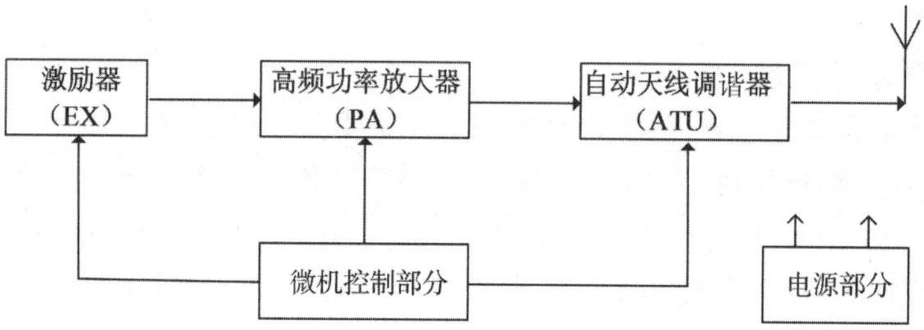


图 13-2-1　SSB 发射机的基本组成

1.激励器

激励器的基本作用是将送受话终端送来的语音信号、DSC 终端输出的含有数字信息的移频信号调制到相应的发射类型,并把该类型的信号搬移到所需的发射频率。

2.高频功率放大器

高频功率放大器的作用是将激励器输出的信号放大到额定功率,经调谐器再馈送到发射天线。

3.自动天线调谐器

自动天线调谐器主要完成功放输出与发射天线间的调谐与匹配任务,从而实现最佳的功率输出。

4.微机控制部分

微机控制部分实现对 MF/HF 设备整机工作的控制,使设备高效、可靠地工作,操作更简单、方便。

5.电源部分

电源部分为发射机各组成部分提供所需的电压,满足设备正常的工作需求。

**(二)发射机的主要电路单元**

1.单边带激励器

单边带激励器是 SSB 信号的形成部分,它的功能首先是产生 SSB 发射机发射所需要的各种类型的信号,其次是将各种信号的频率搬移到要求的发射频率上,并经过线性放大为功率放大器提供足够的信号推动功率。因此,单边带激励器主要包括 SSB 调制器、滤波器、键控和工作种类控制电路、高频宽带放大器以及为各级调制器提供高稳定度载频的频率合成器等。单边带激励器的组成如图 13-2-2 所示。

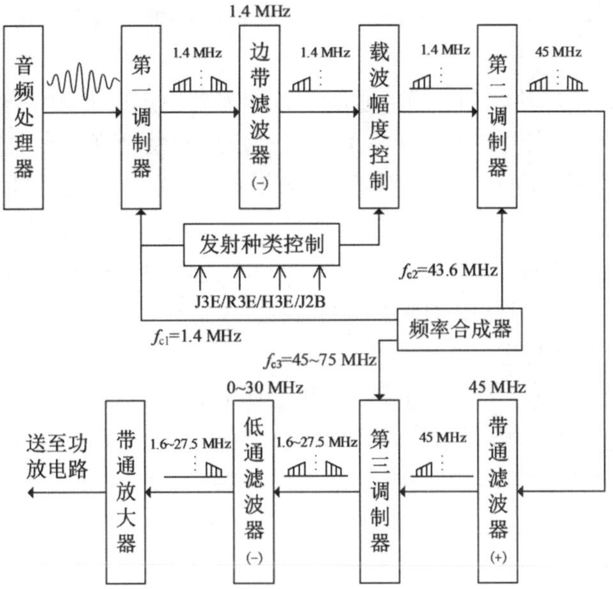


图 13-2-2 单边带激励器的组成

(1)音频处理器

音频处理器对来自送受话终端的语音信号进行放大和处理,从而满足调制器输入对基带信号幅度和频率特性的要求。音频处理器输出信号的幅度一般为几十毫伏,有效频率范围为 300~3 000 Hz。

(2)三次搬频

在图 13-2-2 中,三次搬频的中频分别是 $f_{c1}$、$f_{c2}$ 和 $f_{c3}$。如果调制信号为 $u_\Omega(t)$,输出信号工作频率为 $x$,则:

第 1 次搬频输出为:$1.4\pm u_\Omega(t)$;经过边带滤波器后取下边带:$1.4-u_\Omega(t)$。

第 2 次搬频输出为:$43.6\pm[1.4-u_\Omega(t)]$;经过边带滤波器后取上边带:$45-u_\Omega(t)$。

第 3 次搬频时,根据输出需求在频率 45~75 MHz 设置 $f_{c3}$ 的数值,其输出为:$(x+45)\pm[45-u_\Omega(t)]$;低通滤波器后取下边带:$(x+45)-[45-u_\Omega(t)]=x+u_\Omega(t)$。信号 $u_\Omega(t)$ 被成功搬频到 $x$,并且通过滤波后输出上边带。这里的 $x$ 是发射频率。

可见,在上述方案中,采用了"下边带,上边带,下边带"方案,即:"-,+,-"方案。另外,第 3 中频 $f_{c3}$ 的取值远高于调制器输出的工作频率。一般单边带发射机中频频率是调制器输出最高频率 3 倍的称为高中频方案。这里，$f_{c3}$的取值在 45~75 MHz，是最高输出频率的 1.5 倍，但也被称为高中频。采用高中频方案，可避免第三调制器输出的无用杂散频率成分落入有用信号通带内，从而实现不调谐式输出，简化电路，有利于微机控制。

(3)各级滤波器

各级滤波器完成选取有用边带信号的作用。其中，第一、第二调制器后面均采用工作频率固定的晶体滤波器，第三调制器后面则采用电感电容组成的 LC 低通滤波器。

(4)放大电路

实际工作中，每次调制、滤波后都设有线性良好的宽带放大器，用于提升 SSB 信号的幅度，使 SSB 信号的功率满足高频功放的输入要求及对互调失真指标的要求。

(5)频率合成器

在 GMDSS 海上移动通信中，船用通信设备所需高稳定度的频率源都是由频率合成器提供的，所以这些通信设备工作频率的频率稳定度和精确度完全取决于频率合成器，如船用 SSB 设备的频率稳定度要求不超过±10 Hz 的偏差，实际上就是对频率合成器的要求。频率合成器是 SSB 激励器的核心部件，其输出的离散频率一般以 100 Hz 步进，即最小频率间隔为 100 Hz，在 1.6~30 MHz 的频率范围内，可提供 284 000 个固定频率点(频道)，充分满足了海上 MF/HF 通信的需要。

(6)发射机的键控电路

GMDSS 船用 SSB 设备集收发于一体，其工作方式为单工或准双工，即接收与发射不能同时进行。进行 SSB 电话通信时，操作员只有按下送受话器(话筒)上的按键，发射机才工作，话音才能被发射出去，同时接收机暂不工作。对发射机是否执行发射工作进行的控制称为发射机的键控，实现这种控制的电路称为键控电路。该电路在图 13-2-1 中没有表示出来。

(7)工作种类的控制

船用 SSB 发射机属于多功能发信设备，根据《1974 年国际海上人命安全公约》2022 年修正案，可进行 SSB 电话通信、DSC 通信，对应的发射信号类型分别有 J3E、R3E、H3E、F1B/J2B。但上述通信方式和发射的信号类型只能单独进行，无法同时实现。发射机能进行哪种方式的通信和发射什么样的信号，必须由操作员在设备控制面板上进行设置。设置方法因设备而异，有的设备是直接按键设置，有的设备是通过指令设置。无论设置方法怎样，其控制原理都是相同的。由于 GMDSS 设备中，SSB 接收机和发射机是混合的一体机，所以其工作种类的控制实际上是联控的。该功能可同时控制终端设备的连接、载波是否注入以及中频带宽选择电路的连接。为了简化，图 13-2-3 的“载波幅度控制”后面仅画出了 J3E 信号的输出。

当设置 J3E 发射类型时，送受话器与收发机相连，因 J3E 发射需抑制载波，故幅度控制电路无输出，输入第二调制器的只是边带滤波器输出的无载波 SSB 信号。对于 F1B/J2B 的发射类型，也不含载波，所以工作过程与 J3E 类似。当设置 R3E 或 H3E 发射类型时，送受话器与收发机相连，因 R3E 发射需包含部分载波，故幅度控制电路产生衰减输出，与边带滤波器输出的无载波的 SSB 信号混合，实现部分载波重置。而 H3E 发射需包含完整载波，故幅度控制电路无衰减直接输出，以实现全载波的重置。

2.高频功率放大器

MF/HF 单边带发射机的功率放大器主要包括前置功率放大(驱动级)和末级功率放大(输出级),它的任务就是把激励器送来的 SSB 信号,在满足互调失真指标的条件下放大到额定功率,然后经过天线调谐器馈送到天线,向外辐射。高频功率放大器的组成如图 13-2-3 所示。因其中包括功率分配网络和功率合成网络,故这里先介绍一下功率分配与合成的基本概念。

功率分配,就是将同一高频信号的功率在互不影响的同时均匀地分配给几个独立的负载,使每个负载获得相同的功率。分配网络中的各个负载是相互隔离的,某一负载失效,其他负载正常工作,此时发射机仍可安全发射,只是输出功率相应减小。功率合成,就是多个相同的晶体管功率放大器经合成电路将输出信号叠加,同时馈送到同一负载,获得总的功率输出。

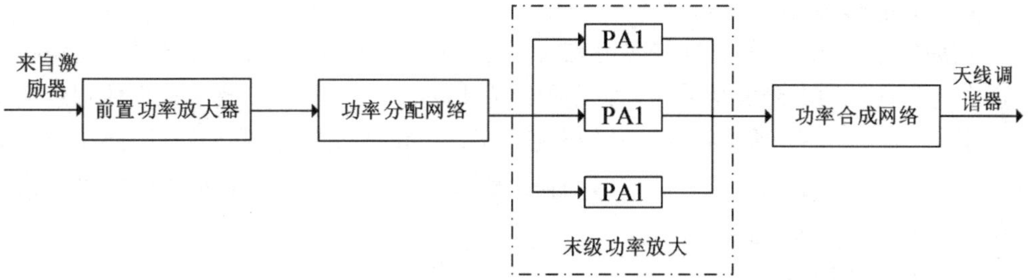


图 13-2-3 高频功率放大器的组成

在功率分配网络与合成网络中,采用的主要器件就是宽带传输线变压器。前置功率放大的作用是将激励器输出的 SSB 信号放大到一定的功率,一般为几十瓦,用于推动末级功率放大器的工作。末级功率放大器的作用是获得额定的发射功率,根据设备的不同,其输出的功率也从几十瓦到几百瓦,甚至上千瓦不等。由于单一的晶体管功率放大器放大能力有限,所以目前船用 SSB 发射机广泛采用多路并联的晶体管功率放大器,通过功率分配与合成技术,实现较大的发射功率输出。晶体管高频宽带功率放大器工作所需的直流电源只有几十伏,所以设备更便于维护,工作更可靠。

3.自动天线调谐器

船用 MF/HF 发射机的工作频率范围很大,功率放大器的实际负载就是中短波发射天线。而天线的阻抗特性随其自身尺寸大小、工作频率、环境因素(主要是气象条件的变化)不同将发生较大的变化,并且这一阻抗与发射机功放输出低通滤波器的等效输出阻抗相差较大。在这种条件下,如果功放输出直接与天线相连,那么功放将无法正常工作,甚至烧坏功放管。因此,在实际的设备中要在功放与天线之间连接一个调谐网络,又称天线调谐网络,通过改变该网络中元件(电感和电容)的参数,使功放输出处于最佳状态。

天线调谐单元的功能就是通过其内部微机系统自动控制调谐网络,使功放输出与发射天线之间达到谐振与匹配。谐振是指功放的负载经调谐后,转变成一个纯电阻;而匹配是指功放的输出电阻与其负载电阻相等,实现最大的功率输出。由于调谐是在微机控制下自动完成的,所以天线调谐单元又称为自动天线调谐器。目前船用 MF/HF 发射机的天线调谐器自成一体,可通过射频电缆与发射机的功放相连,最远可安装于距主机 100 m 的发射天线附近，再与天线连接，从而大大地减少了电台内部的有害辐射。

## 第三节 ◉ 船用 MF/HF 接收机

船用 MF/HF 接收机是一种宽波段、多功能的收信设备，能够从空中接收高频信号，并将其解调为语音或者含有数字调制信息的移频信号，最终送到受话器、扬声器、DSC 终端等。其接收频率可为 100 kHz 至 30 MHz，基本覆盖了长、中、短波的频率范围。除了可以接收 J3E、R3E、H3E、A3E 等语音信息，它还可接收 F1B/J2B 数字信号。

### 一、接收机的主要作用

#### （一）选择信号

在接收机周围的空间存在许多电磁波信号，除了所要接收的有用信号外，还包括其他各种电台发射的电磁波信号、各种工业电气设备的电磁辐射，以及宇宙天体辐射的电磁信号等。这些功率不同、频率各异的电磁波都将同时作用于接收天线，因此接收机必须从这些复杂信号中挑选出有用信号，抑制无用信号。这一功能主要依靠接收机内部的输入选频电路来实现。

#### （二）放大信号

发射机发出的有用电磁波信号，一般要经过很长的传播距离才到达接收机。由于传播的衰减，到达接收端的信号强度将会受到很大的削弱。对于几百瓦乃至上千瓦的发射机所发出的电磁波信号，在到达接收端时这些信号往往是非常微弱的。为了使接收机能够正常工作，必须有足够的信号幅度，以满足接收信号解调，推动终端装置或设备正常工作的要求。为此，接收机必须具有放大信号的能力，这种放大能力依靠接收机内部的高频、中频和低频放大电路实现。

#### （三）变换信号

接收端所要获得的信息携带于接收机所接收的高频信号上，若这种信号直接被放大并作用于受信终端将无法发出可辨声音或输出文字信息。因此，接收机必须能够变换信号，恢复与发端发射的相同的信号，才能达到通信的目的。接收机的信号变换包括接收后的中间频率变换和解调（检波）变换。目前，接收机为了满足良好接收性能的要求，其内部变频采用超外差式，即在解调之前，把接收的高频信号变换成固定的中频信号，然后进一步对中频信号进行变换与放大，这项功能依靠机内的混频器和中频放大器完成。解调（或称检波）实质上也是一种信号频率的变换，即通过机内的解调器（或称检波器）从较高频率上解调出有用的低频信号。根据发射种类的不同，接收机也相应有不同的解调方式。如果发射的是普通调幅波，则接收机内应采用幅度（包络）检波器；若发射的是调频或调相波，则接收机内应采用频率或相位检波器（鉴频器/鉴相器）；若发射的是 SSB 调制信号，则接收机应采用 SSB 检波器，即同步检波器。

同普通接收机一样，SSB 接收机只有完成上述三项功能，才能保证其接收任务的有效完成。除此之外，还要考虑 SSB 调制的特点，如要求频率稳定度高、信号频带相对较窄和多种类型接收的特点等，船用 SSB 接收机在组成上还要增设一些特殊电路，如具有分辨能力的自动增益控制电路等,以满足 SSB 通信的特殊要求。

## 二、船用 MF/HF 接收机的主要技术指标

SSB 接收机质量的好坏可用多种指标来衡量,其中最基本、最主要的技术指标就是灵敏度和选择性,它们反映了 SSB 接收机接收有用信号和抑制各种干扰的能力。因此,衡量 SSB 接收机的性能应把这两者有机地联系在一起,不能片面地强调某一项指标。

### (一)灵敏度

在满足额定输出功率和额定输出信噪比的条件下,接收机天线上所感应的最小信号强度,就是接收机的灵敏度,若用电动势表示,通常为微伏数量级。灵敏度这个指标反映了接收机接收弱信号能力的大小,同时它与接收机内部噪声的大小是相联系的。内部噪声电平越高,输出信噪比就越低,接收机的实际灵敏度也就越低。一般要求船用 SSB 接收机的输出信噪比应能达到 3∶1~10∶1。衡量接收机内部噪声的大小通常用噪声系数 $N_F$ 表示,它是指接收机输入信噪比与输出信噪比的比值,即

$$N_F = \frac{\text{输入信噪比}(S_i/N_i)}{\text{输出信噪比}(S_o/N_o)}$$

在理想情况下,接收机内部没有噪声,$N_F=1$;而实际接收机的内部是存在噪声的,所以 $N_F>1$。显然,内部噪声越大,$N_F$ 就越大。SSB 接收机噪声系数 $N_F$ 的典型数值为 5~10,因此,噪声系数也反映了接收机的灵敏度。

从上述分析可以看出,为了提高接收机的灵敏度,应采取两方面的措施。一方面是提高接收机的增益,即提高放大量,这样可满足输出功率的要求。但是无限地提高增益,在有用信号被放大的同时,机内噪声也被放大,输出信噪比就会下降。另一方面还要降低接收机内部噪声,以满足输出信噪比的要求。目前,高质量的船用 SSB 接收机都采用了合理的组成方案和优良的低噪声器件,使接收机的输出信噪比有了很大的改善,接收机的实际灵敏度得到了有效的提高。站在理想的层面看,一般认为接收机的灵敏度越高越好,但是从现实的工程角度出发,接收机灵敏度满足特定通信需求就好。例如,对于 NAVTEX 系统而言,如果接收机灵敏度过高,反而会接收到不希望接收的其他电台的信息,从而造成干扰系统无法正常工作。

### (二)选择性

接收机要正常工作,必须在大量的信号中挑选出有用信号、抑制掉各种干扰,这种选择有用信号、抑制干扰的能力,就是接收机的选择性。接收机的选择性主要有单信号选择性和多信号选择性两大类。

#### 1.单信号选择性

单信号选择性又称单频选择性,它是指接收机对特定干扰频率的抑制能力。这些特定干扰主要包括中频干扰、像频干扰和邻道干扰,这三类干扰即使在干扰信号强度不大的情况下,也能对有用信号产生较严重的影响,因此又称为小信号选择性。相应地,根据对特定干扰的抑制情况,小信号选择性又具体分为中频选择性、像频选择性和邻道选择性。

#### 2.多信号选择性

多信号选择性主要是指接收机对阻塞干扰、倒易混频干扰、交叉调制干扰和互调干

扰的抑制能力。当有很强的干扰信号作用于接收天线时,它们可能串入接收机内部,使接收机前面的放大器和混频器的工作进入非线性区,从而产生多种频率的干扰。由于这些干扰只有在强度很大时才能显现,所以对它们的抑制能力又称为大信号选择性。

## 三、船用 MF/HF 接收机的组成

### (一)接收机的组成框图

船用 MF/HF SSB 接收机的组成如图 13-3-1 所示。其主要组成部分包括:信道部分,即从接收天线至低频放大器输出的信号通道部分;频率产生部分,即频率合成器单元;控制部分,包括自动增益控制(AGC,Automatic Gain Control)和微机控制部分;以及电源部分。

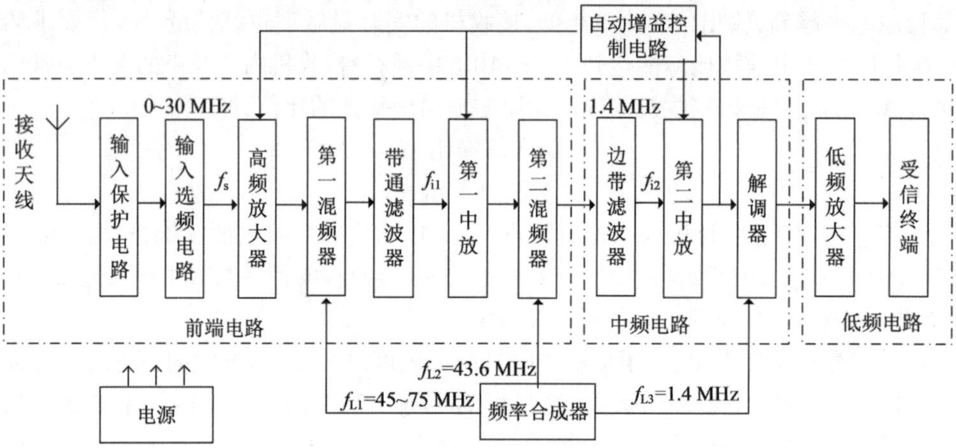


图 13-3-1　船用 MF/HF SSB 接收机的组成

GMDSS 船用 MF/HF 通信设备集收发于一体,收发的操作控制都在一个共同的控制单元(CU,Control Unit)上实现,微机按照固定的程序控制接收机和发射机协调工作,因此图 13-3-1 没有再画出微机控制部分。此外,接收机和发射机由同一外部电源供电,接收机所需的本地振荡频率由高稳定度的频率合成器提供,只是接收与发射部分分别使用各自独立的频率合成器,故在 MF/HF 收发设备中,一般使用两个频率相同的合成器。在图 13-3-1 中标出的频率值是结合典型实例给出的,便于对频率变换的理解。

### (二)接收机的组成技术要求

从图 13-3-1 可以看出,船用 MF/HF SSB 接收机的组成是较复杂的。为了满足技术指标,保证接收机工作的稳定可靠,有效地抑制各种干扰,接收机的组成应满足以下要求:

1.采用两次变频方案

在 SSB 接收机中,应尽量减少混频器的数目,即变频次数越少越好,以便减少变频过程中的非线性产物。但是,若采用一次变频方案,在混频器之后用于选择边带信号的中频滤波器通常采用晶体滤波器,其中心工作频率的提高将受到这种器件固有特性的限制,一般只有几兆赫兹,即中频频率不能选择得太高。这种方案不容易对进入接收机的像频干扰和中频干扰进行有效的抑制。因此,目前船用 MF/HF SSB 接收机广泛采用两次变频方案。

图 13-3-1 中 $f_{L1}$ 是可在一定的频率范围内变化的第一本振频率,如 45～75 MHz,它

可根据选择的输入信号频率$f_s$而变化。经第一混频器混频，在带通滤波器输出得到固定的第一中频信号$f_{i1}$，即$f_{i1}=f_{L1}-f_s$。若输入信号频率$f_s$为0～30 MHz，则输出第一中频$f_{i1}=45$ MHz。以第一中频$f_{i1}$为信号经放大后再与第二本振信号$f_{L2}$在第二混频器中混频，将在边带滤波器的输出得到第二中频信号$f_{i2}$，即$f_{i2}=f_{L2}-f_{i1}$。当第一中频$f_{i1}=45$ MHz，$f_{L2}=43.6$ MHz时，则输出第二中频$f_{i2}=1.4$ MHz。

第一中频滤波器即带通滤波器的工作频率可以设计得很高，所以第一中频频率$f_{i1}$的数值可选择得较高，这样就有效地抑制了相对于第一混频器所产生的像频干扰和中频干扰。若第一中频频率$f_{i1}=45$ MHz，在接收机内部几乎很难产生像频干扰和中频干扰，这样大大地降低了接收机对前端选频网络选频特性的要求，有效地提高了像频和中频的选择性。

第二中频频率$f_{i2}$由于受第二中频滤波器即边带滤波器最高工作频率的限制，不可能选择得很高，实际的接收机中一般选择$f_{i2}=1.4$ MHz。同理，在第二混频器内仍然会产生相对于第一中频$f_{i1}$为信号的像频干扰和中频干扰。因此，在第二混频器后面必须设置一个窄带滤波器，用它来提高相对于第二混频器所产生的像频干扰和中频干扰的抑制能力，以及对邻道干扰的抑制能力。这个窄带滤波器就是边带滤波器（或称中频带宽选择电路）。

2.采用高中频方案

在SSB发射机组成中我们介绍了所谓的“高中频方案”，它是指第三搬频器的输入信号频率高于发射机发射的最高频率。而在SSB接收机中所说的“高中频方案”概念是与前者不同的，它是指SSB接收机第一中频频率高于其最高接收频率的3倍。在实际的设备中，第一中频频率$f_{i1}$大于等于最高接收信号频率$f_{smax}$的1.5倍以上就可认为是高中频方案。在接收机中采用这种方案不仅能够大大提高对像频干扰和中频干扰的抑制能力，而且可以改善接收机的选择性，提高输出信噪比。

接收机所受的各种外来干扰，通过混频器的非线性作用与本振信号混频，将产生复杂的非线性产物，即本振信号与干扰信号的各种组合信号成分。当某些组合信号的频率等于接收机的中频频率时，就会落在接收机的中频通带内，使接收机的输出信噪比降低，从而引起通信质量的下降。理论分析和实践证明，在接收机内部采用高中频方案时，混频器输出的本振信号与干扰信号的组合成分中等于接收机中频频率的组合频率信号数量大大减少，中频频率选择得越高，这种组合成分就越少。显然，高中频方案减少了进入接收机中频通道的无用成分，有效地抑制了接收机内部产生的非线性干扰，改善了选择性。

从另一个角度看，采用高中频方案相当于提高了接收机前端选频调谐回路选择信号的能力，改善了混频器的线性。在满足接收机有关技术指标的前提下，采用高中频方案可以放宽接收机对前端电路抑制干扰能力的要求，这种方案与线性良好的混频器配合使用，就可以在接收机的前端采用固定调谐的滤波器作为输入选频电路，从而简化了接收机的输入调谐机构，有利于对接收机的自动控制，提高了接收机工作的可靠性。

**（三）接收机的主要电路单元**

船用MF/HF接收机的电路单元主要包括输入保护电路、输入选频电路、放大器、混频器、滤波器、解调器、受信终端，以及AGC电路和频率合成器等。关于频率合成器的作用、特点及频率的产生在 SSB 发射机激励器中已讲解，下面仅对接收机其他电路单元分别加以介绍。

1.输入保护电路

船用 MF/HF 接收机的输入选频电路和第一级放大器或混频器所能承受的最大输入信号电压是有限制的，当外来输入信号的强度大于这部分电路的最高耐压极限时，它们就会被烧坏。为了避免这种现象的发生，必须在接收机的输入端采取保护措施，设置专门的保护电路。目前船用 MF/HF 接收机输入端采用的保护电路，主要有以下几种类型：

(1)分压或分流保护

分压保护电路如图 13-3-2(a)所示。在天线回路中串联阻值合适的白炽灯 A，当接收机正常接收信号时，天线上感应的信号电压较小，白炽灯 A 不点亮，此时它的灯丝电阻 $R_A$ 较小，在电感 L 上相对分压较大；当有强干扰信号作用于天线时，白炽灯将被感应的电压点亮，此时灯丝电阻 $R_A$ 增大，则电感 L 上的分压相对减小，从而控制进入接收机后继电路的信号强度在相对正常的范围内，保证接收机安全工作，这就是白炽灯分压保护。

分流保护电路如图 13-3-2(b)所示。在天线回路中并联合适的氖灯 $V_R$，当接收机正常接收信号时，氖灯不启辉，此时它的阻值很大，分流可以忽略，相当于开路；当强干扰信号出现时，氖灯点亮，此时它的阻值很小，强干扰信号被有效分流，起到了保护接收机的作用，这就是氖灯分流保护。

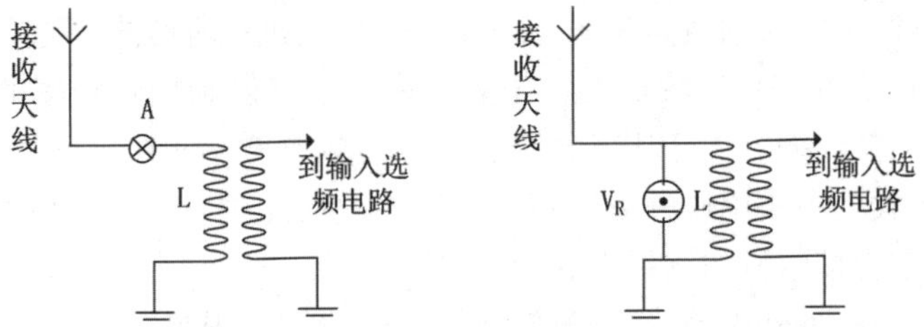


(a)接收机分压保护电路　　(b)接收机分流保护电路

**图 13-3-2　分压和分流保护电路**

分压保护和分流保护主要针对的是雷击等高电压或者大电流的潜在威胁，其特点是构成简单，针对的高电压或者大电流的数值并不精准，具有一定的模糊性。

(2)正反向二极管保护

二极管限幅保护电路如图 13-3-3 所示。在天线回路中并联两个二极管 $D_1$、$D_2$ 进行双向限幅保护，当接收机正常接收时，信号幅度较小，二极管 $D_1$、$D_2$ 均不导通；一旦有强干扰信号进入时，正半周 $D_1$ 导通，负半周 $D_2$ 导通，从而实现对接收机的分流限幅保护。可见，正反向二极管保护电路是针对强信号的电压设计的，该电压即二极管的导通电压。

(3)陷波器滤波保护

雷达陷波器滤波保护电路如图 13-3-4 所示。在天线回路中接入 $L_o$、$C_1$、$C_2$ 组成的 π 型低通滤波器进行陷波保护，当强雷达信号作用于接收机天线时，π 型低通滤波器直接滤除雷达发射的微波信号，而有用信号照常能通过低通滤波器，因此这种保护措施又称雷达滤波器保护。可见，陷波器滤波保护是针对特定频率设计的，在工程实践中可以根据通信环境干扰频率情况选择不同的电感、电容搭建有针对性的保护电路。

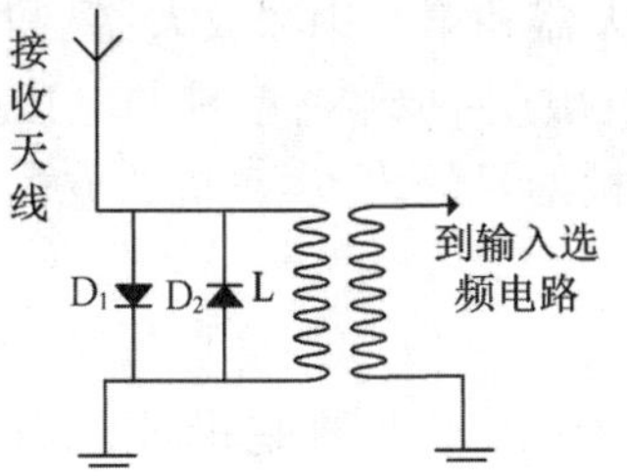


图 13-3-3 二极管限幅保护电路

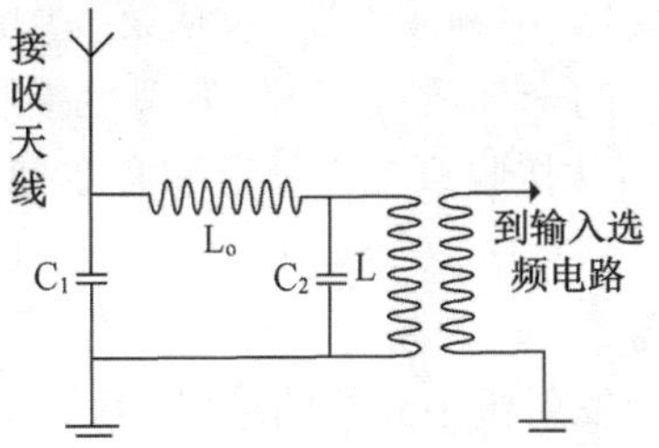


图 13-3-4 雷达陷波器滤波保护电路

(4)采用过载能力强的器件保护

在船用接收机中可采用场效应管作为高频放大器或混频器，这种半导体器件的电压动态范围大，比晶体管更能承受较大的输入信号电压，所以在一定输入信号强度范围内可起到对接收机的保护作用。

(5)继电器保护

在接收机的天线回路中，可利用继电器控制及时切断或衰减强信号，保护接收机。当正常接收信号时，继电器触点接通，信号正常进入接收机的输入端；一旦有强干扰信号作用于天线，保护继电器迅速断开强信号通路，或控制衰减器的衰减量，有效地保护接收机后继电路。在实际设备中，继电器的工作状态通过微机自动控制实现。

为了提高保护措施的可靠性，船用接收机通常综合采用以上保护方法，以确保接收机安全工作。尽管接收机中采用了良好的保护措施，但在实际船舶通信工作中，在多雷电区或在不需要接收机工作的情况下也要将接收机的天线输入端接地，以便更有效地保护接收机。

2.输入选频电路

输入选频电路也被称为输入电路，它位于接收机的前端，是设置在输入保护电路之后的电路。输入选频电路主要由 LC 滤波器、控制开关和必要的耦合元件所组成，其作用是选择有用信号抑制各种干扰。输入选频电路主要有调谐式和不调谐式两种。目前船用 MF/HF SSB 接收机主要使用不调谐式输入选频电路。

船用接收机将 10 kHz~30 MHz 的接收频段划分为十几个分波段，每个分波段对应输入选频电路的一个固定带通滤波器。每一个带通滤波器是否被接入工作，受到开关电路的控制。当接收某一频率信号时，对应的滤波器被控制开关接通，而其他分波段的滤波器被断开。控制开关一般采用二极管，接收机中的微机控制电路根据操作员选择的接收频率自动发出低电平信号，使对应分波段滤波器的二极管导通，让信号通过该波段滤波器。输入选频电路的一般组成如图 13-3-5 所示。图中 0~30 MHz 的低通滤波器用于滤除 30 MHz 以上的高频干扰，满足接收机选择性的要求。

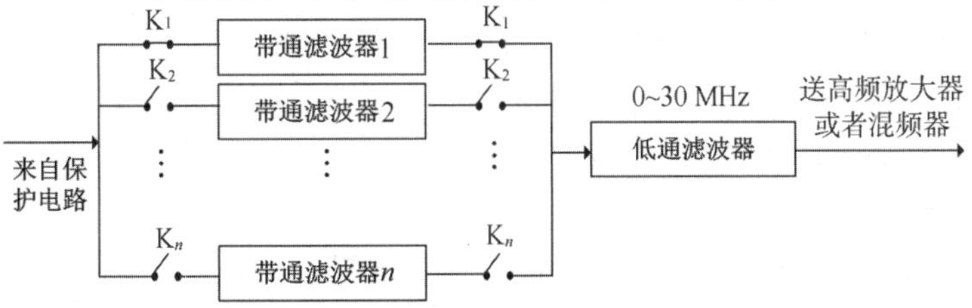


图 13-3-5 输入选频电路的一般组成

3.高、中、低频放大器

高频放大器、中频放大器(包括第一中频放大器和第二中频放大器)和低频放大器承担着接收机的全部放大任务,为满足接收机灵敏度的要求,整机的电压增益要达到120 dB以上。从接收机工作稳定和有效抑制干扰的目的出发,整机的放大量应该合理分配。

4.混频器

混频器与发射机中介绍的第二、第三级调制器的工作原理是相同的,都是起到频率变换的作用。船用接收机典型方案多采用两次变频,即两次频率变换,又称双重超外差。随着输入信号频率的变化,第一本振信号频率也随之变化,所以经第一混频器的频率变换作用,依靠其后的带通滤波器可选择出固定的第一中频信号,第一中频信号频率选择得较高,即前面所述的高中频方案。第一中频信号经放大后再进行第二次混频,第二混频器的输出送至边带滤波器,该边带滤波器又称中频带宽选择电路。第二中频信号频率选择得较低,以满足中频带宽选择电路最高工作频率的要求。

5.输入选频电路

船用接收机实际上是通用接收机,只是习惯上称之为单边带接收机,它必须能接收多种类型的信号,而不同种类信号的带宽是不同的,所以在接收机内设有几个不同通带宽度的边带滤波器。根据接收信号的种类,微机控制电路将自动选择相应带宽的边带滤波器。例如,当接收J3E和R3E种类的电话时,边带滤波器带宽一般选择3 kHz;当接收调幅信号(A3E)包括H3E种类的电话时,边带滤波器带宽一般选择6 kHz;当接收F1B或J2B种类的电话时,即在NBDP和DSC方式工作时,边带滤波器的带宽一般选择1 kHz。

在实际的船用SSB接收机中,除上述介绍的几种带宽外,一般还设有较宽的12 kHz滤波器和较窄的0.5 kHz滤波器,以满足多用途的需要。此外,操作员也可根据具体接收信号的状况,利用设备操作面板上的中频带宽选择按键来改变边带滤波器的带宽,以获得较满意的接收效果。

6.解调器

接收机从高频已调信号中恢复出调制信号的过程称为解调(检波)。承担解调任务的电路就是解调器(或称检波器),SSB接收机内设同步检波器和峰值包络检波器。船用SSB接收机可接收J3E、R3E、H3E、F1B/J2B和A3E等多种类型的信号,接收不同类型的信号微机控制电路自动选择相应的解调器。当接收普通调幅信号(A3E)时,采用峰值包络检波器;当接收J3E、R3E和F1B/J2B信号时,采用同步检波器;当接收H3E信号时,既可采用同步检波器,又可采用峰值包络检波器。

在实际的SSB接收过程中,同步检波器的两路输入信号有时会出现不完全同步的情况,因而导致输出信号出现一定的失真,造成话音不够清晰。为了改善话音的清晰度,可通过接收机操作控制面板上的“Clarify”(清晰度调整)按键或旋钮来微调第三本振频率,直到听到满意的话音为止。

7.受信终端

检波器解调输出的低频信号经低频放大器放大后,送入受信终端。对于接收J3E、R3E、H3E和A3E种类的信号,检波输出是话音信号,所以它的受信终端就是扬声器或耳机;对于接收 F1B/J2B 种类的信号,检波输出是 1 700 Hz±85 Hz 的移频信号,该信号的受信终端是 NBDP 设备或 DSC 设备。由于 1 700 Hz±85 Hz 的移频信号是含有数字信息的调制信号,所以在 NBDP 设备和 DSC 设备中还要进行数字解调,恢复出发端所要传递的数字信息,从而实现数字通信。如果借助于 MF/HF 系统实现其他形式的数字通信,那么受信终端也要采用相应的数据终端设备。

8.AGC 电路

我们知道无线电波的传播受到许多因素的影响,接收机经常改变频率收听不同电台的信号或接收同一电台不同频段的信号,在不同时刻这些信号到达接收机天线时,其强度一般相差较大,这样就必然会使接收机输出信号强度也在很大范围内变化,为了保证接收机输出信号强度平稳,必须调整增益以获得满意的输出。但是,由于信号强弱变化的速率很快,人工调整增益跟不上外来信号强弱的变化,所以必须利用自动增益控制电路才能达到有效控制的目的。根据控制特性的不同,AGC 电路可以分为简单式 AGC 电路和延迟式 AGC 电路。

SSB 接收机 AGC 电路的基本组成如图 13-3-6 所示,它主要由控制电路和受控电路两部分组成。控制电路主要包括 AGC 检波电路、延迟与放大电路以及时间常数选择电路,它的作用就是产生与接收信号强弱相对应的直流控制电压。受控电路即高放和部分中放电路,这些放大电路在 AGC 电压的控制下,其增益随输入信号的强弱做相反的变化。

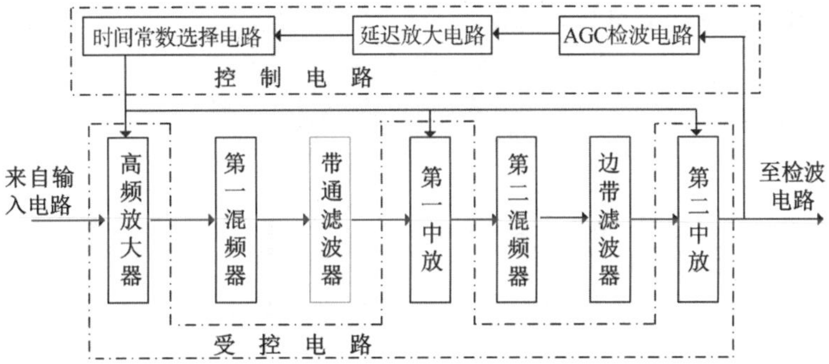


图 13-3-6 SSB 接收机 AGC 电路的基本组成

在调幅通信系统中,普通调幅接收机中的 AGC 电压是从接收信号的载波中提取的,因此通常称为载波激励式 AGC。普通调幅信号中是含有载波的,载波的强弱反映了信号的强弱,接收机只要收到调幅电台发射的信号,不管其是否被调制,都一定有载波存在,所以 AGC 电路就可产生 AGC 电压,起到控制作用。调幅接收机 AGC 电路的时间常数一般为 0.02~0.2 s,即 AGC 电压建立与释放的速率较快。

在单边带通信系统中,发射的信号中是不含载波的,所以无法从载波中提取 AGC 电压,而只能从反映信号强弱的边带信号中提取,这种获得 AGC 电压的方式通常称为边带激励式 AGC。对于 J3E 类型的 SSB 电话通信,单边带信号的存在仅与调制有关,即在对方讲话(有调制信号)时,单边带信号就存在,同时 AGC 电压也将产生;而在对方不讲话时或讲话的间歇(无调制信号),单边带信号就消失,此时 AGC 电压也不会产生。显然 SSB 接收机提取 AGC 电压的对象与普通调幅接收机是不同的,为了保证接收效果,SSB 接收机对 AGC 电路有以下特殊要求:

首先,AGC电压建立要快。当接收机接收的SSB信号幅度达到或超过AGC电路的延迟门限时,应能立刻产生AGC控制电压,迅速调整受控电路的放大量,使接收机的增益达到最佳状态。如图13-3-7所示,$t_1$就是AGC电压的建立时间,$t_1-t_2$为有SSB信号时AGC电压的存在时间。

其次,在讲话的间歇AGC电压要有一定的维持时间。在SSB无线电话通信中,讲话的间歇是没有信号的,AGC电路就无法产生AGC电压。为保持这种情况下接收机增益的稳定,AGC控制电压必须维持一定的时间,即AGC电路的放电时间常数要足够大,这个常数一般为20~30 s,它是指AGC电压完全放光的时间。实际上讲话的间歇时间是远远小于这一时间的,如图13-3-7所示的$t_3-t_2$就是AGC电压的维持时间。

最后,通信结束AGC电压要迅速释放。当确认通信结束,AGC电路的恢复速度要快,即AGC控制电压应迅速释放,使SSB接收机回到正常的守听状态,准备下一次通信,此时接收机的增益最高。如图13-3-7所示的$t_4-t_3$就是AGC电压的释放时间(或称恢复时间)。

为了能够分辨出是通信中讲话的间歇还是本次通话的结束,SSB接收机的AGC电路中还设有一个分辨电路。讲话的间歇时间因人而异,其范围在0.5~1.5 s。在讲话的间歇期间分辨电路不工作,AGC控制电压处于维持状态;当超过这一时间时即认为是本次通信的结束,分辨电路迅速工作,使AGC电路快速释放AGC控制电压。在目前的SSB接收机中,AGC电压的维持时间常数一般分为快、中、慢三种选择,根据所接收信号的种类,通过微机控制功能可自动选择。

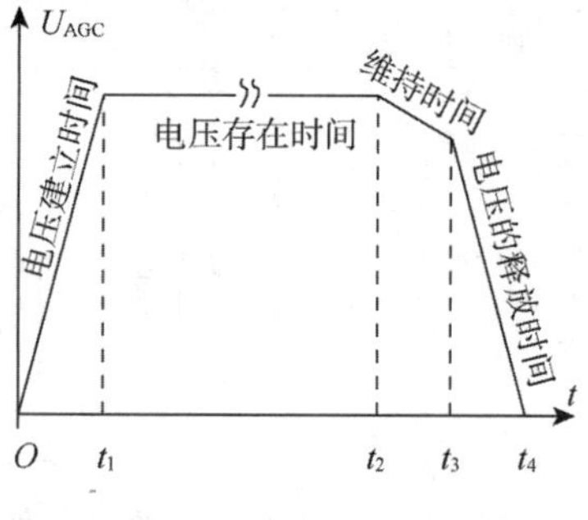


图13-3-7　边带激励式AGC电路时间

# 第四节 ◉ 船用MF/HF组合电台的终端设备

从通信业务的角度看,船用MF/HF组合电台可以提供SSB无线电话、数字选择性呼叫,以及《1974年国际海上人命安全公约》1988年修正案所要求的窄带直接印字电报等业务。相应地,船用MF/HF组合电台终端设备包括送受话终端设备、窄带直接印字电报终端设备(NBDP终端设备)、数字选择性呼叫终端设备等。

## 一、送受话终端设备

送受话终端设备又称作送受话器,俗称话筒。与我们常见的有线电话的话筒不同,SSB无线电话的话筒上除耳机和麦克外,还有一个按压讲话(PTT,Press to Talk)按键。

其作用是键控发射机,只有按下此键,SSB 发射机才能进行发射。进行单工通信时,此键还同时控制接收机,以使整套设备交替进行发射或接收。但进行双工通信时,接收机不受此键控制,一直处于接收状态。另外,船用 VHF 设备的话筒也是如此控制的。图 13-4-1 为几款无线电话电台的送受话终端,图中凸起的按钮是 PTT 按键。

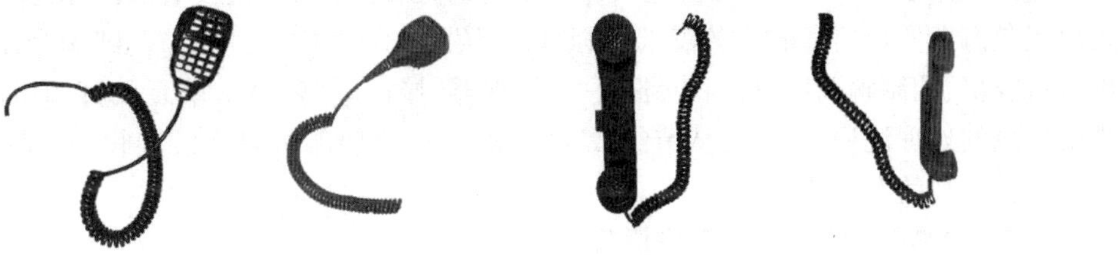

图 13-4-1 无线电话电台的送受话器

## 二、NBDP 终端设备

窄带直接印字电报属于无线电传(RTTY,Radio Teletype),是《1974 年国际海上人命安全公约》1988 年修正案对 GMDSS 提出的业务需求。2022 年 4 月,MSC 第 105 届会议正式通过了《1974 年国际海上人命安全公约》修正案[MSC.496(105)]。该修正案中,已经明确对于 MF/HF 组合电台不再提出基于 NBDP 技术的遇险通信、一般通信的功能要求,取而代之的是进一步明确了 GMDSS 需要具有接收 HF 海上安全信息的要求。MSC 的系列标准,包括《利用 HF NBDP 发布和协调海上安全信息系统标准》[MSC.105(105)]、《具有语音通信、数字选择性呼叫和接收海上安全信息和搜救相关信息的船载 MF 和 MF/HF 无线电装置性能标准》[MSC.512(105)]、《利用 MF(NAVTEX)和 HF 接收海上安全信息和搜救相关信息的性能标准》[MSC.508(105)]等提供了技术支持。根据性能标准,NBDP 专注于海上安全信息和搜救相关信息的接收,并且通过与 DSC 功能相连接,允许其自动启动和接收非计划性的广播信息。因此,本部分主要介绍该设备的收信功能。

### (一)NBDP 终端设备基本组成

NBDP 是 SSB 收发信机的终端设备,主要包括自动请求重复(ARQ,Automatic Repetition Request)单元与外围设备两部分,基本组成如图 13-4-2 所示。

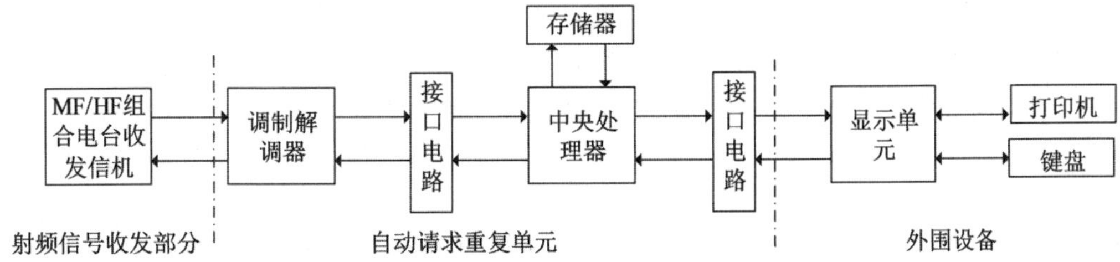


图 13-4-2 NBDP 终端设备基本组成

承担移频键控信号调制解调任务的是自动请求重复单元,也是整个终端设备的核心部分。它由中央处理器(CPU)、存储器、调制解调器和相关的接口电路组成。由于 ARQ 业务在 NBDP 引入航海领域初期是 NBDP 的主要业务,因此业内有时又称 NBDP

终端设备为ARQ设备。在图13-4-2中,CPU主要完成编码作用,即通过编码转换达到外围设备与调制解调器对接的目的,以实现电传通信;调制器的作用是将CPU输出的编码信息转换成移频键控信号,以获得数字调制信号,送SSB发射机进行相应处理;解调器的作用是将来自SSB接收机的移频键控信号还原成相应的编码信息,然后经过CPU转换输出。由于《1974年国际海上人命安全公约》2022年修正案仅对MF/HF组合电台提出接收海上安全信息的业务需求,因此可以从图13-4-2中,由左至右,即MF/HF组合电台接收机、调制解调器、接口电路、中央处理器、接口电路、显示单元及打印机的顺序理解信息的处理流程。当然,从节约成本的角度,以后船舶可以为了接收HF海上安全信息配备单独的专用接收机。

**(二)NBDP终端设备工作原理**

1.工作模式

在学习NBDP终端具体检错纠错技术之前,首先了解一下终端的两种工作方式。

一种是自动请求重复,也称A模式(Mode A)。这种方式适用于船到岸、岸到船或船到船的点对点通信。通信信道一般采用双向信道、半双工或者单工通信方式。

另一种是前向纠错(FEC,Foreword Error Correction)模式,也称B模式(Mode B)。这种方式适用于点对线或点对面的通信,即将一篇报文同时发给一组船舶电台或所有船舶电台的通信情况,因此又称为通播方式。通信时采用单向信道、单工通信方式。点对面通信方式又称为集群性前向纠错(CFEC,Collective FEC)方式,通信时对所有船舶电台发送信息。点对线的通信方式称为选择性前向纠错(SFEC,Selective FEC)方式,通信时对一个船舶电台或一组船舶电台发送信息。海岸播发HF海上安全信息时,就采用了前向纠错方式,具体而言是集群性前向纠错的工作方式。

2.信息的编码

在图13-4-2中,MF/HF组合电台接收机的工作种类为F1B或J2B,它送给自动请求重复单元的是中心频率为1 700 Hz,频移为±85 Hz的移频键控信号(1 700 Hz±85 Hz)。如前所述,其中低频1 615 Hz解调出来的信息将是数字“1”,即传号;高频1 785 Hz解调出来的信息将是数字“0”,即空号。空号和传号的频差为170 Hz。一个“1”或者“0”的长度为10 ms,即每秒钟可以传输100个码元,也就是传输速率为100波特。自动请求重复单元调制解调器为CPU输出的是7单元恒比码。所谓7单元恒比码,首先1个字节具有7个码元,7个码元共计有128种组合($2^7=128$),包括0000000、0000001直到1111110、1111111,1个字节的7个码元组合中“0”和“1”的比例恒定的编码称为恒比码,而4∶3(或者3∶4)的数量最多。NBDP集群性前向纠错工作方式采用了4B/3Y恒比码。这里“B”代表“0”,“Y”代表“1”。之所以采用恒比码,是因为恒比码“0”和“1”的比例恒定,可以起到检错的作用。7个码元中符合4B/3Y恒比码的编码共35组,其中32组用于信息码,另外3组用作NBDP通信所需的业务信息码。例如,字母“A”的7单元恒比码为“BBBYYYB”,字母“B”为“YBYYBBB”,字母“C”为“BYBBBYY”。可见,7单元恒比码每一个字符的长度为70 ms。

3.信息的纠错

没有检错就不能纠错。在A模式下,接收方需要先基于4B/3Y恒比码检错,然后接收方通过发射机请求发射方继续发送下一组报文或者重复本组报文,因此称为自动请求重复。在 CFEC 模式下,接收方先通过 4B/3Y 恒比码的规律检错,然后利用二重时间分集的方式纠错。二重时间分集是指发射方将预发送的信息在一定的时间间隔内发送两次。在船用组合电台中二重分集时间长度采用的是 4 个字符,即 280 ms。如图 13-4-3 所示,"DX"表示第一次发送,"RX"表示第二次发送。

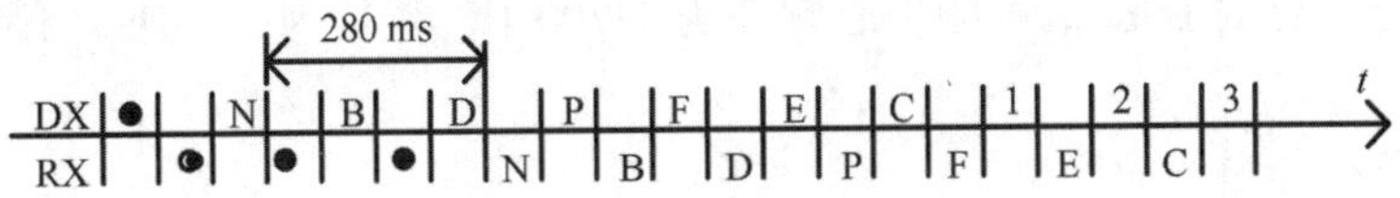


图 13-4-3　二重时间分集传输示意图

接收方根据恒比码的规律,对收到的两次信息进行对比,比较结果出现下列四种情况:

(1)如果两次收到的字符都符合 4B/3Y 规律且两组字符相同,认为是正确接收;

(2)如果两次收到的字符都符合 4B/3Y 规律但两组字符不相同,认为是错误接收;

(3)如果两次收到的字符中只有一个符合 4B/3Y 规律,认为符合 4B/3Y 规律的接收是正确接收;

(4)如果两次收到的字符均不符合 4B/3Y 规律,认为是错误接收。

这种通信方式,不需要双方同时开启收发设备,但是每个字符需要重复发送两遍。后面 NAVTEX 系统也是基于这种方式工作的,只是在岸台布设、电文格式等方面进行了较为科学化的设置,系统工作时具有一定的智能化特征。

## 三、数字选择性呼叫终端设备

数字选择性呼叫(DSC,Digital Selective Calling)终端设备是 GMDSS 中地面通信系统的重要组成部分。它与 MF/HF 组合电台或者 VHF 无线电话电台相连接,主要用于通信前的呼叫、回答,包括常规呼叫以及遇险、紧急和安全呼叫。

根据 ITU-R M.493-15 建议案,船用 DSC 终端设备分为 A、D、E、H 和 M 五种类型。A 类 DSC 设备,其功能比较完备,满足 GMDSS 对 DSC 终端技术和操作的全部要求,可以同 MF/HF 或 VHF 设备相连接;D 类 DSC 设备,是只适用于 VHF 设备的简易型 DSC 终端,可提供遇险、紧急、安全和常规 DSC 呼叫与接收功能,不满足 GMDSS 对 VHF 设备的装配要求;E 类 DSC 设备,是只适用于 MF 和(或)HF 设备的简易型 DSC 终端,可提供遇险、紧急、安全和常规 DSC 呼叫与接收功能,不满足 GMDSS 对 MF/HF 设备的装配要求;H 类 DSC 设备,是只适用于手持 VHF 设备的简易型 DSC 终端,可提供遇险、紧急、安全和常规 DSC 呼叫与接收功能,不满足 GMDSS 对 VHF 设备的装配要求;M 类 DSC 设备,适用于人员落水时使用 VHF 70 信道向周围指定的一艘或者一组船舶或周围所有的船舶进行报警,该设备目前不符合 GMDSS 的设备装配要求。

### (一)MF/HF DSC 终端的主要功能及基本组成

1.MF/HF DSC 终端的主要功能

MF/HF DSC 终端需要具有以下功能:

(1)呼叫序列应能人工编辑并修改。

(2)本船自识别码等有关通信管理方面的数据可在初始设置时一次性写入,不允许操作员随意改动。

(3)船位信息可在需要时人工输入,也可自动更新,即必须与定位系统接收机相连。

(4)收到遇险报警和其他相关呼叫应有声光报警,且此功能可人工控制。

(5)遇险报警可用单频呼叫尝试,每次在同一频率上连发 5 遍;也可用多频呼叫尝试,每次在 6 个遇险与安全频率上各发一遍,以此来进一步提高报警的成功率。

(6)终端输出的 FSK 信号的中心频率为 1 700 Hz,频移为±85 Hz,调制速率为 100 波特。

(7)设备操作过程应简单。

2.MF/HF DSC 终端的基本组成

MF/HF DSC 作为一个终端设备,其电路组成的具体形式随厂家和型号的不同而有所区别。有些型号的 MF/HF DSC 终端是一个独立的设备,有的是和收发机整合在一起。但不论以什么形式存在,均应该满足 MF/HF DSC 的功能及性能要求。根据上述功能和性能要求,MF/HF DSC 终端的基本组成如图 13-4-4 所示,它由中央处理器(CPU)、存储器、键盘与显示器、调制解调器和相关的接口电路组成。

CPU、存储器、键盘与显示器构成了一个专用微机,MF/HF DSC 所有功能均由它来处理和控制。存储器中的 EPROM 中存储着 DSC 终端的应用程序及系统格式化数据;键盘与显示器构成人-机接口,可实现呼叫序列的编辑和修改及各种呼叫序列的启动发射,并在收发期间进行相应的声光报警及信息显示。

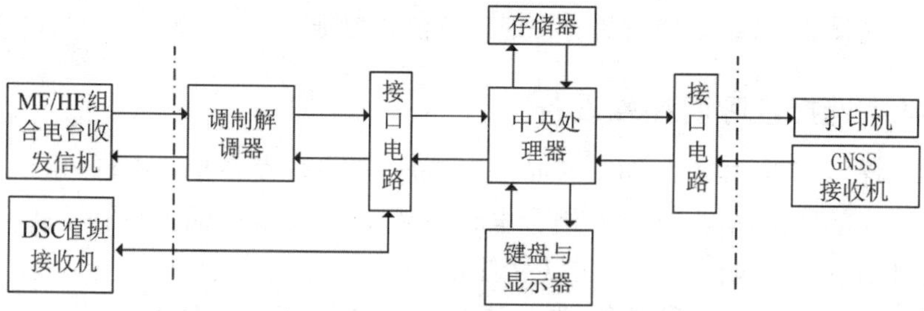


图 13-4-4　MF/HF DSC 终端的基本组成

调制解调器的作用是实现编码信息与 FSK 基带信号之间的转换。接口电路的作用是实现串/并数据变换及对主收发单元和值班接收机的控制。接口电路对主收发单元的控制是通过与主收发单元中的微机进行通信,实现收发频率的改变、接收机哑控及发射机键控等;接口电路对值班接收机控制的主要是值守频率。

打印机和 GNSS 接收机是 MF/HF DSC 终端的两个外围设备,其中后者以 GPS 接收机较为常见。打印机的作用是打印自编呼叫序列,及打印收发过程中的呼叫信息,以供留存资料;定位系统接收机是必接的设备,其作用是将定位系统接收机获得的船位随时存入 MF/HF DSC 终端的船位存储器中,用于遇险报警时自动构成遇险呼叫序列、接收区域性呼叫或在岸台查询船位时自动构成船位应答序列。

MF/HF SSB 收发单元是主要的通信单元,它将 MF/HF DSC 终端输出的 FSK 基带信号进行相应的处理和变换。MF/HF DSC 值班接收机有遇险值守机和常规值守机之分,遇险值守机用于实现对国际 MF/HF DSC 遇险频率的连续无人守听,提高遇险报警接收的有效性。常规值守机用于实现对相关岸台或船台的常规呼叫进行连续无人守听。

### （二）DSC 信息编码与检纠错技术

考虑到 MF/HF 波段的通信特点，例如无线电干扰、衰落等，要求 MF/HF DSC 呼叫必须要有足够的抗干扰能力，以确保通信的可靠性。为此，要求 MF/HF DSC 设备既要有合理简化的编码措施，还要有一定的检纠错能力。

1.信息编码技术

MF/HF DSC 中的编码采用十单元二进制码，它是一种具有检错功能的编码技术。

MF/HF DSC 的每一种呼叫序列均由若干码组组成，而每个码组又由若干字节组成。所谓十单元二进制码，是指呼叫序列中的每一字节均由十单元二进制码构成，十单元码的前七位为信息码，后三位为检错码，也称监督码。七位信息码中，最左位为最低数字位，而三位检错码中，最右位为最低数字位。检错码表示的数字，代表前七位信息码中“B”（即“0”）的个数，若某个字节不符合此规律，则表明该字节有错误。

例如，某字节的十单元二进制码如图 13-4-5 所示。其中，后三位检错码为 100，表示数字 4，说明前七位二进制信息码中“0”的个数为 4。这样，当收到该字节前七位中“0”的个数不是 4 时，表示该字节有错误。

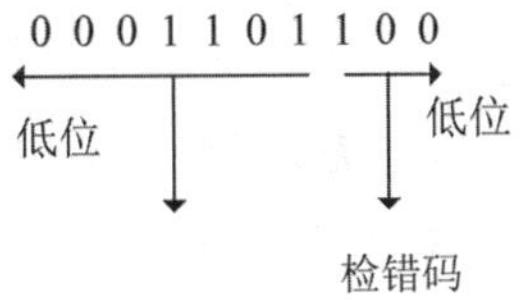


图 13-4-5　DSC 序列字节的结构

一个字节用七位二进制码表示，共可表示 $2^7=128$ 种信息，即 128 种编码。其中第 00～99 号编码（100 个）作为信息中的数字编码使用，第 100～127 号编码（28 个）作为信息中的功能代码使用。通常信息中的数字都是用十进制表示的，为了按 MF/HF DSC 的要求进行编码，将信息中的十进制数字按相邻的两位组成一个字节。这样处理后，无论多大的数字，最终都可用若干个 00～99 的数字编码来表示。若信息的十进制数字是奇数位（例如，是 9 位），可在最高位填“0”，使其构成偶数位再进行划分。例如，船舶电台的 MMSI 为“412123456”九个十进制数字信息，对其进行编码时应在前填“0”变成 10 个十进制数字信息（0412123456）后，再按相邻的两位组成一个字节，分成 5 个字节，用对应的数字编码来表示。28 个功能代码的码组都是一个字节，在呼叫序列中可用来表示该序列的呼叫格式，或表示该序列的呼叫类别，或表示遇险性质等。需要强调的是，同一功能代码在序列中不同位置表示的含义不同。

2.MF/HF DSC 的纠错技术

如前所述，MF/HF DSC 终端设备编码的后三位是“水平一致校验”码。这种编码方式也称为群计数编码方式，具有较强的检错能力，但是不具备纠错能力。MF/HF DSC 设备中常采用垂直一致校验和二重时间分集两种技术纠错。

首先是垂直一致校验。一般而言，当多种检错技术复合应用时可以起到纠错的效果。垂直一致校验技术就是在群计数码的基础上增加垂直校验，从而构成垂直校验群计数码。具体方法是，发射方在发出呼叫序列后在呼叫序列的尾部加上垂直校验字节（ECC，Error Check Character）。ECC 的产生办法是将呼叫序列各字节的信息码垂直排列，然后对各字节中的信息位垂直列数字进行模二相加。垂直校验字节的信息码得出后再加入水平一致校验码后构成完整的 ECC。例如,如果一个呼叫序列由 4 个字节组成,则 ECC 的产生过程如图 13-4-6 所示。图中左侧是发射台的序列。其中,得出垂直校验字节信息码为 0110010,再加上检错码 100,构成的 ECC 为 0110010100。接收方收到信息后首先利用前面讨论过的水平一致校验方法得出,呼叫序列的第 2 个字节存在问题但是不确定是哪一位码元错误,如图 13-4-6 右侧横列的虚线框所示。然后,接收方继续进行模二相加计算,得出本地的 ECC。把本地得出的 ECC 与收到的 ECC 比对后,得出所有序列中某个字节的第 6 位码元存在问题,如右侧竖列的虚线框所示。两个虚线框横竖相交,得出结论"序列的第 2 个字节的第 6 位码元存在问题"。数字通信中"非 0 即 1",把相应的码元反过来处理就可以实现纠错了。

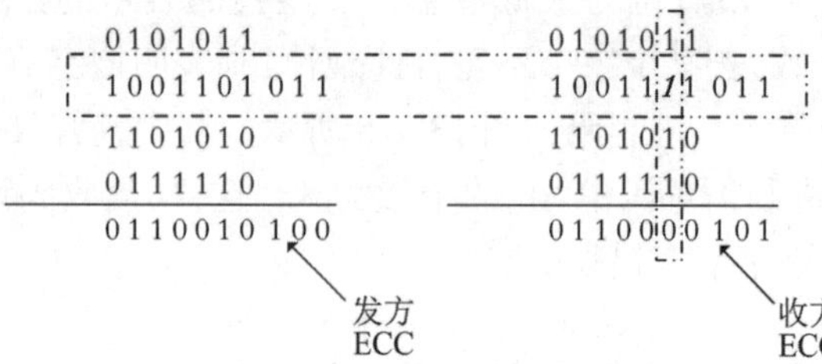


图 13-4-6　垂直校验字节的计算

其次是二重时间分集。数字选择性呼叫技术是地面系统进行一切通信的呼叫标准。为了提高呼叫的可靠性,MF/HF DSC 设备还采用了二重时间分集技术。MF/HF DSC 设备的二重时间分集工作原理与 NBDP 设备基本相同,但有两点小的差异。一方面 MF/HF DSC 设备中采用的是十单元二进制码,由于每一个码元发射时间为 10 ms,MF/HF DSC 的每一个字节发射占时 100 ms。虽然 MF/HF DSC 设备的分集时间间隔仍为 4 个字节,但分集时间是 400 ms。另一方面,除对 DX 和 RX 信息进行比对判断外,增加水平一致校验,凡字节残缺、信息码与检错码不一致的均判为错误。

**(三)MF/HF DSC 呼叫序列**

所谓呼叫序列,是指用 MF/HF DSC 终端呼叫时所发射的包含一系列信息的编码序列。呼叫序列有特定的格式,不同目的的呼叫,其要表达的内容不同,因而呼叫序列的格式也有所不同。DSC 技术的呼叫序列比较繁杂,以下只是简单介绍。

一个基本的 MF/HF DSC 呼叫序列包括九个部分,其格式如下:

| | | | | | | | | |
|---|---|---|---|---|---|---|---|---|
| 点阵 | 定相序列 | 格式符 | 地址 | 类别 | 自识别 | 电文 | 序列终止符 | 校验符 |

1.点阵(Dot Pattern)

点阵又称 0-1 序列,是由 0、1 交替的数码组成的一段信号。它是呼叫序列的起始标志,主要作用是:

(1)作为值班接收机对 DSC 呼叫的识别。当值班接收机在某个频率上检测出 0、1 交替的序列时,就停止扫描,并在该频率上接收信息。

(2)作为整个序列的起始位同步码,使整个序列很快地建立位同步,以正确区分后面各时间段,使定相序列更快地形成二重时间分集接收。

2.定相序列(Phasing Sequence)

定相序列的作用是正确区分后面各时间段,以获得正确的帧同步(字节同步)及减少由于码位不同造成的同步损失，同时也是为了形成二重时间分集格式。

当 MF/HF DSC 接收机收到定相序列后，立即进行字节同步即帧同步。

3.格式符（Format Specifier）

格式符用来表示 MF/HF DSC 的呼叫格式，也就是所发呼叫的适用范围和性质。表 13-4-1 列出了实际中 MF/HF DSC 通信的呼叫格式、对应的格式符及其适用范围。

表 13-4-1 DSC 通信的呼叫格式、对应的格式符及其适用范围

| 呼叫格式 | 格式符 | 适用范围 |
| --- | --- | --- |
| 遇险呼叫（遇险报警） | Distress | 电波覆盖范围内所有配备 MF/HF DSC 设备的船、岸电台 |
| 全呼（所有船呼叫） | All Ships | 电波覆盖范围内所有配备 MF/HF DSC 设备的船、岸电台 |
| 群呼（组呼） | Group | 电波覆盖范围内配备 MF/HF DSC 设备的同一公司或船队的船舶电台 |
| 海呼（区域性呼叫） | Area 或 Geography | 电波覆盖范围内某一规定海域中配备 MF/HF DSC 设备的船舶电台 |
| 选呼（单台选呼） | Selective 或 Individual | 电波覆盖范围内配备 MF/HF DSC 设备的某一特定的船、岸电台 |
| 海上业务呼叫（直接拨号或自动/半自动业务） | Direct Dial 或 AT/SA | 指利用 MF/HF DSC 终端，通过岸台发送用 MF/HF 拨呼陆地公众网电话所发出的申请呼叫 |

4.地址（Address）

呼叫地址是对被呼对象的限定。由于遇险呼叫与全呼的呼叫对象是所有岸台和船台，因此序列中无此项。对于选呼和群呼，此项为某台或某船队的 MMSI。对于海呼，此项为按墨卡托坐标法限定的某一矩形区域。

5.类别（Category）

类别表示呼叫的优先等级。遇险呼叫时，由于其优先等级已在格式符中标明，所以无此项。目前的海上通信划分为遇险、紧急、安全和常规四个不同的等级。

6.自识别（Self-identification）

自识别是呼叫台的自我标识，就是本台的 MMSI。一般来讲，只有经过授权的工程师才可以进入特定菜单，修改本机的 MMSI。

7.电文（Message）

电文是指呼叫台向被呼台传达的信息。呼叫类型不同，其电文的组成也不相同。这里只给出常规呼叫和遇险报警呼叫序列中的电文组成。

常规呼叫序列中的电文由三部分组成：

电文 1：用来说明后续通信时收发信机的工作种类，即通信指令 1。

电文 2：对通信指令 1 的附加说明，即通信指令 2。

电文 3：通信的信道或频率信息，是指双方沟通后，按通信指令 1 所约定的工作种类，进行通信时所要使用的信道或频率。

遇险报警呼叫序列中的电文包括电文 1 到电文 4 四个部分，其中：

电文1:表示遇险性质,包括性质不明、着火或爆炸、浸水、碰撞、搁浅、倾斜、沉没、失控漂泊、弃船、人员落水、出现海盗等。设备默认选项为“性质不明”。

电文2:表示遇险位置。它由10个十进制数字组成。若遇险时船位坐标不能成功注入(包括由定位系统接收机接口注入和人工注入),则发射时设备自动以10个数字“9”来填充此项。

电文3:表示遇险位置更新的时间。用4个十进制数字表示UTC时间,前两位数字表示小时,后两位数字表示分钟。如时间信息不能正确更新,则发射时设备自动以4个数字“8”来填充此项。

电文4:表示后续遇险通信指令,即报警成功后双方以什么通信方式建立联系。设备默认选项为“无线电话”。

8.序列终止符(EOS,End of Sequence)

序列终止符(EOS)表示该序列的结束。有三种情况:

END:表示收到该序列后,不需予以应答,如广播信息。

ACK · RQ:表示收到该呼叫序列后,需收妥电台予以应答,如遇险报警。

ACK · BQ:表示该序列是对收到的EOS为ACK · RQ的呼叫序列的应答。

9.校验字节(ECC)

校验字节(ECC)是呼叫序列的最后一个字节,用于对整个呼叫序列各字节的信息位垂直校验。它是由发射台的设备在序列编辑完成后自动产生的。被呼台收到后,设备自动检验所收信息是否完全正确。

## 第五节 ◉ MF/HF SSB组合电台的日常维护保养与检修

船舶电子电气员的基本职责之一,就是要做好各种通信设备的日常维护,使之能随时投入使用,并能顺利通过PSC检查。至于具体工作分工,可以遵循本公司文件,或者在船舶领导安排下与GMDSS操作员或者二副进行沟通,以落实任务,明确职责。从实践上看,在PSC临检时一般由甲板部出面,工程技术人员陪同,当发现问题时随时解决或者做出合理解释。

### 一、MF/HF SSB收发信机的日常维护

MF/HF SSB收发信机是地面通信系统的核心设备。这部分涉及高频、大电流、强辐射信号,相对而言较危险。虽然伴随技术进步,目前通信设备安全性有了普遍提高,但故障现象还是时有发生。因此,电子电气员掌握一定的设备维护、保养和检修知识是十分必要的。

#### (一)MF/HF组合电台的维护与保养

1.开航前的检查与维护

(1)对MF/HF组合电台开机调试,保证各项功能正常。

(2)检查收发天线状况,保证天线稳固,信号传输顺畅。

(3)确保电瓶处于充满状态。

2.日常维护保养

(1)适时进行设备内部的清洁除尘工作。很多设备在外壳上留有通风散热孔,这也是灰尘进入的通道。而电路板上积尘太多,在空气潮湿的条件下,极易发生放电、短路等情况,从而导致设备出现故障。因此,组合电台一般需要每半年左右使用风机等工具除尘一次。

(2)注意防潮、防水、防锈。海上多雨多雾,空气潮湿。经常使用的设备中很多元器件在工作过程中会产生热量,这可以起到一定的除湿干燥作用。但如果设备长时间闲置,就可能因空气潮湿导致个别元器件管脚氧化锈蚀,造成短路或接触不良等情况发生。因此,在遇到特殊情况而长时间无通信需要时,也应注意经常开机通电。另外,应随时关注设备通向甲板等开放空间处线缆的水密情况。

(3)注意防雷电。海上雷雨频繁,应特别注意雷电防御。雷电集中影响 20 MHz 以下波段,这也正是 MF/HF 设备所处的工作波段范围。曾有船舶发生过因雷击导致 MF/HF 设备的自动天调单元损毁和接收机前端电路烧坏等故障。所以,当遭遇恶劣的雷雨天气时,如无特别需要,应暂时关闭 MF/HF 设备,断开天线并将其接地。当船舶抵达危险品泊位或者进行危险货物操作时也应进行上述操作。

(4)应熟知设备的外部供电情况,经常检查外部供电线路。有些设备的故障就是由于外部供电异常导致的。如果发现船电超过正常值的 10%,需要慎用组合电台。

(5)发现设备存在异常现象,应及时与操作员沟通,绝对禁止设备带故障工作,以免扩大故障范围,造成更大的损失。

(6)应提醒操作员,在操作设备时应该保证按钮、旋钮状态正确,以免由于误操作损坏设备。

(7)适时检测设备的使用性能。首先轮换使用主电源和备用电源为设备供电,检查在开机后 1 min 内是否能进行正常的收发信工作;然后检查发信机分别连接主天线和备用天线时,能否在转换不同的发射频率后,迅速调整至最佳调谐状态;最后与适当的海岸电台进行通话测试。操作时,一般选用 2 182 kHz 呼叫 150 n mile 以内的岸台,高频选择合适的频率呼叫 200 n mile 以外的岸台。

(8)做好设备面板和话筒麦克风的清洁,保证控制面板上所有功能键标记清晰,麦克风无灰尘覆盖。

(9)保证设备应急操作指南、标识等清晰、正确。

(10)根据设备厂家的说明书,在船上配备必要的配件、工具,例如合适的保险丝、万用表等。

(11)工作中如果发生打火、放电等现象,应该立即停止工作。

### (二)设备故障的排除

1.日常工作中的准备

任何一台设备出现故障都是难以避免的。关键是当设备出现故障时,尤其是在紧急状态下出现故障时,工程技术人员能够不慌乱,并且迅速、正确地分析判断出故障位置并予以排除。这就要求技术人员日常对可能出现的故障有所准备,做到“心中有数”。因此:

(1)需要熟悉自己负责设备的配备情况、供电线路、天线位置、线缆走向等,一旦设备出现故障,能够迅速到位。其中,掌握电源的位置尤其重要,因为很多情况下,出于保护设备或者人员的目的,要求技术人员能够迅速切断电源。

(2)对照所学知识,熟悉掌握组合电台的方框图。换言之,电子电气员上船后需要尽快熟悉设备图纸,清楚信号的来龙去脉,熟悉各种开关的功能、位置等。只有这样,才能尽早发现异常情况,尽快排除险情。

(3)掌握本船设备的工作原理,对常用的关键设备电路,如发射机的高压控制电路等要清晰其构成。只有这样才能在保护人员、设备安全的情况下迅速排除故障。

(4)平时注意观察设备的运行状态,对于各仪表读数、指示灯的显示状态做到"心中有数",必要时对仪表参数等进行记录。

2.故障的一般排除方法

组合电台出现故障,从其异常情况来看可能致因有很多。掌握分析问题、解决问题的一般规律非常重要。一般遵循的原则是:由外到内,由简到繁,逐步深入;分段隔离,缩小范围。

(1)由外到内,由简到繁,逐步深入

电台出现故障,技术人员应该首先判断是发信设备、接收设备还是其他附属设备出现问题,然后就出现问题的设备判断是外部故障还是内部故障。如果从征兆上很难判断是内部故障还是外部故障,可以从外部查起。因为外部现象明显,故障易查,而且外部故障查找省时,便于划清内外界限。相反,设备内部线路复杂,每拆装一次需要较多工时,而且容易造成设备的二次损坏。因此,开始检修设备时,首先从外部、简单的地方查起。当确定外部正常时,再从内部易于下手的部位查起。当发现内、外部均有故障时,一般也先从外部、简单的部位开始排除,因为故障之间往往是相关的。

(2)分段隔离,缩小范围

分段隔离的一般方法是根据电流的供电先后顺序,或者信号流程的先后顺序把元器件和模块隔离。一般可以分为纵向隔离和横向隔离两种方法。

纵向隔离法:例如,当故障现象为发射机高压加不上时,可以先加低压,然后判断低压部分是否工作正常,以此可以初步诊断故障部位。需要注意的是,很多高压电可能是受低压电控制的。在本例中,一旦判定高压部分故障,还可以本着先易后难的基本原则,看看高压是否受控于某个低压,以及这个低压是否正常。若该低压正常,再考虑高压部分是否出现问题。

横向隔离法:以 MH/HF 组合电台的接收机为例,当 DSC 接收异常时,可以改为 SSB 模式。如果 SSB 功能正常,则说明可能 DSC 一路出现故障。

在实际工作中,上述两种方法经常配合使用。例如在横向隔离的例子中,一旦判定 DSC 终端故障,在检测该终端时,还可以沿着信号输入的路径,运用纵向隔离法诊断故障部位。

3.常用的检查方法

检查设备时,尤其是初次检查设备时,必须先制订计划,掌握本机的基本知识,集中注意力,留心观察各种异常现象,记住各个旋钮、接口的正确位置,接线的颜色,必要时记笔记或者拍照。检查过程中,要做到心、脑、眼、耳、手、鼻齐用:

(1)看现象:查看自诊断菜单。观察各种仪表参数、各模块指示灯是否正常,各个功能模块上是否有烧坏、烧焦痕迹，各部分是否有冒烟、打火现象，电容是否有烧鼓变形等。

(2)听声音：听主要供电元件是否有异响，变压器吸合声音是否过重或者不吸合，元件是否有“噼噼”打火或者“滋滋”击穿的声音。

(3)摸温度：小心触摸不应该过热的器件(例如电容器、插座、触点等)，判断是否温度过高。

(4)闻气味：闻器件是否有明显的烧焦等异味。

(5)万用表查验：查验各点电压、电流及绝缘是否正常。

### (三)检修中的注意事项

(1)一般不要带电实施检修工作。

(2)必须带电检修时，一定做好防护工作，检修人员正确配备绝缘装备，站在绝缘良好的物体上，并实行单手操作。检修时一定要有具有专业知识的他人在场，该人应该熟悉在不测情况下的应对措施。

(3)维护保养设备有可能涉及高压电时注意断电，并在操作台处张贴告示，防止他人误启动造成人员伤亡。

(4)检修中涉及大容量电容时应该提前放电。

(5)检修中注意避免使用腐蚀剂、脏的抹布等，以免伤害元器件。

(6)擦拭元器件时需要谨慎，一般不要使用酒精擦拭。

(7)检修中避免用力敲打设备，以免损坏晶振等精密元件。

(8)在更换保险丝时，必须遵照设备的出厂说明书，切忌使用熔断电流大的保险丝，因为这样只能临时解决问题，会在未来给设备带来更大的危害。

(9)检修结束时，检查所用工具是否收妥，防止遗漏在设备中，造成设备短路。

## 二、DSC 终端日常维护

DSC 终端在地面频率通信系统中承担着遇险报警的关键作用。当船舶遭遇重大险情后，必须迅速而准确地发出报警信息，成功实现遇险报警并尽早获得救援，但只掌握设备的操作程序是不够的，还需要对设备做到日常管理到位、维护到位，切实保障设备完好的通信性能。在外观形式上，DSC 终端设备没有统一要求。有的 MF/HF 组合电台带有独立的 DSC 终端，有的是将 DSC 与 SSB 收发机混合设计在一起。无论外观如何，其所能实现的通信功能是一样的。从船舶电子电气员的角度，对 DSC 终端的日常维护应注重以下方面：

(1)对于独立的 DSC 终端，应经常检查 DSC 终端与其他设备的连接情况。由于船舶在航行中不规则地摇摆、震动，经常会造成设备的连线松动脱落或虚连等情况发生，导致设备无法正常使用。

(2)经常查看船位自动更新功能。DSC 设备的遇险报警有直接应急报警和编辑遇险呼叫序列报警两种方法。直接应急报警所发信息中的船位参数是自动从船位存储器中提取的。若由于某种原因，船位不能实现自动更新，应按照要求进行人工更新。否则，遇险报警时会存在较大误差，以致延误获救时机。另外，此船位参数还用于接收区域性呼叫。目前很多型号的设备在显示器上直接显示出船位参数，使查看工作变得非常方便。

(3)通过 DSC 内部自检功能进行性能检测。DSC 设备的内部自检一般包括值班接收机检测、DSC MODEM 检测、报警检测和显示检测等项目。按通信业务要求,持证驾驶员在船舶航行期间,应每天进行一次 DSC 自检。所以,船舶电子电气员不一定要亲自操作,只要和驾驶员做到及时沟通就可以了。

(4)通过测试呼叫(Test Call)业务,确认终端设备的接收、发送以及与 SSB 收发机的连接是否正常。

此操作需要启动发射机呼叫适当的岸台,且必须收到岸台的应答。按通信业务的规定,发射测试每周进行一次并记录。这也是 PSC 检查中涉及的一项重要内容。

测试呼叫电文中优先等级应选择“Safety”(安全),通信指令选择“Test”(测试)。现在很多设备上有专用的“Test Call”操作菜单,操作起来非常简便,只需输入岸台的 MMSI 并选择适当的发射频率即可启动发射。由于是“安全”等级,该电文应在 DSC 的遇险与安全频率上发送,但应确保不会干扰正在进行的通信。另外,因为中频波段只有 2 187.5 kHz 一个遇险与安全频率,所以应尽量避免使用该频率进行测试。开放测试业务的岸台一般均自动响应,所以,发出测试呼叫后,1 min 左右就会收到岸台的确认信息。但在实际应用中,由于受各种因素影响,有时成功率不高,需反复呼叫几次。因为此项测试的根本目的在于检测设备的收发性能,所以特殊情况下,也可通过常规的选择性呼叫来进行。

**思考题**

1.简述海事 MF/HF 通信设备的基本构成。

2.什么是单边带通信?单边带通信有什么特点?

3.在海事无线电通信中,对于 MF/HF 发射机的工作频率和发射种类有什么要求?

4.什么是频率稳定度?在海事无线电通信中,对于 MF/HF 发射机的频率稳定度有什么要求?

5.SSB 通信有哪些种类?分别简单描述。

6.简述海事 SSB 发射机的基本组成。

7.什么是发射机的三次频率搬移?什么是“高中频方案”?

8.简述单边带发射机激励器的基本构成,并指出各个构成部件的主要功能及信号的输出形式。

9.接收机的主要功能有哪些?

10.简述船用 MF/HF SSB 接收机的构成。

11.船用 MF/HF DSC 终端设备的主要功能有哪些?

12.简述 MF/HF DSC 终端的基本组成。

13.简述 MF/HF DSC 呼叫序列的基本组成。

14.简述船用 MF/HF 组合电台的维护保养方法。

15.简述无线电设备故障的一般排除方法。

16.无线电设备检修过程中有哪些注意事项?

17.简述船用 DSC 终端的日常维护方法。

# 第十四章 船用 VHF 通信设备

## 第一节 ◉ VHF 通信的基本概念及特点

### 一、VHF 通信概述

甚高频(VHF)通信是水上移动通信的重要组成部分。船用 VHF 设备的通信距离为 30~50 n mile,具有体积小、重量轻、操作便捷等特点,是 GMDSS 中实现近距离通信的主要设备、现场通信与 A1 海区船到岸通信的主要设备之一,也是驾驶台与驾驶台之间通信的唯一设备。

根据《1974 年国际海上人命安全公约》的要求,船舶通常配备工作在海事 VHF 移动通信波段的 VHF 设备包括:具有 DSC 功能的 VHF 无线电话设备、双向 VHF 无线电话设备、VHF EPIRB 设备、AIS 以及与之相关的设备等。其中,具有 DSC 功能的 VHF 无线电话设备一般安装在船舶驾驶台,用于日常工作,其组成框图如图 14-1-1 所示。便携式双向 VHF 无线电话设备存放在驾驶台,在弃船后登上艇(筏)时使用,也允许兼作日常靠离泊时的通信工具。根据《1974 年国际海上人命安全公约》1988 年修正案的要求,以及国际电信联盟的相关性能标准,仅航行在 A1 海区的船舶在安装 EPIRB 设备时,可以选择安装 VHF EPIRB,该设备在相关性能标准中也被称作 C 类 DSC 设备。

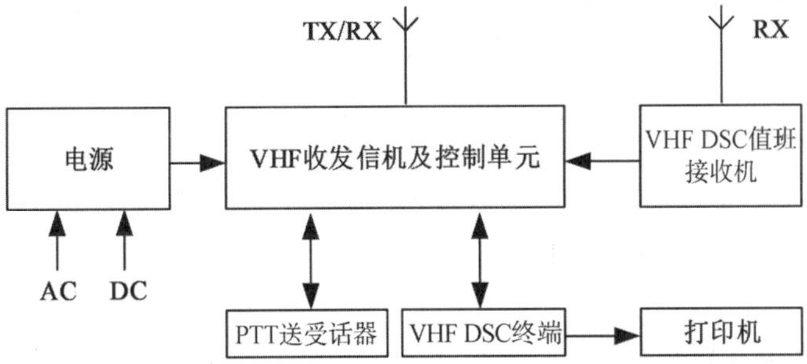


图 14-1-1 具有 DSC 功能的 VHF 无线电话设备组成框图

《1974 年国际海上人命安全公约》2022 年修正案删除了船舶可以选择配备 VHF EPIRB 设备的方案,因此本章阐述的船用 VHF 设备不涉及 VHF EPIRB 以及与 AIS 相关的设备。除此以外,根据《1974 年国际海上人命安全公约》2022 年修正案 C 部分第 7.6 条的要求,“每艘客船都应设有从船舶通常驾驶的位置使用航空频率 121.5 MHz 和 123.1 MHz 进行以搜救为目的的双向无线电通信的设备”,虽然这样的设备也工作在 VHF 波段,但是由于它们被细化在航空器移动通信波段,且在现实工作中船舶使用得较少,为了节约篇幅,本章也不做深入讨论。因此,本章内容中“船用 VHF 通信”主要包含无线电话和 DSC 通信两种形式。

在图 14-1-1 中,具有 DSC 功能的 VHF 无线电话设备的核心单元为 VHF 收发信机及控制单元。终端设备具体包括 PTT 送受话器、VHF DSC 终端、VHF DSC 值班接收机以及可以选配的打印机等。DSC 值班接收机是一个单通道接收机,可使用独立的接收天线,也可与 VHF 收发机共用同一天线。DSC 终端用于实现与 DSC 通信相关的各种操作功能,可外部连接全球导航卫星系统(GNSS)接收机自动更新船位。电源部分为整套设备提供所需的电能,其外接电源可以是 110 V 或 220 V 交流电,也可以是 24 V 直流电。

## 二、船用 VHF 通信的调制方式

船用 VHF 通信采用调频工作方式。调频就是让高频载波的频率随低频信号幅度的不同而变化。调频属于非线性调制,从理论上讲,调频信号包含的频率分量数目为无限多,其信号带宽为无穷大。因此,在工程应用中须根据需要进行取舍。

获得调频波主要有 3 种方法,即直接调频法、间接调频法以及锁相环调频法。直接调频法是指用调制信号去控制载频振荡器的工作,使其输出信号的频率随调制信号的某种特性而改变。间接调频法是指利用调相电路经适当转换而获得调频信号。锁相环调频法是将调制信号加到锁相环的压控振荡器上,实现调频功能。目前直接调频法和间接调频法已较少使用,而锁相环调频法由于具有中心频率稳定度高、调频范围宽的优点,已成为船用 VHF 设备发射机调频的主要方法。

在船用 VHF 设备接收机中,对调频信号的解调过程称为鉴频,相应的部件称为鉴频器。根据理论分析和实际测量,鉴频器输出的噪声随频率的升高而增大,导致解调后的音频信号在中高音频区的信噪比下降,影响接收效果。为了解决该问题,船用 VHF 设备广泛采用“预加重”(Pre-emphasis)和“去加重”(De-emphasis)技术。“预加重”技术是在发射机中人为地预先加重高音频,即提升高音频电压,以使解调后的音频信号获得较为均匀的信噪比;“去加重”技术是在接收机中将发射时因预加重而提升的高音频电压做相应降低处理,消除由于发射机“预加重”而产生的信号失真。

## 三、船用 VHF 通信的特点

由于工作波段、信号传播路径、设备特点、调制方式、业务需求以及二维空间应用环境等因素的影响和限制,船用 VHF 通信与 MF/HF 通信、航空 VHF 通信相比,具有很大的差别。

### (一)信号传播距离较近

VHF 波段的信号主要以空间波形式直线传播。与航空 VHF 通信不同,船用 VHF 通信工作在二维空间,受到地球曲率的影响较大。根据 IMO 的 A.801(19)决议附件 3,在仅考虑地球曲率因素影响下,两个 VHF 无线电台间的通信距离可用 $D=2.5(\sqrt{H_1}+\sqrt{H_2})$ 粗略计算，其中，$D$ 为通信距离（单位为 n mile），$H_1$、$H_2$ 为 VHF 通信双方天线的绝对高度（单位为 m）。

除此之外，VHF 设备的通信距离还受到接收机的灵敏度、天线的质量以及通信环境等因素的影响。一般而言，VHF 设备的通信距离极限值小于 100 n mile，通常认为是 30~50 n mile。这样的通信距离比较适合建立以海岸电台为中心的近距离蜂窝式通信网。为了消除 VHF 电台通信之间的相互干扰，VHF 海岸电台发射机的额定功率一般限制在 50 W 以内，船舶 VHF 电台发射机的额定功率一般限制在 25 W 以内。

### （二）设备天线尺寸较小

船用 VHF 设备的工作频率为 156~174 MHz，对应波长不足 2 m。根据天线理论，理想的通信设备天线尺寸应近似波长，且不小于波长的 1/4。因此，船用 VHF 设备的收发天线尺寸很小，一般使用 0.5~1.5 m 的鞭状天线，易于架设在主桅上部或驾驶台顶端等较高位置，利于延长通信距离。

### （三）抗干扰能力较强

通信设备的抗干扰能力在一定程度上与调制方式有关。在 VHF 通信的实际设计中，以调频指数 $m_f$ 表示鉴频器输出端信噪比与输入端信噪比的比值。在一定的输入信噪比情况下，增大 $m_f$ 可使鉴频器输出的信噪比大大提高，提高抗噪能力。另外，根据统计资料，雷击等天电干扰多发生在 20 MHz 以下频段。因此，VHF 通信受到自然环境干扰的概率相比 MF/HF 通信也较小。

### （四）接收机中须引入静噪电路

当输入信噪比低于一定门限值时，接收机的输出信噪比会明显下降，从而使扬声器中出现大量噪声，这种现象被称为门限效应。在实际应用中，为保持船上工作环境的安静，接收机中需要引入静噪电路，在输入信噪比低于门限值时，设备能自动切断音频输出，而当输入信噪比高于门限值时，自动恢复正常输出。为了适应不同的工作环境，船舶 VHF 设备静噪电路的门限值是可调的。门限值的最低值为“0”，即在特殊情况下，例如为了接收微弱的信号，设备可以设置为取消门限。

### （五）信号占用的频带较宽

有关分析表明，调频波所占用的带宽增加 1 倍，输出信噪比就改善 6 dB。采用调频方式进行通信虽然提高了通信质量，但是增加了信号频谱带宽，很大程度上降低了频率资源的利用率，这也是 VHF 调频机制的缺陷所在。

# 第二节　船用 VHF 设备的工作原理及维护

## 一、船用 VHF 设备的组成

船用 VHF 通信设备一般由收发信机天线、双工器、发射机、接收机、控制单元、面板单元、送受话器、DSC 终端、DSC 值班接收机以及电源等部分组成。图 14-2-1 所示为具有 DSC 功能的船用 VHF 无线电话设备一般组成。

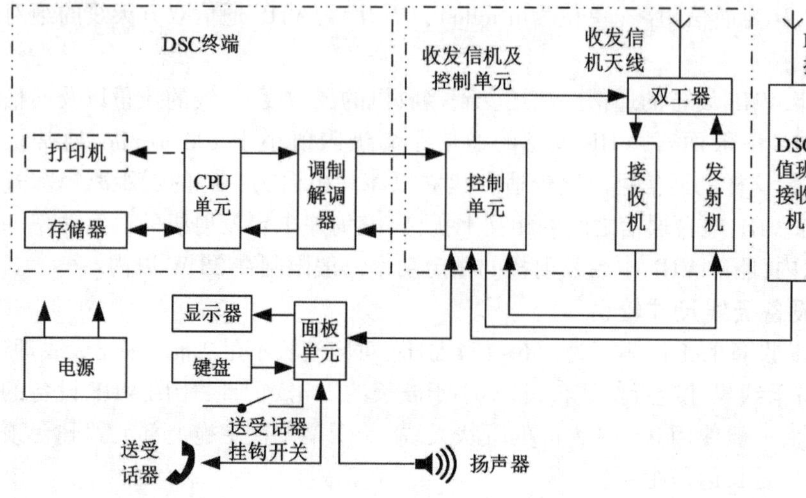


图 14-2-1　具有 DSC 功能的船用 VHF 无线电话设备一般组成

### （一）双工器

船用 VHF 通信设备采用双工器，连接在天线、发射机和双工工作的接收机之间。双工通信时，收发机采用同一天线，可有效地对收、发信号进行隔离，保证接收机不受本台发射信号的干扰而损坏。

### （二）控制单元

控制单元是船用 VHF 设备的核心，分别与面板单元、DSC 单元、双工器以及收发机相连，完成对整机的操作及通信控制。

### （三）发射机

发射机的作用是将所要传送的话音信号或 DSC 终端送来的移频信号进行处理和调制，向天线输送大功率的调频波，由天线发射出去。

### （四）接收机

接收机的作用是对来自天线的已调高频波进行频率变换、信号放大以及解调，最终将其还原为原始音频信号或 DSC 数字信号，实现信息的接收。

### （五）面板单元

面板单元主要由单片机和音频处理电路组成，包括按键、显示器、扬声器、静噪旋钮、音量控制旋钮以及送受话器等。

### （六）DSC 终端

DSC 终端主要由 CPU 电路和调制解调器电路组成。其中，CPU 的主要作用是完成 DSC 的编码、DSC 序列的程序处理和从 GNSS 中获取位置信息；调制解调器完成数字信号和移频信号之间的转换，通过 VHF 收发信机完成对 VHF DSC 呼叫序列的发送和接收。

### （七）DSC 值班接收机

DSC 值班接收机是工作在 VHF 70 信道的单信道接收机，接收的信号直接通过控制单元送到 DSC 终端，DSC 值班接收机独立于 VHF 收发信机，因此无论 VHF 设备各信道是否正在工作，DSC 值班接收机都可以在 VHF 70 信道进行连续值守。

### （八）VHF 天线

如前所述，船用 VHF 设备工作频率为 156～174 MHz，对应波长不足 2 m。船用 VHF

设备的收发天线尺寸很小,一般使用 0.5~1.5 m 的鞭状天线,易于架设在主桅上部或驾驶台顶端等较高位置,利于延长通信距离。现实工作中,也有少量船舶采用其他形式的天线,例如鱼骨天线等。

## 二、船用 VHF 通信的工作种类和工作方式

### (一)船用 VHF 通信的工作种类

船用 VHF 设备是一种多功能的通信设备,可根据通信需要附带送受话器、DSC 以及直接印字电报等终端设备。一般要求收发机必须具有以下工作种类:

(1)附带送受话器的收发机应具有 F3E、G3E 的工作种类。F3E 表示调频单路无线电话;G3E 表示调相单路无线电话。在现实工作中,两者获得的通信效果基本没有区别。

(2)具有 DSC 或直接印字电报的收发信机应具有 F2B、G2B 的工作种类。F2B 表示利用副载波调制的单路调频自动接收电报;G2B 表示利用副载波调制的单路调相自动接收电报。按照 CCIR 的建议,在 VHF 波段进行 DSC 或直接印字电报通信时,要求终端设备输出和输入的信号,应是以 1 700 Hz 为副载波、频移为±400 Hz、调制速率为 1 200 波特的频移键控 FSK 信号。在实际应用中,船用 VHF 设备很少附带直接印字电报终端设备。

### (二)船用 VHF 通信的工作方式

船舶空间相对狭小,收、发天线距离一般较近,如果发射的信号被本台的接收机收到,可能会对接收机造成损害;此外,当船舶通过海岸电台连接公众通信网时,公众通信网可能对接入的信号有一定的要求。基于以上原因,有必要对船用通信设备的工作方式做出规定。一般将通信时收、发双方的操作方式称为通信设备的工作方式,船用 VHF 通信的工作方式主要有以下几种:

1.单工方式

单工方式是指在通信的某一个时隙,收、发双方只能有一方可以进行接收或者发射工作,即在整个通信过程中双方只能交替发射或者接收的一种操作方式。船用 VHF 无线电话通信中的单工操作是由送受话器上的 PTT 按键控制的。按下 PTT 按键时,发射机工作,接收机自动关闭;松开 PTT 按键时,发射机关闭,接收机自动开启。船用 VHF DSC 通信也采用单工方式,当检测到有发给本台的 DSC 信息时,设备会自动控制本台的 DSC 发射延迟一段时间。

单工方式按照收、发频率的异同可以分为同频单工与异频单工。按照 CCIR 相关建议案,船舶间的 VHF 通信只能使用同频单工方式,而船岸之间既可以同频单工工作,也可以异频单工工作。

2.双工方式

双工方式是指通信时的任何一个时隙收、发双方均可同时进行收、发的一种操作方式。通信时甲、乙双方分别使用保持一定频率间隔的两个不同频率同时进行发射。甲方的发射频率为乙方的接收频率,乙方的发射频率为甲方的接收频率。理论上讲,船岸 VHF 通信使用双工信道时,可以采用双工方式。但是,从船舶狭小空间的现实情况看,为了保护通信设备,船上很难真正实现同时既发射又接收的双工通信。

3.半双工方式

按照规定,海上 VHF 通信中船舶电台与海岸电台间,或船舶电台通过海岸电台转接到公众通信网用户时的通信只能使用双工方式。为节省能源,减少不必要的电磁辐射,以及保护船载接收机,通信中船舶电台仍然需要发射时按下 PTT 按键打开发射机,不需要发射时则松开以关闭发射机,但接收机一直处于连续接收状态。这种方式称为半双工或准双工工作方式。

进行港口营运或船舶动态业务通信时,船舶电台与海岸电台可使用同频单工方式,也可使用异频半双工方式。但是如果海岸电台使用了船载型的无线电设备,船舶电台只能使用同频单工方式与海岸电台进行通信。

## 三、船用 VHF 设备的工作原理

### (一)船用 VHF 无线电话的工作原理

船用 VHF 通信的工作原理,在不同的工作方式下略有不同。

在单工方式工作时,收、发采用同频同天线。由于接收机、发射机交替工作,故需将天线轮流接入接收机、发射机。这一功能一般通过送受话器上的 PTT 按键控制天线继电器来实现。发射时,按下 PTT 开关,发射机工作,同时天线连到发射机;话音信号经送话器转变为音频电信号,经面板单元、控制单元送至发射机单元,由其进行调频、放大和预加重等技术处理后再经天线发射出去。而此时受 PTT 按键控制,接收机暂停工作。接收时,需释放 PTT 按键,此时发射机关闭,天线转接到接收机,接收机开始工作,天线将射频电磁波转换为电信号送入接收机,经变频、放大、解调、去加重等技术处理后还原成音频信号,再经低频功率放大后送入送受话器或扬声器而变成声音。

在双工方式工作时,接收机和发射机是同时工作的。如果接收机、发射机各自采用独立的天线,则不需要双工器,接收机、发射机分别在不同的频率上工作即可。如果接收机、发射机采用同一天线,则必须使用双工器才能保证其正常工作。双工器内具有两个分别对不同频率谐振的滤波电路,相当于两个不同的信号通道。接收通道对接收信号呈通路状态,允许其通过;对发射信号则呈开路状态,阻止其通过。反之,发射通道只对发射信号呈通路状态,允许其通过;对接收信号则呈开路状态,阻止其通过。这样,就有效地避免了本台的发射信号通过天线进入本台的接收机。

### (二)船用 VHF DSC 的工作原理

船用 VHF DSC 的工作原理与 MF/HF DSC 基本相同,MF/HF DSC 的工作原理见第十三章,在此仅对它们之间的不同之处做简略介绍。发送 VHF DSC 呼叫信息时,首先通过键盘编辑 DSC 呼叫序列,再通过微处理器进行编码,转换成由“0”和“1”组成的有效组合。在调制解调器中进行 FSK 调制后,将数字信号转换成移频信号,输出频率为(1 700±400)Hz、速率为 1 200 波特的信号,经控制单元送到发射机放大发送。接收 DSC 呼叫信息时,VHF 接收机对呼叫信号进行变频、放大以及解调,将频率为(1 700±400)Hz 的信号经控制单元传送给 DSC 终端,经解调后将频率信号转换为 DSC 微处理器能够处理的数字信号,最后显示或打印出 DSC 呼叫信息。

VHF DSC 的编码方式和检纠错原理与 MF/HF DSC 相同,只是个别参数不同。在采用二重分集进行纠错时,传输速率是 1 200 波特,每一码元约占 0.833 ms,每一字节约占

8.33 ms，所以分集时间约为 33.33 ms。VHF DSC 呼叫序列的组成与 MF/HF DSC 也基本相同，只是 VHF 所有呼叫的点阵均为 20 bit，持续时间为 16.67 ms。相比于 MF/HF DSC 的 6 个专用遇险与安全频率和若干个常规频率，VHF DSC 只有 1 个 70 信道，各种呼叫序列都只能使用该信道进行发射，VHF DSC 值班接收机也仅值守这个信道。由于信道单一，VHF DSC 终端设备相对简化，操作也相对方便。

## 四、水上移动业务 VHF 波段 ITU 信道频率的划分

### （一）VHF 通信信道的划分

CCIR 指配给水上移动通信的 VHF 波段为 156～174 MHz。其中，船舶电台发射频率为 156.025～157.425 MHz，海岸电台发射频率为 156.050～162.025 MHz。ITU《无线电规则》要求，相邻信道间隔为 25 kHz，双工信道的收、发频率间隔为 4.6 MHz。表 14-2-1 为水上移动业务 VHF 波段 ITU 信道发射频率表，该表格摘自 2020 年出版的 ITU《无线电规则》附录 18。

表 14-2-1　水上移动业务 VHF 波段 ITU 信道发射频率表

| 信道标识 | 发射频率/MHz | | 船舶之间 | 港口营运与船舶动态 | | 公众通信 |
|---|---|---|---|---|---|---|
| | 发自船舶电台 | 发自海岸电台 | | 单频 | 双频 | |
| 60 | 156.025 | 160.625 | | | X | X |
| 01 | 156.050 | 160.650 | | | X | X |
| 61 | 156.075 | 160.675 | | X | X | X |
| 02 | 156.100 | 160.700 | | X | X | X |
| 62 | 156.125 | 160.725 | | X | X | X |
| 03 | 156.150 | 160.750 | | X | X | X |
| 63 | 156.175 | 160.775 | | X | X | X |
| 04 | 156.200 | 160.800 | | X | X | X |
| 64 | 156.225 | 160.825 | | X | X | X |
| 05 | 156.250 | 160.850 | | X | X | X |
| 65 | 156.275 | 160.875 | | X | X | X |
| 06 | 156.300 | | X | | | |
| 2006 | 160.900 | 160.900 | | X | X | X |
| 66 | 156.325 | 160.925 | | | X | X |
| 07 | 156.350 | 160.950 | | | X | X |
| 67 | 156.375 | 156.375 | X | X | | |
| 08 | 156.400 | | X | | | |
| 68 | 156.425 | 156.425 | | X | | |
| 09 | 156.450 | 156.450 | X | X | | |

续表

| 信道标识 | 发射频率/MHz | | 船舶之间 | 港口营运与船舶动态 | | 公众通信 |
|---|---|---|---|---|---|---|
| | 发自船舶电台 | 发自海岸电台 | | 单频 | 双频 | |
| 69 | 156.475 | 156.475 | X | X | | |
| 10 | 156.500 | 156.500 | X | X | | |
| 70 | 156.525 | 156.525 | DSC 遇险、安全和呼叫 | | | |
| 11 | 156.550 | 156.550 | | X | | |
| 71 | 156.575 | 156.575 | | X | | |
| 12 | 156.600 | 156.600 | | X | | |
| 72 | 156.625 | | X | | | |
| 13 | 156.650 | 156.650 | X | X | | |
| 73 | 156.675 | 156.675 | X | X | | |
| 14 | 156.700 | 156.700 | | X | | |
| 74 | 156.725 | 156.725 | | X | | |
| 15 | 156.750 | 156.750 | X | X | | |
| 75 | 156.775 | | | X | | |
| 16 | 156.800 | 156.800 | 无线电话遇险、安全和呼叫 | | | |
| 76 | 156.825 | | | X | | |
| 17 | 156.850 | 156.850 | X | X | | |
| 77 | 156.875 | | X | | | |
| 18 | 156.900 | 161.500 | | X | X | X |
| 78 | 156.925 | 161.525 | | | X | X |
| 1078 | 156.925 | 156.925 | | X | | |
| 2078 | 161.525 | 161.525 | | X | | |
| 19 | 156.950 | 161.550 | | | X | X |
| 1019 | 156.950 | 156.950 | | | | |
| 2019 | 161.550 | 161.550 | | | | |
| 79 | 156.975 | 161.575 | | | X | X |
| 1079 | 156.975 | 156.975 | | X | | |
| 2079 | 161.575 | 161.575 | | X | | |
| 20 | 157.000 | 161.600 | | | X | X |
| 1020 | 157.000 | 157.000 | | X | | |
| 2020 | | | | X | | |
| 80 | 157.025 | 161.625 | | | X | X |

续表

| 信道标识 | 发射频率/MHz | | 船舶之间 | 港口营运与船舶动态 | | 公众通信 |
|---|---|---|---|---|---|---|
| | 发自船舶电台 | 发自海岸电台 | | 单频 | 双频 | |
| 21 | 157.050 | 161.650 | | | X | X |
| 81 | 157.075 | 161.675 | | | X | X |
| 22 | 157.100 | 161.700 | | X | X | X |
| 82 | 157.125 | 161.725 | | X | X | X |
| 23 | 157.150 | 161.750 | | X | X | X |
| 83 | 157.175 | 161.775 | | X | X | X |
| 24 | 157.200 | 161.800 | | X | X | X |
| 1024 | 157.200 | 157.200 | X（仅数字通信） | X（仅数字通信） | | |
| 2024 | 161.800 | 161.800 | X（仅数字通信） | X（仅数字通信） | | |
| 84 | 157.225 | 161.825 | | X | X | X |
| 1084 | 157.225 | | X（仅数字通信） | X（仅数字通信） | | |
| 2084 | 161.825 | 161.825 | X（仅数字通信） | X（仅数字通信） | | |
| 25 | 157.250 | 161.850 | | X | X | X |
| 1025 | 157.250 | | X（仅数字通信） | X（仅数字通信） | | |
| 2025 | 161.850 | | X（仅数字通信） | X（仅数字通信） | | |
| 85 | 157.275 | 161.875 | | X | X | X |
| 1085 | 157.275 | | X（仅数字通信） | X（仅数字通信） | | |
| 2085 | 161.875 | | X（仅数字通信） | X（仅数字通信） | | |
| 26 | 157.300 | 161.900 | | X | X | X |
| 1026 | 157.300 | | | | | |
| 2026 | 161.900 | | | | | |
| 86 | 157.325 | 161.925 | | X | X | X |
| 1086 | 157.325 | | | | | |
| 2086 | | 161.925 | | | | |
| 1027 | 157.350 | 157.350 | | | | |

续表

| 信道标识 | 发射频率/MHz | | 船舶之间 | 港口营运与船舶动态 | | 公众通信 |
|---|---|---|---|---|---|---|
| | 发自船舶电台 | 发自海岸电台 | | 单频 | 双频 | |
| 2027(ASM1) | 161.950 | 161.950 | | | | |
| 87 | 157.375 | 157.375 | | X | | |
| 1028 | 157.400 | 157.400 | | | | |
| 2028(ASM2) | 162.000 | 162.000 | | | | |
| 88 | 157.425 | 157.425 | | X | | |
| AIS1 | 161.975 | 161.975 | | | | |
| AIS2 | 162.025 | 162.025 | | | | |

### (二)VHF 通信信道的使用

VHF 通信主要用于港口营运、船舶动态、公众通信以及船舶间通信。船用 VHF 通信信道的使用须遵守管理当局及相关部门的规定。在国际信道中,有一些专门信道的使用规定需要引起注意。

(1)16 信道(156.800 MHz),指定为 VHF 波段的水上移动无线电话业务的遇险、安全和呼叫信道。

(2)70 信道(156.525 MHz),指定为 VHF 波段数字选择性呼叫业务的遇险、安全和呼叫信道。

(3)75 信道(156.775 MHz)和 76 信道(156.825 MHz),与 16 信道相邻,为了保护 16 信道,仅限进行用于有关导航的通信,且发射功率不能超过 1 W,以防止对 16 信道造成干扰;此外,还指配用于移动卫星业务(地对空方向),接收船舶的远距离 AIS 广播电文。

(4)15 信道(156.750 MHz)和 17 信道(156.850 MHz),可用于船上通信,但发射功率不能超过 1 W,在有关国家领水内使用时,应遵守有关国家的规定。

(5)06 信道(156.300 MHz),用于从事协调搜救作业的船舶电台和航空器电台之间的通信,也可以用于航空器电台,以便进行搜救工作和其他与安全有关的通信。

(6)13 信道(156.650 MHz),用于全球范围内的船对船航行安全通信,按照国内相关规章,该信道也可以用于船舶动态和港口营运业务。

(7)AIS1 信道(161.975 MHz)和 AIS2 信道(162.025 MHz),为全球 AIS 专用信道,在搜救作业中用于 AIS-SART 发射机,也可用于移动卫星业务(地对空方向),接收船舶发送的 AIS 信息。

(8)157.187 5~157.337 5 MHz 和 161.787 5~161.937 5 MHz 波段(对应于 24、84、25、85、26、86、1024、1084、1025、1085、1026、1086、2024、2084、2025、2085、2026 以及 2086 信道),被确定用于甚高频数据交换系统(VDES)通信。最新版 ITU-R M.2092 建议案对 VDES 的地面和卫星部分信道做出了描述,信道的使用如下所示:

——1024、1084、1025 和 1085 信道,被确定用于船对岸、岸对船和船对船通信,但在不对船对岸、岸对船和船对船通信施加限制的情况下,可用于船对卫星和卫星对船的通信。

——2024、2084、2025 和 2085 信道,被确定用于岸对船和船对船通信,但是在不对岸对船和船对船通信施加限制的情况下，可用于船对卫星和卫星对船的通信。

——1026、1086、2026 和 2086 信道，被确定用于船对卫星和卫星对船通信，不可用于 VDES 的地面部分。

——24、84、25 和 85 信道，被确定用于船对岸和岸对船通信。

VDES 的地对空部分不得对运行在相同波段的地面系统造成有害干扰，不得要求其予以保护，亦不得限制其未来的发展。

2030 年 1 月 1 日之前，24、84、25、85、26 和 86 信道亦可由主管部门依据其意愿用于最新版 ITU-RM.1084 建议案所述的模拟调制，前提是不对使用数字调制发射的水上移动业务其他电台造成有害干扰或寻求其保护，并须与受影响的主管部门进行协调。

(9) ASM1(161.950 MHz)信道与 ASM2(162.000 MHz)信道，用于最新版 ITU-RM.2092 建议案所述的特殊应用报文(ASM, Application Special Message)。

(10) 1027、1028、87 和 88 信道，作为单频模拟信道用于港口营运和船舶动态业务。

## 五、船用 VHF 设备的性能指标

船用 VHF 设备性能指标众多，限于篇幅，这里仅简单介绍几种较为主要的性能指标。

### （一）发射功率

船用 VHF 设备的发射功率通常用载波功率来衡量。载波功率是指在无调制时，发射机在工作频率上一个射频周期中供给标准负载的平均功率。按规定，船舶电台发射机的额定载波输出功率应在 6~25 W，并应能减小 1 W 及以下，目的是在近距离通信时，尽量减少对其他通信所产生的干扰。早期 ITU《无线电规则》要求 VHF 发射机通过 DSC 对所有电台进行呼叫时，能够自动将发射功率降至 1 W。随着 AIS 等设备的出现，可方便地查询呼叫对象的识别信息。因此，目前已不再强制要求船用 VHF 设备对所有电台进行呼叫时自动降低功率了。

### （二）频率偏差

频率偏差是指调频波瞬时频率的最大值或最小值与中心频率(载频)间的差值。通常在正常工作条件下所限定的频率偏差称为最大频偏。船用 VHF 设备无线电话通信所允许的最大频偏为±5 kHz。

### （三）调制信号带宽

船用 VHF 设备调制音频的频带应限于 3 000 Hz 以下。

### （四）发射机辐射带宽

发射机辐射带宽是指占总辐射能量 99%的信号频谱宽度。VHF 发射机进行语音通信时占用的带宽要比 SSB 发射机大很多。如果信道间隔为 25 kHz，发射机最大允许频偏 $\Delta f_{max}$ 为±5 kHz，最高调制频率 $F_{max}$ 为 3 kHz，则发射机的最大辐射带宽如式(14-2-1)所示：

$$B_{max} = 2(F_{max} + \Delta f_{max}) = 2 \times (3\ \text{kHz} + 5\ \text{kHz}) = 16\ \text{kHz} \tag{14-2-1}$$

### （五）灵敏度及电波辐射方式

*1.灵敏度*

船用 VHF 接收机的灵敏度应优于 1 μV。

2.电波辐射方式

船用 VHF 设备的电波辐射方式采用垂直极化波。

## 六、船用 VHF 设备的特殊功能

受调制技术和使用需求的影响,船用 VHF 接收机需要增加静噪功能和双值守功能。

### (一)静噪功能

如前所述,为了保持船舶驾驶台安静的工作环境,船用 VHF 接收机中引入了静噪电路。静噪电路相当于一个自动的开关,当无信号或信号电平低于门限电平时,自动将低频功率放大器闭锁,使其无输出,扬声器便无法发声;而当信号出现且信号电平高于门限值时,静噪电路自动将低频功率放大器解锁,使音频信号经功率放大后推动扬声器正常工作,实现接收,如图 14-2-2 所示。静噪电路中门限电平值的大小与静噪级数的高低有关,可以通过静噪旋钮(SQL,Squelch Level)控制。通过静噪旋钮对静噪级数的调节要适当,过大会导致小信号的丢失,过小会导致噪声出现。

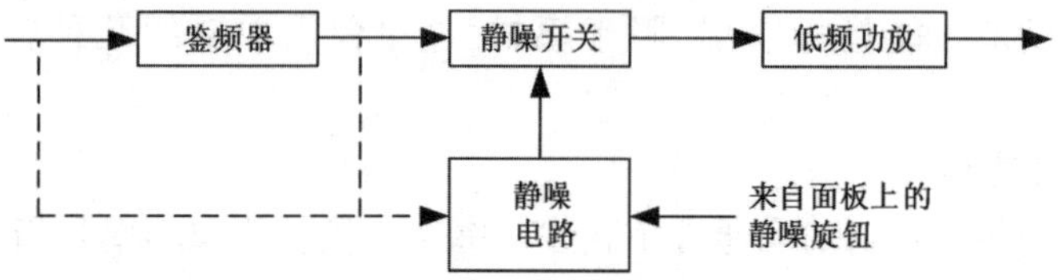


图 14-2-2　静噪电路原理框图

### (二)双值守功能

双值守(DW,Dual Watch)是指利用一台接收机同时守听两个信道。由于 16 信道是水上移动业务中 VHF 波段的无线电话遇险与安全信道,并且兼作国际无线电话业务的呼叫与回答信道,因此船舶一般需要连续值守 16 信道。但由于 VHF 通信业务较多,船舶电台经常需要同时守听其他多个信道,这就要求船用 VHF 设备需要具备双值守功能。可见,水上移动业务中双值守功能主要解决的是,值守信道和装配的无线电设备数量之间的矛盾。其中 16 信道引起的矛盾较为突出。因此,双值守功能一般要求包含 16 信道。

在实际应用中,双值守功能是通过特定的自动扫描程序来实现的。在所值守的多个信道中,有优先信道和附加信道之分。根据相关要求,启动双值守程序后,一旦在优先信道上检测到信号,则扫描程序立刻终止。当优先信道无信号而附加信道有信号时,接收机会在附加信道上驻留一段时间,扫描驻留时段内无人工干预时,接收机须自动切换到优先信道,从而保证对优先信道的有效值守。从设备性能上讲,优先信道和附加信道应可选,如优先信道不允许选择,则一定是 16 信道。

水上移动业务对双值守功能有以下要求:

(1)双值守功能可人工启动或关闭。即使已经启动双值守功能,一旦拿下送受话器,双值守功能将自动关闭;而挂上送受话器,双值守功能又将自动恢复。

(2)执行双值守功能时,发射被禁止。关闭此功能后,电台自动转到附加信道上。

(3)设备上应有独立的功能键,以确保能快速切换到优先信道上接收。

(4)执行双值守功能时,应能同时显示所值守的信道号。

(5)如在某一信道上收到信号,应能显示相应的信道号。

## 七、船用 VHF 设备的日常维护

### (一)测试要求

按规定,VHF DSC 应每天进行 1 次自测试,还可以在本船 2 台 VHF 设备间进行语音呼叫,来测试设备的通信功能,呼叫时应采用低功率进行。由于 VHF 70 信道同时用于遇险、紧急、安全和呼叫,因此禁止在 VHF 70 信道上发射 DSC 测试呼叫。

### (二)日常维护要求

(1)日常应轮换使用驾驶台的 2 台 VHF 设备,定期清洁麦克风和面板。

(2)定期检查设备上的指示灯和稳压电源(2 组:AC 220 V/DC 24 V)的工作情况,以及交、直流电源(备用电源)的转换及工作情况。

(3)定期检查 VHF 设备外设终端(送受话器、打印机等)的连线接头,避免其松动乃至脱落。

(4)定期检查天线的室外连接情况和防水性能,避免接点锈蚀或雨水由天线电缆接头渗入。

(5)定期检查 VHF 设备与卫星导航设备的连接情况,检查 DSC 终端的船位数据是否能够自动更新。如船位不能自动更新,则改为人工输入,要求不超过 4 h 更新一次。

## 八、双向 VHF 无线电话设备

双向 VHF 无线电话设备的原理和组成与前面所述的船用 VHF 设备基本相同。

### (一)双向 VHF 无线电话的作用

双向 VHF 无线电话设备分为两种:一种是救生艇筏便携式双向 VHF 无线电话装置;另一种是救生艇筏固定式双向 VHF 无线电话装置。目前多数船舶配备救生艇筏便携式双向 VHF 无线电话装置,通常放置在驾驶台内。根据设备性能标准的要求,对于便携式双向 VHF 无线电话设备“当能够在适当频率上工作时,它还可用于船上通信”,而固定式双向 VHF 无线电话设备没有此项要求,说明便携式双向 VHF 无线电话设备还可以在除现场通信外的其他通信场合使用。

根据《1974 年国际海上人命安全公约》2022 年修正案的要求,所有从事国际航行的客船及 500 总吨及以上的货船每船至少配备 3 台便携式双向 VHF 无线电话设备,未满 500 总吨的货船配备 2 台便携式双向 VHF 无线电话设备。该要求在《1974 年国际海上人命安全公约》2022 年之前的版本中,隶属于公约的第Ⅲ章“救生设备与装置”,2022 年修正案将相关内容调整到了公约的第Ⅳ章“无线电通信”。

### (二)双向 VHF 无线电话设备性能标准

根据海上安全委员会 MSC.515(105)号决议案,双向 VHF 无线电话有以下性能标准:

(1)应能在 16 信道和至少一个其他信道工作,且均为单频信道。

(2)发射功率应为 0.25~1 W,如果超过 1 W,应设置功率控制器,使其功率减小至 1 W 或更低。

(3)承受从 1 m 高处跌落到坚硬表面上的冲击,在水深 1 m 条件下保持 5 min 水密。

(4)体积小、重量轻,除信道选择外,设备应可以由非熟练人员单手操作,且可以由穿救生服、戴手套的人员操作。

(5)设备应标明船舶标识(船名、呼号、MMSI 等)、电池有效期、设备简要操作说明等基本信息,并使用黄色或橙色外观。

(6)设备应在开机 5 s 内工作。

(7)设备电池能保证设备在最大功率下工作 8 h,电池有效期至少为 2 年。当设备使用外部电池进行船上通信(Onboard Communications)时,必须配备一个未被开封的一次性备用原装电池(贴有不可更换的封条,以表明其未被使用过),以便在遇险情况下使用。

除上面谈到的双向 VHF 无线电话设备之外,《1974 年国际海上人命安全公约》第Ⅳ章第 7 条要求,所有从事国际航行的客船都应配备 1 台能从驾驶台在航空器紧急频率 121.5 MHz 和 123.1 MHz 上进行现场通信的双向无线电话设备。在航空业务中,243.0 MHz 为军用航空紧急频率,而频率 121.5 MHz 为民用航空紧急频率,由工作在 117.975~137 MHz 波段上的航空移动业务电台使用,用于救援和应急目的的无线电话通信。频率 121.5 MHz 也可以由救生艇电台用于救援和应急目的的无线电话通信。紧急无线电示位标(EPIRB)也可以使用该频率,但是需要符合 ITU-RM.690-3 建议案。有关紧急无线电示位标的内容可以参考第十九章。频率 123.1 MHz 是 121.5 MHz 航空紧急频率的辅助频率,可以由航空移动业务电台与从事搜救和搜救协调作业的其他移动和陆地电台使用。水上移动业务的移动电台只在进行救助和应急用途的通信时,可以在 121.5 MHz 航空紧急频率上与航空移动业务电台通信,以及在 123.1 MHz 航空辅助频率上进行搜救协调和救助作业的通信。通信时,121.5 MHz 和 123.1 MHz 上的发射类型均为 A3E。

**思考题**

1.简述船用 VHF 通信的特点。

2.简述 VHF 通信设备的一般组成及各组成部分的主要作用。

3.船用 VHF 通信有哪几种工作方式?各有什么特点?

4.简述 VHF DSC 和 MF/HF DSC 的主要区别。

5.试说明 VHF 接收机为何需要有静噪功能与双值守功能。

6.船用 VHF 设备日常维护应注意哪些方面?

# 第十五章
# Inmarsat 通信系统

## 第一节 ◉ Inmarsat 概述

国际移动卫星组织(IMSO,International Mobile Satellite Organization),成立于 1979 年 7 月,原名为国际海事卫星组织(Inmarsat,International Maritime Satellite Organization)依托国际移动卫星有限责任公司(Inmarsat Global Ltd.)运营国际海事卫星(Inmarsat)系统,可以为船舶提供遇险报警、遇险通信、紧急与安全通信及常规通信等业务,通信形式包括卫星电话业务、卫星电传业务、传真业务、电子邮件业务、数据传输,以及船队管理、安全网等业务。此外,系统还能为航空飞行器提供话音、数据、自动位置与状态报告等通信业务。

随着通信技术的发展和用户需求的变化,Inmarsat 系统不断地演进和发展,曾经和正在运营的系统有 Inmarsat A 系统(简称"A 系统",下同)、B 系统、C 系统、D/D+系统、E 系统、M 系统、Mini-M 系统、F 系统、FB 系统、宽带全球区域网络(BGAN,Broadband Global Area Network)、全球快讯系统(GX,Inmarsat Global Xpress)等。其中,完全或者部分满足 GMDSS 要求的系统有 A 系统、B 系统、C 系统、F 系统、FB 系统等。

### 一、Inmarsat 系统的组成

Inmarsat 系统由空间段、地面段和移动地球站三部分组成。空间段包括空间卫星、跟踪遥测和控制站(TT&C,Tracking Telemetry and Control)和卫星控制中心(SCC,Satellite Control Center);地面段包括网络操作中心(NOC,Network Operation Center)、网络协调站(NCS,Network Coordination Station)、海岸地球站(CES,Coast Earth Station)或卫星接入站(SAS,Satellite Access Station);移动地球站(MES,Mobile Earth Station)。其中,网络操作中心是 Inmarsat 系统的核心,也称网络控制中心。网络操作中心和卫星控制中心位于英国 Inmarsat 总部。海岸地球站也被称为陆地地球站(LES,Land Earth Station),一般简称岸站。移动地球站分为陆用移动站、海用移动站和航空移动站(AES,Aeronautical/Aircraft Earth Station)。站在航海界的角度,一般把海用移动站称为船舶地球站(SES,Ship Earth Station),简称船站,进而根据系统的不同简称为 C 船站、B 船

站等。

## （一）空间段

1.空间卫星

Inmarsat 系统使用的卫星为地球静止轨道卫星。地球静止轨道是地球同步轨道中倾角为 0°时的一种特殊轨道，即卫星与地球自转方向、角速度相同，卫星相对于地面是静止的。静止通信卫星的覆盖范围为南、北纬 76°以内，不能覆盖南、北纬 76°以上两极地区（此纬度移动站天线仰角小于等于 5°）。静止通信卫星位于地球表面赤道上空，高度为 35 786 km，每一颗静止通信卫星约能够覆盖地球表面积的 1/3。空间卫星的主要作用是中继转发信号，在卫星上对信号进行频率转换。

Inmarsat 系统卫星星座结构如图 15-1-1 所示。目前，星座主要包括 Inmarsat 第三代卫星（I-3，Inmarsat-3）、第四代卫星（I-4，Inmarsat-4）、第五代卫星（I-5，Inmarsat-5），以及于 2021 年开始发射的第六代卫星（I-6，Inmarsat-6）。第三代和第四代卫星在 L 波段提供宽带全球区域网络业务和 GMDSS 服务，第五代卫星在 Ka 波段提供国际海事卫星全球快讯系统（GX）服务。

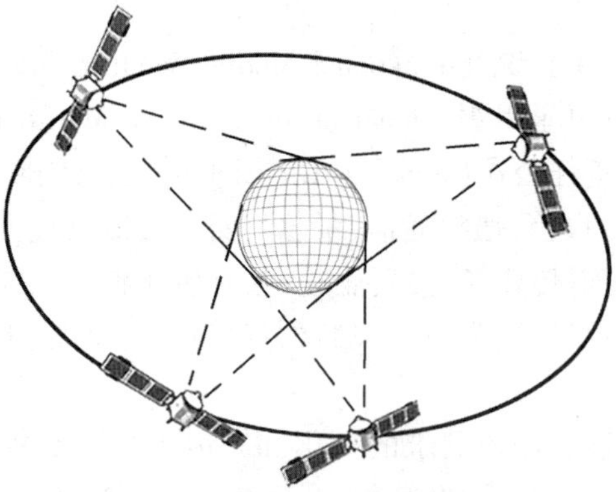

图 15-1-1　Inmarsat 系统卫星星座结构示意图

第一代到第三代卫星分别布设在四个洋区赤道上空，各卫星的覆盖区分别称为：大西洋东区（AOR-E，Atlantic Ocean Region East）、太平洋区（POR，Pacific Ocean Region）、印度洋区（IOR，Indian Ocean Region）、大西洋西区（AOR-W，Atlantic Ocean Region West），卫星的位置与覆盖如图 15-1-2 所示。第四代卫星覆盖的美洲洋区（AMER，Americas Ocean Region），亚太洋区（APAC，Asia/Pacific Ocean Region），欧洲、中东、非洲洋区（EMEA，Europe/Middle East & Africa Ocean Region），加上由 Alphasat 卫星覆盖的中东及亚洲洋区（MEAS，Middle East & Asia Region），构成如图 15-1-3 所示的覆盖区域。这样，四代卫星也形成了四个洋区。由于第五代、第六代卫星目前与 GMDSS 业务无关，此处不做赘述。

Inmarsat 卫星可以提供点波束工作模式和全球波束工作模式。点波束工作模式是指 Inmarsat 把发射波束集中在航运密集和通信业务繁忙地区，为这些地区的船舶或者终端提供更多的大功率通信线路。该模式在提高通信质量的同时，还能降低对移动站的性能要求，减小移动站的体积。全球波束工作模式是 Inmarsat 系统为保障通航密度较低水域船舶的航行安全，日常工作需要而采用的技术。也就是说，全球南、北纬 76°以内的广袤水域,除了有必要采用点波束覆盖的区域,其他区域都是通过全球波束覆盖的。

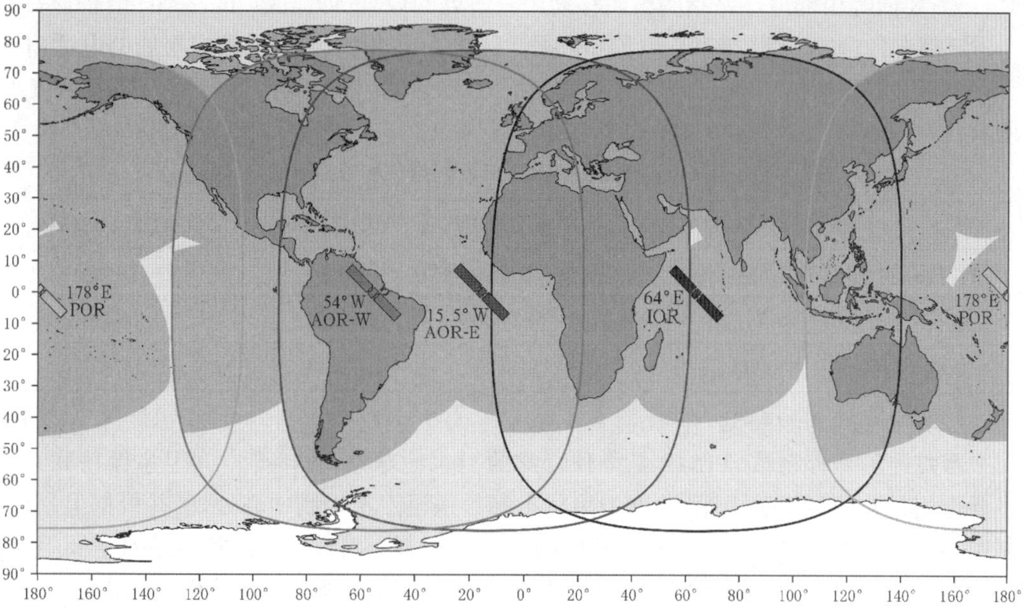


图 15-1-2　第一代到第三代卫星的位置与覆盖图

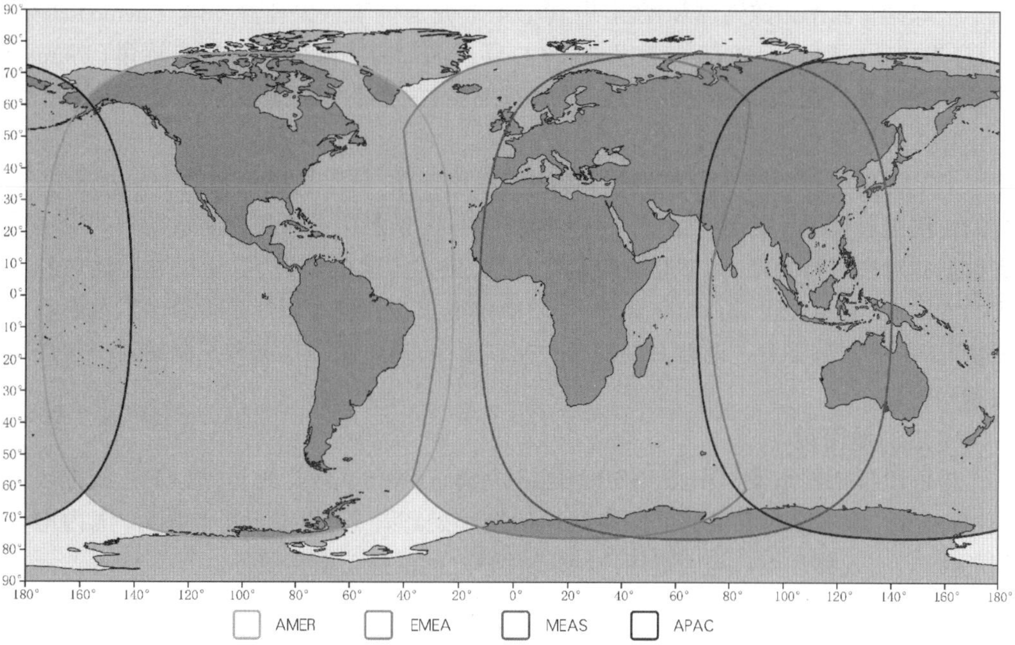


图 15-1-3　第四代卫星和 Alphasat 卫星覆盖图

从图 15-1-2、图 15-1-3 可以看出,卫星的覆盖区有重叠,位于重叠区的移动用户可以灵活地选择不同卫星中继转发信号。一颗静止通信卫星覆盖了多个海岸地球站,在同一个覆盖区内,移动站可以选择其中任何一个海岸地球站进行转接服务。

与移动用户不同,陆地用户呼叫移动用户时,首先,不能灵活选择经由的地球站,例如中国用户只能默认经由北京地面对海上移动用户发起呼叫；其次，陆地用户发起呼叫时，还需要向经由的地球站指明被叫移动用户所处的位置，即洋区。Inmarsat 系统的每一个洋区都有各自的电话（传真）、电传和数据洋区接入码，用于船至船或岸至船的电话（传真）、电传和数据通信。Inmarsat 系统的电话（传真）、电传和数据洋区接续码如表 15-1-1 所示。

表 15-1-1 Inmarsat 系统的电话（传真）、电传和数据洋区接续码

| 洋区 | 大西洋东区 AOR-E | 太平洋区 POR | 印度洋区 IOR | 大西洋东区 AOR-E |
|---|---|---|---|---|
| 电话（传真） | +870 | | | |
| 电传 | 581 | 582 | 583 | 584 |
| 数据 | 1111 | 1112 | 1113 | 1114 |

2.跟踪遥测和控制站

跟踪遥测和控制站（TT&C）是一种特殊的卫星地球站，直接与空间卫星保持联系，主要作用是监测和跟踪卫星，获取卫星状态参数送至卫星控制中心处理，并根据卫星控制中心返回的指令对卫星姿态进行相应的调整和控制。跟踪遥测和控制站对空间卫星的检测包括：卫星相对于地球的姿态、卫星相对于太阳的姿态、卫星内各处的温度、燃料消耗及星上设备的工作状态等。跟踪遥测和控制站必要时可以替代完成卫星控制中心（SCC）的功能。

全球共有 6 个跟踪遥测和控制站，其中 4 个分别位于意大利富齐诺（Fucino）、中国北京（Beijing）、加拿大西部的考伊琴湖（Lake Cowichan）和东部的彭南特角（Pennant Point），挪威艾克（Eik）和新西兰奥克兰（Auckland）的 2 个备用。

3.卫星控制中心

卫星控制中心（SCC）也是一种特殊的卫星地球站，位于英国伦敦的 Inmarsat 总部。它的作用是监视卫星的运行情况。卫星控制中心接收跟踪遥测和控制站发来的卫星状态数据并对之进行处理，检查卫星的运行状态，例如卫星的轨道、卫星相对于地球和太阳的方向性、卫星天线是否指向地球、太阳能电池板接收的太阳能是否最多以及燃料消耗情况等；根据需要发送调整卫星姿态的控制指令，通过跟踪遥测和控制站对卫星进行控制和管理。

## （二）地面段

地面段包括网络操作中心（NOC）、网络协调站（NCS）、海岸地球站（CES）或卫星接入站（SAS），承担移动卫星通信网络的通信接续处理任务，提供卫星与国际/国内电信网的接口，实现移动用户与固定用户/移动用户之间的通信链接服务。

1.网络操作中心

网络操作中心也称为网络运营中心，是 Inmarsat 系统的核心，设在 Inmarsat 总部，在荷兰建有网络运行备用中心（OBC，Operational Backup Center），负责监视、协调和控制整个 Inmarsat 系统的运营情况。网络操作中心全天 24 h 不间断运行，通过卫星链路和陆网与网络协调站以及各洋区海岸地球站连接并交换信息，以此来协调各洋区 NCS 和 CES 的活动，同时还负责调校系统的时钟。网络操作中心也可以通过网络协调站为某个洋区中的所有船舶或选定的船舶发送 Inmarsat 系统信息。网络操作中心最初的名称

为网络控制中心(NCC,Network Control Center),目前有些教材或文件还在使用该名称。

2.网络协调站

每个洋区设置一个网络协调站(NCS)。网络协调站由 Inmarsat 的网络操作中心控制,主要作用是协调、管理和监控本洋区海岸地球站与移动地球站之间的通信。网络协调站的具体工作包括分配海岸地球站间的站际信道、发送本洋区的公共信道信息、发布广播业务,例如通过 C 系统发射增强群呼(EGC)信息、群呼信息、公共信息等,以及帮助处理遇险报警等。每个网络协调站都与其洋区内的海岸地球站、其他网络协调站以及 Inmarsat 总部的网络操作中心进行通信,从而实现整个系统之间的信息传输。

不同的 Inmarsat 系统的网络协调站各不相同,通常每个系统的每一个洋区除了有一个网络协调站外还有一个备用站。网络协调站通常由海岸地球站兼任,并由唯一的识别码标识。表 15-1-2 为 Inmarsat C 系统各洋区的网络协调站(NCS)所在国及识别码。

**表 15-1-2 Inmarsat C 系统各洋区的 NCS 所在国及识别码**

| 卫星覆盖区 | NCS 名称 | 所在国 | NCS 识别码 |
|---|---|---|---|
| 大西洋西区(AOR-W) | 贡希利(Goonhilly) | 英国 | 044 |
| 大西洋东区(AOR-E) | 贡希利(Goonhilly) | 英国 | 144 |
| 太平洋(POR) | 圣淘沙(Sentosa) | 新加坡 | 244 |
| 印度洋(IOR) | 德摩比亚(Thermopylae) | 希腊 | 344 |

3.海岸地球站

海岸地球站(CES)是设在陆地上某一固定地点或指定区域内,为卫星固定业务或移动业务提供通信链路的地球站。每一个洋区内可建立若干个海岸地球站。海岸地球站是实施 Inmarsat 业务的具体载体,通过空间段为移动站接入国内/国际固定电信网提供接口。海岸地球站的主要作用是响应呼叫(如分配并建立信道、转发呼叫),监控和管理信道(如信道空闲情况、正在受理的申请、占线和排队情况等),网络服务(如受理新移动终端启用申请、分配移动终端识别码、移动终端性能测试及通信费用管理等),监视并接收遇险信号。

每一个 Inmarsat 海岸地球站由所在成员国政府指定一个企业实体作为该国的签字者,并负责投资建设和日常业务的经营、管理。我国指定交通运输通信信息集团有限公司作为中国的签字者,承担有关海事卫星通信的一切日常事务。为了保证系统正常工作,海岸地球站所有设备都是双备份运行,并采用 11~13 m 的抛物面天线,以提高天线增益。

每一个 Inmarsat 系统都有自己的海岸地球站,其中还包括虚拟海岸地球站。所谓虚拟海岸地球站,是指某些国家借助其他国家或地区的海岸地球站建立的与标准海岸地球站功能完全相同的海岸地球站。每一个 Inmarsat 系统的海岸地球站在每一个洋区都有接续码,FB 系统和 C 系统中北京海岸地球站的接续码如表 15-1-3 所示。

**表 15-1-3 北京海岸地球站的接续码**

| 卫星覆盖区 | AOR-E | AOR-W | POR | IOR |
|---|---|---|---|---|
| FB 系统 | 868 | 868 | 868 | 868 |
| C 系统 | NOA | NOA | 211 | 311 |

4.卫星接入站

卫星接入站(SAS)是包括 FB 在内的 BGAN 移动地球站与陆地通信网络连接的卫星地球站,负责为移动地球站宽带业务提供接续服务以及移动用户 IP 网、全球陆地公共网络的接入工作。卫星接入站承担着类似于第三代 Inmarsat 业务中网络协调站和海岸地球站两者合并后的功能,能够根据需要向移动站提供 GMDSS 和商业服务的信道。卫星接入站由直径通常为 13~18 m 的抛物面天线向卫星发射 6 GHz 信号,并接收来自卫星的 C 波段(4 GHz)信号;还能够发射(1.6 GHz)和接收(1.5 GHz)L 波段信号。在 I-4 卫星支持的 FB、BGAN 系统中,卫星通信通过卫星接入站(SAS)进行信息传输;而在 I-3 卫星的系统中,卫星通信通过海岸地球站(CES)进行信息传输。

**(三)移动地球站**

移动地球站,简称移动站,是在 Inmarsat 系统中专供移动时或在非指定地点停留时使用的卫星终端设备,它直接面向用户,由移动用户负责购买或租用。根据用户类型不同,移动地球站分为陆用移动站、海用移动站和航空移动站(AES)。根据 Inmarsat 系统不同,移动站可分为 A、B、C(包括 Mini C)、M(包括 Mini M)、F77、F55、F33、E、FB 等移动站,符合 GMDSS 设备配备要求的有 A、B、C、F77 等移动站。

在移动站呼叫移动站、陆地终端呼叫移动站的过程中,需要对移动站进行身份识别,每一个移动站都被分配了国际海事卫星移动号码(IMN,Inmarsat Mobile Number)。

1.Inmarsat C 船站

Inmarsat C 船站是用于双向信息通信的小型终端,没有电话功能,传输速率为 600 bit/s,可以接入国际电传和数据通信网络,并支持海上安全信息(MSI,Maritime Safety Information)的接收和遇险报警。新型 C 船站将天线单元和收发机单元集成,功耗较低。

2.Inmarsat FB 船站

Inmarsat FB 船站是 Inmarsat 船队宽带(FB,Fleet Broadband)系统的移动地球站,支持传统基于电路交换的语音、ISDN 数据业务、标准 IP 和流媒体 IP 业务,提供对数据宽带网络的持续访问。目前,有四种类型终端:Fleet One、FB150、FB250 和 FB500。FB 船站可以通过连接海事安全终端(MST,Maritime Safety Terminal)实现 GMDSS 服务。MST 提供了可视化界面,使船员在独立于常规 FB 通信之外,充分实现 Fleet Safety 业务。

## 二、工作频率

在 Inmarsat 系统中,移动站工作在 L 波段。对于移动站来说,上行频率指发射频率,下行频率指接收频率。移动站的上行频率为 1.6 GHz,下行频率为 1.5 GHz。海岸地球站工作在双波段,即 C/L 波段,当海岸地球站与移动站通信时,海岸地球站工作在 C 波段,其上行频率(发射频率)为 6 GHz,下行频率(接收频率)为 4 GHz;而当海岸地球站与海岸地球站,或与网络协调站通信时,海岸地球站工作在 C/L 波段。对于卫星来说,上行频率指接收频率,下行频率指发射频率。卫星承担了上、下行频率的转换任务,当卫星收到 6 GHz 的上行频率时,则转换成 1.5 GHz 的下行频率;当收到 1.6 GHz 的上行频率时,则转换成 4 GHz 的下行频率。

**(一)CES 1 呼叫 SES**

如图 15-1-4 所示,CES 1 在 6 GHz 频率上发射信号,卫星收到 6 GHz 的上行频率后,以 1.5 GHz 的下行频率转发信号。由于船舶地球站工作在 L 波段,因此可以收到 1.5 GHz 的信号,并以 1.6 GHz 的频率向卫星发射应答信号。而当卫星收到 1.6 GHz 的上行频率后,会将信号转变为 4 GHz 的下行频率,工作在 C 波段的 CES 1 就可收到船舶地球站的应答信号,进而完成了一次岸与船之间的信息交换。可见,海岸地球站与船舶地球站通信时,海岸地球站工作在 C 波段。

**(二)CES 1 呼叫 CES 2**

如图 15-1-4 所示,CES 1 在6 GHz 频率上发射信号,经卫星转换为1.5 GHz 的下行频率,CES 2 要想收到信息,就必须能工作在 L 波段的 1.5 GHz 频率上,而 CES 2 对 CES 1 信息的应答,是在 6 GHz 频率上发射,经卫星转换为1.5 GHz 的下行频率,所以 CES 1 也必须能工作在 L 波段的 1.5 GHz 频率上,方能收到信号。因此,海岸地球站一般包括 C 波段的发射、接收和 L 波段的接收等部分。

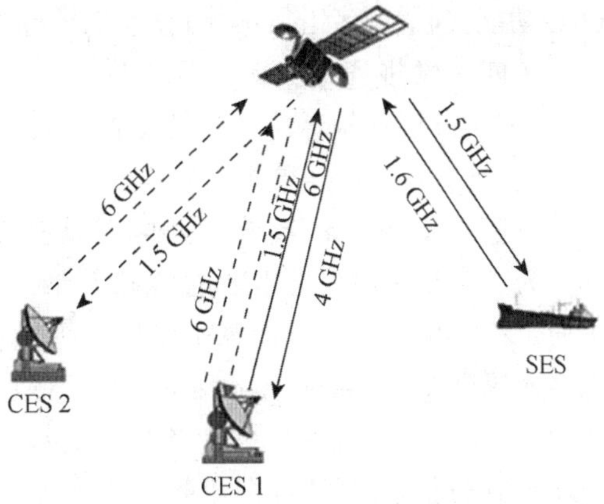

图 15-1-4 卫星通信频率示意图

可见,对于海岸地球站来说,要想实现海岸地球站与海岸地球站(或网络协调站)之间、海岸地球站与船舶地球站之间的通信,必须能在双波段上工作。

## 三、Inmarsat 系统的业务

Inmarsat 系统的业务分类有多种方式,常见的有两种:按照实现方式分,Inmarsat 系统的业务可分为电传、电话、传真、数据、E-mail、询呼、数据报告、增强群呼等;按照功能分,Inmarsat 系统的业务可分为遇险报警、搜救协调通信、海上安全信息播发与接收、常规通信等。

**(一)遇险报警**

Inmarsat 系统具有船对岸遇险报警功能,并且系统能确保遇险报警优先发送。Inmarsat C、FB 等船舶地球站配有一个专用的遇险报警按钮。在紧急情况下,只需按一下报警按钮即可发出船对岸的遇险报警信号,此外,各船舶地球站均具有进行遇险优先等级通信的功能。

Inmarsat 系统采用 4 级通信优先抢占技术。遇险报警和遇险通信具有最高优先等级,当没有通信线路时,系统会切断低等级的通信,空出线路用于遇险报警和通信,并且这种优先等级处理不仅适用于船到岸,也适用于岸到船。海岸地球站或相连的海事搜救协调中心(MRCC,Maritime Rescue Coordinating Center)收到船舶发来的遇险报警后,认为必要时,可以通过海岸地球站向遇险船附近的船舶转发遇险报警,即实现岸到船的报警。对于 Inmarsat C 系统而言,这种岸到船的报警可采用全呼、群呼、单呼、区域呼叫等方式进行。

**(二)搜救协调通信**

Inmarsat 系统是 MRCC 进行搜救协调通信的主要系统之一。MRCC 接收到船舶的遇险报警信息后，一般是通过 Inmarsat 系统与遇险船、救助船进行救助协调通信。为确保遇险通信的顺利进行，在公众通信网或专网不发达的国家或地区，可以在 MRCC 设立陆用移动站，依靠移动站到移动站的通信方式进行搜救协调通信。

**（三）海上安全信息的播发与接收**

海上安全信息的播发与接收采用增强群呼技术通过 Inmarsat 系统的安全网（Safety NET 和 Safety NET Ⅱ）播发海上安全信息（MSI），船舶采用 Inmarsat C 船舶地球站的 EGC 功能接收，或者 Inmarsat FB 船舶地球站的 MST 终端下载。

**（四）常规通信**

Inmarsat 船舶地球站还能够提供全天候、可靠和高效的常规通信，包括卫星电传、电话通信、传真、低/高速数据传输等业务。

**（五）Inmarsat 系统特别接入码业务**

为了满足一般公益事业的特殊需要，国际移动卫星组织专门开发了特别业务。为了便于移动用户和海岸地球站使用和提供特别业务，国际移动卫星组织为此提供了特别接入码（SAC，Special Access Code）。特别接入码由两位十进制数字组成，因此有时也称为“二位码”，与之对应的业务为“二位码业务”。00、11、13 二位码业务是海岸地球站必须开放的业务，其他特别业务的开放情况因海岸地球站而异。具体可查阅《无线电信号表》第 1 卷，在相关海岸地球站开放的业务中查询。

## 第二节 ◉ Inmarsat C 系统

Inmarsat C 系统是一个双向存储和发送数据的系统，船载终端小巧轻便，通过一个十几厘米高的全向天线，以存储转发的方式提供 600 bit/s 低速数据业务，实现电传、数据传输以及电传、传真等通信功能，支持 GMDSS 的所有海事安全信息服务。除此之外，船载终端还可以提供 EGC、数据报告、查询和一报多地址投送等功能。如果与 GPS 相结合，终端设备还可以提供自动船位报告的功能。另外，其轮询（Polling）和数据报告（Data Report）功能尤其适合遥测、控制和数据采集（SCADA，Supervisory Control and Data Acquisition）、船队定位跟踪等。它是远洋船舶必须安装的海事卫星通信终端之一。C 船站也可用于陆上移动和航空业务。

### 一、系统结构及特点

**（一）系统结构**

Inmarsat C 系统与陆地连接的基本结构如图 15-2-1 所示。可以看出，C 船站经岸站接入国际/国内电信网，通过不同的陆地网络与不同的用户终端通信。陆地网可以是电传网、数据网、电话网、Intranet 网和专用网，也可以通过岸站转接与其他洋区的另一个 Inmarsat 移动终端通信。自动转接至何种网络取决于船舶地球站操作者的地址设置，但也与海岸地球站提供的网络服务有关。

公共交换电话网（PSTN，Public-Switched Telephone Network）是一种基于铜线的电路交换网络，通过电话线和调制解调器接入，网络建设费用最低，但数据传输质量和传输速率较差。分组交换数据网(PSDN,Packet-Switched Data Network)是一种基于分组交换技术的公共数据通信网络,采用 X 系列标准,其中该网络与网络外部数据终端单元(DTE,Data Terminal Equipment)的接口遵循 X.25 标准,故 PSDN 又称“X.25 网”。PSDN 通过远程的同步调制解调器接入,比 PSTN 具有更好的信道利用率和传输可靠性。X.400 是电子邮件传输协议的标准,它通过计算机与公用电信网结合,利用存储转发方式为用户提供邮件系统之间的信息交换,它是除了邮件传输协议(MTP,Mail Transfer Protocol)、简单邮件传输协议(SMTP,Simple Mail Transfer Protocol)之外的可选方案,在欧洲国家和加拿大使用比较普遍。C 船站通常通过 X.25 或 X.400 协议标准的海岸地球站实现电子邮件信息传递。G3 传真机也叫三类传真机,传输速率通常有 2.4/4.8/9.6/14.4 kbit/s,适用于电话网。私人网可以是局域网、Intranet 网等。

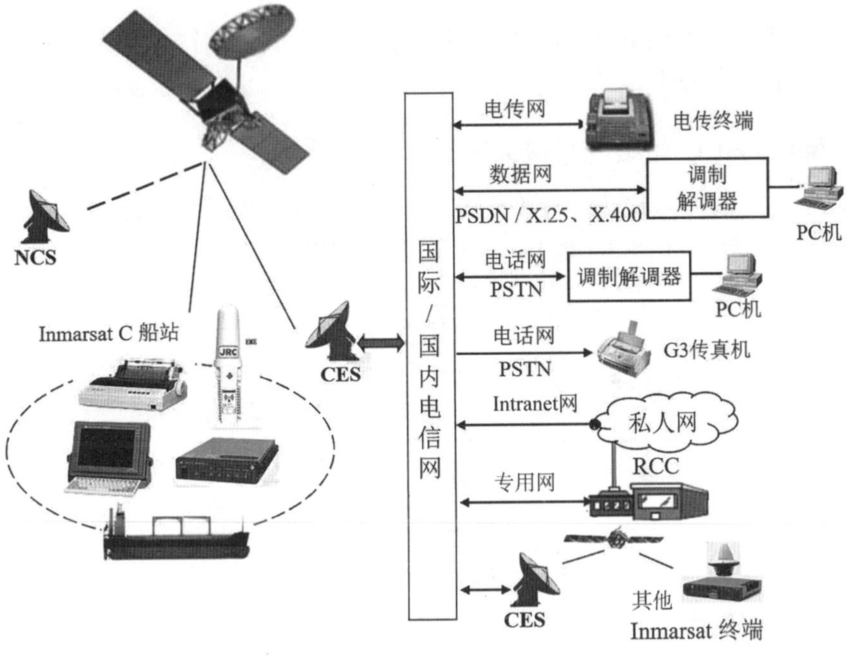


图 15-2-1 Inmarsat C 系统与陆地连接的基本结构图

特别注意,Inmarsat C 系统中的传真业务只适合于船至岸方向,它实际上是一种电传传真业务,与直接传真不同,船站以电传方式将信息发到岸站,岸站通过陆网将其发到用户的传真机(或虚拟传真机)上。目前暂不支持岸至船方向的传真业务。

**(二)系统特点**

Inmarsat C 系统主要有以下特点:

(1)全数字化的电文/数据通信系统。

(2)没有直接话音通信功能。它具有电传、低速数据业务,包括增强群呼、数据报告、询呼、E-mail 等各种增值业务。

(3)采用存储转发通信方式。即信息到达岸站后,先暂存再转发给用户(一般 4~5 min)。以这种方式传送,不独占线路,并可充分利用非高峰时期的卫星容量,但有传送延迟,不适用于语音和视频之类实时或交互式的通信,通常用于实时性要求较低的通信业务。

(4)移动站采用全方向性天线。全方向性天线即无方向性天线,不要求天线波束方向直接对准卫星,因此不需要天线自动跟踪系统。这种天线体积小(天线直径只有10 cm左右)、造价低。

(5)通信可靠性高,不存在日凌中断现象。日凌中断发生在每年春、秋季节前后中午,当船舶地球站天线对着卫星的同时也正对着太阳,太阳噪声大,引起通信中断。而C系统移动站天线不需要定向工作,可避免指向太阳。

(6)抗干扰能力强。C系统中采用了多种抗干扰措施,例如卷积编码、扰码处理和交织技术等。

(7)通信费用低。C系统是按字符流量计费,一般以256 bit为一个计费单位。

(8)移动站体积小、重量轻。一般C系统的移动终端重量在2.5~5 kg,便于携带和安装。

(9)移动终端直流供电,电源稳定且终端能耗低。可使用蓄电池、太阳能等其他能源,在边远地区尤其适用。

## 二、Inmarsat C船站的组成

Inmarsat C船站一般应包括电源单元、天线单元、收发机单元、数据终端单元、附属设备和任选单元等。图15-2-2是Inmarsat C船站组成框图。

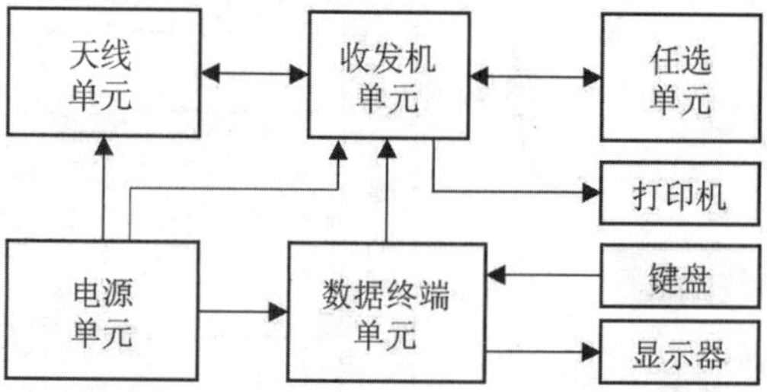


图15-2-2　Inmarsat C船站组成框图

### (一)电源单元

电源单元的任务是将船舶主电源和备用电源转化成Inmarsat C船站内部各电路所需要的电源。Inmarsat C船站对于电源的要求通常是直流9~33 V。对于电源单元,不同厂家处理方式不同,有的是一个独立的单元,有的是Inmarsat C船站内部的一块电路板。

### (二)天线单元

天线单元(ARU,Antenna Radio-frequency Unit),也称为天线射频单元,其主要组成是一个小型的全向收发天线、一个发射机末端的高频功率放大器和一个接收机前端低噪声放大器及其附属电路。其任务就是接收和发射卫星信号。目前,标准Inmarsat C船站天线都是独立单元。

### (三)收发机单元

收发机单元也称为电子单元(EU,Electronic Unit),数据通信设备(DCE,Data Communication Equipment)或通信单元等,是设备的核心部分,其作用是将天线单元接收到的信息和需要发射的信息进行处理,然后予以输出。不同厂家对于收发单元采取不同

的方案,有的采用一个专用的独立单元,有的则与数据终端单元合并在一起。

### (四)数据终端单元

数据终端单元(DTE)实际上就是一台装有专用软件的标准个人计算机,一般采用DOS操作系统,有的是一个独立的终端单元,有的与收发机单元合并在一起。

### (五)附属设备

附属设备包括接口电路(连接外部设备,如GPS等)和打印机,Inmarsat C 船站的打印机一般不与数据终端(计算机)相连,而是与收发机单元相连。

### (六)任选单元

任选单元包括EGC接收机、内置导航接收设备(如GPS)以及船舶远程识别与跟踪系统(LRIT,Long Range Identification and Tracking of Ships)组件和软件等。可以根据用户的要求选用,但是就目前设备看,EGC接收机是必须选择的组件。

## 三、Inmarsat C 船站关键技术和主要技术指标

### (一)船站关键技术

Inmarsat C 船站分为舱外设备(EME)和舱内设备(IME)两部分,其中核心部分是收发机单元,如图15-2-3所示。舱外设备、舱内设备有时又分别称作甲板上设备、甲板下设备,或者室外单元、室内单元,它们在本质上并没有区别,只是各种系统中对它的习惯称谓不同而已。本书在这些称谓上遵从各系统的习惯叫法。Inmarsat C 船站的收发机单元充分运用了现代化通信技术。

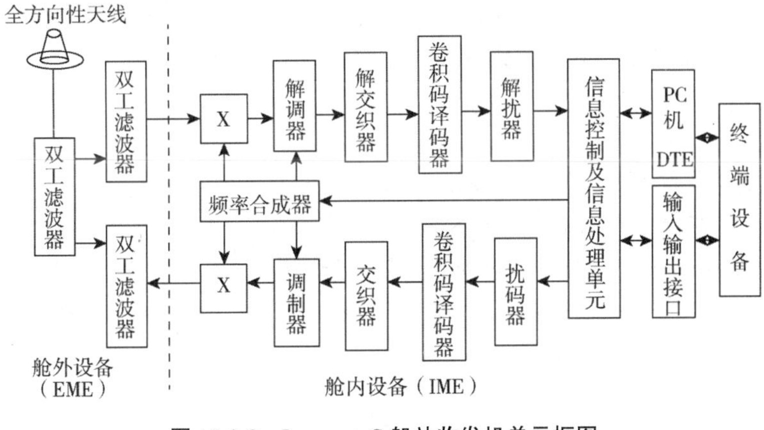


图15-2-3 Inmarsat C 船站收发机单元框图

1.调制技术

Inmarsat C 船站使用的调制技术是二相移相键控(BPSK, Binary Phase-shift Keying),即用数字信号1和0来控制载波的相位。

2.载波同步、位同步和帧同步

在数字通信技术中,为了正确地传输和接收信息,收、发双方必须保持同步。同步是指数据在通信介质传输时,发送方发送数据的起止时间和速率分别与接收方接收数据的时间和速率必须保持一致。数据传输的同步有载波同步、位同步和帧同步。

3.数字信号的差错控制

Inmarsat C 船站的差错控制技术主要采用了差错控制编码、扰码技术和交织技术。

(1)差错控制编码

采用差错控制编码是为了纠正随机错误,即抗随机干扰。差错控制编码是指发送端在信息发送前在信息码元中按规则加入监督码元,接收端收到信息后根据规则识别并利用监督码元检错或纠错。所以,差错控制编码也称纠错编码。纠错编码的方法有很多,若按码制结构来分,可分为分组码和卷积码两类。分组码和卷积码属于前向纠错(FEC)技术。Inmarsat C 系统中的差错控制编码采用卷积码。

(2)扰码技术

采用扰码是指对信息码元进行随机化处理,避免出现较长的连续“0”码或“1”码,保证时钟信号的提取以及扩散调频波频谱能量,减少对其他同频段地面系统的干扰。扰码虽然“扰乱”了数字信息的原有形式,但这种“扰乱”是有规律的,因此也是可以消除的。在接收端消除这种“扰乱”的过程称为解扰。

(3)交织技术

采用交织技术是为了纠正突发错误,即抗突发干扰。交织是指将编码后数据序列的顺序进行交换,重新组合。信息编码后,将信息码元排成一个阵列,不按原先次序发射,而是按某种特定的次序发送。这样,当受到干扰或周期较长衰落的影响,使相邻至少十多个比特符号发生错误时,信号在信道中传输造成的连续误码经解交织后被分散开来,较长的突发差错离散成随机差错,再采用纠错编码译码进行纠错。解交织时,也将信息码元排成一个阵列,然后恢复成交织前的排列次序。

### (二)Inmarsat C 船站的主要技术指标

接收频率:1 530.0~1 545.0 MHz;

发射频率:1 625.5~1 646.5 MHz;

信道间隔:5 kHz;

接收灵敏度:增益噪声温度比($G/T$)≥−23 dBK(天线仰角为5°的情况下);

发射功率:全向有效辐射功率(EIRP)≥12 dBW;

调制方式:二进制移相键控(BPSK);

频率精度:Inmarsat C 船站发射的载波频率通过与 NCS 及 MES TDM 载波频率比对来校准。除遇险报警外,Inmarsat C 船站在 L 波段发射的载波频率与接收的 MES TDM 载波频率之差不超过±150 Hz。

### (三)EGC 接收设备的分类

EGC 是通过 Inmarsat C 通信系统转发的一种广播信息业务。通常 EGC 接收设备挂接在 C 船站上,所以 EGC 接收设备的分类也看作 C 船站的分类。根据 EGC 接收单元的挂接情况,C 船站分为四类,如图 15-2-4 所示。

(1)0 类移动站:一个标准的 EGC 接收机,不具有标准 C 船站的功能。

(2)1 类移动站:一个标准的 C 船站,不能接收 EGC 信息。

(3)2 类移动站:具有标准 C 船站的功能,也能接收 EGC 信息,但两者不能同时工作,即只有在船站空闲状态下(没有通信)才能接收 EGC 信息。

(4)3 类移动站:具有标准 C 船站的功能,也能接收 EGC 信息,且两者能同时工作,即不管船站是否处于空闲状态都能接收 EGC 信息。

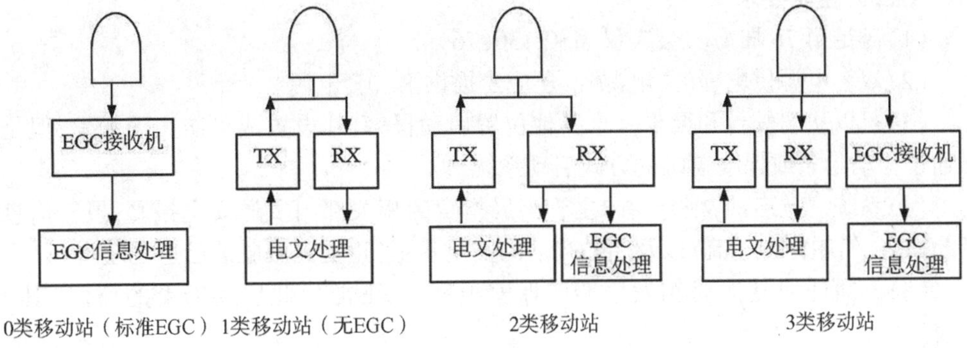


图 15-2-4 Inmarsat C 船站分类

在实际应用中,2 类 C 船站采用较多。2 类 C 船站通常提供两种工作模式,可通过软件选择设置,分别是:

(1)合用模式。移动站在接收岸站电文时,不能收 EGC 信息,空闲时方能接收。因为当接收机忙于接收正常的 C 船站电文时,接收机调谐在岸站的 TDM 信道上,没有调谐在 NCS TDM 信道上,在此期间无法接收在 NCS TDM 信道上发送的 EGC 信息。一旦完成正常通信,接收机将自动返回 NCS 公共信道,而许多安全网(SafetyNET)信息都会重播,所以接收机最终会收到这些信息。

(2)EGC 接收模式(“EGC only”模式)。这种模式下 C 船站只能接收 EGC 信息。因为已经退网,C 船站只作为一个 EGC 接收机在使用,所以在恢复合用模式之前,Inmarsat 岸站不会给这个 C 船站发电文。这种模式一般是为了确保在某一特定时间内收到 EGC 信息,避免被其他 C 船站电文中断而采取的措施。

# 第三节 ◉ 船舶保安报警系统

## 一、船舶保安报警系统概述

### (一)SSAS 产生的背景

船舶保安报警系统(SSAS)是《1974 年国际海上人命安全公约》修正案规定的船载设备,其功能是当船舶遇到海盗或其他武装攻击时,迅速向有关主管部门和船东发出报警。

2002 年 12 月 12 日,国际海事组织缔约国政府审议并通过了《1974 年国际海上人命安全公约》的修正案,该修正案将公约原第Ⅺ章“加强海上安全的特别措施”重新编号为Ⅺ-1 章,同时增加了第Ⅺ-2 章,并将《国际船舶和港口设施保安规则》(ISPS 规则)纳入该章,并将该章命名为“加强海上保安的特别措施”。根据第Ⅺ-2 章第 6 条和第 76 届海安会决议 MSC.136(76)的规定,国际航行的船舶,包括客船、500 总吨及以上的货船和海上移动式钻井平台必须安装船舶保安报警系统,即 SSAS。该规定自 2004 年 7 月 1 日起生效。考虑到 SSAS 的安全性和隐蔽性,《1974 年国际海上人命安全公约》和 MSC 海安会并不要求对 SSAS 进行型式认证,但需通过船籍国主管机关依据《1974 年国际海上人命安全公约》、MSC.136(76)、IEC 645 等对 SSAS 进行的装船检验。

### （二）性能要求

（1）满足第 76 届海安会决议 MSC.136（76）。

（2）双套电源供电，除主电源外，还应当提供第二套电源。

（3）可以从驾驶台和至少一个其他位置启动报警，并设置成可防止误触发，但是不必通过移动封条或保险盖帽的方式启动系统。

（4）系统一旦启动，则开始向主管当局指定的相关部门发送安全报警，报警信息包括公司名、船舶标识、船位以及船舶当前的安全状态（正受到威胁或已遭受攻击）。

（5）不向任何其他船舶发送船舶保安报警，也不能由此启动船上的任何（其他）报警。

（6）在关闭和/或复位本系统前，应持续发送船舶保安报警。

（7）具有"测试"和"运行"两种工作模式，便于检测和平时训练。

## 二、船舶保安报警系统的实现方法

《1974 年国际海上人命安全公约》修正案对于船舶保安报警系统在安装时间和基本功能等方面做出了具体规定，但是对于船舶保安警报系统的具体实现方法并没有给出明确说明。根据公约第Ⅺ-2 章第 6 条第 5 款的规定，可以通过为符合《1974 年国际海上人命安全公约》第Ⅳ章要求已经安装的无线电装置来满足船舶保安警报系统的要求。就是说，可以通过卫星通信系统，如 Inmarsat C 船站或者地面通信系统的 MF/HF 组合电台实现保安报警。但是根据 MSC.136（76）决议的要求，在启动（触发）船舶安全警报时，不允许对有关的装置进行任何的调节，例如选择频道、设置工作模式或菜单等。可见，通过地面通信系统实现保安报警存在一定难度，目前市面上可见的是在 MF/HF 组合电台上加装 Global Wireless 终端实现报警。因此，在实践中，基于 MF/HF 组合电台实现保安报警的船舶很少，大多数船舶是基于卫星船站实现保安报警的，例如，基于 Inmarsat C 船站。基于 Inmarsat C 船站实现保安报警时，一种方法是通过给用来满足 GMDSS 要求的 Inmarsat C 船站加装接口电路等装置实现保安报警。该方法可以实现 Inmarsat C 船站的"一机多用"，投资较少，但是可能对船站的 GMDSS 功能构成潜在威胁。另一种方法是为了保安报警的目的专门安装 C 船站，包括标准的 C 船站、Mini C 船站等。另外，还有基于 COSPAS-SARSAT 系统发送保安报警的示位标，具体内容见第十九章。本节仅介绍前两种方法。

### （一）通过船舶既有的 Inmarsat C 船站实现报警

基于船舶已经安装的、用于满足 GMDSS 要求的 Inmarsat C 船站，开发软硬件实现船舶保安报警系统。也就是在 C 船站的基础上，有针对性地增加一些接口和应用软硬件实现报警。但是经过一段时间的试行之后，IMO 开始不推荐这种方案。因为这种方法容易对船站的 GMDSS 功能产生影响。

### （二）通过专用的 SSAS 设备实现报警

与第一种方案不同，该方案有自己专用的卫星通信设备，包括 Inmarsat C、Mini C 或 Inmarsat D+等船站。该方案具有下列优点：

（1）不影响 GMDSS 设备的性能。

（2）安装简单，尺寸小，便于隐藏。

(3)不需要经常维护,设备具有自检程序,方便维护。

目前,绝大多数的船舶采用由 Mini-C 船站组成的 SSAS 专用设备。TT-3000 SSA 型船舶保安警报设备就是这种设计思路下的产物。该型设备不仅使用简单,当发生紧急情况时只需按下报警按钮,即可将报警信息发送至事先设置的地址,而且设备小巧,安装隐蔽。设备提供 20 m 连接电缆和连接盒,配备两个报警按钮及一个测试按钮,可以把它们安装在所提供的 50 m 连接线范围内的任何地方;可以在任何时候调用船位,也可以设置为定时报告。

## 第四节 Inmarsat FB 系统

### 一、Inmarsat FB 系统简介

Inmarsat 的船队宽带业务是全球宽带局域网(BGAN)的一部分,是指主要依托 Inmarsat 第四代卫星(I-4)构建的新一代全球移动卫星通信系统。FB 系统由 Inmarsat 公司于 2007 年推出,吸取并兼容了第三代数字通信(3G)的先进通信技术优势,可以为海上用户同时提供电话和最高速率可达 432 kbit/s 的宽带数据服务,此外,还允许用户根据需求选择高达 256 kbit/s 数据传输速率的流媒体 IP 业务。具体应用包括:实时电子海图和气象信息更新、电子邮件和网络邮件、双向短信及语音信箱、电话和传真通信、大文件传输、视频会议以及远程访问公司内联网和互联网等。FB 系统向海上用户提供的业务归纳起来有以下四种:

#### (一)电话通信业务

电话通信业务包括 4 kbit/s 标准电话业务与 64 kbit/s 3.1 kHz 音频信道丽音电话通信业务,其中 4 kbit/s 标准电话业务是 FB 系统默认的电话业务。

#### (二)传真通信业务

传真通信业务包括 64 kbit/s 3.1 kHz 音频信道 G3 传真与综合业务数字网(ISDN)G4 传真,其中 64 kbit/s 3.1 kHz 音频信道 G3 传真是 FB 系统默认的传真业务。

#### (三)文本短信业务

文本短信业务主要提供 FB 终端与连接全球移动通信系统(GSM,Global System for Mobile Communications)网的陆上手机用户收发不超过 160 个字符的文本短信。该业务通过 FB 终端连接的 IP 话机终端或计算机终端完成。运用该业务,用户既可以在船上通过电脑与陆上手机用户实现短信收发,也可以在各个 FB 终端之间发送和接收文本短信息。文本短信息业务按短信息条数收费。

#### (四)数据通信业务

1.ISDN 数据通信业务

ISDN 数据通信业务主要指在 ISDN 非限制性数字信息(UDI,Unrestricted Digital Information)信道/限制性数字信息(RDI,Restricted Digital Information)信道上提供传输速率最大为 432 kbit/s 的各类数据应用业务,通过 ISDN 数据接口接入相应的应用终端,如可视电话、G4 传真、用户交换机等。该业务按时间计费。

2.标准 IP 数据通信业务

标准 IP 数据通信业务是一种动态速率业务。当 FB 终端建立标准 IP 连接以后,各

种应用可以共享连接进行数据通信,如浏览网页、收发 E-mail、E-fax 网络传真等。该共享信道上的速率可达 432 kbit/s。对于 FB 终端,标准 IP 通常是其默认连接方式,按数据流量计费。

3.流媒体 IP 数据通信业务

流媒体 IP 数据通信业务是一种可选速率业务,用户根据需要对 IP 信道的传输速率进行选择,以实现不同质量要求的通信,如 IP 电话、视频会议、文件传输协议(FTP,File Transfer Protocol)数据传输等。终端用户在使用流媒体 IP 数据通信业务时,可以同时为不同的应用选择不同的传输速率,可以选择的传输速率有 8 kbit/s、16 kbit/s、32 kbit/s、64 kbit/s、128 kbit/s 和 256 kbit/s。多个流媒体 IP 应用连接在一起可以达到整个 FB 终端的最大通信速率 256 kbit/s。对于 FB 终端,流媒体 IP 通常是其辅助连接方式,其 IP 地址与标准 IP 共享,通过专用信道完成通信并按时间计费。

与已经退出服务的 Inmarsat F 系统电话、传真、数据同一时间只能连通一路的单通道通信方式不同,FB 系统实现了真正意义上的 IP 数据通信业务,并且具有多 IP 数据通信业务同时进行的特点。用户在使用 FB 终端进行电话呼叫的同时,可以保持一个或多个高速数据连接,满足海上同一部终端实现多种通信的需求,如在打电话的同时收发文本短信、访问电子邮箱、浏览网页、传输文件、召开视频会议等。

如前所述,目前基于不同的性能标准和设备尺寸,主要有 Fleet One、FB150、FB250 和 FB500 等四种移动终端设备。Inmarsat FB 终端设备支持“505”紧急呼叫业务以及非《1974 年国际海上人命安全公约》(Non-SOLAS)船舶的船对岸和岸对船语音遇险呼叫。同时,上述设备也可以通过使用特别接入码支持船对岸的紧急优先级别语音呼叫业务。这项业务的被呼叫方为指定的岸上专门机构。其中,“32”表示医疗指导业务,“38”表示医疗救助业务,“39”表示海事救援业务。

## 二、Fleet Safety 加入 GMDSS 的历程

Fleet Safety 早期的名称为海事安全数据业务(MSDS,Maritime Safety Data Service)。MSDS 通过 Inmarsat 中与第三代卫星(I-3)覆盖范围类似的第四代卫星(I-4),可以提供 GMDSS 基本功能中的卫星业务。通过在标准 FB 船舶地球站设备上面加装海事安全终端(MST,Maritime Safety Terminal),航海员既可以获得 GMDSS 中所要求的安全业务,也可以获得普通的 FB 业务。

自从 Inmarsat FB 系统开发、投入运营以来,Inmarsat 一直在寻求机会将其推入 GMDSS 服务,但是苦于 GMDSS 相对封闭的运行方式,一直没有找到适当的时机。2012 年的 COMSAR 16 提交了 GMDSS 复审工作范围和工作计划的最终报告,将 GMDSS 复审分为高级复审和详细复审两个阶段,标志着 GMDSS 现代化工作正式启动。这也为 Inmarsat 向 GMDSS 推出新技术提供了契机。

2016 年 9 月,英国在向海上安全委员会提交的 MSC 97-7-4 报告中,在 Inmarsat FB 海事安全数据业务(MSDS)主题下提出,希望海事安全数据业务得到组织认可并用于 GMDSS 服务。随后,MSC 97 指示 NCSR 4 考虑应该采取的步骤,尤其需要考虑将其作为一个新的应用还是作为对于现存业务的附加备份,并要求将结果报告和提供评论及建议,特别需要注意 IMO 大会决议案 A.1001(25)的要求。英国在文件 NCSR 4/18/3 中

提供了补充信息用以支持考虑 MSDS 的应用和评估,并定义为“现存 GMDSS 卫星业务提供商的新业务”。信息提案 NCSR 4-INF.9 进一步提供了其与 IMO A.1001(25)决议案的符合度信息。

2017 年 3 月,NCSR 在提交给 MSC 的报告(NCSR 4-29)中,针对有关洋区覆盖范围的质疑进一步做出解释,指出当前寻求 MSDS 业务被认可的区域是中东及亚洲洋区 MEAS(具体内容见后面描述),该洋区与其他 I-4 卫星存在重叠区,可以根据需要以后再评估未来卫星的覆盖范围。分委会同意把 MSDS 作为一种新的应用进行评估,并且注意到并不是 IMO A.1001(25)的所有要素都需要重新评估,因为 IMO A.1001(25)最初就是基于 Inmarsat 起草的。开展评估时主要遵循 IMO A.1001(25)大会决议案,涉及海事遇险和安全通信、优先接入、优先抢线、卫星备份、SAR 当局对于识别信息的获得、遇险报警的接收、海事移动终端的控制、设备测试、海事遇险报警的路由、数据通信系统、广播 MSI 的设施等方面。MSC 98 邀请国际移动卫星组织(IMSO)实施评估,并要求把结果汇报给 NCSR。2017 年 11 月,IMSO 向 NCSR 5 提交题为“认可 FB 海事安全数据业务在 GMDSS 中应用”的提案(NCSR 5/14/1)。在该提案中,IMSO 从实用和社会认知角度考虑,提出把 MSDS 正式更名为“Fleet Safety”。在 2018 年 5 月 22 日召开的 MSC 99 会议上,海上安全委员会正式认可 Fleet Safety 方案作为 GMDSS 应用的一部分。方案覆盖了所有的 FB 终端,包括 FB150、FB250、FB500 和 Fleet One。

### 三、Fleet Safety 概述

在 Fleet Safety 被认可之前,近年来一共有 2 个 Inmarsat 系统可以用来满足 GMDSS A3 海区的部分要求。Inmarsat C 通过数据业务提供遇险报警、遇险通信业务,通过运用 Inmarsat 增强群呼的 SafetyNET 和 SafetyNET Ⅱ业务接收 MSI。Inmarsat F 通过语音和数据业务提供遇险、紧急、安全和常规呼叫,并且船岸双向上具有信道抢占功能。

如前所述,FB 系统是 BGAN 网络的一部分。BGAN 网络包括 Inmarsat 所有并经营的卫星接入站(SAS),接入站再通过稳定、双备份的地面网络实现内部以及与其他各方的链接,进而提供语言和数据业务。目前,BGAN 平台可以与现存的 Inmarsat C 等不同的网络架构通过 I-4 星座进行通信。新架构为全球提供了容量更大、弹性更好的通信系统。如前所述的各种类型 FB 终端均可以提供相同的语音和数据业务,只是各自的速率有所区别,但是不会影响到 Fleet Safety 业务的运行。除了基于数据的 IP 业务,所有的 FB 终端都支持语音电路交换业务,即 FB 系统除了满足所有的语音通信要求,包括通过海事安全语音业务提供满足 MSC.130(75)的遇险和紧急通信以外,FB 系统还支持遇险、安全、紧急和常规数据业务,以及通过加装终端装置接收 MSI。Fleet Safety 是完全的端到端解决方案,可以向航海员、海事搜救协调中心、海事安全信息提供方(MSIP, Maritime Safety Information Provider)提供增强的 GMDSS 功能。海上搜救协调中心和 MSIP 通过安全的网页界面链接,不需要任何特殊的设备。Fleet Safety 通过在 4 个区块段内整合 Inmarsat C 提供 GMDSS 业务及功能。Fleet Safety 方案设计为可以像在一个系统内部一样向 Inmarsat C 提供遇险、紧急和安全业务。Inmarsat C 将与 Fleet Safety 共存,两者之间的具体关系如图 15-4-1 所示。

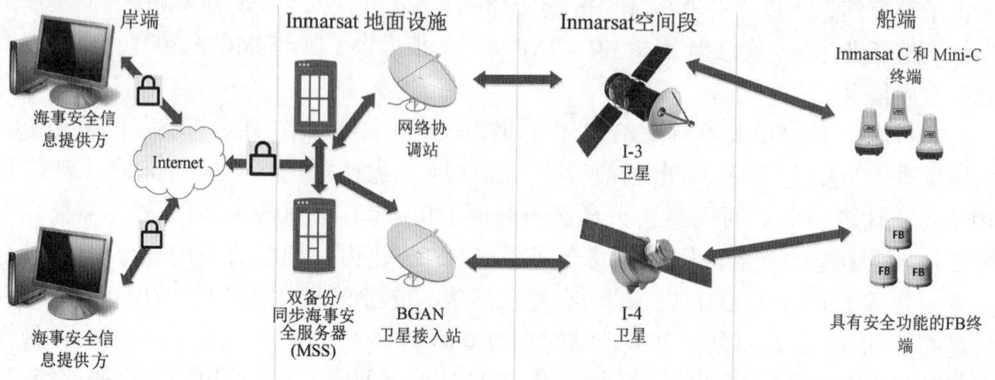


图 15-4-1 Fleet Safety 与 Inmarsat C 整合提供 GMDSS 业务

## 四、Fleet Safety 方案的架构

### （一）岸端（Shore Side）

岸端包括 MRCC 和 MSIP。经过 Inmarsat 的授权和认可，MRCC 和 MSIP 分别通过安全的网页接入 Fleet Safety 业务，从而把它们和海事安全服务器（MSS，Maritime Safety Server）连接起来。如前所述，在 Fleet Safety 设计方案中 MRCC 不需要新增任何设备。

作为 GMDSS 现代化进程的重要输出成果之一，图 15-4-2 中所示的 SafetyNET Ⅱ由 Inmarsat 投资发展，并得到了航海界的大力支持。该业务在英国、法国、美国、新西兰等国家测试两年后，于 2017 年 11 月 14 日正式推出。SafetyNET Ⅱ业务与 SafetyNET 具有大致相同的功能，但是在某些方面有所增强，包括 MSIP 可以通过安全、可靠的图形用户界面（GUI，Graphical User Interface）生成 MSI，而不再使用 C 码（C-Code）；可以同时向 Inmarsat C 和 FB 网络广播 MSI；MSIP 拥有多种文本上传方式，以及先进的监控、播发和取消电文的方式等。另外，SafetyNET Ⅱ在 Inmarsat C 和 FB 业务中分别通过网络协调站（NCS，Network Control Station）和卫星接入站（SAS）进行操作和管理，因此 MSIP 可以直接把它们的信息提交给 Inmarsat。SafetyNET Ⅱ和现存的 SafetyNET 业务将在一定历史时期内并行。

SafetyNET 及 SafetyNET Ⅱ信息具体流向方式如图 15-4-2 所示。

### （二）地面设施

地面设施需要考虑 MSS、Inmarsat C 系统的网络协调站及 FB 通信组织等三方面的问题。

Inmarsat 拥有并运营 4 个专门建造的 MSS，每一个 MSS 均拥有 100% 的内部应用冗余度。其中 2 个在伦敦的 Inmarsat 总部，另外 2 个位于荷兰的 Burum 卫星接入站，这又进一步为 Fleet Safety 方案从物理、应用、地理等方面提供了可靠的冗余度。

陆上用户和船端 Fleet Safety 终端都与 MSS 相连接，而 MSS 还与 NCS 相连接，从而允许向 C 系统的终端广播信息。这种框架设计保证包括重要搜救通信在内的 MSI，能够从一个输入端经由适当的卫星同时向所有的 GMDSS 终端广播。换言之，陆地与 MSI 有关的用户一次接入 MSS，就可以同时向 FB 和 C 用户播发信息。

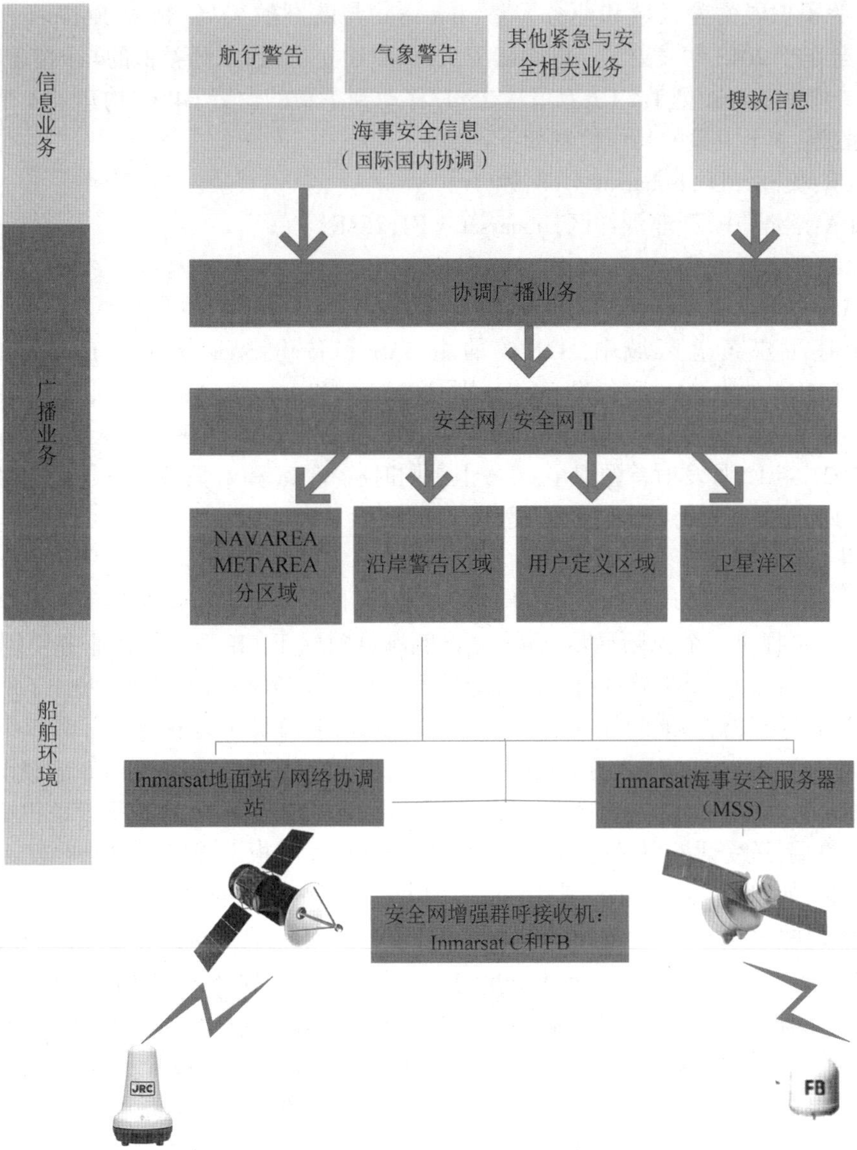


图 15-4-2　SafetyNET 及 SafetyNET Ⅱ信息具体流向方式

FB 通信网络由 BGAN 的 SAS 组织。如前所述，I-4 的 SAS 具有 I-3 的陆地地球站(LES)功能，分别与 MSS 和地面通信网络链接。每一个 I-4 卫星覆盖区都有不止一个 SAS，以此从物理和地理层面为 FB 提供了网络复原力和冗余度。目前主 SAS 和备份 SAS 都已经投入运营。一旦主 SAS 失效，每个洋区至少有一个备份 SAS 会马上启动并提供服务。所有的 SAS 通过租用的、冗余备份和高容量的线路和业务与公共电话交换网、分组交换数据网以及 Internet 网络进行地面交互。网络的多冗余路由设计，保证为遇险和安全通信提供了高可靠的通信线路，这也是 IMO A.1001(25)决议案的要求。

**(三)空间段(Space Segment)**

I-4 卫星目前用来支持 BGAN 业务，其中包括了 FB 业务，但是它们在早期也是 GMDSS 中 C 和 F 业务的备份卫星。I-4 原来有 3 颗卫星，分别是 APAC、AMER 和

EMEA。为了扩展覆盖区域和业务容量，Inmarsat 与欧洲航天局（ESA，European Space Agency）合作于 2013 年发射了 Alphasat 卫星，从而建立了与 I-3 相类似的4 个覆盖区域。2016 年 7 月，Inmarsat 把 I-4 F2 卫星从 25°E 移动到了新的位置 64°E，构建了 4 个洋区覆盖的框架。4 个卫星的具体位置如下：

AMER：美洲洋区，Inmarsat 4 F3，98°W；

EMEA：欧洲、中东、非洲洋区，Inmarsat 4 F4，25°E；

APAC：亚太洋区，Inmarsat 4 F1，143.5°E；

MEAS：中东及亚洲洋区，Inmarsat 4 F2，64°E。

在上述卫星覆盖区域中，AMER 的主 SAS 和备份 SAS 分别是 Laurentides 和 Paumalu；EMEA 的主 SAS 和备份 SAS 分别是 Fucino 和 Burum；APAC 的主 SAS 和备份 SAS 分别是 Auckland 和 Paumalu；MEAS 的主 SAS 和备份 SAS 与 EMEA 相同。I-6 卫星已经于 2021 年 12 月发射首颗卫星。I-6 卫星同时载有 Ka 和 L 波段转发器。通过发射 I-6 卫星，FB 通信容量将得到进一步提升。

**（四）船载设备**

Fleet Safety 可以与现存的 FB 终端很好地兼容，但是需要在船端加装海事安全终端（MST）。MST 提供一个视频显示终端，允许航海员独立于 FB 一般通信业务使用 Fleet Safety 业务。标准化 MST 软件由 Inmarsat 开发并提供给 FB 设备制造商，保证了所有制造商产品对系统安全功能的标准化运用。通过 MST，航海员可以获得国际海事组织要求的所有 IMO A.1001(25)载明的功能。与 C 船站一样，典型的 Inmarsat FB 船载设备包括甲板下设备和甲板上设备两部分。在 FB 的 Fleet Safety 方案中，甲板下设备包括海事安全业务终端、送受话器以及打印机，如图 15-4-3 所示；甲板上设备主要是收发天线及其附属设备，如图 15-4-4 所示。其中，每一个甲板下设备的 Fleet Safety 终端内部有一个客户识别模块（SIM，Subscriber Identity Module）卡，SIM 卡包含了国际移动用户识别（IMSI，International Mobile Subscriber Identity）。当用户终端投入使用时，IMSI 将会在 Inmarsat 系统注册，系统将认可终端是一个海事安全终端。与 IMSI 一同在 Inmarsat 系统中被录入的还包括船舶的 MMSI、船舶呼号、船舶名称、IMO 编号、船舶电话号码、船东信息、船旗及紧急联系的细节信息等。目前，Inmarsat 共设置有两个数据库存储上述相关信息，并保证对数据库的日常巡检。目前，数据库的维护主要依靠各参与方提供高标准的精确船舶信息。

图 15-4-3　**具有** Fleet Safety **业务功能的** Inmarsat FB **船载设备甲板下设备部分**

图 15-4-4 Inmarsat FB 船载设备甲板上设备部分

除了被认可的业务外，MST 还提供特色安全业务，包括：遇险信息交流，支持同时在多艘船舶和多个 MRCC 之间进行的文本形式的有关遇险操作的信息交流；MSI 推送，允许航海员选择 NAVAREA/METAREA 区域并查阅和下载 30 天以内的 MSI；选择 MRCC，允许航海员选择接收其遇险信息的 MRCC；MSI 的滤除，允许航海员拒绝接收不相干的 MSI 种类。此外，Fleet Safety 业务还具有绝对的在地面段、空间段和本地设备上优先通信及抢占信道的能力。

**（五）网络操作**

岸端、地面设施、空间段以及船载设备，同时被位于 Inmarsat 伦敦总部的网络操作中心（NOC）以及 Inmarsat 自有的位于荷兰 Burum 的 SAS 持续监控。其中，Burum 的 SAS 是伦敦总部 NOC 的地理冗余备份。NOC 的管理者和 SAS 的操作员负责维护系统的运行状态。作为 NOC 工作的一部分，管理人员每天进行 2 次遇险报警和语音遇险呼叫测试。遇险报警和呼叫会在 NOC 发出警报。根据 IMO A.1001（25）决议案段落 4.4.3 的要求，报警通过手动模式确认。除了提交给 MRCC 的遇险报警和语音遇险呼叫之外，会有一封自动生成的 E-mail 发送给 NOC、相关的 SAS 和 MRCC，电文包括呼叫的来源，船舶名称、位置、联系号码等。一旦 NOC 感知有一份遇险报警正在被处理，在整个 BGAN 网络中正在进行或者计划进行的可能影响到遇险信息被成功提交的其他操作都会停止或者延迟。如果默认或者首选的 MRCC 在 1 min 之内没有对遇险报警或者呼叫做出确认，MSS 将把信息转给下一个 MRCC，如果需要可能还会进一步转发给其他的 MRCC。NOC 对遇险报警和呼叫实时监控，以保证 MRCC 会做出反应。如果语音遇险呼叫或者遇险报警没有被 MRCC 确认，Inmarsat 的 NOC 会根据程序呼叫相关的 MRCC 确认它们是否收到信息以及是否需要提供帮助。NOC 一周 7 天 24 h 监控 MRCC，如果发现其离线超过 60 s，NOC 将呼叫 MRCC 并要求其重新登录系统。

## 第五节 ◎ 设备的常规维护和保养

### 一、Inmarsat C 船站

**（一）Inmarsat C 船站的维护**

（1）按照要求，每月利用设备自带的测试功能对设备进行一次性能测试（PV-Test）

或链路测试(Link-Test),在测试的过程中,避免发生误报警。

(2)定期检查卫星信号的接收强度,如果发现接收到的卫星信号强度一直偏低,或者没有信号,就要检查天线电缆的接头处有无漏水或氧化现象。

(3)定期检查外接 GPS 的情况,船舶在航行期间,如果出现异常,要启用内置 GPS 设备或采用人工输入的方法按照要求输入船位。

(4)检查船站收发单元的工作状态是否正常,一般根据说明书进行操作,判断收发单元的接收或发送电流是否在正常的范围之内。

(5)检查数据终端(计算机)设备的工作是否正常,特别是软盘驱动器和软盘的情况,定期把软盘的数据进行整理和保存,避免数据损坏或丢失。

(6)检查船舶主用电源和备用电源与船站的连接情况。

### (二)Inmarsat C 船站的故障判断及简单维修

1.天线部分

(1)故障现象

C 船站在常开值守过程中,洋区卫星信号完全消失,不能同步,不能入网。

(2)分析判断

C 船站在正常值守过程中,有时洋区信号会突然消失,船站 SCAN 功能启动,过一段时间后又自动恢复,这是卫星信号受外界干扰导致中断,属正常现象;但如果船站一直都没有卫星信号,则属于设备故障,该故障最常见的原因是天线单元故障。

(3)处理方法

C 船站天线是全向天线,可用指针式万用表测量天线电阻,如果天线阻抗与正常值相差悬殊,说明该天线或者天线电缆已损坏。要判断电缆是否损坏,可卸下电缆与天线的接头,然后用短路法进行测量。同时还可以观察一下电缆头及屏障层是否发黑,电缆头及屏障层正常是黄铜色,发黑是进水氧化所致。由于船上一般没有备用天线及电缆,判断出故障所在后必须尽快报告公司,以便联系维修。

部分 Inmarsat C 船站天线阻抗和电压参数如表 15-5-1 所示,测量电阻时应使用指针式万用表电阻(×1k)挡。

表 15-5-1 Inmarsat C 船站天线阻抗和电压参数

| 设备名称 | 设备型号 | 天线型号 | 天线种类 | 正向阻值/kΩ | 反向阻值/kΩ | 天线电压/V |
|---|---|---|---|---|---|---|
| C船站 | TT3020-A | TT-3001B | 有源 | 7.5 | 16 | 28 |
| | H2095C | 403005M | 有源 | 3.3 | 9 | 12 |
| | JUE-75C | NAF-74B | 有源 | 3.3 | 13 | 12 |
| | FELCOM15 | | 有源 | 3.5 | 10.5 | 12 |

2.C 船站没有 GPS 船位信号

(1)故障现象

C 船站收发单元每隔一段时间故障报警器响,显示屏显示无 GPS 船位信号。

(2)分析判断

C 船站没有 GPS 船位信号的原因及判断方法与组合电台基本相同,一般是由信号线接口或转换部分接触不良引起的。

(3)处理方法

首先检查GPS输出信号格式有没有被更改(正确输出格式应是IEC 61162或NMEA 0183),确认输出信号格式正常后,再用万用表直流电压(10 V)挡逐级检查GPS信号分配器接口有没有GPS脉冲信号(该脉冲信号为3 V左右)。

如果最后仍不能找到故障所在,可每隔不超过4 h人工输入一次船位,以保证设备能够正常工作。

3.C船站死机

(1)故障现象

C船站在常开或操作使用过程中死机,所有功能键无法操作。

(2)分析判断

C船站死机大多数情况下是由终端单元CPU运行程序冲突或内存不足引起的。

(3)处理方法

关机重启,或将终端单元系统重装。另外,由于大部分型号的C船站由软盘存储文件,也需要定期清除软盘内多余的文件,其方法是重新格式化软盘或调出报文目录菜单“DIRECTORY”,然后删除多余的报文。

4.C船站打印机故障

(1)故障现象

C船站在打印过程中出现打印警报响,打印机故障灯亮,打印机停止工作。

(2)分析判断

打印机故障报警是由打印机工作不正常引起的,打印机工作不正常一般有以下几种情况:

①打印机纸即将用完,导致打印纸限位报警开关接通引起报警。

②打印机信号线接触不良引起报警。

③打印机无电源,卡纸或其他故障引起报警。

④有时C船站打印纸充足,信号线及其他各方面都正常,打印机还是不能工作,同时打印故障灯亮,这种情况一般是由于C船站输出的打印信号乱码,打印机无法识别造成的。

(3)处理方法

查明报警原因,如果是打印纸即将用完,更换打印纸后即可消除报警;如果是打印机信号线或其他故障,必须设法使打印机或信号线恢复正常后才能消除报警。为了判明是打印机本身故障还是外部原因,可启动打印机自检程序,方法是:先关闭打印机电源,然后按住[LF]键同时开机,进入自测。自测将把字符库存打一遍,自测可用关断电源的方法结束,如自测正常,表明打印机本身无故障,可再检查其他接线是否正常。

对于上述情况④,处理方法是将C船站与打印机同时关闭再重启即可。

5.C船站收发单元运行故障

(1)故障现象

C船站在使用过程中,终端单元显示“没有连接到收发单元”;终端不能进行正常通信。

(2)分析判断

在这种情况下C船站不能进行正常值守,可能是收发单元与显示单元的数据插头接触不好,也可能是收发单元输出信号不正常。

(3)处理方法

检查数据线接头是否松动,将收发单元及显示单元关机重启。如果故障依然存在,应报公司申请维修。

## 二、FB船载设备的常规维护和保养

FB船载设备的常规维护和保养主要有以下内容:

(1)航行期间确保船舶地球站同步于一个信号较强的洋区卫星。

(2)为了避开周围物体的遮挡和其他无线电设备的干扰,FB的天线一般都安装在驾驶台顶罗经甲板较高的位置,或主桅上,因此受风面积较大,必须定期检查天线底座及连接牢固状况,若发现底座锈蚀严重和连接方面的安全隐患,应及时排除。

(3)保持卫星天线罩干净,一般不能在天线罩上喷涂油漆。如果确实需要,一定要选择非金属基油漆,并且聘请专业人员施工。

(4)定期检查电缆与天线的连接,天线的连接电缆一般较粗,应绑扎牢固,防止破裂进水或脱落。

(5)进入天线罩内进行检修时,为安全起见,应切断船舶地球站电源。有些船舶地球站在天线罩内设有一个电源开关,检修时应断开,检修完毕应及时闭合。

(6)船舶地球站工作期间,天线一定距离内不允许有人,以避免微波辐射对人体造成伤害。但是当天线高于甲板2 m以上时,可不受上述距离的限制。

(7)利用船舶地球站提供的菜单,定期对其进行自测,以便了解设备的工作情况。

(8)应定期对与船舶地球站连接的计算机进行病毒检查,一旦发现应及时清除,以免影响数据通信。平时也尽量少用或不用外面的U盘或软件,以免计算机感染病毒。

(9)定期对船舶地球站进行电话遇险测试,若发生误报警,应及时报告船长和附近的MRCC取消误报警。

## 三、SSAS的维护

### (一)SSAS的测试

SSAS设备的测试分为两种,一种是本机测试,另一种是发射测试。本机测试主要是判断测试按钮的指示灯、电源或测试按钮的功能是否失常,收发机单元或接线是否有错误。建议定期做本机测试。发射测试是将测试信号发到指定的地址,该指定的地址一般是船东的电子邮箱地址或者传真机号码,有些船舶还把自己的C船站作为发射测试的地址之一,发射测试的目的是系统检查保安报警设备工作的具体情况。

具体的测试方法因机型而异,这里就不介绍了,需要注意的是,在做测试的过程中,应严格按照厂家提供的测试步骤说明进行,避免发送误报警。

### (二)SSAS的日常维护

当SSAS设备安装好并调试完毕后,一般不需要进行维护保养。定期检查收发机及接头,收发机及接头应避免使用高压水龙头冲洗;清洗时要使用淡水,不要让设备接触有碱性或酸性的化学品，否则会降低收发机的物理性能，避免接触溶剂；不要在天线表面涂抹油漆。

**思考题**

1.Inmarsat 由哪几部分组成？各部分的主要作用是什么？
2.Inmarsat 四个洋区的电传业务、电话业务洋区码分别是什么？
3.Inmarsat 使用的频率是什么？
4.何谓固定卫星业务？何谓移动卫星业务？
5.简述 Inmarsat C 系统的组成和特点。
6.简述 C 船站的分类。
7.简述 Fleet Safety 的架构及其主要功能。
8.简述 Inmarsat FB 方案中空间段的构成情况。
9.简述 Fleet Safety 船载设备的构成情况。
10.简述 FB 船载设备的常规维护和保养方法。

# 第十六章

# 铱星卫星通信系统

## 第一节 ◉ 系统的构成及特点

### 一、铱星卫星通信系统加入 GMDSS

在 2013 年 4 月举行的国际海事组织海上安全委员会第 92 届会议(MSC 92)上,美国通知海上委员会,表示计划向提议成立的航行、通信与搜救分委会(NCSR)提供必要的信息,以审核铱星(Iridium)卫星通信系统是否能够满足 IMO 大会决议案 A.1001(25)(于 2007 年 11 月 29 日通过,题目是“提供全球海上遇险与安全系统(GMDSS)中的移动卫星通信系统的标准”)中规定的标准。在 2014 年 3 月的 NCSR 1 会议上,美国提交了题目为“接纳铱星移动卫星系统作为 GMDSS 业务的提供方”的提案。国际海事组织海上安全委员会第 99 届会议(MSC 99)于 2018 年 5 月在英国伦敦召开,会议的议题 12 为“航行、通信和搜救分委会第 5 次会议(NCSR 5)报告”,包括认可铱星提供的安全语音、突发短数据(SBD,Short-Burst Data)业务和增强群呼作为 GMDSS 的海上移动卫星业务,认可铱星公司提供的海上移动卫星业务的声明。MSC.451(99)认可了 NCSR 5 的相关报告。这标志着,经历 5 年的不懈努力,铱星卫星通信系统被正式允许提供 GMDSS 服务。2020 年 2 月,航行、通信和搜救分委会第 7 次会议(NCSR 7)通过并向 MCS 提交报告,阐述了铱星卫星通信系统 SafetyCast 业务的测试情况,该业务旨在通过铱星系统向在航船舶播发海上安全信息;汇报了铱星系统 GMDSS 功能的落实情况。这标志着铱星卫星通信系统的 GMDSS 功能正在逐步完善。

与 Inmarsat 系统不同,铱星卫星通信系统是现在唯一真正覆盖全球的语音和数据卫星移动通信网络。铱星覆盖大陆、海洋、航空和极地地区,非常适合为海运、航空、应急服务、其他运输行业以及政府机构提供关键通信服务。铱星系统业务包括语音、数据、寻呼、宽带、广播及短消息等,其市场定位于车辆、船舶、航空器或者边远地区。截至 2018 年,其用户有 660 000 之众,遍布世界各地,涉及各行各业,海事用户有 50 000 多个,其中 10 000 多个用户是《1974 年国际海上人命安全公约》第Ⅳ章所规定的 GMDSS 船舶。

引入铱星卫星通信系统,是 GMDSS 实施近 30 年来发生的最大变化,它标志着

GMDSS 现代化进程取得了阶段性成果。

## 二、铱星网络结构

### （一）铱星系统的星座

铱星系统的最重要组成部分是卫星星座，其主要由位于 6 个轨道平面的 66 颗近地轨道卫星构成，具体参数如表 16-1-1 所示。近地轨道卫星也称作低地轨道卫星（LEO，Low Earth Orbit），或者低高度地球轨道卫星（Low-altitude Earth Orbit），简称低轨卫星。系统还包括 5 个传送端口（Teleport），传送端口与卫星星座和卫星关口站（GW，Gateway）地面站之间相互连接。关口站地面站又与地面的语音、数据网络相连接，进而和用户终端连接。

表 16-1-1　铱星系统卫星星座参数

<table>
<tr><th colspan="2">系统特性</th><th>描述</th></tr>
<tr><td colspan="2">卫星</td><td>66 颗在轨操作卫星及外加的备用卫星</td></tr>
<tr><td colspan="2">轨道平面</td><td>6 个（每个轨道 11 颗卫星）</td></tr>
<tr><td colspan="2">轨道高度</td><td>780 km</td></tr>
<tr><td colspan="2">轨道倾角</td><td>86.4°</td></tr>
<tr><td colspan="2">轨道周期</td><td>100 min</td></tr>
<tr><td colspan="2">点波束</td><td>每颗卫星 48 个点波束（每个波束直径 250 mile）</td></tr>
<tr><td colspan="2">ITU 识别码</td><td>HIBLEO-2（卫星对用户终端链路）<br>HIBLEO-2FL（馈线链路及交叉链路）</td></tr>
<tr><td rowspan="3">频带宽度</td><td>卫星对用户终端链路</td><td>1 616～1 626.5 MHz</td></tr>
<tr><td>卫星对卫星交叉链路</td><td>23.18～23.38 GHz</td></tr>
<tr><td>卫星对传送端口的馈线链路</td><td>19.4～19.6 GHz（空间站对地面站）<br>29.1～29.3 GHz（地面站对空间站）</td></tr>
</table>

系统的星座设计能保证全球任何地区在任何时间至少有 1 颗卫星覆盖。每个卫星天线可提供 960 条话音信道，每颗卫星最多能有 2 个天线指向 1 个传送站，因此每颗卫星最多能提供 1 920 条话音信道。铱星系统卫星可向地面投射 48 个点波束，以形成 48 个相同小区的网络，每个小区的直径为 689 km，48 个点波束组合起来，可以构成直径为 4 700 km 的覆盖区，铱星系统用户可以看到一颗卫星的时间约为 10 min。系统的星际链路速率高达 25 Mbit/s，在 L 频段 10.5 MHz 频带内按频分多址接入（FDMA，Frequency Division Multiple Access）方式划分为 12 个频带，在此基础上再利用时分多址接入（TDMA）结构，其帧长为 90 ms，每帧可支持 4 个 50 kbit/s 用户连接。

与使用静止轨道卫星通信的系统相比，铱星系统主要具有三方面的优势：一是轨道低，传输速度快，信息损耗小，通信质量大大提高；二是不需要专门的类似 Inmarsat 的陆地地球站 LES，每部卫星移动终端都可以与卫星连接，这就使地球上人迹罕至的不毛之地、边远地区的通信都变得畅通无阻；三是采用了星际连接，有效改善了通信时间延迟。此外，铱星网络能够服务《1974 年国际海上人命安全公约》第Ⅳ章第 2 条所描述的所有四个海区(A1、A2、A3 和 A4 海区),特别是该系统能够服务南、北纬 76°以外的区域,这一点也是铱星卫星通信系统所独有的。

**(二)系统的地面段**

地面段主要包括卫星网络控制中心(SNOC,Satellite Network Operating Center)、卫星测控站(TTAC,Tracking,Telemetry and Control)、传送端口和关口站。卫星网络控制中心是铱星系统的管理中心,负责整个铱星系统的星座的运行、控制以及网络的管理。卫星测控站主要完成铱星群的遥测、跟踪和控制任务,将卫星的监测数据传送给 SNOC,并上传来自 SNOC 的控制命令给卫星,以便调整卫星位置及后续轨道,同时提供整个网络时间基准信号。TTAC 有铱星专用的跟踪和数据接收天线,以增强卫星星座的可见度和对其控制能力。铱星目前在全球各地运营着传送端口,它们将卫星星座与铱星关口站互连,以实现与铱星用户终端之间的通信传输。作为交换中心,铱星关口站提供铱星网络和地面通信网络之间的连接。目前,系统正在全球范围内加速建设关口站,以增强整个系统的可靠性,增大容量。每个关口站负责控制系统访问、呼叫建立、移动性管理、计费、跟踪和维护与用户终端有关的所有信息,例如用户身份和地理位置等。铱星系统在北京设置有一个关口站,其服务区包括中国内地、香港、澳门等区域。

**(三)系统的用户终端**

铱星系统提供多种类型的终端设备,传统设备主要包括手持机和寻呼机。目前寻呼机服务已停用。手持机是一个手持式移动电话,主要包括 SIM 卡和无线电话机两个部分,能够提供语音电话通信,而它的 RS-232 标准数据接口能够连接多种设备实现传真和数据通信。除了传统的手持机外,现在的铱星系统支持包括海事、航空、陆地以及政府服务等多个移动通信应用领域,并开发出面向各个领域的终端设备,这里我们重点关注海用设备。

铱星系统于 2008 年推出海用终端 Iridium Open Port,其是世界上第一个提供全球语音和数据业务的终端,但已于 2016 年停止服务,被其二代海事解决方案 Iridium Pilot 取代。Iridium Pilot 支持 3 条独立的话音线路和最高达 134 kbit/s 的 Iridium Open Port 宽带服务,它安装简单,价格低廉,可以实现网页浏览、电子邮件、虚拟专用网络(VPN,Virtual Private Network)等网络功能的使用。Iridium Certus 是由铱星公司提供的新型移动宽带业务,可以通过 L 波段为全球任何地方提供可靠的服务。Iridium Certus 业务的基本带宽为 350 kbit/s,并可提升至 704 kbit/s,支持高质量的语音、IP 数据、预付费业务和全球海上遇险与安全系统(GMDSS)的使用,实现全方位的海事应用。目前,支持 Iridium Certus 服务的终端设备有三种,分别是 Thales 公司的 Mission LINK 设备和 Vesse LINK 设备,Cobham 公司的 SAILOR 4300 设备。自从获得 IMO 认可提供 GMDSS 服务以来,铱星公司一直致力于实施该服务,开发用于 Iridium 系统的新 GMDSS 硬件。其产品合作商 Lars Thrane 公司研发的 LT-3100S 设备为第一个服务方案,并于 2020 年上半年开始启动铱星 GMDSS 服务。此外,铱星的 SafetyCast 业务是一项经 GMDSS 认可的增强群呼业务,可根据《1974 年国际海上人命安全公约》的要求为船舶提供航行和气象警告、气象预报、岸到船遇险警报、与 SAR 有关的信息以及其他紧急和安全信息,可自动向所有海域中固定和可变地理区域广播信息,包括将 MSI 播发到国际 NAVTEX 服务未覆盖的沿海警告区,适用于所有尺寸和类型的船舶。

# 第二节 ◉ 系统的终端技术

## 一、船载设备基本构成

与 Inmarsat 系统类似，铱星卫星通信系统船载设备包括甲板上单元（ADU，Above Deck Unit）和甲板下单元（BDU，Below Deck Unit）两部分。上、下两部分通过同轴电缆相连接。

图 16-2-1 所示的是 SAILOR 4300 L 波段铱星卫星通信系统船载设备连接框图。SAILOR 4300 L 波段铱星卫星通信系统船载设备由直流供电。利用该船载终端设备，铱星的 OpenPort 业务和 Iridium Certus 350 业务可以分别为船舶提供上下行高达 134/134 kbit/s、176/352 kbit/s 的数据服务。

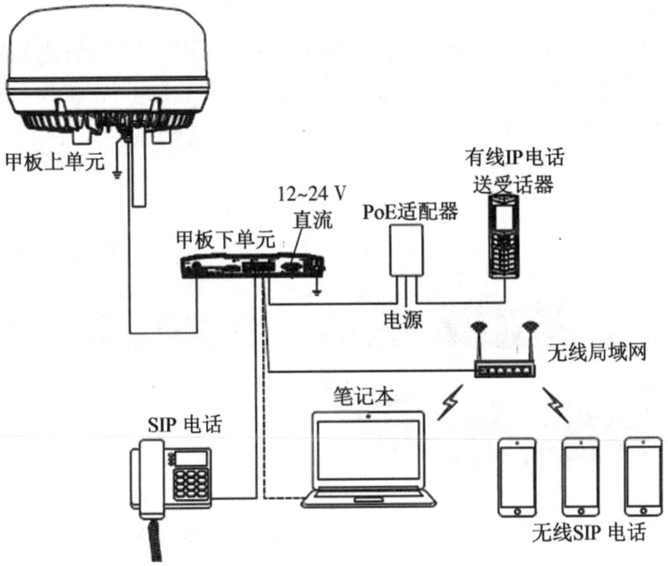


图 16-2-1 SAILOR 4300 L 波段铱星卫星通信系统船载设备连接框图

## 二、甲板下单元和甲板上单元

### （一）甲板下单元

如图 16-2-2 所示，甲板下单元是系统的核心单元。甲板下单元包含了所有的用户接口并处理所有的甲板上单元和本地通信单元的通信，包括电话、计算机等。甲板下单元具有植入式自测试设备（Built-in Tests Equipment，BITE）功能，用作开机时的自检和设备运转时的连续监控。目前甲板下单元一般有两种版本，分别用作挂墙式安装和桌面式安装。甲板下单元通过同轴电缆向天线部分提供电源。以 SAILOR 4300 L 波段系统为例，甲板下单元的电源输入为 12 V DC/24 V DC，并通过同轴电缆向天线提供 42 V DC 电源。

图 16-2-3 是某款船载设备甲板下单元的接口示意图。

图 16-2-2　某款铱星卫星通信系统甲板下单元

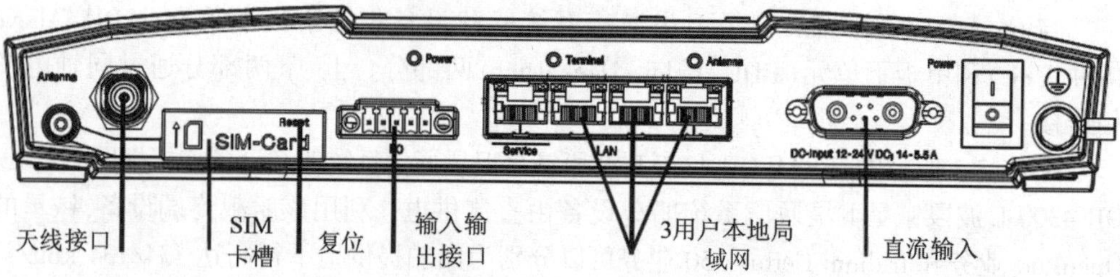


图 16-2-3　某款船载设备甲板下单元的接口示意图

### （二）甲板上单元

甲板上单元包括天线、射频单元、天线控制单元和 GPS 等导航设备接收机天线。甲板上单元通过同轴电缆和甲板下单元通信并获得电源。为了克服海上的恶劣环境，甲板上单元一般使用热塑性塑料罩加以保护。图 16-2-4 是两款铱星卫星通信系统甲板上单元。

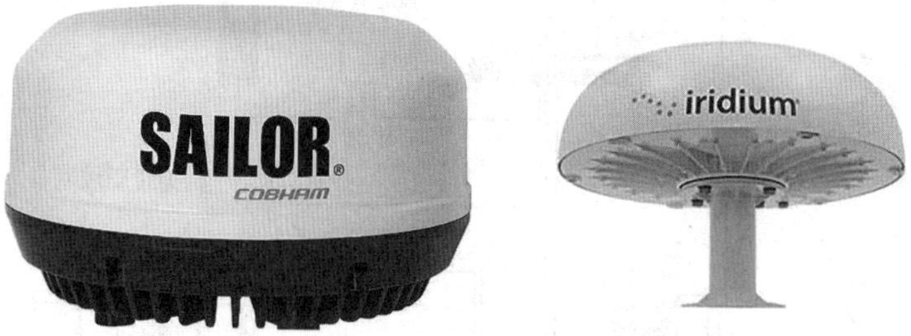


图 16-2-4　两款铱星卫星通信系统甲板上单元

## 第三节 ◎ 设备安装和维护

### 一、甲板上单元的安装和维护

第一，从职业安全的角度出发，船员在设备工作时尽可能不要近距离接触甲板上单元。如果确实需要工作时接触设备，一定保证说明书建议的安全距离。图 16-3-1 是 SAILOR 4300 L 波段系统辐射防护范围示意图。

第二，设备安装时甲板上单元一定尽可能远离辐射功率较强的通导设备。以雷达为例，由于雷达天线在垂直空间呈扇形辐射电磁波，因此一般要求设备的甲板上单元在垂直平面内处于雷达天线辐射窗口的±15°以外。此外，还需要综合考虑船舶雷达的具体辐射功率，在辐射区域以外与雷达天线保持适当的空间距离。除了雷达系统外，船舶安装的 V-SAT、GX 等卫星系统天线，都可能对系统甲板上单元产生影响，甚至烧毁天线单元。

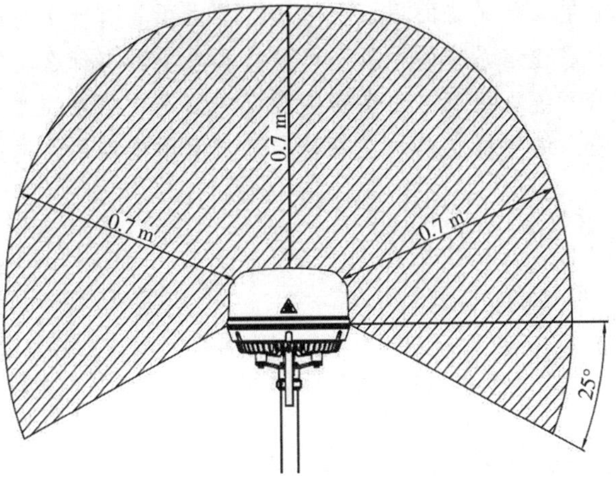


图 16-3-1　SAILOR 4300 L 波段系统辐射防护范围示意图

第三,初次安装甲板上单元时,注意尽可能远离船舶主机烟囱。因为烟囱排放物不仅温度高,其内部含有的杂质还可能腐蚀天线保护罩。

第四,在日常保养过程中,注意不要使用诸如气动工具等清理天线罩;天线罩表面不要自作主张涂油漆,如果确实需要应该选择非金属基油漆,并且由专业厂家施工。

第五,日常工作中注意经常检查设备工况,尤其是防盐、防水、防止机械损伤情况。一般要求以不超过 12 个月的周期对设备进行详细检查。

## 二、甲板下单元的安装和维护

第一,甲板下单元安装时要考虑接地情况。一般要求接地或者等效接地距离小于 0.5 m。

第二,甲板下单元安装时需要参考具体设备说明书,选择合理的温度、湿度环境,以避免设备损坏。

第三,当使用设备的数据功能时,一般不建议把设备与外部网络发射直接连接,强烈建议把设备安装在一定防护设备之后,例如防火墙等。

第四,日常使用中,严禁在带电的情况下对设备进行插拔操作,例如取下 SIM 卡或者插入 SIM 卡,插拔连接线缆等,除非说明书中明示需要带电操作。

第五,日常使用中注意操作软件升级。升级手段包括通过网络在线升级和以移动式存储设备为介质的下载升级。

第六,注意充分运用设备软件的自检功能。

第七,注意经常检查甲板上单元和甲板下单元的连接情况。对于后期安装设备的船舶,甲板上下连接线缆的布线一般是后期开孔施工的,开孔位置极易发生线缆与舱壁摩擦损坏的情况。这种情况一旦发生,轻则设备无法工作,重则雨水通过线缆铠甲灌入甲板下单元,设备短路烧毁。

### 思考题

1. 简述铱星卫星通信系统加入 GMDSS 的过程。
2. 铱星卫星通信系统是由哪几部分构成的?各部分具有什么特点?

3.什么是铱星卫星通信系统的甲板上单元？其主要具有什么功能？
4.什么是铱星卫星通信系统的甲板下单元？其主要具有什么功能？
5.铱星卫星通信系统甲板下单元在安装和日常使用中需要注意些什么？
6.铱星卫星通信系统甲板上单元在安装和日常使用中需要注意些什么？

# 第十七章

# NAVTEX 系统与气象传真接收机

## 第一节 ◉ NAVTEX 系统

### 一、NAVTEX 系统介绍

NAVTEX 是 Navigational Telex 的缩写，可直译为“航行电传”，我国交通部(今交通运输部)在 1985 年将其命名为“奈伏泰斯”。它是指 NAVTEX 海岸电台采用窄带直接印字电报技术以 CFEC 工作模式播发，由船上 NAVTEX 接收机自动接收海上安全信息的系统。该系统作为一种能使船舶自动、及时、准确地获得沿岸海上安全信息(MSI)的国际性服务网络而被采纳，并于 1988 年成为 GMDSS 的重要组成部分。在 GMDSS 中，NAVTEX 系统的作用就是负责向 A1、A2 海区播发 MSI。NAVTEX 系统由 NAVTEX 信息提供和协调部门、NAVTEX 发射台和 NAVTEX 接收机三部分构成，如图 17-1-1 所示。

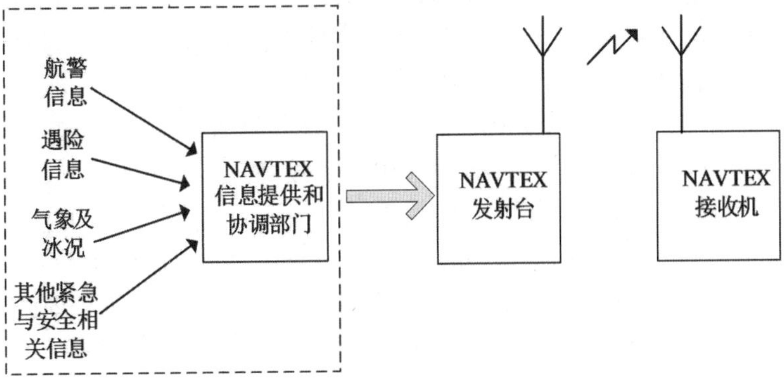


图 17-1-1 NAVTEX 系统组成方框图

### 二、NAVTEX 系统运行机理

#### (一) NAVTEX 频率

国际电信联盟为 NAVTEX 业务划分了专用频率，即 518 kHz、490 kHz 和 4 209.5 kHz。除此之外，各个国家也都在积极筹建服务于本国船只的 NAVTEX 网络，例如中国的

486 kHz 网络,日本的 424 kHz 网络等。从实践上看,目前国际上 518 kHz 网络已经建立得比较完善,490 kHz 和 4 209.5 kHz 网络建设也蒸蒸日上。为了顺应海事安全的需要,很多 NAVTEX 接收机制造商开始生产包括 518 kHz 频率在内的多频接收机,使一台接收机能够同时工作在几个频率上,在减少设备购置投入的同时,也降低了航海人员维修、保养设备的劳动强度。几种频率的接收机工作原理基本相同。因此,本教材主要从 518 kHz 的角度阐述其工作原理。

**(二)NAVTEX 业务的技术编码**

1.技术编码的功能

与一般高频海上安全信息的接收方式不同,专用的 NAVTEX 接收机具有自动接收、选择打印电文的功能,这一功能主要是通过技术编码 B 编码实现的。B 编码共有 4 位,分别表示发射台识别、信息种类和信息的编号。它们与电文一同被发射出来,发射时位于电文的最前面,也是电文的身份标识。接收机工作之前,操作员首先要对接收设备进行设置,包括发射台识别码、信息种类标识等。接收机每次接收信息时首先会读取电文前面的 B 编码,然后和本机设置情况相比较,判断操作员是否允许接收打印该台或者该类信息。每次接收结束之后,接收机还会把收妥信息的 B 编码存档 72 h。接收机接收电文时除了对比前面的设置情况,还会对存档的 B 编码进行比较,如果经过比较确认该电文在 72 h 之内曾经收妥过,接收机将放弃本次打印。

2.发射台识别码和发射时间的分配

前面提及,国际电信联盟为 NAVTEX 业务划分了 518 kHz、490 kHz 和 4 209.5 kHz 等三个专用频率,同时各国政府为了本国船舶的航行安全划分了国内 NAVTEX 频率,如 486 kHz、424 kHz 等。为了播发 NAVTEX,沿岸国互相协作,利用上述频率搭建了不同的国际、国内 NAVTEX 播发台台链。目前国际航行船舶主要使用 518 kHz 台链,这里以该台链为例加以介绍。对于一个 518 kHz 的台链而言,必须克服的问题是众多电台工作在相同频率上而产生的干扰问题。为此,IMO、IHO 等国际组织把全球划分为 21 个航行警告区域(NAVAREA),每一个区域里面基本设置一个台链。在一个区域里面,NAVTEX 电台主要以顺时针方向沿着海岸排列。为了区分各个电台,每一个电台分配一个识别码,就是前面提到的 B 编码中的第一位,即发射台识别码,简称 $B_1$ 码。$B_1$ 码是一位英文字母,范围是 A 到 Z。实际上只使用到字母“X”。特殊情况下,一个电台也可能分配不止一个 $B_1$ 码。具体工作时,每一个电台(每一个 $B_1$ 编码)一次只工作 10 min,具有相同 $B_1$ 码的电台工作时间是相同的。这样,每个电台每 4 h 发射一次,工作10 min。例如,$B_1$ 码为 A 的电台,工作时间是 0000—0010UTC,0400—0410UTC,0800—0810UTC,1200—1210UTC 等。这样,一个电台一天可以工作 6 次,总时长为 10×6=60 min。这就是时间分集。

为了避免相互干扰,系统还采用了地理分集的方式。具体而言,就是具有相同识别码的电台,相互保持 800~900 n mile 的距离。这样,这些同时发射的电台不会产生干扰。这也是为什么在一个区域内,电台识别码以顺时针排列。

具体的 NAVAREA 分区情况,建议参考 IMO 的相关文件。

3.电文类别标识 $B_2$ 码

NAVTEX 信息播发时按照标题分组,每组分配一个电文类别标识 $B_2$ 码。它用一位英文字母表示,详见表 17-1-1。NAVTEX 接收机利用电文类别标识识别各种电文,同时利用类别标识还可以拒收某些可以拒收的船舶不需要的信息。例如:LORAN 信息可能被一艘没有装备 LORAN 接收机的船舶拒收;利用该标识码接收机还可以识别那些很重要的不允许拒收的信息,如 A、B、D、L 等。需要注意的是,随着业务的发展表中编码可能随时出现调整,尤其是备用编码。

表 17-1-1 NAVTEX 电文类别标识

| |
|---|
| A:Navigational warnings 航行警告,不可拒收 |
| B:Meteorological warnings 气象警告,不可拒收 |
| C:Ice reports 冰况报告 |
| D:Search and rescue information and pirate attack warnings,tsunamis and other natural phenomena 搜救信息和海盗袭击警告,以及海啸和其他自然现象,不可拒收 |
| E:Meteorological forecasts 气象预报 |
| F:Pilot and VTS service messages 引航和 VTS 业务信息 |
| G:AIS service messages AIS 业务信息 |
| H:LORAN messages 罗兰信息 |
| I:Spare 备用 |
| J:GNSS system messages regarding PRN status 与 PRN 状态相关的 GNSS 系统信息 |
| K:Other electronic navigational aid system messages 其他无线电助航仪器信息 |
| L:Navigational warnings—Additional to letter A 航行警告,对代码 A 的补充,不可拒收 |
| M~U:Spare 备用 |
| … |
| Z:No message on hand 当前没有信息 |

## (三)NAVTEX 信息的播发

### 1.NAVTEX 信息编码

NAVTEX 系统的报文发送采用窄带直接印字电报技术以 CFEC 模式进行。报文的编码技术及检纠错技术与 NBDP 通信技术完全相同,即采用七单元 4B/3Y 恒比码进行编码,接收端按七单元 4B/3Y 恒比关系对每一个字符进行检错,通过二重时间分集进行纠错。编码后的基带信号经 FSK 调制(中心频率为 1 700 Hz,频偏为±85 Hz),在 518 kHz 频率上,以 F1B 方式发射,传输速率为 100 波特。二重时间分集传输的分集时间间隔为 280 ms,也就是每个字符以 4 个字符间隔发 2 遍。

### 2.NAVTEX 电文格式

NAVTEX 海岸电台发送的报文都有其特定的格式,如下所示。

| | | | | | | | | | | | |
|---|---|---|---|---|---|---|---|---|---|---|---|
| 定相信号 | ZCZC | 空一格 | $B_1B_2B_3B_4$ | 回车换行 | 报文 | 回车换行 | NNNN | 回车换行 | 定相信号 | 其他报文 | 结束信号 |

定相信号起同步作用。首次发射持续 10 s 以上,若是连续发射的报文,只需持续 5 s。

ZCZC 是报文起始字组，表示发射伊始的定相周期结束，报文发射正式开始。

$B_1B_2B_3B_4$由接收机使用，用于判断对于收到的一份电文是否打印输出。

NNNN 表示报文结束。

## 三、NAVTEX 接收机

### （一）NAVTEX 接收机的组成及工作原理

目前，国内外远洋船舶上安装使用的主要是工作在 518 kHz 频率上的单信道接收机。早期接收机一般没有显示器，操作员只能通过阅读打印纸上的内容了解设备的操作状态。新一代设备不仅具有显示器，而且可以通过显示器查看电文。接收机主要由天线、接收单元、信息处理单元和打印机组成，如图 17-1-2 所示。

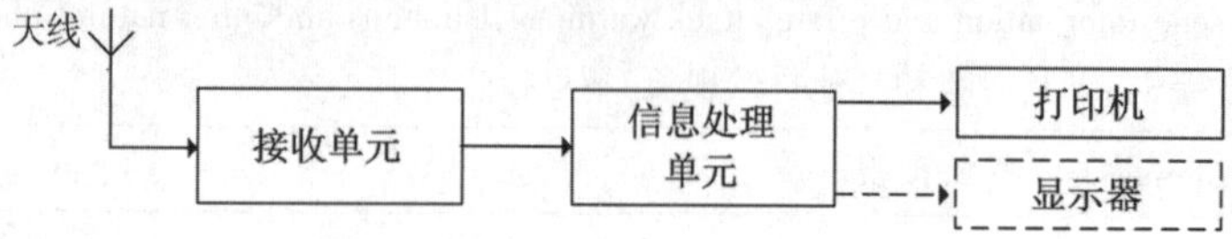


图 17-1-2　NAVTEX 接收机组成框图

### （二）NAVTEX 接收机的技术特性

按其工作原理和使用上的要求，NAVTEX 接收机应具有以下技术特性：

（1）单信道接收机应能在 518 kHz 上接收；双信道接收机应能在 518 kHz 和 490 kHz 上接收；三信道接收机应能在 518 kHz、490 kHz 和 4 209.5 kHz 上接收。

（2）可由操作员自主选择发射台及报文种类。

（3）拒收已正确接收的报文。

（4）能计算误码率，只有在误码率小于 4% 时方可判定为有效接收，此时 B 编码会被存储。

（5）能存储 72 h 内已有效接收的报文的技术编码，且在断电 6 h 内不丢失。

（6）具有自检功能。

### （三）NAVTEX 接收机的日常维护

相比 MF/HF 组合电台和 VHF 设备，船用 NAVTEX 接收机属于简易型设备。其体积小，功能单一，使得日常的维护工作相对简化。船舶电子电气员只需做好以下几项工作即可：

（1）经常利用 NAVTEX 接收机的自检功能对设备进行测试检查，随时了解设备的工作状态。

（2）每日检查打印头是否正常，查看进纸是否正常。

（3）对双信道或三信道接收机，应测试每个信道的接收效果。

（4）经常检查 NAVTEX 接收机的天线状况。NAVTEX 接收机采用有源天线，检查时应注意安全。

（5）适时清洁打印头和更换打印纸。清洁打印头时一般用 75%的医用酒精，最好用棉球一类蘸取酒精，且不要蘸取太多，然后轻轻擦拭以免刮花热敏板。

（6）经常检查接收机与外部开放空间的接头水密情况，防止雨水、海水等灌入接收机。

（7）使用符合厂家要求的热敏打印纸，以免损坏打印头。

另外,当故障一时无法修复时,可以把 NBDP 接收机设置在 518 kHz 以暂时替代 NAVTEX 接收机。

## 第二节 ◉ 船用气象传真接收机

### 一、船用气象传真接收机的构成

船用气象传真接收机并不属于 GMDSS 要求配备的设备,但是在海上应用极为广泛。目前,船用气象传真接收机大多为接收、记录一体机,如图 17-2-1 所示。其在结构上主要由接收器和记录装置两部分组成,接收机的工作种类为 F3C,接收频率为 110 kHz~27 MHz,最低为 3~24 MHz。按最低标准,接收器至少应有 6 个预置定点频率。记录装置多为滚筒式热敏打印纸记录方式。

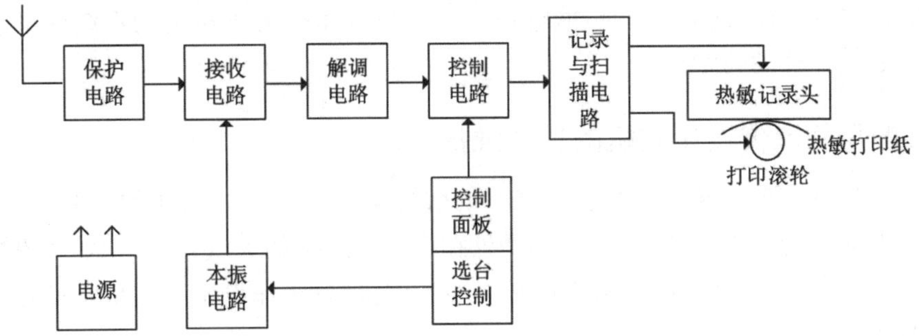


图 17-2-1 一体式气象传真接收机框图

为满足高标准的同步要求,在传真机中普遍采用同步电机作为扫描的动力源。为确保获得稳定的扫描速度,必须采用高频率稳定度的电源为同步电机供电。同步电机转速的高低和稳定与否,关键在于转子的转速和稳定程度。转子的工作情况又由旋转磁场来决定,旋转磁场旋转的速度和稳定度则受供电电源的频率控制。因此,只有由频率稳定的电源来给同步电机供电,才能保证其具有稳定的转速。气象传真机一般有三种扫描速度:60 r/min、90 r/min 和 120 r/min。为保证收、发两端严格同步,使接收端具有和发射端相同的扫描速度,在船用气象传真接收机中,广泛采用了独立的同步源,如采用晶体振荡器、音叉振荡器等作为同步电机的同步源,其频率稳定度可达 $5\times10^{-6}$ 量级。

另外,在船用气象传真接收机中,把调整收、发两端的相位使之完全相同的过程,称为对相。常用的对相方法有手动对相和自动对相。手动对相一般是利用机械方式或电子方式,来稍微改变接收机主扫描的频率,使其扫描的起始位置与发端相同,再立即用与发端相同的频率进行同步扫描。接收气象传真图时,收、发两端是否同相,可直接通过在接收机记录纸上观察其特定的相位信号得知。同相状态下,相位信号出现在记录纸的左、右两侧;否则,将出现在记录纸的中间或其他位置。

船用气象传真接收机还有以下技术参数。

### （一）图像的实际幅面和有效幅面

实际幅面是指接收记录纸的最大幅面。有效幅面是指在实际幅面中可以有效地进行传真记录的幅面。

### （二）合作系数

合作系数是指传真图像长宽的比例系数，国际上通用的合作系数用于气象传真时为576和288。一般而言，要保证气象传真接收机所接收到的图像信号不失真，应满足三个条件，即同步、同相和相同的合作系数。

### （三）扫描线密度和扫描线间距

扫描线密度是指沿着扫描线垂直方向（即副扫描方向）上每毫米的扫描线数。扫描线密度的大小，直接决定副扫描方向上图像分辨率的高低。一般来讲，扫描线的密度是与合作系数（IOC，Index of Cooperation）相对应的。当合作系数为576时，扫描线密度为5线/mm；当合作系数为288时，扫描线密度为2.5线/mm。扫描线间距是指扫描线密度的倒数，即两条扫描线之间的中心垂直距离。扫描线间距由机械传动系统保证。扫描线间距是副扫描移动的距离。

## 二、船用气象传真接收机的日常维护

气象图具有直观、准确的优点，在多年的航海实践中已成为船舶的重要信息来源。很多船长对此有着很强的依赖性，尤其是处在台风等恶劣的天气条件下时，气象图更是必不可少的参考资料。因此，相关人员必须高度重视，以确保设备工作状态良好，及时、清楚地收图。

绝大多数船用气象传真接收机是由独立的接收器和记录装置构成的，其接收器相当于MF/HF单边带接收机，而记录装置多由精密的机械部件组成，因此对船用气象传真接收机的日常维护，应重点围绕这两部分进行。从船舶电子电气员的职责出发，建议日常关注以下方面：

（1）做好接收天线的维护工作，谨防天线出现接点锈蚀、固定装置松动以及绝缘性能变差等情况。

（2）注意防止雷击。雷雨天气要慎重使用，如非必须，最好不用，用后不但要及时关掉电源，还应将天线与传真机断开并接地。

（3）所收气象图不清晰时，可进行热敏头的测试，并检查热敏头是否损坏，如有损坏应及时更换。必要时使用75%（体积分数）的酒精轻擦打印头。

（4）使用过程中，如发生记录纸卡纸情况，应关闭设备电源，重新安装记录纸。但要注意，安装好记录纸后，合纸舱盖的动作不宜过猛，以免造成纸舱盖变形，或损坏热敏记录头。

（5）在记录纸的剩余长度不足1 m时，记录纸上面会有明显的标记提醒使用者记录纸就快用完了。见此标记后，应及时更换新的记录纸。

（6）适时检查气象传真接收机的自动接收功能。检查手动接收时的扫描同步和对相装置的调整情况。

（7）经常目测检验接收到的气象图是否完整和一致。同时，目测检验每一条线扫描密度的均匀性和它与前一条线的平行度。

(8)使用船舶组合电台时,注意保护气象传真接收机,最好不要同时使用船舶组合电台和气象传真接收机,以免强调的 MF/HF 信号烧毁传真接收机。

除以上注意事项外,建议适当参考 MF/HF 组合电台、NAVTEX 接收机的维护保养注意事项。

另外,如果船舶的气象传真机出现一时难以修复的故障无法工作时,船员可以考虑通过卫星船站登陆气象传真电台的网站,网络下载气象传真图,还可以在电脑或者手机上下载安装传真解码软件,利用船载 MF/HF 组合电台接收、录制气象传真图音频信息,然后通过解码软件解码恢复图像信息。

**思考题**

1.简述 NAVTEX 系统的组成。

2.NAVTEX 系统的工作频率有哪些?

3.简述 NAVTEX 发射台识别码 $B_1$ 码的作用。

4.简述 NAVTEX 电文类别标识 $B_2$ 码的作用。

5.简述 NAVTEX 电文中 $B_3B_4$ 码的作用。

6.简述 NAVTEX 接收机的组成及其各部分的作用。

7.什么是传真通信?简述传真通信系统的基本构成。

8.简述船用气象传真接收机的日常维护方法。

# 第十八章 船舶电台的识别

在早期的水上无线电通信中,船舶电台之间主要是通过船名相互识别身份的。随着无线电通信技术的发展,相继出现了呼号(Call Sign)、选择性呼叫号码(SELCALL Number,Selective Call Number)、水上移动业务标识(MMSI)以及国际海事卫星移动号码(IMN,Inmarsat Mobile Number)等识别方式,分别主要用于无线电报、无线电话、无线电传、数字选择性呼叫以及 Inmarsat 等业务。这些识别方式一般由国际组织把识别码的号段范围统一分配到具体的国家或地区,再由该国家或者地区的相关管理部门具体分配到各种业务的各个移动终端。

## 第一节 ◉ 呼号的组成

呼号是由国际电信联盟(ITU)世界无线电通信大会(WRC,World Radiocommunication Conferences,前身是世界无线电行政会议)划分的。根据《无线电规则》的规定,所有开放国际公众业务的电台都应该根据"国际呼号序列划分表"被分配相应的呼号。一般而言,一个国家或者地区只为本国或者本地区的用户分配呼号。因此,通过呼号可以确定该电台的国籍或者所属的地区。此外,呼号的组成形式还决定了电台的类别和性质。

根据《无线电规则》,呼号可以使用英文字母表内的 26 个字母,以及在相关规定情况下的数字组成,重音字母排除在外。但是,下列组合不得用作呼号:

(1)可能与遇险信号或类似性质的其他信号相混淆的组合,例如"SOS""PAN PAN"。

(2)《水上移动业务的无线电通信中所用的各种缩写和信号》(ITU-R M.1172-0 建议案)中留供无线电通信业务使用的缩略语的组合,例如 Q 缩语。

国际序列的呼号应按照《无线电规则》所标明的样式组成。呼号的前两个字符应该是两个字母,或是一个字母后跟一位数字,或是一位数字后跟一个字母。呼号的前两个字符,或在某些情况下第一个字符,组成国籍或者地区识别标识。对于以 B、F、G、I、K、M、N、R、W 和 2 为首的呼号序列,只要求第一个字符用作国籍识别;如果是半个序列,例如前两个字符被划分给一个以上的国家或者地区的，则要求前三个字符用作国籍或者地区识别。国际电信联盟划分给我国的呼号范围是：BAA～BZZ，XSA～XSZ，3HA～3UZ。其中，我国船舶电台呼号处在 BAA～BZZ 范围，海岸电台的范围是 XSA～XSZ，目前我国还没有对 3HA～3UZ 范围进行具体分配。

电台呼号形成之初是应用在莫尔斯电报业务中，目前在水上移动业务中，电台呼号主要用在无线电话通信中。

## 一、陆地电台和固定电台的呼号

陆地电台和固定电台的呼号组成可采用以下方式之一：

(1)两个字符和一个字母。

(2)两个字符和一个字母，后跟不超过三位数字(紧跟在字母后面的数字 0 或 1 除外)。

但是，《无线电规则》同时建议固定电台的呼号应该尽可能由两个字符和一个字母，后跟两位数字(紧跟在字母之后的数字 0 或 1 除外)构成。这里之所以规定“紧跟在字母之后的数字 0 或 1 除外”，主要是考虑数字“0”“1”易于和前面字母中的大写字母“O”“I”相混淆。另外，需要注意的是，这里的“两个字符”是指两个字母，或一个字母后接一个数字，或一个数字后接一个字母，下同。例如，我国上海海岸电台的呼号是 XSG，广州海岸电台的呼号是 XSQ。

## 二、船舶电台、船舶救生艇电台及紧急无线电示位标电台的呼号

### (一)船舶电台的呼号

船舶电台的呼号组成可采用以下方式之一：

(1)两个字符和两个字母。

(2)两个字符、两个字母和一位数字(数字 0 或 1 除外)。

(3)两个字符(第二个应为字母)后跟四位数字(紧跟在字母之后的数字 0 或 1 除外)。

(4)两个字符和一个字母，后跟四位数字(紧跟在字母之后的数字 0 或 1 除外)。

特殊地，只使用无线电话的船舶电台也可以使用以下方式组成的呼号：两个字符(第二个字符必须是字母)，后跟四位数字(紧跟在字母后面的数字 0 或 1 除外)，或两个字符和一个字母，后跟四位数字(紧跟在字母后面的数字 0 或 1 除外)。

例如，“育鲲”轮的呼号是 BQHZ，“育鹏”轮的呼号是 BAWI 等。这里的字母“B”表明该呼号是由中华人民共和国主管机关分配的，即这两艘船的国籍是中国。

### (二)船舶救生艇电台的呼号

船舶救生艇电台的呼号由母船的呼号后跟两位数字(紧跟在字母之后的数字 0 或 1 除外)构成。

例如，“育鹏”轮的呼号是 BAWI，其救生艇电台呼号可配置为 BAWI22。

### (三)紧急无线电示位标电台的呼号

紧急无线电示位标电台的呼号由莫尔斯字母 B 和/或无线电信标所属母船的呼号组成。

### 三、其他电台的呼号

#### （一）航空器电台的呼号

航空器电台的呼号应由两个字符和三个字母构成。

#### （二）航空器的救生艇电台的呼号

航空器的救生艇电台的呼号由其母机的完整呼号后跟除 0 或 1 以外的单个数字组成。

#### （三）陆地移动电台的呼号

陆地移动电台的呼号的组成可采用以下方式之一：

(1)两个字符(只要第二个是字母)后跟四位数字(紧跟在字母之后的数字 0 或 1 除外)。

(2)两个字符和一个或两个字母,后跟四位数字(紧跟在字母之后的数字 0 或 1 除外)。

#### （四）业余电台和实验电台的呼号

根据《无线电规则》,业余电台和实验电台呼号的组成可采用以下方式之一：

(1)一个字符(假定为字母 B、F、G、I、K、M、N、R 或 W)和一位数字(0 或 1 除外),后跟一组不超过四位的字符,最后一位应为一个字母。

(2)两个字符和一位数字(0 或 1 除外),后跟一组不超过四个的字符,最后一位应为一个字母。

在临时使用的特殊情况下,主管机关可以核准使用上述规定提及的超过四个字符的呼号。但是,禁止使用数字 0 和 1 的要求,不适用于业余电台。

#### （五）空间业务电台的呼号

根据 ITU《无线电规则》,当空间业务电台使用呼号时,建议其组成为：两个字符后跟两位或三位数字(紧跟在字母之后的数字 0 和 1 除外)。

## 第二节 ◉ 无线电话电台的识别

### 一、水上移动业务

#### （一）海岸电台

海岸电台无线电话可采用以下方式之一进行识别：

(1)海岸电台的呼号。

(2)《海岸电台和特别业务电台表》内所列的该电台所在地的地理名称,后面最好加上“Radio”一词或其他任何适当的标志。

例如,使用无线电话呼叫上海海岸电台时使用“Shanghai Radio Station”等。

#### （二）船舶电台

船舶电台的无线电话呼叫可采用以下方式之一进行识别：

(1)船舶的呼号。

(2)船舶电台官方正式名称,必要时,前面加上船东名称,但必须避免与遇险信号、紧急信号和安全信号相混淆。

(3)船舶的选择性呼叫号码或信号。

例如，通过无线电话呼叫"育鹏"轮时可用"M/V(Motor Vessel) Yu Peng"或者"M/V Yu Peng, call sign BAWI, Bravo Alfa Whiskey India"或者"Chinese vessel Yu Peng"；再比如，某船舶隶属"盼盼海运公司"，那么在呼叫中就应该避免使用"盼盼"一词，因为其发音(panpan)极易与紧急信号"PAN PAN"相混淆。

**(三)船舶救生艇电台**

船舶救生艇电台的无线电话呼叫可采用以下方式之一进行识别：

(1)船舶救生艇电台的呼号。

(2)由母船名称后跟两位数字组成的识别信号。

**(四)紧急无线电示位标电台**

在使用话音传输时，应采用无线电信标所属母船的名称和/或呼号进行识别。

**(五)基站电台**

基站电台可采用以下方式之一进行识别：

(1)基站电台呼号。

(2)所在地的地理名称，必要时后跟其他任何适当的标志。

某种意义上讲，引航站、VTS等也可以划归基站。这种情况下，呼叫识别方式可以采用"所在地的地理名称，必要时后跟其他任何适当的标志"，例如"Dalian Pilot Station"或者"Dalian VTS"等。

## 二、其他领域

**(一)航空类电台**

1.航空港电台

航空港电台的识别方式为：

航空港的名称或所在地的地理名称，必要时，后跟一个表明电台功能的适当的词。

2.航空器电台

航空器电台可采用以下方式之一进行识别：

(1)航空器的呼号，其前面可以加上一个表明航空器所有者或航空器型号的词。

(2)对应于指配给航空器的正式注册标记的字符组合。

(3)标明航线的词，后面加上班机识别号码。

《无线电规则》还规定，在各专用航空移动业务的频段内，使用无线电话的航空器电台经政府间缔结特别协定，并在国际熟知的条件下，可以采用其他识别方式。

3.航空器救生艇电台

航空器救生艇电台应采用呼号的方式进行识别。

**(二)陆地移动电台**

陆地移动电台可采用以下方式之一进行识别：

(1)陆地移动电台的呼号。

(2)车辆的标识或其他任何适当的标志。

**(三)业余电台和试验电台**

业余电台和试验电台采用呼号进行识别。

## 第三节 ◉ 选择性呼叫号码的组成

选择性呼叫号码(SELCALL Number)是20世纪70年代开始用于窄带直接印字电报业务的电台识别号码。根据ITU《无线电规则》,当水上移动业务电台按照《海上移动业务的直接印字电报设备》(ITU-R M.476-5)和《海上移动业务中使用自动识别的直接印字电报设备》(ITU-R M.625-4)建议案使用选择性呼叫设备时,其呼叫号码须由其负责的主管机关根据相关规定予以指配。

### 一、海岸电台选择性呼叫号码

海岸电台识别号码由从0至9的10个数字中选择4位数字组成。但是,不能使用以数字00为起始的号码组合。

ITU分配给我国大陆地区海岸电台选择性呼叫号码的范围是2010~2019,2020~2039。例如,上海海岸电台的选择性呼叫号码是2010,广州海岸电台的选择性呼叫号码是2017等。

### 二、船舶电台选择性呼叫号码

船舶电台选择性呼叫号码由从0至9的10个数字中选择5位数字组成。ITU分配给我国船舶电台的选择性呼叫号码的范围是03000~03199,09700~09999,19600~20201,20203~20299。例如,“珍河”轮的选择性呼叫号码是19719,“海星”轮的选择性呼叫号码是20100等。

总的来说,无论是海岸电台还是船舶电台的选择性呼叫号码,位数都较短,构成不够科学,不仅限制其业务发展,使用者也难以识别电台所属的国籍和地区等。后来伴随DSC技术的兴起,人们在DSC业务中引入了水上移动业务标识(MMSI)。水上移动业务识别位数长度适宜,构成也更为科学,因此在窄带直接印字电报业务中也逐渐被广泛使用。运用MMSI替换选择性呼叫号码的工作已经基本完成,现在绝大多数船舶电台NBDP终端在使用MMSI,而海岸电台这两种识别码都可使用。例如,上海海岸电台同时兼容“2010”和“004122100”两种识别码,船舶电台与其通信时可任选其一。值得一提的是,伴随《1974年国际海上人命安全公约》2022年修正案的实施,NBDP业务将被削弱,船舶电台也将不再使用这一技术呼叫船舶电台或者海岸电台,选择性呼叫号码也势将逐渐退出历史舞台或者被移作他用。

## 第四节 ◉ MMSI的组成

水上移动业务标识(MMSI)由一组9位数字组成。MMSI是伴随DSC业务出现的,主要用于船船、船岸之间数字通信时自动接续。该识别设置的初衷,不仅可以用于DSC、NBDP等传统水上移动业务,还可以用于卫星移动业务,从实践看,目前主要用于DSC、NBDP,以及某些情况下的无线电话业务。MMSI通常通过技术手段被写入NBDP、

DSC 等 GMDSS 设备，以及船舶保安报警系统（SSAS）、AIS 和航行数据记录仪（VDR）/简易航行数据记录仪（S-VDR）等其他设备中。

## 一、水上识别数字

根据 ITU《无线电规则》，MMSI 是一组 9 位识别码，其中，3 位数字为水上识别数字（MID，Maritime Identification Digit）。MID 是水上移动业务标识 MMSI 必不可少的组成部分。

原则上，MID 表示该标识电台所属的主管机关。在一些情况下，MID 也可表示某特定主管机关负责的地理区域。此外，需要注意的是，如《海上移动服务身份的分配和使用》（ITU-R M.585）建议案最新版所述，一些水上识别数字是为水上设备预留的，并不表示某一主管机关或地理区域。每一个主管机关会被划分一个或者多个识别数字。除非先前划分的 MID 已经被用了 80%以上，并且按照支配速率已经能够预见到 90%会被用光，否则不能要求第二个或者接续的 MID。因此，有时一个国家或地区会拥有两个或两个以上 MID，实际工作中可参考《无线电信号表》第Ⅰ、Ⅴ卷等了解详细信息。例如，中国的 MID 是 412、413 以及 414。

MID 的首位数字为 2~7，表示这些电台所属国家或地区所在的区域。例如，2 表示欧洲；3 表示北美洲；4 表示亚洲（除东南亚外）；5 表示大洋洲及东南亚；6 表示非洲；7 表示南美洲。

## 二、船舶电台 MMSI

### （一）单呼业务中的 MMSI

单呼业务，是指使用 DSC 设备的海岸电台或者船舶电台，一次只呼叫一艘船舶或者一个海岸电台。在单呼业务中，船舶电台的 MMSI 格式为 $M_1I_2D_3X_4X_5X_6X_7X_8X_9$，其中 X 为 0 至 9 中的任意一个数字，下同。例如，“育鲲”轮的 MMSI 是 412701000，“育鹏”轮的 MMSI 是 412212110。

### （二）组呼业务中的 MMSI

组呼业务，是指使用 DSC 设备的海岸电台或者船舶电台，一次呼叫一艘以上的船舶电台或者一个以上的海岸电台。在组呼业务中，船舶电台的 MMSI 结构为“$0_1M_2I_3D_4X_5X_6X_7X_8X_9$”。在海上实践中，多数船舶是没有这个识别的，但是有时一艘船舶可能拥有不止一个组呼 MMSI。

## 三、海岸电台 MMSI

与船舶电台类似，海岸电台 MMSI 也分为单呼和组呼两种形式。

### （一）单呼业务中的 MMSI

在单呼业务中，海岸电台应按格式“$0_10_2M_3I_4D_5X_6X_7X_8X_9$”分配一个唯一的 9 位标识。例如，我国广州海岸电台的 MMSI 是 004123100，上海海岸电台的 MMSI 是 004122100。

由于很多国家的海岸电台数量较少，主管机关可能希望将上述格式的 MMSI 分配给港口无线电台、实验电台、系统标识和其他参与水上无线电业务的电台。上述有关电台应置于陆上或岛上，以便使用“$0_10_2M_3I_4D_5X_6X_7X_8X_9$”的格式。有关主管机关可使用以下6位识别码格式的MMSI标识，从而进一步区分此类MMSI在不同业务中的应用：

(1)$0_10_2M_3I_4D_51_6X_7X_8X_9$　海岸无线电台；

(2)$0_10_2M_3I_4D_52_6X_7X_8X_9$　港口无线电台；

(3)$0_10_2M_3I_4D_53_6X_7X_8X_9$　试验电台等；

(4)$0_10_2M_3I_4D_54_6X_7X_8X_9$　AIS中继电台。

这一格式的MMSI通过$X_7X_8X_9$能够为各类电台创建多达999个标识，但是，上述方法具有可选择性，仅供有关主管机关参考。如果有关主管机关希望扩大标识方案，还有很多其他可供选择的标识方案。

**（二）组呼业务中的MMSI**

海岸电台组呼业务中的MMSI构成与单呼业务中的MMSI格式相同，但是同一个电台的单呼和组呼业务中的MMSI号码不同。

其中，MID仅表示分配海岸电台组呼标识的主管机关的辖区或地理区域。“$0_10_2M_3I_4D_50_60_70_80_9$”格式组合的标识码应预留作海岸电台组呼标识。该标识码指该主管机关所辖的所有的$0_10_2M_3I_4D_5X_6X_7X_8X_9$的电台。“$0_10_29_39_49_50_60_70_80_9$”格式组合的标识码应预留作所有海岸电台的标识。这里的“海岸电台”指的是所有的VHF海岸电台，并不适用于MF或HF海岸电台。

## 四、自动识别系统航标的MMSI

伴随航海技术发展和海事安全的现实需求，目前水上助航标志也出现了多种形式，主要包括物理航标、虚拟航标以及移动航标等。无论是何种助航标志，都可以通过在上面加装自动识别装置向航海者呈现标志的地理位置、身份识别等信息。当助航标志有发送自动识别信息的需求时，负责的主管机关应采用“$9_19_2M_3I_4D_5X_6X_7X_8X_9$”格式为其分配一个唯一的9位MMSI号码。这里，“$9_19_2$”表示该MMSI属于一个航标，$M_3I_4D_5$为水上识别数字，第6位数字表示该航标的属性。有关第6位数字的具体含义如下：

(1)$9_19_2M_3I_4D_51_6X_7X_8X_9$　物理AIS航标；

(2)$9_19_2M_3I_4D_56_6X_7X_8X_9$　虚拟AIS航标；

(3)$9_19_2M_3I_4D_58_6X_7X_8X_9$　移动航标。

上述格式方案具有可选择性，仅供主管机关参考。

## 五、母船配套船只的MMSI

母船配套船只需要唯一的标识。这些参与水上移动业务的船只应按“$9_18_2M_3I_4D_5X_6X_7X_8X_9$”格式分配一个唯一的9位号码，其中，第3、4和5位代表MID，X为0至9中的任何数字。MID表示管辖母船配套船只呼叫标识的主管机关。此号码格式仅对母船配套船只上的装置有效。一艘船可能配备多个装置，这些装置可能放在救生艇、救生筏、救生船或其他与母船配套的船只上。每艘与母船配套的船只应分配到一个唯一的MMSI，并应单独注册，与母船的MMSI相互关联。与母船配套的船只分配到的MMSI亦应通过国际电信联盟MARS数据库提供。

### 六、特殊用途的其他水上业务的 MMSI

#### （一）配备数字选择呼叫和全球卫星导航系统的手持 VHF 收发器的 MMSI

通常情况下，配备 DSC 和 GNSS 功能的手持 VHF 收发设备为水上移动业务的专用设备。该类收发设备可以被分配一个唯一的标识，以表明该设备电池容量有限，且通信覆盖范围有限。在应急情况下，该标识可以给出附加信息。此类设备的 9 位 MMSI 的格式为“$8_1M_2I_3D_4X_5X_6X_7X_8X_9$”，其中，第 2、3 和 4 位为 MID，表示给手持收发机指配标识的主管机关；X 为 0 至 9 中的任何数字。

该类别中的所有标识应在相应的国家主管机关登记，而本地 RCC 或 MRCC 应该每周 7 天每天 24 h 都能够获取登记数据。主管机关可以使用第 5 位数字来区分水上标识中的某些具体应用/用户之间的差别，但该方法是可选的，且只能供国内使用。

#### （二）使用自由格式数字标识设备的 MMSI

使用自由格式数字标识的设备包括 AIS-搜救发射器（AIS-SART）、人员落水（MOB）告警装置、基于 AIS 技术的紧急无线电示位标（AIS-EPIRB）等。这些设备的标识使用水上移动业务标识码的前 3 位数字区分。

1.AIS-SART

AIS-SART 应使用的标识格式为“$9_17_20_3X_4X_5X_6X_7X_8X_9$”。其中，第 4、5 位为生产厂商 ID，即 01～99；第 6、7、8、9 位为设备的序列号，即 0000～9999，当达到 9999 时，生产厂商应以 0000 重新开始序列编号。

2.人员落水（MOB）告警装置

MOB 告警装置应使用的标识格式为“$9_17_22_3X_4X_5X_6X_7X_8X_9$”。其中，第 4、5 位为生产厂商 ID，即 01～99；第 6、7、8、9 位为设备的序列号，即 0000～9999，当达到 9999 时，生产厂商应以 0000 重新开始编序列号。

3.AIS-EPIRB

AIS-EPIRB 的水上移动业务识别格式为“$9_17_24_3X_4X_5X_6X_7X_8X_9$”。其中，第 4、5 位为生产厂商 ID，即 01～99；第 6、7、8、9 位为设备的序列号，即 0000～9999，当达到 9999 时，生产厂商应以 0000 重新开始编序列号。

## 第五节　IMN 的组成

Inmarsat 为移动站分配专用的通信识别码，称为国际海事卫星移动号码（IMN，Inmarsat Mobile Number），用来表示不同的移动站、移动站所属国家、移动站所连接的终端设备等信息，由 9 位数字组成。IMN 规则由《海上通信——船站识别》（ITU-T Rec.E.217）进行规定。

### 一、Inmarsat B/M/C 海用移动站的 IMN

对于 Inmarsat B/M/C 海用移动站，其 IMN 格式为“$T_1M_2I_3D_4X_5X_6X_7X_8X_9$”。其中，首位数字 T 表示系统识别。其中，T 为 3 时表示 B 系统，T 为 4 时表示 C 系统（Mini-C），

T 为 6 时表示 M 系统；$M_2I_3D_4$是海上识别数字，用来识别船舶所属国/地区；$X_5X_6X_7X_8X_9$表示船舶识别、终端识别，一般由船舶所属国/地区分配。例如，某船舶 Inmarsat 终端号码为 4412XXXXX，则表示该终端是一个 C 船站，隶属于中国。

## 二、Inmarsat FB 船舶地球站的 IMN

Inmarsat FB 船舶地球站 IMN 的格式为“$T_1T_2X_1X_2X_3X_4X_5X_6X_7$”。其中，$T_1$和 $T_2$与业务有关，分别为一位数字。在 Inmarsat F 业务存续期间，当 $T_1$和 $T_2$对应的数字分别为“7”和“6”时，用来表示 4.8 kbit/s 的话音、2.4 kbit/s 的低速数据和 2.4 kbit/s 的传真业务；当 $T_1$和 $T_2$对应的数字都是“6”时，代表 64 或者 56 kbit/s 的高速数据。当前，F 系统的业务已经关闭了。在 Inmarsat FB 系统中，$T_1$和 $T_2$对应的数字都是“7”。Inmarsat FB 船舶地球站 IMN 的 $X_1$~$X_7$用来表示终端识别、业务类型。当前，Inmarsat 各系统移动站号码都是 9 位数字，但未来的 Inmarsat 移动号码将由 9 位数字升到 12 位数字，以便与陆地 ISDN 号码位数兼容。

## 三、船舶地球站的电传应答码

船舶地球站的电传应答码是为了在电传通信时通信双方相互确认而设置的，它由两部分组成：船舶地球站的主移动号码（IMN）+识别符号。

识别符号通常为该船舶地球站的呼号，用 4 个英文字母表示。每一个船舶地球站的电传应答码都是伴随船舶地球站移动号码一起分配给船舶地球站的。电传应答码的主要作用是电传通信前/后双方确认识别，通过交换电传应答码来确保收、发双方身份无误。

**思考题**

1.ITU 划分给我国的呼号在什么范围？

2.海岸电台、船舶电台以及救生艇电台的无线电话呼叫识别都有哪些区别？

3.船舶电台与海岸电台的 MMSI 有哪些区别？

4.Inmarsat C 船舶地球站的 IMN、Inmarsat FB 船舶地球站的 IMN 分别是怎样构成的？

# 第十九章 卫星 EPIRB 与搜救寻位装置

## 第一节 ◉ 紧急无线电示位标

紧急无线电示位标(EPIRB)是 GMDSS 中船舶遇险报警的主要设备之一。EPIRB 主要具有遇险报警功能,并兼顾定位、识别和寻位功能。EPIRB 启动后,可以在规定的时间内连续发射报警信号,MRCC 根据其发射的信号进行连续的位置跟踪,搜救遇险船舶或人员。

### 一、国际搜救卫星系统概述

国际搜救卫星(COSPAS-SARSAT)系统由国际搜救卫星组织负责管理,于 1985 年开始运行,是全球公益性卫星搜救系统。COSPAS-SARSAT 系统是一个卫星辅助搜救系统,利用低高度地球轨道(LEO,Low Earth Earth Orbit)卫星、中高度地球轨道(MEO,Medium Earth Orbit)卫星、静止轨道(GEO,Geostationary Earth Orbit)卫星探测 406 MHz EPIRB 发出的遇险报警信号,并对报警信号进行变频、存储等处理最后转发到地面,从而为包括极区在内的全球海、陆、空提供遇险报警、定位、识别及寻位服务。COSPAS-SARSAT 系统具有运行可靠、操作简便、免费使用等优点,已成功在全球范围内的 14 500 多次搜救行动中救助过 48 500 多人,其中 75%为海上环境。

### 二、国际搜救卫星系统的组成和工作原理

COSPAS-SARSAT 系统由如前所述的包括低高度地球轨道卫星、中高度地球轨道卫星、静止轨道卫星等在内的搜救卫星,包括紧急示位发射机(ELT,Emergency Locator Transmitter)、个人示位标(PLB,Personal Locator Beacon)、紧急无线电示位标(EPIRB)等各种示位标在内的终端设备,以及由本地用户终端(LUT,Local User Terminal)、任务控制中心(MCC,Mission Control Center)构成的地面段等三大部分构成,具体如图 19-1-1 所示。由图中可以看出,遇险示位标发出的信号经搜救卫星中继到地面段,通过地面段的本地用户终端、任务控制中心送至相应的海事搜救协调中心,由海事搜救协调中心开展和组织救助工作。

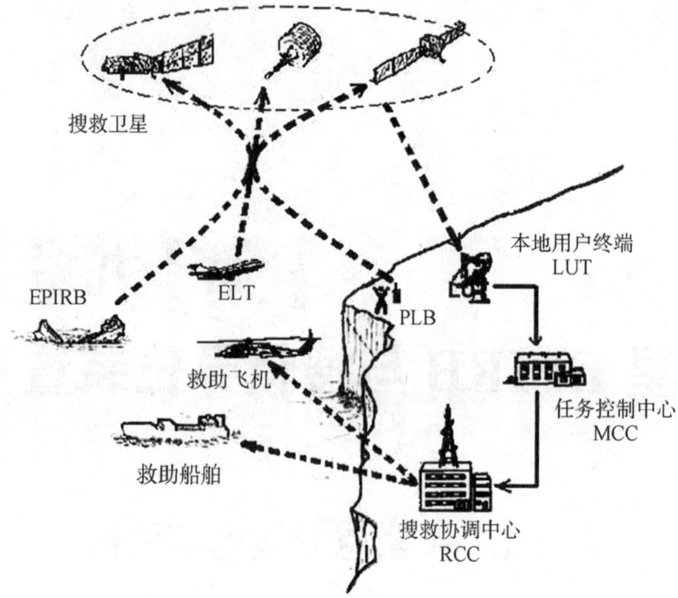


图 19-1-1　COSPAS-SARSAT 系统示意图

## （一）搜救卫星

COSPAS-SARSAT 系统使用了如图 19-1-2 所示的三种搜救卫星。根据所运用搜救卫星的不同，COSPAS-SARSAT 系统可以划分为低高度地球轨道卫星搜救分系统（LEOSAR，Low-altitude Earth Orbit System for Search and Rescue System）、中高度地球轨道卫星搜救分系统（MEOSAR，Medium Earth Orbit System for Search and Rescue System）和静止轨道卫星搜救分系统（GEOSAR，Geostationary Search and Rescue System）等三个分系统。MEO 卫星是近年来运用到 COSPAS-SARSAT 系统的新技术。与传统的 LEO 和 GEO 卫星构成的 COSPAS-SARSAT 系统相比，LEO、GEO 和 MEO 卫星构成的 COSPAS-SARSAT 系统可以在示位标启动后的几分钟内确定遇险信号，实现高精度、无延迟、全天候、全球覆盖，使得无论何时何地发生的报警，都能及时得到有效处理。

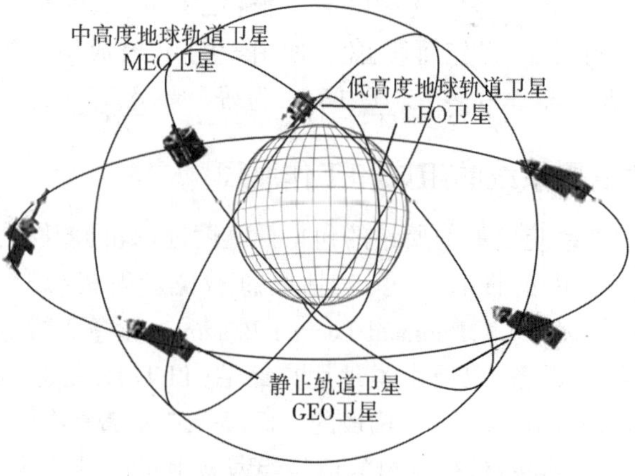


图 19-1-2　COSPAS-SARSAT 系统卫星示意图

1.低高度地球轨道卫星

多颗低高度地球轨道卫星组成 LEOSAR 卫星星座。根据 2022 年 4 月 COSPAS-SARSAT 官网公布的数据(下同),目前 COSPAS-SARSAT 低高度地球轨道卫星共有 6 颗,其中 SARSAT 卫星 5 颗,有 3 颗卫星正常工作,轨道高度为 850 km;COSPAS 在轨 1 颗,正常工作,轨道高度约为 1 000 km。LEOSAR 的卫星运行轨道为极轨道。搜救载荷包括搜救信号转发器(SARR, SAR Repeater)和搜救信号处理器(SARP, SAR Processor)。由于该分系统的卫星轨道较低,所以单颗卫星覆盖地球的面积比静止轨道卫星和中高度地球轨道卫星要小,仅为直径约 6 000 km 的圆形区域,该区域称为卫星共视区[如图 19-1-3(a)的几个圆形阴影部分所示];随着卫星绕地球旋转[如图 19-1-3(b)所示],圆形卫星覆盖区在地面上形成宽约 6 000 km 的带状覆盖区域[如图 19-1-3(c)的带状阴影区域所示]。低高度地球轨道卫星围绕地球旋转一周约 100 min。

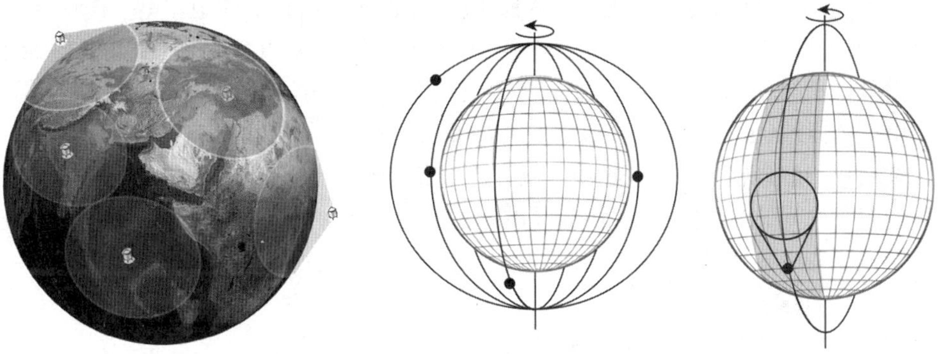

(a)　　(b)　　(c)

图 19-1-3　LEOSAR 的卫星共视区、卫星轨迹与覆盖区

在 LEOSAR 分系统中,由于卫星高度较低,卫星与示位标之间存在着显著的相对运动,因此该分系统采用了多普勒频移定位技术。LEOSAR 分系统可以提供两种工作模式,即本地模式(Local Mode)和全球覆盖模式(Global Mode)。本地模式也称为实时模式,是指当 LEO 搜救卫星接收到示位标遇险报警信息时,立即转发信息至共视区内的 LUT 的工作方式。全球覆盖模式也称为存储转发模式,是指当接收遇险示位标信号的卫星共视区内暂时没有 LUT 时,搜救卫星会将接收到的遇险报警信息处理后存储在卫星存储器中,一旦卫星共视区内出现 LUT,再将遇险报警信息转发给卫星共视区内的 LUT,从而实现报警定位的工作方式。

由低高度地球轨道卫星构成的 LEOSAR 分系统具有以下特点:

(1)能够实现部分区域的实时模式报警和全球范围内的存储转发模式报警。

(2)具有定位功能,能根据多普勒定位原理计算出遇险报警产生的位置。

(3)因卫星和示位标之间有相对运动,降低了示位标对其本身与卫星之间遮挡物的敏感性,提高了报警的成功率。

(4)由于卫星覆盖半径较小和计算多普勒频移,报警可能存在较大的时间延迟。

(5)系统的定位精度取决于示位标和卫星搜救载荷的频率稳定度,与全球卫星导航系统(GNSS)相比定位误差较大。

2. 中高度地球轨道卫星

全球卫星导航系统 GNSS 的卫星在 19 000~23 000 km 的高度上绕地球轨道运行，属中高度地球轨道卫星，简称中轨道卫星。中高度地球轨道卫星的公转周期为 11~14 h。每颗卫星的覆盖面积大约等于地球表面积的 40%。为了弥补 LEOSAR 和 GEOSAR 的各自局限性，自 2013 年起，COSPAS-SARSAT 系统开始发展中高度地球轨道卫星搜救分系统，目前与 LEOSAR 和 GEOSAR 协同运行。根据 COSPAS-SARSAT 官网公布的信息，未来 MEOSAR 计划全面取代 LEOSAR 和 GEOSAR 分系统。MEOSAR 利用 GPS、GLONASS、GALILEO 和北斗（BD，BeiDou）等卫星导航系统的中高度地球轨道卫星搭载了搜救载荷，接收和转发示位标报警信号。

3. 静止轨道卫星

在轨运行的 GEOSAR 卫星星座包括美国 GOES 系列卫星、印度 INSAT 系列卫星、欧洲气象卫星组织 MSG 系列卫星、俄罗斯 Electro-L 和 Louch 系列卫星等，未来会有更多颗卫星加入这一服务。由于卫星工作在地球静止轨道，所以，GEOSAR 可实现除南、北两极之外的全球覆盖。

由于 GEOSAR 卫星相对于地球保持静止，因此接收频率相对于发射频率不会产生多普勒效应，也就无法运用多普勒定位技术定位遇险示位标。在 GEOSAR 分系统中，示位标位置信息可以通过内部或外部导航接收设备获取并编码在示位标信息中，再经由卫星转发到 GOESAR 分系统的 LUT，此外，还可以由 LEOSAR 分系统分享。在后一种情况下，定位信息会有较大的延迟。

由静止轨道卫星构成的 GEOSAR 分系统，具有以下特点：

（1）分系统能够实现南、北纬 76°之间的实时报警，提高了报警的时效性。

（2）分系统无直接定位功能，需要人工注入或 GPS 等导航设备注入位置信息。

（3）定位精度取决于示位标连接的导航接收设备，一般而言定位精度较高。

综上所述，LEOSAR 分系统可以定位示位标而无须在示位标信息中发送位置数据，但是 LEOSAR 分系统的卫星只能在一定时间内覆盖地球的一小部分，这导致该分系统在报警时可能会存在明显的延时。GEOSAR 不能覆盖高纬度区域，位置数据来自导航设备或者需要人工注入。MEOSAR 能够传输处理示位标的遇险信息、独立确定示位标的位置、提供近乎实时的全球覆盖，不仅具备 LEOSAR 和 GEOSAR 分系统的优点，还弥补了它们的局限性。

### （二）示位标

从结构上看，示位标的上半部为电子电路及天线，下半部为电池和控制开关。其中，控制开关主要分为水敏开关、磁性开关和水银开关等几种形式。上、下两个部分之间用密封圈套住，在外壳的两部分之间有一层密封垫圈，以保持良好的水密性。通常，示位标都带有意外操作防护装置，用来防止意外启动。示位标的结构外壳具有足够高的强度，以便在遇险时可以将其直接抛入水中。为了醒目，外壳通常涂成橘红色，顶部除了装有闪光灯，通常还带有反射光圈。这样白天依靠较强的日光反射，搜救者容易发现目标，夜间由于闪光灯闪烁，其在很大范围的海面上可见。闪光灯电源由光敏开关控制，白天能自动关闭。另外，示位标上还附有一根绳索，通常用于弃船后将其绑到救生艇筏上。

从本质上看,EPIRB 就是一台工作在 406.0~406.1 MHz 频段若干频点上的全自动小型发射机,其作用是发射遇险报警和在搜救作业中帮助确定遇险者的位置。

1.示位标的分类

如前所述,示位标有三种类型,分别对应航空、航海和个人等不同应用场景,如图 19-1-4(a)、(b)和(c)所示。三种类型的示位标内部都装有第二发射机,发射 121.5 MHz 的引航信号。121.5 MHz 是航空紧急频率,在该频率上发射信号的目的是帮助搜救飞机确定遇险者的位置,引导搜救飞机前来救助。

此外,还有两类示位标,分别是 SSAS 示位标和 AIS-EPIRB 设备,如图 19-1-4(d)、(e)所示。2017 年,我国成功开发了北斗紧急无线电示位标(BD-EPIRB)。

2005 年 5 月,COSPAS-SARSAT 启用了一个有助于 IMO 加强海上安保以及打击海盗袭击和海上恐怖主义行动的系统,即 COSPAS-SARSAT 406 MHz 船舶保安报警系统,该系统的船载设备被称为 SSAS 示位标。

AIS-EPIRB 设备是在 406 MHz EPIRB 上安装了一个 AIS 发射机,能够通过 COSPAS-SARSAT 系统进行遇险报警,又具有 AIS 功能。它利用 AIS-SART 技术,在 AIS1(161.975 MHz)和 AIS2(162.025 MHz)信道上交替发射含有"EPIRB ACTIVE"的信号,辅助对 AIS-EPIRB 定位,加强了示位标的功能,更加有利于搜救工作的开展。EPIRB-AIS 可在电子海图上显示,当显示"EPIRB ACTIVE"时,表示 AIS-EPIRB 处于工作模式;当屏幕显示"EPIRB TEST"时,表示 AIS-EPIRB 处于测试模式。

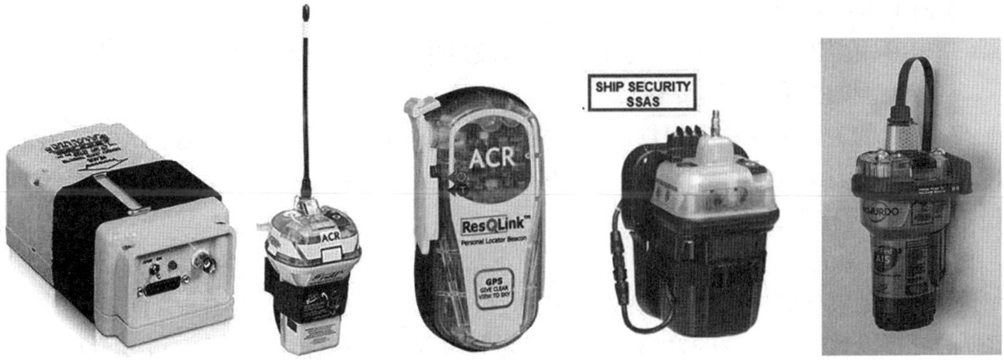


(a)　(b)　(c)　(d)　(e)

图 19-1-4　各种类型的示位标

总的来讲,406 MHz EPIRB 具有以下特点:

(1)需要具有较高的频率稳定度。

(2)可实现全球范围的报警。

(3)每个示位标都有唯一的识别码。

(4)可同时发 121.5 MHz 频率的引航信号。

2.EPIRB 的主要性能

如前所述,406 MHz EPIRB 是 COSPAS-SARSAT 的船载报警设备,属于 GMDSS 船舶必备的设备,从 1993 年 8 月 1 日起,所有船舶都需要按照《1974 年国际海上人命安全公约》的要求配备。船舶配备的 EPIRB 需要安装在自浮式支架上或盒子内,因此,也称为自浮式 EPIRB。EPIRB 的主要性能要求如下:

(1)内置全球卫星导航系统(GNSS)接收机,可从GNSS接收机中获得位置信息并编码,提供GNSS信号强度指示;配备自动识别系统(AIS)定位信号(2022年7月1日之后);发射121.5 MHz信号,主要为航空器提供导航;应该能够向搭载搜救载荷的卫星发送遇险警报;示位标启动后,每50 s发送一次持续时间约0.5 s的含有数字编码信息的射频脉冲信号,输出功率为5 W;数字编码的信息包括遇险单元的国籍、船舶或飞机的识别、遇险性质以及船舶位置编码。

(2)可以手动或自动启动。在平静的水中直立漂浮,漂浮后自动启动,能够手动关闭,在所有海况下保持稳定性和足够的浮力,在海上可能遇到的最极端条件下工作;配备静水压力释放装置,在4 m水深时,自动释放示位标。

(3)电池可支持EPIRB工作48 h。

(4)工作温度为-20~+55 ℃;存放温度在-30~+70 ℃。

(5)在10 m水深时保持至少5 min的水密性;从安装位置到入水的过程中,适应45 ℃范围的温度变化;从20 m的高度掉入水中而不受损害。

(6)能够在不使用卫星系统的情况下进行测试,以确定EPIRB是否能够正常运行。

(7)具有明显的黄色/橙色,并装有逆反射材料。

(8)需要配备适合用作系绳的浮力绳。应当指出,这样做的目的是供遇险人员将EPIRB固定在救生筏、救生艇或水中的人身上,不应用其把EPIRB固定到船上以防EPIRB在自由漂浮时被困在难船上。

3.EPIRB电路的组成

EPIRB由电池供电单元、主控单元、信号收发单元和释放装置几个部分组成。

(1)电池供电单元

EPIRB的工作主要靠电池供电。根据EPIRB的规范要求,示位标被启动后至少应工作48 h以上。因此,通常使用高性能的锂电池。不同的示位标其电池工作特性有所不同,但都需要定期检查维护,定期更换。

(2)主控单元

主控单元包括微控制器、传感器。其中,微控制器是EPIRB的控制中心,负责所有信息的处理以及控制命令的发出。在微控制器内部的寄存器中,可以完成来自外部导航设备的船位信息的存储和更新,也可以写入船舶的识别信息、协议标志和注册信息等编码信息。传感器主要是指压力传感器,实时测量环境参数,并传递给微控制器,由微控制器根据环境参数做出相应的判断,以实现自动启动。

(3)信号收发单元

信号收发单元包括406 MHz的信号发射机、频率合成单元、功率控制单元以及天线单元等。其中,频率合成单元为发射单元提供高稳定度的频率,以产生发射信号的载波频率;发射单元主要完成对基带信号的编码调制,并在调制后进行带通滤波,以除去杂波干扰;功率控制单元对发射功率进行控制,使其满足示位标要求的发射功率。当发生紧急情况时,示位标通过自动或人工启动,存储在寄存器中的船位、船舶识别码和注册信息等,经过编码后由发射天线发射出去。EPIRB的天线通常采用外置或内置的全向天线。

(4)释放装置

释放装置是用来保证遇险时示位标能自动或手动脱离船体的部件。通常 EPIRB 的释放机构有两种:不带有静水压力释放器的人工安放支架或存放盒和带有静水压力释放器的浮离式支架或存放盒。EPIRB 的启动方式分为三种:自动启动、手动启动和遥控启动。

如果示位标的存放盒或安放支架是浮离式的,则该示位标可以自动启动,具体是指当船舶遇险,船体下沉到一定深度(一般为 4 m)后,由压力传感器测得海水静压力,释放装置自动启动,示位标脱离支架或存放盒,浮出水面,开始发射报警信号,所以自动启动式示位标需要安装在没有遮挡的暴露处所。当然,自动启动式示位标通常也可以手动启动。手动启动是指人为地将示位标从安放支架或存放盒中取出,手动启动示位标的遇险报警功能,使示位标开始发射遇险信号。遥控启动需要 EPIRB 保持天线长时间处于接收遥控信号状态,并且随时对接收信号进行命令解析,以便遇险时能够马上响应遥控信号。因为遥控启动平时就要消耗掉一些电量,考虑到实际中遥控启动功能的用处并不是很大,所以一般示位标不具有遥控启动功能。

**(三)地面段**

地面段由区域本地用户终端(LUT)和任务控制中心(MCC)组成。

1.本地用户终端

在 COSPAS-SARSAT 系统中,三个分系统都建设有自己的 LUT,即 LEOLUT、MEOLUT 和 GEOLUT。LUT 作为搜救卫星地面接收站,其作用是跟踪搜救卫星并接收卫星转发的遇险示位标报警信号,然后解码、计算,给出示位标识别信息和位置数据,把示位标的报警数据和统计信息送给相应的任务控制中心。为了得到较高的定位精度,LUT 还同时承担实时修正卫星轨道参数的任务。

我国于 1994 年加入了国际搜救卫星组织,由交通运输部负责在中国交通通信信息中心北京国际移动卫星地面站建设 LEOLUT,实现对中国服务区的实时覆盖和报警数据的处理分配。

2.任务控制中心

任务控制中心(MCC)和本地用户终端(LUT)相连接,一个 MCC 至少需要连接一个 LUT。COSPAS-SARSAT 对全球的地理区域进行划分,对每一个 MCC 都按照其所属的地理区域位置划分搜救服务区,在接收到 LUT 送来的示位标的数据后,MCC 首先判断其报警位置,如果报警发生在自己的搜救服务区内,则 MCC 将向自己的搜救协调中心或搜救联络点发送报警电文,给出示位标的报警位置和登记信息,如果报警发生在自己的搜救服务区以外,MCC 将向自己所属的节点任务控制中心(Nodal MCC)发送报警电文,再由节点任务控制中心把相应的电文转发给离示位标最近的 MCC,以便实施搜救行动。

任务控制中心的作用是:和本地用户终端相连,收集、整理、储存和分类从 LUT 和其他 MCC 送来的数据;在 COSPAS-SARSAT 系统内与其他 MCC 进行信息交换;分析数据的可信度,过滤虚假报警,解除模糊值;把报警和定位数据分发到有关的搜救协调中心或搜救联络点。

## 三、防止及取消 EPIRB 误报警的方法

### （一）防止 EPIRB 误报警

EPIRB 发生误报警，往往不容易被发现，造成的后果比较严重，因此对该设备的放置、维护保养、检查测试要非常注意，防止误报警发生。

根据 IMO 决议案 A.814(19)的相关条款，为防止 406 MHz EPIRB 误报警，应注意以下几点：

（1）确保新启用的卫星 EPIRB 识别码在当天的 24 h 内正确登记在数据库中，或者自动地提供到搜救主管部门（因为搜救人员在应答紧急事件中要用到 EPIRB 的识别码）。船长应证实 EPIRB 的信息已经登记在数据库中。及时登记将有助于在搜救行动中识别遇险船舶，迅速获得其他有利于救助的信息。

（2）确保在船东、船名和船籍国等有关船舶的信息改变时，立即更新 EPIRB 的登记，或者将船舶的新数据重新编程输入有关 GMDSS 设备中。

（3）在船舶的设计和建造初级阶段就应考虑 EPIRB 的安装位置。406 MHz EPIRB 设备安装后，船长应组织全体船员学习有关使用规定和注意事项。船长、驾驶员必须熟练掌握该设备的性能、结构、操作规程及试验方法。

（4）确保 EPIRB 由有技术资格的工程技术人员根据设备安装说明书认真谨慎地安装。有时不适当的处理或者安装会造成 EPIRB 的损坏。应将 EPIRB 安装在一个在船舶下沉时能自由浮起和自动启动的位置，并且不会被偶然启动。在改变识别码或者更换电池时，要严格按照设备说明书的要求进行。

（5）确保在船舶遇险时如果能够立即得到救助，就不要启动 EPIRB。EPIRB 主要在遇险船舶不能用其他方式获得救助的情况下使用，以向搜救部门提供位置信息和发射导航信号。

（6）确保在紧急情况下使用 EPIRB 后，如果可能，应恢复 EPIRB，解除报警。

（7）确保在 EPIRB 受损、报废、处理或者其他原因不再使用时，移去电池，或者送回制造商，或者粉碎，以确保 EPIRB 不工作。注意：如果要将 EPIRB 送回制造商，应将 EPIRB 用金属箔包裹或放在金属容器或金属柜子中运输，以防止运输期间发射信号被卫星接收到。

（8）安装在易启动但不易产生误报警的地方。

（9）406 MHz EPIRB 属于救生无线电报警设备。当船舶处于危急状况，严重危及船舶和人命安全时，在船长的指示下或相关操作人员主动请示船长并获批准后方可启动。严禁无关人员随意触动设备及其附属设施。任何违反操作规程造成的误报警发射，要及时上报有关部门，必要时按照主管机关的相关规定予以处罚。

### （二）取消 EPIRB 误报警

一旦发生 EPIRB 误报警，首先立即终止 EPIRB 的发射。EPIRB 的报警信息最终要传送到船舶所在海域的 MRCC。因此，发现误报警后，从《无线电信号表》第 V 卷（NP285）查得所在海域的 MRCC 联系方式，用船站或者其他通信设备与所在海域的 MRCC 的联系，取消 406 MHz EPIRB 发出的报警信号，并及时报告船舶负责人和记入“GMDSS 无线电日志”。

## 四、EPIRB 的安装、检查与维护保养

### （一）安装注意事项

首先，满足《1974 年国际海上人命安全公约》要求的所有船舶从 1993 年 8 月 1 日起，就按要求配备了自浮式 406 MHz EPIRB。船上的 406 MHz EPIRB 安装在自浮式支架上，并能人工启动和自动启动。

其次，406 MHz EPIRB 设备安装前，各船舶所属公司的通信导航管理部门应认真核对和试验所装设备与船舶相关的数据是否一致；做好电池失效期、释放器更换期等有关数据的记录工作。

再次，406 MHz EPIRB 安装的地点应容易接近，方便维护，便于人工启动；周围无障碍物，无废气，无化学品污染，无机械冲击，无海浪冲击。一般安装在驾驶台两侧或驾驶台顶部等便于操作的位置，并张贴明显标志。设备周围和上方应避免放置有碍设备取出和自浮释放的物体。

最后，船舶配备 406 MHz EPIRB 后，应及时向有关机构注册。注册的内容包括装船 EPIRB 的出厂序列号，船舶国籍、船东、船名等信息。如果注册的内容有任何变更，应迅速通知注册机构，例如，船舶国籍变更，船东变更，EPIRB 丢失、被盗等。

### （二）检查、维护保养要求

EPIRB 的操作使用及日常维护工作一般由无线电操作员负责。

1.更换部件

不同型号 EPIRB 的电池使用年限不同，一般为 3～5 年，手动启动式示位标的有效期通常标记在圆顶后侧，自动启动时示位标标记在存放盒上。自浮式支架上的静水压力释放器使用年限一般为 2 年，有效期通常标记在静水压力释放器以及存放盒侧面的标签上。要经常查看 EPIRB 的电池和释放器的有效期，快到期前应及时报告，申请安排更换，更换后的电池、释放器要表明有效期。

2.定期检测

根据《1974 年国际海上人命安全公约》的规定，EPIRB 的测试分为 5 年一次的特检、每年一次的年度检验和 3 个月一次的常规检测。无线电操作员需要进行 3 个月一次的常规检测：

（1）每 3 个月利用 EPIRB 自身提供的自检方式，检测工作状态。对于带试验开关的设备，将开关转至“TEST”位置，试验指示灯应闪亮或点亮。

（2）远洋船舶（往返航期为 3 个月左右），每次国内开航前由无线电操作员对设备进行一次试验；短航线船舶（往返期不足 2 个月），每季度第一次开航前由无线电操作员对设备进行一次试验。试验时，应按产品说明书的自测试程序进行，防止由于操作不当造成误报警发射，并将试验情况填入“GMDSS 无线电日志”。

3.日常维护保养

（1）检查存放处有无杂物堆积、有无新的构建物影响 EPIRB 的释放。

（2）检查周围有无腐蚀品，尤其在油船、化学品船上，注意机体和存放支架是否牢固，有无腐蚀及爆裂情况。

（3）检查 EPIRB 是否有海水浸泡以及密封不良情况。

(4)确认其安装位置及安装方法是否满足设备安装要求。所有示位标安放位置的上方不应存在妨碍示位标自动浮起的物体。用作系绳的浮力短索,其布置应能防止在浮离时被缠在船舶结构上。

(5)检查贴于设备外部的简短说明,原电池的失效日期和编入发射器的识别码是否清晰可见,设备上的反光材料是否完好,是否具有制造厂、型号、编号、出厂日期的铭牌以及船用产品检验标志。

(6)到港防盗;接受港口主管部门安排的登船检查,责任人员应在场,并给予必要的协助。

(7)对 406 MHz EPIRB 的检查、维护保养应如实记载在"GMDSS 无线电日志"中。

(8)由于 EPIRB 有水敏开关,在冲洗甲板时,不要对着 EPIRB 冲洗,以免发生误报警。

## 第二节 ◉ 搜救寻位装置

搜救寻位是指在海上搜救行动中,寻找和发现遇险船舶、救生艇或遇险人员等目标的过程。搜救寻位装置包括搜救雷达应答器(Radar-SART)和自动识别搜救发射器(AIS-SART)。从 2010 年 1 月 1 日起,船舶既可采用搜救雷达应答器(Radar-SART),也可选用自动识别搜救发射器(AIS-SART)来满足 GMDSS 设备的配备要求。

Radar-SART 工作在 9 GHz 波段。当救助船舶或飞机上 X 波段雷达信号触发 Radar-SART 时,它将发出应答信号,并在救助船舶或飞机的雷达屏幕上显示出遇险目标的位置,从而方便救助船舶或者飞机对遇险者实施救助。AIS-SART 工作在 AIS 系统的专用频道(AIS1 和 AIS2 信道),内置了全球导航定位系统接收装置,具有独特的水上移动业务标识,在船舶遇险情况下由人工启动,之后会在专用信道上自动发射遇险报警信息。遇险目标附近的船舶收到该特殊信息后,会在 AIS 设备上显示 AIS-SART 的准确位置。AIS-SART 的位置信息还会以 AIS 报告物标的形式呈现在雷达系统的屏幕上。

### 一、搜救雷达应答器

#### (一)Radar-SART 的作用及示位原理

1.Radar-SART 的作用

Radar-SART 是一个具有收发功能的小型设备,作用是在遇险现场帮助救助飞机或者救助船舶尽快确定遇险者的位置。图 19-2-1(a)为一款国产 Radar SART 设备。在某些情况下,遇险报警中的位置信息只是概略性的或者可能是不可靠的,并且由于受到海流、风及其他因素的影响,遇险人员的位置可能一直在发生变化。在这种情况下,当搜救船舶或飞机接近遇险现场时,就需要 Radar-SART 在 9 GHz 雷达信号的触发下及时发出特定示位信号,帮助搜救人员在复杂海况下尽快找到遇险人员。为此,IMO 要求 SOLAS 公约船配备 Radar-SART 和 9 GHz 雷达,以解决搜救时发现遇险船只或遇险人员困难的问题。

2.Radar-SART 的示位原理

Radar-SART 可以安装在驾驶室内,也可以安装在船舷或救生艇(筏)上,并方便遇险人员取用和携带。一旦险情发生，Radar-SART 可人工启动，也可在入水后自动启动。启动后，Radar-SART 首先处于待命状态，即只收不发。但一旦收到 9 GHz 的雷达信号，Radar-SART 会立即进入应答状态，此时既收且发。在应答状态，Radar-SART 会在 9 GHz 波段发射一串脉冲信号，该信号在雷达显示器上的标志是同一方位上的 12 个等距离光点，搜救船舶或飞机上的操作员即可根据该标志的起始点和方位确定遇险者的确切位置。其标志信号在雷达显示器上的视觉效果如图 19-2-1(b)所示。图中线段 *ON* 为船首线，第一个亮点到雷达荧光屏中心的距离 *OA* 为救助船与幸存者间的距离，角 $\theta$ 为救助船与幸存者间的方位夹角。图 19-2-1(c)为 X 波段雷达显示屏上显示的 Radar-SART 示位信号。

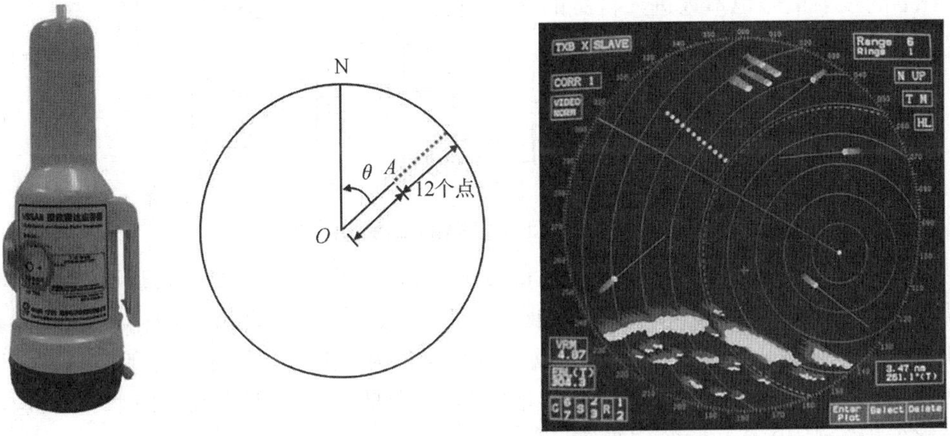


(a)　　　　　(b)　　　　　(c)

**图 19-2-1　Radar-SART 标志信号**

随着搜救过程中收、发双方距离逐渐接近，雷达所接收到的 Radar-SART 信号也逐渐变强，因而在大光点附近会逐渐出现小光点。这主要是 Radar-SART 响应雷达波的回扫信号造成的。当距离近至约 1 n mile 时，雷达天线的旁瓣与后瓣方向也能接收到 Radar-SART 的信号，此时由于余辉现象，雷达显示器上的标志信号由 12 个光点逐渐扩展为 12 条弧线。当双方进一步接近时，12 条弧线可能进一步变成 12 个同心圆，此时应答器信号只能用来测距，无法用来测量方位。为避免出现上述情形，要求搜救雷达操作员必须适时调整雷达参数，例如降低雷达增益等。这样，可以始终保持雷达显示器上的 Radar-SART 标志信号呈 12 个光点的状态。

另外，除发射无线电信号，在 Radar-SART 上还设有声、光指示装置，以便遇险人员判定设备的工作状态和搜救单位距离的远近。声响装置在待命状态下不发声，在收到雷达信号后，远距离应答时周期性地发出短促声，随距离渐近，周期渐短，直至变成连续的声响，此时表明搜救雷达已经近在咫尺了。若听到几种不同音调的声响，则可断定有多艘(架)救援船舶或飞机。

### （二）Radar-SART 的组成及性能指标

1.基本组成

如图 19-2-2 所示，Radar-SART 由天线、环行器（环路器）、接收机、扫描信号产生器（扫频器）和发射机组成。Radar-SART 接收机是一个工作在 9 GHz 的宽带接收机，接收到雷达脉冲后，产生 0.1 ms 左右的方波，控制扫频器和发射机工作。发射机采用的是扫频发射机，在扫描器的锯齿脉冲和接收机方波控制下工作，发射频率在 9 200 ~ 9 500 MHz 的调频波，使雷达接收机很容易地接收到此信号。扫频器就是一个锯齿波产生器，用于产生锯齿波电压，控制扫描频率发射机工作。环路器的作用是把 Radar-SART 的发射机和接收机隔离，以保证接收到的雷达信号不会进入 SART 的发射通道；而 SART 的发射信号也不致进入自身的接收通道，在发射时不至于损坏接收机。

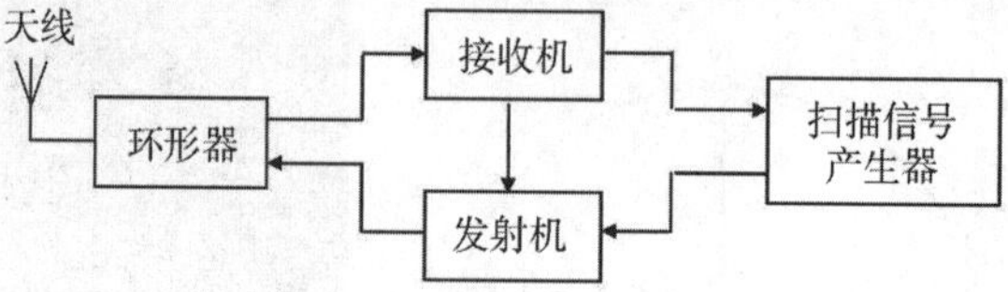


图 19-2-2　Radar-SART 基本组成框图

图 19-2-3 所示是 Radar-SART 各部分的波形图，其中：(a) 为雷达脉冲；(b) 为接收机被雷达触发后产生的 0.1 ms 的方波；(c) 为扫频器产生的锯齿脉冲；(d) 为发射机发出的调频信号；(e) 为导航雷达接收的示意图；(f) 为导航雷达形成光点的脉冲图。整个过程 Radar-SART 与搜救雷达保持严格同步，即每收到一个雷达触发信号，Radar-SART 就将发射一组 12 个脉冲的应答信号。

2.主要性能

Radar-SART 装置型号不一，外形各异，但所有产品都必须符合 IMO 相关性能标准。

(1) 应符合国际电信联盟 ITU-RM.628-2 建议书的要求。频率为 9 200 ~ 9 500 MHz，扫描频率为 200 MHz/5 μs。水平极化方式。

(2) 应能在救助装置的雷达上通过一系列等间隔点来显示遇险装置的位置。

(3) 能在 -20 ~ +55 ℃ 环境温度下工作，在 -30 ~ +65 ℃ 环境条件下贮存而不致损坏。

(4) 在规定浸水状态和 45 ℃ 的热冲击下保持水密。从 20 m 高度掉入水中不损坏，在水深 10 m 时至少 5 min 保持水密。

(5) 不属于救生艇的组成部件，则能漂浮在海面上，并不受海水、油的影响。在较长时间的阳光照射下不损坏。

(6) 外部结构光滑，并有便于辨认的明显的黄色/橙色的标志。

(7) 应有充足的电池能量，保持 96 h 工作在准备状态（STAND-BY）；在 1 kHz 脉冲重复频率的连续询问下，提供 8 h 的应答发射。

(8) 当 X 波段的航海雷达使用 15 m 高的天线，对相距至少 5 n mile 处的 Radar-SART 询问时，SART 应能正常工作。当峰值输出功率不低于 10 kW，距离为 30 n mile 的飞机雷达询问时，Radar-SART 应能正常工作。

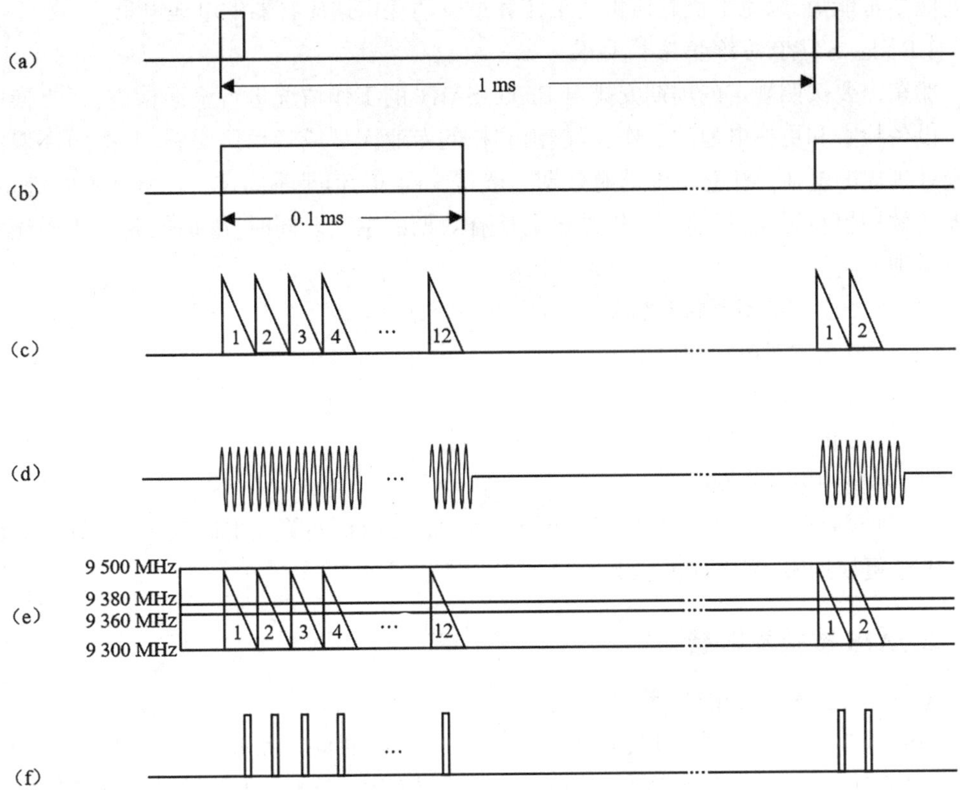


图 19-2-3 Radar-SART 各部分的波形图

## （三）维护保养

1.Radar-SART 的检查要求

Radar-SART 要求每月检查、测试工作是否正常，并将情况记录在电台日志。要注意外观检查，确认其处于良好状态；检查 Radar-SART 上标识的船名、呼号、MMSI 是否清楚，电池是否在有效期内。配备的 Radar-SART 数量是否和电台执照一致。检查 Radar-SART 的存放位置是否便于取出并易于带上救生艇筏，例如是否需要扳手、梯子等。

2.Radar-SART 的测试要求

一种方法是运用设备本身提供的测试装置，例如测试控钮（“TEST”）或者一个可以旋转的环形体。测试时，把 X 波段雷达打开并调整到适当量程，手持设备站在船舶驾驶台的两翼（Wing）位置，按下“TEST”按钮或者旋转环形体到“TEST”位置，此时雷达屏幕出现同心圆，设备本体上面有灯光提示，表示设备工况正常。另一种方法是船舶在码头系泊时，一人将 SART 带到离船稍远一些的岸上，另一人在船舶驾驶台观测 X 波段雷达是否能收到 Radar-SART 的应答信号。当雷达显示器上出现一系列等间隔点状回波，同时雷达应答器有受到触发产生蜂鸣音和指示灯闪亮，表明 Radar-SART 工作正常。需要特别注意的是，后一种测试方式一般不建议采纳或者采纳时应配合以完善的预防措施，因为测试信号可能被附近的其他船舶接收到，进而引起搜救系统的紊乱。关于这个问题，IMO 在多个通函中都有提及。

在对 Radar-SART 进行测试时，应按照设备厂家的操作要求进行。雷达应答器试验时间应尽可能短，以免干扰其他雷达工作和过分消耗雷达应答器的电池电量。

3.Radar-SART 的维护保养要求

船东需要按照规定的周期安排对 Radar-SART 的工作情况进行全面检查，并更换电池。设备检查和更换电池的工作，只能由委托的专业人员或者单位实施，并按照环保的规定处理废旧电池。注意电池的有效期一般是 3~4 年，但是不固定。随着技术的进步，电池有效期也在延长，目前有 5 年甚至更长有效期的电池。同时，维护保养中还要注意以下事项：

(1)无资质人员不要打开机身。

(2)不要试图对电池充电。

(3)不要将电池扔进火中。

(4)不要将电池放在 70 ℃以上的地方。

(5)不要使电池短路。

(6)如果除测试以外的其他原因使用了 Radar-SART，不管发射时间多长，不管是否到了电池更换期限，都必须更换电池。

## 二、AIS 搜救发射器

### (一) AIS-SART 的作用

AIS-SART 工作在甚高频段，其作用与 Radar-SART 相同。和 Radar-SART 相比，AIS-SART 具有通信距离远、信号容易被接收和发现、使用时受天气和海况影响小等特点。AIS-SART 体积小、重量轻，通常安装在救生装置上。一旦船舶遭遇险情，AIS-SART 启动后交替在 AIS1 和 AIS2 信道上发送诸如遇险位置、状态、安全信息等与普通 AIS 信息格式一致的数据信息，方便附近参与救援行动的船舶快速、准确地锁定遇险目标位置。AIS-SART 设备既允许手动启动和关闭，也可以自动启动。对于正确操作，设备会发出声或/和光响应。

### (二) AIS-SART 的寻位原理

船舶遇险时，AIS-SART 所发射的信息，能被附近的 AIS 接收机接收、识别和显示，并能让接收方清楚分辨出是 AIS-SART 装置发出的信息，以便与其他普通 AIS 信息相区别。

### (三) AIS-SART 的组成

AIS-SART 由 7 个部分组成，分别是监视指示器、电池、启动装置、控制单元、AIS 发射机、定位系统、授时同步装置。其中，启动装置、控制单元、AIS 发射机组成系统的运作内核；定位系统、授时同步装置组成控制单元的主要功能区；监视指示器是系统的显示终端；电池是系统的可移动部件。

### (四) AIS-SART 的性能

按照 IMO 的性能标准和 IEC 的测试标准要求，AIS-SART 应在遇险情况下发射设备的位置信息、静态信息和安全信息，发射功率 1 W。AIS-SART 的水上移动识别为 970xxyyyy，具体内容见第十八章第四节。AIS-SART 在测试状态下播发“SART TEST”固定格式的安全短消息，图标显示绿色⊗符号。在遇险启动后则播发“SART-ACTIVE”，航行状态为“AIS-SART(active)”,图标显示符号为红色“⊗”,这些独特的信息便于观测者识别。启动后,GNSS 接收机每分钟提供位置信息,为了延长工作时长,启动 1 h 后 AIS-SART 可进入每 5 min 提供一次位置信息的节能模式。启动后 1 min 之内,AIS-SART 在两个 AIS 信道上采用 PATDMA 协议交替发射位置报告,带宽 25 kHz,间隔不大于 1 min。即使 GNSS 位置和时间丢失,AIS-SART 仍能够继续发射最后已知位置,并指示电子定位系统失效。各厂家生产的 AIS-SART 都必须符合 IMO 相关性能标准:

(1)工作频率:161.975 MHz、162.025 MHz。

(2)等效全向辐射功率(EIRP):不小于 1 W。

(3)有指示设备正常操作的声、光指示功能或装置。

(4)能人工启动与关闭,也可具有自动启动功能或装置。

(5)有测试功能,并提供测试信息,以确定设备所有功能正常。

(6)电池容量确保在-20~+55 ℃的温度下至少连续工作 96 h。

(7)外表平滑,涂黄色或橘黄色,颜色长期暴露在阳光下而不退化,能够抵抗海水和油液侵蚀。

(8)能够从 20 m 高度落入水中而不会损毁。

(9)沉浸在 10 m 水下至少 5 min,以及在 45 ℃水中,保持水密性完好。

(10)如果 AIS-SART 不是救生艇筏的固定组成部分,则能够漂浮,并需配有用于系留的 5~8 m 长的浮缆,浮缆受力强度不低于 25 kg。

(11)安装使用时,AIS-SART 天线工作高度应至少高于海面 1 m,应能在水上 5 n mile 的范围内探测到 AIS-SART,设备体表面和用户手册中应有安装指示图解。

(12)工作温度:-20~+55 ℃。存放温度:-30~+70 ℃。

**(五)AIS-SART 的维护保养**

(1)确保设备外表面的英文简要操作和试验须知、所用原电池的有效期等内容清晰可辨;按规定,定期进行试验操作。

(2)确保设备的中英文铭牌清晰、耐久,且至少包含生产厂家识别标志、产品型号、唯一的用户 ID 以及罗经安全距离等内容。

(3)确保设备的外表无凹痕、碰伤、裂缝、变形等现象;涂镀层无起泡、堆积、龟裂和脱落等现象;颜色要保持均匀、协调。

(4)应保存好诸如安装及操作说明、定期试验和维护保养须知等资料,以便能恰当地操作设备并对之加以维护和保养。

**思考题**

1.介绍 406 MHz EPIRB 的功能。

2.简述全球搜救卫星系统的组成及各部分的作用。

3.简述 LEOSAR 和 GEOSAR 结合的搜救卫星系统的工作原理。

4.简述 LEOSAR 系统的两种工作模式。

5.简述示位标按用途如何分类。

6.对 406 MHz EPIRB 的安装地点有哪些要求?

7.如何对 EPIRB 进行检查、维护和保养?

8.简述 Radar-SART 的作用、组成及工作原理。

9.简述 AIS-SART 的功能。

10.简述 SART 设备的测试要求。

# 第二十章

# 船舶通信天线

## 第一节 ◉ 天线的种类及作用

### 一、天线的定义

电磁波的发射或接收都要通过天线来实现。IEEE 将天线定义为“辐射或接收无线电波的装置”,即天线是这样一个部件:将电路中的高频振荡电流或馈线上的导行波有效地转变为某种极化的空间电磁波,并保证电磁波按所需的方向传播(发射状态),或将来自空间特定方向的某种极化的电磁波有效地转变为电路中高频振荡电波或馈线上的导行波(接收状态)。电磁波的极化,是指在垂直于传播方向平面内电场强度矢量 $\boldsymbol{E}$ 随时间变化的方式,亦即电场矢量在空间的取向。总之,天线本质上是一个变换器或者换能器。

### 二、天线的种类

天线把传输线上传播的导行波,变换成在无界媒介(通常是自由空间)中传播的电磁波,或者进行相反的变换。天线在无线电设备中用来发射或接收电磁波的部件。无线电通信、广播、电视,以及雷达、导航、电子对抗、遥感、射电天文等工程系统,凡是利用电磁波来传递或者获取信息的,都依靠天线来进行工作。按照不同的分类方法,天线可分为以下类型:

(1)按工作性质可分为发射天线和接收天线。

(2)按用途可分为通信天线、广播天线、电视天线、雷达天线等。

(3)按方向性可分为全向天线和定向天线等。

(4)按工作波长可分为超长波天线、长波天线、中波天线、短波天线、超短波天线、微波天线等。

(5)按结构形式和工作原理可分为线天线和面天线等。

(6)按维数可分为一维天线和二维天线。一维天线:天线可以是直线,或者是其他一些灵巧的形状,例如老式电视机上使用的接收天线。单极和双极天线是两种最基本的一维天线。二维天线:变化多样,有片状(一块正方形金属)、阵列状(组织好的二维模式的一束片)、喇叭状、碟状。

(7)天线根据使用场合的不同可分为:手持台天线、车载天线、基地天线三大类。手持台天线:个人使用手持通信的天线,常见的有橡胶天线和拉杆天线两大类。车载天线:原设计安装在车辆上的通信天线,最常见、应用最普遍的是吸盘天线。车载天线结构上也有缩短型、中部加感型、四分之一波长、八分之五波长、双二分之一波长等形式。基地天线:在整个通信系统中具有非常关键的作用,尤其是作为通信枢纽的通信台站。常用的基地天线有玻璃钢高增益天线、四环阵天线(八环阵天线)、定向天线等。

天线种类的划分方法很多。船用天线按照形状划分,有倒L型天线、T型天线、鱼骨天线、螺旋天线、抛物面天线等;按照在船上的用途划分,有地面系统通信天线、卫星通信天线和导航设备天线等。

### 三、天线的作用

天线是一种换能器。天线辐射的是无线电波,接收的也是无线电波。天线能够把发射机传输给它的交变电流转变为向空间辐射的电磁波,或者把在空间传播的电磁波耦合到系统中并以交变电流的形式传送给接收机,其中前者叫作发射天线,后者叫作接收天线。

然而发射机通过馈线送入天线的并不是无线电波,接收天线也不能把无线电波直接经馈线送入接收机,其中必须经过能量转换过程。在发射端,发射机产生的已调制的高频振荡电流(能量)经馈电设备输入发射天线(馈电设备可随频率和形式不同,直接传输电流波或电磁波),发射天线将高频电流或导波(能量)转变为无线电波——自由电磁波(能量)向周围空间辐射;在接收端,无线电波(能量)通过接收天线转变成高频电流或导波(能量)经馈电设备传送到接收机。从上述过程可以看出,天线不但是辐射和接收无线电波的装置,同时也是将交变的电流与空间的电磁波进行转换的一种能量转换装置,是电路与空间的界面器件。

一般来讲,天线具有以下三个功能:

(1)将交变电路的电能向空中辐射形成电磁能,或者将空间的电磁能耦合入接收机电路中形成交变电流。

(2)可以根据需要按照一定的频率、极化方式,向空间某个确定方向发射电磁波或者从某个确定方向接收电磁波。

(3)对接收到的信号进行一定程度的放大。

## 第二节 ◉ 天线的基本知识

### 一、天线的方向性

天线的方向性是指天线对空间不同方向具有不同的辐射或接收能力。它是天线在远场区辐射场的一个特性,是最大辐射功率和各向同性功率的比值,主要表现方法为天线的方向图。天线应使电磁波尽可能集中于所需的方向上,或对所需方向的来波有最大程度的接收,这就是天线方向性的研究内容。

天线辐射的电磁能量在空间各个方向上的分布有的是均匀的,有的是不均匀的。分布均匀的天线没有方向性,我们称之为全向天线;分布不均匀的天线具有方向性,我们称之为方向性天线。船用中短波天线、甚高频天线一般就没有方向性,是全向天线。Inmarsat FB 船舶地球站的天线具有很强的方向性,天线只有对准卫星才能正常通信,就是方向性天线。

## 二、天线的辐射效率

天线的辐射效率是指天线辐射出去的功率(即有效地转换电磁波部分的功率)和输入天线的有功功率之比,它是恒小于 1 的数值。作为发射天线,辐射效率高的发射天线可将输入天线的能量,更多地转化为空间电磁波辐射出去;作为接收天线,吸收效率高的接收天线可以接收到更多的空间电磁波能量,供接收电路使用。

天线的输入功率由辐射功率与损耗功率(导体损耗、介质损耗、表面波损耗)组成。据此定义可知,要提高天线的效率,应该尽可能增大天线的辐射电阻,减小天线的损耗电阻。

天线的辐射效率 $\mu$ 计算公式如下:

$$\mu = \frac{P_r}{P_i} = \frac{P_r}{P_r + P_l} \tag{20-2-1}$$

其中,$P_r$为辐射功率;$P_i$为输入功率;$P_l$为损耗功率。

## 三、天线的互易性

一般天线都具有可逆性,即同一副天线既可用作发射天线,也可用作接收天线。同一天线作为发射或接收的基本特性参数是相同的。这就是天线的互易性定理。

同一通信系统收、发天线的结构、方向性及阻抗等方面的特性都是相同的,因此,从能量转换这一角度看它们是可以互换使用的,即天线具有收、发的互易性。如船用甚高频天线、MF/HF 天线、Inmarsat 船舶地球站天线等都是收、发共用的天线。但是,当收、发共用天线时,必须通过一定的技术手段解决往来信息的隔离问题,如收发控制开关、环形器等。

## 四、天线的极化特性

电磁波在空间传播时,若电场矢量的方向保持固定或按一定规律旋转,这种电磁波便叫极化波,又称天线极化波。极化电磁波的电场方向称为极化方向。极化电磁波的极化方向与传播方向所构成的平面称为极化面。通常可分为平面极化(包括水平极化和垂直极化)、圆极化和椭圆极化。

### (一)平面极化

如果电磁波的极化方向保持在固定的方向上,称为平面极化,也称线极化。凡是极化面与大地法线面(大地垂直面)平行的极化波称为垂直极化波,其电场方向与大地垂直。凡是极化面与大地法线面垂直的极化波称为水平极化波,其电场方向与大地平行。垂直极化和水平极化都是平面极化的特例。

### (二)圆极化

当无线电波的极化面与大地法线面之间的夹角在 0°~360°呈周期性变化,即电场大小不变,方向随时间变化,电场矢量末端的轨迹在垂直于传播方向的平面上的投影是一个圆时,称为圆极化。

**(三)椭圆极化**

当无线电波极化面与大地法线面之间的夹角在0°~360°呈周期性变化,且电场矢量末端的轨迹在垂直于传播方向的平面上的投影是一个椭圆时,称为椭圆极化。圆极化是椭圆极化的特例。

# 第三节 ◉ 船舶常用天线及其维护方法

地面通信系统中,主要有中短波(MF/HF)天线和甚高频(VHF)天线。卫星通信系统中,主要有方向性天线(包括抛物面天线、相控阵天线)和全向天线。

## 一、地面通信系统天线

**(一)船用 MF/HF 天线**

船用 MF/HF 设备通常配备一副收发天线和一副 DSC 值守机接收天线。船舶常用的 MF/HF 天线主要是鞭状天线、T 型和倒 L 型天线、直立桅杆式天线等。

1.鞭状天线

鞭状天线因其外形酷似鞭状而得名,结构如图 20-3-1 所示。当天线的长度为无线电信号波长的 1/4 时,天线的发射和接收转换效率最高。因此,船用 MF/HF 鞭状天线的长度一般为 5~12 m,其内部骨架上绕有螺旋状铜线,以延长天线的有效长度。当电流沿螺旋导线前进时,电磁波沿轴向传播速度较小,相当于天线的有效长度延长。有时在螺旋顶端加顶(侧鞭),也相当于延长了天线的有效长度。鞭状天线的长度一般小于中短波通信工作的波长,天线具有较大容性,通常经由天线耦合器接入 MF/HF 收发设备。

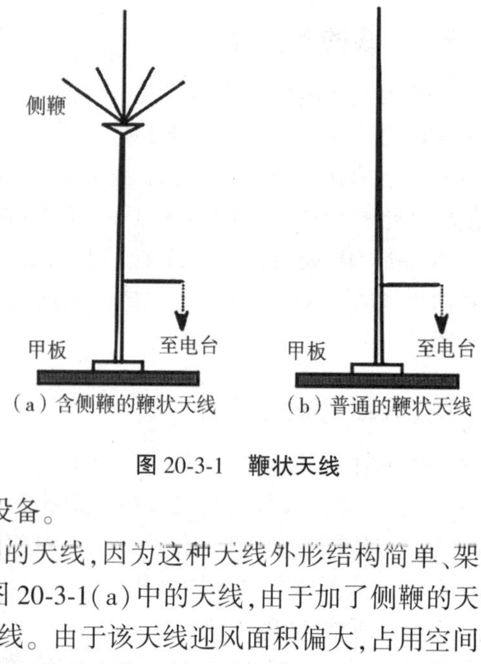


图 20-3-1　鞭状天线

鞭状天线是目前 GMDSS 船舶采用最多的天线,因为这种天线外形结构简单、架设容易、风阻小,所以维护和使用非常方便。图 20-3-1(a)中的天线,由于加了侧鞭的天线形状酷似雨伞的骨架,因此又被称为伞状天线。由于该天线迎风面积偏大,占用空间偏大,几个侧鞭极易与旗绳等发生缠绕,因此在现代化商船上应用较少。

2.T 型和倒 L 型天线

T 型和倒 L 型天线结构分别如图 20-3-2 的(a)和(b)所示。中波的波长较长,在船上架设垂直天线由于条件限制不能架得太高,因而天线有效长度($L$)与波长($\lambda$)之比很小。当天线长度较小时,其辐射电阻相应也小。为了增大天线的辐射电阻,可在垂直天线的顶端加上水平导线，称这段导线为水平顶线，这就相当于延长了天线的有效长度，使电波的辐射能力增强，提高了天线的辐射效率。

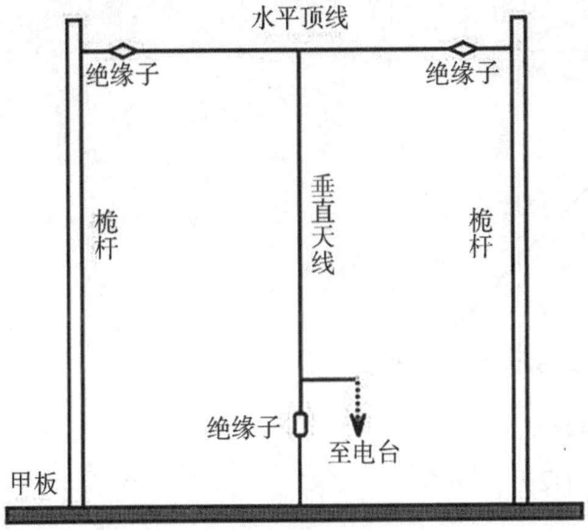

（a）T型天线

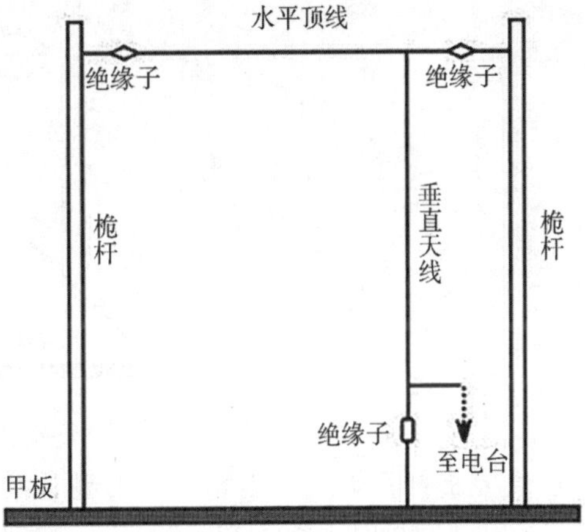

（b）倒L型天线

**图 20-3-2　T 型和倒 L 型天线**

为了进一步提高天线的辐射效率，常常采用一般不超过 4 根的多水平顶线，如图 20-3-3 所示。为避免辐射电阻的减小，必须使垂直下引线（垂直部分）至少离开桅杆 5～6 m，水平顶线间距不应小于 70 cm。T 型和倒 L 型天线是借助桅杆架设的。至于一艘船舶采用 T 型天线还是倒 L 型天线，则完全取决于电台距桅杆的位置。T 型和倒 L 型天线的一般架设方法是，沿着船舶首尾走向，一端通过滑轮固定在主桅杆上，另一端通过滑轮固定在起重柱上。由于这种类型的天线会影响货船起重设备的使用，因此在船舶装卸货物时不得不经常放下和吊起，不仅操作麻烦，而且容易损坏天线。上述天线一般在建于 20 世纪七八十年代的船舶上比较常见。

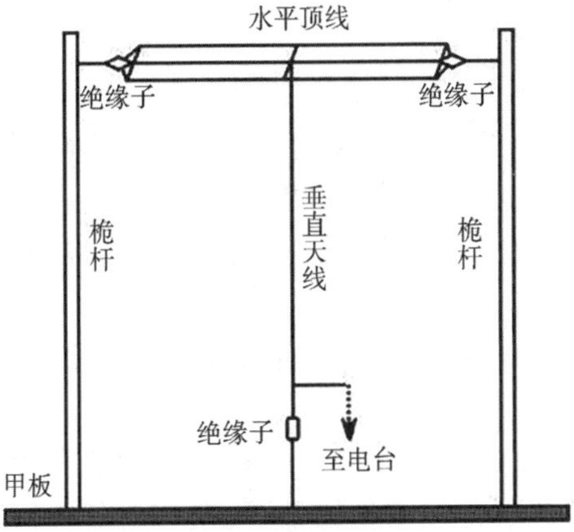

（a）多顶线T型天线

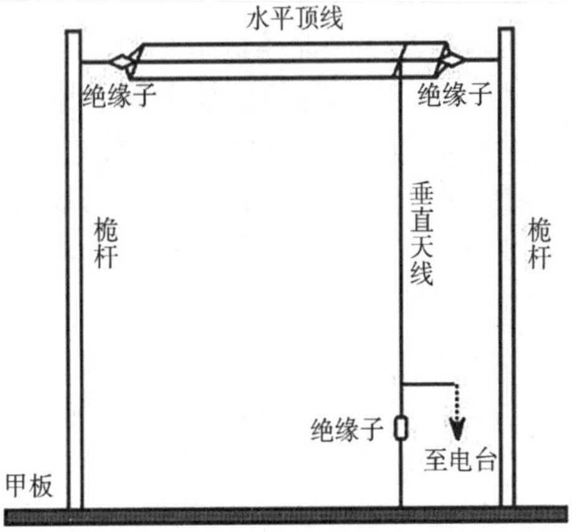

（b）多顶线倒L型天线

**图 20-3-3　多顶线 T 型和倒 L 型天线**

3.直立桅杆式天线

直立桅杆式天线也叫带拉索的桅杆天线，由高频绝缘子、桅杆、加顶电容圈和拉索四个部分组成，其结构如图 20-3-4 所示。高频绝缘子位于天线底座，用于支撑天线，要求其绝缘程度高。桅杆是底部绝缘的空心桅杆，高频电流沿外表面流到顶部，辐射高频能量,内表面没有高频电流。加顶电容圈起加顶的作用,从而达到抵消天线感性电抗成分的目的。拉索起固定天线的作用。

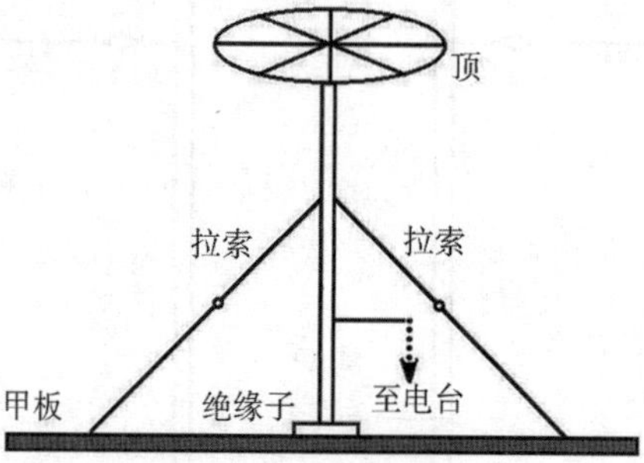


图 20-3-4 直立桅杆式天线

直立桅杆式天线与 T 型和倒 L 型天线相比有以下特点:

(1)装卸货时无须拆卸天线,不影响船舶装卸货。

(2)T 型和倒 L 型天线遇雨或结冰时,绝缘子附挂的冰水将会使天线与桅杆绝缘程度降低甚至短路,而直立桅杆式天线在这方面问题比较小。

(3)直立桅杆式天线易于实现标准化设计。

由于直立桅杆式天线迎风面积较大、架设时拉索占用甲板面积也较大,在现代化商船上应用得并不广泛。

**(二)船用 VHF 天线**

船用 VHF 设备工作频率为 156~174 MHz,其对应的波长不足 2 m。因此,其所用天线的尺寸也相对较小。目前,船用 VHF 设备的天线多采用 0.5~1.5 m 的鞭状天线,通过电缆与 VHF 设备连接,特性阻抗是 50 Ω。VHF 天线一般固定安装在驾驶台顶部、烟囱顶或大桅顶等较高位置,以保证能有足够长的通信距离。目前,也有船舶 VHF 设备采用有源天线的,但是比例很小。

**(三)地面通信系统天线的维护**

对天线的精心维护是绝对必要、不容忽视的。一方面因为天线的性能直接影响到通信效果;另一方面也因为天线都暴露安装在室外,远离船员的正常活动范围,处在复杂、恶劣的环境中,若疏于管理极易出现问题而导致无法正常通信。对设备天线的维护,可重点关注以下几方面:

(1)船舶电子电气员上船后应尽快掌握本船组合电台天线的配置情况与安装位置,定期进行外部巡视,发现问题及时解决。

(2)海上风大,采用多股铜绞线的天线,存在因风折断的可能。另外,天线要绝缘架设。所以,日常应注意检查天线的各受力部位、绝缘性能以及锈蚀情况,及时对其进行紧固、清洁和防锈处理。

(3)尽管直立桅杆式天线相对牢固,但也要注意检查其底部的绝缘性能和稳固性。

(4)有些设备的发信机自动天线单元也安装在室外,日常应注意检查天线与自动天线单元或其他设备间电缆馈线的连接情况。曾有船舶发生过因馈线节点锈蚀而遭雷击,致使自动天线单元损毁的情况,此现象应格外关注。

(5)很多天线距离船舶的旗绳较近,应经常检查它们之间是否有绞缠情况。尤其在潮湿天气，开机前注意检查旗绳，以免接地损坏收发信机或者伤及人身。

(6)经常检查天线通向甲板开口的水密情况。该处由于与船体经常摩擦易于损坏，导致雨水沿传输线铠甲破口灌入设备。

(7)更换损坏的天线或者传输线时注意阻抗匹配。

(8)铺设新的传输线时注意不要用力折传输线，这样可能导致内部屏蔽、线芯、铠甲等受损。

(9)铺设传输线的长度适宜为好。如果过长，会导致信号衰减严重而影响传输效果；也不要过短，例如沿途全部拉平伸直等，这点对于铺设较长线缆时尤其关键，由于气温变化和热胀冷缩，传输线本身可能受损或者拉伤天线和设备，正确方法是让传输线沿途保持一定的垂量，到达两端时，将传输线环绕3~4圈并绑扎在船体上。

## 二、Inmarsat 船舶地球站天线

目前，在各类 Inmarsat 船舶地球站中所使用的天线可分为两类：一类称为方向性天线，另一类称为全向天线。方向性天线是指向某一方向辐射或接收电磁波的天线。全向天线也称为无方向性天线，是指向各方向均匀辐射电磁波的天线。所有的 Inmarsat 船舶地球站天线通过电缆与设备相连，特性阻抗是 50 Ω。Inmarsat 船舶地球站的天线收、发共用，因天线具有互易性，所以作为发射天线与作为接收天线其性能是相同的。

### （一）方向性天线

卫星通信系统中，船舶地球站使用的方向性天线主要有抛物面天线和相控阵天线。Inmarsat FB 船舶地球站多使用相控阵天线。

1.抛物面天线

Inmarsat 船舶地球站使用的抛物面天线如图 20-3-5(a)所示。抛物面天线是增益较高的一种微波天线，它是利用抛物面的几何特性，将一个由照射器产生的弱方向辐射经抛物面反射后，形成一个方向性很强的天线辐射。组成抛物面天线的照射器和反射器，其工作原理与探照灯相似，即利用几何光学原理，将照射器产生的球面波校正为平面波。照射器与馈线相连接，其作用是往抛物面上辐射电磁波，照射器通常置于抛物面焦点上。抛物面的作用是反射由照射器射出来的球面波，使之成为平面波且向着抛物面正前方传播出去。

2.相控阵天线

Inmarsat FB 船舶地球站一般采用比较先进的相控阵天线，如图 20-3-5(b)所示。相控阵天线被认为是比较先进的通信天线，一般包括辐射单元、馈源电路、功率合成/分配器和移相器。其中，移相器是相控阵天线的关键器件，通常采用数字移相器。借助数字移相器，相控阵天线可以在 1 ms 内把波束由一个方向转移到另一个方向，实现移动体对卫星的跟踪。

船舶地球站不论采用哪种方向性天线，都需要有天线控制系统，以使天线始终指向卫星。但与抛物面天线相比，相控阵天线具有控制灵活、扫描速度快、天线体积小且可与载体平台共形的优点，但天线成本高（辐射元多且昂贵），控制复杂（天线上零件多，装配量大且要求测试）。

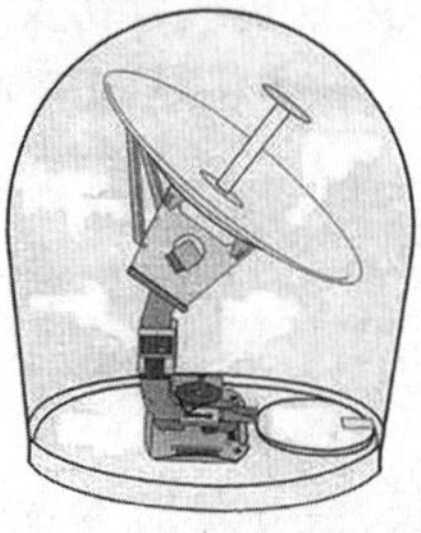

（a）抛物面天线

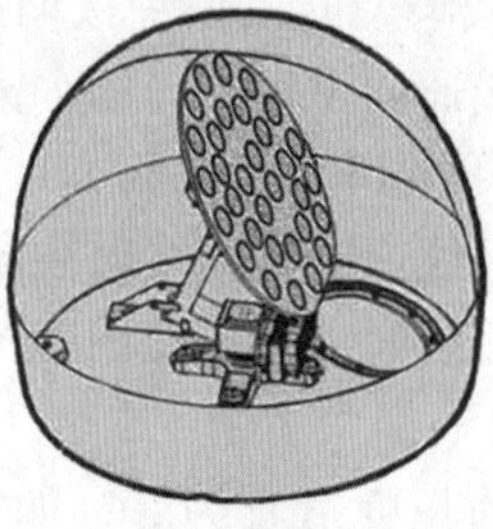

（b）相控阵天线

图 20-3-5 方向性天线

3.船站的天线控制系统

对于采用定向天线的船站，要求船舶航行时天线必须始终指向卫星，而船舶在航行、转向及受天气影响纵横摇摆，也包括天线指向误差等因素的影响下，天线指向会偏离卫星。这样，船站设备需要设置天线控制系统以补偿因各种因素导致的船舶天线的指向误差。

（1）补偿方法及机理

天线控制系统要起到误差补偿作用，就必须从船舶各种运动传感器获得误差信号，再通过各自的反馈系统去控制天线指向。首先，船舶航行中天线相对于船体至少具有两个平面上的运动，一个是水平平面上的左右摆动，称为方位（Azimuth）运动；一个是垂直平面上的上下运动，称为仰角（Elevation）运动，因此天线必须要有两个运动轴，一般分别称为 *AZ* 轴和 *EL* 轴。其次，要考虑船舶航行中风浪对天线指向的影响，为了方便控制，可以把 *AZ* 轴和 *EL* 轴建立在一个控制平台上，该控制平台由 *X* 轴和 *Y* 轴构成，在任何天气条件下，由 *X* 轴和 *Y* 轴控制保持平台水平。这样，在这个控制平台上安装的 *AZ* 轴和 *EL* 轴，就可以专门用来补偿船舶航向和位置的变化，如图 20-3-6 所示。按这种方法建立的天线控制系统通常称为四轴控制系统，由于四个轴分别控制，控制电路较为简单。

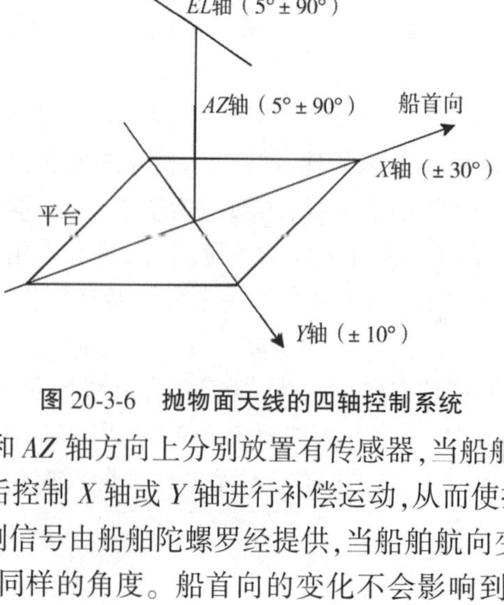


图 20-3-6 抛物面天线的四轴控制系统

控制平台的 *EL* 轴和 *AZ* 轴方向上分别放置有传感器，当船舶纵横摇摆时，由传感器送出误差信号，经处理后控制 *X* 轴或 *Y* 轴进行补偿运动，从而使控制平台尽量保持在水平位置上。*AZ* 轴的控制信号由船舶陀螺罗经提供，当船舶航向变化时，天线 *AZ* 轴将被驱动向相反的方向转动同样的角度。船首向的变化不会影响到天线的仰角，但船舶地理位置的变化,不仅会使仰角变化,还会使卫星的方位发生变化,但这种变化是缓慢的,用始终保持接收信号最强的自动跟踪方法,可以补偿这种慢变化。*AZ* 轴和 *EL* 轴控制原理相同。在航行期间,接收信号电平变化,控制系统应能自动补偿这种变化,保持对卫星的连续跟踪。船站开机后一般需要设定卫星和船位信息,以完成天线指向的初始定位。此后,船站在航行中才完全依靠接收电平的大小进行自动跟踪。

(2)天线自动跟踪的方法及工作原理

天线自动跟踪的方法有多种,总体可分为机械跟踪和电子跟踪两类。

机械跟踪是指用机械控制的方法驱动天线运动改变天线波束方向持续跟踪卫星。这一类天线需要伺服驱动系统。抛物面天线一般采用的是机械跟踪方法。

电子跟踪是指通过电子控制改变天线波束方向跟踪卫星。这一类天线通常通过改变移相器的相移值,控制天线波束方向来跟踪卫星。相控阵天线采用的是电子跟踪方法。

相控阵天线与抛物面天线比,在自动跟踪方面有两大优点。首先是控制灵活:船站通过软件改变馈源点相移值,控制天线波束扫描,以跟踪卫星,取代了机械扫描天线中的伺服驱动系统;其次是跟踪速度快:因为采用数字移相器,天线波束形状变化快。

在机械跟踪方法中,多采用步进跟踪的方法。步进跟踪法又称为“爬山”法,它是以接收信号电平最大为原则来驱动天线。当天线正好对准卫星时,船站可获得最大的接收信号电平;当天线偏离卫星时,随着偏离角度的增大,接收电平将明显下降。图 20-3-7 是天线步进跟踪原理示意图,其控制过程如下:

假设,在某时刻天线接收电平对应 *A* 点,将天线方向移动一个角度后,接收电平对应 *B* 点。*B*、*A* 两点电平比较,若 *B* 点电平大于 *A* 点电平,则天线移动方向不变,继续移动到 *C* 点。*C*、*B* 两点电平比较,若 *C* 点电平大于 *B* 点电平,天线沿原方向继续移动到 *D* 点。*D*、*C* 两点电平比较,若此时 *D* 点电平小于 *C* 点电平,天线则朝相反方向移动。如此反复,最终在 *B*、*C*、*D* 三点上来回移动。但伺服电机频繁工作,对于系统总体稳定性可能不利,因此大多数天线接收信号允许在一定范围内波动,这就减少了天线系统的频繁动作。这种跟踪是跳跃式的,每一步有固定的角度位移,一般为 0.5°,故称为步进跟踪。

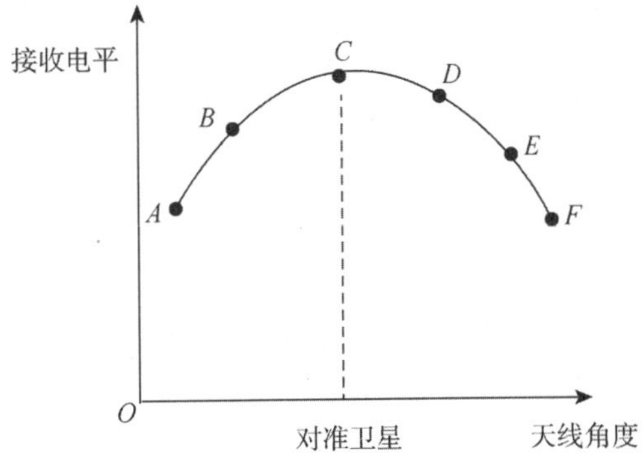


图 20-3-7　天线步进跟踪原理示意图

在船位变化时,除天线的方位角会发生变化外,仰角也会改变,因此船站天线的步进跟踪是方位角步进和仰角步进交替进行的。为了保证能随时随地建立卫星通信线路,天线对卫星的跟踪必须是连续的,即使在空闲状态跟踪也不能中断,否则天线将偏离卫星。为了船站天线的跟踪,Inmarsat 系统卫星应连续不断地发射信号,该信号就是经卫星转发的网络协调站的 TDM 载波信号。

在实际工作中,船舶可能由于连续大角度转向,使天线馈线和天线基座部分发生绞缠。此时,天线系统会控制天线自动回绕。回绕过程中可能发生瞬间通信中断。为了克服这个缺陷,对于通信质量要求较高的船舶,如豪华邮轮、军事用船,可能采用双天线系统的配置。

### （二）全向天线

卫星通信系统中,Inmarsat C 船舶地球站使用的天线是全向天线,船舶地球站全向天线以螺旋天线居多。螺旋天线是一种天线增益相对较低的天线,它将导线绕成螺旋形,通常导线绕在一个圆柱形或圆锥形介质表面。这种天线的方向特性在很大程度上取决于螺旋直径与波长之比,当螺旋直径很小时,在垂直螺旋轴的平面上有最大辐射,且在此平面内的方向性图为圆,所以称全向天线。螺旋天线可以看作一根鞭状天线,电流沿螺旋线前进,相当于使天线长度延长。圆锥形螺旋比圆柱形螺旋具有更宽的频带。

全向天线不需要卫星跟踪系统,但对卫星的发射能量要求相对较高,图 20-3-8 所示是 Inmarsat 船舶地球站中所使用的全向天线。

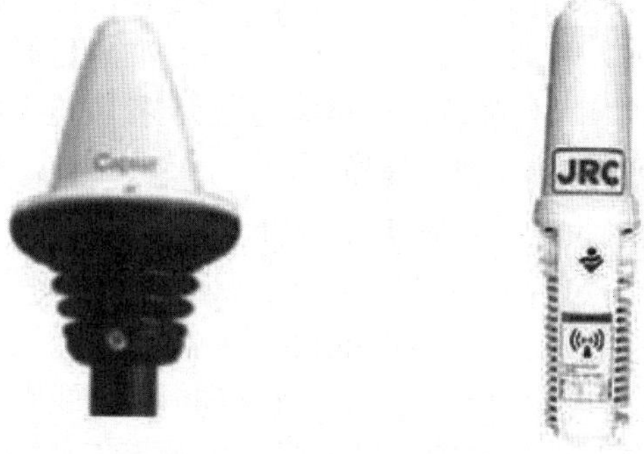


图 20-3-8　Inmarsat 船舶地球站中所使用的全向天线

### （三）Inmarsat 船舶地球站天线的维护和保养

船舶上卫星系统设备的天线都是严格按照要求安装的,加上天线本身装有天线罩,因此与地面系统设备的天线相比不需要过多的维护,只是要注意以下几点:

(1)天线罩应保持干净。注意不能在天线罩上随意喷涂油漆。

(2)对于定向天线,要定期检查天线底座是否由于船舶震动而脱焊松动;对于全向天线,要检查其固定是否牢固,电缆与天线之间是否连接良好。

(3)进行甲板上设备维修或进入天线罩检修时,应切断船舶地球站电源。有些船舶地球站在天线罩内还设有一个电源开关,检修时应断开,检修完毕也应及时闭合此开关。

(4)船舶地球站工作时,距离天线一定距离的范围内不允许有人,以避免微波辐射对人体造成伤害,具体距离可以参考设备说明书。但是,当天线罩高于甲板 2 m 以上时,可不受上述距离的限制。但在没有关闭射频发射器的情况下,人靠近天线的时间每天不允许超过 1 h。

(5)根据设备说明书,定期做功能测试,了解甲板上设备各部件的工作情况。

(6)铺设传输线的长度以适宜为好,铺设新的传输线时注意不要用力折传输线,更换损坏的天线或者传输线时注意阻抗匹配。

**思考题**

1.天线的主要功能是什么?

2.在海事卫星通信系统中,船舶地球站所用的天线有哪些类型?各有什么特点?

3.船用 MF/HF 组合电台通常采用什么形式的天线?各具有什么特点?

4.简述抛物面天线的工作原理。

5.简述船用相控阵天线的构成。

6.如何对 MF/HF 电台天线进行维护?

7.如何对 Inmarsat 船舶地球站天线进行维护和保养?

# 第二十一章 GMDSS 备用电源

## 第一节 船用电源概述

### 一、船用电源的分类与作用

船舶电源分为主电源、应急电源和备用电源。主电源主要由船舶副机(发电机)提供,应急电源主要由船舶应急发电机提供,上述两个电源可以自动或人工切换。主电源的任务是对船舶所有用电设备、设施提供电力。应急电源的任务是在船舶副机不能供电时,向船舶的相关关键设备供电,包括船舶导航通信设备、应急照明等。备用电源的任务是在船舶主电源、应急电源都不能正常工作的情况下,独立向 GMDSS 的关键通信设备供电。

根据《1974 年国际海上人命安全公约》的相关要求,船舶在海上时,应始终可获得足够的电源供无线电装置工作,并对作为无线电装置的 1 个或多个备用电源组成部分的蓄电池进行充电。每艘船舶应设有 1 个或多个备用电源,当船舶主电源和应急电源发生故障时,向无线电装置供电,以便进行遇险和安全通信。

对于船舶配有的应急电源,如其完全符合公约第Ⅱ-1/42 条或 43 条所有相关要求(包括向无线电装置供电),GMDSS 备用电源应能够保证通信设备连续工作 1 h;对于船舶配有的应急电源,如其不完全符合公约第Ⅱ-1/42 条或 43 条所有相关要求(包括向无线电装置供电),GMDSS 备用电源应能够保证通信设备连续工作 6 h。GMDSS 备用电源不必同时向各自独立的 HF 和 MF 无线电装置供电。

应急发电机一般装在水线以上的位置,保证机舱进水后仍能继续工作。船舶应急电源的供电能力较小,一般只能满足船舶重要处所的供电需求。主电源、应急电源的管理和日常维护由船舶电子电气员负责。

根据《1974 年国际海上人命安全公约》的要求,船舶 GMDSS 备用电源应独立于船舶动力推进系统及船舶电力系统,也就是说在船舶电力系统和动力推进系统都不能正常工作的情况下,该电源应该仍然正常工作,为船舶 GMDSS 关键通信设备提供必要的电力。船舶 GMDSS 备用电源的构成形式一般为蓄电池组,为直流电源。船舶 GMDSS 备用电源与船舶备用电源应是两套独立的供电系统。

## 二、船舶 GMDSS 设备的供电

船舶 GMDSS 设备的供电方式如图 21-1-1 所示。图中,船舶主发电机、备用发电机产生 440 V 或者 380 V 的交流电,电流送至船舶主配电板。主配电板首先对发电机送过来的电流进行降压,即利用降压变压器将 440 V 或者 380 V 的交流电降至船舶辅机及照明、通信导航等设备正常工作所需要的电压,例如交流 220 V 或者 110 V。同理,应急发电机工作时所产生的 440 V 或者 380 V 交流电也会送至应急配电板,并降压至 220 V 或者 110 V。主配电板和应急配电板在切换开关的控制下实现转换。切换开关送出的 220 V 或者 110 V 交流电送至机舱、船员住舱以及驾驶台等处所,在驾驶台会送入助航分电箱、导航分电箱以及无线电通信设备分电箱等。

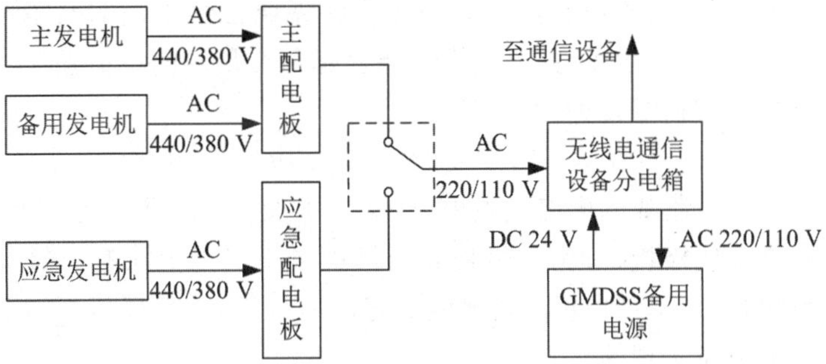


图 21-1-1 船舶 GMDSS 设备的供电方式示意图

无线电通信设备分电箱有一路 AC 220/110 V 输出送至 GMDSS 备用电源,在这里交流电对 GMDSS 备用电源的蓄电池组充电。GMDSS 备用电源只有一路输出,送回无线电通信设备分电箱。无线电通信设备分电箱还有若干路 AC 220/110 V 输出,分别送到各个 GMDSS 通信设备,包括 VHF、MF/HF、Inmarsat 船舶地球站及各附属设备等。这样,船舶主电源和应急电源就可以在不同情况下分别对 GMDSS 设备供电了。此外,无线电通信设备分电箱还有若干路 DC 24 V 输出,分别送到 GMDSS 的关键通信设备,如 VHF、MF/HF 等。

实际工作中,船舶电子电气员应当熟悉通信导航设备的供电情况,了解和掌握所使用设备电源的具体情况,掌握船舶配电箱的位置及每一设备供电开关在什么位置,最好进行清晰的标注,交接班时,更要了解清楚每一设备的供电开关的位置,便于在设备发生故障时,能准确判断电源的供电情况,以便于维护和保养。

# 第二节 ◉ GMDSS 备用电源的种类及工作原理

目前,船舶 GMDSS 备用电源一般由蓄电池组组成,当船舶出现紧急情况导致主电源和应急电源不能正常工作时,其可担负起向船舶 GMDSS 设备供电的任务。备用电源的输出电压一般为 DC 24 V,所采用的蓄电池包括酸性蓄电池、碱性蓄电池和免维护蓄电池等三类。

《1974 年国际海上人命安全公约》规定,GMDSS 备用电源必须向 VHF 设备供电,对于 MF/HF 设备和 Inmarsat C 船舶地球站,既可以同时向两个设备供电,也可以只向其中一个设备供电。如果备用电源只向其中一个设备供电,在计算蓄电池容量时要按照消耗电流最大的设备计算。在这里,MF/HF 设备需要的电流一般要比 Inmarsat C 船舶地球站大。这种情况下,在计算蓄电池容量时,把 Inmarsat C 船舶地球站所要求的电流去掉即可。

## 一、酸性蓄电池

### (一)酸性蓄电池的组成

铅酸蓄电池主要由容器,正、负极板,隔离板和电解液等组成。

1.容器

铅酸蓄电池的容器(又称电解液槽),是用来贮盛腐蚀性很强的电解液和支撑极板组的,因此必须耐酸、耐热、耐震,并且绝缘性能要好和有足够的机械强度。容器的制造材料有玻璃、硬橡胶、塑料等几种。

2.极板

一般采用铅锑合金制成的栅格式极板,栅格中压入活性物质。为增加电池容量,在蓄电池内部装有许多块极板,分为正极板和负极板。正极板上涂有过氧化物,呈棕色;负极板上涂有海绵状铅,呈银白色。蓄电池的充放电是靠正、负极板上的活性物质和电解液之间的电化学反应实现的。

3.隔离板

隔离板是一种耐酸多微孔物,它的主要作用是将正极板和负极板隔离,防止正、负极板接触而造成电池内部短路。

4.其他组件

(1)连接条:由铅锑合金铸成,主要用来连接相邻的两个正、负极柱。

(2)电池盖:使用硬橡胶盖或塑料盖。电池盖上一般有三个孔。中间一个孔叫注液孔,是通风排气和灌注电解液用的,这个孔上有螺纹,用于旋转注液盖;两旁的孔较小,供正、负极柱伸出使用,这两个孔上嵌有铅锑合金套,与板柱熔化在一起,导电性好,封闭严密。

### (二)酸性蓄电池的工作原理

蓄电池是化学电源的一种,它能把电能变成化学能储存起来,当需要时再把化学能转变为电能。酸性蓄电池是由二氧化铅的正极板与绒状纯铅的负极板浸入电解液里所构成的。放电过程中,正、负极板的活性物质变成硫酸铅。当正、负极板上的活性物质都变成硫酸铅以后,蓄电池就不能再放电了。此时需要对蓄电池充电,充电过程使蓄电池放电时变化了的活性物质还原成二氧化铅和铅,重新将电能储存起来,这样,蓄电池又可以继续放电了。

充放电时的化学反应式为:

$$PbO_2+2H_2SO_4+Pb \underset{\leftarrow 充电}{\overset{\rightarrow 放电}{\rightleftharpoons}} PbSO_4+2H_2O+PbSO_4$$

放电过程中,电解液中硫酸分子不断减少,水分子相应增加,因此浓度逐渐下降。充电过程中,电解液中硫酸成分不断增加,水分减少,因此电解液的浓度逐渐升高,密度也就逐渐升高。所以在实际工作中,电解液密度的大小是判断蓄电池放电程度的标志。

酸性蓄电池每个单电池的电动势是 2 V,放电时,电压低于额定电压的 90%,即 1.8 V 就认为蓄电池放电完毕,不应再放电,否则就是过放,经常过放会影响蓄电池的使用寿命。充电时,每个单电池的端电压可以达到 2.6 V 左右,此时再连续给蓄电池充电就是过充,经常性过充同样会损害电池的使用寿命。充电过程中,电池组可能会明显发热,电池组会出现水分散失的现象,同时可能会伴有少量氢气产生,会有气体集聚爆炸的风险。

#### (三)酸性蓄电池的日常维护与保养

(1)建立蓄电池充放电记录本,认真记录各组电池的工作情况。

(2)蓄电池在使用过程中,电池组极板及容器必须保持清洁,否则可能存在短路风险。

(3)蓄电池的极柱、夹头和铁质提手等零件表面应经常用凡士林擦拭,保持一层凡士林油膜。

(4)定期检查电解液的密度和高度,保持电解液面高于极板上缘 15~20 mm,当电解液面下降时,应及时加蒸馏水并充电。

(5)每月进行一次放电,时间不少于 4 h。放电后检查电解液的液面,如果电解液不足,加入蒸馏水然后充电 12~24 h,观察液面应有大量气泡冒出。充电后测量电解液,密度应当在 1.27~1.30 g/cm$^3$。如果不在此范围内,需要重新调整电解液密度。

(6)为了消除极板硫化现象,应按时进行过充和定期进行全容量放电。

(7)蓄电池间应保持通风良好,并且严禁烟火。

(8)经常不带负荷的蓄电池,每月应进行一次充电和放电。

(9)当发现电池容量明显不足时,应申请更换电池。

### 二、碱性蓄电池

#### (一)碱性蓄电池的结构和工作原理

碱性蓄电池由于极板的活性物质材料的不同,分为铁镍蓄电池、镉镍蓄电池、银锌蓄电池等系列。船舶上主要使用的是镉镍蓄电池。

镉镍蓄电池的正极由氧化镍粉和石墨粉组成,其中石墨主要用来增强导电性,不参与化学反应。镉镍蓄电池的负极由氧化镉粉和氧化铁粉组成,掺入氧化铁粉的目的是使氧化镉粉具有较强的扩散性,防止结块,并增加极板的容量。为了排灌电解液,在蓄电池外盖上有一个注液口,注液口拧一密闭式的气塞,该气塞能使蓄电池内部气体排出而防止外部气体进入,并能保证蓄电池在短时翻转时不流出电解液。

镉镍蓄电池极板的活性物质在充电后,正极板为羟基氧化镍(NiOOH),负极板为金属镉(Cd)。当放电终止时,正极板转化为氢氧化亚镍[$Ni(OH)_2$],负极板转化为氢氧化镉[$Cd(OH)_2$]。电解液多选用氢氧化钾(KOH)溶液,氢氧化钾溶液并不直接参与反应,只起导电作用。蓄电池充电时将电能转化为化学能储存起来,放电时将化学能转化成电能输出,两个电极发生的化学反应是可逆的。

镉镍蓄电池充放电时的化学反应是:

$$2Ni(OH)_2+Cd(OH)_2 \underset{\leftarrow 放电}{\overset{\rightarrow 充电}{\rightleftharpoons}} 2NiOOH+Cd+2H_2O$$

### （二）碱性蓄电池的使用和维护

（1）在每次充电前检查每只蓄电池，必要时补加蒸馏水，使液面保持一定的高度，每进行 10~15 次充放电循环应检查并调整电解液的浓度。

（2）在使用过程中，蓄电池中的电解液容易吸收空气中的二氧化碳，致使电解液中碳酸盐的含量增加。当电解液中碳酸盐的含量超过 50 g/kg 时，蓄电池的容量显著降低。一般经过 1 年左右或进行 50~100 次充放电循环，应更换一次电解液。更换电解液应在放电情况下进行，摇动蓄电池将内部粉尘洗出，必要时加蒸馏水洗 1~2 次，并及时注入新电解液。在调整完碱性蓄电池电解液的密度和液面高度后，应当再注入不含游离酸的凡士林油（液体），以防止空气中的二氧化碳与电解液发生反应。

（3）蓄电池在使用和保存过程中，气塞上的橡胶套管的弹性会逐渐老化失效，致使蓄电池内部气体不易排出。因此，应定期打开气塞放气或更换新气塞套管。

（4）经常检查橡胶垫，如发现损坏，应立即更换。

（5）为了随时准备放电使用而保存的蓄电池，经充电后拧紧气塞，温度最好保持在 25 ℃以下。

（6）蓄电池的外部与槽箱应保持清洁和干燥。将镀镍部分擦净之后，必须涂以凡士林油，以防生锈。发现蓄电池外部有生锈痕迹时，应用布蘸石蜡擦拭，切不可用金属工具或砂纸打磨。

（7）每次充放电前，应检查各极柱连接是否松动。

（8）蓄电池在使用和保存中，不能使用金属器具将正、负极板或负极与外壳同时接触，防止短路。

（9）在任何情况下，都禁止明火靠近充电的蓄电池。

（10）当用固体氢氧化钾或氢氧化钠配制电解液时，为了避免碎片或溶液溅到眼睛、皮肤和衣服上，可在蓄电池室内准备 3%的硼酸溶液，以备清洗之用。

## 三、免维护蓄电池

免维护蓄电池采用 20 世纪 90 年代设计的全密封结构及现代化生产工艺，具有高性能、长寿命、无污染、免维护、安全可靠的卓越性能。免维护蓄电池由于自身结构上的优势，电解液的消耗量非常小，在使用寿命内基本不需要补充蒸馏水。它还具有耐震、耐高温、体积小、自放电小的特点。其使用寿命一般为普通蓄电池的 2 倍。市场上的免维护蓄电池有两种：一种在购买时一次性加电解液以后使用中不需要维护（添加补充液）；另一种是电池本身出厂时就已经加好电解液并封死，用户根本就不能加补充液。目前使用后者的用户居多。

大多数免维护蓄电池在盖上设有一个孔形液体（温度补偿型）密度计，它会根据电解液密度的变化而改变颜色，可以指示蓄电池的充放电状态和电解液液位的高度。当密度计的指示眼呈绿色时，表明充电已足，蓄电池正常；当指示眼绿点很少或呈黑色时，表明蓄电池需要充电；当指示眼呈淡黄色时，表明蓄电池内部有故障，需要修理或进行更换。

免维护蓄电池也可以进行补充充电，充电方式与普通蓄电池的充电方法基本一样。充电时每单格电压应限制在 2.3~2.4 V。注意，使用常规充电方法充电会消耗较多的水，充电时充电电流应稍小些（5 A 以下）。不能进行快速充电，否则，蓄电池可能会发生爆炸导致伤人。当免维护蓄电池的密度计显示为淡黄色或红色时,说明该蓄电池已接近报废,即使再充电,使用寿命也不长。此时的充电只能作为救急的权宜之计,不建议船上采用。有条件时,对免维护蓄电池可用具有电流-电压特性的充电设备进行充电。该设备既可以保证充足电,又可以避免过充而消耗较多的水。一般这类免维护电池从出厂到使用可以存放 10 个月,其电压与电容可以基本保持不变。

## 四、船上的其他备用电源

此外,船舶常用的备用电源还包括镍氢电池、镍镉电池和锂电池等。

### (一)镍氢电池

镍氢电池是一种性能良好的蓄电池,分为高压镍氢电池和低压镍氢电池。其正极活性物质为 $Ni(OH)_2$(电极称 NiO 电极),负极活性物质为金属氢化物,也称储氢合金(电极称储氢电极),电解液为 6 mol/L 的氢氧化钾溶液。镍氢电池质量小、体积小,循环寿命长,可达数千次之多,可靠性强,具有较好的过放、过充保护,无记忆效应。

### (二)镍镉电池

镍镉电池是一种直流供电电池,每个单元电池的标称电压是 1.2 V,采用金属容器全密封的方式,不会出现电解液泄漏现象,故无须补充电解液,可重复 500 次以上的充放电,经济耐用。其内部抵制力小,可快速充电,又可为负载提供大电流,而且放电时电压变化很小,是一种非常理想的直流供电电池。

镍镉电池在充放电过程中如果处理不当,会出现严重的记忆效应,使得使用寿命大大缩短,可在 10 次左右的充电以后进行 1 次放电,以达到防止记忆效应的目的。

### (三)锂电池

锂电池是一类以锂金属或锂合金为正/负极材料、使用非水电解质溶液的电池。大致可分为两类:锂金属电池和锂离子电池。

锂金属电池一般是使用二氧化锰为正极材料、金属锂或其合金金属为负极材料,使用非水电解质溶液的电池。锂金属电池也称一次锂电池,可以连续放电,也可以间歇放电。一旦电能耗尽便不能再用。

锂离子电池一般是使用锂合金金属氧化物为正极材料、石墨为负极材料,使用非水电解质溶液的电池。锂离子电池是一种二次电池(充电电池),它主要依靠锂离子在正极和负极之间移动来工作。锂离子电池能量密度大,平均输出电压高,单体电池的工作电压高达 3.7 ~3.8 V,自放电小,没有记忆效应,输出功率大,循环寿命长,一般均可达到 500 次以上,甚至 1 000 次以上。

GMDSS 设备中,EPIRB 和 SART 一般使用一次锂电池,手持双向 VHF 电话一般使用可充电锂离子电池。船员普遍使用的手机、便携式计算机等一般使用可充电锂离子电池。由于锂的化学性质非常活泼,很容易燃烧,因此,在使用以上设备的时候要特别注意安全。不要将使用锂电池的设备靠近热源,尽量不要对电池过充,不要让电池短路。此外,有些船员习惯将手机放在被窝里或者枕头下面充电也是相当危险的。当电池充放电时,电池内部持续升温,活化过程中所产生的气体膨胀,使电池内压增大。当压力达到一定程度时,如果外壳有伤痕,就会破裂,引起漏液、起火,甚至爆炸,极其危险。

## 思考题

1.主电源、应急电源和备用电源的关系是什么?
2.GMDSS 备用电源的特点是什么?
3.GMDSS 备用电源主要向哪些设备供电?
4.蓄电池分哪几类?
5.酸性蓄电池如何维护保养?
6.碱性蓄电池如何维护保养?

# 第二十二章
# 其他通信技术

到目前为止,第二篇主要讨论了用于 GMDSS 的系统或者设备的技术问题。从海上实践和技术发展角度看,现在有很多技术在船舶上已经被广泛应用,例如 V-SAT 技术,但是并不属于 GMDSS;与之相对应,还有一些技术会在不久的将来应用于 GMDSS,但是目前正处于研发阶段,技术并不成熟,例如 VDES、NAVDAT、北斗短报文服务等。基于此,我们接下来介绍一下这些系统或者技术。

## 第一节 ◎ V-SAT 技术

V-SAT 英文全称是"Very Small Aperture Terminal",直译为"甚小孔径终端",意译为"甚小天线地球站",也有称之为卫星通信地球站、微型地球站或小型地球站的。V-SAT 卫星网络目前被广泛应用于新闻、气象、民航、人防、银行、石油、地震和军事等领域以及边远地区通信。伴随 E-Navigation 战略的推进,船舶对于远距离数据通信的需求与日俱增,传统的 Inmarsat C、Inmarsat FB 等系统,有的速率过低难以适应现代化航海海事安全需求,有的速率满足需求而通信费率偏高。在这种情况下,V-SAT 卫星网络以低廉的通信价格、适当的带宽得以在现代化大型远洋船舶上大展身手。

### 一、V-SAT 卫星网络的构成

V-SAT 卫星网络由包括网络控制系统在内的主站、若干 V-SAT 小站和卫星转发器构成。从网络拓扑结构看分为星状网络、网状网络和混合网络(星状网络+网状网络)等三种结构。其中,星状网络较常见,其结构如图 22-1-1 所示。星状网络由一个主站和若干个 V-SAT 小站(远端站)组成。主站一般具有较大口径天线和较大发

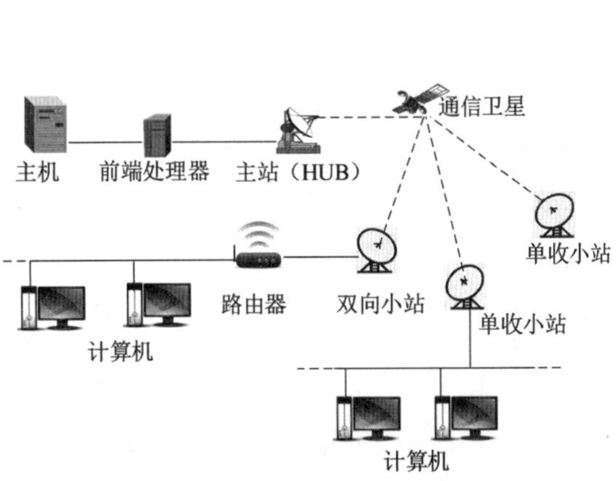


图 22-1-1　V-SAT 星状网络结构图

射功率,网络微机控制系统一般也集中于主站,这样可以使小站设备尽量简化,并降低造价。主站除负责一般的网络管理外,还要承担各 V-SAT 小站之间信息的接收和发送,即具有控制功能。

## 二、V-SAT 终端的使用注意事项

小站即 Inmarsat 概念下的船舶地球站,由小口径天线、室外单元(ODU,Out Door Unit)和室内单元(IDU,In Door Unit)构成。与前面所述类似,室外单元等同于 Inmarsat 船舶地球站的甲板上设备,室内单元等同于 Inmarsat 船舶地球站的甲板下设备。ODU 部分主要包括固态功率放大器、低噪声放大器、上/下变频器和检测控制电路等,海事环境下还安装有姿态控制单元。ODU 部分一般具有结构紧密、抗极端环境干扰、易于安装等特点。由于各小站制造商产品迥异,下面仅以 OrSat AL-7103-Ku Mk Ⅱ型小站为例,对关键性操作和使用注意事项予以阐述。

### (一)设备开机

一般情况下不建议关闭设备电源,开机操作主要用于发生故障时重启设备,因此属于关键性操作。OrSat AL-7103-Ku Mk Ⅱ小站是基于 WINDOWS CE 操作系统上安装的 MTSLINK 软件实现系统控制的。开机后系统操作软件自动运行。运行后,输入密码(初始密码为“AL-7200”),进入日常操作系统。进入系统后,“IMU”(惯性测量单元)状态开始 6 min 倒计时,“Mode”状态栏显示“Init”(天线系统初始化)。正常情况下,天线完成初始化后系统模式自动变为“Pnt-to-Sat”,然后进入正常的“Step Track”步进跟踪卫星的工作模式,同时“IMU”状态变为“Locked”。如果系统没有自动跟踪卫星,需要进入手动卫星跟踪模式。

### (二)典型断网故障的处理

1.天线被遮挡

现象:网络发生中断;天线自动跟踪系统没有硬件损坏,即系统状态信息栏中没有出现红色的告警信息;天线控制器的右侧的红色 AGC 电平比正常值低很多(与绿色的门限值非常接近),同时卫星调制解调器(即卫星 MODEM 设备,也叫 SkyEdge Ⅱ Access)上的 RX、SYNC 以及 ON LINE 的绿色灯全部或者其中一两个熄灭。

故障原因:天线被遮挡,例如:桅杆、大型吊的吊臂等,通常阻挡范围在 10°~15°。

解决方法:稍微调整航向,一旦避开遮挡区域,天线就会自动重新跟踪卫星。

2.船舶位置丢失

现象:网络发生中断;天线自动跟踪系统没有硬件损坏;未发现天线被遮挡;卫星 MODEM 上只有 ON LINE 灯熄灭。

故障原因:船舶地理位置变化过大,卫星 MODEM 某段时间内发生过中断且未重新更新位置数据。

解决方法:重新更新位置数据,即更新 MODEM 内的经纬度。首先,卫星 MODEM 设备需要进行配置。配置时使用直连线一端插在交换机上,另一端连接在计算机网卡端。然后在 IE 中输入“192.168.1.1”直接进入设备配置菜单,计算机的 IP 地址需要设置为:192.168.1.10;子网掩码:255.255.255.0;网关:192.168.1.1(注意要将 IE 中的代理服务器关闭)。进入 IE 后,除第一个“Status”不需要密码外,其他设置都需要使用用户名和密

码。更新经纬度时需要进入第 3 个菜单“Installer”中的倒数第 2 项子菜单，进入后直接输入经纬度(要注意经纬度中的秒数值只能为 0～50)。然后，点击最上面的菜单中的“Submit”再选择“Save”。此时注意最右边菜单栏有一选项为“Commands”。进入该选项点击“Reset”完成经纬度的输入确认。更新完经纬度后，卫星 MODEM 需要 5～10 min 完成重启和更新数据。

**(三)日常维护**

(1)定期检查 ODU 部分，尤其在大的风浪过后。

(2)必要时为天线控制平台的轴加油活络，但是打开天线罩时必须关闭电源，防止电磁辐射、机械挤伤和高压电的电击伤。

(3)ODU、双工器、电缆等插头注意防水，尤其防止穿过舱壁的位置被钢板割伤。

(4)冬天注意清除天线罩表面的冰雪，对于 Ku 波段设备，冰雪的影响尤其明显。

(5)当无专业人员在现场时，禁止私自进行开关机和搜寻卫星的操作。

(6)一旦信号突然丢失，建议首先从天线被遮挡、天线罩表面有冰雪、船舶航行于本船运营商业务覆盖范围以外考虑，如果确需检查设备软硬件，注意谨慎操作。

(7)小站计算机必须专用，切勿随意与其他计算机、存储设备发生物理连接。

(8)注意了解本船运营商业务覆盖范围，当计划航线超出范围时及时通知运营商。

(9)对于 Ku 波段设备，天气恶劣时由于“雨衰”引起短暂断网属于正常现象。

(10)严禁私自更改各处密码。

## 第二节 ◉ VDES 发展现状

### 一、VDES 简介

VDES 全称为“VHF Data Exchange System”，即“甚高频数据交换系统”，是未来海上安全数据链的重要组成部分。2015 年 3 月 9 日至 3 月 13 日，在英国伦敦召开 NCSR 2 次会议，NCSR 2 的议题 9 归纳了通信组对于未来 VDES 纳入 GMDSS 中的意见：

首先，VDES 是一种完善 AIS 的通信技术，例如可用于数据 MSI 通信和遇险通信的补充。VHF 数据交换卫星组件(VDE-SAT)可将 VDES 扩展到沿海甚高频覆盖范围以外的地区。卫星通信能使用最小无线电频谱资源有效地覆盖大量的船只。VDE-SAT 提供与 VDES 系统的地面部件互补的通信信道。

其次，虽然 VDES 似乎不适合遇险警报，但是可借助 VDES 技术转发和广播岸对船遇险报警和 MSI，以及船对船、船对岸发送和接收的与安全相关的信息。VDES 具有落实 GMDSS 新功能要求的巨大潜力。有必要深入了解未来 VDES 服务的优先级、服务质量、安全性、完整性和其他要求。

最后，尚有大量的小型船舶没有安装卫星通信设备，但安装有一般的 VHF/AIS 接收设备，他们同样可以从上述业务中受益。使用低成本的卫星接收技术，VDE-SAT 可以覆盖大量船舶，并能够为非 SOLAS 公约船提供服务。这对于在岸基础设施发展有限的地区航行的船舶极其有利。

由于 VDES 具备播发 MSI 的能力，并且具备远距离播发 MSI 的能力，分委会提出将

VDES 纳入 GMDSS 中,在没有更好的远距离播发 MSI 的系统前,VDES 完全可以承担这一任务。

## 二、VDES 的主要功能及技术特点

日本在 2012—2014 年 3 年间连续举办“新一代 AIS 国际标准研讨会”,会议名称在首次会议后更名为“VHF 数据交换系统(VDES)国际标准研讨会”。这一变化标志着“新一代 AIS”被“VHF 数据交换系统”取代。2015 年 4 月,日本、瑞典和 IALA 共同向海上安全委员会(MSC95)提交了有关 VDES 发展的信息提案 MSC 95/INF.12。提案关注到,在 WRC-12 和 15 上 ITU 对 VHF 波段频率的调整,以及 IALA 针对新一代 AIS 即后来的 VHF 数据交换系统应用开展研究的情况。表 22-2-1 是建议的 VDES 技术,包括使用用户需求的通信协议、信息类型等。

表 22-2-1　包括 AIS、ASM 和 VDE 的 VDES 通信建议

| | VHF 数据通信(包括 ASM 和 VDE) | | AIS | |
|---|---|---|---|---|
| 子项 | ASM 数据通信 | VDE 数据通信 | AIS 航行安全 | AIS 远距离 |
| 信道 | 信道 2027 和 2028<br>世界范围内指定信道 | 24、84、25、85、26 信道用于 VDE<br>2026 和 2086 信道用于 VDE 卫星通信 | AIS1 和 AIS2(单工) | 75 和 76 信道(单工) |
| 功能 | 船舶安全信息<br>船舶保安信息<br>与安全相关的短信息<br>一般目的的通信 | 一般目的的数据通信<br>高速数据交换突发<br>VDE 卫星通信<br>(海事保安通信) | 航行安全<br>海事定位设备 | 卫星 AIS 监测<br>搜救中的定位 |
| AIS 协议下的信息种类 | SN.1/Circ.289 的国际特殊应用报文(ASM)<br>区域性特殊应用报文(ASM)<br>基本台站 | | 船舶识别<br>船舶动态信息<br>船舶静态信息<br>航次相关数据<br>助航<br>基本台站 | AIS 卫星探测<br>信道 27 |
| 子功能 | 区域性警告及建议<br>气象和水道数据<br>交通管理<br>船对岸数据交换<br>信道管理 | 高信息有效载荷<br>卫星通信 | 船对船避碰<br>VTS<br>船舶跟踪<br>搜救中的定位<br>VDL 控制(由基本台站) | 沿岸国/地区对 AIS 海岸电台覆盖范围之外的船舶的监测 |

2015 年 10 月,ITU 发布《水上移动频段内的 VHF 数据交换系统的技术特性》,即 ITU-R M.2092-0 建议书。2022 年 2 月,ITU 又发布了 VDES 2029-1 技术标准。

### (一)VDES 的工作特点

(1)系统给予自动识别系统(AIS)位置报告和安全相关信息最高优先级。

(2)系统能够接收和处理数字信息和询呼。

(3)系统可以在停泊、系泊或锚泊时持续运行。

(4)用于地面链路的系统使用时分多址技术,接收数据与传输数据同步。

(5)系统具有多种操作模式,包括自主、分配和轮询模式。

(6)系统设置了通信的优先次序,并可调整传输参数(鲁棒性或容量),最大限度地降低了系统的复杂性。

**(二)VDES 船载设备的构成**

(1)天线部分,能够通过地面和卫星链路发送和接收数据。

(2)海上安全委员会 MSC.74(69)号决议附件 3 中规定的 AIS。

(3)可以在 AIS、ASM 和 VDE 间进行互操作的多功能数据通信和定时处理。

(4)能够在指定的 AIS、ASM 和 VDE 频率上工作的多功能发射机。

(5)能够在指定的 AIS、ASM 和 VDE 频率上工作的多功能接收机。

(6)自动从其他来源输入数据的功能。

(7)自动将数据输出到其他设备的功能。

(8)确保数据完整性的功能。

(9)根据需要自动或手动更新设备软件的功能。

(10)植入式测试功能(BITE)。

**(三)VDES 系统应能够满足的预期效果**

(1)VDES 在现有 AIS 环境中运行。

(2)VDES 遵从并支持 GMDSS 通信的要求,包括搜寻和救助、紧急及安全相关消息。

(3)VDES 设备是唯一认证的。

(4)VDES 相关设备应确保不会发生不必要的消息重复发送的状况。

此外,2016 年 12 月,IALA 对 VDES 的功能做了进一步概述,具体内容如下:

(1)VDES 通过地面或卫星链路提供船舶和岸上用户之间的数据交换。

(2)船内的数据交换可以自动或手动进行。

(3)数据交换使用指定的 VHF 信道。

(4)数据的发送和接收不需要船员过多干预。

(5)VDES 包括现有的 AIS 设备。

(6)VDES 包括现有的 ASM。

(7)VDES 附加功能包括对 VHF 数据交换(VDE)的支持。

(8)VDES 相关应用程序应支持与语音无关的通信(例如通过使用数字数据库)。

(9)在 VDES 链路级上实现数据完整性监控(例如校验和)。

(10)VDES 相关应用程序解决了网络安全问题(例如认证、密钥管理,如果需要可加密)。

(11)VDES 具有较高的可用性。

(12)VDES 支持机对机的通信(例如,提供了与 VDES 相关设备的外部设备接口)。

(13)VDES 相关设备可以清楚地理解通过其他 VDES 设备发送/接收的信息。

# 第三节 ◉ NAVDAT发展现状

## 一、NAVDAT简介

NAVDAT的英文全称为"Navigational Data for Broadcasting Maritime Safety and Security-related Information from Shore-to-ship",即"岸对船与海事安全、保安相关信息数据广播系统"。

法国自2008年起开始进行一套专门用于船到岸方向信息广播的数字系统技术的可行性示范工作,即NAVDAT。2010年,在比斯开湾进行的测试验证了NAVDAT从岸到船广播海上安全和保安相关信息的高潜力。实验工作在500 kHz频率上进行,该频率于2011年11月由ITU工作组授权使用。2014年,中国在上海建立了NAVDAT测试系统。系统包括:信息源系统(SIS,System of Information Source)、信息和管理系统(SIM,System of Information and Management)、NAVDAT无线电台(NRS,NAVDAT Radio Station)、船载终端及ECDIS。测试系统使用了上海海岸电台的NAVTEX中频发射系统。2016年,NAVDAT试验系统在中国正式启动,该系统部署在上海、舟山及巡逻船上。2016—2017年,中国又相继进行了大量试验。测试系统采用了高性能的低密度奇偶检验码(LDPC,Low Density Parity Check Code),有效地降低了信号解调所需的信噪比的阈值,提高了接收性能。2016年12月,日本向COMSAR提交了信息提案,信息提案对NAVDAT的覆盖范围进行了评估。目前按照日本的测试结果,NAVDAT无法高质量地对A2海区实现覆盖,暂时缺乏运用到GMDSS中的条件。

## 二、NAVDAT的工作频率及系统工作框架

### (一)NAVDAT的工作频率

NCSR 3注意到WRC-12在495~505 kHz频段内为海上移动业务特别优先地划分了频点,以满足将来可能的需求。NAVDAT是一种数字广播系统,将与NAVTEX在一定历史时期内共存且不会互相干扰。NCSR 3提出应该考虑将NAVTEX和NAVDAT组合在一起成为未来NAVTEX接收机的可行性,并且它们能够在被要求的490 kHz、500 kHz和518 kHz以及另外指定的HF频率上播发MSI,或是广泛应用NAVDAT,在未来的某个时刻正式取代NAVTEX。

HF的NBDP MSI海岸电台以及HF传真海岸电台设施也可以用于NAVDAT广播。NCSR 3提出,在下一步的研究工作中,在考虑全球覆盖问题时需要对于现存的全球330座常规无线电通信海岸电台设施予以考虑。NAVDAT已经在ITU-R M.2058建议案中有所描述,其技术应用需要得到IMO的大力支持。为了保证远期HF在GMDSS中全球覆盖,GMDSS HF海岸电台的数量及地理分布需要审查,如果需要,后续的变化情况需要包含在IMO A.801(19)决议案之中。《无线电规则》已经针对HF数据及500 kHz的使用做出了修正。IMO和ITU需要开发必要的国际NAVDAT业务建议案和性能标准,之后IMO和IEC可以合作开发船载NAVDAT终端或者(和)NAVTEX/NAVDAT组合设备标准。

**（二）NAVDAT 的工作框架**

NAVDAT 使用多载波频率调制（MFM，Multicarrier Frequency Modulation）技术在495～505 kHz 频带上进行数字广播。NAVDAT 速度优于 NAVTEX 并且可对信息进行加密广播，预期覆盖范围与 NAVTEX 基本无异。

NAVDAT 可使用三种不同模式的数据广播：

（1）广播。这类信息广播供所有船舶使用。

（2）选择性广播。这类信息广播供一组船舶或特定航行区域的船舶使用。

（3）特定信息。这类信息使用 MMSI 向一艘船舶发送。

从目前掌握的资料看，典型的 NAVDAT 系统工作框图如图 22-3-1 所示。

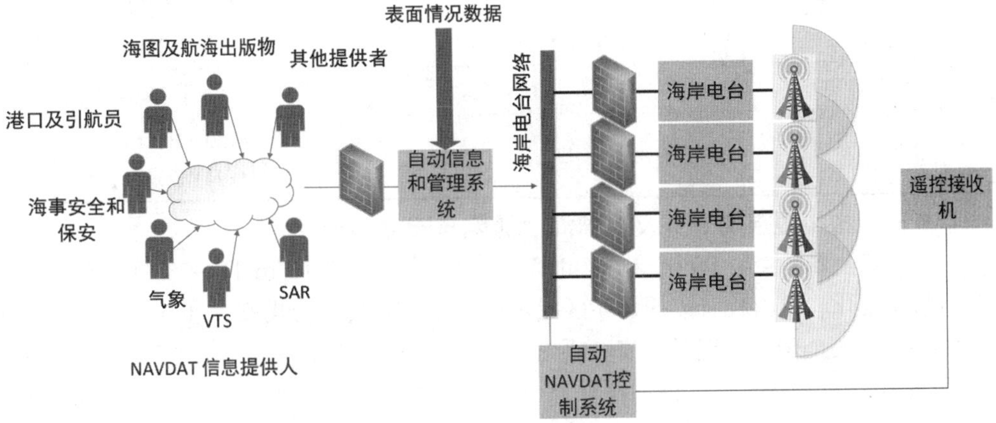


图 22-3-1　典型的 NAVDAT 系统工作框图

# 第四节 ◉ 北斗短报文服务

北斗短报文服务是该导航系统区别于 GPS、格洛纳斯（GLONASS）、伽利略（GALILEO）等其他全球卫星导航系统的特色服务。有关北斗系统的导航定位及授时功能前面已经做了讨论，本节仅针对其短报文功能进行阐述。

## 一、北斗短报文服务简介

**（一）区域短报文**

北斗三号区域短报文通信业务由 5 颗地球静止轨道卫星（GEO）提供，其中包含 2 颗备用卫星。目前北斗三号区域短报文用户服务容量可以达到 1 200 万次/小时，短报文信息长度由 120 个汉字提升到 1 000 个汉字，即 14 000 bit。北斗三号区域短报文覆盖范围为 10°N～55°N，75°E～135°E，服务范围覆盖全部或大部分渤海、黄海、东海、南海、菲律宾海、泰国湾、缅甸海和孟加拉湾海域等亚洲及西太平洋地区，覆盖日本海和西北太平洋区部分海域，可为中国、日本、韩国、朝鲜、菲律宾、越南、柬埔寨、泰国、马来西亚、缅甸、孟加拉国和印度的全部或部分海域提供卫星短报文通信服务。

**（二）全球短报文**

北斗三号全球短报文通信功能上行利用 14 颗中高度地球轨道卫星（MEO），下行利用3颗倾斜地球同步轨道(IGSO,Inclined Geo-synchronous Orbit)卫星和24颗MEO卫星,支持30万次/小时的全球短报文通信服务。全球短报文通信服务单次信息长度可以达到40个汉字(560 bit),发射功率小于10 W。表22-4-1是北斗三号短报文通信服务能力。

表22-4-1　北斗三号短报文通信服务能力

| 服务情况 | 区域短报文 | 全球短报文 |
|---|---|---|
| 服务容量 | 1 200万次/小时(上行) | 30万次/小时(上行) |
| | 600万次/小时(下行) | 20万次/小时(下行) |
| 单次通信能力 | 1 000个汉字(14 000 bit) | 40个汉字(560 bit) |
| 响应时延 | 小于等于2 s | 小于等于2 min |
| 终端发射功率 | 小于等于3 W | 小于等于10 W |
| 空间转发器 | 3GEO+2GEO(备用) | 14MEO(上行)<br>3IGSO+24MEO(下行) |

### (三)北斗短报文业务及全球海上遇险与安全系统

海上安全委员会第99届会议(MSC 99)于2018年5月16日—25日在英国伦敦IMO总部召开。我国政府依托北斗区域短报文服务向委员会提交了北斗报文服务系统(BDMSS)加入全球海上遇险与安全系统的申请。2020年1月,我国政府向NCSR 7提交了"北斗报文服务系统自评估报告"。NCSR 7委托国际移动卫星组织就BDMSS加入GMDSS开展技术和运营评估。2022年6月,召开NCSR分委会第9次会议,会议审议通过了国际移动卫星组织(IMSO)提交的认可北斗报文服务系统(BDMSS)用于全球海上遇险与安全系统的评估报告和中国提交的下一步行动建议,同意建议海上安全委员会(MSC)第106届会议基于现场验证的完成结果认可北斗报文服务系统加入GMDSS。这是我国北斗系统全球应用推广的又一个里程碑式的成果。

## 三、北斗报文服务系统的构成

对照IMO A.1001(25)号决议案,BDMSS由空间段、地面段和用户段组成,其总体架构如图22-4-1所示。

图22-4-1中,主控站、通信网关、配套通信链路等构成了系统的地面段。主控站实现用户终端信号的上传和接收,与通信网关之间通过专线互联,通信网关同海上安全信息提供者、搜救中心及海上搜救中心、医疗服务方、各种公众用户相连。为保障地面段的可靠性,地面段采用异地热备份方式建设。北斗报文服务系统用户端主要由各类北斗海事移动终端组成,既可以分布在船舶上,也可以被各种搜救资源使用。用户端的主要任务是与北斗卫星进行双向通信,实现用户遇险告警信息发送、搜救信息交互、接收海上安全信息,以及日常工作中实现位置报告、一般通信、接收广播性信息等。

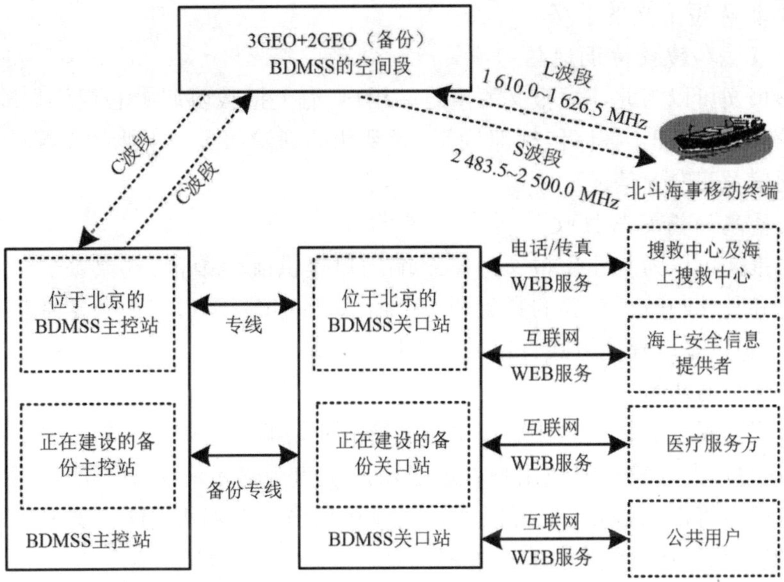


图 22-4-1　BDMSS 构成框架图

## 四、北斗短报文在海事安全领域的应用

### （一）北斗短报文可以传输的信息种类

如前所述，通过升级北斗三号区域短报文可以支持单次 14 000 bit 的数据传输，不仅包括传统认知的数据报告，还可支持短暂语音通信和低分辨率图片传输。

### （二）北斗短报文工作模式

与传统认知的 Inmarsat 系统不同，北斗短报文可以提供类似 MF/HF 组合电台 NBDP 终端的“点对点”“点对线”“点对面”通信，即点播通信、组播通信和广播通信。

1.点播通信

北斗短报文海事终端用户之间、北斗短报文海事终端用户和地面或者卫星网络的岸上用户之间实现短报文通信，通信包括遇险、紧急、安全和常规等四个优先级别。这种通信方式类似于 NBDP 的 ARQ 通信。

2.组播通信

这种方式有些类似于微信群通信，北斗短报文海事终端用户自由组建群组，组员发送的信息可以被其他组员接收。这一工作模式与 MF/HF 组合电台 NBDP 业务的 SFEC 又非常相似，可以达到向特定用户发送信息的目的。这种工作模式经济、高效，适用于搜救协调、船队管理等。

3.广播通信

这种工作模式与 MF/HF 组合电台 NBDP 业务的 CFEC 非常相似，主要面向特定区域的北斗短报文海事终端进行信息广播。北斗区域短报文的广播通信划分为遇险、紧急、安全和常规四个优先级别，可以用于 MSI 信息的传递，包括航行警告、气象预报和警告等。

### （三）北斗短报文的业务

1.遇险报警和搜救协调通信

北斗短报文可以为北斗短报文海事终端用户、海上搜救协调中心提供遇险报警、搜救协调通信和安全通信，具体包括船到岸、岸到船的遇险报警，船到岸、岸到船、船到船搜救协调通信及安全通信。

2.安全信息的播发与接收

北斗短报文可以为北斗短报文海事终端用户提供航行警告、气象警告、冰况信息、防海盗信息和其他与航行有关的紧急和安全信息。接收终端可以是一定地理范围内的一组用户，也可以是以其他方式分组的一组用户。

3.远程识别与跟踪

北斗短报文提供安装了北斗短报文海事终端的船舶位置信息的转发、储存、查询服务，并可以通过后期开发为陆地用户在电子海图上直观显示海上用户的位置。该业务既可以被海事主管部门使用，也可以通过商业运营方式为行业用户、集团用户提供服务，从海事安全和商业价值看具有很好的前景。

**思考题**

1.目前 V-SAT 在国民经济建设中有哪些具体应用？它具有什么特点？

2.简述 V-SAT 星状网络结构。

3.船载 V-SAT 设备在使用中，天线被遮挡的现象是怎样的？如何解决？

4.船载 V-SAT 设备在使用中，船舶位置丢失的现象是怎样的？如何解决？

5.简述船载 V-SAT 设备的日常维护注意事项。

6.简述 VDES 的主要功能及技术特点。

7.简述 NAVDAT 的主要功能及技术特点。

8.简述北斗短报文的工作模式。

9.北斗短报文可以为海事终端用户提供哪些业务？

# 第二十三章

# 船舶内部通信

船舶内部通信泛指在船舶内部进行的各种信息的传递。船舶内部通信涉及面很广,而且没有准确的概念,一般包括自动电话系统、声力电话系统、对讲系统、公共广播系统、通用紧急报警系统、应急传令钟系统、子母钟系统、监测报警装置和电视监控系统等。伴随科技水平的发展,局域网也开始在很多大型、超大型船舶上安装。另外,通过卫星船站等设施把船内局域网或者电话网络与岸上通信网络连接,建设船岸间无缝隙网络连接已经成为发展趋势。生产实践中船舶局域网也可以划归为船舶内部通信系统。

## 第一节 ◉ 自动电话系统

自动电话系统(Automatic Telephone System)目前多是建立在程控电话交换机(SPC Exchange,Stored-program Control Exchange)技术的基础上,因此也叫程控电话系统。

### 一、自动电话系统的工作原理

自动电话系统在船舶内部实现自动呼叫,以用户级交换机(PBX,Private Branch Exchange)为核心,通过计算机用预先编制的控制程序进行自动接续,完成本局以及与外部的通话。用户级交换机也可以称作专用程控小型交换机。本节以下所讲的船舶程控交换机都为用户级交换机 PBX。

程控交换机系统的硬件线路由话路系统和控制系统两部分组成。话路系统用于收发电话信号、监视电路状态和完成电路连接,其核心部分是交换网络,还包括各种需要通过交换网络进行交换连接的终端,如用户电路、信号设备、中继设备等。使用时,主叫方发起呼叫,用户端电话的摘机状态由信号设备自动扫描检测,信号设备将该状态信号送到控制系统,控制系统回送拨号音,并接收用户话机产生的脉冲信号或双音多频拨号信号,交换网络提供接续通路并保持连接。通信结束时,交换机检测到通信的双方中有一方挂机时,立即中断接续。当呼叫类型为出局呼叫或转移呼叫时,通过出中继器连接外部电话网络或其他交换机。控制系统用于运行各种程序、处理数据和发出驱动命令,主要包括中央处理机、主存储器和输入输出系统。

### 二、自动电话系统软件的基本设置

程控交换机的设置和参数修改现都以访问网页(WEB)的形式进行,系统数据库给系统设置了默认的IP地址。在船舶局域网内,维护人员可以使用浏览器通过该地址访问系统网页服务器和数据库,进行系统设置和参数修改。如果从外部远程访问系统,还需要通信服务商分配的IP地址。使用网页管理程序可对程控交换机进行各种设置,如:日期和时间设置、接口通信波特率设置、报警监控设置(监控外部访问)和密码设置等。这些设置的完成,都是通过管理程序相应的菜单操作进行的。

### 三、自动电话系统的终端型式

自动电话根据应用可分为台式、壁挂式、嵌入式和便携式,按功能又可分为增音式、防风雨式、抗噪声式和防爆式等。其中,嵌入式电话和壁挂式电话用于普通场所;防爆式电话用于含有爆炸性气体的环境;防风雨式电话带有保护箱,主要用于船舶首楼、尾楼等开放场所;抗噪声式电话备有头戴式抗噪声受话器,主要用于机舱等高噪声的场所。另外,为避免在高噪声场所听不到电话的铃声,有的系统还配有闪光提示器,意在通过视觉来提醒话机附近的人员。对于船舶自动电话系统而言,船长、轮机长拥有通话优先权。

## 第二节 ◉ 船舶信号装置

船舶信号装置主要是指用于向旅客、船员发送与安全相关的声光信号和指示的装置。

### 一、公共广播系统

《国际救生设备规则》强制要求船舶必须安装公共广播系统(PA)。公共广播系统通过广播喇叭把报警或喊话发送至全船。公共广播系统是船舶内部通信的一个至关重要的系统,当船舶处于紧急状态时,船上所有人员需要安全撤离,此时广播的重要性得到体现。公共广播系统的报警可以手动在专用控制面板上激活,也可以通过外部报警自动激活,例如火灾报警系统。

通过公共广播系统进行广播的方式有三种:

(1)通过自动电话系统的Paging功能来实现。

(2)通过广播的主控制面板可以实现对所需要的区域进行广播,但当进行应急广播时,所有的区域将被广播喇叭覆盖。

(3)通过预先录制好的语音来进行广播。

### 二、通用紧急报警系统

#### (一)系统功能

根据《1974年国际海上人命安全公约》第Ⅲ章(救生设备与设施)、《国际救生设备规则》（LSA，*International Life-saving Appliance Code*）的相关要求，船舶应配备通用紧急报警系统，以供召集乘客与船员至集合站点和采取应变部署表所列的行动时使用。该系统应以符合《国际救生设备规则》要求的公共广播系统或其他适宜的通信设施作为补充。当通用紧急报警系统启动时，娱乐声响系统应自动关闭。通用紧急报警系统应在所有起居处所和船员通常工作处所都能听到其报警。在客船上，该系统报警应能覆盖所有开敞甲板。

#### （二）《国际救生设备规则》的要求

（1）通用紧急报警系统应能发出通用报警信号，该信号由船舶号笛或汽笛，以及附加电铃或小型振膜电警笛或其他等效报警系统，发出的 7 个或以上的短声继以一长声组成。除了船舶号笛外，该系统应能自船舶驾驶台和其他要害位置进行操作。该报警系统在启动后能连续发出直至人工关闭或被一公共广播系统的信息暂时打断。

（2）内外部应急报警音响的最小声压等级应为 80 dB，并应至少高于船舶在中等气象条件下一般设备操作产生的环境噪声标准 10 dB。

（3）在舱内睡眠位置和舱内盥洗室中的声压等级应至少为 75 dB，并应至少高出环境噪声标准 10 dB。

### 三、火灾自动报警系统

#### （一）用于舱室（含机舱内）的火灾自动报警系统

火灾自动报警系统主要用于船舶舱室内部火灾探火。舱室火灾自动报警系统主要由探测器（含手动报警按钮）、报警控制器、区域报警显示单元、联动控制器、通信广播系统等五大部分组成。

#### （二）用于干货舱的火灾自动报警系统（大舱烟雾报警装置）

大舱烟雾报警装置主要用于检测干货舱内是否发生火灾。大舱烟雾报警装置通常采用抽烟式系统，由抽风机、管道、烟雾探测装置和报警指示设备等组成，如货舱发生火灾，烟气通过管道被抽吸到安装在驾驶台的烟雾探测装置，报警指示设备即发出声光信号。

#### （三）易燃气体探测系统

易燃气体探测系统主要装于滚装船、渡船、消防船以及油船上。这些船舶在货舱或船上某些舱室可能聚集较多易燃气体。通常易燃气体的密度较空气大，不容易驱散，在易燃气体的体积浓度超过爆炸下限时，遇明火即可能产生爆炸或燃烧。

### 四、灭火剂施放报警

灭火剂施放报警是指对将充满 $CO_2$ 或其他灭火剂的处所，如机舱、泵舱等部位，在施放之前和施放过程中发出的紧急报警。灭火剂施放声响应区别于火警等其他警报。施放报警应在施放灭火剂前一段适当的时间发出。报警声响的时间长短应为撤离该处所的所需时间，但不少于 20 s。如果货泵舱使用电动声光报警器，除非是认可的本质安全型的，否则应将其布置在泵舱的外面。报警装置必须备有应急电源。

### 五、轮机员安全报警系统

轮机员安全报警系统具有监视机舱内人员安全情况并在发生危险时自动或手动报

警的功能,可以降低或避免事故产生的人身伤害和财产损失,主要用于人员比较稀少的大型船舶无人机舱。轮机员安全报警系统能够及时反映轮机员、技术人员或船员单独或一起在机舱、锅炉间等较远场所工作时的安全状况,其主要目的是发现由于上述人员在出现人身安全情况而失去履行其职责能力时及时发出报警,以保障现场工作人员的人身安全。轮机员安全报警系统一般包括安全报警器、安全报警复视器和启动/停止按钮等几部分。轮机员安全报警器,通常安装在集控室。轮机员安全报警复视器,通常安装在驾驶台、值班办公室等。启动/停止按钮,通常安装在机舱的入口,实现轮机员安全报警系统的运行和停止运行等功能。

### 六、对讲系统

对讲系统(TBS,Talk Back System)主要用于船舶内部进行船舶操纵协调通信。对讲系统的交互性能由主遥控操作面板和各分机的按键控制。系统包括总机和若干分机,总机安装在驾驶台内,分机分别安装在驾驶台两翼、船首、船尾、机舱等重要场所。

## 第三节 ◉ 声力电话系统

声力电话(Sound Powered Telephone)系统是船舶必备的内部通信系统,声力电话的优点是当船舶失去电源时仍然可以进行内部通话。船用声力电话系统是一种三线制通信设备,它可装于各类大、中、小型船舶上作为内部通信及应急设备使用。在船舶上一些比较重要的场所,如主机旁、舵机舱、驾控台、集控台、电梯、船首尾部等,除按规定配备程控电话外,还要求配置声力电话,以保证通信的可靠性。

### 一、声力电话的基本工作原理

声力电话是指完全不依赖外部或内部电源,在完全无电的状态下凭借人讲话的声音,使送话器的振膜振动,从而改变磁路中气隙的大小,由此引起磁路中磁通量的变化,进而在送话器线圈中产生感应电流,这个感应电流经线路传输到受话端受话器的线圈中,再次引起其磁通量的变化,最终使受话器的振膜振动,并相应地发出声音。从能量转化角度看,从发话端到受话端发生了声能、机械能、磁能、电能、磁能、机械能、声能的转化过程。

基于此,声力电话机主要由三部分组成:

(1)通话设备:其作用是实现声、电信号的相互转换,设备构成包括送话器、受话器、混合线圈、消侧音装置等。

(2)信号设备:其作用是发送和接收呼叫信号,设备构成包括手摇发电机、拨号装置、电铃、氖灯等。

(3)转换和附属设备:其作用是实现信号电路与通话电路的转换,设备构成包括叉簧开关、按键以及用于改善通话条件的电阻器和电容器等。

### 二、声力电话呼叫电路

声力电话机的连接,可组成直通-直通型声力电话系统,即由 2 部声力电话对接成直通方式工作;也可组成选通-选通型或选通-直通型声力电话系统,即由多部选通型和直通型电话相连接,该系统可多话路工作。

**(一)直通型(Direct Type)连接**

连接时,每一电话机 SN(Self Number)端子与对方 1 号端子互接,公共端 COM 互接,B1、B2 端子用于连接外部信号,如电源、开关信号等。通信时,主叫方摘机,快速摇动摇柄向对方发出呼叫信号,对方摘机即可进行电话通信。摇动摇柄其实是手摇发电向对方话机发起振铃的过程。

**(二)选通型(Mutual Selection Type)连接**

话机相互连接时,与本机相同编号的端子空接(如话机 1 的 1 号端子空接),本机 SN 端子连接其他话机与本机相同编号的端子(如话机 1 的 SN 端子连接其他所有话机 1 号端子),所有话机 COM 端并联,B1、B2 端子用于连接外部信号,如电源、开关信号等。

目前,船用声力电话系统多采用增音技术,因此也称船用增音声力电话系统。这种电话系统已非真正意义上的声力电话系统,在其话机中装有内置电池。平时系统处在增音通话状态,需要外接 DC 24 V 供电,但在外接电源断电的情况下,能自动转换为声力通话,此时由机内电池来供电。使用时用呼叫键和声光振铃器来进行联络。只有当进行纯粹意义的声力通话时,才通过传统的手摇发电机来产生振铃所需要的能量。声力电话的分类与自动电话类似,按安装方式,分为壁挂式、嵌入式和台式;按功能,又可分为增音式、防风雨式、抗噪声式和防爆式。

# 第四节 ◉ 船舶内部通信系统的试验和保养

船舶内部通信系统均应进行效用试验和保养,以确保其处于良好的工作状态。

## 一、自动电话系统

自动电话系统的交换机检查保养事项,主要包括:

(1)电话交换机要专人护理,经常擦拭灰尘,防止杂物进入交换机内部引起短路而导致系统故障。

(2)电话交换机正常使用情况下,不要无故带电拔插各种系统电路板,更不要私自拆卸、更换电路板上元器件。

(3)电话交换机电源指示灯正常工作时为闪烁状态,出现电源指示灯不亮时,应查看电源箱后保险管是否熔断,切勿私自打开电源。

(4)不使用的外线,应用中继开关命令对相应外线关闭;将没有来电显示功能的外线对应的中继来电显示功能关闭。

(5)如微机指示灯长亮或长暗时,则表示该机已发生故障,应立即切断电源,停止使用,交专业人员维修,或与厂家联系。

(6)夏天要注意维护或检查地线,交换机的接地必须可靠,否则防雷装置将不起作用,接地电阻不得大于 5 Ω。

(7)交换机机房应干燥、通风,无腐蚀气体,无强电磁干扰;交换机周围空间不要太拥挤,以利于散热;交换机机房湿度应保持小于80%,湿度恒定在25 ℃左右,有条件时应安装相应设施。

(8)交换机应避免安装在阳光直射、太冷太热或潮湿的地方(温度范围:0~40 ℃,湿度范围:60%以下);避免安装在经常振动、灰尘多或会接触水、油的地方

自动电话系统的话机检查保养事项,主要包括:

(1)检查在通话时是否有串号或串线的现象;检查程控电话系统优先功能、电话转移功能和电话扩展功能。

(2)将电话机放在平稳的台面上,防止跌落引起故障或损坏。避免将电话机长时间暴露在强光的照射下或置于潮湿、有腐蚀气体之处,避免靠近热源。否则可能会引起故障。

(3)注意防水。水或其他液体进入电话机会造成电话机过热、漏电和故障。电话机如果不慎进水,应拔掉连接线,拭去表面积水,置于通风处或阳光下晾晒。如拨号部分或电路板进水,不要擅自拆开电路板和导电橡胶片,最好送到维修处维修。

(4)不要将电话机置于高温度、高湿度或有大量灰尘的地方,如话机表面蒙尘,用略湿的软布擦拭话机即可,不得使用酒精、稀释剂、苯等溶液、清洁液或其他化学溶液。

(5)使用按键、叉簧或拨号时,应注意用力均匀,不宜用力过猛过快,打电话时不要随意拍打话机,以保证机内接触电路少受损伤,从而延长使用寿命。

(6)不要拆卸或改装电话机。电话机发生故障时,不要擅自拆修,应请专门修理人员检修,自己不要随意打开话筒和电话机后盖,否则可能会造成电话机的损坏、漏电和电路故障。

## 二、船舶信号装置

船舶的各类信号装置应按照船舶维护保养规定,以及设备的维护保养手册,进行强制性功能检查及维护保养工作。以下为几类系统的检查及保养要求。

### (一)公共广播系统

(1)对广播系统进行效用试验,其收音、传输信号应良好,没有外部干扰;检查扬声器的工作情况,每个扬声器均应能调节音量和切断收音,一般位置均能听到广播的声音。

(2)客船的公共广播系统应由船舶主电源和SOLAS第Ⅱ-1/42条所要求的应急电源以及临时应急电源供电;货船的公共广播系统应由船舶主电源和SOLAS第Ⅱ-1/43条所要求的应急电源供电。

(3)公共广播系统应由船舶主电源连续供电,并应有当船舶主电源供电中断时转到应急电源供电的自动转换装置。

(4)公共广播系统在其正常供电(即"主电源")中断时,应能发出声和光的报警信号。该声报警信号应能持续到被应答为止;该光报警信号应为红色频闪灯光,且能在被应答后由闪光变为平光(常亮),并一直保持到正常供电恢复。该声、光报警指示及其"应答"按钮应布置在尽可能靠近主控制器附近易于被看到和接近的位置。如该光报警指示器被安装在驾驶台上,则应有一个调节指示灯亮度的装置,能将报警灯光调节到较低的亮度,以不干扰驾驶员的夜视力。但不允许熄灭该报警指示灯。

(5)公共广播系统应能从驾驶室和消防控制站等处所,向船员通常所在的所有处所以及集合站发送广播信息,且不需要接收者进行任何操作即可接收广播信息。安装在驾驶台上的控制单元应有调节显示亮度的功能。

(6)公共广播系统应有受到保护以避免未经许可的使用,如钥匙或密码。

(7)公共广播系统在发送广播信息和通用紧急报警信号时,应自动关闭所有与公共广播和通用紧急报警无关的娱乐音响系统。

(8)公共广播系统的功率放大器应有足够的输出功率,以使作广播紧急通告用的所有扬声器能同时工作。

(9)产品制造厂应在安装使用说明书中建议公共广播系统各扬声器的布置,应能使其避免音频反馈或其他干扰。

(10)公共广播系统在打断通用紧急报警信号、广播紧急通告完毕后,应能自动地使通用紧急报警系统恢复到连续发出通用紧急报警信号状态,以避免通用紧急报警信号被永久打断。

**(二)通用紧急报警系统**

(1)通用紧急报警系统的控制单元如采用由中央处理器和存储器等组成的计算机系统,除了规定的输出端口和维护用输入端口外,计算机化的通用紧急报警系统不应有用于输入计算机程序的设备(如:USB 端口、网络连接器、光盘驱动器、磁盘驱动器等)和扩展槽。

(2)通用紧急报警系统应以满足“LSA”规则第 7.2.2 条、船级社认证等规范要求的公共广播系统或其他适宜的通信设施(如:警报指示器等)作为补充。当通用紧急报警系统启动时,所有娱乐声响系统应自动关闭。

(3)通用紧急报警系统应由船舶主电源和 SOLAS 第Ⅱ-1/42 条或第Ⅱ-1/43 条所要求的应急电源供电。客船通用紧急报警系统还应由临时应急电源供电。

(4)通用紧急报警系统应由船舶主电源连续供电,并应有当船舶主电源供电中断时转到应急电源供电的自动转换装置。在电源转换时,通用紧急报警系统应不会触发误报警。

(5)通用紧急报警系统在其正常供电(即“主电源”)中断时,应能发出声和光的报警信号。该声报警信号应能持续到被应答为止;该光报警信号应为红色频闪灯光,且能在被应答后由闪光变为平光(常亮),并一直保持到正常供电恢复。该声、光报警指示及其“应答”按钮应布置在尽可能靠近主控制器附近易于被看到和接近的位置。如该光报警指示器被安装在驾驶台上,则应有一个调节指示灯亮度的装置,能将报警灯光调节到较低的亮度,以不干扰驾驶员的夜视力。但不允许熄灭该报警指示灯。

(6)在控制单元面板上应有主电源和应急电源的指示。当船舶主电源和应急电源正常供电时,相应指示灯应常亮;当任何一路电源供电中断时,相应的指示灯应熄灭。电源指示灯可以是白色或绿色,其亮度可以被调节到足够小以防止干扰船在夜视力。但该指示灯不允许被调节至熄灭。

**(三)火灾自动报警系统**

(1)试验船舶火灾报警系统在主电源断电时,应能自动转换到应急电源。当主电源恢复时,应能自动转换到主电源。

(2)模拟火灾报警系统的电源断电或线路短路、开路、接地等故障,应在控制板上发出声、光故障报警信号,并且故障报警信号应与火灾报警信号有区别。

(3)用热吹风机、烟感悬浮微粒、紫外光源等分别对感温探测器、感烟探测器、紫外火焰探测器进行功能试验。探测器动作时,应在控制板和指示装置上发出声、光火警信号,并显示报警的区域或位置,如在 2 min 内,未对报警信号进行确认,则应向所有船员起居处所和服务所、控制站,以及 A 类机器处所自动发出声响报警。有些船的火灾报警系统能对其他消防系统进行控制,例如有火警信号时,能自动关闭相应分区的防火风闸和梯道的防火门等。

(4)试验手动报警按钮,在手动报警按钮动作后,火灾报警系统应能立即报警,不得有延时。如果手动报警按钮为破玻按钮,则其破玻小锤不能缺失。

### 三、声力电话系统

(1)在未切断电源的情况下,不得从事电气设备的任何维修保养或内部的操作。

(2)电气设备、金属编织套和电缆保护接地应当完好,必须经常检查。

(3)应当保持系统的机械设备、电气设备和电缆外表的清洁,不允许有水、燃油和其他腐蚀物掉落其上。

(4)在机械设备、电气设备和导线电缆附近工作时,不允许对其造成机械损伤,必要时应对设备采取保护措施。

(5)电源熔断器熔断后,只有在查明和消除导致电源熔断器熔断的原因之后才能再次通电。切勿用铜丝替代。

(6)及时清除电话机等设备外部的灰尘、油渍、水和杂物;每隔 3 个月进行一次保养。

(7)定期对每一个位置的电话进行通话试验;检查有无送话输出、送话输入、电话机被呼叫是否振铃、电话机手摇发电机是否能正常呼叫、电话机座按呼叫键是否能正常呼叫等测试项目。

## 第五节 ◉ 驾驶台与机舱联系制度

驾驶台与机舱之间常通过电话对备车、完车、定速等主机工作状态信息进行联络,同时也包括在“车钟记录簿”上记录备车、引航员登离船、第一条缆绳上桩等航行关键信息并记录时间。船舶靠离码头还会涉及锚机和绞缆机的相关准备操作,这些信息驾驶台通常也会跟机舱交互。带有侧推装置的船舶,还会涉及使用侧推前的供电准备等信息。

### 一、驾驶台与机舱间的联系制度

#### (一)开航前

(1)船长在确定开船时间后应尽早通知轮机长。轮机长应向船长报告开船准备情况,包括主要机电动力设备的技术状态、燃油和锅炉水的实际存量等。开航时间如有变化，船长应及时通知更正。

（2）机舱按船长通知的时间备妥主机。如果未能按时开航且船长明确推迟的时间，值班驾驶员应将情况告知机舱，但主机应仍继续准备。

（3）开航前一小时或按船长通知要求，值班驾驶员通知机舱备车并会同值班轮机员核对船钟、车钟，试验并核对舵机及其传动装置以及舵角指示器等，分别将情况记入“航海日志”“轮机日志”“车钟记录簿”内。

（4）甲板部开航前试验汽笛、信号灯及航行灯、锚机、绞缆机（系泊中），发现有不正常情况，应立即通知机舱派人修复。

（5）主机转车、冲车、试侧推器（如有此装置）前，值班轮机员应先通知值班驾驶员，值班驾驶员在确认螺旋桨附近无障碍物、前后缆绳和舷梯绞起后通知机舱，方可进行。如主机经过检修需要转车、冲车或试车也应遵守此规定。

**（二）航行中**

（1）每班下班前，值班轮机员应将主机平均转数和水温温度告知值班驾驶员。值班驾驶员也应复告本班平均航速和风向、风级。双方分别记入“航海日志”“轮机日志”。每日正午，驾驶台和机舱核对船钟并互报正午报告。

（2）进出港口、狭水道或危险区域等需要备车航行时，驾驶台应提前一小时通知机舱准备。遇雾或暴雨等突发视线不良的情况，值班轮机员接到通知后应尽快备妥主机。在候潮、等泊位等各种原因短时间抛锚时，值班驾驶员应将情况及时通知值班轮机员。

（3）船舶备车航行时，主机一般按港内车速运转。驾驶台如因操纵或紧急避让需要加速时，通知机舱，机舱应尽快开足车速。船长决定定速航行时，值班驾驶员应通知值班轮机员。

（4）根据预报或对当地气象现象的观测，判断将有风暴来临时，船长应及时通知轮机长做好各种准备。定速航行，主机转速按正常海上速度，如需要减速，值班轮机员应先征得值班驾驶员同意后方可进行，并将减速时间及减后的转数通知值班驾驶员。如因抢避台风或海上救助等紧急情况需要超过常速航行时，船长应与轮机长协商研究，轮机长应在安全条件下开足主机最大转数。

（5）当机械发生故障不能执行航行指令时，轮机长应组织抢修并通知驾驶台速报船长。将故障发生和排除的时间及情况记入“航海日志”“轮机日志”。如需停车，须通知驾驶台并征得船长同意。但事态危急，不停车将会导致威胁主机或人身安全时，轮机长可以立即停车并通知驾驶台。但在采取这个措施时必须十分慎重，以免发生更加严重的恶性事故。主机完车，值班驾驶员要通知值班轮机员。

**（三）停泊中**

（1）船长认为有必要备车时，应立即通知轮机长。抵港后，船长应将预计的本船动态告知轮机长，以便安排工作，其后动态若有变化均应及时联系。

（2）机舱若需要检修影响动车的设备，轮机长应事先将工作内容和所需时间报告船长，取得同意后方可进行。如需使用本船装卸设备，值班驾驶员应将开工的舱口和工班数及其变化情况提前通知当值轮机员，以保证安全供电。

（3）装卸特种危险品或使用重吊之前，大副应通知轮机长派人检查起货机，必要时，轮机长还应派人值守，保证安全运转。如因装卸作业不当造成船舶过度倾斜，影响机舱正常工作时，轮机长应通知大副设法采取有效措施予以纠正。

(4)每次添装燃油前，轮机长应将计划添装的油舱及各舱添装量告知大副(航行用油计划事先与大副商量)，抵离港前，轮机长须将各舱存油量告知大副，同时将存油量报告船长，以便计算稳性、水尺和调整吃水差。

(5)当轮机部装运桶装滑油或重大件备件时，轮机长(或值班轮机员)应联系大副(或值班驾驶员)，商定放置地点，派水手起(或调整)吊杆并操纵起货机。具体系固工作由轮机部按大副要求负责系固。

**(四)其他**

(1)轮机长根据航次任务及早将燃、润油的准确现存数量和补添计划提交船长。船长如考虑需要修改，应与轮机长洽商，尽可能取得一致意见，但船长有最终决定权。航次任务若有变更，船长应及早告知轮机长并共同估算和修改补添计划。船长和轮机长共同研究商定的主机各种车速转数，除非另有指示，值班驾驶员和值班轮机员均应严格执行。

(2)机舱除可直接使用专用水舱的水以外，如需动用其他水柜，必须事先征得大副同意，水手长负责各淡水舱的调换使用并保持正在使用中的水柜具有足够的存水量，以免水泵抽空或损坏。各燃油舱之间的移驳应事先征得大副同意。根据大副的通知排、注入、移注压舱水或淡水，由水手长负责测量并注意与机舱值班人员联系。完毕后，水手长应及时通知停泵。机舱值班人员应将舱别和时间记入“轮机日志”。

(3)正常海上航行，甲板部需使用锚机、绞缆机和起货机，使用前后必须通知机舱。大副应将起货机、锚机、绞缆机的清洁、油漆保养和使用情况及时通知机舱当值人员。齿轮箱内部及电动机轴承由轮机部负责加油。

(4)抵港前，轮机部应派人检查锚机、绞缆机和起货机，使其保持良好技术状态。各种甲板机械的操纵(控制)箱离港不用时，水手长应派人检查并予盖严或用帆布罩妥。

(5)轮机部如因检修、配电等各种原因需要暂停供电或局部停电，必须事先报告船长(或值班驾驶员)，并告知停止和恢复供电的大约时间，以做好各种准备。航行中，陀螺罗经和操舵系统及号灯、号笛、助航电子仪器不应停止供电。

(6)离港后水手长应立即检查试验装卸用的移动式照明灯具，如有损坏交轮机人员检修；甲板上的各种电源插座，由水手长派人检查并盖紧，保持水密，座盖如有损坏或短缺，通知轮机人员负责配齐并保持完好。

在上述开航前、航行中、停泊中等情况下，船舶电子电气员作为支持级船员，应该服从船舶领导和部门长的指挥，根据每一个工作步骤的实际需要积极配合轮机员、驾驶员的工作。

## 二、“车钟记录簿”的管理规定

(1)“车钟记录簿”使用前，其扉页的内容由二副负责填写。

(2)“车钟记录簿”必须按扉页标准符号填写，填写应内容准确、字迹端正，不得随意涂改。

(3)弃船演习放艇操作时，主机备车、变速等需记录在“车钟记录簿”。

(4)船舶若带有车钟记录自动打印装置且正在使用，应在每次使用前核对时间等相关数据，必要时，应进行调整，并标示船舶相应的动态信息，每次使用结束后，应由相应操作的驾驶员签名。

(5)若必须改正时应用一红横线划去，并由填写人在改正处签名或盖章，划去部分要求能看清原始记录的内容。

(6)机务、海务人员登船时，对“车钟记录簿”的记录情况进行检查监督。

**思考题**

1.船舶内部通信主要包括哪些系统？

2.简述声力电话的工作原理。

3.简述开航前和航行中船舶驾驶台与机舱间的联系方法。

# 参考文献

[1] LEFÈVRE H C.光纤陀螺仪[M].张桂才,王巍,译.北京:国防工业出版,2002.
[2] 王惠文.光纤传感技术与应用[M].北京:国防工业出版社,2001.
[3] 郭秀中.惯导系统陀螺仪理论[M].北京:国防工业出版社,1996.
[4] 李瑶,徐晓苏,吴炳祥.捷联惯导系统罗经法自对准[J].中国惯性技术学报,2008,16(04):386-389.
[5] 严恭敏.捷联惯导系统动基座初始对准及其它相关问题研究[D].西安:西北工业大学,2008.
[6] 吴建华,周鹏.卫星罗经的原理及其应用[J].航海技术,2007(03):33-35.
[7] 刘彤.航海仪器(下册:船舶航海雷达)[M].2 版.大连:大连海事大学出版社,2016.
[8] 刘彤,陈铎,张国强.船舶综合驾驶台通信与导航系统[M].大连:大连海事大学出版社,2012.
[9] 王世远.航海雷达与 ARPA[M].大连:大连海事大学出版社,1998.
[10] 杜忠平,王建江,孙玲玲,等.中国船舶远程识别与跟踪系统(LRIT)[J].数字通信世界,2010(06):44-47.
[11] 杜忠平,王永明,刘建.中国 LRIT 船载终端符合性测试介绍[J].航海技术,2009(05):34-36.
[12] 刘彤,柳邦声,李建民.信息技术与通信导航系统[M].大连:大连海事大学出版社,2012.
[13] 关政军,刘彤.航海仪器[M].大连:大连海事大学出版社,2009.
[14] 陈宇里.航海仪器[M].上海:上海浦江教育出版社,2012.
[15] 陈放,张国强,关巍.GMDSS 通信设备与业务[M].3 版.大连:大连海事大学出版社,2021.
[16] 李建民,高向阳.GMDSS 综合业务[M].大连:大连海事大学出版社,2020.
[17] 李建民,高向阳.GMDSS 综合业务[M].大连:大连海事大学出版社,2021.

# 主要缩写列表

A

| | | |
|---|---|---|
| ADU | Above Deck Unit | 甲板上单元 |
| AES | Aeronautical/Aircraft Earth Station | 航空移动站 |
| AFC | Automatic Frequency Control | 自动锁频控制 |
| AGC | Automatic Gain Control | 自动增益控制 |
| AIS | Automatic Identification System | 船舶自动识别系统 |
| AIS-SART | Automatic Identification System-Search and Rescue Transmitter | 自动识别系统搜救发射器 |
| AM | Amplitude Modulation | 调幅 |
| AMER | Americas Ocean Region | 美洲洋区 |
| AMSS | Aeronautical Mobile Satellite Service | 移动航空卫星通信业务 |
| ANSP | Air Navigation Service Provider | 空中导航服务商 |
| AOR-E | Atlantic Ocean Region East | 大西洋东区 |
| AOR-W | Atlantic Ocean Region West | 大西洋西区 |
| APAC | Asia/Pacific Ocean Region | 亚太洋区 |
| ARQ | Automatic Repetition Request | 自动请求重复 |
| ARU | Antenna Radio-frequency Unit | 天线单元 |
| ASCII | American Standard Code for Information Interchange | 美国信息交换标准代码 |
| ASK | Amplitude Shift Keying | 移幅键控 |
| ASM | Application Specific Message | 特殊应用报文 |
| ASM | At-sea Electronic Maintenance | 海上电子维修 |
| ASP | Application Service Provider | 应用服务提供方 |
| ATA | Automatic Tracking Aid | 自动跟踪功能 |
| ATU | Automatic Tune Unit | 自动天线调谐器 |

B

| | | |
|---|---|---|
| BAM | Bridge Alarm Management | 驾驶台报警管理 |
| BCR | Bow Cross Range | 过船首的距离 |
| BCT | Bow Cross Time | 过船首的时间 |
| BD | BeiDou | 北斗 |
| BDMSS | BeiDou Message Service System | 北斗报文服务系统 |
| BDS | BeiDou Navigation Satellite System | 北斗卫星导航系统 |
| BDU | Below Deck Unit | 甲板下单元 |
| B-FOG | Brillouin Fiber-optic Gyroscope | 受激布里渊散射光纤陀螺 |
| BGAN | Broadband Global Area Network | 宽带全球区域网络 |
| BIIT | Built-in Integrity Test | 内置完善性测试 |
| BITE | Built-in Tests Equipment | 植入式自测试设备 |
| BNWAS | Bridge Navigational Watch Alarm System | 驾驶台航行值班报警系统 |

C

| | | |
|---|---|---|
| CCIR | International Radio Consultative Committee | 国际无线电咨询委员会 |
| CCRP | Consistence Common Reference Point | 统一公共基准点 |
| CCRS | Consistence Common Reference System | 统一公共基准系统 |
| CDMA | Code Division Multiple Access | 码分多址接入 |
| CEDD | Committee on the Exchange of Digital Data | 数字数据交换委员会 |
| CES | Coast Earth Station | 海岸地球站 |
| CFEC | Collective FEC | 集群性前向纠错 |
| COE | Committee on ECDIS | ECDIS 委员会 |
| COG | Course over Ground | 对地航向 |
| COMSAR | Sub-committee on Radiocommunications,Search and Rescue | 无线电通信与搜救分委会 |
| CPA | Closest Point of Approach | 最近会遇距离 |
| CPDLC | Controller/Pilot Data Link Communication | 管制员飞行员数据链通信 |
| CSP | Communication Service Provider | 通信服务提供方 |
| CSTDMA | Carrier Sense TDMA | 载波侦测时分多址接入 |
| CTS | Course to Steer | 操舵航向 |
| CU | Control Unit | 控制单元 |

D

| | | |
|---|---|---|
| DC | Data Center | 数据中心 |
| DCE | Data Communication Equipment | 数据通信设备 |

| | | |
|---|---|---|
| DDP | Data Distribution Plan | 数据分配计划 |
| DGPS | Differential Global Positioning System | 差分 GPS |
| DNID | Data Network Identifier | 数据网络识别 |
| DOE | Duplication of Equipment | 双套设备 |
| DOP | Dilution of Precision | 精度几何因子 |
| DSC | Digital Selective Call | 数字选择性呼叫 |
| DTE | Data Terminal Equipment | 数据终端单元 |
| DVI | Digital Visual Interface | 输出接口 |
| DW | Dual Watch | 双值守 |

E

| | | |
|---|---|---|
| EBL | Electronic Bearing Line | 电子方位线 |
| EC | Electronic Chart | 电子海图 |
| ECC | Error Check Character | 垂直校验字节 |
| ECDIS | Electronic Chart Display and Information System | 电子海图显示与信息系统 |
| ECS | Electronic Chart System | 电子海图系统 |
| EGC | Enhanced Group Call | 增强群呼 |
| EGNOS | European Geostationary Navigation Overlay Service | 欧洲地球静止导航重叠服务 |
| EIA | Electronic Industries Alliance | 电子工业协会 |
| ELT | Emergency Locator Transmitter | 紧急示位发射机 |
| EMEA | Europe/Middle East & Africa Ocean Region | 欧洲、中东、非洲洋区 |
| ENC | Electronic Navigational Chart | 电子航海图 |
| EPA | Electronic Plotting Aid | 电子标绘辅助 |
| EPFS | Electronic Position Fixing System | 电子定位系统 |
| EPIRB | Emergency Position-Indicating Radio Beacon | 紧急无线电示位标 |
| EU | Electronic Unit | 收发机单元 |
| EX | Exciter | 激励器 |

F

| | | |
|---|---|---|
| FATDMA | Fixed Access TDMA | 固定接入时分多址接入 |
| FDMA | Frequency Division Multiple Access | 频分多址接入 |
| FEC | Foreword Error Correction | 前向纠错模式 |
| FM | Frequency Modulation | 调频 |
| FOG | Fiber-optic Gyroscope | 光纤陀螺仪 |

| | | |
|---|---|---|
| FRM | Final Recording Medium | 最终记录介质 |
| FSK | Frequency Shift Keying | 移频键控 |
| FTC | Fast Time Constant | 快时间常数 |
| FTP | File Transfer Protocol | 文件传输协议 |

G

| | | |
|---|---|---|
| GA | General Alarm | 通用报警 |
| GALILEO | Galileo Navigation Satellite System | 伽利略卫星导航系统 |
| GEO | Geostationary Orbit | 静止轨道卫星 |
| GEOSAR | Geostationary Search and Rescue System | 静止轨道卫星搜救分系统 |
| GLONASS | Global Navigation Satellite System | 格洛纳斯卫星导航系统 |
| GMDSS | Global Maritime Distress and Safety System | 全球海上遇险与安全系统 |
| GMSK | Gaussian Minimum Shift Keying | 高斯最小移频键控 |
| GNSS | Global Navigation Satellite System | 全球卫星导航系统 |
| GPS | Global Positioning System | 全球定位系统 |
| GSM | Global System for Mobile Communications | 全球移动通信系统 |
| GX | Inmarsat Global Xpress | 全球快讯系统 |

H

| | | |
|---|---|---|
| HBW | Horizontal Beam Width | 水平波束宽度 |
| HCI | Human-computer Interaction | 人机交互 |
| HF | High Frequency | 高频 |
| HF NBDP | High Frequency Narrow Band Direct Printing Telegraph | 高频窄带直接印字电报 |
| HL | Heading Line | 船首线 |
| HMI | Human Machine Interface | 人机交互界面 |

I

| | | |
|---|---|---|
| IALA | The International Association of Marine Aids to Navigation and Lighthouse Authorities | 国际航标协会 |
| IBS | Integrated Bridge System | 综合驾驶台系统 |
| ICAO | International Civil Aviation Organization | 国际民用航空组织 |
| IDE | International Data Exchange | 国际数据交换 |
| IDU | In Door Unit | 室内单元 |
| IEC | International Electrotechnical Commission | 国际电工委员会 |
| I-FOG | Interference Fiber-optic Gyroscope | 干涉型光纤陀螺 |

| | | |
|---|---|---|
| IGSO | Inclined Geo-synchronous Orbit | 倾斜地球同步轨道卫星 |
| IHO | International Hydrographic Organization | 国际水道测量组织 |
| IMCO | Intergovernmental Maritime Consultative Organization | 政府间海事协商组织 |
| IMN | Inmarsat Mobile Number | 国际海事卫星移动号码 |
| IMO | International Maritime Organization | 国际海事组织 |
| IMSI | International Mobile Subscriber Identity | 国际移动用户识别 |
| IMSO | International Mobile Satellite Organization | 国际移动卫星组织 |
| Inmarsat | International Maritime Satellite | 国际海事卫星 |
| INS | Inertial Navigation System | 惯性导航系统 |
| INS | Integrated Navigation System | 综合航行系统 |
| IOR | Indian Ocean Region | 印度洋区 |
| IRS | Information Receiving Station | 信息接收台 |
| ISDN | Integrated Services Digital Network | 综合业务数字网 |
| ISO | International Organization for Standardization | 国际标准化组织 |
| ISS | Information Sending Station | 信息发射台 |
| ITA No.2 | International Telegraph Alphabet No.2 | 国际电报 2 号编码 |
| ITDMA | Incremental TDMA | 增量时分多址接入 |
| ITU | International Telecommunication Union | 国际电信联盟 |

L

| | | |
|---|---|---|
| LEO | Low Earth Orbit/Low-altitude Earth Orbit | 低高度地球轨道卫星 |
| LEOSAR | Low-altitude Earth Orbit System for Search and Rescue System | 低高度地球轨道搜救分系统 |
| LES | Land Earth Station | 陆地地球站 |
| LRIT | Long Range Identification and Tracking of Ships | 船舶远程识别与跟踪系统 |
| LSA | International Life-saving Appliance Code | 国际救生设备规则 |
| LSB | Lower Side Band | 下边带 |
| LUT | Local User Terminal | 本地用户终端 |

M

| | | |
|---|---|---|
| MC | Maritime Cloud | 海事云 |
| MCC | Mission Control Center | 任务控制中心 |
| MCN | Beijing Maritime Communication & Navigation Co. | 北京船舶通信导航公司 |
| MEAS | Middle East & Asia Region | 中东及亚洲洋区 |

| | | |
|---|---|---|
| MEMS | Micro-electro-mechanical Systems | 微机电系统 |
| MEO | Medium Earth Orbit | 中高度地球轨道 |
| MEOSAR | Medium Earth Orbit System for Search and Rescue System | 中高度地球轨道卫星搜救分系统 |
| MES | Mobile Earth Station | 移动地球站 |
| MF | Medium Frequency | 中频 |
| MFM | Multicarrier Frequency Modulation | 多载波频率调制 |
| MID | Maritime Identification Digit | 水上识别数字 |
| MKD | Minimum Keyboard Display | 简易键盘与显示 |
| MMSI | Maritime Mobile Service Identity | 水上移动业务标识 |
| MOB | Man over Board | 人员落水 |
| MPDS | Mobile Package Data Service | 移动包交换数据业务 |
| MRCC | Maritime Rescue Coordination Center | 海上搜救协调中心 |
| MSC | Maritime Safety Committee | 国际海事组织海上安全委员会 |
| MSDS | Maritime Safety Data Service | 海事安全数据业务 |
| MSI | Maritime Safety Information | 海上安全信息 |
| MSIP | Maritime Safety Information Provider | 海事安全信息提供方 |
| MST | Maritime Safety Terminal | 海事安全终端 |
| MTBF | Mean Time Between Failure | 平均无故障时间 |
| MTP | Mail Transfer Protocol | 邮件传输协议 |

## N

| | | |
|---|---|---|
| NAVDAT | Navigational Data for Broadcasting Maritime Safety and Security-related Information from Shore-to-ship | 岸对船与海事安全、保安相关信息数据广播系统 |
| NAVTEX | Navigational Telex | 中频奈伏泰斯 |
| NBDP | Narrow Band Direct Printing | 窄带直接印字电报 |
| NCC | Network Control Center | 网络控制中心 |
| NCS | Network Control Station | 网络协调站 |
| NCS | Network Coordination Station | 网络协调站 |
| NCSR | Sub-committee on Navigation, Communications and Search and Rescue | 航行安全、通信和搜救分委会 |
| NDC | National Data Center | 国家数据中心 |
| NMEA | National Marine Electronics Association | 美国国家航海电子协会 |

| | | |
|---|---|---|
| NOC | Network Operation Center | 网络操作中心 |
| NRZI | Non-Return to Zero Inverted | 反向不归零 |

O

| | | |
|---|---|---|
| OBC | Operational Backup Center | 网络运行备用中心 |
| ODU | Out Door Unit | 室外单元 |
| OFDM | Orthogonal Frequency Division Multiplexing | 正交频分复用 |

P

| | | |
|---|---|---|
| PA | Power Amplifier | 高频功率放大器 |
| PA | Public Address System | 公共广播系统 |
| PAD | Predicted Area of Danger | 预测危险区域 |
| PBX | Private Branch Exchange | 用户级交换机 |
| PCB | Printed Circuit Board | 印制电路板 |
| PLB | Personal Locator Beacon | 个人示位标 |
| PM | Performance Monitor | 雷达性能监视器 |
| PM | Phase Modulation | 调相 |
| PNT | Positioning, Navigation and Timing | 定位导航授时 |
| POR | Pacific Ocean Region | 太平洋区 |
| PPI | Plan Position Indicator | 平面位置显示器 |
| PPS | Precise Positioning Service | 精密定位业务 |
| PPU | Portable Pilot Units | 便携式引航单元 |
| PR | Pseudo Range | 伪距 |
| PRF/PPS | Pulse Repetition Frequency/Pulses per Second | 脉冲重复频率 |
| PSDN | Packet-switched Data Network | 分组交换数据网 |
| PSK | Phase Shift Keying | 移相键控 |
| PSTN | Public Switched Telephone Network | 移动综合业务数字网 |
| PTT | Press to Talk | 按压讲话 |

R

| | | |
|---|---|---|
| R/CDC | Regional/Co-operative Data Center | 区域或合作数据中心 |
| Radar-SART | Radar-search and Rescue Transponder | 搜救雷达应答器 |
| RATDMA | Random Access TDMA | 随机时分多址接入 |
| RBN | Radio Beacon | 无线电信标 |

| | | |
|---|---|---|
| RCDS | Raster Chart Display System | 光栅海图显示系统 |
| RDI | Restricted Digital Information | 限制性数字信息 |
| RDSS | Radio Determination Satellite Service | 卫星无线电测定业务 |
| R-FOG | Resonator Fiber-optic Gyroscope | 谐振式光纤陀螺 |
| RIC/IR | Radar Interference Canceler/Interference Rejection | 雷达同频干扰抑制 |
| RM | Relative Motion Display | 相对运动显示方式 |
| RMSS | Recognized Mobile Satellite Service | 经认可的移动卫星业务 |
| RNC | Raster Navigational Chart | 光栅航海图 |
| RNSS | Radio Navigation Satellite Service | 无线电卫星导航服务 |
| ROT | Rate of Turning | 转向速率 |
| RR | Range Ring | 固定距标圈 |
| RSS | Recommended Security Scheme | 推荐保护方案 |
| RTCA | Radio Technical Commission for Aeronautics | 美国航空无线电委员会 |
| RTK | Real Time Kinematic | 载波相位差分技术 |
| RTTY | Radio Teletype | 无线电传 |

## S

| | | |
|---|---|---|
| SA | Selective Availability | 选择可用性技术 |
| SAR | Search and Rescue | 搜救 |
| SARP | SAR Processor | 搜救信号处理器 |
| SARR | SAR Repeater | 搜救信号转发器 |
| SAS | Satellite Access Station | 卫星接入站 |
| SBD | Short-burst Data | 突发短数据 |
| SBM | Shore-based Maintenance | 岸上维修 |
| SCADA | Supervisory Control and Data Acquisition | 遥测、控制和数据采集 |
| SCC | Satellite Control Center | 卫星控制中心 |
| SDME | Speed and Distance Measuring Equipment | 船舶航速和航程测量设备 |
| SENC | System Electronic Navigational Chart | 系统电子航海图 |
| SES | Ship Earth Station | 船舶地球站 |
| SFEC | Selective FEC | 选择性前向纠错 |
| SI | Selection Interval | 选择间隔 |
| SIM | System of Information and Management | 信息和管理系统 |
| SINS | Strapdown Inertial Navigation System | 捷联式惯性导航系统 |
| SIS | System of Information Source | 信息源系统 |

| | | |
|---|---|---|
| SMT | Surface Mount Technology | 电子电路表面组装技术 |
| SMTP | Simple Mail Transfer Protocol | 简单邮件传输协议 |
| SNR | Signal to Noise Ratios | 信噪比 |
| SOG | Speed over the Ground | 对地航速 |
| SOLAS | International Convention for the Safety of Life at Sea | 国际海上人命安全公约 |
| SOTDMA | Self-organized TDMA | 自组织时分多址接入 |
| SPC | Stored-program Control Exchange | 程控电话交换机 |
| SPS | Standard Positioning Service | 标准定位服务 |
| SQL | Squelch Level | 静噪旋钮 |
| SS | Slave Station | 副台 |
| SSAS | Ship Security Alert System | 船舶保安报警系统 |
| SSB | Single Side Band | 单边带 |
| STC | Sensitivity Time Control | 灵敏度时间控制 |
| S-VDR | Simplified-Voyage Data Recorder | 简易航行数据记录仪 |

T

| | | |
|---|---|---|
| TBS | Talk Back System | 对讲系统 |
| TCPA | Time to the Closest Point of Approach | 最近会遇时间 |
| TDMA | Time Division Multiple Access | 时分多址接入 |
| THD | Transmitting Heading Device | 船舶首向发送装置 |
| TM | True Motion Display | 真运动显示方式 |
| TT&C | Tracking Telemetry and Control | 跟踪遥测和控制站 |

U

| | | |
|---|---|---|
| UDI | Unrestricted Digital Information | 非限制性数字信息 |
| UTC | Universal Time Coordinated | 协调世界时 |
| USB | Universal Serial Bus | 通用串行总线接口/USB 接口 |

V

| | | |
|---|---|---|
| VBW | Vertical Beam Width | 垂直波束宽度 |
| VDE(S) | VHF Data Exchange(System) | 甚高频数据交换(系统) |
| VDL | VHF Data Link | VHF 数据链路 |
| VDR | Voyage Data Recorder | 航行数据记录仪 |
| VHF | Very High Frequency | 甚高频 |
| VMS | Vessel Monitoring System | 船舶监控系统 |
| VRM | Variable Range Marker | 活动距标圈 |

| | | |
|---|---|---|
| V-SAT | Very Small Aperture Terminal | 甚小孔径终端 |
| VTS | Vessel Traffic Service | 船舶交通服务 |

W

| | | |
|---|---|---|
| WAAS | Wide Area Augmentation System | 广域增强系统 |
| WMO | World Meteorological Organization | 世界气象组织 |
| WRC | World Radiocommunication Conferences | 世界无线电通信大会 |